中原早期青铜时代

——聚落与礼器专题研究

中国社会科学院考古研究所
河南省夏文化研究中心 编

科学出版社
北京

内　容　简　介

　　二里头文化和二里岗文化是中国青铜时代的核心文化，它们的初兴和扩展奠定了高度发达、独具特色的中国古代青铜文明的基础，在中国文明史乃至世界文明史上都占有重要的地位。本书围绕中国广域王权国家诞生及初步发展时期的聚落形态及礼器群的发展与变化，所收的六篇论文分别从考古学、历史文献学、社会学等多维视角，对洛阳盆地的聚落形态、青铜礼容器的空间分布、纹饰所见青铜铸造技术、陶铜相似器的缘由、铜玉礼器的角色嬗变、玉器群的来源构成与背景等进行了讨论分析，力图深化对中国早期国家与文明形成的理解。

　　本书可供历史学、考古学及相关领域的专家学者和高等院校相关专业师生与历史文化爱好者参考、阅读。

图书在版编目（CIP）数据

中原早期青铜时代：聚落与礼器专题研究/中国社会科学院考古研究所，河南省夏文化研究中心编.—北京：科学出版社，2023.9

ISBN 978-7-03-076476-8

Ⅰ.①中⋯　Ⅱ.①中⋯②河⋯　Ⅲ.①青铜器（考古）-研究-中国-青铜时代　Ⅳ.①K876.414

中国国家版本馆CIP数据核字（2023）第182651号

责任编辑：董　苗 / 责任校对：邹慧卿
责任印制：肖　兴 / 封面设计：北京美光设计制版有限公司

科 学 出 版 社 出版
北京东黄城根北街16号
邮政编码：100717
http://www.sciencep.com

北京汇瑞嘉合文化发展有限公司 印刷
科学出版社发行　各地新华书店经销

*

2023年9月第　一　版　　开本：889×1194　1/16
2023年9月第一次印刷　　印张：38 1/2　插页：8
字数：910 000

定价：360.00元
（如有印装质量问题，我社负责调换）

序

日前，我的最后一位博士研究生通过了学位论文答辩，至此，近40年的教学生涯画上了句号。20世纪80年代的助教、讲师时代，给本科生上课，带本科生和研究生进行田野实习；博士毕业后的2002年开始带自己的第一位研究生，也已是20多年前的事儿。现在，6位研究生的论文结集出版，对我而言，可以说是告别杏坛的最好纪念。

十余年前，在杜金鹏先生的牵头下，陈星灿、袁靖和我四位导师带的五位研究生关于二里头文化的专题论文集结集出版（中国社会科学院考古研究所编：《中国早期青铜文化——二里头文化专题研究》，科学出版社，2008年），产生了良好的学术和社会影响。这大概开启了考古学界硕士研究生学位论文结集出版的先河。而这部文集结集出版的最初发想，始于2021年。那年6月，我作为导师，参加了当年的中国社会科学院研究生院研究生毕业典礼。师生欢聚之际，念及近年来几位学生的学位论文也有相近的选题，多年磨一剑，成果尽管还嫌青涩，似乎可以再攒出一部集子来，供学界同仁交流参考、批评指正。

我于1996年博士毕业后入中国社会科学院考古研究所工作，先是参加了偃师商城的考古发掘，随后又长期主持二里头遗址的田野考古工作。研究的重点自然以夏商考古，尤其是作为中原青铜时代先导的二里头文化和二里岗文化为主。指导的研究生学位论文的选题，自然也离不开这一领域。中原早期青铜时代的聚落与礼器，就是这6篇论文集中讨论的议题。关于这些选题的意义，已见于各文中，此不赘述。简言之，在目前的时点上，这些研究对二里头文化、二里岗文化及与其相关的夏商文化，以及中国早期国家与文明形成等重大课题的研究应能起到积极的推动与促进作用。

每位导师对学生的指导，都有自己的风格，而风格的形成，又很大程度上源于学术传承。我在追思恩师徐苹芳先生的文章中曾忆及："先生说他作为导师只负责两件事，一是选题，二是方法，其他的就放手让我自己来做。"我指导学生的风格，也大抵如此。拟定选题的一个原则是不炒冷饭，不应是仅为拿到学位而写。我也常常鼓励学生：如果你写的好的话，是可以拿出去发表的。这些拟定选题的完成都必须花费相当的精力去进行资料搜集、系统梳理和综合研究。值得欣慰的是，他们都这么做了，论题在前人研究的基础上都有不同程度的深化，若干研究结论具有前沿性和创新性，在学位论文答辩时均获得好评。

拟定选题后，方法的引导上除了耳提面命，更多的是以身作则。资料的具体梳理和写作就放开了让学生自己去做，他们同学间的"传帮带"省却了我的不少精力，当然，答疑和把关是不可或缺的。田野工作加综合研究是我们这些中国社会科学院考古研究所研究人员的主业，跟导师和其他老师"下田野"，边实习边切磋，对于我们的学生来说是近水楼台的一项福利。

另一个值得欣慰之处在于，正像本文集的几位作者在"作者后记"中所提及的那样，他们在论文的构思写作中，已经意识到包括自己的探索在内的当代研究，"是早期青铜时代考古学研究从文化史转向社会史的一个生动侧影"。这几篇论文就是在践行中国考古学这一巨大转型的理念，它们总体上属于社会考古和社会史研究的范畴。

如前所述，指导学生在自己熟悉的领域、循例行的理论方法选题作文，是中国研究生教育领域的常规。但我还是很心仪国外大学的指导路数：鼓励学生自我选题，学生的研究课题和技术路线、手段等不一定是导师熟悉的，导师的指导重在方法层面。所以当孙慧琴提出想采用 GIS 与社会网络分析相结合的方法，利用我们最新刊布的洛阳盆地区域考古调查材料，多维度讨论早期国家形成的动力和进程时，我是积极鼓励和支持的。鉴于这一方法在中国学术界尚未深入展开，所以该选题具有研究方法论上的创新价值。《龙山到二里头时代的洛阳盆地——以网络分析为中心》一文，就是这个领域研究的一个很好的尝试，她也在此文中显现了自己的实力。

司媛的《二里头、二里岗时代青铜礼容器的空间分布及意义》、张涵钰的《纹饰复杂化视域下的二里头、二里岗文化青铜容器铸造技术》、钱心怡的《对二里头、二里岗文化铜陶相似器的观察与分析》、董苗的《中原地区青铜时代初期铜、玉礼器关系初探》4 篇论文，都是围绕着青铜礼器展开分析研究的。对其空间分布及其演化过程、铸造技术、铜陶互仿现象以及与玉礼器的消长关系等的梳理检讨，加深了我们对中原早期青铜文化样貌及其背后的社会图景的把握。

王煜凡硕士学位论文"后记"的第一句是："处在历史变革中的人往往不自知，只有拉开一段距离之后才发现那竟是一次转折。"关于论文选题，他最终接受了我的建议，显然也意识到了自己的研究是中国考古学"历史变革"的一部分。最终，他的《试论二里头文化玉器群的来源构成及其考古背景》一文，超出了不少关心他的人的预期，包括作为导师的我。

学术无止境。任何研究成果，都是阶段性的。任何时代的作品，也都会成为后来者的"靶子"，而惟其如此，学术才得以不断进步。我也曾用这些话鼓励几位不太自信的作者。倘我们师生的些微努力，能为早期中国研究这座大厦增砖添瓦，能略有裨于相关领域研究的进展，则幸甚。

文集立项、编辑出版的过程中，先后蒙同事赵海涛副研究员、河南省文物考古研究院刘海旺院长、梁法伟副院长、河南省文物局田凯局长、贾连敏副局长、文物处张慧明处长、何军锋副处长、科学出版社编辑董苗女士等的帮助支持，这部文集的整理出版最终纳入"考古中国·夏文化研究"项目，获得河南省夏文化文物保护专项补助资金资助。中国社会科学院考古研究所领导和科学出版社领导慨允立项出版，这才有了这部文集的问世。这是我要深致谢意的。

  是为序。

许宏

2023 年 9 月 13 日

目　录

序 ·· 许　宏（i）

龙山到二里头时代的洛阳盆地——以网络分析为中心 ············· 孙慧琴（1）
二里头、二里岗时代青铜礼容器的空间分布及意义 ················· 司　媛（117）
纹饰复杂化视域下的二里头、二里岗文化青铜容器铸造技术 ········· 张涵钰（240）
对二里头、二里岗文化铜陶相似器的观察与分析 ····················· 钱心怡（319）
中原地区青铜时代初期铜、玉礼器关系初探 ·························· 董　苗（378）
试论二里头文化玉器群的来源构成及其考古背景 ···················· 王煜凡（456）

作者后记 ···（605）

龙山到二里头时代的洛阳盆地

——以网络分析为中心

孙慧琴

(中国国家博物馆)

一、绪　　论

（一）研　究　背　景

《保训》有言："舜既得中……，昔微遐中于河，以复有易。"[1]显然，舜帝和上甲微都认为，只有"允执其中"才能获得真正的统治权。因而武王既克大邑商，第一件事则是当庭告于天："余其宅兹中或，自之乂民。"居中而治与天命观紧紧联系在一起，三代统治核心对"中"的追求甚至可以与政治中心的变迁对应[2]，以至于现代"中国"国名都是这种观念的体现。这不可谓不是中国传统政治留下的丰厚遗产，也是中国哲学自别于他种哲学的明显标志。然而，"地中"在哪儿？《史记·周本纪》记载，西周初年，周公经营洛邑，赞美这里："居天下之中，四方贡道里均。"《逸周书·度邑解》描述了武王选址洛阳建立新都在宗教、政治与历史方面的考虑："自洛汭延于伊汭，居阳无固，其有夏之居。我南望过于三涂，我北望过于有岳，丕愿瞻过于河，宛瞻于伊洛，无远天室。"由于洛阳盆地紧邻太室嵩山，因此肩负维护天命的重任；又因其坐落于夏人故地，强调洛阳作为政治和历史空间的正当性[3]。在周人的建国叙事里，所谓有夏之居、天下之中，即洛阳盆地。

是不是"有夏之居"，与考古学材料似乎很难对应，但是纵观夏纪年内的聚落态势，中原大地在纷乱中孕育新动向，洛阳盆地开始登上历史舞台，却是不争的事实。大体在公元前2000年前后，大河以东晋南地区辉煌一时的陶寺文化由盛转衰，几乎与此同时，大河之南嵩山一带，在"逐鹿中原"的躁动中逐渐显现出区域整合的迹象，新砦集团开始崭露头角。显然，它的崛起，为随后以二里头为先导的中原广域王权国家的飞跃发展奠定了基础。在地缘政治上，地处中原腹地的郑州—洛阳地区成为中原王朝文明的发祥地[4]。

为什么是洛阳盆地，为什么是二里头？龙山时代晚期，相比洛阳盆地的寂寂无闻，豫中地区却拥有着以王城岗、瓦店和古城寨为中心的三级聚落群，它们比肩而立，王城岗和古城寨都有夯土城墙，这构成了河南中部地区最为复杂的聚落系统[5]。稍后，面积70万平方米的新砦遗址，异军突起于古城寨聚落群中，该区域看起来更像是聚落网络系统的中心所在。为什么控制中原、掀起统治风暴的不在陶寺、不在新砦而在二里头呢？论及人口基础，豫中地区的优势似乎大于洛阳盆地。据刘莉、许宏等先生的研究，二里头都邑在洛阳盆地的出现具有突发性，缺乏源自当地的聚落发展的基础，应当不是洛阳盆地龙山文化社会自然发展的结果[6]，其发展源动力或是外来移民，或是伊洛地区众村落人口的集聚[7]。尽管有研究者已经敏锐地观察到了这一现象，但其中具体的聚落整合过程却极少被相关研究涉及，整合的细节付之阙如。洛阳盆地龙山时代和二里头时代社会组织与聚落布局有何区别？二里头在洛阳盆地迅猛发展的动力、途径是什么？早期国家采取了什么样的聚落控制模式？以陶器群所代表的文化因素的变化和以聚落形态为代表的社会组织方式之间是否能实现完美联动？

笔者认为，要讨论以上问题，必须对两个方面进行拓展。第一是材料方面：自美国考古学家戈登·威利的《秘鲁维鲁河谷的史前聚落形态》一书出版后，考古学研究开启了一个新纪元，通过区域系统调查全面展示古代遗址分布的景观形态的方法正日益受到青睐。这种方式可以让我们发现并记录一个景观区域内古代人类生存和居住所遗留下来的物质遗存的空间分布；对调查所发现的地表遗存进行辨识和分析，为正确认识古代聚落和景观形态提供一个可以加以验证的基础[8]。区域系统调查不但可以提供聚落形态变迁史，通过对遗址的等级分布、遗址与自然环境的关系和聚落中心的转移等现象的揭示，这种方法为进一步考察特定区域内的社会、政治和经济发展的过程提供必要的依据[9]。洛阳盆地考古工作起步早，基础强，目前已经建立起了较为完善的考古学文化序列，从龙山文化起至二里头文化四期终，约为一千年左右的时间里，陶器分为六期（将新砦类遗存包含在龙山文化晚期的范畴内），详细的分期背景为区域系统调查提供了基础的时间框架和可靠的年代学标尺。正是在先前工作的基础之上，中国社会科学院考古研究所与澳大利亚拉楚布大学考古系组成的联合考古队、中国社会科学院考古研究所二里头工作队的共同成果——洛阳盆地中东部先秦时期遗址的区域系统调查已经顺利出版调查报告。项目实施内容主要包括拉网式考古调查和与其相伴的地质考古学、古植物学研究等几个主要部分[10]。这部报告共披露遗址（或地点）456处和大量先秦时期的采集遗物。遗址涵盖了先秦时期的各个阶段，包括214处龙山文化遗址，204处二里头文化遗址，初步勾勒起了国家诞生前夜到国家发展初期的洛阳盆地聚落分布态势。可以说，这批材料是了解该地区的社会复杂化进程，探寻从龙山时代到二里头时代的聚落演变的宝库。本文聚落材料皆出于本报告，后文简称"调查报告"，不再另行说明。

当获得了翔实的聚落基础数据，我们又该如何进行研究：如何确定是自然环境、经济政治抑或是社会活动构成了特定的空间利用？如何定义聚落等级，何为"中心聚落",何为"边缘聚落",标准是什么?如何分析聚落之间的关系,是合作还是对抗?如何确定聚落团块的"集聚"或是"分散"?如何采取一种更好的聚落描述方式,使其适于与其他地点或进行历时性的比较?笔者认为,到目前为止这些问题还没有被充分讨论。当前宏观聚落分析模式中,充斥着仿佛不证自明的"推理"和内涵和外延含混的"概念";在划定聚落等级时,标准不明朗,仅有少数研究说明了其民族学或人口学依据,已经造成了相当模式化的解释;在确定"中心"与"边缘"时,默认以考古发现的"城址"为"中心聚落"却缺少详细的论证,其腹地、人口等必要信息不明,更遑论"城址"的发现又极具偶然性;另外,更为重要的一个问题在于,当前指导宏观聚落分析经常采用的视角是"中心位置理论",即利用诸如资源域、泰森多边形等方法确定理论化的遗址网络,以求对资源最大程度的利用[11]。但是该方法问题很大:第一,过于机械化地默认古代遗址最重要的决定因素是经济效益和资源开发,忽略了古代人类的社会选择因素;第二,这种方法设想了一个个互相独立的资源探索面,但是实际上,古代人群的生活半径不可能不相互交叠,在相对不连续的、不密集的遗址分布区域,这种方法应该如何使用也是一个问题。

事实上,在20世纪最后20年,地理学的"空间转向"使得空间关系从物理关系中脱离出来,借助地理信息系统等技术工具,新地理学衍生出空间分析、网络分析、语言景观研究等多学科综合方法,并应用于对人类活动遗迹的研究[12]。"空间转向"一改"中心位置理论"的研究视角,更加注重拓扑空间、关系空间的讨论,这在古代聚落研究中适用性很强。在最近二十年,伴随着网络科学取得重大进展、计算机数据处理能力得到大幅提升、移动互联网开始定义个人和世界,考古学中的网络分析发展成为一个引人注目的领域。这种分析方式以节点(nodes)和链接(links)为底层架构,强调以联系的视角去看待事物本身及其发展过程,探究此种联系是如何对古代社会的进程产生影响的。这种网络视角有几个优势:首先,网络分析本质上是基于节点的方法,不存在"中心-边缘"的基于面的假设,节点之间的联系没有固定的方向,不需要根据物质材料划分出边界和区域,因而与区域系统调查所得到的和宏观聚落数据是颇为契合的;其次,网络分析作为一种研究范式,没有一个唯一的理论体系,它允许各种不同的理论视角对考古学研究进行设计[13],也适合于从定量到定性、从科学视角到哲学视角、从微观到宏观、从当代群体到过去行为等各种不同维度,这给了考古学家相当大的灵活性。最后,网络分析恰恰提供了一整套分类、处理、量化关系的度量标准,拥有多种可视化联系的工具,也形成了一系列计算和解释模型。因此,网络分析可以独辟蹊径,为研究聚落形态注入新的活力,帮助考古学家更明确地思考聚落布局及相互关系,并在不同的物质、社会、空间和时间尺度上表达关系。

在本文中,笔者在洛阳盆地史前聚落研究中引入网络分析这一方法,目的是对以上所提出的问题进行深入讨论,利用一种更加契合的手段进行宏观聚落的分析,规避前述分析手段的弊端,从自然环境、经济技术、政治整合等多个角度思考洛阳盆地从龙山到二里头时代聚落的演变过程，讨论早期国家形成的动力和进程。

1. 地质地貌与变迁

洛阳盆地位于河南省西部，黄河中游，经纬度范围为 34°30′N～35°52′N、112°18′E～113°07′E 之间。在地貌上属于豫西丘陵区，是我国第二级阶梯和第三级阶梯的过渡地带。盆地北依邙山，南抵嵩山及其余脉万安山，西靠崤山支脉的周山，中东部为伊洛河冲积平原，构成三面环山、东西狭长的椭圆形盆地，总面积约 1000 平方千米，地跨洛阳市区、偃师区及巩义市、宜阳县、伊川县等部分地区（图一）。洛阳盆地是在距今 1.5 亿年前后的燕山期褶皱基础上新形成山间断陷沉积盆地，由北向南大体分成三个地貌单元：北部为邙山黄土丘陵，中部为呈三级阶地的伊洛河冲积平原，南部为万安山低山丘陵及山前冲积坡地，地势由西向东倾斜[14]。第四纪冰期以后，在伏牛山以北至太行山一带，堆积了大量黄土，构成史前时期本区地表的基本形态。进入全新世以来，除了伊河、洛河流经的冲积平原地带的河流阶地一直在塑造过程中，其余地点未经历重大地质变化，正是在这样相对稳定的环境内，洛阳盆地的考古学文化经历了较为连续的发展。

盆地内主要的水系为洛河下游及其支流涧河、瀍河和伊河。其中瀍河和涧河在洛阳盆地西北部南流汇入洛河。伊河出伊阙后东北向流经洛阳盆地，在偃师境内汇入洛河后并称伊洛河，伊洛河在巩义境内的神堤处汇入黄河。伊洛河平原地势平坦，汇流面积广阔，伊河和洛河河道在历史上并不稳定。洛河自全新世以来不断北移，伊河持续东延加长，河床不断南北摆动[15]，龙山到二里头时代的伊洛河交汇处应在如今的西部。洛阳盆地的水系覆盖面积广阔，四通八达，东北经巩义与郑州地区相连，东南通过伊河及其支流白降河、杜康河等与颍河、沙汝河相通，西北沿涧河、黄河可到三门峡地区，在相对封闭的地形中创造了通达的交通条件。

从小环境看，可将洛阳盆地分为三个地貌区：

（1）北部邙山黄土丘陵台塬

盆地北部分布着黄土丘陵——邙山。邙山又名北邙山、北芒、北山、平逢山、太平山、郏山等，属于秦岭北支崤山之余脉，同时也是黄河与其支流洛河的分水岭，黄河在山北流过，北坡坡度较平缓；洛河在山南流过，多处基岩裸露。

邙山位于东亚地貌阶梯边界带上，地处以风尘沉积为主的黄土区向以风尘沉积与流水沉积共同作用的平原区的过渡地带，是黄土高原与华北平原过渡带上最东南缘的黄土塬。西高东低，山顶较为平缓，中间高两侧低，一般海拔 120～300 米，相对高度 50～180 米。中东部主要山峰有凤凰山、祖师庙山、首阳山、虎头山、小平山（东首阳山）、大力山、神尾山等。最高峰为偃师境内的祖师庙山，海拔 404.8 米（一说 403.9 米）。山上覆盖数米至数十米厚的黄土，其下有较厚的钙质结构层（料姜石），基岩为石英砂岩。

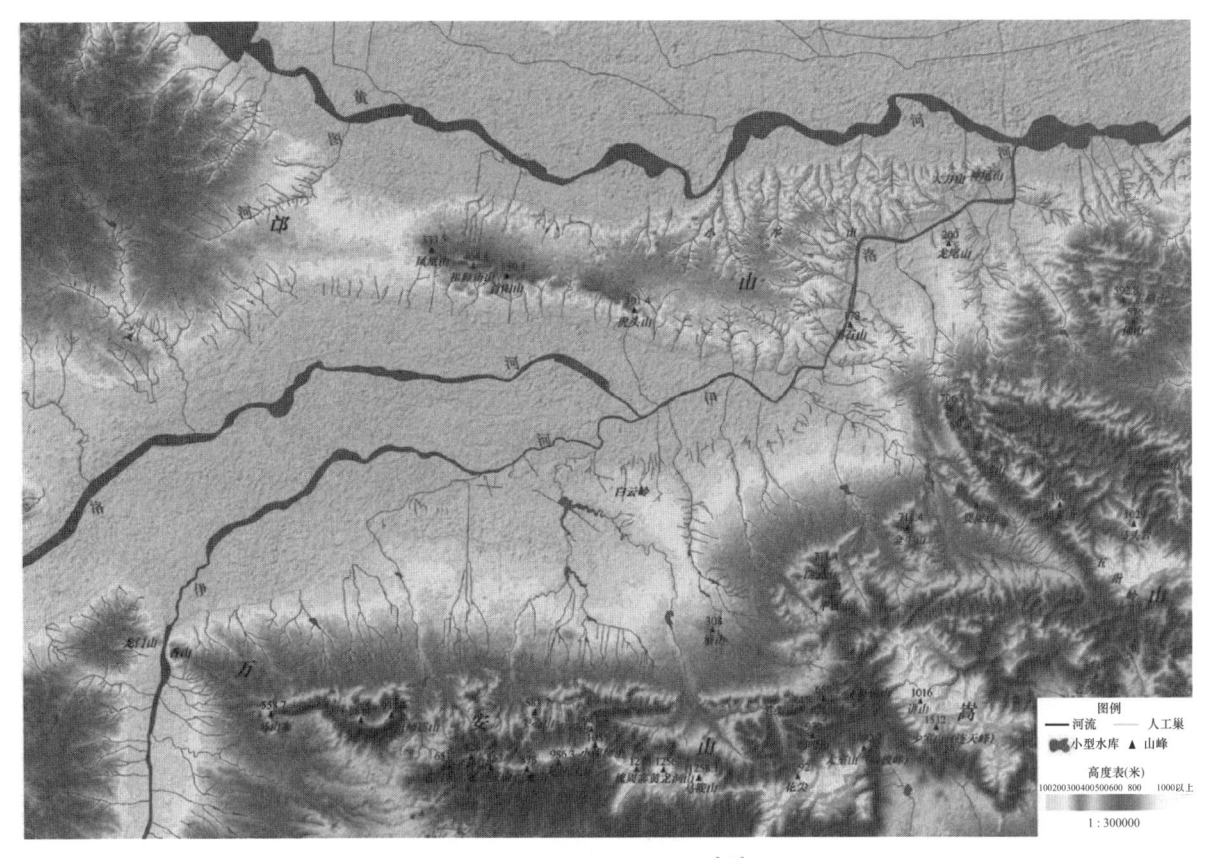

图一 洛阳盆地地形图[16]

由于邙山南侧坡度较缓，地表受雨水冲刷形成了许多南北向的小冲沟，部分冲沟在雨季有雨水汇集，形成季节河，这些溪流和季节河共同构成了洛河北岸的众多南北向支流。雨季形成的地表径流或流入邙山南麓山脚下的古河道，或南流汇入洛河，沿岸也有不少遗址分布。比较大的冲沟有马沟、莫家沟、丁沟、邢沟、龙虎沟、香峪北沟、下洞沟、大东沟、汤泉沟、魏窑沟、石头沟、寺沟、南沟、小龙王庙沟、南水沟等。

（2）伊河、洛河的下游及伊洛河冲积平原

盆地中部是呈三级阶地的冲积平原，主要位于洛阳市和偃师境内，呈西南向东北带状分布，分布于伊、洛河的下游与汇流后地段，在两河的长期共同作用下形成，是区域内最宽的河谷平原。海拔多在150米以下，由洛河北侧平原、伊河南侧平原以及两河间的夹河平原三部分组成。其中，伊河和洛河的一二级阶地面平坦，因长期受到人类耕作改造的影响，阶地线已经不明显。三级阶地靠近两侧丘陵，西宽东窄，因接受两侧丘陵洪积冲积黄土的覆盖，地面坡度较大，因流水切割作用形成了大大小小的冲沟，形成于更新世[17]。全新世以来，气候和水文在持续对冲积平原进行改造：更新世末期至全新世初期，由于气候转暖降水量增加，伊、洛河水量增加引起河流下切，形成了二级阶地[18]；全新世以来，一级阶地开始发育但并不稳定，时有改道或迁徙现象发生[19]；由于历史时期人类活动不断加大，伊洛汇流点不断东移，两河之间的夹河平原不断扩大。

北侧平原与黄土丘陵相连，向南侧倾斜，海拔120～200米，相对高度一般为20～30米，宽2000～4000米。伊、洛河两河间的夹河平原，俗称"夹河滩"，西起洛阳市洛龙区关林镇附近，东至偃师区岳滩镇杨村附近，由堆积阶地和河漫滩构成，大部分海拔在120米左右，相对高度10～20米，地势平坦，地面开阔，南北宽3000～5000米。地表物质以黄色亚黏土和夹砂黏土为主。伊河南侧平原，由二级堆积阶地和河漫滩构成，海拔低于150米，相对高度25米左右，宽2500～4000米。

（3）南部山前冲积坡地和低山丘陵

南部属于万安山冲积坡地和低山丘陵地带，冲积坡地位于伊河南二级阶地与万安山之间，是山前洪积冲积形成的平坡地。土层深厚，海拔150～350米，由南向北呈单一方向倾斜。沿万安山麓有零星石岗凸起。沙河以东，地势平缓，虽有冲沟，但不失其完整性。沙河以西呈梁状地形，冲沟发育，地块破碎[20]。靠山根处海拔400米左右，向北缓慢下降至150米，继而陡然下降，北接伊洛河河谷平原。伊河南岸支流和季节河将黄土塬切割为不同的小塬。塬的周围呈现出黄土梁和"V"形谷并存的地貌。

低山丘陵地区指嵩山山脉，属于秦岭支脉伏牛山系之余脉，是黄河与淮河流域的分水岭。其中西段的万安山横亘于洛阳市伊滨区（原偃师市）、偃师和伊川之间，西起伊阙，东至嵩山。伊河出龙门后，流入洛阳盆地，万安山北麓水流汇入伊河主流，主要包括杨沟、诸葛沟、梁村沟、酒流沟、袁沟－岨家沟、沙沟河、东沙沟河、浏涧河、马涧河。

东段的嵩山主要处于偃师、巩义和登封、新密交界处。源自嵩山北麓的众多支流汇入伊洛河，其中包括干沟河、曹河、沙河沟、天坡河、坞罗河。万安山及嵩山北坡较缓，南坡陡峭。

这一区域还包括位于盆地东北侧、连接郑州地区的伊洛河下游流域。该区域是伊洛河汇流入黄河的狭长地带，形成了东北—西南向的狭窄冲积平原。其中，邙山南麓受季节性水流作用形成多数短小的冲沟，嵩山北麓有石河、西泗河、东泗河等河流汇入伊洛河。伊洛河北岸狭窄，山势陡然升高，南岸稍宽，由嵩山上流下的冲沟汇入伊洛河下游。该地区地势险要，"东临虎牢关，南屏轘辕关，西据黑石关，北濒黄河天堑"[21]，是洛阳盆地通往黄河的重要通道。

2. 气候特征及其变化

洛阳盆地处于我国地貌二级阶梯和一级阶梯的过渡带，在气候上属于暖温带与亚热带过渡带，地貌组合较为复杂，形成了相对独立的小地貌区，气候的水平分布和垂直分布差异较明显。总体来说，该地区气候有如下特征：

(1) 气温总体温暖，包含地域差异

年日照时数1823.6~2247小时，丘陵地区日照充足，在2130小时以上。除地形以外，随着海拔高度的增加，日照时数增加。近些年来，由于洛阳大气污染严重，城市建设加快，实际上洛阳盆地的日照时数应更长。平均气温在12.3~15.1℃之间，川区高于丘陵，丘陵高于山区，形成了由洛阳中北向西南及北部逐渐递减的趋势。近年，随着气候变暖的趋势加强，"暖冬"现象明显，日平均气温低于0℃的天数由原先的14.8天降到12.5天，低温天数越来越少，这造成农作物生长周期缩短，植物开花提前[22]。

(2) 降水变率大，极端天气频繁

盆地年平均降水量为517.5~794.6毫米，降水量根据地形不同有所差异，南部山区降水多，北中部川地丘陵降水少，偃师地区降水量最少，比多雨区降水量少将近300毫米。降水月际差异大，夏季降水量占年降水量的50%左右，此时处于大部分农作物的生长期，对农作物有利。但是由于降水强度大，雨势猛，不易渗入地下，形成地面径流造成水土流失，不易被农作物利用。另外，洛阳盆地的春季受到冷暖气流的交替影响，天气多变，因变性极地大陆干冷气团不时南下，降水量偏少，春旱和春涝交替发生，对农作物生长影响很大[23]，年降水量最大1063毫米，最小243毫米，干旱年份与湿润年份的降水量相差悬殊。

(3) 龙山时代所经历的气候异动期

地球史上的最后一次冰期结束后，出现过全球性的气候回暖时期。以施雅风院士为首的课题组对中国全新世大暖期气候与环境进行了专门研究，认为我国全新世大暖期出现于距今8500~3000年之间[24]。此后，全球气候总体开始向干冷转变。本文关注的洛阳盆地的龙山时代到二里头时代，处于全新世大暖期的后两千年，是一段气候波动的亚稳定暖温期[25]。各种证据显示，距今大约4000年左右，在全新世气候大暖期结束造成的大环境恶化趋势中，龙山时代经历了北半球的一次严重的气候异常大事件，这就是全新世三号事件[26]。这种气候异常导致距今4400年后大约5个世纪的时间内，寒潮和旱季快速交替出现[27]。在半干旱至干旱的季风区，异常的气候变化以降水和河流水文强烈的季节性变化为特征，由降雨不足导致严重干旱或由暴风雨造成特大洪水[28]。长期的干旱和降温条件使植被减少，当发生大暴雨时，会在地表重新切开冲沟、增加地表径流，造成水土流失。另外，采伐森林和耕作也会造成水土流失和河流泥沙沉积加剧，并促使沟壑发育，反过来加剧水土流失[29]。黄土高原特别容易受到侵蚀，由于土壤结构的限制，平原和山脊上的植被较为稀疏。

黄河中下游沿岸断面的地貌研究证明了气候突变带来的生态危机程度。洛阳盆地[30]和鄂尔多斯[31]的剖面都显示，在龙山时期，河流的快速侵蚀形成了半米厚的重型沉积物，夹在两层相对稳定沉积的土壤之间。河南孟津寺河南湖沼堆积物显示出了从龙山时代到二里头时代邙山黄土台塬上的气候变化：在龙山时期，该地处于湖泊发育时期，水域面积较大，气候温暖湿润；到了二里头早期，气候依然温暖湿润但湖沼开始消亡,至中晚期原湖沼位置已经消亡,取而代之的是人类生活痕迹[32],这说明邙山黄土台塬的小气候在向干冷转变。

不同自然环境和文化的组合影响着当地对气候变化做出回应的方式[33]。气候变化不一定决定社会发展的进程和结果,但确实改变了政治行动和社会互动发生的框架。当地环境、文化传统和人类行为在变化的框架内起作用,其中政治、经济和社会方面的因素影响着人类与改变了的环境之间的互动。在经历龙山时期的气候异动后的百年间,超大规模的聚落二里头在洛阳盆地崛起,自然环境变量是二里头文化完成区域整合的因素之一。

(二)研究简史

洛阳盆地所在的中原地区是我国考古工作开展最早和基础工作做得最为扎实的地区之一[34]。该地区的考古工作起始于20世纪20年代瑞典人安特生在河南渑池仰韶村和新安县东杨遗址的考古调查。此后,在河南古迹研究会、洛阳市文物工作队、中国社会科学院考古研究所、郑州市文物考古研究所、巩义市文管所、北京大学考古文博学院、澳大利亚拉筹伯大学等国内外多家单位多年工作的支持下,洛阳盆地古遗址调查和发掘工作稳步推进,调查范围覆盖广,考古发掘的遗址丰富。尤其《洛阳盆地中东部先秦时期遗址:1997~2007年区域系统调查报告》报告是继《中国文物地图集·河南分册》[35]以来,研究洛阳盆地古代聚落分布状况的更为全面系统的资料,为当前研究洛阳盆地从龙山时代到二里头时代的自然环境、政治经济、社会状况的演变提供了丰富翔实的基本数据。

洛阳盆地自考古学诞生以来,就是探索夏商文化的重点区域,典型遗址丰富。经过近一个世纪的努力,洛阳盆地龙山文化和二里头文化演变序列已经建立,这是聚落研究的基础。

1. 考古调查与发掘

洛阳盆地的大型考古调查活动包括:巩义市文管所等单位于1991~1992年度对境内坞罗河流域和洛汭地带的考古调查[36];20世纪90年代中期配合黄河小浪底水利枢纽工程的抢救和保护工作[37];在聚落考古理论和实践指导下,中国社会科学院考古研究所与澳大利亚拉筹伯大学考古系合作在伊洛河地区进行的区域系统调查[38];中国社会科学院考古研究所二里头工作队对洛阳盆地新石器至商周时期考古遗存进行的系统踏查[39]。以后两项工作为基础出版了区域系统调查报告[40]。

洛阳盆地的考古发掘主要集中在与洛阳市区接壤的西半部分,伴随着对东周王城和隋唐洛阳城的持续发掘和市区铁路、公路建设开展起来。包含龙山文化和二里头文化遗存且经过正式发掘的遗址有:洛阳东干沟、西干沟、王湾、矬李、皂角树、王圪垱、吕西庙，偃师汤泉沟、灰嘴、二里头、西高崖，巩义稍柴、滩小关、里沟、花地嘴，孟津小潘沟（但下文的分析中没有部分遗址的数据，是由于调查并未覆盖洛阳盆地西部区域，将其纳入统计范围或会造成误差）。根据这些遗址的面积排序为：二里头、西高崖、花地嘴、稍柴、灰嘴、矬李、滩小关、东干沟、王圪垱、里沟、西干沟、吕西庙、汤泉沟、皂角树、王湾（表一）。

表一 洛阳盆地考古发掘遗址编年

遗址	龙山早期	龙山晚期	二里头一期	二里头二期	二里头三期	二里头四期
二里头			■	■	■	■
西高崖			■	■	■	■
花地嘴		■	■	■		
稍柴		■	■	■	■	■
灰嘴		■	■	■	■	■
矬李		■	■			
滩小关		■				
东干沟		■	■	■	■	■
王圪垱		■				
里沟						
西干沟		■	■			
吕西庙		■				
汤泉沟		■				
皂角树			■	■		
王湾		■				

（1）考古调查

时间	负责单位	地点	时代	出版物
1932年3月	河南古迹研究会（李济、董作宾）	伊阙、北邙、金墉城		
1937年	河南省博物馆	偃师灰嘴	新石器	《偃师古迹记自序》[1]
1955年	洛阳专署文物工作组	北邙山营庄、凤凰台	仰韶、龙山	《洛阳邙山发现新石器时代遗址》[2]
1956年	洛阳专署文管会	偃师灰嘴	仰韶、龙山、二里头	《洛阳专区文管会勘察偃师县灰嘴村古文化遗址》[3]
1957年	洛阳专署文管会	伊阳城东村、卢氏南村、孟津李家窑、西后李、瓦店村、伊川白元村、宜阳福昌寨、庄家门、高桥村、凹里村、偃师屯寨村	龙山	《洛阳专区文物普查中得37处古遗址》[4]

续表

时间	负责单位	地点	时代	出版物
1958年	河南省文化局文物工作队	偃师酒流沟	仰韶、龙山	《河南偃师酒流沟新石器时代遗址的调查》[5]
1959年	中国科学院考古研究所洛阳发掘队（徐旭生）	偃师二里头	二里头	《1959年夏豫西调查"夏墟"的初步报告》[6]
1959年	中国科学院考古研究所洛阳发掘队	洛宁、宜阳、嵩县、伊川、汝阳、临汝六县	仰韶至战国	《1959年豫西六县调查简报》[7]
1959年4月	河南省文化局文物工作队	偃师灰嘴	龙山、二里头	《河南偃师灰嘴遗址发掘简报》[8]《河南偃师县灰咀商代遗址的调查》[9]《河南偃师灰嘴遗址发掘报告》[10]
1962～1963年	中国科学院考古研究所洛阳发掘队	程子沟、夏后寺、西口孜、盆窑、滑国故城	仰韶至商周	《伊河下游几处新石器遗址的调查》[11]《河南偃师商代和西周遗址调查简报》[12]
1963年	河南省文化局文物工作队	偃师宫家窑、南蔡庄和夏后寺	仰韶、青铜时代	《河南偃师仰韶及商代遗址》[13]
1975年	洛阳博物馆	洛阳市和孟津县境内28处遗址	仰韶到二里头	《一九七五年洛阳考古调查》[14]
1978年	洛阳博物馆	孟津平乐	龙山	《孟津平乐新石器时代遗址调查》[15]
1984年5～11月	洛阳市文物普查队	孟津、新安、偃师三县区和洛阳市郊区143处，新发现16处	裴李岗至商周	《洛阳市一九八四年古文化遗址调查简报》[16]
1985～1987年	郑州市文物工作队、巩县文管所	巩义水地河	裴李岗、仰韶、龙山	《河南巩县水地河新石器遗址调查》[17]
1990～1993年	中国社会科学院考古研究所洛阳发掘队	洛阳、平顶山、三门峡		
1991年	巩义市文管所	坞罗河流域	裴李岗至商周	《巩义市坞罗河流域河南龙山文化遗址调查》[18]《巩义市坞罗河流域二里头文化、商、周文化遗存调查》[19]
1992年	河南省社会科学院河洛文化研究所、河南省巩义市文物保护管理所	巩义市洛汭地带	仰韶至商周	《河南省巩义市洛汭地带古代遗址调查》[20]
1997～2007年	中澳美伊洛河流域联合考古队	洛阳盆地东部区域伊洛河下游的坞罗河、曹河和干沟河	裴李岗至商周	《中国文明腹地的社会复杂化进程——伊洛河地区的聚落形态研究》[21]
2001～2003年	中国社会科学院考古研究所二里头工作队	洛阳盆地中部区域	裴李岗至商周	《河南洛阳盆地2001～2003年考古调查简报》[22]

续表

时间	负责单位	地点	时代	出版物
1997~2019年	中国社会科学院考古研究所、中澳美伊洛河流域联合考古队	洛阳盆地中东部区域	裴李岗至商周	《洛阳盆地中东部先秦时期遗址》[23]

注：

[1] 李鉴昭：《偃师古迹记自序》，《河南博物馆馆刊》1937年7、8期。
[2] 裴琪：《洛阳邙山发现新石器时代遗址》，《考古通讯》1955年5期。
[3] 《洛阳专区文管会勘察偃师县灰嘴村古文化遗址》，《文物参考资料》1956年1期（文物工作导报）。
[4] 李健永、贾峨：《洛阳专区文物普查中得37处古遗址》，《文物参考资料》1957年5期（文物工作导报）。
[5] 董祥：《河南偃师酒流沟新石器时代遗址的调查》，《考古》1965年1期。
[6] 徐旭生：《1959年夏豫西调查"夏墟"的初步报告》，《考古》1959年11期。
[7] 中国科学院考古研究所洛阳发掘队：《1959年豫西六县调查简报》，《考古》1961年1期。
[8] 河南省文化局文物工作队：《河南偃师灰嘴遗址发掘简报》，《文物》1959年12期。
[9] 河南省文化局文物工作队：《河南偃师县灰咀商代遗址的调查》，《考古》1961年2期。
[10] 河南省文化局文物工作队：《河南偃师灰嘴遗址发掘报告》，《华夏考古》1990年1期。
[11] 中国科学院考古研究所洛阳发掘队：《伊河下游几处新石器遗址的调查》，《考古》1964年1期。
[12] 中国科学院考古研究所洛阳发掘队：《河南偃师商代和西周遗址调查简报》，《考古》1963年12期。
[13] 杨育彬：《河南偃师仰韶及商代遗址》，《考古》1964年3期。
[14] 洛阳博物馆：《一九七五年洛阳考古调查》，《河南文博通讯》1980年4期。
[15] 朱亮：《孟津平乐新石器时代遗址调查》，《中原文物》1983年4期。
[16] 方孝廉：《洛阳市一九八四年古文化遗址调查简报》，《中原文物》1987年3期。
[17] 廖永民、王保仁：《河南巩县水地河新石器遗址调查》，《考古》1990年11期。
[18] 巩义市文管所：《巩义市坞罗河流域河南龙山文化遗址调查》，《中原文物》1992年4期。
[19] 巩义市文管所：《巩义市坞罗河流域二里头文化、商、周文化遗存调查》，《中原文物》1992年4期。
[20] 河南省社会科学院河洛文化研究所、河南巩义市文物保护管理所：《河南省巩义市洛汭地带古代遗址调查》，《考古学集刊》（第九集），科学出版社，1995年。
[21] 陈星灿、刘莉、李润权等：《中国文明腹地的社会复杂化进程——伊洛河地区的聚落形态研究》，《考古学报》2003年第2期。
[22] 中国社会科学院考古研究所二里头工作队：《河南洛阳盆地2001~2003年考古调查简报》，《考古》2005年5期。
[23] 中国社会科学院考古研究所、中澳美伊洛河流域联合考古队：《洛阳盆地中东部先秦时期遗址：1997~2007年区域系统调查报告》，科学出版社，2019年。

（2）考古发掘

时间	单位	地点	时代	出版物
1933年	河南古迹研究会	浚县刘庄、巩县塌坡和马峪沟、广武青台	新石器时代	
1954年9月	中国科学院考古研究所洛阳发掘队	配合中州路建设同时对涧河两岸的西小屯、同乐寨、五女冢、东干沟等地进行发掘	仰韶、龙山、二里头、二里岗	《洛阳涧滨古文化遗址及汉墓》[1]《洛阳发掘报告——1955~1960年洛阳涧滨考古发掘资料》[2]《1958年洛阳东干沟遗址发掘简报》[3]

续表

时间	单位	地点	时代	出版物
1955 年	河南省文化局文物工作队第二队	洛阳孙旗屯	仰韶、龙山、商	《洛阳涧西孙旗屯古遗址》[4]
1957 年	河南省文化局文物工作队第二队	偃师汤泉沟	仰韶、龙山	《河南偃师汤泉沟新石器时代遗址的试掘》[5]
1959 年开始	中国（社会）科学院考古研究所二里头工作队	偃师二里头	仰韶、龙山、二里头	《偃师二里头：1959 年～1978 年考古发掘报告》[6]（以下简称《偃师二里头》）《二里头：1999～2006》[7]
1959～1960 年	河南省文化局文物工作队	巩义稍柴	二里头	《河南巩县稍柴遗址发掘报告》[8]
1959～1960 年	北京大学考古实习队	洛阳王湾	仰韶、龙山	《洛阳王湾遗址发掘简报》[9]《洛阳王湾——田野考古发掘报告》[10]
1966 年	洛阳博物馆	洛阳东马沟墓葬	二里头	《洛阳东马沟二里头类型墓葬》[11]
1996 年 4～12 月	洛阳市文物工作队、郑州大学考古系、孟津县文管会	孟津妯娌	仰韶、龙山	《黄河小浪底水库文物考古报告集》[12]
1969 年	洛阳市文物工作队	洛阳西吕庙	龙山	《洛阳西吕庙龙山文化遗址发掘简报》[13]
1975～1976 年	洛阳博物馆	洛阳矬李	仰韶、龙山、二里头	《洛阳矬李遗址试掘简报》[14]
1976 年	洛阳博物馆	洛阳西高崖	龙山、二里头	《洛阳西高崖遗址试掘简报》[15]
1976 年	洛阳博物馆	孟津小潘沟	龙山	《孟津小潘沟遗址试掘简报》[16]
1983 年	中国社会科学院考古研究所	偃师商城	商	《偃师商城》（第一卷）[17]
1960 年/1988 年	北京大学历史系洛阳考古实习队（1960）/洛阳市第二文物工作队、偃师县文物管理委员会（1988）	偃师高崖	裴李岗、仰韶、龙山、二里头	《河南偃师伊河南岸考古调查试掘报告》[18]《洛阳市偃师县高崖遗址报告》[19]
1992 年	河南省文物考古研究所	巩义滩小关	仰韶、龙山	《河南巩义市滩小关遗址报告》[20]
1992～1993 年	洛阳市文物工作队	洛阳皂角树	二里头	《洛阳皂角树》[21]
1993～1994 年	郑州市文物工作队、巩义市文物保管所	巩义里沟遗址	仰韶、龙山	《河南巩义市里沟遗址发掘简报》[22]《河南巩义市里沟遗址 1994 年度发掘简报》[23]

续表

时间	单位	地点	时代	出版物
2001~2004年	郑州市文物考古研究所	巩义花地嘴	龙山、二里头	《河南巩义市花地嘴遗址"新砦期"遗存》[24]
1959年/2002~2006年	河南省文化局文物工作队（1959）/中国（社会）科学院考古研究河南第一工作队（2002~2006）	偃师灰嘴	龙山晚期、二里头	《河南偃师灰嘴遗址发掘报告》[25]《河南偃师市灰嘴遗址西址2004年发掘简报》[26]《2002~2003年河南偃师灰嘴遗址的发掘》[27]《河南偃师市灰嘴遗址2006年发掘简报》[28]
2005~2006年	洛阳市文物工作队	洛阳王圪垱	龙山、二里头	《洛阳发现龙山晚期至二里头早期环壕聚落遗址》[29]

注：

[1] 中国科学院考古研究所洛阳发掘队：《洛阳涧滨古文化遗址及汉墓》，《考古学报》1956年1期。

[2] 中国社会科学院考古研究所：《洛阳发掘报告——1955~1960年洛阳涧滨考古发掘资料》，北京燕山出版社，1989年。

[3] 考古研究所洛阳发掘队：《1958年洛阳东干沟遗址发掘简报》，《考古》1959年10期。

[4] 河南文物工作队第二队孙旗屯清理小组：《洛阳涧西孙旗屯古遗址》，《文物参考资料》1955年9期。

[5] 河南省文化局文物工作队：《河南偃师汤泉沟新石器时代遗址的试掘》，《考古》1962年11期。

[6] 中国社会科学院考古研究所：《偃师二里头：1959年~1978年考古发掘报告》，中国大百科全书出版社，1999年。

[7] 中国社会科学院考古研究所：《二里头：1999~2006》，文物出版社，2014年。

[8] 河南省文物研究所：《河南巩县稍柴遗址发掘报告》，《华夏考古》1993年2期。

[9] 北京大学考古实习队：《洛阳王湾遗址发掘简报》，《考古》1961年4期。

[10] 北京大学考古文博学院：《洛阳王湾——田野考古发掘报告》，北京大学出版社，2002年。

[11] 洛阳博物馆：《洛阳东马沟二里头类型墓葬》，《考古》1978年1期。

[12] 河南省文物管理局、水利部小浪底水利枢纽、建设管理局移民局：《黄河小浪底水库文物考古报告集》，黄河水利出版社，1998年，第23~25页。

[13] 洛阳市文物工作队：《洛阳西吕庙龙山文化遗址发掘简报》，《中原文物》1982年3期。

[14] 洛阳博物馆：《洛阳矬李遗址试掘简报》，《考古》1978年1期。

[15] 洛阳博物馆：《洛阳西高崖遗址试掘简报》，《文物》1981年7期。

[16] 洛阳博物馆：《孟津小潘沟遗址试掘简报》，《考古》1978年4期。

[17] 中国社会科学院考古研究所：《偃师商城》（第一卷），科学出版社，2013年。

[18] 北京大学历史系洛阳考古实习队：《河南偃师伊河南岸考古调查试掘报告》，《考古》1964年11期。

[19] 洛阳市第二文物工作队、偃师县文物管理委员会：《洛阳市偃师县高崖遗址发掘报告》，《华夏考古》1996年4期。

[20] 河南省文物考古研究所：《河南巩义市滩小关遗址发掘报告》，《华夏考古》2002年4期。

[21] 洛阳市文物工作队：《洛阳皂角树》，科学出版社，2002年。

[22] 郑州市文物工作队、巩义市文物保管所：《河南巩义市里沟遗址发掘简报》，《考古》1995年6期。

[23] 郑州市文物考古研究所、巩义市文物保护管理所：《河南巩义市里沟遗址1994年度发掘简报》，《华夏考古》2001年4期。

[24] 郑州市文物考古研究所、北京大学考古文博学院：《河南巩义市花地嘴遗址"新砦期"遗存》，《考古》2005年6期。
[25] 河南省文化局文物工作队：《河南偃师灰嘴遗址发掘报告》，《华夏考古》1990年1期。
[26] 中国社会科学院考古研究所河南第一工作队：《河南偃师市灰嘴遗址西址2004年发掘简报》，《考古》2010年2期。
[27] 中国社会科学院考古研究所河南第一工作队：《2002~2003年河南偃师灰嘴遗址的发掘》，《考古学报》2010年3期。
[28] 中国社会科学院考古研究所河南第一工作队：《河南偃师市灰嘴遗址2006年发掘简报》，《考古》2010年4期。
[29] 吴业恒：《洛阳发现龙山晚期至二里头早期环壕聚落遗址》，《中国文物报》2007年3月16日第2版。

2. 文化序列

洛阳盆地呈向东敞开的半封闭地形，与其东的郑州地区可合称为伊洛－郑州区[41]，龙山时代在文化面貌上，与伊洛河上游、豫中、豫西南、豫东南地区相区别；在二里头时代与豫西南、豫中、豫东南地区相区别；文化面貌比较统一，各遗址之间的地域差异小，在文化面貌上不再划分小区。

（1）龙山时代

洛阳盆地龙山时代的遗存可以简单分为前后两期，前期包括庙底沟二期文化遗存及与其大体同时的大河村五期类遗存，晚段则为王湾三期文化。龙山文化早期在郑洛区文化面貌不明显[42]，很快被王湾三期文化所替代。

龙山文化早期以夹砂灰陶为主，流行粗绳纹、浅横篮纹和附加堆纹以及器物口沿或沿下一周附加堆纹的特征。陶器以盆形鼎、夹砂罐、双腹盆、斝、豆、高领瓮、刻槽盆为代表[43]。

龙山文化晚期即典型的王湾三期文化，王湾三期文化大量使用灰色和深灰色陶器，包括泥质和夹砂两大类。同时还有少量的泥质或夹砂红陶和泥质黑陶。陶器以轮制为主，器底多有轮旋纹。烧制火候较高。纹饰有绳纹、篮纹、方格纹、附加堆纹和弦纹等。常见器形有罐形鼎、矮足鼎、斝、鬶、甗、深腹罐、小口鼓腹罐、敛口罐、盆、钵、碗、杯、盘、豆等[44]。

洛阳盆地的新砦类遗存发现较少，有巩义花地嘴和偃师灰嘴。若有涉及，再行讨论。

（2）二里头时代

洛阳盆地的二里头文化分为前后相继的四期，每期至少分为早晚两段。二里头文化上承龙山晚期文化，下被二里岗文化所取代。

二里头文化陶器的质料有夹砂和泥质两类，颜色以灰色为主，此外还有少量白陶、黄褐陶。器类有深腹罐、圆腹罐、鼎、甗、鬲、盆、刻槽盆、平底盆、豆、三足皿、捏口罐、敛口罐、高领罐、高领尊、矮领尊、大口尊、小尊、缸、瓮、鬶、盉、爵、觚、杯、器盖等。

一期晚段，夹砂陶与泥质陶数量相当，灰黑陶数量超过一半，器类主要是尊、深腹罐、刻槽盆、瓮、缸。

二期早段，泥质陶多于夹砂陶，灰色上升为主要陶色，器类主要是深腹罐、尊、圆腹罐、盆、器盖、豆、缸、瓮、捏口罐、平底盆等。

二期晚段时，仍是泥质陶多于夹砂陶，夹砂陶中的砂料粗大且分布稀疏，从此段开始到四期晚段，灰陶始终占大多数。器类主要是尊、深腹罐、圆腹罐、盆、平底盆、捏口罐、豆、甑、缸等。

三期早段时，夹砂陶多于泥质陶，除灰陶外，还有灰黑、灰褐陶，不见白陶和黄褐陶，原为白陶、黄褐陶的盉、尊变为灰陶。主要器类是圆腹罐、深腹罐、尊、盆、捏口罐、缸、器盖等。

三期晚段时，仍是夹砂陶多于泥质陶，灰褐、红褐和灰黑陶数量略有上升，主要器类是尊、深腹罐、圆腹罐、盆、捏口罐、缸、器盖等。

四期早段时，夹砂陶多于泥质陶，有少量灰黑、灰褐陶。主要器类是尊、圆腹罐、深腹罐、盆、缸、器盖等。

四期晚段时，夹砂陶与泥质陶数量相当。主要器类是尊、深腹罐、圆腹罐、盆、缸、瓮、器盖、捏口罐等。出现少量外表有篦状刮痕的夹砂灰褐、红褐陶深腹罐、鬲等具有岳石文化特征的陶器和外表饰有细绳纹的橄榄状深腹罐、卷沿鬲、束颈盆等下七垣文化特征的陶器[45]。

3. 聚落研究史

聚落在中文中为"村落"之意，但英文"settlement"是栖居或定居的意思。在戈登·威利的定义下，是指"人类在他们栖居环境里安置自身的方式。它是指住宅和其排列方式，以及与社群生活相关的其他建筑物的性质和安置"[46]。这里面有几组容易含混的概念：首先，聚落不等于遗址，一个遗址可能会包含多个时间段的聚落；其次，受到"村落"概念的影响，一些研究者认为聚落布局研究即研究该时间段遗址的分布，这严重缩小了聚落研究的内涵。聚落布局包括聚落内部各单位的布局如房址、墓葬的功能及关系和聚落与聚落之间的布局。严文明先生总结聚落研究应该要包含以下三个方面的内容：①单个聚落形态和内部结构的研究，②聚落分布和聚落之间关系的研究，③聚落形态历史演变的研究[47]，这是关于聚落研究内涵比较全面的概括。但现实是，当前"聚落考古"的术语使用较为宽松，部分只讨论宏观聚落布局、聚落历时性演变的文章也冠以"聚落研究"之名，这在一定程度造成了理解上的混乱。在这种背景下，本文将采用"微观聚落"和"宏观聚落"这两个概念，分别对应上述聚落研究内容的前两者。

洛阳盆地是早期国家诞生的热点地带，聚落考古正因为其"在社会关系的框架之内来做考古资料的研究"[48]的视角,自引入中国学术界以来,就被考古学家积极地运用到了洛阳盆地的考古研究中,因而洛阳盆地的聚落研究成果颇为丰富。根据洛阳盆地聚落研究的方法,可以将前辈学者的研究归纳为三种类型:

(1)描述性分级、经验性分区的宏观聚落布局研究

赵春青的《郑洛地区新石器时代聚落的演变》对郑洛地区新石器时代聚落的发展演变做了较为全面的梳理和考察[49],是聚落考古的思路在中原地区应用最早且最为全面系统的著作[50]。该文针对同一时段的聚落分布、单个聚落的形态以及聚落内部遗迹三个维度进行分析,并对新石器时代郑洛地区的聚落演变做出了历时性的概括,试图从聚落形态上升到社会组织形式。但是该书中对"聚落群"或"聚落组"的划分仅是根据地质地貌特征或经验总结、对聚落等级的划定也未曾说明标准之依据,在区域聚落分析的方法论上建树不大。另外,该文体现出浓烈的"文化进化论"和"中原中心主义"色调,认为中原地区从新石器时代早期就开始孕育先进的因素直至最后诞生了二里头都城,龙山晚期就已经形成了以王湾三期文化为"花心"的众城拱卫之势,并把聚落分化的原因归结为社会上层权贵的贪欲所造成的社会分层。

高江涛的《中原地区文明化进程的考古学研究》对中原地区新石器时代晚期到二里头文化的文化谱系、聚落形态、墓葬、经济四方面内容进行了详尽的分析[51],目标在于从多个维度描述中原地区文明化进程。其中,将聚落形态分为单体聚落形态(即城址)、组聚落、区聚落三个层次,前两者以城址为中心进行分析,后者聚焦聚落群的历时性变化。该书的问题在于:对城址之外的普通聚落缺少足够的关注;理所当然地以城址为组聚落的中心,但却对聚落如何分组缺乏讨论;区聚落层级的分析流于宽泛;对聚落形态模式与社会组织形态之间的对应缺少理论指导,将聚落等级形态变化直接对应社会组织形态变迁。

(2)注重人地关系、人类生存适应性的聚落等级划分、聚落布局分析

杨林等的《洛阳地区史前聚落遗址空间形态研究》基于GIS技术,总结出了洛阳盆地史前聚落形态的自然规律:80%的遗址坡度小于3°;距河流基本上小于4千米;从裴李岗时期开始到二里头时期聚落数量和总面积变化不大,而到商时期聚落大规模减少,应与人口外迁有关。重要的是,该文基于对洛阳盆地史前聚落遗址的空间分异,研究了遗址间的亲疏关系,并与聚落考古学结合进行了聚落群聚形态初步划分[52]。该文的亮点在于提出了明确的聚落分群、聚落群分组的标准,以此为基础讨论了聚落的组织状况,而在此前的很多研究中,聚落分组仿佛是不证自明的。然而正如作者该文讨论中指出的那样,在聚落的发展变化中,忽视了社会背景的探讨,而这正是考古学最为关注的话题。

马寅清的《基于GIS的洛阳市史前聚落遗址空间分布特征研究》从海拔高度、坡度、离水距离、离水距离朝向、坡向等五个角度分析了洛阳史前聚落的地理偏好,发现自然地理环境尤其是海拔、地形和水系在极大程度上影响着聚落的选址及分布,并

发现从仰韶文化到龙山文化时期，人们对水源、自然光照等因素的依赖在逐步减弱[53]。该文从人地关系的视角讨论了聚落分布的自然环境特征，很好地揭示了洛阳地区史前聚落的分布规律，并运用历时性的视角，分析了不同文化时期人地关系的变化，是GIS与聚落布局研究的很好结合。

毕硕本等人基于郑洛地区史前连续文化时期的聚落遗址展开了多方面的研究工作，如《史前连续文化聚落的决策树分类挖掘研究——以郑州－洛阳地区为例》利用决策树算法和GIS，将面积作为变量，提取了聚落的分类规则，试图弥补常规聚落较为主观的分级策略[54]。2014年发表的《基于DBSCAN算法的郑洛地区史前聚落遗址聚类分析》则采用了DBSCAN算法对史前聚落进行聚类，试图弥补常规聚落较为主观的分群策略[55]，结果是裴李岗文化、仰韶文化前期、仰韶文化后期、龙山文化的聚落群被分别分为3、4、6、14类。《基于对象时空模型的郑洛地区史前聚落遗址群时空演变分析》依据面向对象的思想，建立聚落群对象时空数据模型，对聚落遗址群分别求取中心点和面积，进而得到中心点的演变速度、轨迹和聚落群遗址密度[56]。该文的亮点在于采用多边形计量工具论证了"聚落分级""遗址密度"等问题，尽管聚落群划分未有详细说明，且采用的计量方式本质上属于"中心位置论"的假设，但是不失为量化聚落分析的有益尝试。《基于流域盆地面积的郑洛地区史前聚落遗址分析》对郑洛地区河流流域盆地面积与相应的遗址点数量的关系、流域盆地面积与相应的遗址点增长速率的关系，以及各个流域盆地中遗址点分布密度的时空分布特征进行了研究[57]。《郑洛地区新石器时代聚落的演变及其与环境的关系》一文中，对以往关注比较少的单一型遗址和叠置型遗址分别进行历时性的聚落变迁分析，讨论了聚落变化与环境之间的关系[58]。发现流域盆地面积与分布的遗址点数量呈显著的正相关关系，并发现从仰韶文化前期到龙山文化时期，流域盆地内遗址点的分布密度中西部地区大于东部地区。《郑洛地区史前聚落分布特征的空间自相关分析》将空间自相关分析应用于史前聚落考古研究，并根据水文分析讨论不同文化时期的遗址点空间分布特征[59]。毕硕本对洛阳盆地史前聚落的人地关系做了很多工作，但是需要指出的是，这些项目也有一些共性的问题：其一，所采用的聚落数据基本上来自《中国文物地图集·河南分册》和赵春青所著《郑洛地区新石器时代聚落的演变》两处，调查信息略陈旧；其二，由于《中国文物地图集·河南分册》所载遗址面积是各个不同时期的总和面积，往往大于某一时期实际的遗址面积，信息有缺陷；其三，最重要的是，上述研究所用的模型变量单一，如分析空间自相关性仅以遗址位置为变量，而不考虑遗址所在的地貌类型等；其四，分析聚落变迁仅以自然环境因素作为参照，较少考虑或几乎不考虑社会因素，这也在一定程度上限制了以上模型的解释能力。

闫丽洁等的《基于K-means聚类方法的早期聚落规模等级研究》选择聚落面积、文化层厚度、重要遗物、重要遗迹四大影响聚落规模等级的因子作为参评因子，利用K-means聚类方法对环嵩山地区在裴李岗、仰韶、龙山、夏商4个时期的聚落规模等级进行划分[60]。该文引入了更多变量，多角度结合揭示了自裴李岗文化到夏商时期的聚落集聚化过程。是一个从考古学角度出发，结合高级计量手段去划分聚落等级的优秀尝试。

（3）采用新的理论、方法、工具进行的聚落研究

张海在其博士论文《公元前4000年至前1500年中原腹地的文化演进与社会复杂化》中，以系统论为统帅，分考古学文化谱系、环境变化、聚落形态和经济技术四个方面全面探讨中原地区的文明化进程，并根据已有的考古材料，以河流流域为区分界线，将中原地区分为八个小区域逐级展开横向和纵向的比较和整合。分单个聚落形态和区域聚落形态两方面进行考察，对考古工作较为丰富的单个聚落进行了内部空间结构的分析；对区域聚落形态的考察引入了遗址重复使用率，也即毕硕本等人文中的"叠置型遗址"[61]的出现概率。在讨论聚落布局的历时性演变时，分小地形区讨论各单位聚落的发展的"稳定性"；在聚落等级划分中，综合考虑聚落面积、特殊遗迹现象、特殊手工业品和地理位置等诸因素，是较为全面的分级策略。张海在讨论区域聚落布局时，较为关注聚落分时分区的"变化"，而非拘泥于分级分层的具体实践；在系统论的指导下，十分关注自然地貌、气候环境的变迁及其影响，该文是一部非常成功的中原地区聚落考古研究著作[62]。

刘莉的《中国新石器时代：迈向早期国家之路》以区域系统调查和传统调查获得的聚落信息为基础，通过聚落等级与行政管理等级关系、人口规模来分析社会复杂化程度，并引入等级－规模（rank-size）模型来分析史前中原地区的社会整合程度[63]。在聚落分群和等级划分中，主要是以聚落面积和位置为变量，假定中心聚落的半径为控制范围，是"中心位置论"的体现。该文的创新点在于根据地理特征将聚落群分为三种类型：封闭型、半封闭型和非封闭型，并对每种聚落群的特征和历史变迁做出了详尽分析，并认为地形的封闭与否对人口的流动以及社会复杂化过程有深刻影响，早期国家出现在半封闭的洛阳盆地不是偶然。

乔玉的《伊洛地区裴李岗至二里头文化时期复杂社会的演变——地理信息系统基础上的人口和农业可耕地分析》以中澳美伊洛河流域联合考古队的区域系统调查成果为基础材料，依据聚落面积对研究区域内各时期人口数量进行估计；在GIS帮助下重建研究区域内各时期的领地生产力和土地利用率；并以此为基础讨论了人口与社会复杂化的关系[64]。该文引入了"领地生产力"的概念，指"每个聚落领地范围内可以生产粟的可耕地面积"，并以一小时步行距离作为每个遗址领地范围的半径。该文提供的思路是确定聚落所属腹地范围、计算聚落人口数量的有益尝试，目前这种研究较为贫乏。

王子孟的《洛阳盆地二里头文化期聚落形态考察》以二里头文化时期的宏观聚落分布为研究对象，运用遗址资源域和泰森多边形的研究方法，观察特定时期的聚落分布、规模、密度、等级和聚落群分布态势，探讨聚落模式所反映的社会结构和背后的社会

运作方式[65]。研究认为洛阳盆地中心地带二里头聚落群体属于单中心的社会形态，存在一个统一的政治实体，聚落呈现向心式的网状分布模式，二里头文化时期已明显地出现了都城、区域性聚落中心、次区域性中心和普通聚落多层级的社会结构。在2014年的另外一篇文章中，王子孟将各泰森多边形小区依据在网状系统中的不同位置，分为了政治功能小区和经济功能小区，并复原了二里头时代洛阳盆地几条可能的路线[66]。但是该文对各小区如何进行经济和政治功能并未详细阐述，颇为遗憾。

史宝琳的《中原地区公元前三千纪下半叶和公元前两千纪的聚落分布研究》主要是通过对遗址的数量、面积、位置等资料的定量化、地图化和历时化等处理，评估环境条件的重要程度，并重点分析集群分布的特殊遗迹和遗物的分布特征，如围墙和作坊，玉器和青铜器来复原出组织古人占用地理空间的交换网状系统，分析中原地区其下各个宏观区的空间占用率与人口演变情况[67]。在聚落分布的分析中，作者也利用了等级 - 规模模型，计算从龙山时代到商代遗址面积和它的位序之间存在的关系，即区域一体化程度。这是定量手段在研究区域聚落分布中一部非常引人注目的作品，文中对中原地区聚落演变的很多问题都有精妙的讨论。

贺俊的《二里头文化区的聚落与社会》综合应用聚落考古的理念和框架，从宏观和微观角度对二里头文化核心区域不同等级的聚落进行了全面的梳理，是继《郑洛地区新石器时代聚落的演变》一书以来，探讨二里头文化聚落空间布局、发展演变最为深刻系统的作品。在将聚落分为二里头都邑、次级中心、一般中心、基层聚落四层结构的基础上，讨论其社会分化、组织、分工等问题，并探索各层级聚落之间的关系及其在宏观聚落体系中的作用。该文较为重要的贡献是将二里头都邑内部、典型聚落的发展演变过程与宏观聚落体系的变动相结合，以二里头文化聚落的历时性变化为切口，分析二里头文化发展和势力消长过程，从中总结早期国家的发展脉络，重现二里头早期国家的生命史[68]。

（三）已有研究中存在的问题

前辈学者在洛阳盆地的聚落分布研究中已经做了扎实的工作，提出了很多创见，在聚落分区分级的实践中，积累起了丰富的经验，这些工作使得聚落研究有章可循。但是上述研究中也暴露出一些问题，笔者将其归纳为以下三点。

（1）材料上：依赖较为陈旧的《中国文物地图集·河南分册》和早年间较为随机的地面踏查，问题较多。

如调查材料语焉不详，未经标准化；遗址面积是各个不同时期的总和面积，往往大于某一时期实际的遗址面积，信息有缺陷；很多遗址的分期框架过于粗放，如龙山时代历经近五百年，但却未分早晚，遗址的年代关系在如此长的时间范围内很难讨论，聚落共时性很难保证，这会让更为精细化的分析难以实施[69]。

（2）定义上：早年间宏观聚落分析模式中，充斥着不证自明的"推理"和内涵，以及外延含混的"概念"。

很多考古研究在划定聚落分群时，仅是以经验上的主观判断进行分群分组，对分组分群的因素不予以说明，对某一个遗址具体应该属于哪个群缺少必要的论证；在划分聚落等级时，标准不明朗，仅有少数研究说明其民族学或人口学依据，划分依据较为主观；在确定"中心"与"边缘"时，默认以考古发现的"城址"为"中心聚落"却缺少详细的论证，其考古发现、腹地、人口等必要信息不明，论证过程不能令人信服。

（3）方法上：由地理学者利用 GIS 内置分析模块、K-means 聚类等方法进行的聚落分析的研究往往忽略社会因素，与具体的考古学背景结合较差。

很多研究已经形成了相当模式化的解释过程，如将龙山时期聚落海拔位置的上升归结为气候因素的影响，未免过于宽泛且未进行深入讨论。

在聚落分析时往往机械地根据地理位置和相对距离，没有考虑到地貌、水文等因素，更忽视了气候、水文等条件自全新世以来的变化，而这些因素可能在聚落分群中起到更为重要的影响。

（4）视角上：当前指导宏观聚落分析经常采用的视角是"中心位置理论"，即利用诸如资源域、泰森多边形等方法确定理论化的遗址网络，以求对资源最大程度的利用。

首先，这种视角过于机械化地默认古代遗址最重要的决定因素是经济效益和资源开发，忽略了古代人类的社会选择因素。

其次，该理论以"中心－边缘"的视角看待古代遗址及其邻域，将古代聚落规划为一个整齐的"等级"结构，同等级之间平行，高等级控制低等级。但是这种视角是有缺陷的：以边界来定义空间只是我们利用一个二维的"面"来简化现实社会的模型，它远不及以网络来定义空间更为灵活、更贴合实际。因为事实上，同等级不同所属的聚落之间也会进行交流互动，不同性质、不同活动领域中的空间也存在相互交叉的互相影响。在这种思想指导下设想的一个个互相独立的资源探索面在实际上可能根本不会出现，因为古代人群的生活半径是相互交叠的，在相对不连续、不密集的遗址分布区域，这种方法的操作性也很弱。

（5）时代上："史前"和"夏商"人为的学科划分导致了两种割裂的研究取向。

这两种研究取向一种是溯源式的方法讨论二里头早期国家文明形态的起源过程和起源机制；另一种则是从新石器时代的文化谱系梳理和聚落形态演变的角度出发讨论中原腹地史前社会复杂化过程[70]，在这些研究中对龙山时代到二里头时代洛阳盆地逐步演变为"世界中心"的过程讨论得较少。

（四）本文的研究方法和规划

针对以上聚落研究中出现的问题，本文引入网络分析作为工具来研究洛阳盆地宏观聚落之间的关系。对于网络分析方法的详细介绍及优势，详见第二部分。

本文共分四部分。第一部分为绪论，首先介绍研究背景、洛阳盆地环境特征包括地质地貌变迁和气候变化；之后介绍洛阳地区聚落的研究简史，包括以往的考古工作、文化序列和区域聚落研究史；根据以上资料分析已有研究中存在的问题并说明本文的研究方法与写作规划。第二部分引入网络分析方法，首先介绍网络分析方法及其发展史，其次分析其研究策略和主要优势，然后讨论网络分析与聚落考古的关系，讨论将网络分析应用到聚落分析的途径。第三部分是本文的主要部分，首先分析聚落规模的历时性变化、聚落等级与空间分布变化，然后利用网络分析工具，揭示河流网络中节点中心性，分析不同等级聚落在河流网络中所起的作用。第四部分是本文的结论部分，利用历年来积累的考古材料，讨论陶器群和聚落形态之间的联动，进而讨论早期国家在洛阳盆地核心区域的控制模式。

二、网络分析方法

最近二十年，随着网络科学取得重大进展、计算机数据处理能力得到大幅提升、移动互联网开始重新定义个人和世界，考古学中的网络分析已然发展成为一个引人注目的领域。这种分析方式以节点（nodes）和链接（links）为底层架构，强调以联系的视角去看待事物本身及其发展过程，探究此种联系是如何对古代社会的进程产生影响。两个学术传统的交织塑造了当前网络分析在考古学中的面貌：社会网络分析（Social network analysis）和复杂性科学（Complexity science）。考古学中网络分析的研究思路分为两种：一种是探索性的数据阐释，另一种是假说—建模—验证的方法。当前，考古学中的网络分析已经呈现出一种新兴学科的面貌，在人群交流、技术传播、等级分化等重大考古学议题中展现出了巨大的潜力。网络分析提供了一整套分类、处理、量化关系的度量手段，拥有多种可视化联系的工具，形成了一系列计算和解释的模型，这有助于考古学家明确地思考关系的性质及精确地测量关系，并在不同的物质、社会、空间和时间尺度上表达关系。

（一）网络分析方法及其发展史

1. 什么是网络分析方法

本文所述"网络分析"，与日常生活中那种指代宽泛的"网络"不同。事实上，这是一个相当规范的研究范式，拥有一整套严整定义、分析方法和表达手段，或可以称之为形式网络分析[71]。在形式网络分析中，网络可以被定义为节点和链接的集合。这意味着，所有的网络都有一些基本的形式属性，我们可以通过定义这些节点和链接的具体内涵来探索互动过程,无论是当前的还是古代的。借助节点-链接这一明确的基本结构,后续的复杂模型得以建构,探索性的推理过程也得以开展。简单的基本架构、可变的具体内涵使得网络分析具有高度的灵活性和适应性,以至于有网络分析学者高调宣称:网络分析符合托马斯·库恩(Thomas S. Kuhn)所描述的"一般性"科学的特征[72],即:一门提供了一套能同时提出问题和解决问题的系统方法的科学[73]。

在某种程度上,中国考古学处理的大多数问题都可以归纳为联系的问题:物质文化关系、空间分布关系、具体遗存和精神思想的关系等等,而网络分析恰恰提供了一整套分类、处理、量化关系的度量标准,拥有多种可视化联系的工具,也形成了一系列计算和解释模型。因此,网络分析可以为中国考古学注入新的活力,帮助考古学家更明确地思考关系的性质、精确地测量关系,并在不同的物质、社会、空间和时间尺度上表达关系。

2. 网络分析方法的发展史

考古学中的网络分析主要来自于两个不同的学术传统:一是来自社会学的社会网络分析,主要是在美国社会心理学家雅各布·莫雷诺(Jacob Moreno)于20世纪20年代所创的社群图的基础上发展起来;二是来自于复杂性科学,这是一个庞大的交叉学科,其中对考古学家影响较大的即上文提到过的"小世界"和"无标度"模型。这两个传统共享同一个研究视角,都以为节点和链接为基本元素,但其差别也很明显:大多数社会网络分析的应用都关注静态网络的结构属性;而复杂性科学指导下的网络分析,更关注通过学习或进化过程而造成系统的适应和进化[74]。可以把网络分析在考古学中的发展分为以下四个阶段:

(1)图论和地理学阶段

考古学中引入网络方法开始于20世纪70年代,主要受到了地理学和图论[75]的影响。早期,图论的应用促进了一些分析考古数据的定量方法的产生。但是与成熟的网络分析不同,在这一阶段,图只是用来形象化关系,而并非分析它们。随着方法论层面的不断成熟,网络技术用于解决实际性的考古问题的例子出现了。1977年,菲尔德自然博物馆(Field Museum of Natural History)的约翰·特雷尔(John Terrell)开发了近点分析(proximal-point analysis),利用所罗门群岛(Solomon Islands)的岛屿面积和相对距离,构建了一个岛屿间相互交流的假想模型[76]。这个方法对太平洋考古产生了重要的影响,随后,近似的方法被应用于其他区域。如西普里安·布鲁德班克(Cyprian Broodbank)用近点分析方法来模拟青铜时代早期基克拉泽斯群岛(Cyclades Islands)之间的相互交流网[77]。特里·亨特(Terry L. Hunt)用于研究拉皮塔文化(Lapita Culture)各社群之间的交换网络[78]等。在岛屿考古学研究之外,米切尔·罗思曼(Mitchell S. Rothman)把图论提到了一个更高的位置上,他认为图论可以帮助考古学家更好地分析区域系统调查得到的数据:如图论可以探索特定的活动在各个遗址中的分布情况，也可以探究单个遗址中各种不同的互动；可以处理一个聚落系统内各遗址之间的物品、信息、人员流动的方向和规模问题；采用历时性视角，图论也可以帮助我们理解聚落的形成过程。随后，罗斯曼用图论的方法检验了华翰维（Henry T. Wright）和格雷戈里·约翰逊（Gregory A. Johnson）关于伊朗西南部苏锡亚纳平原（Susiana Plain）早期国家形成过程的著名论点之一，即最早的行政机构是基于对手工业品的苦心经营所产生的[79]。尽管用图论得出的结果与华翰维等提出的"三层行政结构"的论点不甚相符，暗示了另外的复杂变量的存在，但米切尔·罗思曼认为图论确为一种分析聚落分布模式的有力工具，可以提供一种客观的、定量的方式来验证考古学假设[80]。杰弗里·欧文（Geoffrey Irwin）的研究更具整合性，他提出了巴布亚人（Papuan）聚落互动的假想模型，以最短路径的度量来验证迈鲁岛（Mailu Island）的陶器制造中心和贸易中心地位[81]。但杰弗里·欧文的模型大多直接来源于地理学，对此后考古学网络分析的直接应用影响不大。

（2）社会网络分析的应用

如果说以上的工作仅限于图的视觉比较，辛西娅·欧文威廉姆斯（Cynthia Irwin-Williams）在分析史前贸易时所采用的框架，则从方法论角度清晰地阐释了网络方法的潜力。此前，对物品和信息交换的考古学研究往往只是描述性的，她提出，网络模型可以为研究交换问题提供一个定量框架。共时性是交换的前提，当共时性建立起来之后，网络联系可以通过以下形式来测定：①在某些特定聚落群中，有没有来自另一聚落点的物品；②特定的外来产品与当地同等产品的比例；③同一类产品来源于不同产地的比例；④产品的流向，即聚落点之间的进出口比；⑤各聚落之间，参与交换的产品类别数量；⑥在遗址之间，参与交换的产品类别。紧接着，她提出了七个基于网络的方法，这些方法可以视交换模式的不同而灵活选择：①交换网络的三个视角：整体网络、区域网络（网络的部分，可根据地理、文化等定义）和自我中心网络[82]；②网络可以绘制为节点－链接图和矩阵；③计算网络密度的方法是实际链接数量除以所有可能的网络链接数量；④引入"一阶星（first-order star）"网络作为自我及其直接邻域，并提出了一个"一阶区域"，可代表"一阶星"相关联的所有成员之间的关系区域[83]；⑤交换网络中，存在单一物品或多种物品的流通，后者的强度和方向性变率更大，可以通过一定方法进行计算；⑥通过一定的方法可以识别拥有高度内部连接的区域、相对低密度的区域和拥有多重关系的区域；⑦一个有效的网络的特点是大通道、多路链接和相对较大的密度，而扩展网络中的关系会相对减弱，可能更专门化[84]。作者接着论证了这个网络模型的潜力，并将其运用到了美国西南部查科（Chaco）地区，旨在探索当地社会经济交流系统中反映的人群身份与融合、区域中心所起的作用等问题。但遗憾的是，作者对于自己的案例研究并没有详述[85]。

辛西娅·欧文威廉姆斯所介绍的分析框架形成了后来的考古学网络分析的基础[86]，她提出的网络分析方法是现在考古学家使用的核心网络技术的一部分[87]。在此之后，地理学家福里斯特·皮茨（Forrest R. Pitts）利用图的拓扑关系，重建了俄罗斯中世纪的河流贸易网络，利用中心度、最短路径等的计算，证明了莫斯科无论是在网络位置上的中心性还是在最短路线的可达性上，都处于当时河运网络的中心地位[88]。他的案例首次将中心性度量应用于历史网络的分析，为此后社会网络分析在考古学中的技术实践开辟了一个新的思路。在此前研究的影响下，彼得·佩里格林（Peter Peregrine）开始将图论和分析有机结合，用计算网络中心性的方法为一个考古学假说提供了支持，即卡霍基亚（Cahokia）发展的主要原因是其地理位置带来的交换和控制优势[89]。

（3）复杂网络视角的出现

21世纪初，伴随着复杂性科学的发展，考古学家开始把复杂网络的视角投射到考古学材料中。根据梅拉妮·米切尔（Melanie Mitchell）的定义，复杂系统为"一个没有中央控制和简单操作规则的大型网络系统，导致了复杂的集体行为，复杂的信息处理，并通过学习或进化而适应"[90]。例如，白蚁建造的宏大复杂的土堆，有些城市，甚至贫民窟的出现，没有任何自上而下的规划，而是仅仅通过个体的主观愿望和行动造就了非常复杂的系统。复杂性科学的研究方法主要是通过模拟现实中的复杂系统，识别和解释自组织（self-organizing）的涌现（emergence）。显而易见，这种为了理解现代社会的复杂性而发展出来的模型对于考古学家理解古代世界同样适用，考古学家迅速看到了这些模型的潜力。以亚历山大·本特利（R. Alexander Bentley）和赫伯特·马施纳（Herbert D. G. Maschner）在2003年发表的论文集《复杂系统与考古学》[91]为标志，利用"小世界""无标度""能动性（agency）"等主要来自复杂性科学模型的考古学研究正在持续增加。如赫伯特·马施纳和亚历山大·本特利在上述论文集中，介绍了如何通过无标度网络增长对北太平洋的房屋大小进行分析，探索史前社会不平等（本文案例2）。英国考古学家菲奥娜·科沃德（Fiona Coward）在对于旧石器时代晚期到新石器时代早期的近东地区复杂社会互动的研究中，结合了社会网络分析与小世界网络结构。她采用了密度（density）、中心度（centralization）、平均度（average degree）和平均路径长度等度量，认为这些不同时代的遗址似乎朝着一个小世界的现象发展[92]。丹麦考古学家瑟伦·辛德贝克（Søren M. Sindbæk）借助小世界和无标度网络的特点，探索维京时代（Early Viking Age）早期斯堪的纳维亚半岛南部（South Scandinavia）遗址的交流和商业圈。以各个聚落为节点，特定产品的共存为链接，通过分析形成的网络图，他发现存在一些远远高于平均联系程度的枢纽型聚落，这表明当地聚落群已经形成一个无标度网络。他还鉴别出了一些高度集群的区域聚类，每个地理区域都有与网络密集核心密切相关的一些遗址，暗示在维京时代可能同高度全球化的当代一样存在小世界结构。但与当今社会不同的是，维京时代的长距离联系是通过个别重要枢纽和弱连接来实现的，如果将一些特定节点移除，这种结构将迅速分崩离析[93]。除了以上直接采取复杂网络模型的案例，安娜·科勒（Anna Collar）对罗马帝国宗教创新的研究，给我们展示了在特定考古学背景下，如何更加灵活地采用复杂网络的视角[94]。

她的工作旨在探究特定社会网络在宗教传播中起到的作用，为什么一些宗教运动获得成功并广为传播，而另一些最终销声匿迹。安娜·科勒利用碑刻材料构建了一个简单的近点分析网络，但是解释宗教传播时采用了复杂网络的术语，如强弱链接、信息级联、自组织临界性等，搭建了一个自下而上的模型，探索推动宗教变革的个人所构建的社会网络如何上升到群体层面。需要注意的是，对于考古学家来说，来自社会网络分析与复杂性网络的方法之间并非不可沟通，恰恰相反，将社会网络分析和复杂网络结合起来，正是当前网络分析的一个新取向，加拿大考古学家肖恩·格雷厄姆（Shawn Graham）在这个方面做出了非常优秀的成果[95]。

（4）考古学网络分析趋于成熟

近十年间，随着相关理论的逐步成熟和实践层面的扩展，这一领域已经显现出一种类似"新兴学科"的面貌：

1）卡尔·纳佩特（Carl Knappett）在2011年出版了《互动的考古学》一书[96]，对当前考古学网络分析进行了理论概念的阐述和回顾，也清晰地展示了社会网络、实践理论、物质性等概念是如何相互交织的。

2）网络分析已经被运用到多种类型的考古学问题上，包括：新技术的传播[97]、宗教或社会运动[98]、身份认同[99]、移民[100]、政治集权和等级分化[101]。

3）出现了几个大型的跨学科学术团体[102]，致力于采用网络分析视角处理考古学材料和数据，也存在一定程度上的地域差异：基于复杂性的网络方法在欧洲影响很大，而北美考古学家明显更偏爱社会网络分析[103]。

4）讨论经验与实证、行动者网络理论（actor network theory）与社会网络分析、空间与社会等关系的会议在增加，多个期刊已经出版了相关的专刊[104]。

5）批评和反思的声音已经出现[105]，很多考古学家已经开始改良暴露出的弱点[106]。

近十年来，应用网络分析的考古学研究，在地域、时空和主题上展现了广泛的多样性。我们看到，除了小世界等为人们所熟知的模型之外，基于其他复杂性科学方法或关于网络的社会学理论在考古学中的应用正在持续增加；另外，出现了为解决考古学问题而设计原始模型、发展专门方法的成果。考古学家不再被动获取，而是在与计算机科学家、物理学家、社会学家等其他学科的合作中发展新方法，积极地为整个网络科学作出贡献[107]。

（二）研究策略和主要优势

1. 研究策略

节点和链接构成了网络分析的底层架构。首先，我们认为作为节点的各个实体，如技术、遗物、个人或群体、遗址或岛屿相互间的关系对于理解过去的行为至关重要。

根据所研究的问题，几乎任何事物都可以视作节点。第二，实体之间的关系是多样化的，如文字记录的相关性、空间距离的接近性、类似道路的物理连接、友谊、政治联盟、同属一个机构、不同遗址存在相似的遗存、遗物形态的相似性等，关系可以定向和赋值。通过节点和链接，网络分析可以把多个实体和关系纳入同一个研究框架下，分析这些实体的分布模式，并探索其关系的影响[108]。因此，考古学家所构建的网络也是由节点和链接建成的"蜘蛛网"。考古学家利用网络分析研究考古学问题的过程，事实上就是网络建模过程，即安娜·科勒等人所述的"研究者的概念化过程：去思考所研究的现象是否可以很好地抽象为网络概念，并表达为网络数据"[109]。图二展示了这一过程的两个关键阶段：

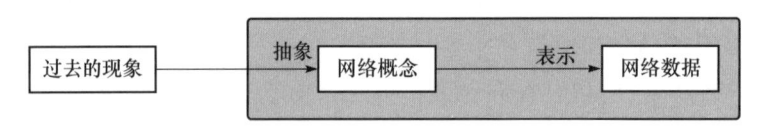

图二 网络模型的抽象过程

（改绘自乌尔里克·布兰德斯等人的论文插图 Figure1）[110]

网络分析要求考古学家首先把他们所研究的现象抽象为网络概念，然后把这些概念用网络数据形式来表示。在这其中，过去的现象经历了两个重要的阶段，即抽象过程和表示过程。也就是说，抽象化后的网络与过去的现象之间并不是一对一的关系，前者是对过去现象的一个简化[111]。后续建立在输出的网络数据之上的考古学解释，也依赖于考古学家抽象过程中所用的基本概念。因此，考古学家必须对这两个重要阶段进行详细的说明：在抽象过程中，想要研究的古代现象是如何转化为节点、链接及其组合而成的网络数据的；在表达过程中，节点和链接是如何确定的。当这两个过程中的定义模棱两可，或具有多重含义，或随着时间或空间改变其性质，后续的研究将困难重重。

以彼得·佩里格林在1991年对卡霍基亚中心地位的探索为例[112]，网络分析的研究策略如下：

考古学现象：公元1050～1250年期间，卡霍基亚一直是密西西比平原最主要的人口中心，是什么因素导致了其中心地位的产生和持续？

概念化：卡霍基亚作为人口中心的发展是由于地理优势，卡霍基亚位于几条大河的交汇处，使其居民控制了多个方向上的物品交换。

数据表示：节点为河流的起点和终点，链接为河流本身。

方法/工具：标准化的社会网络分析度量：包括度中心度（degree centrality）、中间性中心度（betweenness centrality）、亲密性中心度（closeness centrality）[113]和作者创建的度量：地理亲密性、地理中心度。

形象化：用直线和点构成简单的河流网络拓扑图。

结论：五个度量相互配合，共同显示卡霍基亚在河流位置上的中心性。

陆青玉等把考古学社会网络分析的步骤细化为七个，分别是：建立数据集、数据预处理、数据导入、数据分析、数据可视化、网络解读、结论[114]，为具体应用提供了更为细致的指导。

2. 主要优势

传播和迁移是文化历史考古学中关于文化变迁的一个最基本的假设，当探索区域交流互动时，它总是要求考古学家利用仅存的物质材料在文化分布图中划定文化边界、确定交互区域的大小和传播的固定方向，换句话说，在文化历史考古学中，区域交流被认为是"辐射的"。然而我们取得的考古学材料却是基于点的，基于点的考古材料所构建起来的"互动区域"在多大程度上可信，是值得商榷的。

网络分析恰恰可以避免此类问题。网络分析本质上是基于节点的方法，若从探索考古学数据结构这种研究取向来说，不需要类似文化历史考古学的额外预设[115]。节点之间的联系没有固定的方向，不需要根据物质材料划分出边界和区域。最重要的是，网络分析作为一种研究范式，没有一个唯一的理论体系，它允许各种不同的理论视角对考古学研究进行设计[116]，也适合于从定量到定性、从科学视角到哲学视角、从微观到宏观、从当代群体到过去行为等各种不同维度，这给了考古学家相当大的灵活性。

在上述案例中，网络提供了一个抽象化"关系"，用以定量分析遗址中心性的框架。那么，网络的力量仅仅限于一种数学方法吗？答案当然是否定的，网络的潜力远不止于此。最重要的，网络分析作为一种启发式的工具，给考古学家提供了深入探索关系的强大视角。卡尔·纳佩特在《互动的考古学》中总结了网络视角的几个优势[117]，在最近的论述中又加以深化[118]，笔者将其总结为以下几点：

（1）理论视角的多样性：网络分析不存在固有的理论视角，实践[119]、马克思主义[120]、人类行为生态学[121]、复杂化[122]和纠缠理论[123]等理论都已经运用到网络分析的考古学实践。

（2）社会和物理空间上的灵活性：链接可以是物理空间上的，也可以是关系的（社会空间）。尽管在早年间，网络分析注重解决的是关系层面的联系，但是最近源于复杂性科学的网络也发展出了一些真正解决地理空间问题的方法[124]。

（3）跨越尺度的优势：网络可以弥合微观、中观、宏观之间的裂隙，可以在不同尺度间相互作用。

（4）跨静态和动态的时间维度：有些网络关注静态分布模式，某些复杂网络也可进行动态模拟。

（5）在行动者网络理论中，人和物地位的对等性：网络可以是异构的，即可以由各种类别的节点组成，认识到非人类主体在网络分析中起到的重要作用是理解网络结构和功能的必要步骤[125]。

（三）网络分析方法与聚落考古

1. 利用网络分析方法研究聚落的案例

正如前文提到的，在网络分析引入考古学之初，就有研究者看到其在聚落分析上的潜力，早期的应用集中在图论和地理学方法上。下面，笔者将根据这些文章所要回答的问题、抽象化、分析方法和结论等几个部分，对将网络分析应用于聚落考古的案例进行详述，从这些案例中，我们可以看到如何运用网络分析聚落及其巨大潜力。

案例 1：地理学家福里斯特·皮茨（Forrest R. Pitts）对中世纪莫斯科河运网络的再思考[126]

问题：莫斯科在中世纪逐步上升到统治其他城镇的地位，在地理上有何条件？

抽象化：河流的物理网络首先是一个运输网络：中世纪的俄罗斯人夏天乘船游览河流，冬天用雪橇在冰面上航行。河网支持社会互动。奴隶、琥珀、蜂蜜和毛皮的贸易产生了经济网络。婚姻联盟和宗教交流都产生并加强了社会网络。频繁的商业联系促使俄语传播到各处，变成一个广泛区域中通行的语言（图三、图四）。

分析方法：

中间性节点出现概率（Intermediate node occurrence rates）：两地之间的短路径经过该地点的次数再除以总的次数，即该地点的中间性节点出现概率。也即 Freeman

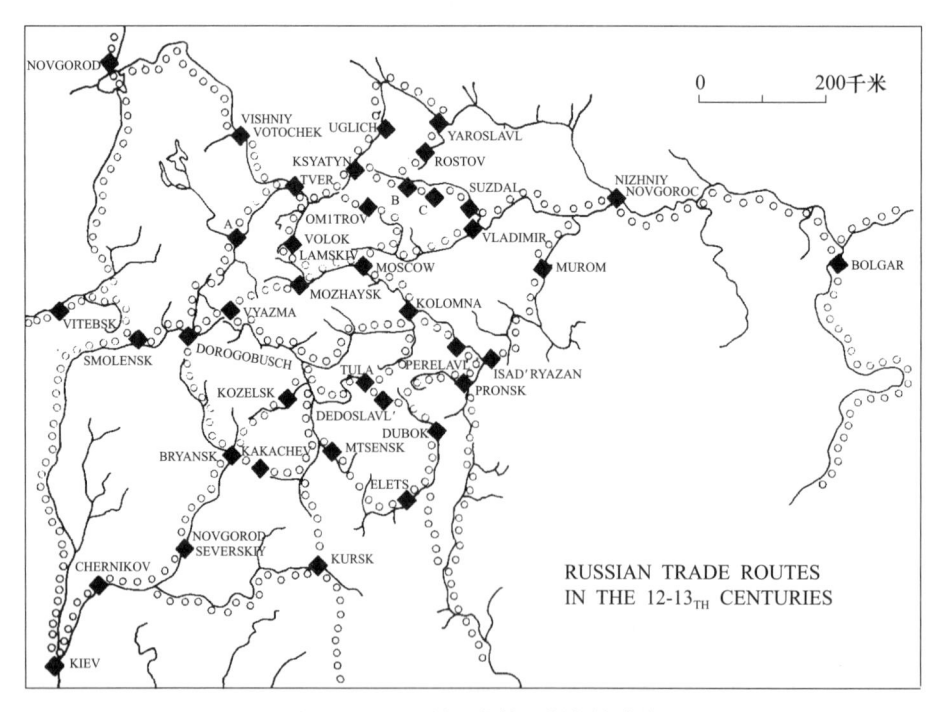

图三　12～13 世纪的俄罗斯贸易路线

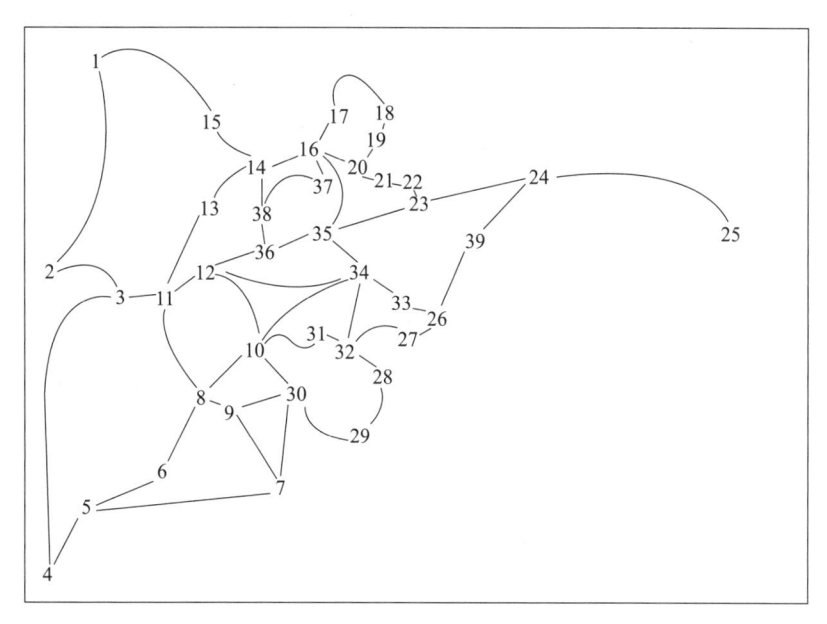

图四 12～13 世纪俄罗斯贸易路线的抽象图

(1977) 所提出的"中间性中心度"。

短路径距离之和（aggregate short-path distances）：通过该点的所有短路径的欧氏距离之和。即 Shimbel (1953) 提出的"stress"——如果我们计算通过站点 k 的所有最小路径，那么我们就可以确定站点 k 在网络活动期间必须承受的压力，也就是系统成本（表二）。

表二 俄罗斯河流网络中间性节点出现概率和短路径距离之和

地点	中间性节点出现次数	短路径距离之和	中间性节点出现概率百分比	系统成本百分比
1	0	7179	0.0	4.11
2	11	5647	0.22	3.23
3	119	4247	2.39	2.43
4	0	7704	0.0	4.41
5	30	6244	0.60	3.57
6	96	5052	1.93	2.89
7	0	5768	0.0	3.30
8	288	4062	5.80	2.32
9	86	4240	1.73	2.42
10	163	3753	3.28	2.15
11	377	3596	7.59	2.06
12	268	3411	5.39	1.95

续表

地点	中间性节点出现次数	短路径距离之和	中间性节点出现概率百分比	系统成本百分比
13	101	4077	2.03	2.33
14	228	3745	4.59	2.14
15	61	4795	1.23	2.74
16	410	3788	8.25	2.17
17	0	4395	0.0	2.51
18	2	5047	0.04	2.89
19	72	4697	1.45	2.69
20	231	4208	4.65	2.41
21	74	4242	1.49	2.43
22	73	4056	1.47	2.32
23	186	3939	3.74	2.25
24	93	5216	1.87	2.98
25	0	8640	0.0	4.93
26	119	3742	2.39	2.14
27	64	3846	1.29	2.20
28	48	4091	0.97	2.34
29	6	4500	0.12	2.57
30	44	4520	0.89	2.59
31	90	3517	1.81	2.01
32	205	3468	4.13	1.98
33	107	3498	2.15	2.00
34	339	3009	6.82	1.72
35	531	2876	10.69	1.64
36	321	3108	6.46	1.78
37	24	4071	0.48	2.33
38	74	3683	1.49	2.11
39	28	5194	0.56	2.97
合计	4969	174851	100.00	100.00

结论：

结合上述两个指标进行分析，莫斯科与其他聚落明显分离（图五），证明莫斯科具有结构上或拓扑上的优势，在整个河流网络中，中间性指数最高，而用于河流旅行的系统成本比例最低。

中间性节点出现概率是节点中心性的一个更具判别力的指标；系统成本百分比是衡量节点可访问性的一个很好的指标。

图五　两个指标的百分比离散图

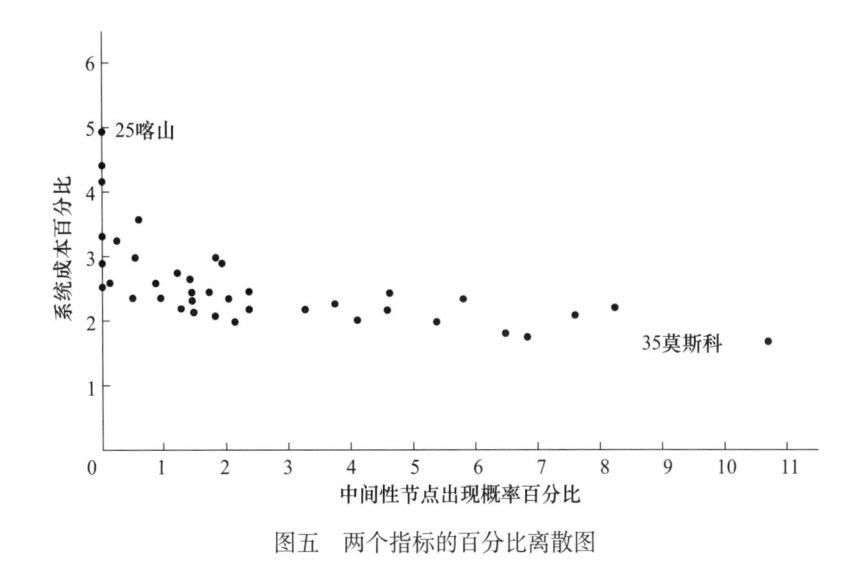

一些不足：

（1）由于年代较早，节点的中间性中心度计算方法还未成熟，事实上利用中间性中心度会比本文中中间性节点出现概率（Intermediate node occurrence rates）的提法更为简明。

（2）计算短路径距离之和（aggregate short-path distances）时，本文作者采用了通过该点最短路径的欧式距离，这并不准确，也没有考虑各点之间的地形阻隔以及顺流逆流所造成的水流流速。

案例2：杰弗里·欧文关于巴布亚史前聚落、贸易、经济专门化发展的研究[127]

研究目的：描述巴布亚聚落的变化过程，解释迈鲁岛中心地位的发展。

背景：该地区史前年代序列为前后相继的三个时段：早期、梅里时期、迈鲁时期。梅里时期的陶器内部差异比迈鲁时期的大很多，家庭生产以同质且不复杂的技术手段为特征，但在细节和表面处理方面付出了巨大的努力；而迈鲁时期的陶器生产方法一致，形状、尺寸和装饰标准化程度高。据此推测，梅里时期陶器为家庭生产，而迈鲁时期则是专业化生产。手工业生产的变化成为聚落布局演变的基础。

聚落模式的变化：

空间上的改变——测量遗址之间的距离：随着时间的增长，遗址数量增加，它们之间的距离也越来越近，且分布越来越不规则（表三）。

表三　每个时期遗址之间的空间距离

	早期	梅里时期	迈鲁时期（1890）
遗址数量（n）	7	9	21
平均值（$\bar{x}$）	6.56	5.7	3.19

续表

	早期	梅里时期	迈鲁时期（1890）
标准差（s）	1.66	2.2	1.79
离散系数（V）	0.25	0.38	0.56

早期的资源域远大于生存所需，而迈鲁时期不规则的遗址分布则显示了社会和经济因素的作用。

位置的改变——查看分布地貌类型：迈鲁时期，村庄从沿海低地转移到了丘陵顶部，虽然他们可以接触到同样的资源，但效率降低了。增加的村落数量表明了人口增长，村庄转移到防御性良好的地区表明可能人口压力和资源压力甚至村庄之间的冲突（表四）。

表四 遗址与地貌类型的关系

	早期	梅里时期	迈鲁时期（1890）
山地		1	18
低地	12	11	3
岛屿	3	5	5
总和	15	17	26

迈鲁岛的中心地位：

（1）图论的应用——根据以下假设，重建该地区的假想网络（图六），确定遗址的中心度。

① 任何一对遗址之间的接触频率会随着距离的增加而减小；

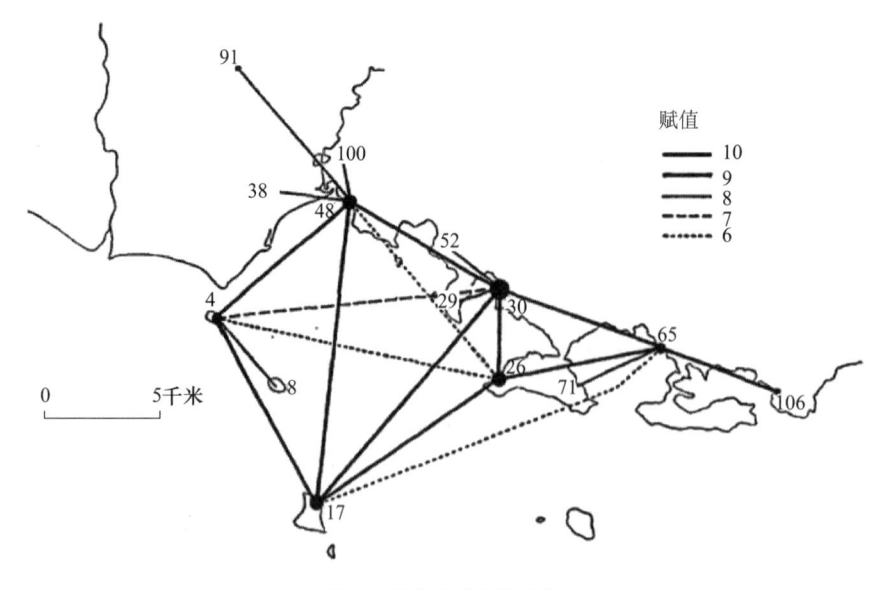

图六 假想中的早期网络

② 特定的地貌和水文状况将促进或抑制某些方向的移动；
③ 作为村庄卫星地的小村庄，如果纳入网络，应仅与一个乡村相连；
④ 根据民族志材料，允许某些村庄之间的海路航行。

可以看到在早期，迈鲁岛仅在四五个连通度相对良好的村庄中排第二。但是在梅里时期，迈鲁岛已经在村庄群体之间处于领先地位（表五）。

表五 假想的早期网络的"中心度""中间性中心度"及加权之后的中心度

遗址序号	中心度（%）	等级	中间性中心度	等级	加权中心度（%）	等级
91	2.785	9=	29	8=	2.691	9=
38	2.785	9=	29	8=	2.691	9=
48	11.777	5	19	3=	13.363	4
30	16.180	1	16	1	15.575	1
29	3.713	7	26	7	3.050	7=
26	13.209	4	20	5=	13.586	3
4	13.793	3	19	3=	11.918	5
8	3.200	8	29	8=	2.319	13
17 Mailu Is.	15.490	2	17	2	14.195	2
65	11.530	6	20	5=	10.232	6
71	2.758	9=	30	11=	2.062	14
106	2.758	9=	30	11=	2.578	12
52	—	—	—	—	3.050	7=
100	—	—	—	—	2.691	9=

（2）可达性测量——测量每个节点到其他节点之间的距离，可达性即每个地点到其他地点旅行所需要的总距离。结果表明，在早期阶段，30号地点是最容易到达的地点，而迈鲁岛则排第5。在梅里时期，迈鲁岛排第8，在迈鲁时期，迈鲁岛排第14（表六）。

表六 基于真实距离的早期遗址可达性

遗址序号	真实距离（千米）	等级
91	351	12
38	268	7
48	217	3
30	194	1
29	215	2
26	220	4

续表

遗址序号	真实距离（千米）	等级
4	262	6
8	328	10
17 Mailu Is.	256	5
65	268	8
71	324	9
106	348	11

很明显，迈鲁岛在三个时期的中心度和可达性完全不匹配。但是当把依赖水运的权重提高至少23%以后，迈鲁岛就成了晚期网络中可达性最高的点。也就是说，当代人们较少乘小独木舟穿越大陆，但是在迈鲁时期及更早时期，可能情况并不是这样，水运的依赖程度很高。

陶器分布模式：利用显微镜和XRF把陶器来源分成了五个组，根据其分布规律和花费最小的原则进行分析。早期，出现了多个陶器制造中心，但迈鲁岛可能已经开始专业化制陶；梅里时期，迈鲁岛优势开始凸显，专业的陶器制造的可能性增加；迈鲁时期，迈鲁岛成了该地区唯一的陶器制作场地。

文化演化过程：迈鲁在史前末期的中心地位大概与其功能专业化有关。由于人口增长的优势，陶器业的发展和集中化的推动，拥有大独木舟，可能再加上中间人在进口黑曜石的分布中所起的作用，迈鲁岛民可能在战争中确立了地方优势。大陆村庄此时与迈鲁岛冲突严重，于是迁往山顶，但当村庄撤退时，留在岸上的独木舟便极其脆弱。梅鲁岛被描述为许多内地村庄的永久敌人，在一些小规模冲突中取得了垄断地位。

总结：研究者基于考古学背景对巴布亚聚落系统的演变进行分析，综合运用了各项考古学材料，对聚落演变甚至文化系统的变化进行了多个方面的考察，是以考古学本位为基础的、整合程度很高的研究案例。

但是，在可达性度量当中，作者是将该点距离所有点的实际距离全部相加，但是事实上基于航行经验和成本考虑，两点之间的路径一般情况下是固定的，应当是最短航线。可达性度量没有考虑到最短航线的存在，是一个失误。

案例3：米切尔·罗思曼对图论在区域系统调查数据中的作用的应用实例[128]

前文已经提到，米切尔·罗思曼把图论提到了一个更高的位置上，他认为图论可以帮助考古学家更好地分析区域系统调查得到的数据，并将其运用到了苏西亚纳平原来验证关于早期国家出现的观点。

理论：华翰维和约翰逊提出，公元前四千年的乌鲁克中期，苏西亚纳平原形成了一个初级国家。这种国家被定义为"已经形成了一个内部分化且永久性的决策机构，至少分成三层等级结构，并为该组织运作和维持和决策的落实提供了制度化的规定。"[129]

在乌鲁克中期，苏萨遗址迅速崛起。原因是随着经济和社会进步，苏萨高级政治团体控制了苏萨、迪兹富勒和大吉平原上的小遗址，形成了一个以苏萨为核心的分层管理控制系统。根据目前有限的证据，华翰维和约翰逊假设，这个体系有三个层级：上层是苏萨的中央行政官员，底层是乡村生产者，城镇规模的地方有中转流通的管理者。他们提出陶器生产的激增和正式的生产分配网络的建立可能已经给苏萨的决策机构造成了足够的压力，促使他们管理的精细化。

方法：通过观察两种陶器的分布地域。一种是刻有交叉图案的陶器，另外一种是有宽带把手的陶器，这两种陶器内部又可分为两个变体，每一种都属于这个区域内唯三的陶器工坊：分别来自西边的苏萨和阿布范杜威，以及东边的乔加米什，但可惜的是前两者无法区分。

假设：根据华翰维和约翰逊的假设和中心位置理论，假设的陶器分布图应该如图七所示。

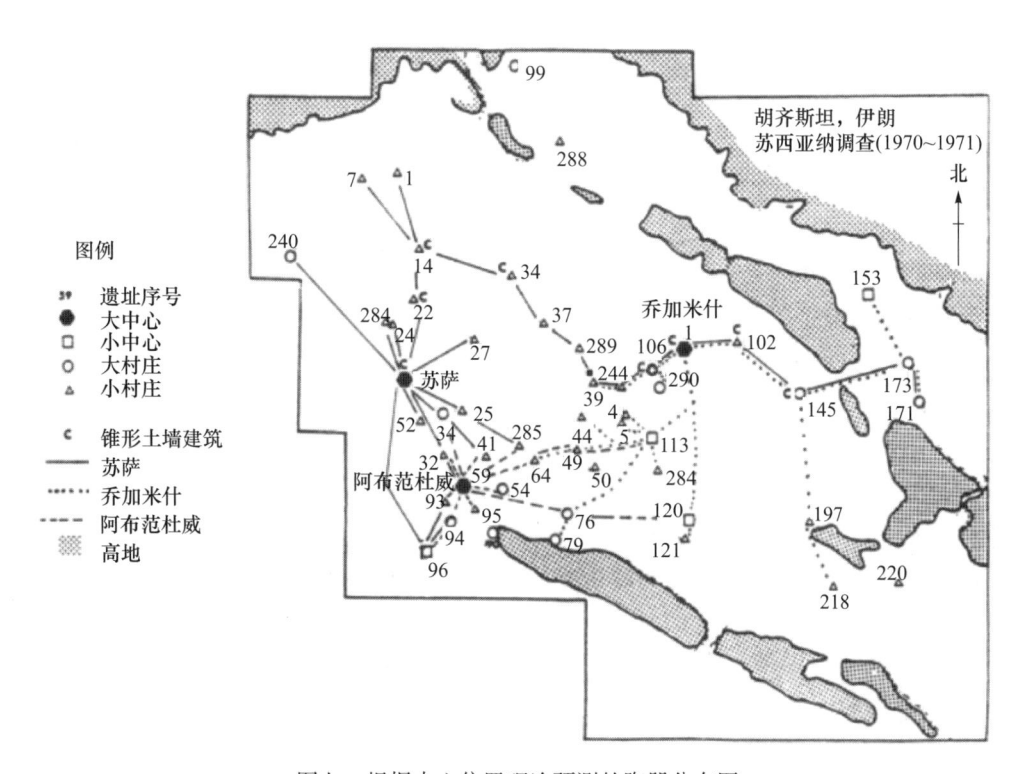

图七　根据中心位置理论预测的陶器分布图

结论：预测的分布模式和世纪分布模式之间的差异看起来不太支持亨利和约翰的假设，这两种陶器的分布不符合中心位置论的假设，也面临数据统计上的一些问题。证实或者驳斥他们的假设的最好的数据是利用卡方检验来看预测数据和实际数据之间的关系，但由于数据量太小，卡方检测可信度低。事实上，西部的形态和东部形态之间的线（图八、图九）太不规则，以至于不能得出这样的结论：这些相互联系表明了一个正式的、呈三层控制等级的系统。

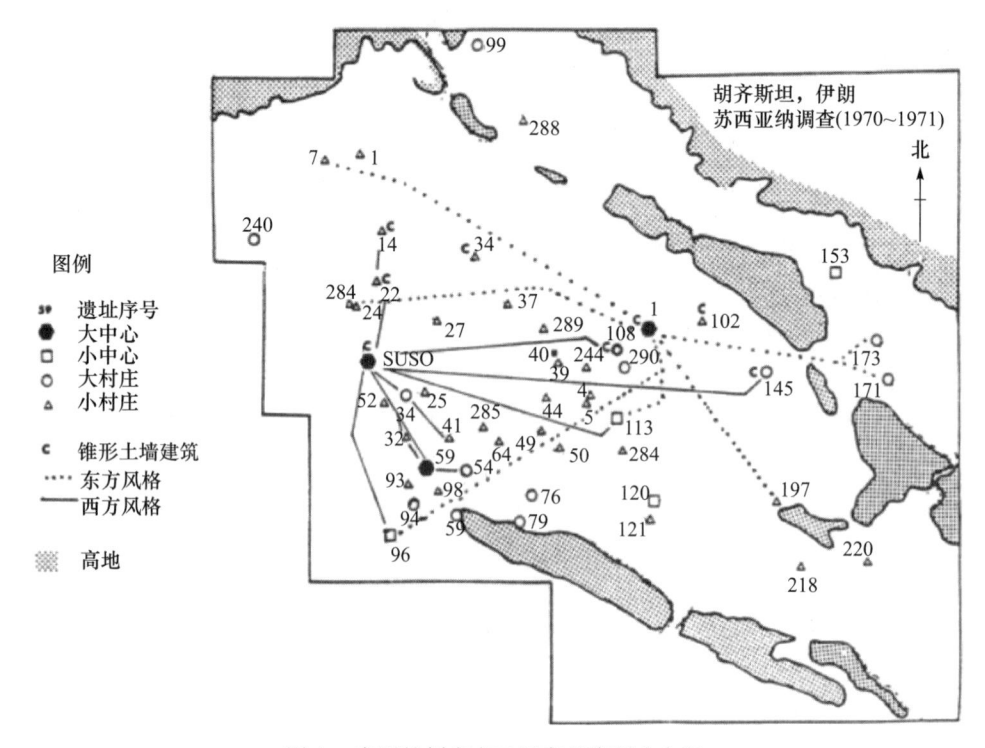

图八　实际的刻有交叉图案的陶器分布图

一些修正：华翰维和约翰逊在1985年的文章中也表示，苏西亚纳平原的情况可能比当初设想得更为复杂[130]。集中化可能是中央行政机构用来更好地联结农村人口与中央的经济活动所采取的策略，通过资助大型的专业化生产，中央行政机构能够生产廉价商品，减少对农村手工艺品的需求。进而导致农村生产减少，反过来增加对中心地区生产的依赖。这一过程的结果将是农村村庄相对经济自主权下降以及农村人口与中心的联系增加。而到了乌鲁克晚期，这些精英不再需要主宰工艺生产，出现了包括彩陶在内的更多样的陶器生产。

不足：尽管作者提出了图论在广义上的聚落研究中的潜力，在这个案例上图论的作用却非常局限，对不符合预期的原因也没有试图做出解释，仅将其归结为理论模型的不合理。

案例4：戴维·詹金斯（David Jenkins）对印加道路、行政中心和存储设施的网络化分析[131]。

背景：印加帝国在获取劳动和贡品的同时，以库斯科为中心，修建了一条连接沿海和高原地区的庞大公路系统，从北部的基多延伸到南部的圣地亚哥，绵延三万多公里。印加道路系统产生了两种不同的交换形式：以控制基本生产物品为主的经济

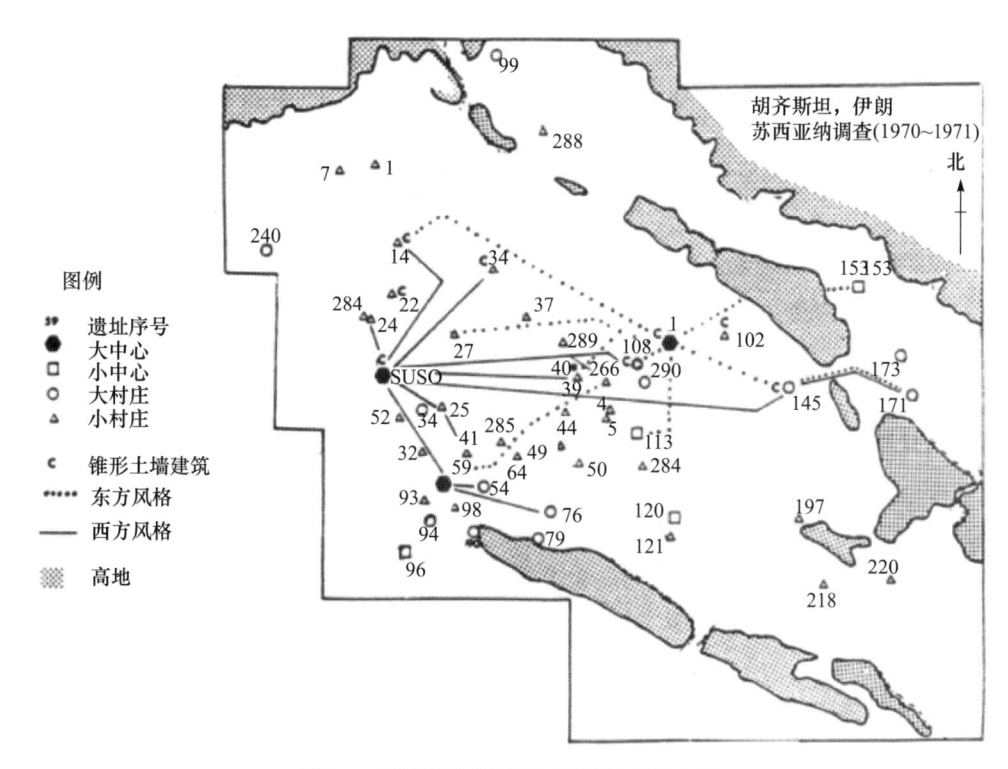

图九　实际的带有宽带把手的陶器分布图

（staple finance）和以控制财富为主的经济（wealth finance）[132]。前者在全国各地建立了一个仓储设施体系，有大型的次中心和许多中间站，用来存储玉米、吉开酒、古柯、辣椒、布和衣服、凉鞋、陶器、武器等等，这些用来支持国家活动，包括军事、精心准备的慈善仪式以及管理本身。而后者用来运输威望物品，如北海岸的贝壳、东部热带地区的羽毛、中部高地用美洲驼和羊驼毛纺成的细布，以及来自不同高地和沿海地区的金、银和铜，所有这些物品都被送到 Cuzco，再由 Cuzco 把其中一部分重新分配给当地精英。在控制基本生产物品的财政系统中，货物是稳定的，而人是流动的，军队、皇家随从、劳工等穿越国土时，沿途满足他们的生活需要；在控制以财富为主的财政系统中，来自不同地点的物是流动的，轻量、高声望的货物进出库斯科，这些物品经过长途运输，更显珍贵。

前提：对于印加道路系统的研究，聚落分布的研究和存储设施的研究表明区位优势相比人口或者环境变量来说，在决定高地和滨海地区的社群的经济潜力和社会组织方面是更加具有决定性作用的因素。

抽象：

（1）在控制基本生产物品的分析中，把印加道路系统抽象成由行政地点、存储地点、生产地点及重要车站组成的一级和二级道路网络（图一○）。

（2）在控制以财富为主的分析中，把印加道路系统抽象成威望物品产地、重要流

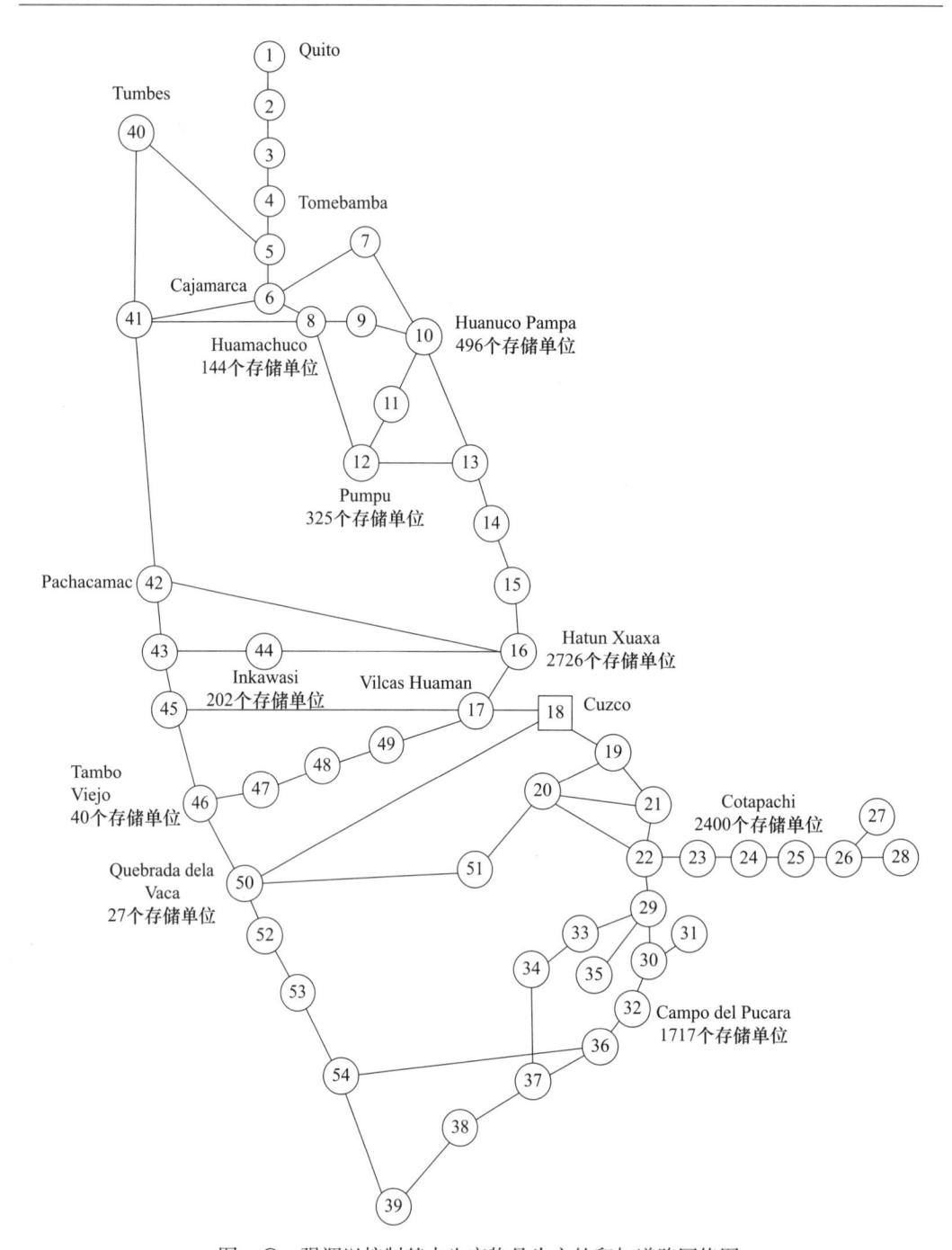

图一〇　强调以控制基本生产物品为主的印加道路网络图

通地、车站等地点组成的一级和二级道路系统（图一一）。

分析：

（1）控制以生产物品为主的道路网络

度中心度——排名前几除了29和50以外，均是印加帝国的几个大型行政和存储

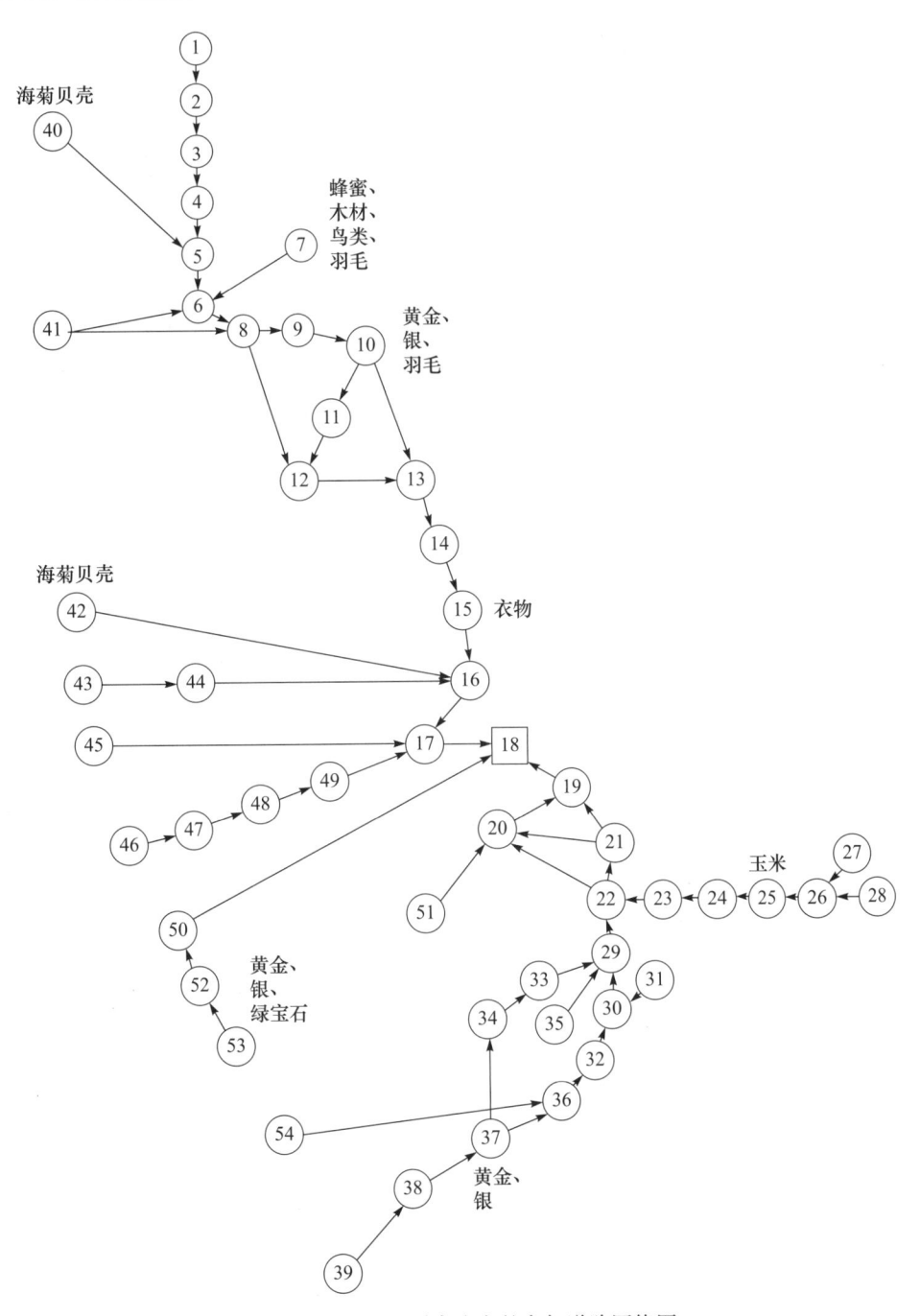

图一一　强调以财富为主的印加道路网络图

中心。但是诸如 Cuzco、Pumpu 等地都是印加重要的存储和管理中心，没有很高的度中心度（表七）。

亲密性中心度——Cuzco 最高，接下来是 Vilcas Huaman。

中间性中心度——Vilcas Huaman 最高，接下来是 Cuzco。

表七　行政遗址、生产飞地、存储中心和车站的度中心度

遗址	存储	设施	道路	度中心度
1.Quito	?	多种	一级	1
2.Paradones	38	多种	二级	2
3.Ingapirca	?	大坦普	一级	2
4.Tomebamba	?	多种	一级	2
5.Huancapampa	?	坦普	一级	3
6.Cajamarca	?	多种	一级	4
7.Chachapoyas	23	大坦普	二级	2
8.Huamachuco	144	多种?	一级	4
9.Taparaku	20	坦普	一级	2
10.Huánuco Pampa	496	多种	一级/交叉点	4
11.Tunsukancha	24	坦普	一级	2
12.Pumpu	325	多种	一级/交叉点	3
13.Chacamarca	118	大坦普	一级/交叉点	3
14.La Cima, Telarnoij	32	坦普	一级	2
15.Tarma	38	大坦普	一级	2
16.Hatun Xuaxa, Mantaro Valley	2726	多种	一级/交叉点	4
17.Vilcas Huaman	?	多种	一级	4
18.Cuzco	?	多种	一级	3
19.Raqchi	40	多种	一级	3
20.Hatunqolla	?	多种	一级	4
21.Chuquiabo	?	?	一级	3
22.Paria（Anocariri）	?	多种	一级	4
23.Cotapachi	2400	家户	二级	2
24.Kullku Tampu	4	坦普	二级	2
25.Kharalaus Pampa	80	坦普	二级	2
26.Pocona	21	坦普	二级	3
27.Tumuyo	63	家户?	二级	1
28.Inkallajta	20	多种	二级	1
29.Yacoraite	4	坦普	一级	4
30.Inkahuasi	?	坦普	一级	3
31.Aqua Hedionda	103	坦普	二级	1
32.Campo del Pucara	1717	家户?	二级	2
33.Corral Blanco	19	坦普	一级	2

续表

遗址	存储	设施	道路	度中心度
34.Portrero de Payogasta	?	多种	一级	2
35.Hualfin	23	坦普	二级	1
36.Navado del Aconquija	?	多种	一级	3
37.Ranchillos	?	坦普	一级	3
38.Tamillitos	?	坦普	一级	2
39.Santiago	?	?	二级	2
40.Tumbes	?	?	二级	2
41.Chiquitoy Viejo	?	多种	一级	4
42.Pachacamac	?	属于前印加时代	一级	3
43.Centenila	?	多种	一级	3
44.Inkawasi	202	多种	二级	2
45.Tambo Colorado	5	大坦普	二级	3
46.Tambo Viejo	40	多种	二级	3
47.Culluma Baja	46	无	二级	2
48.Inka Tampu	25	坦普	二级	2
49.Millpu	16	无	二级	2
50.Quebrada de la Vaca	27	大坦普	一级	4
51.Camata	43	坦普	二级	2
52.Turi	?	多种	一级	2
53.Catarpe	?	多种	一级	2
54.Capis-Cerrellos	200	?	一级/交叉点	3

就 Cuzco 与网络中任何其他点通信的相对效率而言，它具有最高的中心性，而在控制任何两点之间的信息或货物流动的能力方面，它的中心性位居第二。这印证了 Morris 的论断[133]：威望物品涌进库斯科的一个原因是它们更容易从库斯科出去。库斯科的高亲密性中心度使得物品从库斯科的分配更有效率。

主要的存储行政遗址 Hatun Xuaxa（point 16）的度中心度排名第一，亲密性中心度排名第四，中间性中心度排名第三，显示出了在整个路网中的优势区位。而 Cotapachi（point 23）和 Campo del Pucara（point 32）这两个主要的大型存储遗址在名单却没有很高的中心度，而且这两个遗址都有类似库斯科北部高地上那种大型行政建筑（表八）。

表八 印加道路网络的亲密性中心度、中间性中心度

遗址	亲密性中心度	排名	中间性中心度	排名
1.Quito	572	51	0.00	50=
2.Paradones	520	50	52.00	42

续表

遗址	亲密性中心度	排名	中间性中心度	排名
3.Ingapirca	470	48	102.00	33
4.Tomebamba	422	45	200.00	28
5.Huancapampa	376	35=	296.67	18
6.Cajamarca	334	25	306.83	17
7.Chacha poyas	376	35=	31.17	43
8.Huamachuco	335	26	216.83	25
9.Taparaku	380	37	7.50	47
10.Huánuco Pampa	383	38=	57.00	41
11.Tunsukancha	425	46	1.67	49
12.Pumpu	378	36	91.00	35
13.Chacamarca	354	30	171.00	30
14.La Cima，Telarnoij	330	23	219.67	24
15.Tarma	298	16	282.67	21
16.Hatun Xuaxa，Mantaro Valley	258	4	1029.58	3
17.Vilcas Huaman	245	2	1157.91	1
18.Cuzco	243	1	1135.33	2
19.Raqchi	261	5	844.08	5
20.Hatunqolla	269	8	312.25	16
21.Chuquiabo	277	10	585.91	9
22.Paria（Anocariri）	286	13	981.42	4
23.Cotapachi	328	22	470.00	11
24.Kullku Tampu	372	34	384.00	13
25.Kharalaus Pampa	481	44	294.00	19
26.Pocona	466	47	202.00	27
27.Tumuyo	518	49=	0.00	50=
28.Inkallajta	518	49=	0.00	50=
29.Yacoraite	315	20	553.92	10
30.Inkahuasi	352	29	213.25	26
31.Aqua Hedionda	404	42	0.00	50=
32.Campo del pucara	383	38=	93.25	34
33.Corral Blanco	356	31	138.17	32
34.Portrero de Payogasta	393	40	72.42	39
35.Hualfin	367	33	0.00	50=

续表

遗址	亲密性中心度	排名	中间性中心度	排名
36.Navado del Aconquija	361	32	195.83	29
37.Ranchillos	394	41	74.17	38
38.Tamillitos	411	43	16.25	45
39.Santiago	390	39	64.33	40
40.Tumbes	344	28	156.00	31
41.Chiquitoy Viejo	302	17	783.67	7
42.Pachacamac	278	11	823.00	6
43.Centenila	282	12	219.75	23
44.Inkawasi	305	18	3.67	48
45.Tambo Colorado	266	7	259.42	22
46.Tambo Viejo	263	6	287.92	20
47.Culluma Baja	311	19	29.50	44
48.Inka Tampu	331	24	8.50	46
49.Millpu	293	15	77.00	37
50.Quebrada de la Vaca	256	3	586.83	8
51.Camata	276	9	79.33	36
52.Turi	290	14	416.58	12
53.Catarpe	320	21	362.58	14
54.Capis-Cerrellos	343	27	342.17	15

（2）控制以财富为主的道路网络

Tumbes（point 40）中心位置较低，但是由于其是名贵的贝壳出产地边缘，是连接海岸和高地重要的横向道路之一，将它移除就会切断这种贝壳的来源，因此该地拥有行政设施，并具重要性的原因在于它的"战略性边缘地位"。还有一些低中心度但在威望物品网络中重要的遗址比如：Turi（point 52）靠近铜或其他贵金属产地，Chacha poyas（point 7）靠近热带名贵商品，如羽毛和异国情调的木材，Portrero de Payogasta（point 34）可能是骨器、铜器、绿松石和贝壳等生产设施所在地，上述地点均有行政设施的存在。

结论：出于控制主要生产物品的需求，印加在公路网的两个极端建造了大型仓储综合体：位于中心位置较高的高地位置和低中心度的沿海地区。这似乎可以概括为：在高地，高中心度地区和低中心度地区，储存的必要性最大。主要的管理中心和相关的存储设施通常建在高度集中的 Hatun Xuaxa。没有相关主要行政综合设施的仓储设施则建在中心度较低的地方，例如 Campo del Pucara，在印加帝国边缘的 Tomebamba 和 Quito，有储存和行政设施。

出于控制财富的需求，印加帝国在最边缘的地方，特别是交换网络的端点，建立和维护小型但重要的管理中心，用于威望物品网络的运输，几乎没有存储设施的存在。

这两个不同的交换形式对应 Earle and D'Altroy[134]的理论，即霸权控制战略和领土控制战略：霸权控制需要最少的行政投资，其目的是在威胁之下，通过篡夺一部分本应被当地居民消费的劳动力或产品；而领土控制需要大量的行政投入，其目的是将当地居民的生存与国家直接挂钩。

案例5：芭芭拉·米尔斯团队对美国西南部前西班牙晚期的社会网络变迁的研究[135]

目的：前西班牙时代晚期（1200～1450年）美国的西南部是一个大范围社会变化和人口的增长时期，包括长距离移民和人口集聚，本文目的是重现社会网络的变迁过程。

基础：美国西南部1200～1450年之间的陶器和黑曜岩数据库，材料来自700多个考古遗址中的430万陶器制品和来自140多个遗址中的超过4800件黑曜岩制品，均有测年、分组等相关信息。

方法：

（1）以每五十年为一个分析的时间段来观察网络的变化。每个聚落作为网络中的节点，两个聚落之间的边是由装饰陶器间的强相似性定义的。相似性超过75%，则链接存在，否则不存在。

（2）设计了一个关于黑曜岩获取和交换的空模型——称为重力模型或者衰减模型，这个空模型的假设是：地理位置接近是采购和交换的首要考虑因素。对实际的黑曜岩分布进行来源地分析，观察重力模型与实际黑曜岩分布情况的不同。

分析：

① 空间变化：南部区域和北部区域的遗址强且持续的分离倾向，在大移民期间（1250～1300年），南部网络由几个有较低中心度的相分离的网络组成部分构成，随着时间发展，南部网络中心度增强，且连接完备，北部网络变得更加区域化和中心度减小（图一二）。

② 特征向量中心度变化：特征向量中心度基于在所有聚落中的陶器相似度比重得分，是一种稳健的度量方法，它不仅考虑节点的直接连接，而且还顾及它在整个网络中连接到的节点，并将较少的权重放在具有较高分离度的节点上（表九）。

表九 南北方随时间变化的平均度中心度

时间（年）	1200～1250	1250～1300	1300～1350	1350～1400	1400～1450
北方	0.206	0.212	0.159	0.221	0.237
南方	0.120	0.105	0.180	0.362	0.497

注：通过除以每一时段的遗址总数，本数值已被标准化

在公元1250～1300年之间，高特征向量中心度的聚落位于图的最中心，由位于区域的南部和北部的聚落构成，这两个分区与最大网络组成部分在北部明显分离，一般有比较低的中心度得分，表明他们的分离有可能造成了这种人口衰减。南部的每

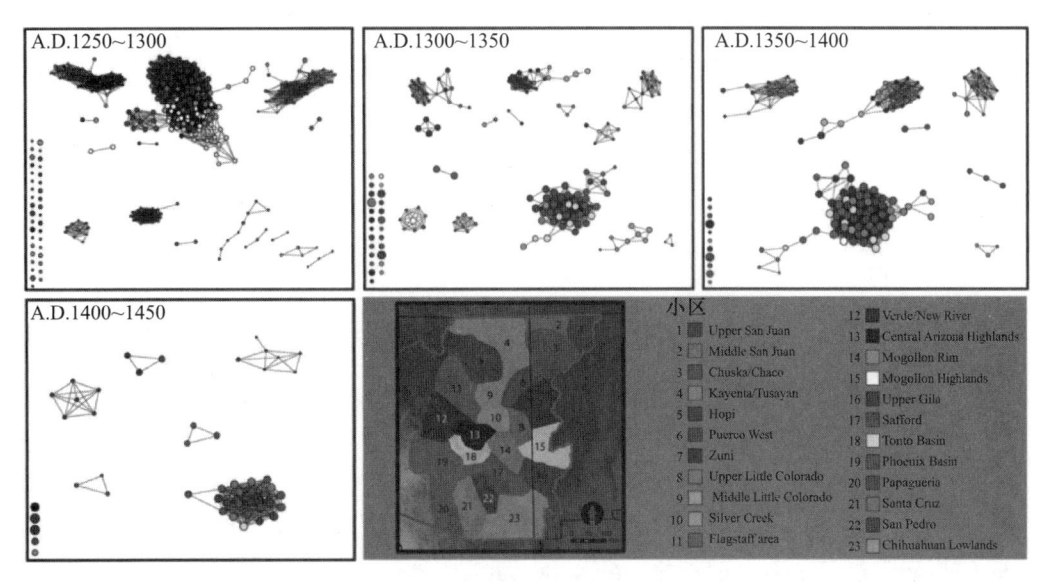

图一二　陶器相似度随时间变化的网络

个河谷或者盆地和其他的区域大体上分离，所有的都有较低的中心度得分；在公元1300～1350年，当美国西南部人口合并时，在南部的遗址的特征向量中心度增加了；大的南部网络的组成部分一直延续到15世纪，而北部陶器网络支离破碎，最强的纽带仅限于主要河谷；在公元1450年，南北地区最大程度上断开。这一时期南部的定居点变得高度分散，被称为"倒塌"或"衰落"。Hopi和Zuni的定居点在我们研究区的北部继续存在，由两个独立的聚落集团所代表，它们各自具有独特的陶器组合。

③ 社会连通度：通过计算真实的地理联系距离，来观察社会和空间联系之间的关系。以50年为一个时间段，以真实地理空间为背景展示陶器相似性（表一〇；图一三）。

在13世纪，北部比南部有更多的长距离的网络联系。随着时间的发展，长距离遗址的相似度比例增加了。但是和公元1300年之前的网络相比，南部遗址的大多数长距离联系比北部更多，特别是在公元1350年以后。

并且，有强烈社会联系的遗址之间的距离也并非局限在步行范围内，这说明物理距离并非我们想象的那样，在构成社会关系时起到强烈作用，即使步行是唯一的交通方式。

表一〇　陶器网络随时间变化的拓扑属性

时间	LCC（%）	L	k	P	D	LCC location
A.D.1200～1250	109（39）	1,985	46.84	2.27	9	North
A.D.1250～1300	125（40）	2,085	41.25	2.34	8	North
A.D.1300～1350	44（25）	410	18.05	2.00	8	South
A.D.1350～1400	65（45）	1,173	42.22	2.00	8	South

续表

时间	LCC（%）	L	k	P	D	LCC location
A.D.1400~1450	23（51）	233	22.67	1.10	3	South

注：无论 LCC 在地理上是南边还是北边 D 是 LCC（两节点间最大距离）的直径；K 是整个网络的度；L 代表 LCC 内联系的数量；LCC 是二进制网络中网络的最大组成部分，括号里的是占这个网络中所有节点的比例；P 为整个网络的平均路径长度

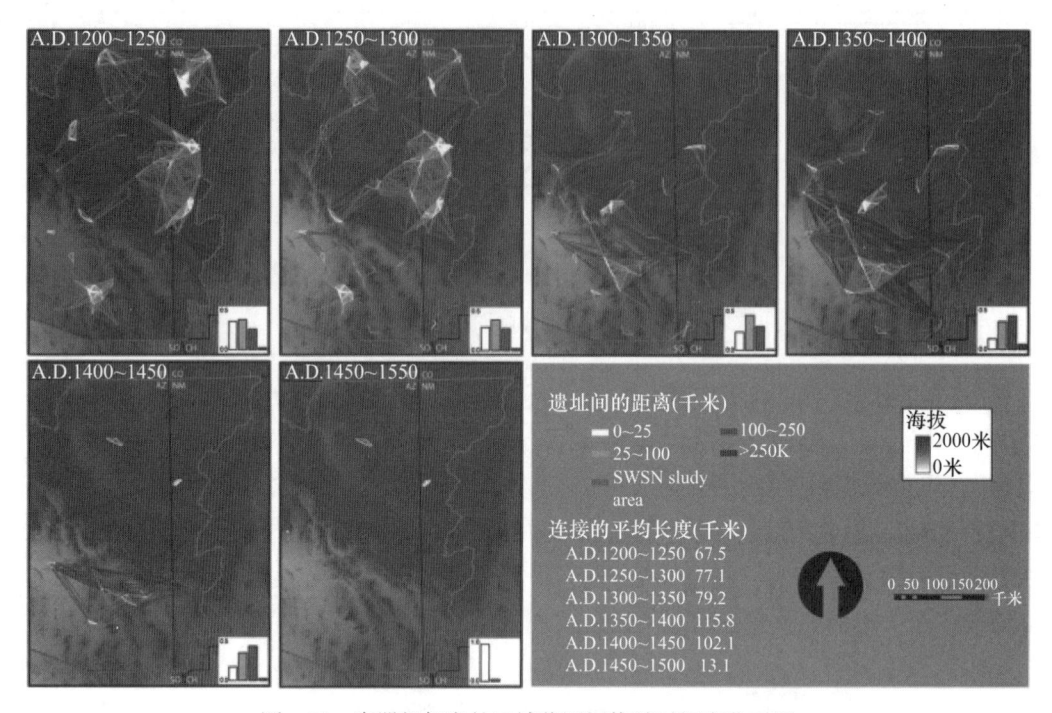

图一三 陶器相似度的区域范围网络随时间变化示图

④ 黑曜岩流通的联系：在1200～1300年期间，非本地的黑曜岩来源非常稀少，大部分属于已完成的工具，而不是原料。从大多数可很好断代的遗址中的黑曜岩来看，并不偏离距离衰减模型；在1300年之后，在黑曜岩采购和交换模式上有了巨大的变化，黑曜岩密度在许多地区增加了超过10倍，出现了原材料代替原来的成品工具的这样的变化。在1300年以后，在亚利桑那州南部和中部的大部分遗址都偏离了距离衰减模型（图一四）。

结论：超长距离的社会联系在美国西南部存续了一段时间；北方和南方网络之间的网络分离，以及各区域网络的相对连通性在发生变化。南方网络持续增长，而北方网络收缩，这两个地区的发展轨迹在1300年后分岔，南方网络持续增长，而北方网络变得更加碎片化。许多考古学家认为，参与其中的应该包括多个人群，甚至不同种族，这表明参与网络可能促进了融合。随着人口在14～15世纪的减少，这一网络的增长，最终证明是不稳定的，并在1400～1450年这一时期解体。

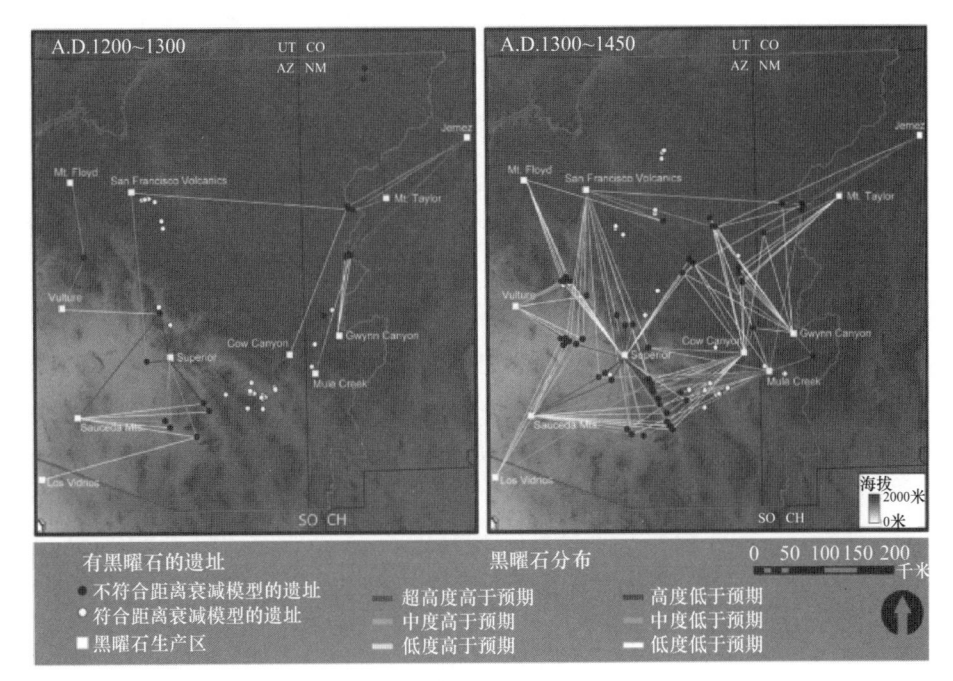

图一四　地图显示了遗址偏离或不偏离预期模式的黑曜石获取，基于重力距离衰减模型，在（1200～1300 年）前和（1300～1450 年）后的主要变化

2. 特征

从网络分析在考古学中不成熟的早期应用到基于多学科团队组建大型数据库的当代考古学研究，以上案例给我们开启了一扇窥探这种分析框架在聚落中应用的窗口。总的来说，这些案例有以下几个特点：

（1）均把基本上同时代的聚落作为网络中的节点，而链接有多种形式，包括水道交通、假想中的海运交通、道路交通、同类的陶器分布、两地陶器的强相似性、同一产地黑曜岩的分布等，链接性质由具体的考古学材料而定。必须要说明的是，这里的"网络"事实上是复杂的古代世界互动状况的一种简化，并不必然代表两个遗址之间的实际联系，因此在将真实的互动简化为网络时，我们必须在两者之间建立清晰的"中间过程"，即抽象化的网络在何种条件下、多大程度上能表现真实的互动，这样的抽象是在什么样的前提下假设的，这些都是进行网络抽象之前必须说明的问题。

（2）相对较早的案例基本上都采用图论的分析框架，没有使用正式的社会网络分析术语。包括度中心度、亲密性中心度、中间性中心度等度量等在早期很少出现在考古学文献中。取而代之的是诸如"中间性节点出现概率""短路径之和"等冗长拗口的度量手段，这些定义模糊的度量限制了其在考古学中更为深入的应用。

（3）有些案例采用了根据一些条件预设假想网络，再根据考古材料搭建实际网络，进行两者之间的对比，并对其异同进行分析解释的方法。这是一种验证理论模型是否符合实际的有效途径,并能在检验中发现模型中遗漏的关键要素,对原有的理论模型进行修正和补充。

(4)在对巴布亚聚落分布和对美国西南部聚落演变的分析中,杰弗里·欧文和芭芭拉·米尔斯都结合多种材料对聚落网络的变迁过程进行说明,如聚落可达性测量、陶器的变化特征、文化演化、黑曜岩的生产与分布等。这是对聚落变迁和人口迁徙进行的综合研究,结合各种考古学材料所得出的结论往往比单纯观察网络特征更可靠。

(5)在能确定聚落共时性的基础上,采用历时性的视角会让整个聚落变化的图景更为清晰。这种给具有共时性的聚落拍"快照"的方式能够展示一个时段内聚落分布特征,不同时段的对比更能反映出整个聚落系统发生的变化,进而帮助考古学家尽快找到变化的原因。这也是网络视角带来的优势之一,即在历时性的框架下讨论关系的变化。

三、网络视角下的洛阳盆地

在下面的分析中,绘制聚落分布图采用的底图为美国阿波罗卫星拍摄的分辨率为12.5米的 DEM 地形图,该地形图精度比当前几乎所有的开源地形图都高,可以呈现地形的细部特征。但是缺点也很明显:一是该地形图采用了 WGS84 坐标系,这与调查所用的地图采用的坐标系不同,在转换过程中会出现误差;二是该卫星拍摄时间为 2018 年,所获得的地形信息必然与四千年前的不完全相同,尤其是在洛河改道、伊洛河频繁泛滥的情况之下。考虑到在洛阳盆地调查中,分别采用了四种不同比例的地形图,其中两者都是采用了北京 54 坐标系,因此本文也将在北京 54 坐标系下分析。针对地形图存在的上述问题,除了对其进行投影和坐标的变换和地理校正之外,还根据这些年来对二里头遗址和皂角树遗址的考古剖面所获得的水文信息,进行水系的复原,主要是对古洛河位置及古伊洛河交汇处的位置进行校正,以许宏先生 2012 年《二里头文化聚落动态扫描》[136]一文中刊布的古伊洛河位置为参照。遗址点则根据报告中所刊布的遗址分布图进行电子化和属性标注,其中那些边界不清、面积不详的遗址统一暂定一万平方米(基层聚落的面积),便于统计。

洛阳盆地中东部先秦遗址总图如图版一,1。

(一)人口规模的历时性变化

1. 空间分野和特殊现象

洛阳盆地调查范围内的流域由西向东、由南向北的地貌主要包括杨沟、诸葛沟、梁村沟、酒流沟、袁沟-俎家沟、沙沟河、东沙沟等冲沟,五岔河、浏涧河、马涧河及其干支流、干沟河、曹河、沙河沟、坞罗河及其支流天坡河、稍柴水、益家窝水等伊河南岸的大型河流，洛河北岸邙山南麓冲沟及其下游古伊洛河北岸、古伊洛河之间的夹河平原。根据地理位置、地形状况、河流等自然环境的相似程度，洛阳盆地整体可划分为两个自然地理区，一是古洛河以北、邙山南麓的河流冲积平原及山前冲沟区域，包括古伊洛河夹河滩范围；二是伊河及伊洛河南岸的河流阶地及万安山北麓的河流台地。这两个区域中的聚落所拥有的水文条件和土壤状况有较明显的不同，前者基本位于较为平坦的大河阶地上，农业和人口发展空间较大，但森林、矿产等资源不足；而后者大部分位于河流两旁的台地上，向外拓展的趋势受到了限制，但森林资源充足。以下是不同流域的聚落分布中观察到的几个问题，简单讨论一下：

（1）杨沟、诸葛沟、梁村沟、酒流沟、袁沟-俎家沟几条季节性冲沟以北地势低洼，属于伊河河道的泛滥区，遗址大多位于冲沟刚出伊东渠的位置，伊东渠以北没有分布。鉴于此，本文倾向于认为伊东渠以北，尤其是杨沟、诸葛沟、酒流沟下游地区原本就无遗址分布，而并非遭到现代建设的破坏。

（2）在历史上，在清末庞村马家九世祖主持下，原沙沟河经武屯村改道向东流，经西庞村北、东庞村北、掘山西、后寨北，在东西彭店村之间流入伊河河谷，在高崖村西汇入伊河主流，将昔日荒野之地变成了水浇地。也即在新石器时代到早期青铜时代，沙沟河应是经武屯村向北流的。但奇怪的是，在经人工改道后的沙沟河上游，存在新石器时代到二里头时代的遗址，如掘山、西窑沟、杨村北、魏家窑北等。结合100米等高线和古伊洛河泛滥的区域，本文认为这些遗址应当是分布在伊河的河流阶地边缘，紧邻伊河分布，在龙山到二里头时代并非是沙沟河旁的遗址。

（3）干沟河和曹河流域中，干沟河聚落密集分布而曹河密度一般，沙河沟几乎不见先秦聚落，据报告推测，沙河沟附近或为北宋陵区，早期聚落被破坏殆尽。三流域位置相近，自然环境相似，沙沟河和曹河的聚落密度应与干沟河相似，也就是说伊河南岸的聚落数量和面积应比调查数据大一些，这需要在统计中考虑到。

2. 聚落的历时性变化

洛阳盆地一共发现龙山文化早期聚落64个，晚期聚落158个，二里头文化一期聚落18个（灰嘴E和灰嘴W合为一个遗址），二期81个（袁沟A、B合为一个、灰嘴E和灰嘴W合为一个遗址），三期98个（灰嘴E和灰嘴W合为一个遗址），四期101个（灰嘴E和灰嘴W合为一个遗址），如图一五所示。遗址的具体情况见附表一。

从总体上来看，整体的聚落数量和面积变化图显示，龙山文化晚期聚落数量和面积均达到了洛阳盆地的顶峰，到二里头文化一期时迅速衰落，降到谷底。自二里头文化二期以来，聚落数量和面积呈稳步增长态势，总面积在四期达到了最高，但聚落数量仍然未达到龙山文化晚期的水平。从平均面积上看，龙山文化时期比二里头文化时期小很多，抛去二里头时代的超大型聚落二里头和四期晚段新出现的偃师商城，结论仍不变，这也粗略反映出二里头时代单体聚落面积普遍增大的倾向（表一一）。在这三个指标上，整个调查区域大部分流域与总体的变化趋势相似，但存在一些例外：

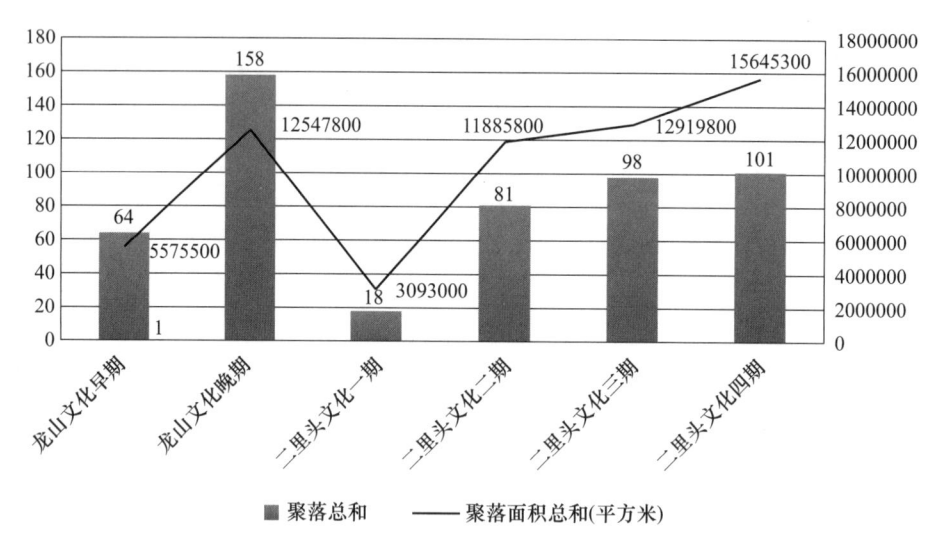

图一五　聚落数量和总面积随时间变化图（个／平方米）

表一一　龙山到二里头聚落平均面积

时期	平均面积（平方米）
龙山文化早期	87117.1875
龙山文化晚期	79416.4557
二里头文化一期	123117.6471（去除二里头）
二里头文化二期	111072.5（去除二里头）
二里头文化三期	102265.9794（去除二里头）
二里头文化四期	108453（去除二里头和偃师商城）

（1）在二里头一期聚落剧烈衰退的背景下，高崖西不仅没有废弃，而且在二里头一期成长为79.5万平方米的大遗址，暗示了该聚落的特殊性，不排除以该聚落为代表的某些聚落出现了人口的迁入。

（2）邙山南麓及古洛河北岸的二级阶地在二里头文化开始阶段，出现与众不同的聚落发展样态：二里头文化一期，在整个洛阳盆地聚落数量和面积均呈断崖式下降的背景下，该区域新出现了超大型聚落二里头和小型聚落陈屯老村，尤其是从二期开始，洛河以北的区域聚落面积增长之快速更为明显，新出现了大型聚落黑王，中小聚落纷纷在二里头和黑王周围集聚。图一六显示了邙山南麓、古洛河北岸占区域整体数量和面积的比例随时间变化的情况，可以看出，在遗址数量占比上，古洛河北岸在二里头文化时期一直处于一种优势状态，一期的高占比尤其明显；同时，二里头文化时期，古洛河北岸聚落面积也开始呈现持续上升的趋势，二、三期之交较为平稳，四期继续

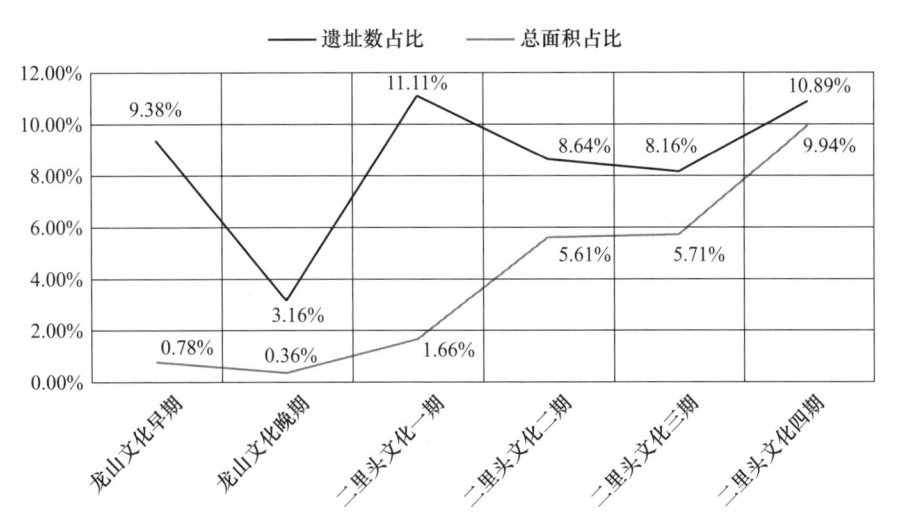

图一六　古洛河北岸遗址数量和面积占总体的比值

上升。更进一步讲，二里头文化人群在战略性地开发古洛河北岸区域，此前这一区域并不为此前的龙山文化人群所看好。空间开发的转向原因有待讨论。

另外，为了讨论聚落变化的剧烈程度，我们引入聚落新增率和延续率指标：新增率＝新增的聚落数／本期聚落总数，延续率＝延续至下期的聚落数／上期的聚落总数，这两个指标可以很好地衡量每期聚落的扩张度和稳定度。当聚落新增率大于延续率，认为区域内的聚落和人口处在一个高速发展、不断拓展生存空间的状态；当聚落延续率大于新增率，认为区域内的聚落和人口处在一个稳定增长、缺少外部刺激的状态。

洛阳盆地龙山文化时期到二里头文化时期聚落的新增率和延续率就呈现了一个逆向转换的过程，如图一七所示。龙山文化晚期洛阳盆地聚落的高新增率显示，当地的人口处于一个迅速增殖、极速扩张的状态，这或许是新资源、新技术带来的溢出效应。龙山文化晚期中原地区关于动植物资源的利用情况显示，绵羊和黄牛在龙山文化晚期的中原地区频繁出现，襄汾陶寺、新密新砦、登封王城岗等龙山文化晚期的地层中的黄牛和绵羊数量有逐渐增多的趋势，丰富了当时人的肉食资源[137]；农耕生产在延续以粟黍为主的北方旱作农业的传统之外，农作物的布局开始复杂化，稻谷和大豆成为重要的农作物品种[138]，洛阳地区龙山文化晚期的王圪垱遗址和二里头文化时期的二里头遗址都显示出了稻旱混作农业模式，以及与豫中地区类似的大豆种植和选择传统[139]，孕育了新的变革因素（二里头遗址出土水稻概率比其他遗址高得多，意味着中心城市和基层聚落之间存在生意模式的不平衡现象，水稻在基层聚落中的比重依然很低[140]），这些新经济因素为人口和聚落的增长提供了契机，与人口增长形成正向反馈。另外，张海等人在颍河中上游地区的田野考古调查获得的浮选样本显示，龙山文化单位中黍的数量大大增加[141]，这也印证了聚落新增率大于延续率指标所暗示的，龙山文化晚期处于一个聚落高速发展和扩张，人群不断扩展生存空间、强化利用动植物资源的样态。

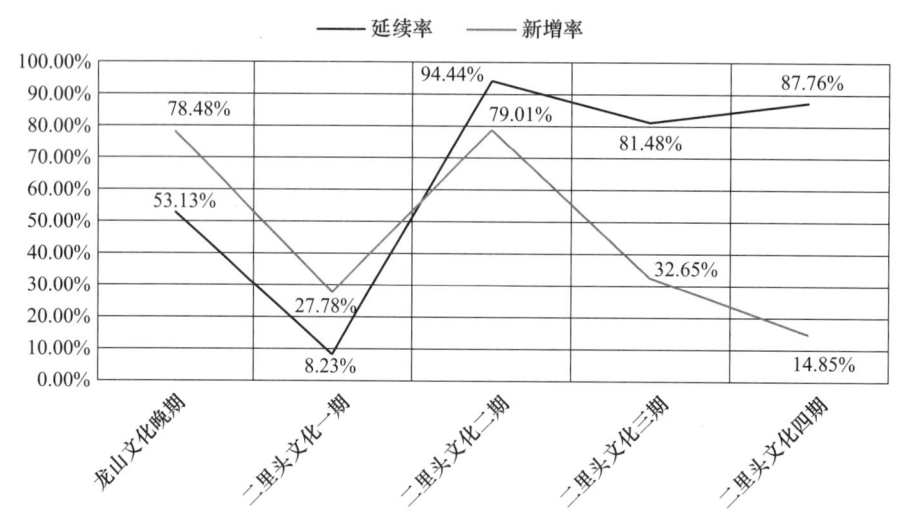

图一七　聚落的历时性新增率与延续率

二里头文化一期到二期之间,情况开始扭转,聚落的延续率开始高于新增率,并且差距随时间的增长逐步增大,这显示出偏保守的发展情势。二里头文化时期的人口稳定增长,聚落废弃率低,新开发率也低,这与龙山文化时期人口强烈的扩张欲形成鲜明对比。结合下文中观察到的聚落变化,该现象或许是由于二里头文化时期形成了大型聚落的分区控制体系,较为严格的社会组织形式限制了聚落规模的无序扩张。且二里头文化时期的生计模式基本上延续了龙山文化时期,稻谷和小麦在基层聚落中的作用有限,缺少外部刺激。

但也有一个区域是例外的,即袁沟、沙沟河所在的盆地西南缘。该区域在二里头文化二三期之间稳定度极高,二期的遗址几乎被三期全部继承。而到了四期,原本面积不小的俎家庄北、袁沟B、王沟东等遗址均遭到废弃,而新出现了偏桥北和刘窑东等遗址,这与其他区域三四期之间的稳定度明显高于二三期的趋势严重不符,暗示袁沟、沙沟河流域的自然或社会环境在二里头文化四期出现了波动。

（二）聚落等级与空间分布

1. 方法论

在具体的聚落分析中,进行聚落分级和分区一般是不可避免的。在聚落等级划分方法上,当前的主流研究一般将面积和遗迹现象作为主要的分级指标,尤其是遗址面积。这是由于同一时期一定区域内的遗址往往很多,但经过科学发掘的遗址仅占少数,研究者能够掌握的还是调查所获得的、关于遗址数量和面积的材料,对于每个遗址的遗迹现象、人工制品等信息的普遍缺失使得这一指标很难在确定聚落等级中发挥广泛的作用。因此，遗迹这一指标在确定遗址等级时可遇不可求。

梳理洛阳盆地的聚落等级划分，以下分法颇具代表性：

（1）以最大、最小的遗址面积为界，中间按照经验数据分割，并尽量保证每个区间有一定数量的遗址。

史宝琳在《中原地区公元前三千纪下半叶和公元前两千纪的聚落分布研究》[142]中，由于分析的时空范围较大，包括从龙山时代到商代的整个中原地区，在聚落等级划分上较少考虑到每个区域或者每个时段聚落面积的分布特色，而是采取了较为统一的标准，将聚落按照面积划分为如下五个等级：

第1等级：100至10 000平方米（1公顷以下）
第2等级：10 001至140 000平方米（1至14公顷）
第3等级：140 001至640 000平方米（14至64公顷）
第4等级：640 001至2 000 000平方米（0.64至2平方千米）
第5等级：2 000 001至6 800 000平方米（2平方千米以上）

赵春青在《郑洛地区新石器时代聚落的演变》[143]中，根据郑洛地区不同时期聚落面积的统计特征，实行了考虑具体时代的分级方法，但级与级之间的划分依然是经验的：

裴李岗文化时期的聚落分为两级：大于2万平方米为一级，小于2万平方米为二级；

仰韶文化前期的聚落分为三级：15万平方米以上为一级，6万～15万平方米为二级；小于6万平方米为三级；

仰韶文化后期的聚落分为四级：大于30万平方米为一级，15万～30万平方米为二级；15万平方米以下为三、四级，但作者未说明三、四等级之间的划分标准；

龙山文化时期的聚落分为四级：40万～100万平方米为一级；15万～40万平方米之间为二级；5万～15万平方米为三级；5万平方米以下为四级。

在赵文中，不光在整体上对每个时期的聚落进行了等级划分，在聚落内部的不同聚落群也根据面积特征进行了经验性的等级划分；在史文中，聚落等级的划分也仅用作统计工具。就算上述按照经验数据划分聚落等级的结果或许符合实际，但也仅仅具有统计学方面的意义，较随意的聚落层级划分与社会组织、行政机构的层级等方面的分析没有办法建立联系。

（2）观察区域内聚落面积和数量数据的分布形式，绘制遗址-规模直方图，来确定聚落等级，并结合高等级聚落之间的距离来辅助分析。

刘莉在《中国新石器时代：迈向早期国家之路》中，对新石器时代到青铜时代早期的中原地区进行了聚落等级划分，并结合"等级规模（rank-size）"曲线，试图以此来解释当地的社会组织形态，在聚落等级和行政管理层次之间建立关系。在聚落等级划分过程中，刘文通过绘制每个时段每个区域不同的遗址-规模直方图来确定聚落等级，如将豫西地区的仰韶文化聚落分为三级（图一八）、郑州地区仰韶文化聚落则分为

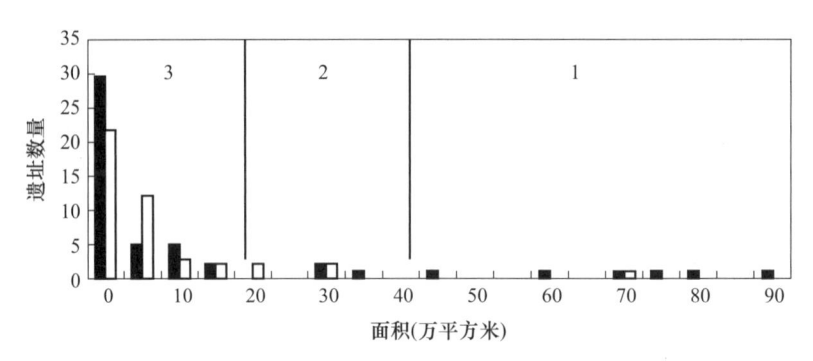

图一八 豫西地区仰韶文化时期的聚落等级柱状图[144]

两级，并分析了中心聚落与其他聚落之间的距离。

陈星灿、刘莉、李润权等在伊洛河流域的调查中也采用了这种分级方法[145]，总体来说，绘制聚落等级柱状图的方式更加灵活、分级标准较为客观，能够比较有效地避免前述经验性划分的随意性，分级结果可作为社会组织形式的部分佐证。但是，这种方法隐含的前提是：遗址面积代表了遗址的等级。但事实上，这是完全不正确的，遗址的等级可以参考的指标有多个：面积、遗迹、遗址的位置和遗址之间的距离[146]。从这个意义上讲，遗址－规模直方图本身是对人口的分析，它将遗址面积作为人口指标。直方图除了告诉我们人口在不同规模的地方性社群中的分布外，并没有其他用处。而且，实际上直方图本身不具有清晰可辨的模式，聚落层级的划分实际上更多依赖研究者的主观设想[147]，因此以此为基础架构的社会管理层级很可能存在根本上的问题，也遭到了一些现代人口或考古学证据的反对[148]，这种做法的可靠性正在受到质疑。但不可否认，根据聚落面积的分布模式有时可以寻找出一个最优解，要使这个最优解更符合当时的情况，还需结合其他证据。

为了便于分析，本研究也对洛阳盆地的聚落进行分级，但仅将分析作为一种统计工具，来历时性比较聚落发展的复杂程度，不对社会管理层级进行简单的对应。分级采用的指标包括：遗址面积、遗迹现象、遗址之间的距离。

2. 聚落等级分析

我们先用聚落面积做指标，以小提琴图展示洛阳盆地聚落规模的历时性变化（图一九）。

图一九可以显示聚落规模直方图所无法提供的信息。这些信息显示从龙山到二里头时代，洛阳盆地的聚落结构发生了深刻的变化：

（1）龙山文化时期，聚落主要是由大量的基层聚落和部分不超过80万的中型聚落构成的两级聚落体系；而在二里头文化时期，聚落结构开始复杂化。二里头文化一期大型聚落二里头和高崖西开始出现，到了二期，二里头聚落面积极速扩张，黑王、稍柴等中型聚落迅速崛起，形成了一个稳定的四级聚落体系，一直延续到二里头四期。

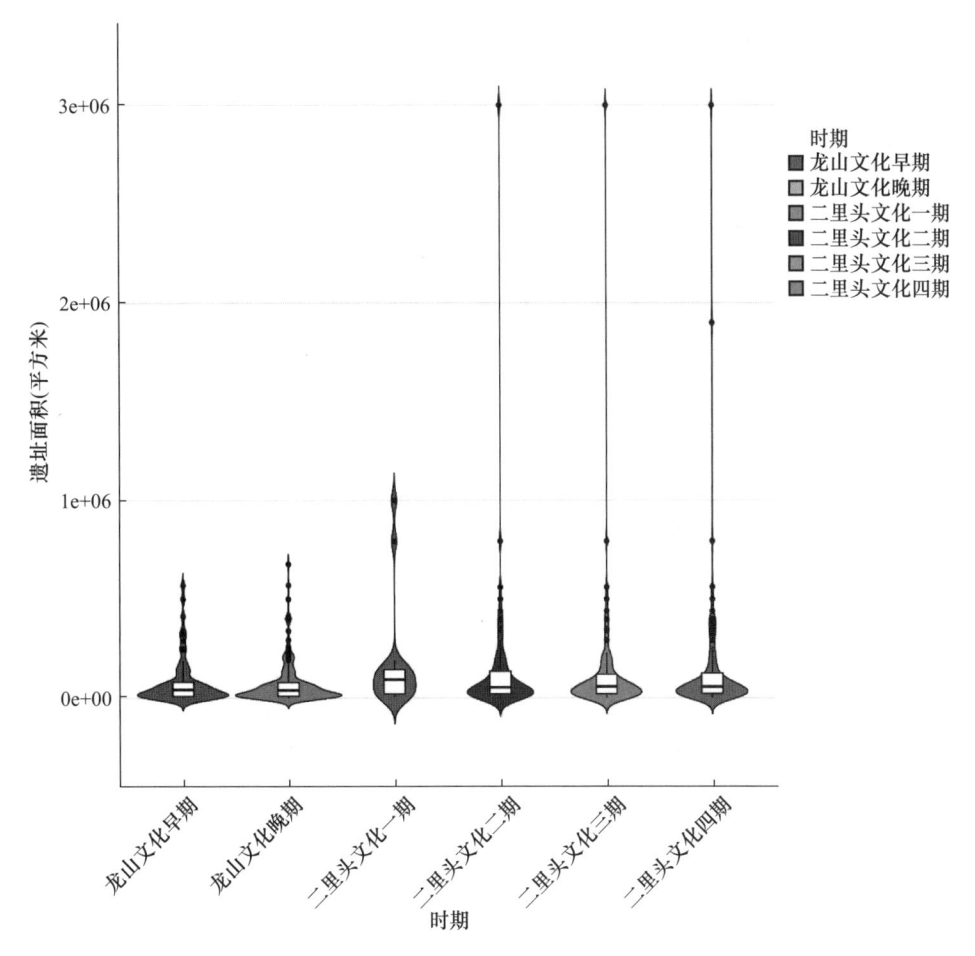

图一九　从龙山到二里头时代洛阳盆地聚落规模变化

（2）龙山文化时期基层聚落分布概率比二里头时期的大，也即龙山时期的聚落体系主要是以基层聚落为基础的，而二里头时期，基层聚落在整个聚落体系当中的地位下降了。

（3）二里头文化一期的数据呈橄榄型，与其他几个时期展现出非常不同的样态，聚落规模的中位数偏向盒形的上端。也即在二里头文化一期，大中型聚落在迅速增加，尤其是二里头、高崖西两个大型聚落的出现，而基层聚落增速不大。这暗示了二里头文化一期有可能经历了非同寻常的人群整合，这种整合并非是以本地聚落的自然增长为基础的。

图一九仅显示了以聚落面积为指标的等级分布，接下来我们将结合具体的调查结果所指示的遗迹现象，结合聚落之间的距离，对上述聚落等级的划分做修正和补充。

3. 空间分布状况

（1）龙山文化早期

在龙山文化早期，指示聚落规模变化的小提琴图提示，在其颈部切断（以10万平方米为界），共 64 个聚落按照面积可简单分为两个层级：10 万～60 万平方米和 0～10 万平方米。第一等级聚落有 14 个，第二等级聚落有 50 个。

其中，面积最大的高崖西遗址曾经过多次发掘，其文化遗存被证明从裴李岗时代一直延续到二里头时代，在 1988 年的发掘中，还发现过一条龙山文化时期的壕沟[149]。在龙山时代早期，高崖西遗址在洛阳盆地应属于环境基础良好、人口较为稠密的遗址。另有三个面积较小的遗址值得注意：寨湾东南属于龙山文化早期的灰坑中发现了石片石器，在地表采集到石料和石锛坯以及石凿等石器，很多属于石器加工过程中的残留物，推测应为龙山到二里头时代的一处石器加工点。滑城河东剖面上的灰坑里发现了龙山文化早期的卜骨。宋湾东南在 1987 年和 1991 年的两次发掘中，被认为是仰韶文化晚期到龙山文化早期的环壕聚落。

据此分级后，龙山文化早期聚落的分布如图版一，2 所示。从整体上看，大聚落与小聚落在分布区域上差别较大：大型聚落几乎全部位于古伊河、洛河的夹河滩地带以及两河的二级阶地边缘，海拔均在 95～130 米的范围内，只有府西村北例外。府西村北遗址位于府店北河由东西拐向南北的河湾处，海拔 181 米，龙山早期的遗存较少，主要是仰韶文化的延续。在调查中发现了大量的石器，包括石斧坯、石毛坯等石器制作过程中的遗存。因此，府西村北可能为当时一处规模较大的石器制作地点，石器工业活跃，出现了人口的聚集。伊河、洛河两河之间的夹河滩之间大型聚落的聚集很明显，齐村西南（024）、西石罢、西马庄西北、金钟寺面积都较大。

（2）龙山文化晚期

龙山文化晚期，指示聚落规模变化的小提琴图提示，本期聚落结构没有太大的变化，数据在其颈部切断（以 10 万平方米为界），共 158 个聚落按照面积可简单分为两个层级。第一等级：10 万～70 万平方米，第二等级：0～10 万平方米。属于第一等级的聚落有 35 个，第二等级的聚落有 123 个。由于分级标准与龙山早期一致，分级比较聚落增长率的结果比较有趣：一级聚落增长率与二级聚落增长率数值一致（聚落新增率＝聚落新增量／现聚落数量），都为 0.6。也即，整个龙山文化晚期，洛阳盆地聚落的增长是均匀的，大型聚落与小型聚落同步增长，整体呈现了自然聚落的增长模式，不存在自上而下的人口规划和管控。聚落面积指示了相同的信息，在龙山早期，一级聚落的面积占总聚落面积的 72%，而龙山文化晚期，这个数据为 70%，说明人口集聚在整个龙山时期是匀速的，单个聚落人口增长的刺激因素可能归因于外部的资源和技术，而非整个洛阳盆地内部不同聚落的整合（图版二，1）。

再看聚落空间分布的变化情况：龙山晚期大型遗址的分布空间得到了扩展，古伊、洛河夹河滩位置得到了更进一步的开发，相比龙山早期，这一区域大型遗址的聚集更加引人注目；伊洛河向东北出黄河的位置开始显露其重要性，在龙山早期这里仅有三个小遗址，但在龙山晚期，新出现了以稍柴为中心的聚落群；伊河南岸和伊洛河南岸河流和冲沟的上游区域成了这一时期聚落的主要增长点，具体表现为这一区域大小型遗址的新增率均高于整体的增长率。这些变化说明了在龙山文化晚期，人群除了在拥有传统优势的夹河滩地带聚集之外，主要在向嵩山北麓邻水的山区扩展，并开始开发洛阳盆地的东北端出口。

稍柴聚落群在龙山晚期的出现有重要的意义：根据历年来对稍柴遗址的调查和发掘情况，稍柴遗址的一、二、三期分别可对应二里头文化的一、二、三期，此次的调查中同时发现了相当于龙山晚期和二里头文化四期的遗存。报告编写者陈国梁先生也指出，典型二里头风格的陶器及其组合在中小型聚落的出现时间可能与中心遗址的出现时间不同步，甚至中小型聚落陶器"二里头化"的开始时间较中心遗址早。林秀贞对稍柴下层的遗存，即稍柴第四层遗物与新砦期、煤山一期的陶器进行过类型学比对，认为三者应为早于二里头文化一期的同一种遗存，即洛阳盆地的二里头文化在繁荣之前存在本地基础。因此本文倾向于认为，稍柴聚落群的出现时间应早于以中心遗址二里头遗址典型陶器的分期为标准的二里头文化一期，不排除从龙山文化晚期到二里头文化一期之交就已出现。从战略位置和出现年代这两个方面来考量，稍柴聚落群的"飞速扩张"显得意义非凡。

结合该期遗存调查发现的特殊现象，可以讨论不同聚落的功能，为龙山晚期的聚落发展模式提供一些线索：

① 伊河南岸的聚落主要分布在海拔位置相对较高的黄土台塬或高阶地上，以发源于嵩山的诸多支流为主要的水资源基础。山地台垣本就面积狭小，受到河流下切侵蚀作用的影响，发展空间有限，因此较大型的聚落较为少见。但是在龙山文化晚期，马涧河干沟河上游新增了一系列大型遗址如张湾西北、府西村北、颜良寨水库西南、赵城，则显得比较特殊。张湾西北堆积丰富，仰韶文化中晚期就有人在此居住，龙山文化晚期为该遗址主要堆积，调查过程中，在灰坑中发现了属于陶寺文化风格的扁壶。暗示该地可能存在与晋南的联系。另外的三个遗址在调查中都发现了石制品和石器加工过程中的产物，包括石铲坯、石镰坯、石刀坯和砾石原料等，这些遗址位于马涧河、干沟河的中上游，靠近嵩山北麓粉砂岩（泥灰岩）和白云岩出露的位置[150]，石器原料易于获取。这些聚落可能出现了石器的专门化生产，因而形成了人口的集聚。

② 灰嘴遗址位于浏涧河东岸的二级台地上，不属于大型遗址，但是作为手工业生产中心聚落引人注目。灰嘴遗址龙山时期遗存的分布区现存3万平方米，发现了大量的石片和毛坯，有的高度集中出土于特定的区域。也即，从龙山晚期开始，灰嘴变成一个石器的生产地点，主要生产白云岩的石铲[151]。距灰嘴不远的寨湾东南、马寨西、双泉东北等遗址也发现了石器加工过程中的产物，但无论是生产规模和遗迹现象都远不如灰嘴。在地理距离上，也没有看到二里头时代那种石器生产中心等距分布的状况，因此可以推测龙山晚期该地区的石器加工场地还未形成体系，没有形成相互竞争的关系。

③ 塔庄遗址早年发现了龙山时期的疑似建筑基址和陶排水管道，暗示了该地存在

城市的可能性；西石桥东遗存丰富，在调查中发现斝、鬶、蛋壳陶高柄杯等较罕见的高等级陶器。前者位于古伊洛河北岸二级阶地上，后者位于古洛河北岸，由于洛河位置的变动，该遗址被切割侵蚀严重，龙山时期的聚落面积可能要大很多。

总体上来看，龙山文化晚期，洛阳盆地的聚落仍延续了龙山文化早期的二级聚落体系。在空间上，龙山晚期大型遗址的分布空间得到了扩展，人群除了在拥有传统优势的夹河滩地带聚集之外，主要在向嵩山北麓邻水的山区扩展，并开始开发洛阳盆地的东北端出口。整个区域的聚落呈现了自然的增长模式，不存在自上而下的人口规划和管控。人口集聚呈现匀速状态，单个聚落人口增长的刺激因素可能归因于外部的资源和技术，而非整个洛阳盆地内部不同聚落的整合。调查中所显示的特殊遗迹现象提示，在龙山文化晚期，嵩山北麓的石器工业发展迅速。但有一个例外，稍柴遗址的战略性选址和大小聚落布局形态显示出与其他区域明显的不同，值得重视。

（3）二里头文化一期

二里头文化一期，洛阳盆地共发现了18个遗址（灰嘴W和灰嘴E合为一个遗址），如图版二，2所示。该期的小提琴图呈比较特殊的橄榄型，盒形图中中位数偏上，也就是说在二里头文化一期，基层聚落的数量明显不足。以橄榄的顶部为界，可分为明显两级。第一等级：20万～100万平方米，第二等级：0～20万平方米。

属于第一等级的聚落仅有2个，二里头和高崖西，高崖西是从上期延续下来的大型遗址，面积为79.5万平方米，二里头则是古洛河北岸新出现的超大型遗址，在二里头文化一期面积就达到了100万平方米以上。上期的一级聚落包括南寨上村东、景阳冈、新彭店东、苗湾B等遗址迅速衰落了，根据上文的分析，稍柴遗址在二里头文化一期应该也存在聚落，且报告也推测在稍柴南遗址大量发现的二里头文化一、二期的遗物很可能是稍柴搬运而来。因此，从龙山文化晚期延续至二里头文化一期的大型遗址可能还包括稍柴。

若把稍柴也归入二里头文化一期的一级聚落（稍柴一期聚落面积可能不到40万平方米，但却可能超过20万平方米），二里头文化一期的大型聚落的空间分布状况则非常有趣：二里头、高崖西占据盆地中部、隔古洛河相望，稍柴遗址则位于距此"两巨头"向东21千米左右的伊洛河出山口位置，龙山文化时期人口聚居的"热点"地区古伊洛河夹河平原似乎遭到大规模废弃，取而代之的是向东发展的空间占据取向。再看这三个遗址的战略交通区位，高崖西位于东沙沟河向北汇入伊河泛滥区的边缘台地上，二里头则位于紧邻古伊洛河以北的条状高地上，稍柴位于坞罗河入伊洛河口东南部的台地上且扼守伊洛河出口，三者的水运交通优势非常明显。交通区位的更详细分析在第三节。三者之间最大距离22千米，最小距离5.4千米，平均值16千米左右。

二里头文化一期，聚落数量相比龙山文化晚期下降了近八倍，而聚落总面积只下降了三倍。总体上体现出了二里头文化一期洛阳盆地人口数量的显著下降趋势，但同时也反映出人口在某种程度上的集聚。集聚效应在聚落的空间分布上更为明显，呈现出较强的目的性：

① 二级聚落除了木阁沟东南和肖村北之外（两者相距仅 600 米，面积不大、包含物相似且中间有冲沟穿过，怀疑本为同一个遗址），在整个盆地呈现出总体均匀、中部地区稍密集、东西边缘较疏朗的分布格局。以二级聚落为中心构建的泰森多边形图也佐证了这一论点，如图版三，1 所示。

② 除了稍柴距离较远，剩余每个聚落与其最近的聚落之间的距离在 3～5 千米之间，平均值为 4.6 千米，处于一小时步行圈以内。有趣的是，二里头距离稍柴为 21 千米，与定居聚落步行一天往返距离相近[152]，如果考虑伊洛河的水运功能，速度只会更快。整个聚落体系能够达到小成本的互联互通，这也是集聚效应的体现。

与上期相比，基层聚落在广阔的洛阳盆地大量消失，这与中心聚落规模的增大互为映射。这其中原因比较复杂，有考古学文化属性认定的问题，即王湾三期等龙山晚期的考古学文化类型与二里头文化一期在陶器特征上难以遽然分开，大量属于二里头文化一期的聚落很可能被归入了龙山文化晚期[153]。但更重要的原因可能是二里头的城市化效应，人群向中心聚落大规模集聚。其中变化最为剧烈的有两个区域：一是古伊洛河的夹河平原，15 万平方米以上的大中型遗址消失；二是马涧河中下游、干沟河中上游地区 15 万平方米以下的小聚落消失。这意味着从龙山晚期开始，大规模开发的马涧河、干沟河临河台地到了二里头一期又一次遭到了废弃，而龙山时代人群一贯偏爱的夹河平原不再受宠，或许这两个区域的人群被大规模整合到了中心聚落。

综上所述，二里头文化一期经历了聚落布局的大变革，虽然聚落的等级结构仍为二级，但是内部出现了大的整合，与先前基层聚落为依托的龙山文化晚期完全不同，首次出现了面积超过 100 万平方米的大型遗址。各聚落位置在整个盆地分布较均衡，并呈现了向中部集聚的特色，暗示出选址的目的性和政治性。

（4）二里头文化二期

二里头文化二期，洛阳盆地共发现了 81 个遗址（袁沟 A 和袁沟 B 合为一个遗址、灰嘴 W 和灰嘴 E 合为一个遗址），如图版三，2 所示。该期的小提琴图显示聚落可以明确分为四个等级，第一等级：300 万平方米，第二等级：40 万～80 万平方米、10 万～40 万平方米、0～10 万平方米（包括 10 万平方米）。

第一等级聚落为二里头遗址，位于古洛河北岸的牛轭湖旁，是唯一面积达到 300 万平方米以上的遗址。第二级聚落有 6 个，包括高崖西、黑王、景阳岗、桂连凹南、稍柴、罗圪垱。

第三等级聚落 18 个，第四等级聚落 56 个。

从空间分布上来看，二级以上遗址在洛阳盆地中西部呈现了极其均匀的布局，除了稍柴遗址之外，二里头、高崖西、黑王、景阳冈、桂连凹南、罗圪垱呈现出了基本等边等距的规则样态，彼此之间最大距离为 16.7 千米，最小距离为 4.3 千米，平均距离为 9.6 千米，标准差为 3.8，说明聚落空间分布更为规整。不似龙山时期高等级聚落随发展潜力成团分布的情况，规则的地理分布显示出高等级遗址对周边资源和人口的控制性和排他性大为提高。稍柴遗址位于伊洛河下游，交通方式采用水运可能性大，暂不将其纳入距离考量的范围内。

从以第二等级以上聚落为中心形成的泰森多边形也可以看出来，二里头文化二期延续了二里头一期聚落布局的严整性，并更加明显：各多边形形状规整，面积近似，各个遗址点均位于多边形的中心位置，这种选址与龙山文化晚期大遗址选址规律性不强、部分大遗址集中在古洛河夹河平原和干沟河、马涧河等地的状况形成了鲜明的对比，应该是二里头先民们有目的规划下的结果（图版四，1）。

三级聚落在二级聚落为中心构建的泰森多边形内的规律性差，在整体上基本上没有显示出三级聚落与二级聚落之间的隶属关系。但是值得注意的是二里头遗址4千米范围内出现了三个规模较大的三级聚落，分别是南蔡庄西北、古城西、白村东北；桂连凹南遗址1千米范围内出现了两个三级聚落，即桂连凹东北和纲常；稍柴遗址隔伊洛河北望，与寺沟遗址形成了南北相守的格局；罗圪垱遗址西南部坐落着由龙山晚期的大型聚落转变为中小型聚落的金钟寺；除桂连凹东北时代较早，仅见一期和二期的陶片，其他遗址均是从二期开始沿用至四期结束，同二里头遗址及二级聚落桂连凹南、稍柴、罗圪垱共存，很有可能是其卫星聚落。

从二里头文化一期的二级聚落体系一跃升为二里头文化二期的四级聚落体系，本期洛阳盆地的聚落数量是前一期聚落数量的4.5倍，聚落增长率达到了356%，这比龙山文化晚期148%的增长率高出一倍，再考虑到郑洛地区的龙山时代延续时间600年左右，而二里头文化一二期历时不超过150年，更证实了从二里头文化二期洛阳盆地内的人口增长速度远远大于龙山文化晚期的增长速度（图二〇）。

与前期相比，此期二里头聚落迅速扩大到300万平方米，同时，上期的大型聚落

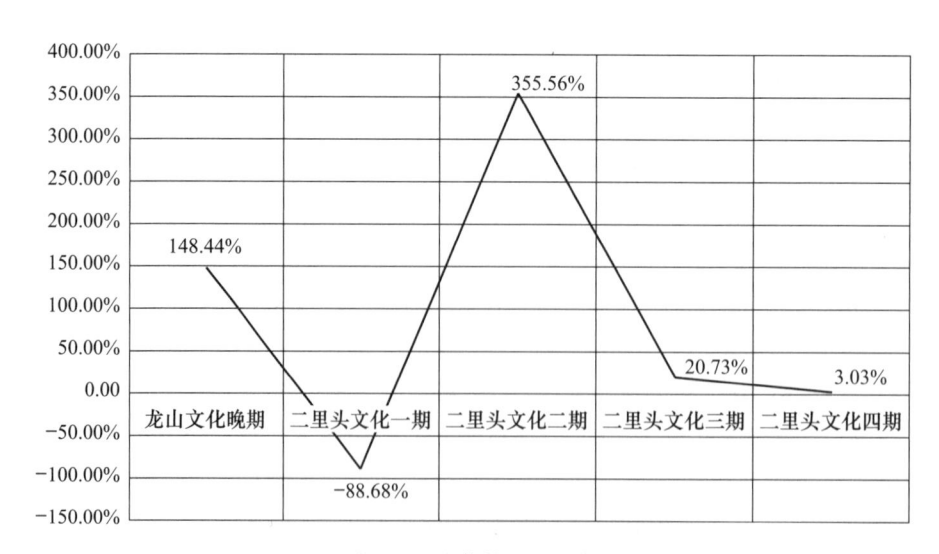

图二〇 聚落数量增长率

高崖西、稍柴继续发展，成为此期第二等级的大聚落，而上期的小聚落除了邢村东以外都被此期延续下来，邢村东遗址未发现二里头文化一期以后的遗存，以仰韶和龙山晚期遗存为主，推测应为龙山文化晚期到二里头文化一期的过渡性遗址。因此可以说，二里头文化一二期聚落之间的延续性非常之高，二期基本上继承了一期所有的聚落，推测是以大型聚落为基点向未占领区域的殖民，以第二等级、第三等级聚落的空间扩张为佐证：第二等级聚落在二里头以西及古伊洛河的夹河平原上基本等距离分布，第三等级聚落大部分都在第二等级聚落4千米半径内，可能为第二等级聚落的卫星城。四级聚落新增数量较多，小聚落在洛阳盆地遍地开花，比较明显的增长极有两个：一为盆地西北地区邙山南麓洛河北岸的河流阶地上，主要围绕黑王遗址，有凹杨、帽郭A、枣园北等遗址，推测这些遗址原先应位于邙山南麓马沟、莫家沟等冲沟两侧，但现代中州渠的截流使得遗址失去了其原生地貌。第二个增长极为马涧河中游和干沟河中下游区域，该区域经过龙山文化晚期的大规模开发、二里头文化一期的剧烈衰落，在二里头文化二期聚落数量又回到快速恢复的轨道上来。从一增一衰的周期性变化中可以看出，马涧河和干沟河中下游区域的中小聚落对于自然或者社会环境的变化极其敏感，往往是"繁荣"或"衰退"潮流到来时首当其冲的位置。

总体上来看，二里头文化二期，洛阳盆地的聚落在面积上呈现了明显的四等级体系，第一等级和第二等级的聚落在空间内已经形成相对稳定的控制区域，部分三四等级聚落从属于该上级聚落，其社会形态组织层级应该也从二里头文化第一期那种超大型遗址直接控制广大区域内小型遗址的体系转变为二里头遗址和二级聚落对区域内小遗址实行分区控制。聚落布局显示出了明显的主动选择因素，这与龙山文化时期的聚落发展规律迥然相异。

（5）二里头文化三期

二里头文化三期，洛阳盆地共发现了98个遗址（灰嘴E和灰嘴W合为一个遗址），如图版四，2所示。延续上期，小提琴图显示出明显的四级聚落等级，第一等级：300万平方米，第二等级：40万～80万平方米、10万～40万平方米、0～10万平方米（包括10万平方米）。

第一等级聚落依然是二里头，第二等级的聚落有6个，包括高崖西、黑王、景阳冈、桂连凹南、稍柴、罗圪垱。第三等级聚落19个，第四等级聚落73个。第一、二等级聚落与上期无差别，说明二里头二三期之间大型遗址持续且稳定，依然占据了洛阳盆地除东部伊洛河泛滥区以外的大部分区域。

二里头三期聚落比二期有所增长，增长集中在三、四等级的聚落。其中第三等级聚落中，新增聚落有经周东、杨村北、盆窑寨东南、化寨东4个。四级聚落中，新增聚落为28个，废弃11个，四级聚落的延续率达到60%以上（延续下来的聚落数量除以三期聚落总数），遗址的总体延续率达到了近七成，表明了一种稳中有进的聚落增长态势。

新增聚落的位置也很有趣，除了在二里头东北 3 千米处新增了一个小型聚落谷堆头寨以外，其余的新增聚落则要么向北围绕在伊河或古伊洛河南岸的洪泛区边缘地带，如杨村北、东庞村北等，要么向伊河南岸的河流上游延伸，如经周东、肖村西寨西北等，这说明二里头文化时期的人类在聚落选址上除了靠近河流以外，正在逐步拓展生存空间，人口的增长已经给自然环境造成了一些压力。

总体来看，二里头文化三期的洛阳盆地与二期在聚落体系上没有变化，在空间布局上变化不大。第一等级和第二等级的聚落的控制区域稳定保持，社会组织形式延续了自二里头文化二期开始的二里头聚落治下的二级聚落对区域内小遗址实行分区控制的体系。

（6）二里头文化四期

二里头文化四期，洛阳盆地共发现了 101 个遗址（灰嘴 E 和灰嘴 W 合为一个遗址，面积 10 万平方米），如图版五，1 所示。延续上期，小提琴图显示出明显的四级聚落等级，但又有些重大变化。第一等级：180 万平方米以上，第二等级：35 万~80 万平方米，第三等级：10 万~35 万平方米，第四等级：0~10 万平方米（包括 10 万平方米）。

第一等级聚落除了二里头，新增了面积达到 180 万平方米的偃师商城遗址，但这两个超过一百万平方米的超大型聚落在洛阳盆地的共存仅是昙花一现，大体上呈现一废一兴的面貌。偃师商城最早的商文化遗存具有浓厚的二里头文化特点，将其与二里头文化四期晚段的商文化风格的陶器相比，并无明显的年代差异[154]，因此，在二里头文化四期晚段，两者曾经历短暂的共存。赵海涛先生依据扎实的田野工作，对二里头文化四期进行了更为细致的年代学定义，二里头文化四期晚段第二阶段，二里头都邑发生了巨大变化，正是在此时，包括"井"字形道路网络、宫城城墙、1 号和 2 号夯土建筑群等都邑主体要素大多遭到破坏，来自下七垣文化和岳石文化的因素突然成组出现于二里头都邑，且破坏了 1 号夯土建筑等政治、礼仪性设施。与此同时，郑州荥阳大师姑、东赵，新郑望京楼等二里头文化城邑均遭到破坏而废弃，偃师商城兴起于距二里头都邑东北 6 千米，郑州商城持续兴盛。偃师商城和郑州商城的铸铜作坊尚未建成，二里头都邑的青铜器和绿松石器生产作坊仍在使用[155]。也即，二里头聚落与偃师商城聚落在二里头文化四期晚段的第二到第四阶段曾经共存，但二里头之洛阳盆地第一中心聚落的性质已经改变，变为偃师商城控制下的青铜器和绿松石器"工坊"而继续"苟延残喘"，直到四期晚段第四阶段，随着二里头聚落所有夯土基址和加工作坊均遭到废弃，二里头聚落迎来命运的终结。基于以上分析，将偃师商城和二里头遗址均当作四期第一等级的聚落来进行分析并不妥当，分析空间布局时暂时不纳入偃师商城。

属于第二等级的聚落有 8 个，包括高崖西、黑王、景阳冈、桂连凹南、稍柴、罗圪垱、杨湾西、掘山。其中，杨湾西和掘山是新出现的两个大型聚落，前者面积 38.5 万平方米，后者 37.5 万平方米。第三等级聚落为 17 个，第四等级聚落为 74 个。

从空间分布上来看，除稍柴遗址之外，一、二等级聚落依旧在洛阳盆地中西部呈现均匀分布的样态，即使是新增的杨湾西和掘山都是按照大型遗址间基本等距的原则，坐落在距最近的聚落4.5千米左右的范围之内。值得关注的是，此期古洛河北岸的大型遗址非常亮眼，新增率很高（见图一六），表明了此期大型遗址对洛河北岸的偏好。这些聚落彼此之间最大、最小距离依然为16.7和4.3千米，但是每个聚落距离其最近聚落距离均集中在5.5～4.3千米的范围之内，平均值为4.7千米，标准差为0.5。相比之下，二里头文化二、三期的该指标则在8.8～4.3千米之间浮动，平均值为6千米，说明了二里头文化四期时，中西部各大二级聚落间的平均距离大幅减少，暗示了更加紧密的联系。

以二级以上聚落为中心的泰森多边形边缘规整、面积指数更加近似，遗址点基本上都位于多边形的中心位置，如图版五，2所示，显示了这些聚落间控制范围的排他性，再一次显示了大型聚落选址的战略目的性。大型聚落的空间占用率为19.68%，比二、三期提高了3.35个百分点，说明在四期，洛阳盆地的大中型聚落依然在持续发展中，对空间的影响力和控制力正在逐步增加。

在数量上，四期的三级聚落比三期少了2个，新增了史家湾北和高崖东北，前者是杨湾西的卫星聚落，后者则是高崖西的卫星聚落。在此期三级聚落在以二级聚落为中心构成的多边形中的分布变得稍有规律，基本上每个多边形内均有1到2个三级聚落，黑王遗址比较特殊，簇拥在其周围的都是小型遗址，如枣园北、西石桥东等，但可能由于破坏比较严重（如枣园北），调查面积小于原生面积。

四级聚落新增12个，延续62个，延续率达到了83%，全等级聚落的整体的延续率是77%，这个数据比二三期之交要高0.7个百分点，但是聚落的整体延续率变高主要是三四级以下的小型聚落的贡献，与三期相比，四期的一、二、三等级聚落变动率比四等级聚落的变动率大，大型遗址的兴废比小型遗址频繁，这在二里头文化二、三期都不曾见到。在四级聚落空间位置的变化上，伊河南岸的袁沟、沙沟河附近和邙山南麓洛河北岸的汤泉沟、魏窑沟是两个新增遗址较多的区域。

总体来说，二里头文化四期，洛阳盆地聚落延续了自二期以来的四级等级体系，古洛河以北的大中型遗址的新增非常亮眼，但依旧是二里头聚落框架下的产物，在洛阳盆地形成了相对稳定的控制区域，中西部各大二级聚落间的平均距离大幅减少，暗示了更加紧密的联系，部分三级聚落明显从属于这些大型聚落，社会形态延续了二期以来形成的二里头遗址和二级聚落对区域内小遗址实行分区控制的模式。但在二里头文化四期晚段，非传统聚落核心洛阳盆地中北部出现了面积达180万平方米的偃师商城遗址，对以二里头为中心的聚落分布模式形成了新的挑战。

4. 小结

根据以上的历时性分析，聚落数量和布局方面的变化可归纳为以下几点：

（1）整体的聚落数量和面积变化图显示，龙山文化晚期聚落数量达到了洛阳盆地的顶峰，聚落总面积在二里头文化以来持稳步增长态势，并在四期达到了最高，这主要是二里头文化一期之后，单个超大型聚落二里头面积的膨胀以及次一级大型聚落的面积增加所致（图二一）。

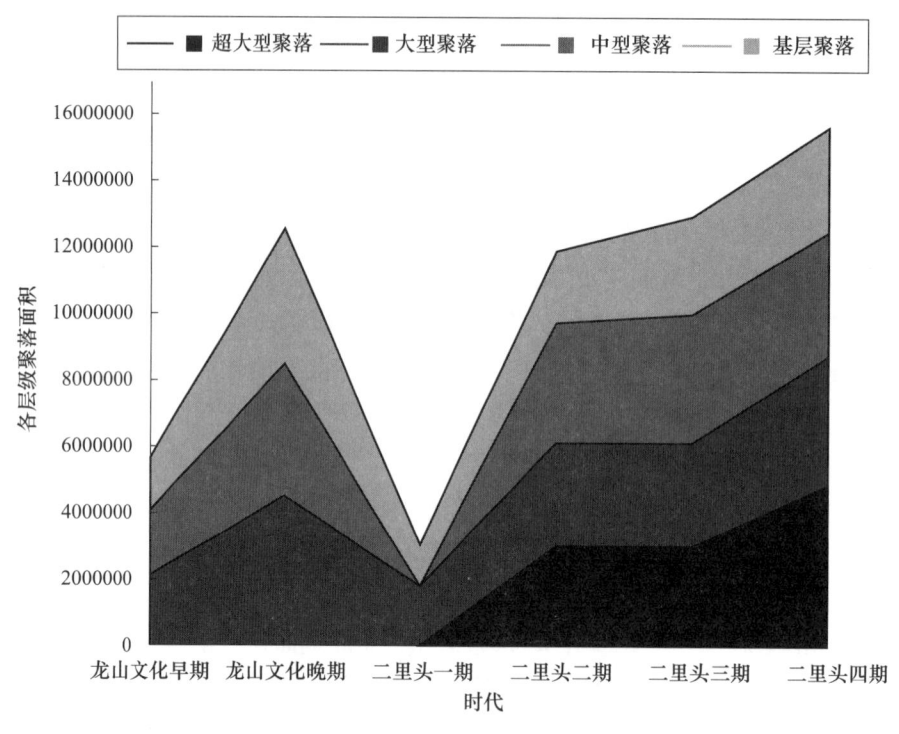

图二一　不同等级聚落数量随时间变化图

（2）在聚落点的空间分布上，龙山文化早晚期的第一等级聚落之间的距离随机性较大，有在古洛河夹河平原集聚的现象，没有显示出比较规则的边界，大型聚落选址没有明显的人为规划。而到了二里头文化时期，第一、二等级的大型聚落以非常规则的距离坐落在洛阳盆地中西部，稍柴扼守伊洛河出盆地口的位置，各大型聚落之间资源域的排他性很明显，显示出了聚落选址极强的战略规划性。

（3）从聚落布局所反映的社会组织结构上来看，龙山文化晚期，洛阳盆地的聚落虽然属于三级体系，但还没有形成以聚落等级为中心的拱卫之势，低等级聚落对高等级聚落没有明确显示出地理位置上的"服从"和"辅助"，其社会形态组织层级也并未建立起来。总体上呈现聚落自然发展、无序竞争的样态。而到了二里头文化二期，区域内的聚落在面积和分布上呈现了以二里头为核心的四级体系，第一等级和第二等级的聚落在空间内已经形成相对稳定的控制区域，部分三、四等级聚落从属于该上级聚落，其社会形态组织层级应该也从二里头文化第一期那种超大型遗址直接控制广大区域内小型遗址的体系转变为二里头遗址和二级聚落对区域内小型遗址实行分区控制。聚落布局显示出了明确的战略意图，聚落的增长体现出了强烈的规划性。

（三）河运网络显示的聚落间关系

从龙山文化时期较为散乱和无序的二级聚落体系，发展到二里头二期以后以二里头遗址为核心的四级聚落体系，这一过程中最重要的变化就是聚落发展的核心化，而这是背后政治、经济力量转变所推动的。聚落的核心化意味着聚落间互动的增强[156]，已经有很多证据显示，二里头文化核心区的聚落除了在规模上有差异外，不同遗址在整个社会体系中扮演不同的角色，发挥着不同的功能[157]，比如灰嘴遗址为二里头遗址提供石器生产的原料、半成品和成品[158]，登封南洼是制造白陶的地点之一[159]，其他遗址在陶器生产和骨制品加工等方面也扮演相应角色。在上一节的幂律分布中，我们也得出了二里头文化二期以后的洛阳盆地已经开始向一体化程度较高的地区组织形式迈进，这意味着这一时期洛阳盆地已经形成了较为完善的交通网络，因为物资和人员的高效流动是聚落互动增强的主要表现形式。

那么龙山文化时期到二里头文化时期的地区交通网络最可能呈现何种形态？前后有什么变化？关于二里头文化核心区的交通，现在知道的情况如下：

（1）二里头文化早期在二里头遗址宫殿区就已经发现车辙，双轮车的存在确凿无疑[160]；淮阳平粮台龙山文化城址近年发现的宽度和间距稍小的车辙痕迹，证明了双轮车在龙山文化时期就已经存在[161]。

（2）史前时期舟船等工具的广泛使用也已经被现代考古发现所证实[162]，不仅表现在南方地区水渠纵横的河姆渡地区[163]，仰韶文化的内陆地区以舟船为基本造型的陶器亦有所见[164]。

也就是说，在龙山时代到二里头时代部分核心聚落中可以使用双轮车，利用舟船进行河运较为普遍，陆上和水上交通路线均存在。当我们结合洛阳盆地的地形地貌数据和区域系统调查所得到的聚落分布状况就会发现，无论是大型聚落还是小型聚落，沿河分布是非常明显的规律。在洛阳盆地这样相对来说水网较为密集的区域，在当时要运送石料、陶器、木材、粮食等大宗货物，毫无疑问水运是更为省力的途径，毕竟车辙仅在两处等级较高的聚落发现，拉车的动力当前缺乏直接的证据。这一点在更大范围内的考古发现中，有比较切实的证据：如垣曲商城和平陆前庄不惜选在容易遭到洪水侵袭的黄河岸边以获水运之利[165]。

因此，笔者认为可以根据河运网络所显示的战略位置，来分析龙山到二里头文化时期的聚落分布及其背后的政治经济因素考量。在这个问题上，高江涛和庞小霞从文献证据、聚落分布、资源来往等角度上对洛阳盆地与晋南地区、江汉平原等地区之间的交通路线做了考察，指出先秦时期洛阳盆地辐辏四方的多条交通要道[166]；刘莉、陈星灿从早期国家资源控制的角度，分析了以洛阳盆地为代表的中心区域与边缘地区如晋南盆地、长江中下游之间的盐、铜运输路线[167]。但是对于洛阳盆地这一更为微观区域内部，大中小聚落之间的交通路径涉及得较少，必然也影响到对早期国家兴起时核心区域内部互动、交往方式更深的理解。

因此，笔者在此提出使用社会网络分析范式对河运网络中某些节点的结构性位置进行评估，讨论节点重要性和影响力的历时性变化，来观察洛阳盆地不同时代的控制模式的嬗变，讨论重要节点在整体的政治经济结构中起到了怎样的作用。

1. 理论基础

在第二节中，我们观察到龙山文化时期的大型聚落在古伊洛河夹河滩一带形成了一个空间上的集聚；二里头文化二期开始，大型遗址较为均匀地分布在洛阳盆地中部偏西的河流汇合地带或河口附近，如黑王、二里头处于古洛河河岸以北，罗圪垱处于古伊洛河夹河平原，高崖西位于东沙沟汇入伊洛河入河口。但是同样处于密集支流汇入的伊洛河东部，如干沟河、坞罗河等河口位置却缺少大型遗址，笔者认为这主要是由于伊河洛河交汇以后，水流量变大，洛阳盆地以东区域形成了较大面积的泛滥区，在此定居容易受到洪水侵袭，同时该地区邙山和万安山向内缩紧，河流阶地狭窄，缺少向外扩张的空间条件。

大型遗址的位置与河流之间的关系异常密切，这与网络分析中的概念不谋而合。在网络分析中，节点之间的差异归因于网络镶嵌中所衍生的限制和机会，网络分析的首要目标是精确测量和展现这些结构关系，并解释他们发生的原因和产生的后果[168]。也即我们假设洛阳盆地的河运网络给身处不同位置的聚落带来了结构性的差异，聚落间的互动塑造整体网络的结构呈现和行为模式，利用网络分析可以做到测量和展现这些关系，试图结合聚落分析来解释这个结构背后的政治经济动因。

我们从两个角度去思考节点在网络中的地位：一是连接，越多的连接表示暴露在更多且更多样化的信息中心，被高度连接的个体，可能更具有影响力，也可能很容易被影响，连接紧密的群体可能会更有能力动用资源去解决问题；二是距离，由于一个群体中，大部分个体并不是总与其他个体有直接联系，因此不能仅仅观察个体之间的直接关系，而应该关注个体间的距离，即个体有多容易与其他个体取得联系。举个例子：如果我的朋友之间彼此都是好朋友，那么我的网络是受限的，是重叠的；而当我的朋友间有许多不相重叠的关系，则我的关系网络就会扩张，是外延性的，充满机会的[169]。

在此基础上，下文将会采用三个用来衡量节点的"重要性"的著名度量，来分析洛阳盆地河流网络中的哪些节点相比另外一些节点来说，容易获得支配他者的权力，怎样占有优势位置。这三个度量[170]分别是：

（1）度中心度：用于表示社会网络图中一个节点与所有其他节点相联系的程度，计算方法是这个结点的所有边的数量。但是并不是节点有越多链接就越有权力，Phillip Bonacich 提出来一个关于度中心度的变体，现在被广泛地接受为一种更优的策略，即当节点的领接者有更多连接，自我更有权力；当领接者与其他节点没有太多链接，这些领接者就会依赖该节点，导致该节点更有权力。看起来虽然矛盾，但是这是两种不同的策略，在计算中通过加入一正一负的衰减因素变量来实现。

（2）亲密中心度：用于反映一个社会网络中某一节点与其他节点之间的接近程度。亲密中心度指数为节点与除它之外的其他节点之间测地距总和的倒数。

（3）中间性中心度：用于反映一个节点如何控制或者调整并不直接联系的两个节点之间的关系。这是一个非常重要的控制信息交流或资源流动的指标。节点的中间性中心度定义为在一个网络中经过这个结点的测地线的数量和所有结点之间的测地线的数量的比例。

举一个简单的例子更容易帮助我们理解这三个度量[171]，在图二二星状网络中，第一眼就可以看出行动者A拥有较佳的结构位置，但为什么呢？怎么对其描述呢？

度中心度：行动者连线越多，权力越多。行动者A比其他人拥有更多机会和选择，A拥有6个点度，而其他行动者只有一个。如果D选择不给A提供资源，A还可以从别处获得，如果D选择不与A交换资源，D完全无法获得任何交换。

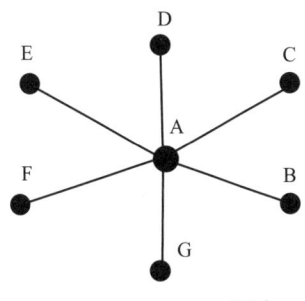

图二二　星状网络[172]

亲密中心度：行动者在较短路径接触他人，或在较短的路径长度为他人所接触，占据较佳的位置，这个结构优势可以转化为权力。行动者A相较其他来说更接近其他人，因为A与其他人仅有一单位测地距，而其他人之间却需要二单位测地距。A作为参考点是其他人自我评估的依据，作为注意力焦点也有很多其他人听取A的意见。

中间性中心度：位于其他人之间可垄断权力。行动者A位居于其他对偶行动者之间，而其他行动者却没有位于A与其他人之间。如果A要联络F，可以直接联络，如果F要联络B，那就需要经过A，这就使得A有能力去中介其他人之间的联络，例如收取服务费、鼓励他人、阻断联系等。

2. 方法与过程

首先进行数据预处理：

（1）将当前洛阳盆地现存河流抽取出来，排除可以判断的干扰，尽量将其还原为龙山—二里头时代的河流样态：将中州渠和伊东渠去除，古伊洛河交汇口位置根据古环境研究复原，沙沟河武屯村东北向东流的一段改为北流。

（2）将古洛河北岸的冲沟和伊河南岸的河流与古伊洛河连接起来，形成河流抽象示意图，需要连接的区域可以分为两个部分，伊河南岸和洛河北岸：伊河水量较大，在洛阳盆地西南部泛滥区广，袁沟、酒流沟、沙沟河等冲沟和河流必然是与伊河泛滥区相接；而邙山南麓的冲沟以接近垂线的方式连接到古洛河和古伊洛河的主要原因是，这些冲沟距离古洛河及古伊洛河泛滥区不到3千米，地势平坦，各个冲沟相互之间的交通都需要步入其南边的平原地区才能进行，并且山麓缺乏大型遗址，本文预设这些冲沟更倾向通过古洛河和伊洛河进行物资交换，因此做了向南连接的垂线。后续的分析中如果有不符合预设的异常情况，我们再进行具体分析。

在这里，不必担心河流的长度及真实位置问题，因为我们下文中用到的网络分析方法对真实的地位地理位置不敏感，研究的重点在于河流间的关系。因此采用抽象的虚拟"连接图"几乎不会对后续的分析产生影响，而且在生成节点之后，后文也会比照真实的地理位置来对聚落进行讨论（图二三）。

然后进行网络抽象化，将上图中的河流本身抽象化为网络链接，河流交汇点为节点，为了避免小而复杂的水系对整体的网络的中心产生影响，我们在此舍弃1000米以下长度、河流分级[173]中处于最低一级的小支流，仅以河流分级非最低等级且长度在1000米以上的河流为网络链接。图二四是根据河流抽象化而成的节点-链接图，图中一共包228个节点，464条连接。将节点-链接图转化成228*228的矩阵，给矩阵赋值，两个节点相连赋值为1，两个节点不相连赋值为0，形成以对角线为对称轴的矩

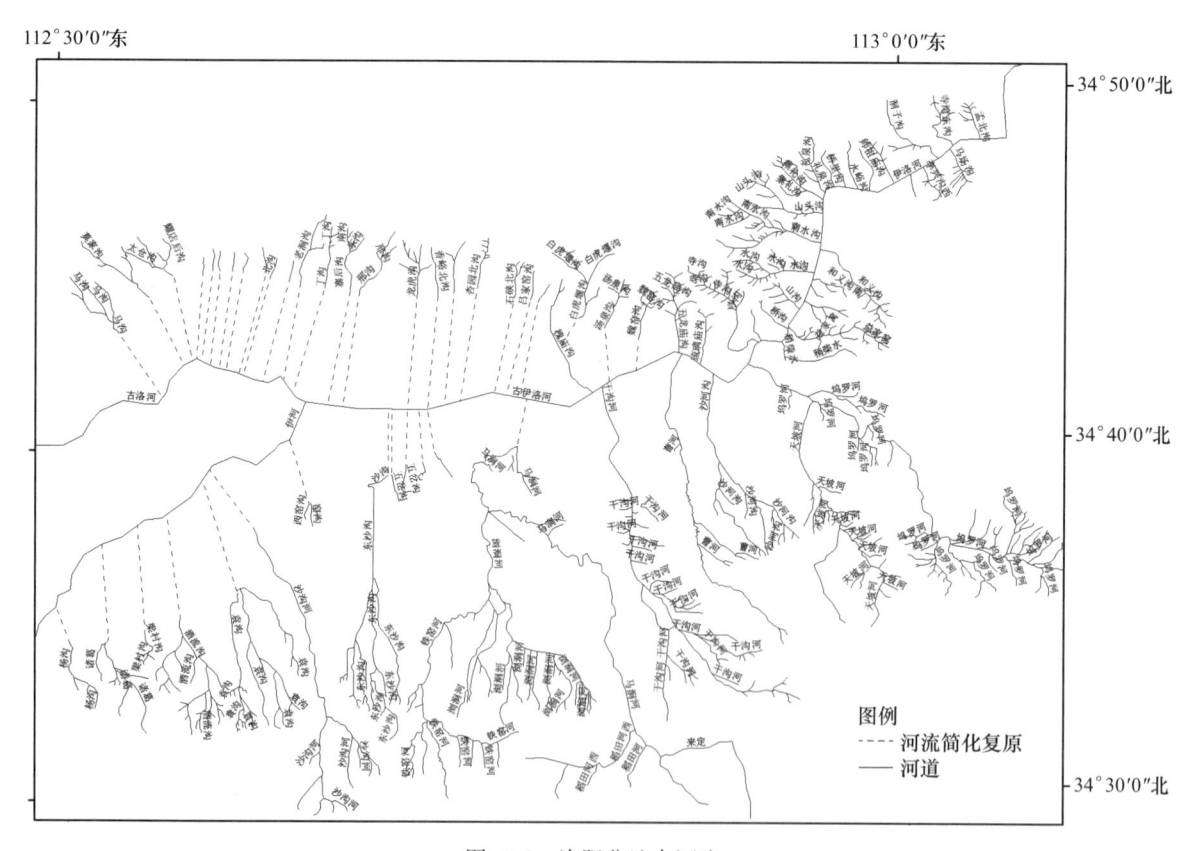

图二三 洛阳盆地古河流
（其中虚线是理想的支流汇入状况）

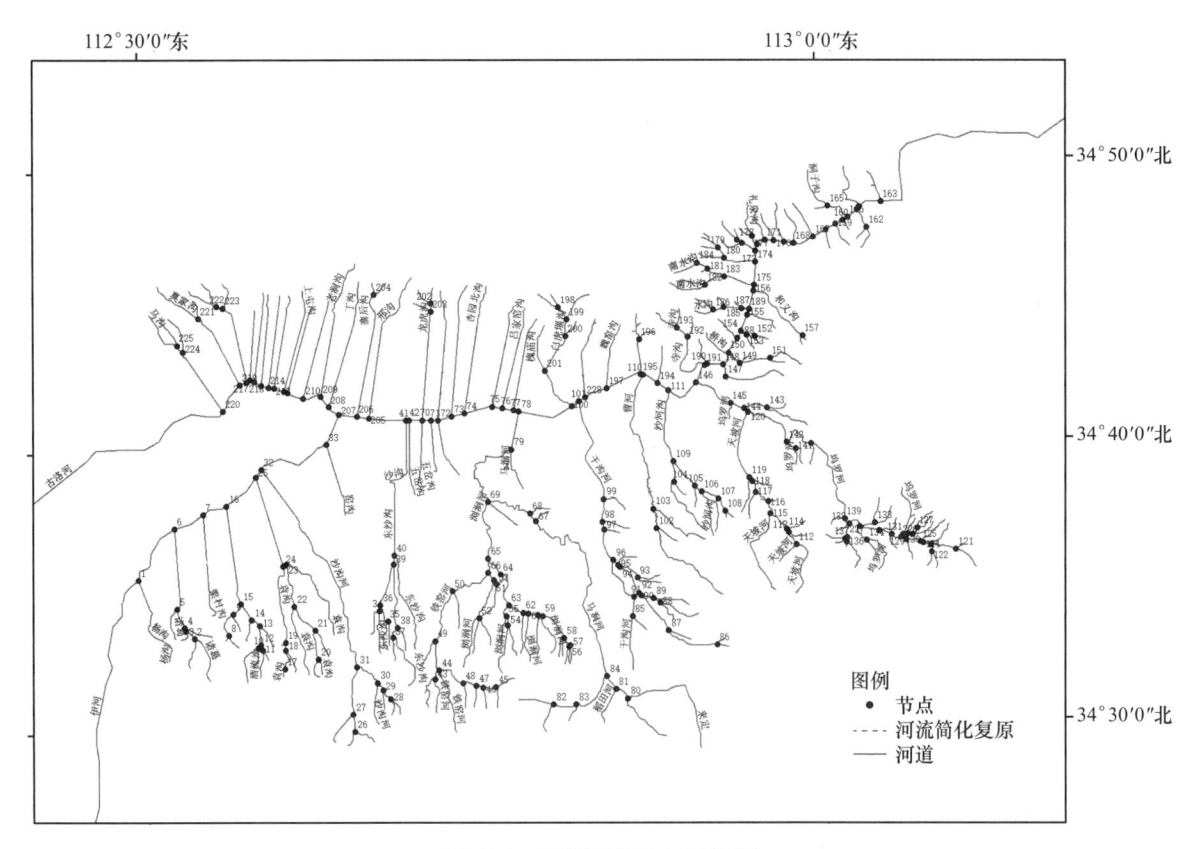

图二四 河流网络图（未修正）

阵，即一个无向链接图（链接矩阵在附表二，但限于篇幅，提供了百度网盘链接，可供下载）。

把生成的河流网络图与各期聚落分布图做对比，发现在邙山东麓伊洛河出山口附近鲜有聚落分布，但该地由于坡度较大，河流发育较好，拥有很多节点。另外，坞罗河和天坡河上游区域周围山体环绕，落差较大，支流较多，所拥有的节点较多。但是根据各期遗址坡度统计表显示（表一二），龙山到二里头的聚落所处的坡度最大为21.7度，最小值为0度，基本符合正态分布，平均值在4.1～5度。再观察坞罗河上游区域的地形条件，5度以下的区域面积狭小且基本上属于河床地带，人类定居缺乏扩张所需要的土地，因此该地的聚落也比较少，这与现实的聚落分布情况是一致的。因此在数据处理中，我们要排除上述两个区域的异常情况，将这两个区域的节点适当减少。最终是删去67个节点，保留上述两个区域的少数节点以保持网络完整，最终是162个节点参与讨论，生成了324对链接（图二五）。

通过以上步骤，我们拥有了河流网络每个节点的连接数据，将其导入UCINET6.1版本的软件中[174]，计算节点的度中心度、亲密中心度、中间性中心度，计算所得的完整数据在附表三中。

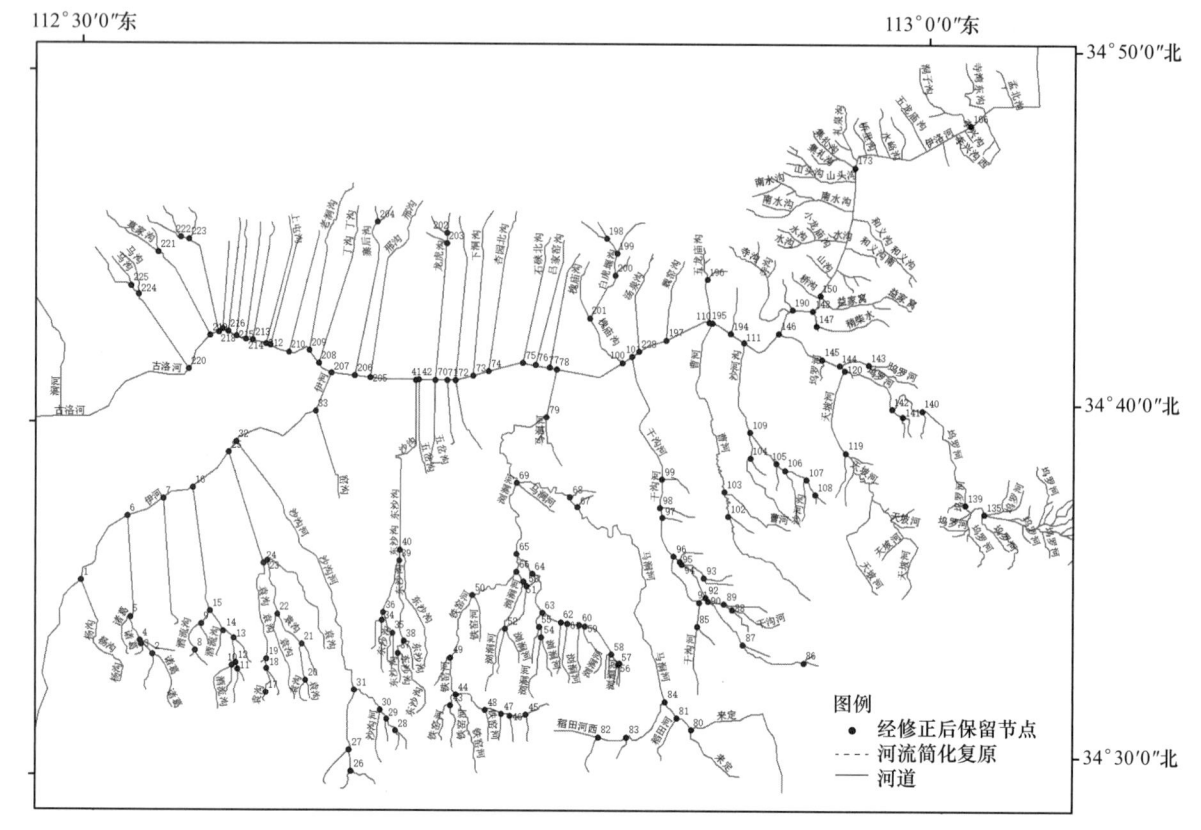

图二五　修正后的河流网络图

表一二　各期遗址坡度统计表

时期	计数	最小值	最大值	总和	平均值	标准差
龙山文化早期	64	0	15.2766	277.369992	4.333906	3.613576
龙山文化晚期	158	0	16.942358	772.849855	4.891455	3.853391
二里头文化一期	19	0	13.128846	93.815489	4.937657	3.12103
二里头文化二期	81	0	16.942358	337.22253	4.163241	3.414023
二里头文化三期	98	0	21.714729	417.13549	4.256485	3.834211
二里头文化四期	102	0	16.942358	440.246855	4.316146	3.417457

3. 结果与讨论

首先，河流网络的度中心度测量结果显示［附表三，（一）］，该河运网络每个节点的链接数量差异不大，均值为2，最多有3个链接，最少有1个链接，整体网络的度中心度中心势（Network Centralization）为0.63%，处于一个很低的水平（表一三）。从这个意义上讲，整个河运网络显得比较平均，即离河不远的任何聚落都有可能在合适的条件下利用河运网络到达他想要到达的任何一个节点。

表一三　河流网络度中心度数据分析

	平均值	标准差	总和	最大值	最小值	网络中心势
度中心度	2.012	0.696	324	1	3	0.63%

但 Bonacich 中心度从不一样的角度显示出一些信息［附表三，（二）］，当衰减因素为正值时，排在前几名的分别是点 65、64、53、51、79 等位于浏涧河和马涧河交汇处及其与伊洛河交汇处的点，也即在河流网络中，这一区域的节点较为密集，相互之间连接紧密。比照各期聚落分布，该地区龙山文化晚期的小型聚落分布较为密集，面积为 25 万平方米的苗湾 B 位于节点 79 处，似乎显示了苗湾 B 的优势位置可能来自马涧河和浏涧河上游区域的中小遗址集群。当衰减因素为负值时，节点 146 居于首位，该节点所在的位置正好为稍柴遗址。根据 Bonacich 中心度衰减因素为负值时的解释，这是由于邻接者缺乏连接，导致对该节点的依赖性增强。也就是说，稍柴遗址在龙山晚期时出现延续到二里头文化四期，这意味着从龙山晚期开始，稍柴遗址附近的其他聚落与外界联系能力的减弱，各个聚落对其的依赖性增强，致使稍柴的权力突显。另外一个值得关注的点是 41，节点 41 位于古伊洛河交汇口以东 4.5 千米左右的地方，考虑到古伊洛河河流宽度再加上泛滥区面积，可以把 41 近似看作二里头遗址和高崖西遗址所在的位置，当衰减因素为正值，节点 41 Bonacich 中心度排名靠后，但当衰减因素为负值，节点 41 排名第五，这提示我们从二里头时代开始，二里头遗址和高崖西遗址的选址可能利用了周围聚落的"依赖性"的策略，即使自身成为区域内相对水运便利的节点来凸显自我权力。

第二个测度为亲密中心度［附表三，（三）］，是指从节点自身到其他节点最短距离的总和。在这个指标上，排名前 11 位的节点都是位于伊洛河中段干流处，二里头遗址向东一千米左右的位置，也即从该区域出发，能够以最短的路径到达整个网络中的其他聚落，经过的中转较少。但是比照各期的聚落分布图，我们发现除了其以西的二里头，很少有遗址位于该区域，更不消说大型遗址。笔者认为这种反常主要是由于，二里头遗址以东的伊洛河河流阶地海拔极低，根据图版六中的 25 米等高线，可以看到在二里头遗址所在的位置某些地方的海拔还可以到 100 米，但以东的位置随着伊洛河水量的汇聚增大，河流面积增宽，基本上均处于 100 米以下，且极易受到河道摆动的侵扰。因此尽管该地区是整个洛阳盆地聚落最省力可以到达的地点，但是水文状况使得定居该地风险大于收益，因此就连小型遗址都很难见到。有趣的是，二里头的选址似乎是先民们在抗击河流侵扰和利用水运之便之间进行妥协的产物，二里头附近的节点 70、41 等紧随在前述节点之后，而又位于地势的稍高处，明确体现出了水运在选址中所占的重要程度，在二里头遗址周围的钻探也表明：二里头遗址东南边缘是邻近古伊洛河的高地[175]。在龙山文化时期，这种河运的"最省力原则"似乎并不为人们所看重，大型遗址纷纷分布在河流出口和夹河滩的大片肥沃平原上，亲密中心度排名靠前的这些节点完全不见龙山文化遗址分布。这是从龙山文化到二里头文化大型聚落选址因素的重大变化，伴随着地区聚落体系的变化，应该体现了更深层次的控制模式转变，二里头遗址所拥有的河运区位优势与区域控制力相辅相成。

第三个指标为中介性中心度［附表三，（四）］，它是将节点落于网络其他对偶之间的程度视为一种优势位置，越多人通过该节点与其他节点形成连接，该节点就越有优势。在这个指标中，排名前十位的是从节点41向东到节点78，除了节点42（沟通小冲沟的缘故）。这从控制的角度再一次说明了二里头遗址的位置优势，即二里头遗址在洛阳盆地的河运网络中处于最便利的转运中心位置，再进一步讲，其或许在聚落布局中起到"调停者"的功能。同样，在龙山文化时期没有发现大型遗址有这样的"布局偏好"。位于古伊洛河交汇口的节点207在中间性中心度上排在第11名，位于伊洛河夹河滩附近的遗址或许也利用了该地的转运优势，但龙山文化晚期夹河滩附近大型聚落密集分布的情况大概反映了另外一幅场景：这一时期的人群或许更为看重的是此区域肥沃的土地、便利的灌溉条件、广大的发展空间。这与二里头的选址截然不同。当我们再进行不同时期的聚落分布对比，发现除了二里头之外，大中型遗址中还有南寨西村南（节点25）、经周东（节点33）、东马庄西（节点32）与中间性中心度所暗示的分布规律相似，或许说明这几个聚落扮演了河运网络中的一些角色。另外，从对中间性中心度所得数据的统计中也可以看出一些端倪，整体的中间性中心度平均数为1365，标准差为1931，这个变异量很高，说明在网络中的权力分配非常不平均。网络整体中间性中心度的中心势为53.38%，相对处于高位，这说明整体网络结构中，提供的"权力"较多，意味着某些聚落能够借助自身的优势或能力，攫取结构性利益（表一四）。

表一四　河流网络中间性中心度分析

	平均数	标准差	总和	最小值	最大值	网络中心势
中间性中心度	1364.988	1930.606	219763	0	8113	53.38%

从以上的分析中，我们发现这些度量虽然可以给我们一些关于河流网络与聚落分布之间关系的提示，但大部分指标并不能直接指向大中型聚落的分布规律，尤其与中型聚落分布模式差异较大，其适用性还有待持续验证。不甚契合之处暗示了另外复杂变量的存在，笔者认为主要有以下两点：

（1）在建立河流网络互动模型的过程中，我们根据早期国家的资源控制往往对宏观聚落形态的形成起到重要作用这一论点，先入为主地预设了河流在洛阳盆地聚落分布中的中心地位。但龙山文化时期松散的二级聚落分布样态与中心度度量的高度离散表明，起码在龙山文化时期，河流网络所构建的"权力结构"在当时的聚落交流中并未起到主导性的作用。无论河运网络是作为控制交换的经济手段，还是作为军事防御的暴力途径[176]，我们是希望从河运网络反映出的数据结构中反推早期国家兴起之时的重要因素，但是事实上，起作用的因素比我们预想得多很多，也复杂很多。早期国家的资源控制模式的组织形式细节缺失，从中小型遗址到二里头进行"纳贡"的考古证据缺乏实证，路上运输的重要性并没有被充分考虑进来，这些复杂变量在网络分析中的缺失使得分析结果不能完全反映河流网络与聚落分布之间的关系。

（2）洛阳盆地处于西南有伊阙、东北有洛汭出口的半包围地形，顺着嵩山河流发育形成的河谷地带也可以比较容易地翻山越岭，如干沟河、坞罗河上游，因此处于一种"进可沟通四方，退可拥兵据守"的状态。在二里头文化因素开始孕育之时，嵩山南北的文化就处于愈显激烈的整合态势当中[177]，在煤山文化和王湾三期文化的相互整合中，又吸收了部分来自晋西南或关中地区的文化因素[178]。在二里头人控制洛阳盆地之后，在其东郑州的郑州，出现了面积达168万平方米的望京楼、面积达51万平方米的荥阳大师姑城址，二者都是具有重要政治和军事意义的中心，很可能是二里头王国的某一属国的中心或军事重镇。此外，二里头王国可能为了获取食盐、铸铜和制造绿松石器的原料等自然资源，向西北、西部和南部扩张，在其周边地区设立军事据点。这些军事据点包括中条山的夏县东下冯、垣曲古城南关、淅川下王岗和秦岭山区的商洛东龙山等[179]。

综上，二里头文化的形成和发展从来没有故步自封于洛阳盆地，它是一个对中原地区包括南方地区有广泛控制力的文化。但上文的分析仅考虑了洛阳盆地的水系，这显然忽略了在洛阳盆地之外更广阔区域内的交流需要，网络数据的片面性导致无法正确评估某些节点的重要性。

四、结　　语

（一）陶器群与聚落形态之间的联动

龙山文化早期，洛阳盆地继承了较多庙底沟二期文化的因素，常见的折腹斝、夹砂深腹罐、斜腹平底盆（折腹）、小口高领罐等器物在本地王湾三期文化王湾类型中继续使用[180]。龙山时代晚期，来自嵩山以南的许多因素开始在本地由南及北、由东至西地传播。而洛阳盆地中原本最为典型的文化面貌也开始产生变化，嵩山南北间的文化面貌开始趋同，许多二里头文化早期的因素在此时得到孕育[181]。由于嵩山南北在龙山文化晚期开始了轰轰烈烈的整合，随着人群的分化、组合和渗入，这一时期的陶器面貌非常不稳定，"新砦期"可能属于一种"局部突变"，是从龙山时代最先跨入二里头时代的先导文化[182]。但文化发展绝不是同时同步的，紧随其后的是洛阳盆地二里头文化一期的异军突起，并逐渐完成了对嵩山南北人群的整合，实现了对核心区域的控制，在二里头文化二期形成了稳定的器物组合，走上了文化独立发展的道路。

自新砦期遗存发现以来，很多学者认为它是比二里头一期略早的二里头文化[183]，魏继印在对陶器器类、风格进行排比分析后，认为新砦期应为二里头文化的主要源头，是其前身[184]。张东则有一个更进一步的推论：二里头时代洛阳盆地出现的人口集聚应当是东部新砦类遗存人群迁移的结果，花地嘴、稍柴遗址中的新砦期或与其相似的遗存留下了其向盆地内部发展的证据[185]。事实上，持这种观点的学者不在少数，许宏先生指出了："新砦文化"遗存的时空分布显示了这一人们共同体的活动重心有由向嵩山东南的颍汝地区转移至嵩山西北的伊洛地区的迹象[186]。

但是随《洛阳盆地中东部先秦时期遗址：1997～2007年区域系统调查报告》报告一同发表的第四章《伊洛地区复杂社会的兴衰：聚落形态的时空变化》，在梳理最新调查数据和对大中小遗址进行重新测年之后，对这种说法提出了质疑：①无论排不排除异常值，二里头年代范围与龙山晚期年代都有部分重叠，这意味着人类在这一地区居住的连续性，两组陶器类型可能有一段时期的共存关系。②二里头类型陶器在该地区一些中小型聚落中的使用时间要长于这类陶器在二里头中心聚落的使用时间，也极有可能在龙山晚期陶器仍然流行时，有些居民已开始制作和使用二里头类型陶器，那么有些二里头一期的遗址可能与龙山晚期遗址共存。二里头一期的遗址虽然数量少，但在调查区域内分布十分广泛，很可能是本地区发展的结果。在这种情况下，二里头一期遗址数量少的现象，可能不是这一时期人口减少的标志，而是反映了该地区陶器风格转变的过程[187]。

以上结论对很多学者支持的二里头文化的主源是新砦文化的推论有着很大的挑战，如果排除测年样品受到污染的可能性，这意味着该项目的主要负责人认为从龙山到二里头文化的文化转变并非始于所谓"新砦期"之后，而是发生在公元前1900年以前，且这种文化转变是自下而上的，其文化渊源主要应来自当地龙山文化基础。陈国梁先生也提到，如果单纯基于陶器类型学，很难对龙山文化晚期和二里头文化早期（尤其是一期）的陶器做出准确区分；不少遗址可能在龙山晚期已经开始陶器风格的"二里头"化，这一过程在二里头文化二期完成，而作为都邑的二里头遗址在区域内既延续了龙山文化陶器组合，也有其他的来源[188]。

那么本文所进行的宏观聚落分布的分析如何回应这两种看法？陶器群和聚落变化显示信息的契合程度如何？

本文的分析认为：①从龙山文化晚期到二里头文化二期，聚落形态发生了持久而深刻的变化：聚落体系由龙山文化时期自然发展、无序竞争的三级体系转变为以二里头为核心的、呈现较强规划性的四级聚落体系。②二里头大型聚落的出现是划时代的事件，其所在地并无人口基础，它的强烈规划性意味着此前洛阳盆地已基本完成政治整合。③从龙山文化晚期到二里头文化早期，洛阳盆地出现了持续的人口集聚，并呈现出较强的目的性，使得整个聚落体系能够达到小成本的互联互通。

也就是说，洛阳盆地聚落形态从龙山时代到二里头时代实现了质的飞跃，其聚落控制模式是当地龙山文化聚落中前所未有的，充分利用水利之便实现最小成本的聚落控制模式是二里头文化人群建设广域王权国家过程中的独创之举。这种变化缺乏来自本地的聚落控制模式的基础，从自由发展到层级控制的转变，没有外部因素的刺激是决计无法完成的，这与二里头陶器面貌的复杂性[189]呈现了一致的信息。二里头文化人群汇聚了四面八方不同区域的文化因素，催生了早期广域王权国家的政治架构。从另一个角度来看，二里头聚落形态所反映的社会组织模式在洛阳盆地缺乏足以支撑早期国家社会架构的复杂程度，而此种复杂性却在新砦所在的豫中地区出现了。刘莉先生提出，中原早期国家的起源与以王城岗为代表的抗争型的酋邦社会有关[190]。虽然二里头的聚落控制模式与豫中地区所呈现的城址林立的聚落模式也不尽相同，但刘莉先生的这一见解还是揭示了二里头社会组织形式的来源之一。

  以上的证据似乎更加支持二里头早期国家诞生中的"非洛阳盆地"因素，但各种因素相互作用的复杂程度却远非本文之所及。笔者认为，将陶器群所代表的文化因素的变化与以聚落形态为代表的社会组织方式的变化区别开来讨论是很重要的，虽然这背后所指向的都是人群的变化，但利用二者来直接对应人群迁移和融合仍然是危险的。最新测年结果所反映的中小型遗址"二里头化"的提前，或许是嵩山南北大范围人群整合的结果而非原因，新型的社会控制方式也并非必然要通过统治阶层的直接取代来实现。因此，虽然根据本文的分析要解决二里头文化的直接来源仍显证据不足，但可以肯定的是，要达到二里头文化聚落的繁荣程度，实现其控制模式，仅凭当地龙山文化原生聚落的基础，几乎不可能做到。

  除此之外，二里头人群在地区社会生态中所到达的高度是空前的。到了二里头文化二期，区域内的聚落在面积和分布上呈现了以二里头为核心的四级体系，第一等级和第二等级的聚落在空间内已经形成相对稳定的控制区域，第二等级聚落在二里头以西及古伊洛河的夹河平原上基本等距离分布，部分三四等级聚落从属于该上级聚落，其社会形态组织层级应该也从二里头文化第一期那种超大型遗址直接控制广大区域内小型遗址的体系转变为二里头遗址和二级聚落对区域内小遗址实行分区控制。聚落布局显示出了明确的战略意图，聚落的增长体现出了强烈的规划性。这是中原地区龙山时代同等面积的任何区域都无法做到的，是二里头人群的对其核心区域的深度控制的体现。

  当兼容并蓄的二里头文化在第二期稳固之后，随着四期晚段二里头遗址的废弃及其东偃师商城的兴起，陶器群又一次发生了变化。根据秦小丽的排比，灰嘴和稍柴在二里头文化三四期时，出现了少部分漳河系陶器群，意味着在二里头文化分布的腹心区域，三四期时出现了超越地理位置而流入的趋势，这与社会组织的动荡、迁移、影响、接受有关[191]。这种现象在二里头都邑本身的聚落形态变化中体现更为明显，在二里头文化四期晚段，来自下七垣文化和岳石文化的因素突然成组出现在二里头都邑[192]，早期那种基于地理位置而进行的人群整合结束了，取而代之的是二里岗—洹北商城文化系统的侵入。但与之相对的，此时的宏观聚落形态却延续的是二期以来的布局形式，一直延续到四期晚段偃师商城出现之后的下一个阶段，洛阳盆地的大中型聚落才相继被废弃。也就是说，宏观聚落形态的变化滞后于陶器群的改变。如果我们认为陶器群的变化必然滞后于重大政治事件本身的发生[193]，宏观聚落形态的变化又滞后于陶器群的变化，那宏观聚落形态的双重滞后性会让我们的讨论言不及义。在这个意义上，以考古发现的城址为朝代分界的"界标"，或者以聚落形态的变化来分析当下社会组织的变化，几乎没有考虑到在此之前人群已经出现的分化及其对社会组织形态的改造所做出的主观努力，人为地割裂了促成政治结构改变的准备及其结果。这不仅体现在偃师商城的崛起之中，也体现在二里头中心地区的确立上。

这种滞后性必须依靠微观的聚落考古来解决，即依靠聚落内部细致的田野考古工作，按照遗迹的建造、使用、废弃的全流程来对遗迹遗物进行详细分期，再与宏观聚落形态相比照来避免讹误。

（二）早期国家的控制模式

在第三部分中，我们讨论了河运网络对二里头选址的重要性，亲密中心度显示二里头的选址是先民们在抗击河流侵扰和利用水运之便之间进行妥协的产物。而中介性中心度则表明二里头遗址在洛阳盆地的河运网络中处于最便利的转运中心位置，再进一步讲，二里头或许在聚落布局中起到"调停者"的功能。在龙山文化时期，没有发现大型遗址有利用水运最省力的"布局偏好"，吸引龙山文化定居者的区位优势似乎是肥沃的土地、便利的灌溉条件和广大的发展空间。

这个转变提示我们在早期国家的建立和巩固过程中水运交通网络的重要性。在以畜力为动力的交通工具出现之前，舟船是沿河分布的聚落之间最便捷省力的交通方式，也是区域间信息交换最快速的通道。河运网络不仅可以运送诸如石料、木材、陶器、铜料等物资，亦可以成为各聚落间交流、资讯处理、政令上传下达的手段。李润权认为，洛阳盆地的二级中心距二里头一日路程，坐落于伊洛河支流河口，有利于控制支流腹地，也有利于跟一级中心的二里头联系。三级中心位于支流的中游，有利于控制支流上游腹地。四级遗址是普通的聚落，散布于河沿台地。这样的一个遗址等级和空间的组织，是典型国家社会的产物[194]。本文的分析支持这种看法，二里头遗址刻意选在整个洛阳盆地互相沟通最为省力的地点，二里头时代以后，洛阳盆地的聚落分布呈现出了明显的规划性，利于二里头攫取政治和经济利益。

但遗憾的是，本文的分析范围过于局限，没有涉及区域系统调查报告范围之外的聚落布局情况，二里头文化的分布范围不仅局限于洛阳盆地，嵩山以南和晋南盆地都是二里头文化核心区，只有将这些区域内的聚落分布和等级通盘考虑，才有可能得出关于二里头文化聚落之间关系的全面认识。但是出于笔者能力、精力以及材料的限制，考虑到调查区内外采用的调查方式不同所反映出的聚落密度不同,过度解读会催生谬误,陋文即止步于此。

注　释

[1] 李学勤:《清华大学藏战国竹简》(壹),中西书局,2010年,第143页。

[2] 冯时:《〈保训〉故事与地中之变迁》,《考古学报》2015年2期。

[3] 李旻:《重返夏墟:社会记忆与经典的发生》,《考古学报》2017年3期。

[4] 许宏:《公元前2000年:中原大变局的考古学观察》,《东方考古》(第9集),科学出版社,2012年。

[5] 〔澳大利亚〕刘莉著,陈星灿、乔玉、马萧林等译:《中国新石器时代:迈向早期国家之路》,文物出版社,2007年,第210页。

[6] 许宏:《"连续"中的"断裂"——关于中国文明与早期国家形成过程的思考》,《文物》2001年2期。

[7] 〔澳大利亚〕刘莉著,陈星灿、乔玉、马萧林等译:《中国新石器时代:迈向早期国家之路》,文物出版社,2007年,第210、211页。

[8] 〔美〕加里·费曼著,方辉、惠夕平译:《聚落与景观考古学》,《东方考古》(第2集),科学出版社,2006年。

[9] Suzanne K. Fish, Stephen A. Kowalewski. *The Archaeology of Regions: A Case for Full-Coverage Survey*. Washington, DC: Smithsonian Institution Press, 1990.

[10] 中国社会科学院考古研究所、中澳美伊洛河流域联合考古队:《洛阳盆地中东部先秦时期遗址:1997~2007年区域系统调查报告》,科学出版社,2019年,第57~60页。

[11] 张光直:《谈聚落形态考古》,《考古学专题六讲》,文物出版社,1986年,第81页。

[12] 万翔:《试论岩画研究中的地理学思想》,待刊。

[13] Fulminante, F. The Network Approach: Tool or Paradigm? *Special Issue: Social Network Perspectives in Archaeology*, 2014, 29(1).

[14] 偃师县志编纂委员会:《偃师县志》,生活·读书·新知三联书店,1992年,第139、140页。

[15] 许天申:《洛阳盆地古河道变迁初步研究》,《河南博物院落成暨河南省博物馆建馆70周年纪念论文集》,中州古籍出版社,1998年。

[16] 中国社会科学院考古研究所、中澳美伊洛河流域联合考古队:《洛阳盆地中东部先秦时期遗址:1997~2007年区域系统调查报告》,科学出版社,2019年,图一。

[17] 张森水、梁久淮、方孝廉:《洛阳首次发现旧石器》,《人类学学报》1982年2期。

[18] 张本昀、陈常优、王家耀:《洛阳盆地平原区全新世地貌环境演变》,《信阳师范学院学报(自然科学版)》2007年3期。

[19] 中国社会科学院考古研究所:《二里头:1999~2006》,文物出版社,2014年,第1241页。

[20] 偃师县志编纂委员会:《偃师县志》,生活·读书·新知三联书店,1992年,第139页。

[21] 巩县县志编纂委员会:《巩县志》,中州古籍出版社,1991年,第1页。

[22] 洛阳市地方史志编纂委员会:《洛阳市志:1991~2000》(第1卷),中州古籍出版社,2006年,第195~198页。

[23] 偃师县志编纂委员会：《偃师县志》，生活·读书·新知三联书店，1992年，第143~150页。

[24] 施雅风：《中国全新世大暖期气候与环境》，海洋出版社，1992年，第1~15页。

[25] 施雅风：《中国全新世大暖期气候与环境》，海洋出版社，1992年，第9页。

[26] Wenxiang Wu, Tungsheng Li. Possible Role of the "Holocene Event 3" on the Collapse of Neolithic Cultures around the Central Plain of China. *Quaternary International,* 2004, 117(1).

[27] Zhisheng An, Stephen C. Porter, John E. Kutzbach, et al. Asynchronous Holocene Optimum of the East Asian Monsoon. *Quaternary Science Reviews*, 2000, 19(8).

[28] Wenxiang W, Junhu Dai, Yang Zhou, et al. Comment on "Outburst Flood at 1920 BCE Supports Historicity of China's Great Flood and the Xia Dynasty". *Science*, 2017, 355(6332).

[29] 〔澳大利亚〕刘莉著，陈星灿、乔玉、马萧林等译：《中国新石器时代：迈向早期国家之路》，文物出版社，2007年，第16页。

[30] 中国社会科学院考古研究所：《二里头：1999~2006》，文物出版社，2014年，第1247~1249页。

[31] 田广金、唐晓峰：《岱海地区距今7000~2000年间人地关系研究》，《中国历史地理论丛》2001年3期。

[32] 夏正楷：《豫西—晋南地区华夏文明形成过程的环境背景研究》，《古代文明》（第3卷），文物出版社，2004年。

[33] Min Li. *Social Memory and State Formation in Early China.* Los Angeles: Cambridge University Press, 2018:85.

[34] 王子孟：《洛阳盆地二里头文化期聚落形态考察》，山东大学硕士学位论文，2010年。

[35] 国家文物局：《中国文物地图集·河南分册》，中国地图出版社，1991年。

[36] 巩义市文管所：《巩义市坞罗河流域河南龙山文化遗址调查》，《中原文物》1992年4期；巩义市文管所：《巩义市坞罗河流域二里头文化、商、周文化遗存调查》，《中原文物》1992年4期；河南省社科院河洛文化研究所、河南省巩义市文物保护管理所：《河南省巩义市洛汭地带古代遗址调查》，《考古学集刊》（第九集），科学出版社，1995年。

[37] 河南省文物管理局、水利部小浪底水利枢纽、建设管理局移民局：《黄河小浪底水库文物考古报告集》，黄河水利出版社，1998年。

[38] 陈星灿、刘莉、李润权等：《中国文明腹地的社会复杂化进程——伊洛河地区的聚落形态研究》，《考古学报》2003年2期。

[39] 中国社会科学院考古研究所二里头工作队：《河南洛阳盆地2001~2003年考古调查简报》，《考古》2005年5期。

[40] 中国社会科学院考古研究所、中澳美伊洛河流域联合考古队：《洛阳盆地中东部先秦时期遗址：1997~2007年区域系统调查报告》，科学出版社，2019年。

[41] 常怀颖：《龙山时期至二里头早期的社会复杂化进程初探》，四川大学硕士学位论文，2005年，第29页。

[42] 韩建业：《试论豫东南地区龙山时代的考古学文化》，《考古学研究》（三），科学出版社，1997年。

[43] 张海：《公元前4000年至前1500年中原腹地的文化演进与社会复杂化》，北京大学博士学位论

文，2007年，第58页。

[44] 中国社会科学院考古研究所、中澳美伊洛河流域联合考古队：《洛阳盆地中东部先秦时期遗址：1997～2007年区域系统调查报告》，科学出版社，2019年。

[45] 中国社会科学院考古研究所：《二里头：1999～2006》，文物出版社，2014年，第25～36页。

[46] 〔美〕戈登·威利著，谢银玲、曹小燕、黄家豪等译：《聚落与历史重建：秘鲁维鲁河谷的史前聚落形态》，上海古籍出版社，2018年，第1～13页。

[47] 严文明：《聚落考古与史前社会研究》，《走向21世纪的考古学》，三秦出版社，1997年，第107页。

[48] 张光直：《谈聚落形态考古》，《考古学专题六讲》，文物出版社，1986年，第86页。

[49] 赵春青：《郑洛地区新石器时代聚落的演变》，北京大学出版社，2001年。

[50] 张海：《公元前4000年至前1500年中原腹地的文化演进与社会复杂化》，北京大学博士学位论文，2007年，第6页。

[51] 高江涛：《中原地区文明化进程的考古学研究》，社会科学文献出版社，2009年。

[52] 杨林、裴安平、郭宁宁等：《洛阳地区史前聚落遗址空间形态研究》，《地理科学》2012年8期。

[53] 马寅清：《基于GIS的洛阳市史前聚落遗址空间分布特征研究》，《洛阳考古》2016年2期。

[54] 毕硕本、闾国年、陈济民：《史前连续文化聚落的决策树分类挖掘研究——以郑州-洛阳地区为例》，《测绘科学》2008年2期。

[55] 毕硕本、计晗、杨鸿儒：《基于DBSCAN算法的郑洛地区史前聚落遗址聚类分析》，《科学技术与工程》2014年32期。

[56] 毕硕本、杨鸿儒、计晗等：《基于对象时空模型的郑洛地区史前聚落遗址群时空演变分析》，《地理与地理信息科学》2014年2期。

[57] 沈香、毕硕本、计晗等：《基于流域盆地面积的郑洛地区史前聚落遗址分析》，《地球信息科学学报》2015年9期。

[58] 毕硕本、周浩、杨鸿儒等：《郑洛地区新石器时代聚落的演变及其与环境的关系》，《中国科技论文》2016年21期。

[59] 毕硕本、万蕾、沈香等：《郑洛地区史前聚落分布特征的空间自相关分析》，《测绘科学》2018年5期。

[60] 闫丽洁、张嫣文、鲁鹏等：《基于K-means聚类方法的早期聚落规模等级研究》，《地域研究与开发》2020年2期。

[61] 毕硕本、周浩、杨鸿儒等：《郑洛地区新石器时代聚落的演变及其与环境的关系》，《中国科技论文》2016年21期。

[62] 张海：《公元前4000年至前1500年中原腹地的文化演进与社会复杂化》，北京大学博士学位论文，2007年。

[63] 〔澳大利亚〕刘莉著，陈星灿、乔玉、马萧林等译：《中国新石器时代：迈向早期国家之路》，文物出版社，2007年。

[64] 乔玉：《伊洛地区裴李岗至二里头文化时期复杂社会的演变——地理信息系统基础上的人口和农业可耕地分析》，《考古学报》2010年4期。

[65] 王子孟:《洛阳盆地二里头文化期聚落形态考察》,山东大学硕士学位论文,2010年。

[66] 王子孟:《洛阳盆地二里头文化聚落的控制网络与模式——基于遗址资源域和泰森多边形的分析》,《华夏考古》2014年3期。

[67] 史宝琳:《中原地区公元前三千纪下半叶和公元前两千纪的聚落分布研究》,吉林大学博士学位论文,2014年。

[68] 贺俊:《二里头文化区的聚落与社会》,中国社会科学院研究生院博士学位论文,2020年。

[69] Li Liu. Settlement Patterns, Chiefdom Variability, and the Development of Early States in North China. *Journal of Anthropological Archaeology*, 1996, 15(3).

[70] 张海:《公元前4000年至前1500年中原腹地的文化演进与社会复杂化》,北京大学博士学位论文,2007年,第7页。

[71] Brughmans, T. Thinking Through Networks: A Review of Formal Network Methods in Archaeology. *Journal of Archaeological Method and Theory*, 2013, 20(4).

[72] Hummon, N. P., Carley K. Social Network as Normal Science. *Social Networks*, 1993, 15(1).

[73] 〔美〕林顿·C·弗里曼著,张文宏、刘军、王卫东译:《社会网络分析发展史:一项科学社会学的研究》,中国人民大学出版社,2008年,第5页。

[74] Bentley, R. A., Maschner, H. D. G. Preface: Considering Complexity Theory in Archaeology. *Complex Systems and Archaeology*. Salt Lake City: University of Utah Press, 2003: 1-8; Mitchell, M. *Complexity: A Guided Tour*. New York: Oxford University Press, 2009.

[75] 图论是一个与图有关的研究的数学分支,通常被认为是社会网络分析的主要数学基础之一,也构成了社会物理学中很多研究的基础。

[76] Terrell, J. E. Human Biogeography in the Solomon Islands. *Fieldiana Anthropology*, 1977, 68(1).

[77] Broodbank, C. Ulysses Without Sails: Trade, Distance, Knowledge and Power in the Early Cyclades. *World Archaeology*, 1993, 24(3).

[78] Hunt, T. L. Graph Theoretic Network Models for Lapita Exchange: A Trial Application. *Archaeology of the Lapita Cultural Complex: A Critical Review*. Thomas Burke Memorial Washington State Museum Research Report No. 5. Seattle: Burke Museum, 1988: 135-155.

[79] Wright, H.T., Johnson, G. A. Population, Exchange, and Early State Formation in Southwestern Iran. *American Anthropologist*, 1975, 77.

[80] Rothman, M. S. Graph Theory and the Interpretation of Regional Survey Data. *Paléorient*, 1987, 13(2).

[81] Irwin, G. Pots and Entrepots: A Study of Settlement, Trade and the Development of Economic Specialization in Papuan Prehistory. *World Archaeology*, 1978, 9(3).

[82] 即 Egocentric network,聚焦在一个点及与其直接相连的点上。〔美〕戴维·诺克、〔美〕杨松著,李兰译:《社会网络分析》(第二版),格致出版社:上海人民出版社,2017年,第113页。

[83] "star"即社会计量学中的"明星"概念,指的是社会网络中居于中心地位的人。作者采用 Barnes, J. Social Networks. *Addison-Wesley Module in Anthropology*, 1972, 26 中的描述。

[84] Epstein, A. L. Gossip, Norms and Social Network. *Social Networks in Urban Situations*. Manchester: Manchester University Press,1969: 117-127.

[85] Irwin-Williams, C. A Network Model for the Analysis of Prehistoric Trade. *Exchange Systems in Prehistory*. New York: Academic, 1977: 141-151.

[86] Brughmans, T. Connecting the Dots: Towards Archaeological Network Analysis. *Oxford Journal of Archaeology*, 2010, 29(3); Graham, S. Networks, Agent-based Models and the Antonine Itineraries: Implications for Roman Archaeology. *Journal of Mediterranean Archaeology*, 2006, 19(1); Sindbæk, S. M. Networks and Nodal Points: the Emergence of Towns in Early Viking Age Scandinavia. *Antiquity*, 2007, 81(311).

[87] Brughmans, T. Thinking Through Networks: A Review of Formal Network Methods in Archaeology. *Journal of Archaeological Method and Theory*, 2013, 20(4).

[88] Pitts, F. R. The Medieval River Trade Network of Russia Revisited. *Social Networks*, 1978, 1(3).

[89] Peregrine, P. A Graph-theoretic Approach to the Evolution of Cahokia. *American Antiquity*, 1991, 56(1).

[90] Mitchell, M. *Complexity: A Guided Tour*. New York: Oxford University Press, 2009:3.

[91] Bentley, R, A., Maschner, H, D, G. *Complex Systems and Archaeology*. Salt Lake City: University of Utah Press, 2003.

[92] Coward, F. Small Worlds, Material Culture and Ancient Near Eastern Social Networks. *Proceedings of the British Academy*, 2010, 158; Coward, F. Grounding the Net:social Networks, Material Culture and Geography in the Epipalaeolithic and Early Neolithic of the Near East (∼21,000−6,000 cal BCE). *New Approaches in Regional Network Analysis*. Oxford: Oxford University Press (in press), 2012:247-280.

[93] Sindbæk, S. M. The Small World of the Vikings: Networks in Early Medieval Communication and Exchange. *Norwegian Archaeological Review*, 2007, 40.

[94] Collar, A. Network Theory and Religious Innovation. *Mediterranean Historical Review*, 2007, 22(1); Collar, A. *Religious Networks in the Roman Empire: The Spread of New Ideas*. Cambridge, UK: Cambridge University Press, 2013.

[95] Graham, S. Networks, Agent-based Models and the Antonine Itineraries: Implications for Roman Archaeology. *Journal of Mediterranean Archaeology*, 2006, 19(1); Graham, S. EX FIGLINIS, the Network Dynamics of the Tiber Valley Brick Industry in the Hinterland of Rome. *British Archaeological Reports International Series* 1486. Oxford: Archaeopress, 2006.

[96] Knappett, C. *An Archaeology of Interaction: Network Perspectives on Material Culture and Society*. Oxford: Oxford University Press, 2011.

[97] Kandler, A., Caccioli, F. Networks, Homophily, and the Spread of Innovations. *The Connected Past: Challenges to Network Studies in Archaeology and History*. Oxford: Oxford University Press, 2016; Mills, B. J., Peeples, M. A. Reframing Diffusion Through Social Network Theory. *Interaction and Connectivity in the Greater Southwest*. Boulder: University Press of Colorado, 2019; Östborn, P., Gerding, H. The Diffusion of Fired Bricks in Hellenistic Europe: A Similarity Network Analysis. *Journal of Archaeology Method and Theory*, 2015, 22; Östborn, P., Gerding, H. Brick Makers, Builders and Commissioners as Agents in the Diffusion of Hellenistic Fired Bricks: Choosing Social

Models to Fit Archaeological Data. *Journal of Greek Archaeology*, 2016, 1.

[98] Borck, L., Mills, B. J. Approaching an Archaeology of Choice: Consumption, Resistance, and Religion in the Pre-Hispanic Southwest. *Foreign Objects: Rethinking Indigenous Consumption in American Archaeology*. University of Arizona Press, 2017:29-43; Collar, A. Network Theory and Religious Innovation. *Mediterranean Historical Review*, 2007, 22:1; Peeples, M. A. *Connected Communities: Social Networks, Identity, and Social Change in the Ancient Cibola World*. Tucson: University of Arizona Press, 2018.

[99] Blake, E. *Social Networks and Regional Identity in Bronze Age Italy*. Cambridge, UK: Cambridge University Press, 2014; Hart, J. P., Engelbrecht, W. Northern Iroquoian Ethnic Evolution: A Social Network Analysis. *Journal of Archaeological Method and Theory*, 2012, 19(2).

[100] Mills, B. J., Clark, J. J., Peeples, M. A., et al. Transformation of Social Networks in the Late Pre-Hispanic US Southwest. *Proceedings of the National Academy of Sciences of the United States of America*, 2013, 110(15); Mills, B., Peeples, M., Haas, W., et al. Multiscalar Perspectives on Social Networks in the Late Prehispanic Southwest. *American Antiquity*, 2015, 80(1); Mills, B. J., Clark, J. J., Peeples, M.A. Migration, Skill, and the Transformation of Social Networks in the pre‐Hispanic Southwest. *Economic Anthropology*, 2016, 3.

[101] Fulminante, F. Social Network Analysis and the Emergence of Central Places: A Case Study from Central Italy (Latium Vetus). *Babesch*, 2012, 87(1); Mizoguchi, K. Nodes and Edges: A Network Approach to Hierarchisation and State Formation in Japan. *Journal of Anthropological Archaeology*, 2009, 28(1).

[102] 如 The Connected Past, 这是一个由多学科国际成员组成的委员会, 为考古学和历史学与网络科学之间搭建了平台, 该组织旨在促进创新性的网络分析和复杂性方法在考古学上的应用。迄今为止, 该组织已经成功举办数次会议, 开办了相关研讨班。主页地址为: https://connectedpast.net/。

[103] Brughmans, T., Peeples, M. A. Trends in Archaeological Networks Research: A Bibliometric Analysis. *Journal of Historical Network Research*, 2017, 1.

[104] CAA 会议 (Computer Applications and quantitative method of Archaeology) 2006 年的主题涉及网络分析, 见 CAA 网站 https://proceedings.caaconference.org/year/2006/; *Archaeological Review from Cambridge* 2014 年 4 月的文章合集, 题目为 Social Network Perspectives in Archaeology; *Journal of Archaeological Method and Theory* 在 2015 年 3 月推出了一期考古学网络分析专题, 见 https://link.springer.com/journal/10816/22/1; The Connected Past 组织在 2016 年发表了论文集 *The Connected Past: Challenges to Network Studies in Archaeology and History*, 见 https://connectedpast.net/publications/。

[105] Brughmans, T., Collar, A., Coward, F (Eds.). *The Connected Past: Challenges to Network Studies in Archaeology and History*. Oxford: Oxford University Press, 2016; Collar, A., Coward, F., Brughmans, T., et al. Networks in Archaeology: Phenomena, Abstraction, Representation. *Journal of Archaeology Method Theory*, 2015, 22; Evans, S., Felder, K (Eds.), Special Issue: Social Network Perspectives in Archaeology. *Archaeological Review from Cambridge*, 2014, 29(1); Knappett, C

[106] Östborn, P., Gerding, H. Network Analysis of Archaeological Data: A Systematic Approach. *Journal of Archaeological Science*, 2014, 46(1); Peeples, M. A., Roberts, J. M. To Binarize or not to Binarize: Relational Data and the Construction of Archaeological Networks. *Journal of Archaeological Science*, 2013, 40(7).

[107] Brughmans, T. Thinking Through Networks: A Review of Formal Network Methods in Archaeology. *Journal of Archaeological Method and Theory*, 2013, 20(4).

[108] Brughmans, T., Collar, A., Coward, F. Network Perspectives on the Past: Tackling the Challenges. *The Connected Past: Challenges to Network Studies in Archaeology and History*. Oxford, UK: Oxford University Press, 2018: 3-20.

[109] Collar, A., Coward, F., Brughmans, T., et al. Networks in Archaeology: Phenomena, Abstraction, Representation. *Journal of Archaeology Method Theory*, 2015, 22(1).

[110] Brandes, U., Robins, G., McCranie, A., et al. What is Network Science? *Network Science*, 2013, 1(01).

[111] Collar, A., Coward, F., Brughmans, T., et al. Networks in Archaeology: Phenomena, Abstraction, Representation. *Journal of Archaeology Method Theory*, 2015, 22(1).

[112] Peregrine, P. A Graph-theoretic Approach to the Evolution of Cahokia. *American Antiquity*, 1991, 56(1).

[113] 这是三个用于评估节点影响力的度量，来自社会网络分析。度中心度：用于表示社会网络图中一个节点与所有其他节点相联系的程度，计算方法是这个结点的所有边的数量；亲密中心度：用于反映一个社会网络中某一节点与其他节点之间的接近程度，为节点与除它之外的其他节点之间测地距总和的倒数；中间性中心度：用于反映一个节点如何控制或者调整并不直接联系的两个节点之间的关系，是一个非常重要的一个控制信息交流或资源流动的指标，中间性中心度定义为在一个网络中经过这个结点的测地线的数量和所有结点之间的测地线的数量的比例。

[114] 陆青玉、栾丰实、王芬：《社会网络分析及其在考古学研究中的应用》，《东南文化》2019年5期。

[115] Terrell, J. E. Social Network Analysis and the Practice of History. *Network Analysis in Archaeology: New Approaches to Regional Interaction*. Oxford, UK: Oxford University Press, 2013: 17-42.

[116] Fulminante, F. The Network Approach: Tool or Paradigm? *Special Issue: Social Network Perspectives in Archaeology*, 2014, 29(1).

[117] Knappett, C. *An Archaeology of Interaction: Network Perspectives on Material Culture and Society*. Oxford: Oxford University Press, 2011:3-14.

[118] Knappett, C. Networks in Archaeology: Between Scientific Method and Humanistic Metaphor. *The Connected Past: Challenges to Network Studies in Archaeology and History*. Oxford, UK: Oxford University Press, 2018: 21-34.

[119] Blair, E. H. Glass Beads and Constellations of Practice. *Knowledge in Motion: Constellations of*

Learning Across Time and Space. Tucson: University of Arizona Press, 2016: 97-125; Knappett, C., Evans, T., Rivers, R. The Theran Eruption and Minoan Palatial Collapse: New Interpretations Gained From Modelling the Maritime Network. *Antiquity*, 2011, 85(329); Mills, B. J. Communities of Consumption: Cuisines as Constellated Networks of Situated Practice. *Knowledge in Motion: Constellations of Learning Across Time and Space*. Tucson: University of Arizona Press, 2016: 248-270.

[120] Iacono, F. From Networks to Society: Pottery Style and Hegemony in Bronze Age Southern Italy. *Cambridge Archaeological Journal*, 2016, 26(1).

[121] Gjesfjeld, E. Network Analysis of Archaeological Data From Hunter-gatherers: Methodological Problems and Potential Solutions. *Journal of Archaeology Method and Theory*, 2015, 22(1).

[122] Crabtree, S. A. Inferring Ancestral Pueblo Social Networks From Simulation in the Central Mesa Verde. *Journal of Archaeology Method Theory*, 2015, 22.

[123] Hodder, I., Mol, A. Network Analysis and Entanglement. *Journal of Archaeological Method and Theory*, 2016, 23.

[124] Barthelemy, M. Spatial Networks. *Physics Reports*, 2011, 499.

[125] Knappett, C. *An Archaeology of Interaction: Network Perspectives on Material Culture and Society*. Oxford: Oxford University Press, 2011:50-53.

[126] Pitts, F. R. The Medieval River Trade Network of Russia Revisited. *Social Networks*, 1978, 1(3).

[127] Irwin, G. Pots and Entrepots: A Study of Settlement, Trade and the Development of Economic Specialization in Papuan Prehistory. *World Archaeology*, 1978, 9(3).

[128] Rothman, M. S. Graph Theory and the Interpretation of Regional Survey Data. *Paléorient*, 1987, 13(2).

[129] Wright, H.T., Johnson, G. A. Population, Exchange, and Early State Formation in Southwestern Iran. *American Anthropologist*, 1975, 77.

[130] Wright, H.T., Johnson, G. A. Regional Perspectives on Southwest Iranian State Development. *Paléorient*, 1985, 11(2).

[131] Jenkins, D. A Network Analysis of Inka Roads, Administrative Centers, and Storage Facilities. *Ethnohistory*, 2001, 48(4).

[132] D'Altroy, T., Earle, T., Browman, D., et al. Staple Finance, Wealth Finance, and Storage in the Inka Political Economy. *Current Anthropology*, 1985, 26(2).

[133] Morris, C. Supply, and Redistribution in the Economy of the Inka State. *Anthropological History of Andean Polities*. Cambridge: Cambridge University Press, 1985: 59-68.

[134] Earle, T., D'Altroy, T. The Political Economy of the Inka Empire: The Archaeology of Power and Finance. *Archaeological Thought in America*. Cambridge: Cambridge University Press, 1989: 183-204.

[135] Mills, B. J., Clark, J. J., Peeples, M. A., et al. Transformation of Social Networks in the Late pre-Hispanic US Southwest. *PNAS*, 2013, 110(15).

[136] 许宏：《二里头文化聚落动态扫描》，《早期夏文化与先商文化研究论文集》，科学出版社，

[137] 袁靖、黄蕴平、杨梦菲等：《公元前2500年～公元前1500年中原地区动物考古学研究——以陶寺、王城岗、新砦和二里头遗址为例》，《科技考古》（第二辑），科学出版社，2007年。

[138] 赵志军：《公元前2500年～公元前1500年中原地区农业经济研究》，《科技考古》（第二辑），科学出版社，2007年。

[139] 钟华、吴业恒、张鸿亮等：《河南洛阳王圪垱遗址浮选结果及分析》，《农业考古》2019年1期。

[140] 许宏、袁靖主编：《二里头考古六十年》，中国社会科学出版社，2019年，第217页。

[141] 张海：《公元前4000年至前1500年中原腹地的文化演进与社会复杂化》，北京大学博士学位论文，2007年，第310页。

[142] 史宝琳：《中原地区公元前三千纪下半叶和公元前两千纪的聚落分布研究》，吉林大学博士学位论文，2014年，第95页。

[143] 赵春青：《郑洛地区新石器时代聚落的演变》，北京大学出版社，2001年。

[144] 摘自〔澳大利亚〕刘莉著，陈星灿、乔玉、马萧林等译：《中国新石器时代：迈向早期国家之路》，文物出版社，2007年，图6.4。

[145] 陈星灿、刘莉、李润权等：《中国文明腹地的社会复杂化进程——伊洛河地区的聚落形态研究》，《考古学报》2003年2期。

[146] Hodder, Ian, Clive Orton. *Spatial Analysis in Archaeology*. Cambridge: Cambridge University Press, 1976: 67.

[147] 〔美〕周南、〔美〕查尔斯·贝里、〔加〕柯睿思著，李涛译：《考古学中的区域聚落人口》，武汉大学出版社，2021年，第89、90页。

[148] 〔美〕周南、〔美〕查尔斯·贝里、〔加〕柯睿思著，李涛译：《考古学中的区域聚落人口》，武汉大学出版社，2021年，第92页。

[149] 洛阳市第二文物工作队、偃师县文物管理委员会：《洛阳市偃师县高崖遗址发掘报告》，《华夏考古》1996年4期。

[150] 中国社会科学院考古研究所、中澳美伊洛河流域联合考古队：《洛阳盆地中东部先秦时期遗址：1997～2007年区域系统调查报告》，科学出版社，2019年，第1306页。

[151] 中国社会科学院考古研究所、中澳美伊洛河流域联合考古队：《洛阳盆地中东部先秦时期遗址：1997～2007年区域系统调查报告》，科学出版社，2019年，第1320页。

[152] Johnson, G. A. Organizational Structure and Scalar Stress. *Theory and Explanation in Archaeology: The Southampton Conference*. New York: Academic Press, 1982: 389-442.

[153] 许宏、袁靖主编：《二里头考古六十年》，中国社会科学出版社，2019年，第98页。

[154] 中国社会科学院考古研究所：《偃师商城》（第一卷），科学出版社，2013年，第728页。

[155] 赵海涛：《二里头都邑聚落形态新识》，《考古》2020年8期。

[156] 方辉、文德安、加里·费曼等：《鲁东南沿海地区聚落形态变迁与社会复杂化进程研究》，《东方考古》（第4集），科学出版社，2008年。

[157] 许宏、袁靖主编：《二里头考古六十年》，中国社会科学出版社，2019年，第100页。

[158] Liu, L., Chen, X., Li, B. Non-state Crafts in the Early Chinese State: An Archaeological View from

the Erlitou Hinterland. *Bulletin of the Indo-Pacific Prehistory Association*, 2007, 27.

[159] 韩国河、赵维娟、张继华等:《用中子活化分析研究南洼白陶的原料产地》,《中原文物》2007年6期。

[160] 中国社会科学院考古研究所二里头工作队:《河南偃师市二里头遗址宫城及宫殿区外围道路的勘察与发掘》,《考古》2004年11期。

[161] 秦岭、曹艳朋:《中轴对称、布局方正、规划严整——河南淮阳平粮台龙山城址发掘取得重要收获》,《中国文物报》2020年3月6日第8版。

[162] 惠夕平:《地理信息系统支持下的鲁东南沿海地区史前至汉代聚落考古研究》,山东大学博士学位论文,2011年,第138页。

[163] 浙江省文物考古研究所:《河姆渡:新石器时代遗址考古发掘报告》(上),文物出版社,2003年,第139页。

[164] 中国社会科学院考古研究所:《宝鸡北首岭》,文物出版社,1983年,第100～103页。

[165] 刘莉、陈星灿:《城:夏商时期对自然资源的控制问题》,《东南文化》2000年3期。

[166] 高江涛:《洛阳盆地与晋南早期交通道路之"轵关陉道"》,《中原文物》2019年3期;高江涛:《洛阳盆地与晋南早期交通道路之"虞坂巅軨道"》,《中原文物》2019年2期;高江涛:《洛阳盆地与晋南早期交通道路之"中条洹津道"》,《中原文物》2019年1期;庞小霞、高江涛:《试论二里头文化时期洛阳盆地和江汉平原的交流通道》,《南方文物》2020年2期。

[167] 刘莉、陈星灿:《中国早期国家的形成——从二里头和二里岗时期的中心和边缘之间的关系谈起》,《古代文明》(第1卷),文物出版社,2002年。

[168] 〔美〕戴维·诺克、〔美〕杨松著,李兰译:《社会网络分析》(第二版),格致出版社:上海人民出版社,2017年,第9页。

[169] 〔美〕罗伯特·汉克曼、〔美〕马克·里德尔著,陈世荣、钟栎娜译:《社会网络分析方法》,知识产权出版社,2019年,第86页。

[170] Freeman, L. C. A Set of Measures of Centrality Based Upon Betweenness. *Sociometry*, 1977, 40; Freeman, L. C. Centrality in Social Networks Conceptual Clarification. *Social Networks*, 1978.

[171] 〔美〕罗伯特·汉克曼、〔美〕马克·里德尔著,陈世荣、钟栎娜译:《社会网络分析方法》,知识产权出版社,2019年,第144～147页。

[172] 〔美〕罗伯特·汉克曼、〔美〕马克·里德尔著,陈世荣、钟栎娜译:《社会网络分析方法》,知识产权出版社,2019年,第145页。

[173] Strahler河流分级法由Strahler于1957年提出。其规则定义为:直接发源于河源的河流为1级河流;同级的两条河流交汇形成的河流的等级比原来增加1级;不同等级的两条河流交汇形成的河流的等级等于原来河流中等级较高者。

[174] Borgatti, S.P., Everett, M. G., Freeman, L.C. *Ucinet for Windows: Software for Social Network Analysis*. Harvard, MA: Analytic Technologies, 2002.

[175] 中国社会科学院考古研究所:《二里头:1999～2006》,文物出版社,2014年,第17页。

[176] 〔美〕迈克尔·曼著,刘北成、李少军译:《社会权力的来源》,上海人民出版社,2002年。迈克尔·曼定义了社会权力的四种来源,即经济、意识形态、军事和政治。

[177] 常怀颖:《龙山时期至二里头早期的社会复杂化进程初探》,四川大学硕士学位论文,2005

年，第 126~139 页。

[178] 王立新：《从嵩山南北的文化整合看夏王朝的出现》，《二里头遗址与二里头文化研究》，科学出版社，2006 年。

[179] 赵海涛、许宏：《中华文明总进程的核心与引领者：二里头文化的历史位置》，《南方文物》2019 年 2 期。

[180] 张东：《试论洛阳盆地二里头文化的形成背景》，《中原文物》2013 年 3 期。

[181] 常怀颖：《龙山时期至二里头早期的社会复杂化进程初探》，四川大学硕士学位论文，2005 年，第 127 页。

[182] 许宏：《嵩山南北龙山文化至二里头文化演进过程管窥》，《中原地区文明化进程学术研讨会文集》，科学出版社，2006 年。

[183] 中国社会科学院考古研究所河南二队：《河南密县新砦遗址的试掘》，《考古》1981 年 5 期；张国硕：《夏纪年与夏文化遗存刍议》，《中国文物报》2001 年 6 月 20 日第 3 版；杜金鹏：《新砦文化与二里头文化——夏文化再探讨随笔》，《中国社会科学院古代文明研究中心通讯》2001 年 2 期；邹衡：《二里头文化的首和尾》，《中国历史文物》2006 年 2 期；陈旭：《二里头一期文化是早期夏文化》，《中国历史文物》2009 年 1 期；顾问：《"新砦期"研究》，《殷都学刊》2002 年 4 期。

[184] 魏继印：《论新砦文化的源流及性质》，《考古学报》2018 年 1 期。

[185] 张东：《试论洛阳盆地二里头文化的形成背景》，《中原文物》2013 年 3 期。

[186] 许宏：《嵩山南北龙山文化至二里头文化演进过程管窥》，《中原地区文明化进程学术研讨会文集》，科学出版社，2006 年。

[187] 中国社会科学院考古研究所、中澳美伊洛河流域联合考古队：《洛阳盆地中东部先秦时期遗址：1997~2007 年区域系统调查报告》，科学出版社，2019 年，第 1205~1231 页。

[188] 陈国梁：《合与分：聚落考古视角下二里头都邑的兴衰解析》，《中原文物》2019 年 4 期。

[189] 李维明：《二里头一期遗存与夏文化初始》，《中原文物》2002 年 1 期。

[190] 〔美〕刘莉：《中国新石器时代黄河中下游酋邦社会的发展——龙山文化聚落形态研究》，《考古学的历史·理论·实践》，中州古籍出版社，1996 年。

[191] 秦小丽：《中国初期国家形成的考古学研究》，复旦大学出版社，2019 年，第 204~228 页。

[192] 赵海涛：《二里头都邑聚落形态新识》，《考古》2020 年 8 期。

[193] 王立新：《也谈文化形成的滞后性——以早商文化和二里头文化的形成为例》，《考古》2009 年 12 期。

[194] 李润权：《资讯革命和国家起源——兼谈二里头是否进入国家社会》，提交给"北京论坛文明的和谐与共同繁荣"的论文，2004 年。

附 表

附表一 龙山文化早期到二里头文化四期聚落基础信息表

（一）龙山文化早期聚落

序号	遗址	编号	位置	面积（平方米）	等级
1	高崖西	134	东沙沟	572000	1
2	景阳冈	041	山南至河北平原区	500000	1
3	西马庄西北	086	古伊洛河之间	413000	1
4	金钟寺（陈平家）	081	古伊洛河之间	340000	1
5	史家湾北	001	洛河北岸台地	323000	1
6	牛王庙东北	078	古伊洛河之间	292500	2
7	苗湾B	096	浏涧河下游	250000	2
8	齐村西南	024	古伊洛河之间	245000	2
9	武屯东南	152	沙沟河	190000	2
10	掘山	147	沙沟河	180000	2
11	盆窑寨东南	109	马涧河	150000	2
12	翟泉西南	031	邙山南麓	147000	2
13	西石罢	016	古伊洛河之间	146000	2
14	府西村北（江村遗址）	y110	干沟河	130000	2
15	四角楼	091	古洛河北岸	120000	2
16	北寨东南	y218	马涧河	90000	3
17	凹杨	004	山南至河北平原区	80000	3
18	苗湾A	095	浏涧河下游	80000	3
19	滑城河西	y109	干沟河	80000	3
20	寨湾东南	216	浏涧河	75000	3
21	滑城河北	y108	干沟河	75000	3
22	灰嘴	y127W	浏涧河	70000	3
23	马寨西	213	浏涧河	67000	3
24	裴村A	118	浏涧河	62000	3
25	九贤	139	沙沟河	60000	3
26	老屯寨	y199	马涧河	60000	3
27	半个寨	y123	干沟河	57500	3
28	山圪垱	072	邙山南麓	50000	3

续表

序号	遗址	编号	位置	面积（平方米）	等级
29	苏家窑西北	137	沙沟河	50000	3
30	东管茅东	y202	马涧河	50000	3
31	汤泉沟	066	邙山南麓	47000	3
32	张村东南	123	浏涧河	47000	3
33	堤东	y052	天坡河	40000	3
34	寺沟东南	y152	邙山南麓	40000	3
35	北后沟西北	y139	曹河	37500	3
36	董沟	y159	邙山南麓	30000	3
37	石牛沟	124	东沙沟	30000	3
38	寺沟	074/y151/y152	邙山南麓	21000	3
39	高祖庙	y167	浏涧河	20000	3
40	邢村东	y225	浏涧河	20000	3
41	坞罗水库西1	y025	坞罗河	20000	3
42	铁窑东南	218	浏涧河	18000	3
43	西张庄东北	221	浏涧河	17000	3
44	卢村东北	y169	浏涧河	15000	3
45	邢村	y120	干沟河	12500	3
46	扁担赵南	003	山南至河北平原区	12000	3
47	酒流沟水库西	159	酒流沟	11000	3
48	塔庄	063	洛河北岸台地	10000	3
49	槐庙南	064	洛河北岸台地	10000	3
50	大郊寨东	087	古洛河北岸	10000	3
51	宫家窑	183	沙沟河	10000	3
52	肖村南寨	209	东沙沟	10000	3
53	卢村北	y168	浏涧河	10000	3
54	马河北	y207	马涧河	10000	3
55	段东村东北	106	浏涧河下游	10000	3
56	三官庙窑厂东南	y105	干沟河	10000	3
57	符家寨西	200	浏涧河	9000	3
58	东王河东南	101	马涧河	8000	3
59	滑城河东	y112	干沟河	7500	3
60	宋湾东南	042	洛河北岸台地	6000	3
61	桑沟五队北	y126	干沟河	5000	3

续表

序号	遗址	编号	位置	面积（平方米）	等级
62	喂庄东南角	y023	坞罗河	3000	3
63	喂庄西南	y018	坞罗河	2000	3
64	南石	y1003	坞罗河	2000	3

（二）龙山文化晚期聚落

序号	遗址	编号	位置	面积（平方米）	等级
1	南寨上村东	154	袁沟	680000	1
2	高崖西	134	东沙沟	572000	1
3	景阳冈	041	山南至河北平原区	500000	1
4	西马庄西北	086	古伊洛河之间	413000	1
5	新彭店东	143	东沙沟	400000	1
6	稍柴	y1001	坞罗河	400000	1
7	罗圪垱	082	古伊洛河之间	397000	1
8	金钟寺（陈平冢）	081	古伊洛河之间	340000	1
9	纲常	019	古伊洛河之间	293000	1
10	碑楼南	085	古伊洛河之间	260000	1
11	苗湾B	096	浏涧河下游	250000	1
12	东马庄西	084	古伊洛河之间	228000	2
13	南寨西村南	151	袁沟	225000	2
14	潘寨老寨东	015	古伊洛河之间	215000	2
15	保庄西北	046	邙山南麓	210000	2
16	俎家庄北	156	袁沟	210000	2
17	寺沟	074/y151/y152	邙山南麓	210000	2
18	张湾西北	y210	马涧河	200000	2
19	赵城	y077	干沟河	200000	2
20	罗口	y022	坞罗河	200000	2
21	南蔡庄西北	052	山南至河北平原区	193000	2
22	掘山	147	沙沟河	180000	2
23	杨村北	145	沙沟河	162000	2
24	陈家窑	184	沙沟河	159000	2
25	平乐A	034	邙山南麓	155000	2
26	桂连凹东北	021	古伊洛河之间	154000	2
27	西石罢	016	古伊洛河之间	146000	2

续表

序号	遗址	编号	位置	面积（平方米）	等级
28	大郎庙南	083	古伊洛河之间	138000	2
29	杨裴屯西南	190	沙沟河	132000	2
30	府西村北（江村遗址）	y110	干沟河	130000	2
31	颜良寨水库西南	y114	干沟河	125000	2
32	程子沟	117	浏涧河	122000	2
33	四角楼	091	古洛河北岸	120000	2
34	毛村东	164	袁沟	120000	2
35	袁沟B	166	袁沟	102000	2
36	夏庄西北	025	古伊洛河之间	99000	3
37	陶化店水库东	108	马涧河	90000	3
38	李家沟东	y099	干沟河	90000	3
39	二郎庙北	026	古伊洛河之间	89000	3
40	武屯东南	152	沙沟河	82000	3
41	西吕庙	014	邙山南麓	80000	3
42	凹杨	004	山南至河北平原区	80000	3
43	北吴家湾	y214	马涧河	80000	3
44	滑城河西	y109	干沟河	80000	3
45	东庞村南	136	沙沟河	78000	3
46	寨湾东南	216	浏涧河	75000	3
47	滑城河北	y108	干沟河	75000	3
48	程子沟南	116	浏涧河	70000	3
49	业茂沟/小南沟西南	Y144、Y145	稍柴水	70000	3
50	灰嘴	y127e、y127w	马涧河	70000	3
51	刘李寨A	186	沙沟河	68000	3
52	曹寨北	212	浏涧河	68000	3
53	马寨西	213	浏涧河	67000	3
54	袁沟东南	173	袁沟	66000	3
55	丁沟新村南	027	邙山南麓	63000	3
56	裴村A	118	浏涧河	62000	3
57	西石桥东	076	古洛河北岸	61000	3
58	九贤	139	沙沟河	60000	3
59	涧东村西北	y196B	浏涧河	60000	3
60	老屯寨	y199	马涧河	60000	3

续表

序号	遗址	编号	位置	面积（平方米）	等级
61	桑沟五队北	y126	干沟河	60000	3
62	马屯新村	y069	干沟河	60000	3
63	贾屯	y101	干沟河	60000	3
64	东沟北/西北/东	Y146~Y148	稍柴水	60000	3
65	东庞村北	150	沙沟河	59000	3
66	半个寨	y123	干沟河	57500	3
67	半个寨西南（赵寨东南）	131	五岔沟	55000	3
68	寨湾东北	217	浏涧河	53000	3
69	裴村 D	121	浏涧河	52000	3
70	苏家窑西北	137	沙沟河	50000	3
71	西齐家窑东北	y166	浏涧河	50000	3
72	新寨北嘴	y197	马涧河	50000	3
73	张村东南	123	浏涧河	47000	3
74	南吴家湾东南	y213	马涧河	45000	3
75	小相西南	y080	干沟河	45000	3
76	裴村 B	119	浏涧河	41000	3
77	西湾北	189	沙沟河	40800	3
78	寺沟南	y151	邙山南麓	40000	3
79	寺沟东南（寺沟遗址）	y152	邙山南麓	40000	3
80	武屯南	153	沙沟河	40000	3
81	邢村东	y225	浏涧河	40000	3
82	卢村西北	y176	浏涧河	40000	3
83	吊桥寨东南	y216	马涧河	40000	3
84	桑沟老村	y065	干沟河	37500	3
85	裴村 E	122	浏涧河	35000	3
86	任才村东南	y179	浏涧河	30000	3
87	任才村西南	y178	浏涧河	30000	3
88	双泉东北	y224	浏涧河	30000	3
89	郑窑南	y189	浏涧河	30000	3
90	吴家湾东南	107	浏涧河下游	30000	3
91	坞罗南店	y032	坞罗河	30000	3
92	刘窑东	180	杨沟	29000	3
93	冯寨西北	y090	干沟河	25000	3

续表

序号	遗址	编号	位置	面积（平方米）	等级
94	马屯北	y070	干沟河	25000	3
95	肖村北	102	干沟河	25000	3
96	曹冯	y135	曹河	25000	3
97	谷堆头寨	094	古洛河北岸	22000	3
98	冯寨西南	y089	干沟河	22000	3
99	西齐家窑西北	y188	浏涧河	20000	3
100	西口孜	y201	马涧河	20000	3
101	屯寨西北	y198	马涧河	20000	3
102	林小寨	y211	马涧河	20000	3
103	邱河西	y221	马涧河	20000	3
104	北寨北	y219	马涧河	20000	3
105	邢村东	y121	干沟河	20000	3
106	颜良寨水库西	y087	干沟河	20000	3
107	坞罗水库西1（坞罗遗址）	y025	坞罗河	20000	3
108	小訾殿南	y1005	坞罗河	20000	3
109	铁窑东南	218	浏涧河	18000	3
110	马寨	192	沙沟河	16000	3
111	杨闯东南	160	酒流沟	15000	3
112	卢村东北	y169	浏涧河	15000	3
113	桑沟西北	y067	干沟河	15000	3
114	新后沟东	y131	曹河	15000	3
115	寺院沟	y034	坞罗河	15000	3
116	扁担赵南	003	山南至河北平原区	12000	3
117	刘李寨B	187	沙沟河	12000	3
118	酒流沟水库西	159	酒流沟	11000	3
119	杨寨西	214	浏涧河	11000	3
120	保庄北	047	邱山南麓	10000	3
121	塔庄	063	洛河北岸台地	10000	3
122	槐庙南	064	洛河北岸台地	10000	3
123	常村东	169	袁沟	10000	3
124	沙沟西	188	沙沟河	10000	3
125	刘李东北	181	沙沟河	10000	3
126	邢寨东北	y226	浏涧河	10000	3
127	九龙水库东南	y183	浏涧河	10000	3

续表

序号	遗址	编号	位置	面积（平方米）	等级
128	卢村南	y186	浏涧河	10000	3
129	双泉南	y172	浏涧河	10000	3
130	布村东	y206	马涧河	10000	3
131	马河北	y207	马涧河	10000	3
132	林小寨西南	y212	马涧河	10000	3
133	凤凰台南	y220	马涧河	10000	3
134	南村寨西南	y063	干沟河	10000	3
135	三官庙窑厂	y106	干沟河	10000	3
136	念子庄西北	y073	干沟河	10000	3
137	南沟	y134	曹河	10000	3
138	新后沟	y130	曹河	10000	3
139	顾家屯南	y098	干沟河	8000	3
140	杨寨西南	215	浏涧河	7000	3
141	神北	y161	邙山南麓	5000	3
142	卢村西南	y227	浏涧河	5000	3
143	卢村西	y177	浏涧河	5000	3
144	府北村北	y113	干沟河	5000	3
145	南村寨南	y060	干沟河	5000	3
146	金钟寺	y054	天坡河	5000	3
147	涉村上古朵	y040	坞罗河	4000	3
148	王窑	073	邙山南麓	2000	3
149	五岔沟西北	130	五岔沟	2000	3
150	铁窑东	219	浏涧河	2000	3
151	马屯老村	y102	干沟河	2000	3
152	喂庄西南	y018	坞罗河	2000	3
153	南石	y1003	坞罗河	2000	3
154	小訾殿北	y1004	坞罗河	2000	3
155	孙家㽏南	y100	干沟河	1500	3
156	龙骨堆	y053	天坡河	1500	3
157	油王南	005	山南至河北平原区	1000	3
158	双河	y047	坞罗河	1000	3

（三）二里头文化一期聚落

序号	遗址	编号	位置	面积（平方米）	等级
1	二里头	090	古洛河北岸	1000000	1

续表

序号	遗址	编号	位置	面积（平方米）	等级
2	高崖西	134	东沙沟	795000	1
3	南蔡庄西北	052	山南至河北平原区	193000	2
4	桂连凹东北	021	古伊洛河之间	154000	2
5	稍柴南	Y1002	坞罗河	150000	2
6	杨裴屯西南	190	沙沟河	132000	2
7	程子沟	117	浏涧河	122000	2
8	毛村东	164	袁沟	120000	2
9	灰嘴	Y127W、Y127E	马涧河	100000	2
10	东马庄西	084	古伊洛河之间	88000	2
11	寨湾东南	216	浏涧河	75000	2
12	木阁沟东南	103	干沟河	64000	2
13	肖村北	102	干沟河	25000	2
14	陈屯老村	009	洛河北岸台地	22000	2
15	邢村东	Y121	浏涧河	20000	2
16	寺院沟	Y034	坞罗河	15000	2
17	武屯东南	152	沙沟河	10000	2
18	东王河东南	101	马涧河	8000	2

（四）二里头文化二期聚落

序号	遗址	编号	位置	面积（平方米）	等级
1	二里头	090	古洛河北岸	3000000	1
2	高崖西	134	东沙沟	795000	2
3	黑王	007	山南至河北平原区	562000	2
4	景阳冈	041	山南至河北平原区	500000	2
5	桂连凹南	020	古伊洛河之间	440000	2
6	稍柴	y1001	坞罗河	400000	2
7	罗圪垱	082	古伊洛河之间	397000	2
8	古城西	057	洛河北岸台地	350000	3
9	金钟寺（陈平冢）	081	古伊洛河之间	340000	3
10	纲常	019	古伊洛河之间	293000	3
11	白村东北	043	山南至河北平原区	292000	3
12	陈家窑	184	沙沟河	230000	3
13	南寨西村南	151	袁沟	225000	3

续表

序号	遗址	编号	位置	面积（平方米）	等级
14	俎家庄北	156	袁沟	210000	3
15	寺沟	074/y151/y152	邙山南麓	210000	3
16	南蔡庄西北	052	山南至河北平原区	193000	3
17	西口孜	y201	马涧河	180000	3
18	袁沟（袁沟A、袁沟B）	165/166	袁沟	174000	3
19	桂连凹东北	021	古伊洛河之间	154000	3
20	稍柴南	y1002	坞罗河	150000	3
21	大郎庙南	083	古伊洛河之间	138000	3
22	杨裴屯西南	190	沙沟河	132000	3
23	保庄北	047	邙山南麓	129000	3
24	程子沟	117	浏涧河	122000	3
25	毛村东	164	袁沟	120000	3
26	新寨北嘴	y197	马涧河	100000	4
27	张湾西北	y210	马涧河	100000	4
28	灰嘴	y127e、y127w	马涧河	100000	4
29	夏庄西北	025	古伊洛河之间	99000	4
30	李家沟东	y099	干沟河	90000	4
31	东马庄西	084	古伊洛河之间	88000	4
32	辛庄东北	142	沙沟河	82000	4
33	凹杨	004	山南至河北平原区	80000	4
34	寨湾东南	216	浏涧河	75000	4
35	马寨西	213	浏涧河	67000	4
36	木阁沟东南	103	干沟河	64000	4
37	永宁寺西南	039	山南至河北平原区	60000	4
38	桑沟西	y068	干沟河	60000	4
39	贾屯	y101	干沟河	60000	4
40	涧东村西北	y196B	浏涧河	60000	4
41	王沟东	162	酒流沟	55000	4
42	寨湾东北	217	浏涧河	53000	4
43	铁村南	220	浏涧河	50000	4
44	张村东南	123	浏涧河	47000	4
45	南吴家湾东南	y213	马涧河	45000	4

续表

序号	遗址	编号	位置	面积（平方米）	等级
46	枣园北	010	洛河北岸台地	41000	4
47	西湾北	189	沙沟河	40800	4
48	夏后寺	y182	浏涧河	40000	4
49	石家沟东北	y093	干沟河	40000	4
50	涧东村北	y196A	浏涧河	40000	4
51	稍柴电厂北路东	y005	坞罗河	35000	4
52	石牛沟	124	东沙沟	30000	4
53	北吴家湾	y214	马涧河	30000	4
54	回龙湾新村东	y083	干沟河	30000	4
55	西石桥东	076	古洛河北岸	27000	4
56	马屯北	y070	干沟河	25000	4
57	肖村北	102	干沟河	25000	4
58	费窑南1	y012	坞罗河	25000	4
59	平乐A	034	邙山南麓	23000	4
60	府西村北（江村遗址）	y110	干沟河	22500	4
61	新后沟窑厂东	y132	曹河	22500	4
62	陈屯老村	009	洛河北岸台地	22000	4
63	铁窑东南	218	浏涧河	18000	4
64	陈河北	112	马涧河	17000	4
65	寺院沟	y034	坞罗河	15000	4
66	电厂东南2	y008	坞罗河	15000	4
67	扁担赵南	003	山南至河北平原区	12000	4
68	杨寨西	214	浏涧河	11000	4
69	金村东北	032	邙山南麓	10000	4
70	帽郭A	012	山南至河北平原区	10000	4
71	塔庄	063	洛河北岸台地	10000	4
72	槐庙南	064	洛河北岸台地	10000	4
73	寺沟南	y151	邙山南麓	10000	4
74	武屯东南	152	沙沟河	10000	4
75	郝寨东北	114	浏涧河	10000	4
76	马屯西村南	y103	干沟河	10000	4
77	东王河东南	101	马涧河	8000	4
78	军屯东南	140	东沙沟	7000	4
79	神北	y161	邙山南麓	5000	4

续表

序号	遗址	编号	位置	面积（平方米）	等级
80	韩村南A	201	浏涧河	5000	4
81	石家沟老村北	y092	干沟河	3000	4

（五）二里头文化三期聚落

序号	遗址	编号	位置	面积（平方米）	等级
1	二里头	090	古洛河北岸	3000000	1
2	高崖西	134	东沙沟	795000	2
3	黑王	007	山南至河北平原区	562000	2
4	景阳冈	041	山南至河北平原区	500000	2
5	桂连凹南	020	古伊洛河之间	440000	2
6	稍柴	y1001	坞罗河	400000	2
7	罗圪垱	082	古伊洛河之间	397000	2
8	古城西	057	洛河北岸台地	350000	3
9	金钟寺（陈平冢）	081	古伊洛河之间	340000	3
10	纲常	019	古伊洛河之间	293000	3
11	白村东北	043	山南至河北平原区	292000	3
12	陈家窑	184	沙沟河	230000	3
13	南寨西村南	151	袁沟	225000	3
14	姐家庄北	156	袁沟	210000	3
15	寺沟	074/y151/y152	邙山南麓	210000	3
16	南蔡庄西北	052	山南至河北平原区	193000	3
17	经周东	207	东沙沟	192000	3
18	西口孜	y201	马涧河	180000	3
19	袁沟（袁沟A、袁沟B）	165、166	袁沟	174000	3
20	杨村北	145	沙沟河	162000	3
21	化寨东	111	马涧河	150000	3
22	盆窑寨东南	109	马涧河	150000	3
23	大郎庙南	083	古伊洛河之间	138000	3
24	保庄北	047	邙山南麓	129000	3
25	程子沟	117	浏涧河	122000	3
26	毛村东	164	袁沟	120000	3
27	郑窑	y140	浏涧河	100000	4

续表

序号	遗址	编号	位置	面积（平方米）	等级
28	新寨北嘴	y197	马涧河	100000	4
29	张湾西北	y210	马涧河	100000	4
30	夏庄西北	025	古伊洛河之间	99000	4
31	刘李东北	181	沙沟河	93000	4
32	李家沟东	y099	干沟河	90000	4
33	裴村C	120	浏涧河	86000	4
34	西三冢	079	古伊洛河之间	83000	4
35	符家寨东北	198	浏涧河	83000	4
36	辛庄东北	142	沙沟河	82000	4
37	凹杨	004	山南至河北平原区	80000	4
38	孙家岗	077	古洛河北岸	75000	4
39	寨湾东南	216	浏涧河	75000	4
40	曹寨北	212	浏涧河	68000	4
41	马寨西	213	浏涧河	67000	4
42	李家湾东南	104	浏涧河下游	67000	4
43	白王北	006	山南至河北平原区	63000	4
44	永宁寺西南	039	山南至河北平原区	60000	4
45	涧东村西北	y196B	浏涧河	60000	4
46	贾屯	y101	干沟河	60000	4
47	干沟猪场	y074	干沟河	60000	4
48	宫家窑	183	沙沟河	59000	4
49	东庞村北	150	沙沟河	59000	4
50	肖村西寨西北	208	东沙沟	56000	4
51	王沟东	162	酒流沟	55000	4
52	寨湾东北	217	浏涧河	53000	4
53	裴村D	121	浏涧河	52000	4
54	铁村南	220	浏涧河	50000	4
55	东朱村东北	196	沙沟河	48000	4
56	张村东南	123	浏涧河	47000	4
57	魏家窑北	146	沙沟河	45000	4
58	枣园北	010	洛河北岸台地	41000	4
59	陶化店东南	127	浏涧河	41000	4
60	西湾北	189	沙沟河	40800	4
61	夏后寺	y182	浏涧河	40000	4

续表

序号	遗址	编号	位置	面积（平方米）	等级
62	石家沟东北	y093	干沟河	40000	4
63	回龙湾南	y082	干沟河	40000	4
64	稍柴电厂北路东	y005	坞罗河	35000	4
65	石牛沟	124	东沙沟	30000	4
66	北吴家湾	y214	马涧河	30000	4
67	吴家湾东南	107	浏涧河下游	30000	4
68	回龙湾新村东	y083	干沟河	30000	4
69	灰嘴	y127W	浏涧河	30000	4
70	西石桥东	076	古洛河北岸	27000	4
71	平乐A	034	邙山南麓	23000	4
72	府西村北（江村遗址）	y110	干沟河	22500	4
73	新后沟窑厂东	y132	曹河	22500	4
74	邱河西	y221	马涧河	20000	4
75	上庄南	y037	坞罗河	20000	4
76	罗口	y022	坞罗河	20000	4
77	铁窑东南	218	浏涧河	18000	4
78	陈河北	112	马涧河	17000	4
79	电厂东南2	y008	坞罗河	15000	4
80	扁担赵南	003	山南至河北平原区	12000	4
81	杨寨西	214	浏涧河	11000	4
82	金村东北	032	邙山南麓	10000	4
83	帽郭A	012	山南至河北平原区	10000	4
84	塔庄	063	洛河北岸台地	10000	4
85	槐庙南	064	洛河北岸台地	10000	4
86	寺沟南	y151	邙山南麓	10000	4
87	谷堆头寨	094	古洛河北岸	10000	4
88	郝寨东北	114	浏涧河	10000	4
89	南村寨东南	y061	干沟河	10000	4
90	马屯西村南	y103	干沟河	10000	4
91	王阔	y071	干沟河	10000	4
92	东王河东南	101	马涧河	8000	4
93	军屯东南	140	东沙沟	7000	4
94	神北	y161	邙山南麓	5000	4
95	韩村南A	201	浏涧河	5000	4

续表

序号	遗址	编号	位置	面积（平方米）	等级
96	干沟南	y076	干沟河	5000	4
97	石家沟老村北	y092	干沟河	3000	4
98	坞罗西坡1	y033	坞罗河	2000	4

（六）二里头文化四期聚落

序号	遗址	编号	位置	面积（平方米）	等级
1	二里头	090	古洛河北岸	3000000	1
2	偃师商城	062	洛河北岸台地	1900000	1
3	高崖西	134	东沙沟	795000	2
4	黑王	007	山南至河北平原区	562000	2
5	景阳冈	041	山南至河北平原区	500000	2
6	桂连凹南	020	古伊洛河之间	440000	2
7	稍柴	y1001	坞罗河	400000	2
8	罗圪垱	082	古伊洛河之间	397000	2
9	杨湾西	002	洛河北岸台地	385000	2
10	掘山	147	沙沟河	375000	2
11	古城西	057	洛河北岸台地	350000	3
12	金钟寺（陈平冢）	081	古伊洛河之间	340000	3
13	史家湾北	001	洛河北岸台地	323000	3
14	纲常	019	古伊洛河之间	293000	3
15	白村东北	043	山南至河北平原区	292000	3
16	高崖东北	132	东沙沟	260000	3
17	陈家窑	184	沙沟河	230000	3
18	南寨西村南	151	袁沟	225000	3
19	寺沟	074/y151/y152	邙山南麓	210000	3
20	经周东	207	东沙沟	192000	3
21	西口孜	y201	马涧河	180000	3
22	杨村北	145	沙沟河	162000	3
23	化寨东	111	马涧河	150000	3
24	盆窑寨东南	109	马涧河	150000	3
25	大郎庙南	083	古伊洛河之间	138000	3
26	保庄北	047	邙山南麓	129000	3
27	毛村东	164	袁沟	120000	3

续表

序号	遗址	编号	位置	面积（平方米）	等级
28	郑窑	y140	浏涧河	100000	4
29	新寨北嘴	y197	马涧河	100000	4
30	张湾西北	y210	马涧河	100000	4
31	夏庄西北	025	古伊洛河之间	99000	4
32	北窑东北	065	邙山南麓	95000	4
33	刘李东北	181	沙沟河	93000	4
34	李家沟东	y099	干沟河	90000	4
35	裴村C	120	浏涧河	86000	4
36	西三冢	079	古伊洛河之间	83000	4
37	符家寨东北	198	浏涧河	83000	4
38	辛庄东北	142	沙沟河	82000	4
39	孙家岗	077	古洛河北岸	75000	4
40	寨湾东南	216	浏涧河	75000	4
41	袁沟A	165	袁沟	72000	4
42	灰嘴	y127e、Y127W	马涧河	70000	4
43	曹寨北	212	浏涧河	68000	4
44	李家湾东南	104	浏涧河下游	67000	4
45	白王北	006	山南至河北平原区	63000	4
46	永宁寺西南	039	山南至河北平原区	60000	4
47	涧东村西北	y196B	浏涧河	60000	4
48	贾屯	y101	干沟河	60000	4
49	干沟猪场	y074	干沟河	60000	4
50	宫家窑	183	沙沟河	59000	4
51	东庞村北	150	沙沟河	59000	4
52	肖村西寨西北	208	东沙沟	56000	4
53	寨湾东北	217	浏涧河	53000	4
54	裴村D	121	浏涧河	52000	4
55	吕桥	205	东沙沟	50000	4
56	铁村南	220	浏涧河	50000	4
57	东朱村东北	196	沙沟河	48000	4
58	张村东南	123	浏涧河	47000	4
59	魏家窑北	146	沙沟河	45000	4
60	枣园北	010	洛河北岸台地	41000	4

续表

序号	遗址	编号	位置	面积（平方米）	等级
61	陶化店东南	127	浏涧河	41000	4
62	西湾北	189	沙沟河	40800	4
63	王湾西北	195	沙沟河	40000	4
64	夏后寺	y182	浏涧河	40000	4
65	涧东村北	y196A	浏涧河	40000	4
66	回龙湾南	y082	干沟河	40000	4
67	桑沟老村	y065	干沟河	37500	4
68	裴村E	122	浏涧河	35000	4
69	凤凰沟	067	邙山南麓	34000	4
70	石牛沟	124	东沙沟	30000	4
71	北吴家湾	y214	马涧河	30000	4
72	吴家湾东南	107	浏涧河下游	30000	4
73	回龙湾新村东	y083	干沟河	30000	4
74	刘窑东	180	杨沟	29000	4
75	西石桥东	076	古洛河北岸	27000	4
76	平乐A	034	邙山南麓	23000	4
77	府西村北（江村遗址）	y110	干沟河	22500	4
78	新后沟窑厂东	y132	曹河	22500	4
79	邱河西	y221	马涧河	20000	4
80	上庄南	y037	坞罗河	20000	4
81	罗口	y022	坞罗河	20000	4
82	府西村东北	y111	干沟河	19000	4
83	陈河北	112	马涧河	17000	4
84	电厂东南2	y008	坞罗河	15000	4
85	扁担赵南	003	山南至河北平原区	12000	4
86	杨寨西	214	浏涧河	11000	4
87	金村东北	032	邙山南麓	10000	4
88	帽郭A	012	山南至河北平原区	10000	4
89	塔庄	063	洛河北岸台地	10000	4
90	槐庙南	064	洛河北岸台地	10000	4
91	谷堆头寨	094	古洛河北岸	10000	4
92	偏桥北	168	袁沟	10000	4
93	南村寨东南	y061	干沟河	10000	4
94	马屯西村南	y103	干沟河	10000	4

续表

序号	遗址	编号	位置	面积（平方米）	等级
95	孙家窑西	193	沙沟河	8000	4
96	东王河东南	101	马涧河	8000	4
97	军屯东南	140	东沙沟	7000	4
98	神北	y161	邙山南麓	5000	4
99	韩村南 A	201	浏涧河	5000	4
100	干沟南	y076	干沟河	5000	4
101	坞罗西坡 1	y033	坞罗河	2000	4

附表二 河流网络矩阵

由于数据量大，河流网络矩阵附在百度网盘，链接 https://pan.baidu.com/s/1QnRErGzKaGc-fo9lEsSCbQ，提取码：zzc7。

附表三 度中心度、亲密性中心度、中间性中心度度量结果

（一）度中心度

节点	度中心度	百分比	份额	节点	度中心度	百分比	份额
41	3	1.875	0.009	32	3	1.875	0.009
122	3	1.875	0.009	78	3	1.875	0.009
63	3	1.875	0.009	39	3	1.875	0.009
84	3	1.875	0.009	100	3	1.875	0.009
25	3	1.875	0.009	101	3	1.875	0.009
6	3	1.875	0.009	92	3	1.875	0.009
12	3	1.875	0.009	113	3	1.875	0.009
118	3	1.875	0.009	24	3	1.875	0.009
109	3	1.875	0.009	65	3	1.875	0.009
90	3	1.875	0.009	66	3	1.875	0.009
91	3	1.875	0.009	69	3	1.875	0.009
142	3	1.875	0.009	153	3	1.875	0.009
53	3	1.875	0.009	31	3	1.875	0.009
94	3	1.875	0.009	110	3	1.875	0.009
15	3	1.875	0.009	120	3	1.875	0.009
96	3	1.875	0.009	154	3	1.875	0.009
44	3	1.875	0.009	67	2	1.25	0.006
36	3	1.875	0.009	148	2	1.25	0.006
141	3	1.875	0.009	49	2	1.25	0.006

续表

节点	度中心度	百分比	份额	节点	度中心度	百分比	份额
130	3	1.875	0.009	60	2	1.25	0.006
70	3	1.875	0.009	51	2	1.25	0.006
64	3	1.875	0.009	72	2	1.25	0.006
124	3	1.875	0.009	13	2	1.25	0.006
111	3	1.875	0.009	134	2	1.25	0.006
7	2	1.25	0.006	75	2	1.25	0.006
17	2	1.25	0.006	76	2	1.25	0.006
48	2	1.25	0.006	97	2	1.25	0.006
68	2	1.25	0.006	58	2	1.25	0.006
27	2	1.25	0.006	79	2	1.25	0.006
77	2	1.25	0.006	40	2	1.25	0.006
3	2	1.25	0.006	161	2	1.25	0.006
128	2	1.25	0.006	62	2	1.25	0.006
47	2	1.25	0.006	103	2	1.25	0.006
115	2	1.25	0.006	74	2	1.25	0.006
46	2	1.25	0.006	105	2	1.25	0.006
42	2	1.25	0.006	146	2	1.25	0.006
83	2	1.25	0.006	87	2	1.25	0.006
19	2	1.25	0.006	98	2	1.25	0.006
5	2	1.25	0.006	89	2	1.25	0.006
136	2	1.25	0.006	50	2	1.25	0.006
57	2	1.25	0.006	71	2	1.25	0.006
18	2	1.25	0.006	132	2	1.25	0.006
9	2	1.25	0.006	33	2	1.25	0.006
55	2	1.25	0.006	14	2	1.25	0.006
81	2	1.25	0.006	95	2	1.25	0.006
22	2	1.25	0.006	16	2	1.25	0.006
23	2	1.25	0.006	107	2	1.25	0.006
59	2	1.25	0.006	38	2	1.25	0.006
125	2	1.25	0.006	99	2	1.25	0.006
106	2	1.25	0.006	140	2	1.25	0.006
21	2	1.25	0.006	52	1	0.625	0.003
152	2	1.25	0.006	93	1	0.625	0.003

续表

节点	度中心度	百分比	份额	节点	度中心度	百分比	份额
143	2	1.25	0.006	34	1	0.625	0.003
144	2	1.25	0.006	85	1	0.625	0.003
145	2	1.25	0.006	56	1	0.625	0.003
116	2	1.25	0.006	117	1	0.625	0.003
127	2	1.25	0.006	28	1	0.625	0.003
138	2	1.25	0.006	54	1	0.625	0.003
29	2	1.25	0.006	20	1	0.625	0.003
30	2	1.25	0.006	11	1	0.625	0.003
151	2	1.25	0.006	102	1	0.625	0.003
147	2	1.25	0.006	123	1	0.625	0.003
73	2	1.25	0.006	104	1	0.625	0.003
4	2	1.25	0.006	45	1	0.625	0.003
155	2	1.25	0.006	26	1	0.625	0.003
121	2	1.25	0.006	137	1	0.625	0.003
159	2	1.25	0.006	88	1	0.625	0.003
158	2	1.25	0.006	139	1	0.625	0.003
61	2	1.25	0.006	10	1	0.625	0.003
150	2	1.25	0.006	131	1	0.625	0.003
135	2	1.25	0.006	112	1	0.625	0.003
129	2	1.25	0.006	133	1	0.625	0.003
149	2	1.25	0.006	114	1	0.625	0.003
82	1	0.625	0.003	35	1	0.625	0.003
2	1	0.625	0.003	156	1	0.625	0.003
86	1	0.625	0.003	157	1	0.625	0.003
43	1	0.625	0.003	108	1	0.625	0.003
8	1	0.625	0.003	119	1	0.625	0.003
37	1	0.625	0.003	160	1	0.625	0.003
80	1	0.625	0.003	1	1	0.625	0.003
126	1	0.625	0.003				

（二）Bonacich 中心度

1. 衰减因素为正

节点	Bonacich 中心度	百分比	节点	Bonacich 中心度	百分比
65	538.142	62.222	97	72.758	8.413
64	511.796	59.175	111	71.411	8.257
66	440.719	50.957	24	67.058	7.753
53	404.268	46.743	146	65.927	7.623
69	395.45	45.723	54	65.592	7.584
63	339.193	39.218	31	65.114	7.529
51	337.46	39.018	98	63.927	7.391
79	245.382	28.372	207	62.699	7.249
50	226.964	26.242	33	61.54	7.115
78	217.603	25.16	110	61.153	7.071
68	205.015	23.704	76	60.691	7.017
100	182.697	21.124	195	60.188	6.959
62	172.337	19.926	197	58.003	6.706
55	162.699	18.812	194	54.628	6.316
52	161.494	18.672	16	53.797	6.22
101	140.681	16.266	206	52.949	6.122
92	127.527	14.745	109	51.764	5.985
49	125.941	14.562	200	49.929	5.773
91	118.002	13.644	60	48.995	5.665
67	115.922	13.403	85	47.847	5.532
96	114.305	13.216	48	46.352	5.359
77	112.483	13.006	145	45.894	5.306
94	106.362	12.298	41	45.534	5.265
201	94.353	10.909	87	44.933	5.195
61	89.869	10.391	89	44.933	5.195
95	89.605	10.36	15	44.844	5.185
90	89.305	10.326	144	44.638	5.161
32	87.276	10.091	93	43.226	4.998
25	85.628	9.901	81	41.463	4.794
44	85.23	9.855	83	41.463	4.794
99	83.229	9.623	190	41.202	4.764
84	81.943	9.475	205	41.098	4.752
228	80.878	9.351	120	40.265	4.656

续表

节点	Bonacich 中心度	百分比	节点	Bonacich 中心度	百分比
19	38.324	4.431	140	19.597	2.266
23	37.402	4.325	86	18.838	2.178
208	35.885	4.149	88	18.838	2.178
30	35.65	4.122	143	18.721	2.165
75	35.353	4.088	38	18.697	2.162
43	34.836	4.028	106	18.438	2.132
39	33.636	3.889	73	18.355	2.122
27	33.532	3.877	17	18.199	2.104
40	33.43	3.865	6	17.98	2.079
148	32.818	3.794	72	17.873	2.067
42	32.61	3.77	58	17.772	2.055
142	32.244	3.728	203	17.723	2.049
103	31.666	3.661	80	17.461	2.019
70	31.569	3.65	82	17.461	2.019
105	29.87	3.454	119	16.985	1.964
59	28.506	3.296	217	16.982	1.964
14	27.624	3.194	12	16.962	1.961
47	26.487	3.063	7	16.363	1.892
199	26.376	3.05	210	16.14	1.866
36	25.041	2.895	46	15.328	1.772
196	24.895	2.878	220	14.845	1.716
18	24.44	2.826	223	14.33	1.657
218	24.369	2.818	26	14.312	1.655
9	23.98	2.773	147	14.029	1.622
74	23.322	2.697	141	13.801	1.596
209	22.654	2.619	102	13.571	1.569
219	22.513	2.603	216	13.37	1.546
22	22.116	2.557	21	13.268	1.534
204	22.021	2.546	5	13.232	1.53
71	21.628	2.501	211	12.964	1.499
104	21.55	2.492	173	12.213	1.412
150	19.877	2.298	139	12.081	1.397
13	19.701	2.278	215	11.658	1.348
29	19.646	2.272	107	11.535	1.334

续表

节点	Bonacich 中心度	百分比	节点	Bonacich 中心度	百分比
212	11.477	1.327	202	8.036	0.929
198	11.471	1.326	10	7.734	0.894
57	11.221	1.297	11	7.734	0.894
214	10.958	1.267	3	7.705	0.891
34	10.941	1.265	45	7.085	0.819
35	10.941	1.265	222	6.689	0.773
213	10.907	1.261	20	6.268	0.725
8	10.52	1.216	166	5.849	0.676
4	10.312	1.192	135	5.796	0.67
221	9.938	1.149	108	5.579	0.645
224	9.842	1.138	56	5.455	0.631
28	8.8	1.017	225	4.907	0.567
37	8.423	0.974	2	4.059	0.469
1	8.138	0.941			

2. 衰减因素为负

节点	Bonacich 中心度	百分比	节点	Bonacich 中心度	百分比
146	4.533	39.502	219	2.484	21.645
148	3.902	34.008	90	2.469	21.516
144	3.813	33.228	101	2.422	21.107
109	3.7	32.244	194	2.344	20.427
41	3.436	29.947	91	2.302	20.061
142	3.211	27.988	36	2.249	19.599
94	3.141	27.371	31	2.088	18.194
206	2.988	26.044	173	2.08	18.123
12	2.983	25.996	15	2.061	17.966
70	2.906	25.329	63	1.995	17.389
78	2.878	25.082	25	1.932	16.84
6	2.773	24.166	139	1.921	16.738
53	2.696	23.494	96	1.813	15.802
69	2.635	22.963	224	1.753	15.278
195	2.629	22.911	103	1.746	15.218
44	2.532	22.063	39	1.678	14.62
66	2.491	21.713	29	1.662	14.484

续表

节点	Bonacich 中心度	百分比	节点	Bonacich 中心度	百分比
84	1.653	14.403	216	1.08	9.41
201	1.598	13.929	19	1.045	9.11
106	1.577	13.747	23	1.034	9.011
72	1.576	13.732	209	1.03	8.977
98	1.576	13.738	22	1.026	8.942
76	1.569	13.675	14	1.018	8.874
199	1.549	13.502	18	0.997	8.691
17	1.48	12.902	218	0.969	8.441
57	1.469	12.804	60	0.968	8.439
223	1.446	12.606	55	0.963	8.389
21	1.419	12.37	9	0.931	8.117
24	1.407	12.266	58	0.92	8.022
4	1.354	11.804	27	0.919	8.01
33	1.351	11.777	64	0.896	7.807
61	1.349	11.753	32	0.868	7.561
74	1.325	11.551	75	0.851	7.415
47	1.296	11.298	73	0.848	7.393
46	1.292	11.259	202	0.788	6.87
208	1.287	11.215	228	0.782	6.816
3	1.265	11.021	207	0.766	6.678
59	1.25	10.895	200	0.75	6.54
217	1.187	10.343	87	0.739	6.444
107	1.16	10.105	89	0.739	6.444
210	1.156	10.077	50	0.731	6.372
67	1.146	9.986	86	0.706	6.157
215	1.131	9.859	88	0.706	6.157
81	1.124	9.796	49	0.705	6.142
83	1.124	9.797	62	0.672	5.861
212	1.123	9.787	97	0.654	5.703
213	1.114	9.709	197	0.646	5.628
38	1.112	9.694	26	0.635	5.535
214	1.109	9.662	8	0.63	5.493
211	1.095	9.544	54	0.618	5.385
119	1.087	9.477	65	0.609	5.309

续表

节点	Bonacich 中心度	百分比	节点	Bonacich 中心度	百分比
37	0.558	4.867	35	0.107	0.934
80	0.554	4.826	85	0.086	0.751
82	0.554	4.826	95	0.033	0.291
108	0.54	4.703	221	0.014	0.122
203	0.533	4.647	43	−0.005	−0.044
30	0.511	4.457	40	−0.03	−0.263
68	0.499	4.349	140	−0.037	−0.326
2	0.498	4.34	196	−0.044	−0.381
45	0.487	4.245	51	−0.059	−0.517
48	0.48	4.186	52	−0.07	−0.612
20	0.437	3.804	105	−0.095	−0.828
222	0.426	3.711	1	−0.101	−0.879
56	0.417	3.632	92	−0.141	−1.227
16	0.414	3.612	10	−0.184	−1.605
99	0.413	3.597	11	−0.184	−1.605
13	0.412	3.587	204	−0.186	−1.624
198	0.385	3.355	79	−0.189	−1.644
5	0.361	3.15	120	−0.22	−1.92
28	0.34	2.965	93	−0.247	−2.151
110	0.333	2.898	141	−0.275	−2.396
220	0.318	2.772	150	−0.375	−3.266
7	0.311	2.714	104	−0.469	−4.086
102	0.307	2.673	143	−0.514	−4.476
225	0.304	2.65	42	−0.518	−4.514
100	0.261	2.278	147	−0.549	−4.786
135	0.238	2.07	205	−0.551	−4.798
77	0.234	2.044	111	−1.199	−10.447
71	0.221	1.923	145	−1.313	−11.443
166	0.174	1.52	190	−1.349	−11.753
34	0.107	0.934			

（三）亲密中心度

节点	亲密中心度	百分比	节点	亲密中心度	百分比
78	1926	8.307	67	2414	6.628
77	1939	8.252	204	2417	6.62
76	1954	8.188	208	2440	6.557
75	1971	8.118	97	2445	6.544
100	1981	8.077	199	2446	6.541
74	1990	8.04	110	2448	6.536
73	2011	7.956	39	2450	6.531
79	2021	7.917	196	2502	6.395
72	2034	7.866	63	2506	6.385
101	2046	7.82	32	2507	6.382
71	2059	7.771	53	2511	6.372
70	2086	7.67	51	2514	6.364
69	2118	7.554	50	2515	6.362
42	2119	7.551	194	2559	6.252
201	2134	7.498	84	2565	6.238
228	2143	7.466	209	2567	6.233
41	2154	7.428	96	2582	6.197
99	2177	7.35	198	2605	6.142
205	2205	7.256	103	2605	6.142
65	2231	7.172	36	2605	6.142
197	2242	7.136	38	2607	6.137
203	2243	7.133	25	2618	6.112
206	2258	7.086	62	2653	6.031
68	2265	7.064	31	2656	6.024
200	2289	6.99	49	2662	6.011
40	2301	6.953	55	2663	6.008
98	2310	6.926	52	2670	5.993
207	2315	6.911	111	2672	5.988
195	2343	6.829	210	2696	5.935
64	2365	6.765	83	2722	5.878
66	2370	6.751	81	2722	5.878
202	2402	6.661	91	2725	5.872
33	2410	6.639	95	2731	5.859

续表

节点	亲密中心度	百分比	节点	亲密中心度	百分比
24	2749	5.82	93	3033	5.275
16	2761	5.795	22	3057	5.234
102	2764	5.789	14	3057	5.234
34	2764	5.789	9	3063	5.224
35	2764	5.789	144	3083	5.19
37	2766	5.785	213	3095	5.17
146	2799	5.716	148	3099	5.163
61	2802	5.71	59	3106	5.151
44	2811	5.692	47	3119	5.13
30	2811	5.692	28	3127	5.117
27	2813	5.688	106	3129	5.113
109	2821	5.672	87	3177	5.036
54	2822	5.67	89	3177	5.036
211	2827	5.66	17	3178	5.035
92	2869	5.577	13	3210	4.984
94	2874	5.567	21	3214	4.978
82	2881	5.554	8	3222	4.966
80	2881	5.554	120	3230	4.954
85	2884	5.548	214	3232	4.95
19	2890	5.536	143	3242	4.935
23	2902	5.513	150	3254	4.917
15	2906	5.506	147	3258	4.911
145	2940	5.442	58	3261	4.906
190	2948	5.427	46	3276	4.884
60	2953	5.418	107	3286	4.869
212	2960	5.405	7	3325	4.812
48	2964	5.398	86	3336	4.796
29	2968	5.391	88	3336	4.796
43	2970	5.387	12	3365	4.755
26	2972	5.384	215	3371	4.746
105	2974	5.38	20	3373	4.744
104	2980	5.369	142	3381	4.732
90	3020	5.298	119	3389	4.721
18	3033	5.275	173	3411	4.691

续表

节点	亲密中心度	百分比	节点	亲密中心度	百分比
57	3418	4.681	139	3693	4.333
45	3435	4.658	4	3782	4.231
108	3445	4.644	218	3800	4.211
6	3474	4.606	135	3852	4.154
216	3512	4.556	3	3939	4.062
11	3524	4.54	219	3951	4.05
10	3524	4.54	223	3957	4.043
140	3536	4.525	2	4098	3.904
141	3540	4.52	220	4106	3.897
166	3570	4.482	221	4110	3.893
56	3577	4.473	222	4116	3.887
5	3627	4.411	224	4263	3.753
1	3633	4.404	225	4422	3.618
217	3655	4.378			

(四) 中间性中心度

节点	中间性中心度	百分比	节点	中间性中心度	百分比
78	8113	63.781	32	4149	32.618
41	6461	50.794	33	4096	32.201
77	6351	49.929	79	4096	32.201
76	6336	49.811	228	3999	31.439
70	6332	49.78	197	3900	30.66
75	6319	49.678	195	3827	30.086
74	6300	49.528	110	3641	28.624
73	6279	49.363	25	3399	26.722
72	6256	49.182	194	3264	25.66
71	6231	48.986	111	3253	25.574
207	6153	48.373	65	3250	25.55
42	6111	48.042	208	2431	19.112
100	5808	45.66	146	2364	18.585
101	5791	45.527	209	2304	18.113
205	5724	45	210	2175	17.099
206	5723	44.992	24	2084	16.384
69	4167	32.759	99	2044	16.069

续表

节点	中间性中心度	百分比	节点	中间性中心度	百分比
211	2044	16.069	109	779	6.124
98	1911	15.024	190	775	6.093
212	1911	15.024	61	775	6.093
213	1776	13.962	67	775	6.093
64	1776	13.962	90	628	4.937
97	1776	13.962	84	628	4.937
96	1641	12.901	142	627	4.929
214	1639	12.885	148	627	4.929
215	1500	11.792	219	627	4.929
63	1373	10.794	60	624	4.906
19	1359	10.684	14	624	4.906
216	1359	10.684	23	471	3.703
145	1359	10.684	13	471	3.703
66	1354	10.645	48	471	3.703
144	1223	9.615	5	471	3.703
18	1216	9.56	201	471	3.703
217	1216	9.56	105	471	3.703
16	1216	9.56	59	471	3.703
15	1081	8.498	12	317	2.492
218	1081	8.498	36	317	2.492
17	1071	8.42	58	316	2.484
50	1071	8.42	47	316	2.484
91	1059	8.325	22	316	2.484
120	929	7.303	106	316	2.484
68	924	7.264	200	316	2.484
49	924	7.264	220	316	2.484
7	924	7.264	4	316	2.484
62	924	7.264	30	316	2.484
40	924	7.264	140	316	2.484
39	781	6.14	150	316	2.484
31	781	6.14	95	300	2.358
44	779	6.124	53	170	1.336
92	779	6.124	94	165	1.297
6	779	6.124	57	159	1.25

续表

节点	中间性中心度	百分比	节点	中间性中心度	百分比
3	159	1.25	93	0	0
38	159	1.25	34	0	0
87	159	1.25	85	0	0
27	159	1.25	56	0	0
83	159	1.25	141	0	0
46	159	1.25	28	0	0
173	159	1.25	54	0	0
203	159	1.25	20	0	0
9	159	1.25	11	0	0
107	159	1.25	102	0	0
81	159	1.25	147	0	0
199	159	1.25	104	0	0
103	159	1.25	45	0	0
21	159	1.25	26	0	0
224	159	1.25	202	0	0
223	159	1.25	88	0	0
55	159	1.25	204	0	0
139	159	1.25	10	0	0
29	159	1.25	196	0	0
89	159	1.25	119	0	0
51	18	0.142	198	0	0
82	0	0	135	0	0
2	0	0	35	0	0
86	0	0	221	0	0
43	0	0	222	0	0
8	0	0	108	0	0
37	0	0	143	0	0
80	0	0	225	0	0
166	0	0	1	0	0
52	0	0			

二里头、二里岗时代青铜礼容器的空间分布及意义

司　媛
（中国社会科学院大学）

一、绪　　论

（一）选题来源及意义

　　三代时期，以青铜容器、乐器和兵器为代表的礼器是礼乐文明极富代表性的表现形式，尤以青铜礼容器最具中国特色。不同于世界其他地区，青铜时代的中国先民生产了各式复杂精美、极具内涵的青铜礼容器，可谓举世无双，且形成了独特的"器以藏礼"传统，对之后数千年的中国文明产生了极深远的影响。

　　二里头、二里岗时代正处于中国青铜时代的上升阶段，是中国古代青铜文明的重要组成部分。这两支考古学文化的青铜礼容器无论形制风格还是铸造技术都显出极强的连续性，前后相继、无法割裂，且自成一体、特色鲜明，是当时社会生活与精神世界的缩影。二里头遗址作为二里头文化的代表，是当时最大的都邑性遗址，率先铸造出东亚大陆最早的青铜礼容器，并垄断了其生产和消费，表明中原地区已进入了青铜时代，同时中国最早的广域王权国家也初具规模，开启了礼乐文明的形成与强势辐射时代。随后，二里岗文化继承并发展了二里头文化的青铜铸造技术与礼制传统，青铜礼容器的种类有所增加，数量显著提升，更具意义的是其空间分布突破了核心都邑的限制，在二里岗文化诸地方类型乃至非二里岗文化遗存中均有发现，这种扩散现象与二里岗文化的势力扩张有着极大的关系，揭示着早期国家的政治活动及不同文化间的交流与互动。

　　由此可见，这是一个长程的、动态的变化过程，鉴于青铜礼容器的核心地位，它们是理解和探讨早期国家社会历史极为重要的资料，其空间分布状态的变化更可作为揭示当时人们活动与文化交流的风向标。因此对二里头、二里岗时代青铜礼容器空间分布变化态势的研究是很有必要的，不但可以增进我们对于青铜礼制发展轨迹的理解，更能加深我们对当时社会背景的认知，对于探讨早期国家发展阶段、政权组织形式及社会复杂化程度，青铜礼器及礼制文化的传播与演进，乃至不同文化族群、集团间的交流、碰撞与融合等问题，都颇具意义。

（二）研究现状简述

青铜器作为珍罕且特殊的物质文化遗存，是考古学研究的重要组成部分。多年来，随着考古新发现的逐渐增加，新资料陆续整理发表，对三代时期青铜礼容器的研究成果可谓汗牛充栋。由于学术能力、阅读广度与深度及篇幅限制，下文仅就21世纪以来，目力所及的前辈学者结合二里头、二里岗时代[1]青铜礼容器空间分布问题所做的研究进行粗略的梳理。

1. 综合性研究

既往与青铜器相关的综合性著作中，学者们均将二里头、二里岗文化的青铜礼容器作为中国青铜器发展史上一个极为重要的组成部分，进行宏观综述或微观例证，无论从广度还是深度上的研究成果均已十分丰富。

其中，集大成者当属朱凤瀚先生所著的《古代中国青铜器》[2]一书，此书由上海古籍出版社于2009年再版为《中国青铜器综论》。新版中调整了少量章节，增加了新的资料。在该书的第九章与第十章第一节，分别讨论了二里头、二里岗时期的青铜礼容器，材料十分详尽。朱先生重新修正了器物年代，并归纳了其组合情况及时代演变特征，进而探讨了当时的礼器制度与各地区不同文化间的互动关系。同时，他还对中国古代青铜器的发现与研究史做了详尽的综述，系统地梳理了中、外学者有关青铜器发现与研究的大部分具有代表性的著述[3]。

由中国社会科学院考古研究所编写的《中国考古学·夏商卷》一书中，基于对商代铜器种类与出土分布情况的阐述，认为有商一代，中国青铜文化已从早期阶段走向成熟和鼎盛。同时对夏商时期的青铜铸造业进行了专门的叙述，认为二里头时期已经出现了大型的专业青铜作坊与青铜器工业中心，铸造水平有了显著提高，且初创了青铜礼器，形成了以青铜器为中心的礼器群[4]。

李朝远先生等人所著《中国青铜器》一书以图文并茂的方式，简单梳理了二里头、二里岗时期青铜器的发现、形制特征及铸造方法[5]。

李学勤先生著有《青铜器与古代史》，书中将铜器按空间分布分成了七个部分，认为不能低估古代文化传播的速度，且不同的地方传统间的影响是双向的，不能忽视中原以外青铜器对中原的影响。并对二里头、盘龙城、藁城台西等地所出的青铜器进行了具体地分析，结合古文字与文献材料，推断了夏商时期中原与地方之间的文化交流与传播情况及可能的传播路线[6]。

林巳奈夫先生所著《殷周青铜器综览》成书于20世纪80年代，前两卷在2017年与2019年被译成中文出版。由于成书时间较早，资料有限，但胜在收录了许多刊载于外国书刊或藏于国外博物馆的器物，均较为罕见。同时林先生对于青铜礼容器的研究有自己独到的方法与见解,至今仍对启发后学意义深远[7]。

2. 专项研究

较之上述综合性研究,学者们对二里头、二里岗时期青铜礼容器的各类专项研究更加广泛与深入,特别是近年来,利用科技手段和多学科结合等角度的研究成果显著增多。

(1)二里头文化时期

这一时期所见青铜礼容器数量较少,种类也不是很丰富,发现地点亦十分局限,因此关于该阶段青铜礼容器空间分布问题的研究尚不多见。

陈国梁先生的硕士学位论文《二里头文化铜器研究》仍是目前对此时段青铜器最为全面的研究论著。文中详细地收集了二里头时期各地区、各类型的铜器资料,讨论了青铜礼容器的组合规律、礼器系统的演变及铜器的生产、流通、分配等问题,并通过对比仰韶文化、龙山文化和二里岗文化早期的铜器进行了历时性动态研究[8]。

梁宏刚、孙淑云两位先生所作《二里头遗址出土铜器研究综述》一文初步统计了20世纪后半叶二里头遗址出土铜器的考古发现概况,梳理了期间学者关于二里头遗址出土铜器的重要研究成果[9]。

李朝远先生以上海博物馆所藏圜底铜斝为切入点,收集了与其年代相近、形制相似的铜斝共23件,均为二里头遗址及其他考古学遗存内出土或采集器物。李先生在将该组铜器分型定式的基础上进行编年,探讨了这一时期内圜底斝的形制流变及陶铜器互仿的问题[10]。

宫本一夫先生在其文章中认为青铜容器的流行表明社会阶层秩序的形成,二里头文化三期时青铜礼容器仅见于二里头遗址,发展到二里头文化四期,二里头遗址范围之外也出现青铜礼容器,意味着使用青铜礼器阶层的秩序范围在空间上的扩展及以更加广泛的统治结构体系的建立[11]。

(2)二里岗文化时期

二里岗时期的青铜礼容器数量、种类剧增,且不同于二里头时期的是,此阶段铜礼器的空间分布范围已经突破了中心都邑的限制,并逐渐扩展,这些变化为学者的研究工作提供了十分丰富的基础资料及更广阔的研究空间。

朱光华先生的博士学位论文《早商青铜器分期与区域类型研究》是较为系统全面的研究这一时期青铜器的著作。文中总结了早商铜器的空间分布特征是以郑州为中心逐渐向外扩张,方向主要是西方和南方。分析了早商文化与周边青铜文化的关系,梳理了其波及影响范围,并推断了大致原因,作者赞同"南进掠铜论",但对于西进趋势的原因不甚明了。同时认为在与周边文化交流的过程中主要是中原地区向外扩张与施加影响,而较少接受其他文化因素[12]。

秦文波先生在其硕士学位论文中对郑州地区出土的青铜礼容器进行整理,进行分型定式及分组、分期（五组五期），进而探讨了郑州地区早商时期手工业发展、繁荣、衰落的过程，认为这一历程与早商王朝的统治变迁息息相关[13]。

李维明先生也对郑州商城出土的青铜礼容器进行了分型定式研究，并对其使用、埋藏年代加以辨别，在此基础上讨论了其使用年代与历史背景及埋藏中反映出的商礼[14]。

张国硕先生通过梳理郑州商城偏晚阶段青铜礼容器的发现与铸造情况，推断至迟在二里岗晚期晚段郑州商城没有出现明显衰落迹象，显然并未废弃，直至二里岗晚期晚段结束，商王朝才迁都他处，郑州商城被废弃[15]。

施劲松先生则通过对比中原商文化与受其影响的其他地区在利用青铜礼容器过程中的态度差异，认为虽然大部分地区选择了将青铜礼容器作为政治工具，但具体内涵和功能却有所不同，其对当地社会发展起到的作用也不尽一致。相比中原地区，青铜器多用于礼仪活动，并形成了制度化的从葬品组合形式及以青铜器生产为核心的"贡赋生产方式"，在赣江流域，似乎没有形成多层级、稳定的金字塔型社会结构，缺乏国家产生与运行的构架。而在成都平原青铜器则完全用于宗教信仰，以此维持社会的稳定，增强凝聚力[16]。

此外也有学者结合这一阶段青铜礼容器的空间分布及合金成分研究金属矿源问题。如高放射性铅同位素问题即是近年来的学术热点。金正耀先生经实验指出从商代早期到殷墟三期，长江、黄河流域各商代遗址无论距离相隔多远，出土铜器中都有相当大比例含高放铅成分或杂质的青铜容器，其他时期均不见，可见历史上仅商代青铜业大量开采利用了这种金属原料。通过分析将其来源指向我国西南地区[17]。

（3）历时性动态分析

关于二里头至二里岗时期青铜礼容器空间分布的历时性动态相关研究亦不多见。刘莉、陈星灿先生在其文章中提到，青铜礼器不仅是贵族为证明其政治合法性而用来连通祖先的媒介，也是表示社会等级、财富和权力等地位的象征物，其神圣性质或许决定了王室贵族垄断青铜礼器生产和再分配的特权，从二里头到二里岗时期，青铜容器的数量增加，体重和形体增大，这意味着当时早期国家对铜、锡、铅矿的开发和供应的控制能力在逐步加强，追逐青铜合金似乎是中国早期国家领土扩张的主要动力[18]。

综上，不难看出有关青铜礼容器的发现情况已十分清晰，为进一步的深入探讨提供了丰富的基础资料。现有研究一般围绕着二里头或二里岗其中一支考古学文化所见器物的分型定式、铸造方法、文化互动及历史背景等方面展开，对当时的社会结构特征、早期国家的发展策略、考古学文化的交流融合以及社会发展模式选择的差异性等问题都已有了十分丰硕的成果。

（三）研究目标与研究方法

既往研究虽已将这两支考古学文化的青铜礼容器做了十分详尽的分析，但以空间布局的变化态势为切入点，探究其历史文化意义的内容还不多见，尤其是以跨度较长的历史阶段为时间框架，则有更广阔的讨论空间。同时，已有研究成果大多数倾向于大宗器物群体的发现地，比如郑州商城和盘龙城遗址等，对于同时期散见于其他各地的铜容器的整合研究关注度不足。这些问题均为本文的继续探讨提供了可能。

与通过陶器特征所展现的某支考古学文化分布区域不同的是，作为青铜礼制最重要的载体，青铜礼容器在早期国家乃至先秦社会都具有更加特殊的意义与内涵。它常能够指示各地区政治、经济及文化的发展情况，又承载着等级制度、信仰及美学等意识形态的意义，与其他物质遗存相比，其所揭露的文化意蕴、历史背景等相关信息更具代表性与说服力。风物长宜放眼量，二里头、二里岗时期是青铜礼制的草创与初步发展阶段，二者所出青铜礼容器具有明显的连续性，将其作为整体时段进行讨论，则能以更广的视角把握此时青铜礼制与礼器的发展进程及内涵。

本文将从二里头、二里岗时期发现的青铜礼容器入手，梳理其空间分布的历时性变化与差异，并通过其所在考古学文化遗存的基本情况，尝试讨论空间分布变化所蕴含的意义。具体研究目标有以下三个。

首先，按空间分布的地域不同，分三组整理铜器的基本资料，即中心都邑区、近畿地区及周边地区，以此为基础梳理出空间分布态势及变化趋势。其次，结合发现地的自然地理环境、基本聚落形态、资源分布及交通状况、青铜冶铸遗存等背景资料，判断该地性质及与中心都邑的相互关系。最后，讨论青铜礼容器空间分布态势的变化体现了怎样的政治、经济背景及文化意蕴，尝试回答下列问题：青铜礼容器为何分布于某地？该地与其他未出现青铜礼容器的地区有何不同？青铜礼容器的出现使这些地区发生了何种改变？处于优势核心地位的中心都邑向四周扩张或施加影响的动因何在？对于不同区域强弱不一的地方集团，中心都邑集团采取了怎样不同的策略？反之，诸地方集团面对强势文化的影响扩张态度如何？通过回答这些问题，应可在一定程度上揭示青铜礼容器与青铜礼制的发展与演变、在早期国家进程中的地位与作用，以及当时不同文化间的交流与互动关系等问题。

本文拟采用考古类型学的方法，对各地区所见与二里头、二里岗文化同时期的青铜礼容器进行整理，对于年代不清晰或断代存在问题的器物重新进行期别划分。以此为基础，运用情境分析的方法来探讨青铜礼容器空间分布的动态变化所蕴含的意义。同时要考虑到"文化滞后"现象的存在。

考古学研究中的"情境分析"就是观察考古遗存的出土环境，利用考古遗存间的种种共存关系，发现遗存联系形式的必然性，从而得出遗存性质与功能的认识，进而重建历史[19]。

"文化滞后"现象一般发生在距离文化传播主体较远的地区，由于要经由传播中介地区，文化因素在抵达传播受体时，会经历一个相对较长的时间，文化因素的特征也会发生某些改变[20]。如在二里岗时期，某些与中原相距较远的地区也发现有具备中原文化特征的青铜礼容器，在厘清其与二里岗文化的早晚次序、何者为传播主体、何者为客体的基础上，才能讨论其出现在当地的背景与意义。

（四）相关概念的界定

本文主要的研究对象是二里头文化与二里岗文化时期的青铜礼容器，首先需明确二里头文化时期、二里岗文化时期、青铜器、礼器及青铜礼容器等概念，并对研究的时空范围进行界定。

1. 二里头文化时期

二里头文化是以二里头遗址为代表的一支考古学文化，其相对年代介于龙山时代晚期文化与二里岗文化之间。根据最新的 ^{14}C 测年数据显示，其绝对年代大致介于公元前1750年至公元前1520年之间[21]。这一阶段即为本文要讨论的二里头文化时期。

2. 二里岗文化时期

二里岗文化是以郑州商城、偃师商城遗址为代表的一支考古学文化，其相对年代介于二里头文化与殷墟文化之间。根据最新的 ^{14}C 测年数据显示，其绝对年代大致介于公元前1510年至公元前1300年之间[22]。这一阶段即为本文要讨论的二里岗文化时期。

3. 青铜器·礼器·青铜礼容器

古代铜器常见的几种材质有红铜（即纯铜 Cu）、黄铜（即铜锌合金 Cu-Zn）、青铜等，其中青铜器则一般指铜锡（Cu-Sn）、铜铅（Cu-Pb）二元合金及铜锡铅（Cu-Sn-Pb）三元合金的铜制品，此外砷铜（Cu-As）也是青铜合金的重要组成部分。青铜器是铸铜技术发展到一定阶段的产物，其生产与使用程度也是判定某考古学文化是否进入青铜时代的标志。

"礼制"的出现或可追溯到龙山时代，发展到早期国家阶段——二里头时期，礼制则表现为王权以各种规则、名分（或爵位）、礼仪、礼器等手段对社会各集团，特别是贵族内部各阶层的行为，包括权力、义务的制度化规定，诸如管辖范围、限定剥削程度和忠君纳贡、出师勤王等的规定[23]。其本质即为等级制度。《礼记·乐记》中记"簠、簋、俎、豆、制度、文章，礼之器也"，所谓礼器，应为能够体现礼制的载体或曰其物化形式。礼器群伴随礼制而出现，从最初无固定组合、以量取胜、材质多样（玉器、精美陶器及其他珍贵物品为主的"前铜礼器"[24]群）的模式，发展到二里头、二里岗时期，以酒器和食器为核心的容器组合便作为三代礼乐制度最显著的特征固定下来。

中原地区在二里头时期已经进入青铜时代，青铜作为当时最贵重的金属材料，顺理成章地被统治阶层选中从而成为礼器的物质载体。不仅因为青铜本身的价值惊人，也在于铸造青铜礼器需要比制作任何其他器物更复杂的科技、更多的人力和更高水平的社会管理能力，其奢侈程度更能彰显等级、地位与权力。因此大量制作精美的青铜礼容器应运而生。青铜礼容器是中国青铜时代的标志性工艺品，其出现不但实现了青铜与政治的结合，同时也揭开了中国礼乐文明的序幕。

4. 时空范围

本文以二里头、二里岗时期为标尺建立时间坐标。需说明的是，关于分期本文均采用目前应用最为普遍的二里头文化四期八段[25]与二里岗文化四期段划分方案[26]。由于二里岗文化各期定名受时代局限还不甚一致，下文统一使用二里岗文化早期早段、早期晚段与二里岗文化晚期早段、晚期晚段的称法[27]。即以二里头一至四期、二里岗早期早段至晚期晚段为时间范畴（相对年代在龙山文化晚期与殷墟文化之间，绝对年代大致为公元前1750年至公元前1300年），全面收集该时段内各考古文化遗存内发现的青铜礼容器材料。原则上，地层关系比较清晰，具有明确出土单位的器物是本文讨论的重点，但二里头时期经科学发掘的出土品资料十分有限，因此具有相对清晰的出土地点、年代特征明显的采集品需作为重要且必要的补充，同时年代特征鲜明的馆藏品、征集品也可用于对比分析。但无明确出土地点，年代特征亦较模糊的传世品、私人收藏品对完成本文的研究目标意义不大，不作过多讨论，仅对目力所及的器物进行收录[28]。

关于分期问题，由于青铜礼容器是使用贵重金属铸造的耐用品，属高等级礼仪用器，其年代具有三重属性，即铸造年代、使用年代和埋藏年代。资料显示，二里头、二里岗时期的部分青铜礼容器具有使用痕迹，或为实用器从葬，且同一墓葬中往往出现年代早晚不同的器物，可见青铜器的铸造年代并不能代表其最后所属遗迹的年代。其耐用性也导致铜器的器形变化不及陶器迅速，因此青铜器的分期不能简单地与陶器分期整齐划一。以上原因导致学者们对二里头、二里岗时期铜容器的分期尚未达成一致。鉴于本文要讨论的主要问题是由一定时期内青铜礼容器分布的空间变化态势所揭示的社会、历史意义，核心在于"意义"而非针对铜器本身形制演变的分析，故未将铜容器进行单独分期，而是采用了二里头、二里岗文化的考古学分期作为标准进行讨论。同时，由于存在"文化滞后性"，如某一形制较早的器物，可能在其原产地停留了很长一段时间，才通过战争、贡赋、贸易、婚姻等原因流传到其他考古学文化区域内，使得二里头、二里岗时期其他考古学文化出土的青铜礼容器的背景状况较为复杂，需结合其层位关系或发现环境及铜容器本身的形制特征等方面综合分析器物的属性问题。

二、二里头文化时期

(一)青铜礼容器的发现

1953年，二里头文化遗存首先发现于河南省登封县玉村[29]，以中原腹地为其分布中心。可按二里头遗址内二里头文化遗存的分期为标尺分为四期，每期均可分为早、晚两段[30]。相对年代介于龙山时代晚期文化和二里岗早期文化之间。绝对年代为：二里头文化一期为公元前1750～前1680年，二期为公元前1680～前1610年，三期为公元前1610～前1560年，四期为公元前1560～前1520年[31]。一般认为二里头时期，中原地区已经正式进入了青铜时代，同时社会复杂化程度更加鲜明，此时已开始了早期国家阶段，可称之为中国乃至东亚地区最早的广域王权国家。

1. 发现情况

目前，中国境内已知最早的青铜礼容器出现于二里头遗址。从时间上看至迟在二里头二期，遗址范围内即已出现青铜冶铸活动，礼容器的铸造始于三期，持续发展至四期结束。从空间上看，至少在二里头四期晚段之前，除二里头遗址外其他地区均未见经科学发掘的青铜礼容器分布。由于二里头四期晚段与二里岗早期早段或存在共时性[32]，为方便观察铜容器的分布动态，将对共时阶段具有过渡性特征的青铜礼容器一同进行讨论（图版七，1）。

在数量上，从1959年二里头遗址发掘至今，已发表的本时期青铜礼容器共19件（表一），种类有爵、斝、盉、鼎、觚（？）[33] 5种，有明确层位关系或出土单位的11件，采集品6件。其中8件年代为二里头文化三期至四期早段之间，2件可能为发掘品的铜爵见于学者论文中，但无具体资料发表[34]，其余9件均可划为四期晚段。目前所见极具二里头三期至四期早段风格、无明确出土地点的馆藏品4件，种类有爵、角2种。另有国外博物馆藏及国内外私人收藏品数件（附表一）。这一阶段的容器普遍器壁很薄，素面居多，制作较为粗糙，工艺相对简单、原始，在合金成分上逐渐探索发展出高铅含量的铜、锡、铅三元合金。

表一 二里头文化三期—四期青铜礼容器发现数量

年代	数量合计（件）	发掘（件）	采集（件）	无具体出土信息（件）
二里头文化三期	4	2	2	—
二里头文化四期早段	4	4	—	—
二里头文化四期晚段	9	5	4	—
总计	19	11	6	2

（1）三期

本阶段共发现青铜礼容器5件，均为爵，发现地点皆位于二里头遗址内，有明确出土单位的2件，遗址内采集2件，另有上海博物馆藏品1件（表二）。

表二　二里头文化三期青铜礼容器

地区	种类	器号	出土地点	资料出处	备注
二里头遗址	爵	1980YLⅢM2:1	墓葬	《考古》1983年3期，第199~219页	—
	爵	1980YLⅢM2:2			—
	爵	1973YLⅧT22③:6	采集	《考古》1975年5期，第302~309页《偃师二里头：1959年~1978年考古发掘报告》（以下简称《偃师二里头》）第195页《河南出土商周青铜器（一）》第17页，图一《中国青铜器全集·夏商卷》第3页，图三	—
	爵	1974YLⅣ采:65	四角楼采集	《考古》1975年5期，第302~309页《考古》1976年4期，第259~263页《偃师二里头》第299页《河南出土商周青铜器（一）》第20页，图七	报告为四期；发现时已残，正式报告中照片为修复后
馆藏	爵	上海博物馆藏	—	《中国博物馆丛书·上海博物馆》图24《中国青铜器全集·夏商卷》第10页，图一〇	首发

二里头三期时爵均为尖尾、窄流、平底、束腰，器形多矮小；器腹横截面呈椭圆形，器腹外壁呈圆转的曲线，也有做假腹者（图一，1）。流口间多无柱或有短柱（图一，4），流至尾较为平直，口沿边有凸起的棱。三足作三棱或四棱形，外撇。鋬呈扁体，上多有长方形或三角形镂孔（图一，1、5）。皆为素面无纹饰，假腹爵（图一，1）圈足一周有四个圆形镂孔[35]。

其中，形制最为原始的应为1973年采集的ⅧT22③:6（图一，2），三足较矮，口沿平直，形体不甚规整。80ⅢM2:1（图一，5）与80ⅢM2:2（图一，1）是二里头遗址出土铜容器中为数不多可确知分期的两件，许宏与赵海涛先生将其细化归入到二里头三期晚段[36]，且从ⅢM2:2腰腹间的折棱看，此器型或为三期偏晚接近四期。1974年于Ⅳ区采集的铜爵Ⅳ采:65（图一，4）在简报中未推定期别，正式报告中将其定为四期[37]，但未述明分期依据，朱凤瀚先生按其形制，将其划为三期[38]是合理的，且其流口间有一极小的矮柱，应与80ⅢM2:2同属三期偏晚之器。此外，马今洪先生曾专门著文对上海博物馆所藏束腰爵进行全面分析，将其定为三期[39]，可从。此爵具有十分显著的二里头文化风格，为探讨本期为数不多的铜容器提供了重要的参考。

（2）四期早段

本阶段共有青铜礼容器7件，发掘品4件，馆藏3件。发掘品的发现地点依旧仅限于二里头遗址内，器类亦无增加，仍然只有铜爵一种。馆藏品分别为天津历史博物馆藏爵1件，陕西历史博物馆、上海博物馆藏角各1件（表三）。

表三 二里头文化四期早段青铜礼容器

地区	种类	器号	出土地点	资料出处	备注
二里头遗址	爵	1976YLⅢKM6：1	墓葬	《偃师二里头》第241页 《河南出土商周青铜器（一）》第19页，图五 《中国青铜器全集·夏商卷》第4页，图四	报告为三期
	爵	1978YLⅤKM8：1		《偃师二里头》第243页	报告为三期
	爵	1975YLⅥKM3：4		《考古》1976年4期，第259~263页 《偃师二里头》第241页 《河南出土商周青铜器（一）》第18页，图二 《中国青铜器全集·夏商卷》第2页，图二	报告为三期
	爵	1987YLⅥM57：1		《考古》1992年4期，第294~303页	—
馆藏	爵	天津历史博物馆藏	传商丘	《文物》1964年9期，第33~40页 《河南出土商周青铜器（一）》第22页，图十一 《中国青铜器全集·夏商卷》第9页，图九	简报为早商
	角	陕西历史博物馆藏	传洛宁	《中国青铜器全集·夏商卷》第11页，图一一	—
	角	上海博物馆藏	1959年废铜中拣出	《文物》1960年7期，第53页 《中国青铜器全集·夏商卷》第12页，图一二	三足不知去向

与三期相比，本期铜爵依旧保持窄长流、尖尾、平底、束腰的总体特征，腰腹间开始出现明显折痕（图一，7~9），三足外撇程度也略有加大。随着新资料的发表，目前对二里头四期阶段铜器墓的分期问题亦有更新的认识。其中可确认分期的1975ⅥKM3与1987ⅥM57两座墓葬的年代已调整为四期晚段[40]。但其随葬铜爵（图一，6、9）从形制上看时代应是稍早的，可放在本阶段进行讨论。如此，以三期与本期已确知年代的铜爵为标尺，可大致归纳出其演变序列，将破坏严重、无法确认分期的1976ⅢKM6、1978ⅤKM8两座墓中所出铜爵放在本阶段是较为合理的[41]。

此外，3件馆藏品虽无明确的出土地点，但天津历史博物馆所藏铜爵（图一，12）其形制与三期铜爵1980ⅢM2：2甚为相似，但腰腹间折棱更加明显，具有显著的本期特征。上海博物馆所藏铜角（图一，10）器身与前两者形体相同，唯腰部斜出一管状流，上有曲尺装饰。陕西历史博物馆所藏铜角（图一，11）无假腹、流上无附加装饰，三足作三棱锥形并侈出器底，器身亦与本阶段铜爵近似。且这两件角均与二里头遗址内出土的陶角特征相近[42]。此3件器物是本期铜容器重要的补充资料。

2. 小结

综合上述青铜礼容器的出土及发现情况可以看出，二里头文化三期为青铜礼容器的滥觞期，这一阶段发现数量较少，仅铜爵一种器类，其空间分布仅局限于中心都邑内。至四期早段时器类依旧只有铜爵，形制特征略有演变，空间分布亦未曾突破二里头遗址范围。

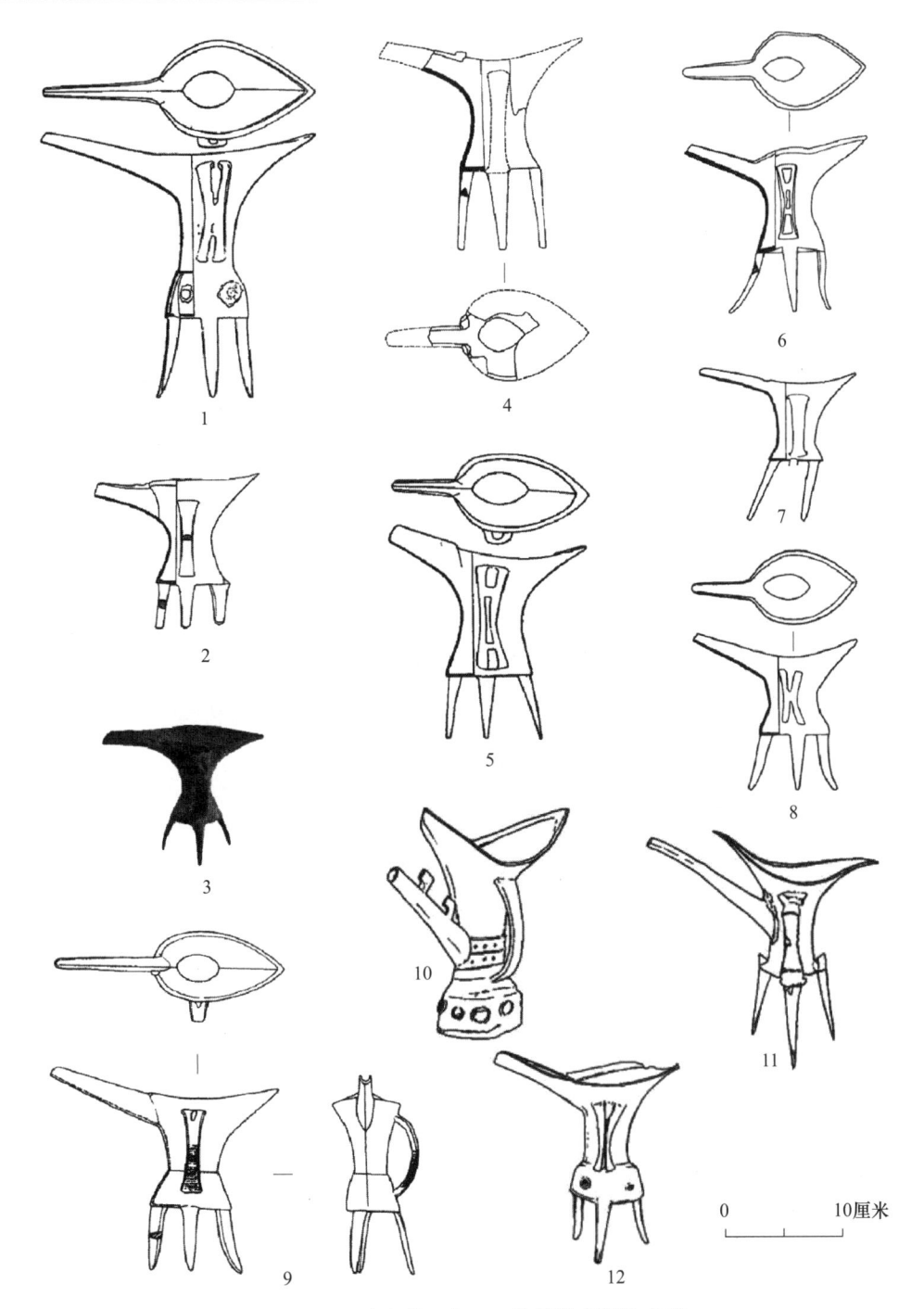

图一　二里头文化三期—四期早段青铜礼容器

三期 1~5：1. 1980YLⅢM2：2；2. 1973YLⅧT22③：6；3. 上海博物馆藏品；
4. 1974YLⅣ采：65；5. 1980YLⅢM2：1

四期早段 6~12：6. 1975YLⅥKM3：4；7. 1978YLⅤKM8：1；8. 1976YLⅢKM6：1；
9. 1987YLⅥM57：1；10. 上海博物馆藏品；11. 陕西历史博物馆藏品；12. 天津历史博物馆藏品
（1、5~9 为二里头遗址墓葬内发掘出土，2、4 为遗址内采集，3、10~12 为馆藏）

（二）空间分布及其意义分析

二里头文化三期至四期早段所见青铜礼容器由于数量不多，空间分布亦无变化，均集中出现于当时的中心都邑——二里头遗址内（图二），因此其所展现的历史背景相对单一。

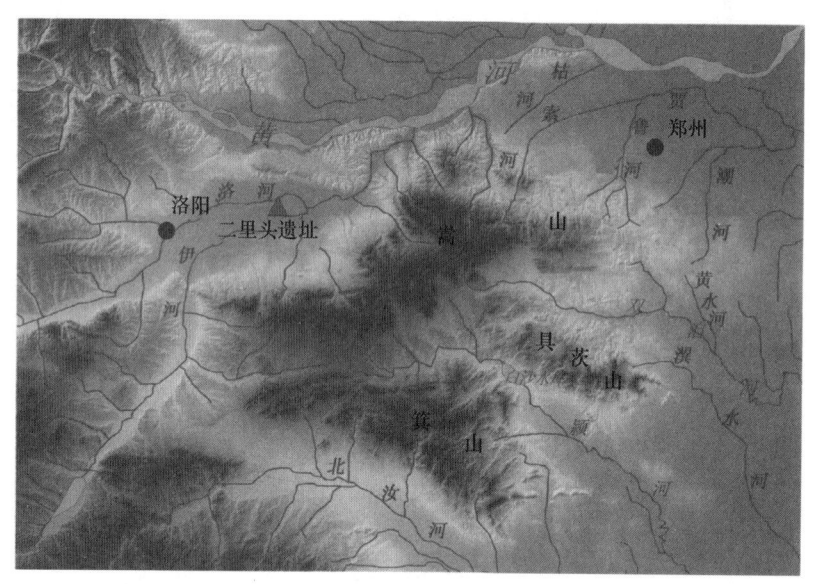

图二　二里头遗址地理位置
（据《新郑望京楼：2010~2012年田野考古发掘报告》图版一改绘）

1. 考古遗存背景

（1）自然地理环境、资源与交通

二里头遗址所在的洛阳盆地位于河南西部，为黄土高原最靠东南边缘的一个山间盆地，洛河、涧河、瀍河和伊河四条河流在盆地中先后汇流而终成伊洛河，在盆地最东端的巩义附近注入黄河[43]。伊洛河流域所处的黄土区边缘地带，土壤匀细易碎，肥沃疏松，石铲、木耒等简陋的农具即可耕耘，加之日照充足，水热匹配，极适宜发展农业生产[44]。洛阳盆地处于伊、洛河流域下游，其北有黄河，东、南、西三面又有山脉阻挡，地理环境虽相对封闭，但交通却很便利。东行出黑石关、虎牢关可进入华北平原；西行出函谷关、潼关，可抵关中地区；北逾大河可达晋陕大地；南出伊阙，面对颍、汝流域[45]。且伊洛河水系严冬亦无冰冻断流，支流繁多，南北错落，其发源于森林茂密的山区，中上游河道地区岩石坚硬，河水含沙量小，这为二里头遗址所在的下游地区提供了丰沛的水量和便利的水路交通。二里头遗址处于古伊洛河北岸一片较为高亢的阶地上，取水便利，又免受洪涝侵袭，这样一个水草丰美、山河拱戴、四方辐辏之地十分适宜建立都城。但如洛阳盆地这样的冲积平原，都有一个共同的缺陷，就是缺少铜、锡、铅、盐等自然资源，这些资源都是保证国家发展不可缺少的战略物资。但若将视野扩展到二里头遗址周围200~300千米为半径的范围，其周边地区山多林密，可为二里头这座中心城市提供源源不竭的石料、木材、木炭等日用消耗品，稍远的伊洛河中游丘陵地带，矿产资源丰富，或更远的晋南地区，应是中心城市所需铜、锡、铅等贵重金属资源及食盐的来源地[46]。

（2）聚落形态

二里头文化第三期为二里头都邑的兴盛时期，开始出现青铜礼容器，四期早段时遗址持续繁荣[47]。从已有的考古材料可知二里头遗址现存面积约300万平方米，中心区已发现"井"字形主干道的道路网络与车辙遗迹、围垣设施3处、大中型夯土建筑基址12座。至迟在二期时即已经出现各类手工业作坊，如制陶、制骨、铸铜、绿松石器作坊等。同时发掘中小型房址44座、水井10余座、灰坑和窖穴近千、墓葬400多座，亦有较多可能与祭祀相关的遗迹。发掘期间获得一大批陶器、铜器、玉器、石器、漆木器、纺织品及骨、角、蚌、牙、贝、螺质遗物[48]。由此可见，二里头遗址不但面积广阔，且布局井然有序，遗址内中心区与一般居住区泾渭分明，墓葬可分成五个不同等级，展现出一个层级分明的社会结构。同时，二里头时期手工业已实现专门化生产，功能分区明确，各种作坊分工合作、有条不紊，并在技术含量较高的铜礼器和绿松石器生产区设置围垣，规划十分缜密，这无疑需要一个组织严密的社会管理体系。以上均展示出二里头遗址的中心都邑性质。结合这一时期洛阳盆地的宏观聚落形态也可以看到，以二里头遗址为核心的四级聚落体系逐渐完备，与二里头中心都邑的性质是相匹配的[49]。

（3）铸铜遗存

二里头遗址内诸多与冶铸相关的遗迹、遗物集中分布在围垣作坊区与宫殿区。宫殿区目前只发现有冶炼遗物，无共存的冶铸场所，尚无法确定此处是否有过铸造活动，围垣区南部的铸铜遗址内冶铸遗物与遗迹皆存，是至今唯一可确认的铸铜作坊遗址（图三）。围垣作坊区位于宫城以南，紧邻宫城城墙，于二里头二期晚段与宫殿区一同规划而建[50]，兴建的时间甚至早于宫墙，其重要程度及保密性可见一斑。自其投入使用，原本呈分散状态的冶铸活动点均集中于此处进行[51]。

铸铜作坊区内发现的陶范数量较多，年代从二里头二期早段直至四期，范体较大，最大的残块在10厘米以上[52]。虽陶范数据公布不多，但至少可以确定该作坊区内能够自行生产爵、斝类空腔三足器，可能能够生产铜鼎与铜盉[53]。二里头时期，另有河南郑州[54]、登封王城岗[55]、山西夏县东下冯[56]、陕西商洛东龙山[57]、安徽铜陵师姑墩[58]、江苏南京高淳朝墩头和句容城头山[59]、湖北十堰郧阳李营[60]、重庆万州塘房坪[61]、甘肃张掖西城驿[62]等考古学遗存内也发现有铸铜相关遗存，但均无铸造青铜礼容器的迹象，证明当时能够使用复合陶范法铸造青铜礼容器的只有二里头遗址。

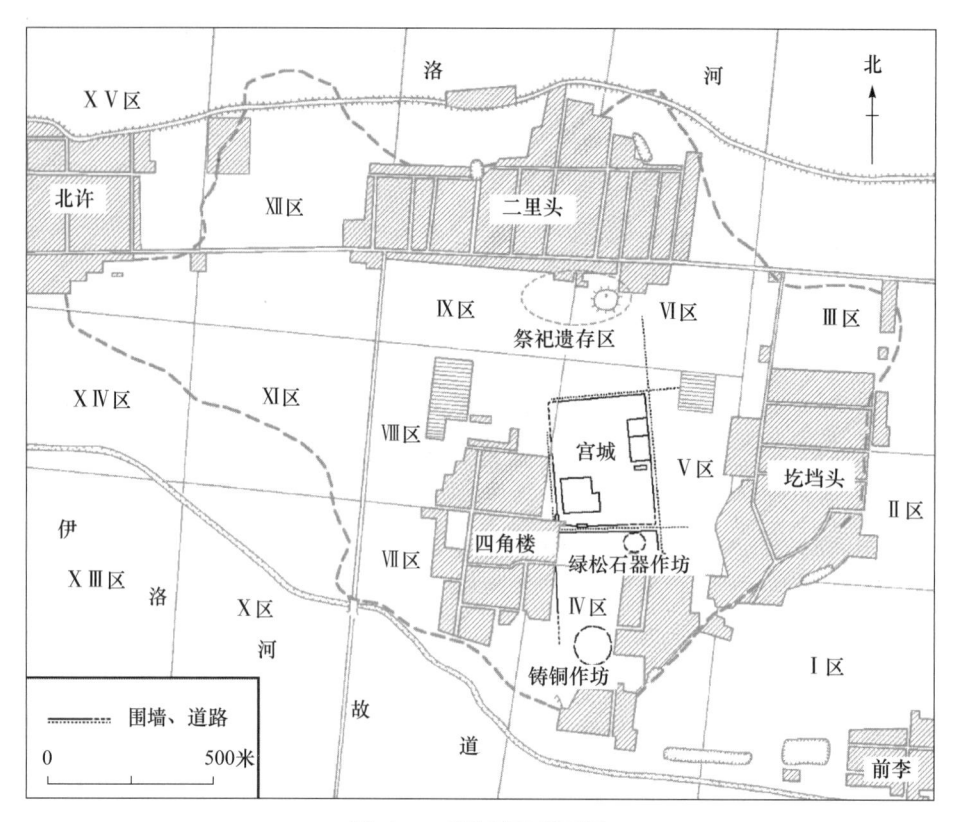

图三 二里头遗址平面图
（据《先秦城邑考古》第 142 页图 5-2 改绘）

2. 意义分析

从上述青铜礼容器的空间分布情况及考古遗存背景分析可知，二里头三期时，二里头遗址作为当时的政治、宗教、文化和经济中心的地位已十分稳固，处于早期国家肇始阶段的二里头文化试图建立以等级差别为特征的复杂社会。考古材料表明，二里头文化的统治者们确有一套行之有效的运行机制来实现这一目标。二里头都邑内，已经逐渐形成了相对稳定的金字塔式等级结构，统治者与各级贵族站在金字塔上层，礼制的规范化是其最重要的统治方法之一。二里头都邑之外，也已孕育出依附其周围的四级聚落等级，二里头都邑也处在金字塔的顶端，疆域控制体系是二里头王朝运行机制的核心之一[63]。

已有研究指出，二里头遗址所在的河洛地区一直缺乏有效的高端玉料来源，中原贵族阶层的成长似乎更急切地需要开发显示其身份和地位的标志物，青铜冶铸业的出现适应了这一需要，是该地区进入早期国家的关键性推动力量[64]。如此，青铜礼容器应运而生。根据遗址内围垣作坊区的位置与其兴建年代早于宫城城墙，足可见统治者对铜器生产的高度重视及管控意味。加之三期到四期早段时除二里头遗址外未于他处发现铜容器及铸造遗存，可以推断二里头贵族凭借着对复合范容器铸造技术的独占，同时垄断了青铜礼容器的消费与分配，以此来彰显自身与众不同的身份、地位以及政权的合法性，于是政治权力与青铜礼器相结合并神圣化形成青铜礼制，使得早期国家的层级体系迅速得以搭建，成就了东亚大陆第一个广域王权国家。青铜礼容器是二里头文化的统治核心，在其王权稳固的繁荣阶段，其他地区不可能出现青铜礼容器或容器铸造遗存是必然的结果。

随着统治阶层对青铜礼容器需求的与日俱增，势必对金属原料的供应提出了更高的要求。二里头都邑依靠其优势的核心地位，以获取铜、锡、铅等稀有资源为主要动力和目的，凭借其四通八达的水、陆交通网络，向周边地区强势扩张是其必然选择，且能够控制较远地区的重要资源也是体现统治者能力的重要途径。由此二里头文化的分布范围首次突破了地理单元的制约，在空间上涵盖了数个先行文化的分布区域[65]。统治阶层的权力得到了极大的延伸，资源源源不断地输送至中心都邑，王权愈加稳固，国家日益稳定。

要之，二里头时期的统治者为了维护早期国家的统治秩序，以礼制的规范化为目的，利用对青铜礼容器生产技术、消费及分配的独占，构筑了分化较为明显的社会层级系统。同时，通过强势向外扩张实现了对铜器生产资源的垄断及统治权力的极大延伸。青铜礼制与对外扩张两者相辅相成，成为二里头贵族阶层维护其统治与地位的基础与保证，也是青铜礼容器出现在二里头遗址而非其他考古文化遗存的根本原因。

三、二里岗文化时期

（一）青铜礼容器的发现

1950年秋，首次于郑州二里岗一带发现商文化遗存[66]，后命名为"二里岗文化"，其分布以郑洛地区为中心。以郑州商城的分期为标尺可分为二期四段[67]，即二里岗文化早期早、晚段与二里岗文化晚期早、晚段[68]。相对年代处于二里头文化与殷墟文化之间。根据最新的^{14}C测年数据显示，二里岗文化早期和晚期的绝对年代大致分别为：公元前1510～前1400年、公元前1400～前1300年[69]。

二里岗文化在继承二里头文化青铜礼容器的基础上，在器形种类的多寡、制作技术的成熟度、合金配比的稳定程度等方面均有长足的发展与进步，是中国古代青铜礼容器迈向重器时代[70]的开端。这一时期形成了相对稳定的青铜礼制文化传统，尤为重要的是青铜礼容器的空间分布态势开始发生改变，直至二里岗文化晚期其覆盖面已扩展到了一个非常广阔的空间范围。

1. 发现情况

二里岗文化正处于中国青铜文明的上升期，其所发现的青铜礼容器数量较前大为增长。目前，共发现 564 件（表四）。郑州商城已达 140 件，种类有鼎（包括圆鼎、方鼎）、鬲、簋、斝、爵、觚、尊、罍、盉、盘、卣、中柱盉等数十种。为方便讨论，依不同地理区域与中心都邑的距离远近，下文将按近畿地区（图四）与周边地区两个空间维度进行梳理。前者主要包含与郑州商城相距较近的郑洛地区的考古学文化遗存，后者则为郑州商城及近畿以外其他区域的考古学文化遗存。目前所见近畿地区共 93 件，周边地区共 331 件，器类与郑州商城相比无中柱盉，增加了甗。

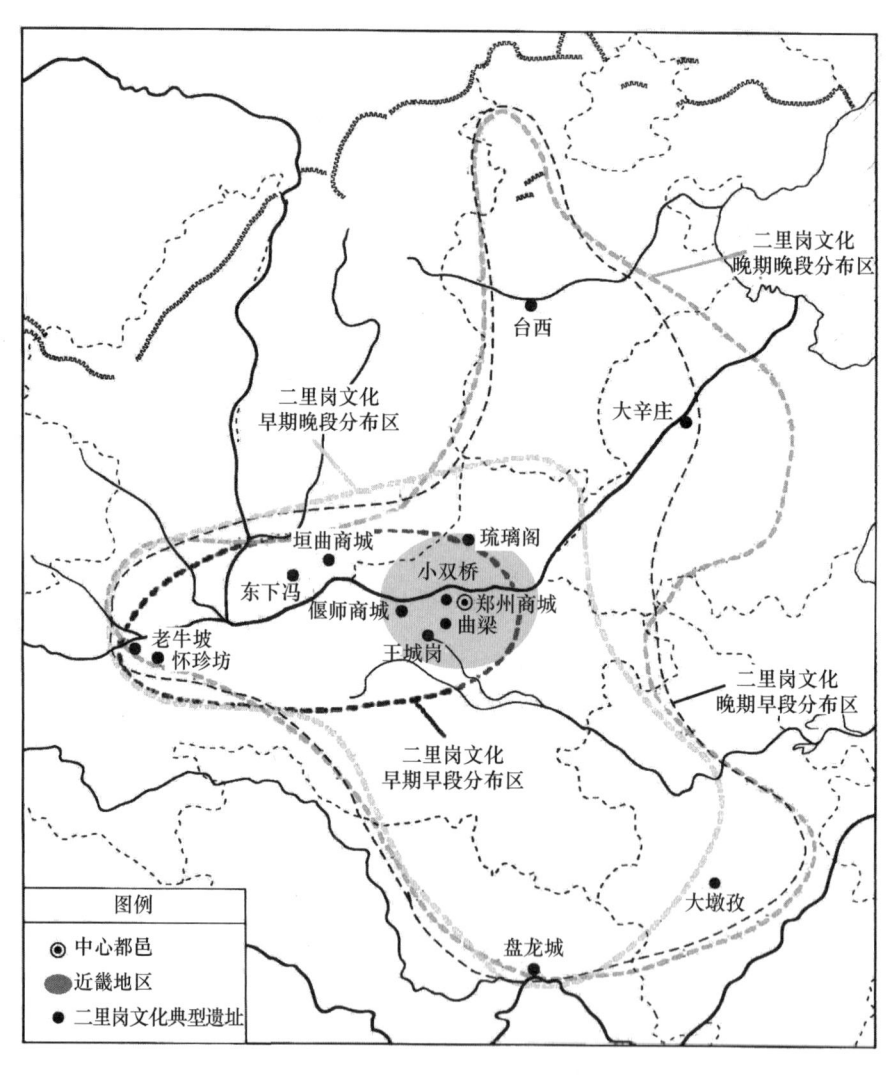

图四 二里岗文化不同期段分布范围示意图
（据《早商文化研究》第 141～144 页图五～图八改绘）

表四 二里岗文化时期青铜礼容器发现数量

地区	郑州商城			近畿地区			周边地区		
发现形式	发掘（件）	采集或无详细出土信息（件）	窖藏（件）	发掘（件）	采集或无详细出土信息（件）	窖藏（件）	发掘（件）	采集或无详细出土信息（件）	窖藏（件）
早期早段20件（二里头四期晚段）	2	—	—	6	9	—	3	—	—
早期晚段38件	8	7	—	8	7	—	6	2	—
晚期早段132件	25	17	—	6	6	—	49	29	—
晚期晚段374件	34	22	25	20	31	—	107	122	13
总计564件	69	46	25	40	53	—	162	156	13

（1）早期早段（二里头四期晚段）

目前，关于二里头四期晚段与二里岗早期早段在年代上的相互关系及相关遗存单位的文化归属问题，学界还存在着不同的看法。问题的症结主要在于已发表的材料中，尚没有能够确证二者早晚关系的层位依据[71]。因此，我们倾向于二者在年代上有共存关系，至少部分时段重合[72]，姑且可将这一时段称为共时阶段。从已有资料上看，确实存在一些铜容器其形制特征具有二里头与二里岗文化之交的过渡性质。为方便探讨空间分布的历时性变化，我们将两支考古学文化共时阶段内的青铜礼容器一同进行讨论。

可归为本阶段的铜容器数量较此前有显著增长，目前共20件，主要出现于二里头遗址。其中8件有明确出土单位（二里头5件、郑州商城2件、荥阳西史村1件），其余12件均为遗址内采集或无详细出土信息，种类有鼎、斝、鬲、爵、盉5种（表五）。

表五 二里岗文化早期早段（二里头文化四期晚段）青铜礼容器

地区		种类	器号	出土地点	资料出处	备注
中原地区	二里头	斝	1984YLⅥM9:1	墓葬	《考古》1986年4期，第318~323页《考古精华——中国社会科学院考古研究所建所四十年纪念》第120页，图九三，1《中国青铜器全集·夏商卷》第14页，图一四	—
		爵	1984YLⅥM9:2		《考古》1986年4期，第318~323页《中国青铜器全集·夏商卷》第5页，图五	—
		爵	1984YLⅥM6:5		《考古》1986年4期，第318~323页《考古精华——中国社会科学院考古研究所建所四十年纪念》第119页，图九二左	—
		爵	1984YLⅥM11:1		《考古》1986年4期，第318~323页《考古精华——中国社会科学院考古研究所建所四十年纪念》第118页，图九一，2《中国青铜器全集·夏商卷》第6页，图六	—
		爵	1983YLⅣM16:3		《中国社会科学院考古研究所考古博物馆——洛阳分馆》第32页，上图	除高度外，其他数据未公布

续表

地区		种类	器号	出土地点	资料出处	备注
中原地区	二里头	鼎	1987YLVM1:1	采集	《考古》1991年12期，第1138、1139页 《考古精华——中国社会科学院考古研究所建所四十年纪念》第118页，图九一，1 《中国青铜器全集·夏商卷》第1页，图一	共出另有一觚？现已丢失
		斝	1987YLVM1:2		《考古》1991年12期，第1138、1139页 《中国青铜器全集·夏商卷》第13页，图一三	
		盉	1986YLⅡM1:1		《考古精华——中国社会科学院考古研究所建所四十年纪念》第120页，图九三，2 《中国青铜器全集·夏商卷》第19页，图一九	数据未公布，1990年公开陈列
		爵	1975YLⅦKM7:1	四角楼采集	《考古》1978年4期，第270页 《偃师二里头》第341页 《河南出土商周青铜器（一）》第21页，图九 《中国青铜器全集·夏商卷》第7页，图七	简报：可能出自墓葬
	郑州商城	鬲	97:ZSC8ⅡT166M6:1	黄河河务局住宅楼墓葬	《文物》2003年4期，第5~9页	简报为洛达庙晚期晚段
		盉	97:ZSC8ⅡT166M6:2			
	荥阳	爵	M2:1	西史村	《文物资料丛刊》(5)，第84~102页	简报为西史村第三期
		斝	采:6	西史村采集	《文物资料丛刊》(5)，第84~102页	—
		斝	采:66	高村寺采集	《华夏考古》1991年3期，第28页	—
	新郑望京楼	爵	—	1974年采集	《考古》1981年6期，第556页 《河南出土商周青铜器（一）》第22页，图十 《中国青铜器全集·夏商卷》第8页，图八	简报为商代
		斝	—	1975年	《河南出土商周青铜器（一）》第80页，图九一	—
		斝	—		《河南出土商周青铜器（一）》第80页，图九二	—
江淮地区	安徽肥西	斝	尖足斝	大墩孜采集	《安徽省考古学会成立会议会刊》第35~43页 《中国文物精华大辞典·青铜篇》第3页006器	
		斝	钝足斝		《安徽省考古学会成立会议会刊》第35~43页	—
长江中游	湖北武汉	斝	PCY:084	盘龙城采集	《盘龙城——1963~1994年考古发掘报告》第411页	—

与此前相比，这一阶段有两个显著的变化。首先铜容器的器类大幅增加，不但出现了新的铜酒器斝、盉，而且出现了鼎、鬲等铜质食器。陶质食器本不属二里头文化的礼器范畴，铜鼎与铜鬲的出现显示着食器由此开始进入礼器系统的重要转变。其次是空间分布已不仅局限于中心都邑范围内，在近畿地区也有发现，甚至可能已超出了

中原地区的界限，出现于江淮地带巢湖以西地区及长江中游一带。这种礼器组合的变化与空间分布上的突破应蕴含着复杂的历史背景。

按目前已知的铜器墓葬分期，84ⅥM6、84ⅥM9、84ⅥM11均为二里头四期晚段[73]。以其所出容器为标准器可大致判断出其他无地层关系器物的时间前后顺序。这一阶段铜爵大部分出自二里头遗址，器形从矮小向挺拔细瘦的形态发展，三足修长，颇显清丽。荥阳西史村铜爵（图五，11）所属墓葬可归为二里岗下层一期[74]，此爵平底、束腰，下腹微突与腰间形成折痕，流至尾较为平直，流口间有双矮柱，其特征有明显的过渡性质。新郑望京楼采集的铜爵（图五，20）除三足略短外，器身形制与二里头同期器近似，将其归为共时阶段是合理的[75]。

平底斝为本期始见。二里头所出斝84ⅥM9：1（图五，9）平底、束腰、折腹、弧鋬、三棱空锥足，其特征与同期铜爵近似。安徽发现的两件平底斝底部微凸，其中尖足斝（图五，7）与84ⅥM9：1更为相近，钝足斝（图五，8）在前者的基础上似又有些许演变，折腹更加明显且柱上有帽。这两件斝均有纹饰装饰，其年代应不晚于二里头四期偏晚阶段[76]。

自青铜礼容器开始出现，各器类一直以平底为其基本特征，本阶段始见圜底器，且占比颇高。圜底斝中唯一可能出自墓葬的87ⅤM1：2（图五，1）下腹圆鼓并逐渐收成圜底，这与平底斝84ⅥM9：1差别较大。此斝双柱呈三棱柱状、柱顶加宽、三空足呈扁圆锥状等变化与登封王城岗出土的二里岗早期晚段铜斝WT245M49：1形制更为接近，只是下腹部鼓凸程度和口部外侈程度不及后者，应略早于王城岗器[77]，属二里头文化和二里岗文化之交。其余圜底斝均为采集品，新郑望京楼2件（图五，4、6）或为发掘出土，但无具体资料发表。李朝远先生曾著文详细分析了二里头晚期到二里岗晚期圜底斝的形制演变，依其判断此5件铜斝年代均应划归二里头四期晚段与二里岗早期早段之间，可从[78]。综上，此阶段的圜底铜斝的风格特征基本一致。

本时期二里头遗址还发现了最早的铜鼎87ⅤM1：1（图五，18），承袭了平底特质，四棱锥状足，腹部饰一周带状网格纹，目前所掌握的铜器资料中，尚无与之形制相近者，应与一同发现的铜斝87ⅤM1：2年代相同[79]。

郑州商城出土的两件铜器亦为新器类。其中，铜盉于二里头遗址也有发现，二者形制不甚相同。郑州商城所出（图五，14）保持了二里头四期陶盉的特征，其袋足较肥，颈部饰三周弦纹，顶部流两侧饰对称的乳钉两枚。二里头采集铜盉（图五，13）则与同期陶盉形制有异，其顶部圆鼓，三足形态与平底斝84ⅥM9：1略有近似，均呈三棱锥状且偏瘦，这种不同于陶器的特征可能是技术不成熟的体现[80]。此盉应与郑州商城器先后出现于共时阶段，两器对比也展现出当时铸铜技术的进步。铜鬲（图五，17）深筒状腹，直壁，高分裆，长袋足，圆锥状足尖，形制与二里头、二里岗时期的陶鬲均有不同，发掘者认为其与夏家店文化陶鬲较为近似，有一定的合理性。简报将其所属墓葬97：ZSC8ⅡT166M6（以下简称T166M6）定在洛达庙晚期晚段，即二里头四期

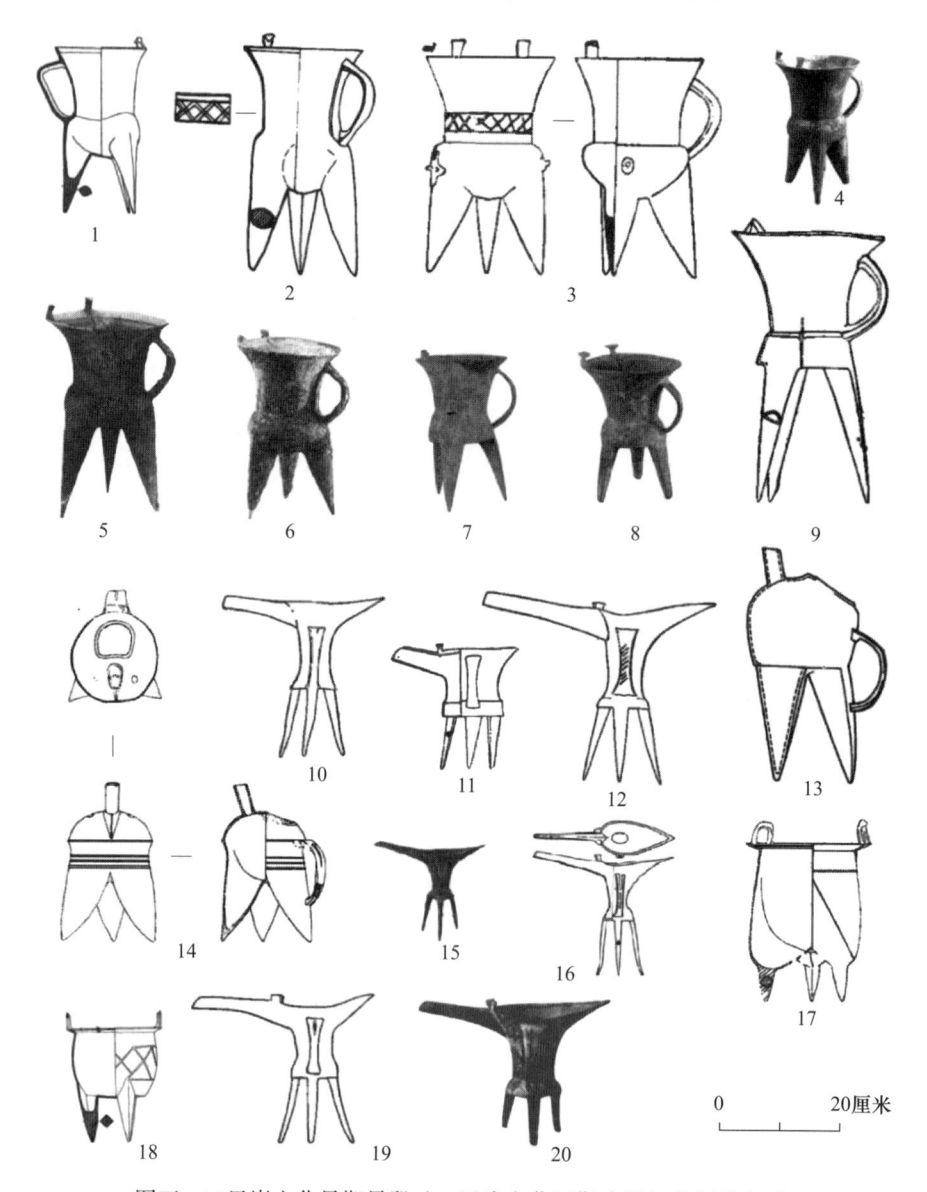

图五 二里岗文化早期早段（二里头文化四期晚段）青铜礼容器

1. 二里头87ⅤM1∶2 2. 荥阳高寺村采∶66 3. 荥阳西史村采∶6 4. 1975年新郑望京楼斝1
5. 武汉盘龙城PCY∶084 6. 1975年新郑望京楼斝2 7. 肥西大墩孜斝1 8. 肥西大墩孜斝2
9. 二里头84ⅥM9∶1 10. 二里头84ⅥM6∶5 11. 荥阳西史村M2∶1 12. 二里头84ⅥM11∶1
13. 二里头86ⅡM1∶1 14. 郑州商城97∶ZSC8T166M6∶2 15. 二里头83ⅣM16∶3 16. 二里头75ⅦKM7∶1
17. 郑州商城97∶ZSC8T166M6∶1 18. 二里头87ⅤM1∶1 19. 二里头84ⅥM9∶2 20. 1974年新郑望京楼
（9、10、12、14、15、17、19为发掘出土，1～3、5、7、8、11、13、16、18、20为采集，4、6无详细出土信息）

偏晚阶段[81]。这座墓葬被叠压在二里岗早期早段的一条灰沟（G2）下面，因而其年代上限为二里岗早期早段。且铜盉的形制特征也表现出与二里头文化不可分割的联系，将其放在这一阶段讨论应是比较合理的。该铜盉与铜鬲为郑州商城最早出现的青铜礼容器。

要之，处于共时阶段的青铜礼容器均显示出"难以确定期别年代"的特质，大部分器物皆表现出二里头文化与二里岗文化两者兼具的文化风格，也在很大程度上显示了两支考古学文化青铜礼容器前后相继的连续性。

此外，值得注意的是若无明确的地层关系佐证，按形制特征进行判断的仅是青铜礼容器的铸造年代，这并不等同于其出现于当地的时间。所以上述铜器除二里头遗址、郑州商城及荥阳西史村遗址外，荥阳高村寺遗址、新郑望京楼遗址、安徽肥西大墩孜遗址及湖北武汉盘龙城遗址所采集的铜容器见于当地的时间存在很大的不确定性。此种不确定性在下文所涉铜器中出现频率颇高，本节暂且先对其进行梳理，具体问题留待下一节进行具体分析。

（2）早期晚段

自二里岗早期晚段开始，二里头遗址几乎已无青铜礼容器出现，与之形成对比的是郑州商城的铜容器数量大幅增加，且商城以外的发现地点与日俱增，显示出其空间分布范围的不断扩展（图版七，2）。

1）郑州商城及近畿地区

本期发现数量较上一阶段略有增加。近畿地区铜容器的空间分布开始趋于密集，在郑州商城往北黄河以北地区的辉县孟庄遗址、获嘉东张居，以西的偃师商城及二里头遗址，以南的登封王城岗及袁桥遗址、中牟黄店等地点均有出现。目前共30件，其中郑州商城15件，近畿地区15件。有明确出土单位的16件，其余均为采集品或无详细出土信息，种类有鬲、斝、爵、盉4种（表六）。

表六　二里岗文化早期晚段郑州商城及近畿地区青铜礼容器

地区	种类	器号	出土地点	资料出处	备注
郑州商城	斝	C8M32：1	宫殿区东北部	《中原文物》1981年2期，第1页《郑州商城——1953~1985年考古发掘报告》第674页	简报中两器物号相反
	爵	C8M32：2			
	斝	C8M7：7	城垣内东北部	《郑州商城——1953~1985年考古发掘报告》	—
	爵	C8M7：1			—
	爵	C8M7：2			—
	爵	C8M7：3			—
	盉	C8M7			挖沙人捡拾
	爵	C8YJM1：1	中医家属院	《中原文物》1981年2期，第2页《郑州商城——1953~1985年考古发掘报告》第565页	
	盉	C8YJM1：2			—
	斝	—	郑州	《中国出土青铜器全集》第9卷第40页，器46	—
	爵	C8采：豫文104	南关熊儿河采集	《郑州商城——1953~1985年考古发掘报告》第674页《河南出土商周青铜器（一）》第56页，图五七	同郑博0159

续表

地区	种类		器号	出土地点	资料出处	备注
郑州商城	爵		C8：郑博0049	白家庄墓葬区	《郑州商城——1953～1985年考古发掘报告》第809页 《河南出土商周青铜器（一）》第58页，图六一	报告为晚期早段
	爵		C2：豫0018	白家庄墓葬区	《郑州商城——1953～1985年考古发掘报告》第810页 《河南出土商周青铜器（一）》第56页，图五八	报告为晚期早段
	盉		C8采：郑博0042	采集	《郑州商城——1953～1985年考古发掘报告》第674页 《河南出土商周青铜器（一）》第61页，图六六	—
	盉		C8采：郑博0059	南关熊儿河采集	《郑州商城——1953～1985年考古发掘报告》第674页 《中国青铜器全集·夏商卷》第99页，图一〇〇 《河南出土商周青铜器（一）》第62页，图六七	—
近畿地区	以北（黄河以北）	鬲	XXT31 M5：1	辉县孟庄	《辉县孟庄》第278、279页	—
		斝	XXT31 M5：2			—
		斝	XXT30 M11：5			—
		爵	XXT31 M5：3			—
		爵	XXT30 M11：6			—
		爵	新博1315	获嘉东张居	《河南出土商周青铜器（一）》第101页，图一二〇	新博：新乡市博物馆（下同）
	以西	爵	1996ⅡT11M22：1	偃师商城	《偃师商城（第一卷）》第653页	—
		爵	1985ⅦT18M1	偃师商城	《偃师商城（第一卷）》第766页	—
		斝	Ⅴ采 M：66	二里头采集	《偃师二里头》第342页 《河南出土商周青铜器（一）》第20页，图七	报告为二里头四期
	以南	爵	—	登封袁桥	《河南出土商周青铜器（一）》第73页，图八四	—
		斝	—		《河南出土商周青铜器（一）》第74页，图八五	—
		斝	WT245 M49：1	登封王城岗	《登封王城岗与阳城》第155页	—
		爵	WT245 M49：2			—
	以东	爵	豫1439	中牟黄店采集	《河南出土商周青铜器（一）》第73页，图八三 《中国青铜器全集·夏商卷》第60页，图六一	—
		盉	豫1440	中牟黄店采集	《河南出土商周青铜器（一）》第72页，图八二	—

这一时期铜容器发现数量稳步提高，无新增器类，其空间分布的集中区域已转移到郑州地区，近畿地区的分布范围扩展迅速。与前一阶段仅零星青铜容器以采集的形式出现于中心都邑以外地区相比，本期于非中心都邑区发现的铜容器不但数量显著增加，且经科学发掘的器物占比颇大。

对比郑州商城（图六）与近畿地区（图七）器物可以看出其形制风格统一。此时的铜器继承和沿袭了二里头时期的传统，许多器物仍具有明显的二里头文化风格。如束腰、平底器占绝对比例，薄壁器物持续存在，铜器装饰纹饰依旧简单等。但也有进展：素面器比例大为降低，使用简单的几何纹饰如弦纹、网格纹、乳钉纹等的同时，开始出现兽面纹（图六，12；图七，10）。此期各器类的整体形态不复共时阶段器物的挺拔与修长，给人以敦实之感。器物种类虽无更新，但形制明显趋于规整，在很大程度上揭示了生产专业化程度的提高。

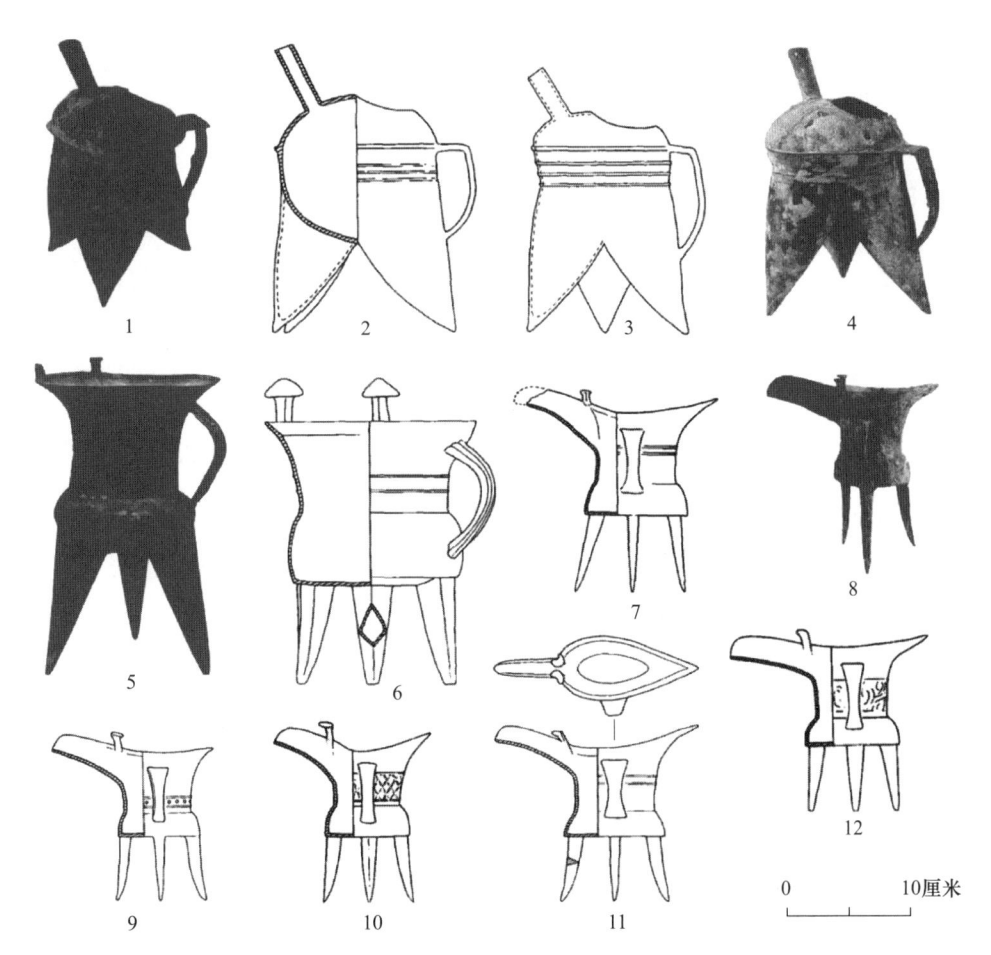

图六　二里岗文化早期晚段郑州商城青铜礼容器
1. C8M7　2. C8采：郑博0059　3. C8YJM1：2　4. C8采：郑博0042　5. 1964年郑州出土斝　6. C8M32：1　7. C8M7：2　8. C8M32：2　9. C8M7：3　10. C8：郑博0049　11. C8采：豫文104　12. C2：豫0018
（3、6~9为遗址内发掘出土，2、4、11为遗址内采集，1、5、10、12无详细出土信息）

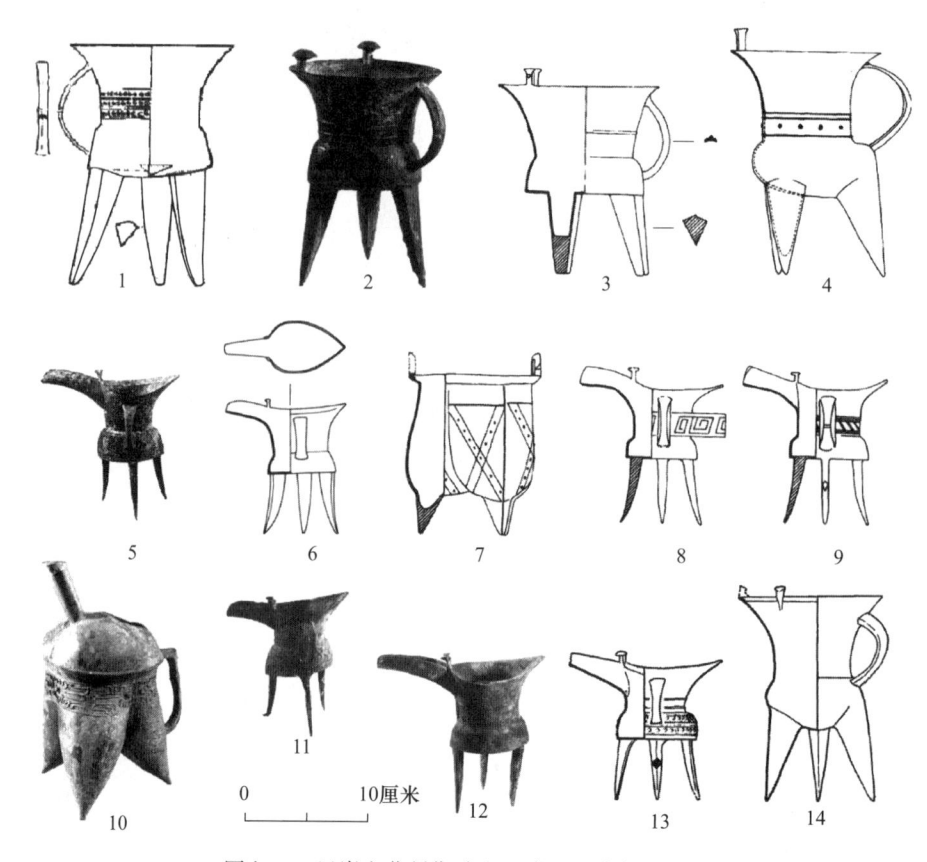

图七　二里岗文化早期晚段近畿地区青铜礼容器

1. 二里头Ⅴ采M:66　2、11. 登封袁桥　3、4、7~9. 辉县孟庄　5、10. 中牟黄店
6. 偃师商城1996ⅡT11M22:1　12. 获嘉东张居新博1315　13、14. 登封王城岗
（3、4、6~9、13、14为遗址内发掘出土，1、5、10为采集，2、11、12无详细出土信息）

本阶段酒器占绝对比例，食器极少，郑州商城此期甚至未发现铜质食器。仅辉县琉璃阁出土一件铜鬲，沿袭了此前筒腹鬲分裆较深的传统，但袋足偏肥且略呈外撇状，形态渐宽，已与同时期陶鬲相近，增加了纹饰装饰。

此外，二里头遗址采集的铜斝Ⅴ采M:66在原报告中将其划为二里头四期，观其形制明显有别于二里头时期的平底斝，其与郑州商城北二七路出土的铜斝BQM1:2更近[82]。此斝三足略钝，截面略呈四边形，显示出其形制比较早的特征，将之放在此期应较为妥当。C8:郑博0049与C2:豫0018两件铜爵报告中归之为二里岗晚期早段，但此二爵上腹近直、下腹部极外鼓、之间形成十分明显折棱的特点，符合本期铜爵风格特征，应均为早期晚段[83]。

2）周边地区

目前在长江中游鄂东北地区与黄河中游晋南地区的中条山地带共发现二里岗早期晚段青铜礼容器8件，其中湖北武汉盘龙城遗址5件，山西垣曲商城遗址3件（含斝残片1组）。有明确出土单位的发掘品6件，采集品2件，种类有爵、斝、鬲3种（表七）。

表七 二里岗文化早期晚段周边地区青铜礼容器

地区		种类	器号	出土地点	资料出处
长江中游地区	湖北武汉盘龙城	鬲	PYWM6：2	杨家湾	《盘龙城——1963~1994年考古发掘报告》第221页 《中国出土青铜器全集》第11卷第15页，器13
		斝	PYWM6：4		《盘龙城——1963~1994年考古发掘报告》第220页 《中国出土青铜器全集》第11卷第57页，器53
		爵	PYWM6：1		《盘龙城——1963~1994年考古发掘报告》第220页
		斝	PWZ：040	采集	《盘龙城——1963~1994年考古发掘报告》第411页
		斝	—	群众上交	《考古通讯》1958年1期，第57页
黄河中游地区	山西垣曲商城	爵	M16：9	城址东南	《文物》1997年10期，第19、20页
		斝	M16：8		
		斝	M16：10（残片）		

对比中原地区可明显看出以上两处考古学遗存发现的铜容器（图八）无论器物种类，抑或形制特征，均与同时期郑州商城所出完全一致，具有鲜明的中原风格。铜爵器身截面呈椭圆形，腰腹间折痕明显，三足细长外撇，流口间双柱呈钉状或月牙形，鋬部无镂孔，饰带状兽面纹。铜斝下腹外鼓，腰腹间形成明显折痕，袋足稍显肥大，口沿双柱矮短。盘龙城杨家湾墓葬出土铜鬲更是与辉县孟庄所出铜鬲形制几近一致，只腹部交叉"X"双线状纹间无乳钉纹装饰。由此显见，盘龙城遗址与垣曲商城的青铜礼容器与中心都邑郑州商城"同宗同源"（图八）。

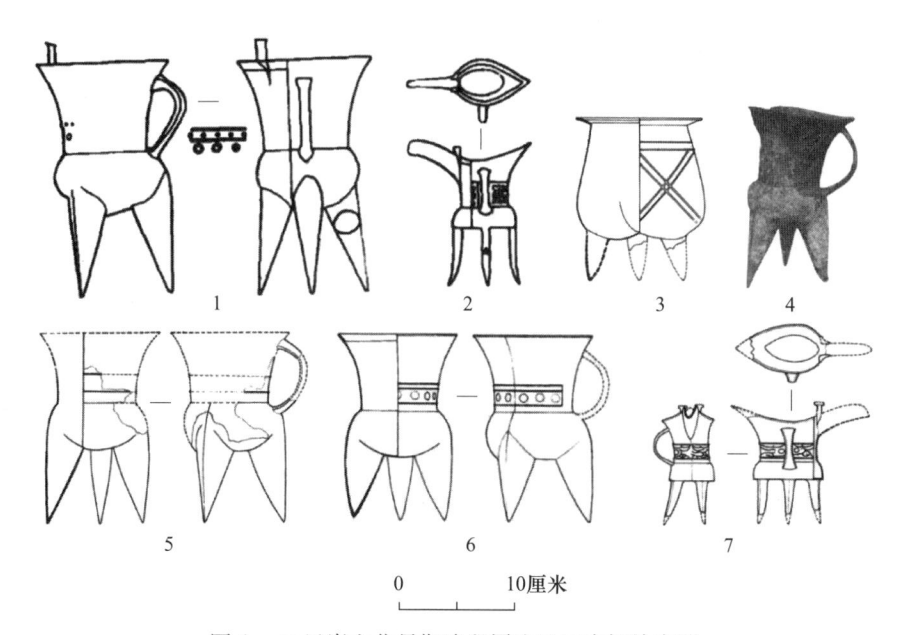

图八 二里岗文化早期晚段周边地区青铜礼容器
1、2. 垣曲商城（M16：8、M16：9） 3. 武汉盘龙城 PYWM6：2 4. 盘龙城群众上交
5. PYWM6：4 6. PWZ：040 7. PYWM6：1
（6为遗址内采集，4为征集，其余均为发掘出土）

（3）晚期早段

这一阶段，青铜礼容器的发现数量大幅提升，器类更为丰富（图版八）。从空间分布上看，不但近畿地区发现地更加密集，周边地区蔓延之势也在加剧，扩张进程加快。

1）郑州商城及近畿地区

本期郑州商城及近畿地区共发现青铜礼容器54件，郑州商城42件（包括南关外铸铜遗址残鬲、残斝各1），近畿地区12件。有明确出土单位的发掘品31件，其余均为无详细出土信息或采集品，种类有鼎、鬲、斝、爵、斝、尊、盉6种。近畿地区发现地点包括郑州商城以西的荥阳、偃师，以北的焦作、辉县及获嘉等地（表八）。

表八　二里岗文化晚期早段郑州商城及近畿地区青铜礼容器

地区	种类	器号	出土地点	资料出处
郑州商城	鼎	C8：郑博0058	白家庄墓葬区	《郑州商城——1953～1985年考古发掘报告》第798页 《河南出土商周青铜器（一）》第44页，图四一 《中国青铜器全集·夏商卷》第24页，图二五
	鬲	C8：郑博0054	白家庄墓葬区	《郑州商城——1953～1985年考古发掘报告》第801页 《河南出土商周青铜器（一）》第46页，图四五
	斝	C8：郑博0155		《郑州商城——1953～1985年考古发掘报告》第803页 《河南出土商周青铜器（一）》第52页，图五二
	爵	C2：郑博0223	杨庄墓葬区	《郑州商城——1953～1985年考古发掘报告》第811页 《河南出土商周青铜器（一）》第59页，图六三
	爵	C2：豫1187	郑州市东关外采集	《郑州商城——1953～1985年考古发掘报告》第811页 《河南出土商周青铜器（一）》第57页，图六〇 《中国青铜器全集·夏商卷》第62页，图六三
	爵	C8：豫1439	白家庄墓葬区采集	《郑州商城——1953～1985年考古发掘报告》第811页
	斝	C8：郑博0157	白家庄墓葬区	《郑州商城——1953～1985年考古发掘报告》第813页 《河南出土商周青铜器（一）》第63页，图六九
	盉	C8：豫0021		《郑州商城——1953～1985年考古发掘报告》第815页 《河南出土商周青铜器（一）》第62页，图六八
	鬲	C5.3H310：37	南关外铸铜遗址	《郑州商城——1953～1985年考古发掘报告》第366页（均为残片）
	斝	C5T15①：44		
	鼎	1987ZSC5M1：4	陇海北二街	《文物》2003年4期，第16、17页
	爵	1987ZSC5M1：1		
	爵	C7M25：1	城垣西城墙外人民公园	《文物参考资料》1954年12期，第84页 《郑州商城——1953～1985年考古发掘报告》第809页
	鼎	C11M146：3	铭功路西侧	《郑州商城——1953～1985年考古发掘报告》第798页 《河南出土商周青铜器（一）》第43页，图三九

续表

地区	种类	器号	出土地点	资料出处
郑州商城	斝	C11M126：3	铭功路西侧	《郑州商城——1953～1985年考古发掘报告》第803页
	斝	C11M150：6		《郑州商城——1953～1985年考古发掘报告》第581页
	爵	C11M148：10		《郑州商城——1953～1985年考古发掘报告》第809页 《河南出土商周青铜器（一）》第44页，图四〇
	爵	C11M125：1		《郑州商城——1953～1985年考古发掘报告》第809页
	爵	C11M125：4		《郑州商城——1953～1985年考古发掘报告》第579页
	鼎	MGM2：2	铭功路西侧	《考古》1965年10期，第500～502页
	斝	MGM2：7		《郑州商城——1953～1985年考古发掘报告》第799～805页
	斝	MGM2：20		《考古》1965年10期，第500～502页 《郑州商城——1953～1985年考古发掘报告》第805～810页 《河南出土商周青铜器（一）》第23、24页，图一二～图一四
	爵	MGM2：21		
	爵	MGM2：14		
	爵	MGM2：22		《考古》1965年10期，第502页 《郑州商城——1953～1985年考古发掘报告》第809页
	觚	MGM2：8		《考古》1965年10期，第502页 《郑州商城——1953～1985年考古发掘报告》第813页 《河南出土商周青铜器（一）》第25页，图一五 《中国青铜器全集·夏商卷》第148页，图一四九
	鬲	97：ZSC8ⅡT143M1：1	顺河东街西侧	《文物》2003年4期，第5页
	斝	ZYM1：1	郑州烟厂院内	《郑州商城——1953～1985年考古发掘报告》第805页
	斝	99：ZSCWT17M2：1	人民路西侧	《文物》2003年4期，第11、12页
	爵	99：ZSCWT17M2：2		
	觚	99：ZSCWT17M2：3		
	爵	BQM4：1	北二七路	《郑州商城——1953～1985年考古发掘报告》第809页
	爵	C7M46：1	人民公园	《郑州商城——1953～1985年考古发掘报告》第809页
近畿地区	以北（黄河以北）	爵	新博0114	辉县	《河南出土商周青铜器（一）》第98页，图一一七
		爵	新博0122	获嘉照镜	《河南出土商周青铜器（一）》第101页，图一二一
		爵	M1：1	焦作南朱村墓葬	《华夏考古》1988年1期，第28页
		觚	—	武陟商墓	《河南文博通讯》1980年3期，第39页
	以西	斝	YSⅢT5M1：5	偃师商城	《偃师商城（第一卷）》
		斝	YSⅣT28M13：3		
		爵	YSⅣT28M13：1		

续表

地区		种类	器号	出土地点	资料出处
近畿地区	以西	爵	YSⅧT19M1：6	偃师商城	《偃师商城（第一卷）》
		爵	YSⅢT5M1：7		
		尊	—	偃师商城采集	《偃师商城（第一卷）》第651页
		斝	豫1625	荥阳张片庄	《河南出土商周青铜器（一）》第71页，图八一
		爵	—		残爵，上文中提及

* 郑州商城内另有6件爵、3件觚见于发掘报告，但无详细出土信息及图片，表中未列，已计数

本阶段青铜礼容器的标准化与制式化程度明显提高，开始形成二里岗特色。近畿地区所见铜器的器形、器类依旧与郑州商城保持统一（图九、图一○）。食器比重有所增加，铜鼎继共时阶段昙花一现后本期再次出现。郑州商城出土铜觚以及偃师商城采集铜尊均为首次出现。需注意的是武陟商代墓葬中所见具有本阶段特征的铜觚，其所属墓葬中还一同发现了铜鼎、斝、爵各1件[84]，这三件器物均显示出晚期晚段铜器特点，故将此墓年代判断为二里岗晚期晚段是较为合理的，这件觚可放在之后进行讨论。

这一时期的空间分布范围在早期晚段已有区域的基础上，于郑州商城以北及以西的近畿地区均有进一步扩展，出现地点更为密集，但往东及往南均未出现新的发现点。

2）周边地区

本阶段周边地区青铜礼容器的分布范围有相当程度的推进，铜器数量猛增。长江中游有所扩张，在其支流汉江流域的汉中地区也有出现。黄河中游除此前的中条山地区外，于洛河上游、太行山西麓的长治盆地、黄土高原边缘地带及渭河流域的关中平原东部地区均有发现。淮河流域本期不但在早期早段即已出现铜容器的江淮一带巢湖以西地区又有新增，于淮北地区豫南平原地带也有新的发现地。目前共78件，有明确出土单位的49件，无具体出土信息或采集品29件，种类有鼎、鬲、甗、簋、斝、爵、觚、尊、盉、盘10种。其中长江流域57件（中游地区54件、汉中地区3件），黄河流域10件（洛河上游1件、中游地区5件、关中平原东部地区4件），淮河流域11件（淮北地区9件、淮南地区2件）（表九）。

这一时期周边各地区的器物形制相对统一，与中原同时期青铜礼容器的风格基本保持一致，呈现出十分浓厚的二里岗特色。其中盘龙城遗址所出铜器的制式化较中原地区更加明显，各器类形制趋于统一化和标准化，应是批量生产的原因造成的（图一一、图一二）。同时出现了中原地区尚未出现的器类：食器甗、簋及水器盘。在盘龙城遗址内，与李家嘴M2同期的其他单位很容易找到与铜甗相似的陶甗原型，与铜尊类似的陶尊仅于杨家嘴五期遗存内发现一件PYZT3⑤：43，此前未见，至于形制近似的陶簋则要晚到杨家湾七期时才出现，铜盘则未见原型陶器。但在郑州商城却能找到为数不少的陶器原型，如BQH2：3陶甗、C9.1H142：59陶簋、C11T109②：17

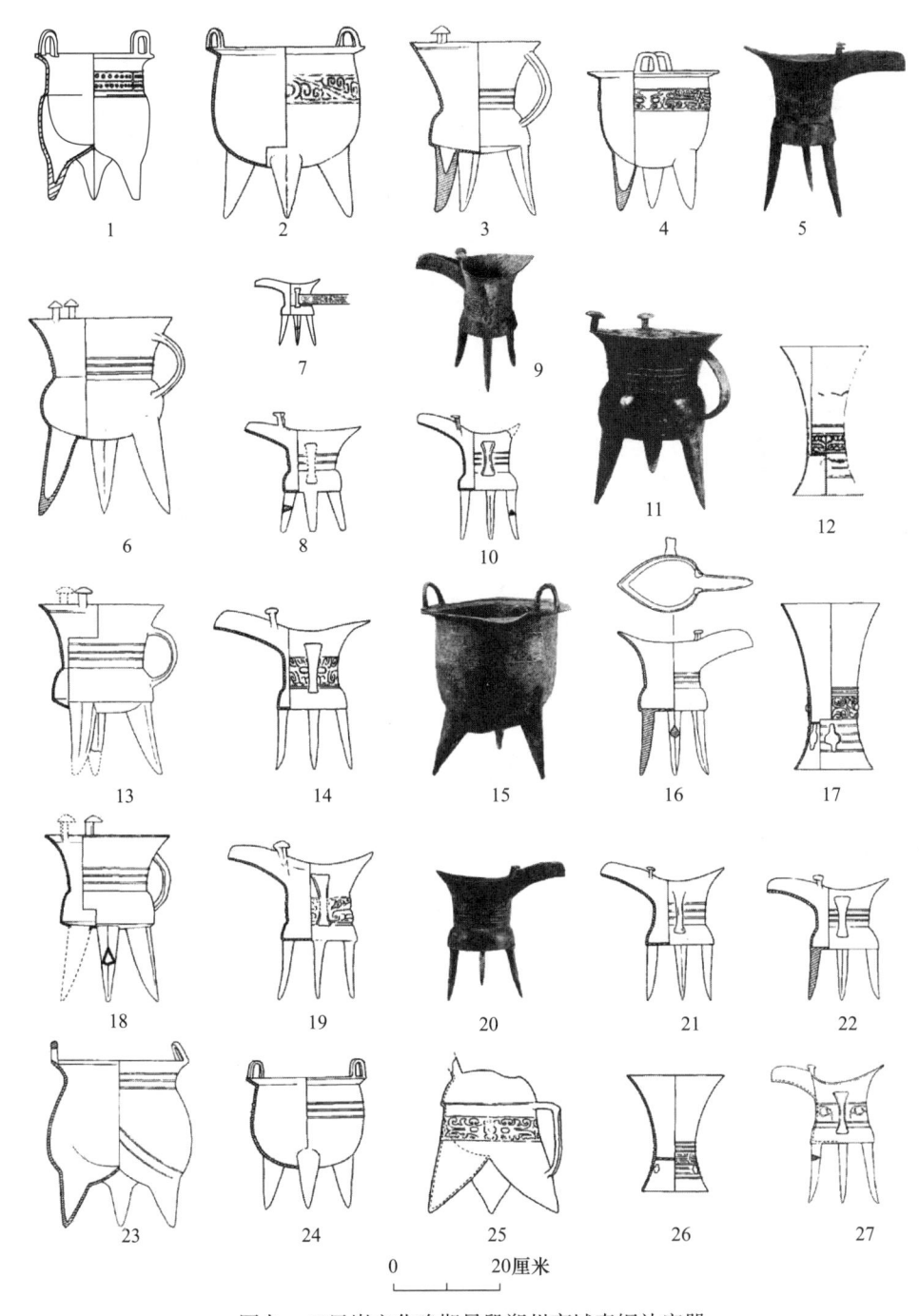

图九 二里岗文化晚期早段郑州商城青铜礼容器

1. T143M1：1 2. C11M146：3 3. MGM2：7 4. MGM2：2 5. T17M2：2 6. C11M126：3 7. C7M46：1
8. BQM4：1 9. C11M125：4 10. MGM2：22 11. T17M2：1 12. T17M2：3 13. MGM2：20
14. C11M148：10 15. 1987C5M1：4 16. C11M125：1 17. MGM2：8 18. ZYM1：1 19. MGM2：21
20. 1987C5M1：1 21. C7M25：1 22. MGM2：14 23. C8：郑博 0054 24. C8：郑博 0058 25. C8：豫 0021
26. C8：郑博 0157 27. C2：豫 1187

（1～6、8～17、19～22 为发掘出土，27 为遗址内采集，7、18、23～26 无详细出土信息）

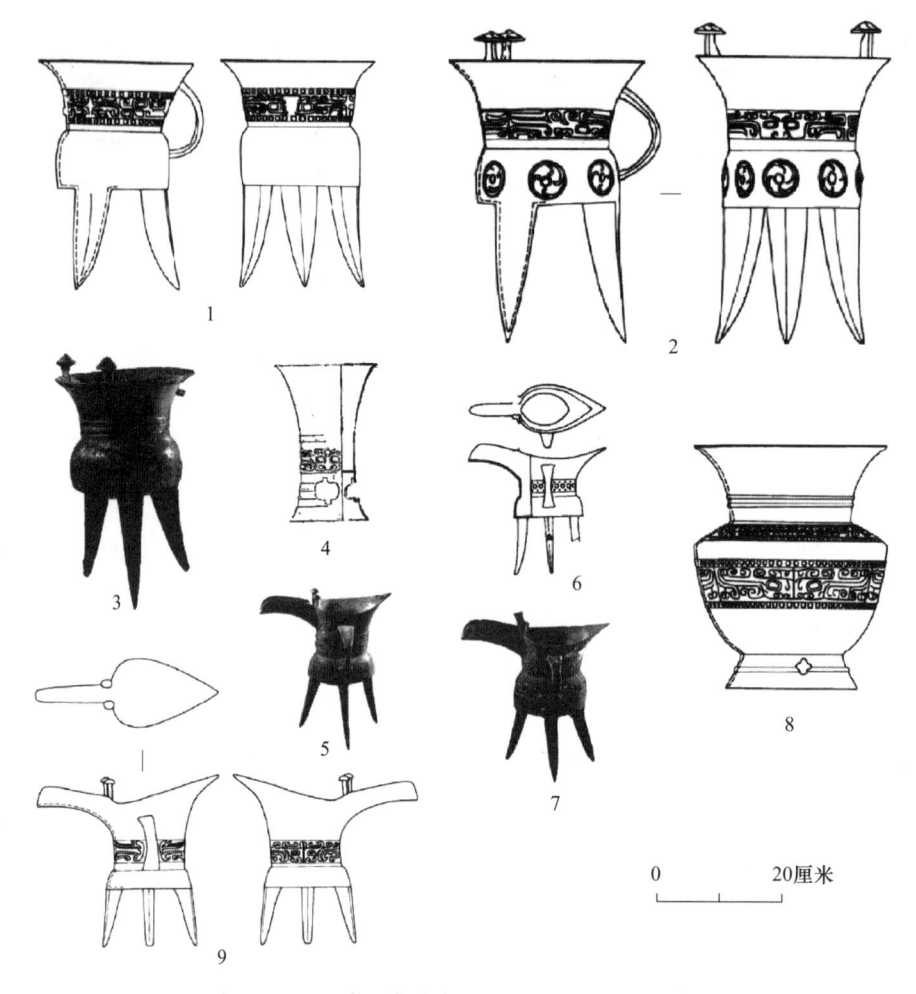

图一〇　二里岗文化晚期早段近畿地区青铜礼容器

1. 偃师商城89ⅣT28M13：3　2. 偃师商城83ⅢT5M1：5　3. 荥阳张片庄豫1625　4. 焦作武陟
5. 辉县新博0114　6. 焦作南朱村M1：1　7. 获嘉照镜新博0122　8. 偃师商城　9. 偃师商城89ⅣT28M13：1
（1、2、6、9为发掘出土，4、8为采集，3、5、7无详细出土信息）

表九　二里岗文化晚期早段周边地区青铜礼容器

地区			出土单位	鼎	鬲	甗	簋	斝	爵	觚	尊	盘	盉	资料出处
长江流域	长江中游地区	湖北武汉盘龙城	PLZM2	6	1	1	1	3	5	1	1	1	1	《盘龙城——1963~1994年考古发掘报告》
			PLWM1	1				1	1					
			PLWM3	1					1					
			PLWM4	1	1			2	1					
			PLWM5					1	1	1				
			PLWM6					1	1	1				
			PLWM7						1					
			PLWM8					1	1					

续表

地区				出土单位	鼎	鬲	甗	簋	斝	爵	觚	尊	盘	盉	资料出处
长江流域	长江中游地区	湖北武汉盘龙城		PYZM9						1	1				《盘龙城——1963～1994年考古发掘报告》
				PWZT61⑥						1					
				PWZT82H7						1	1				
				采集	2				1	3	2				
		湖北荆州荆南寺		M26					1						《荆州荆南寺》第57页
	渭河流域汉中地区	陕西城固	五郎乡	—		2									《汉中出土商代青铜器》第28～32页
			龙头村	—		1									
长江流域合计				57	11	5	1	1	12	17	7	1	1	1	
黄河流域	洛河上游	河南洛宁		—	1										《洛阳出土青铜器》第21页，图2
	黄河中游地区	山西垣曲商城		T3M1	1				1	1					《垣曲商城（一）：1985～1986》第211页
		山西长治		废铜拣选					1						《文物》1982年9期，第49页
		山西隰县庞村		—	1										《中国出土青铜器全集》第3卷第2页，器2
	关中平原东部地区	陕西西安	田王村	五九2		1									《陕西出土商周青铜器（一）》第17页图一
			怀珍坊	蓝1	1										《文物资料丛刊》（3）第26页
		陕西咸阳邵家河		—	2										《关中商代文化研究》第124页
黄河流域合计				10	6	1			2	1					
淮河流域	淮北地区	河南项城毛冢		采集					1	1					《文物》1982年9期，第83页
		河南许昌大路陈村		商墓	3				2	2					《华夏考古》1988年1期，第23、24页
	淮南地区	安徽六安	—	仓库拣选					1						《安徽江淮地区商周青铜器》第19页，图012
			霍山	—					1						《文物研究》（第五辑），第86页
淮河流域合计				11	3				5	3					
总计				78	20	6	1	1	19	21	7	1	1	1	

注：器物较多，详见附表

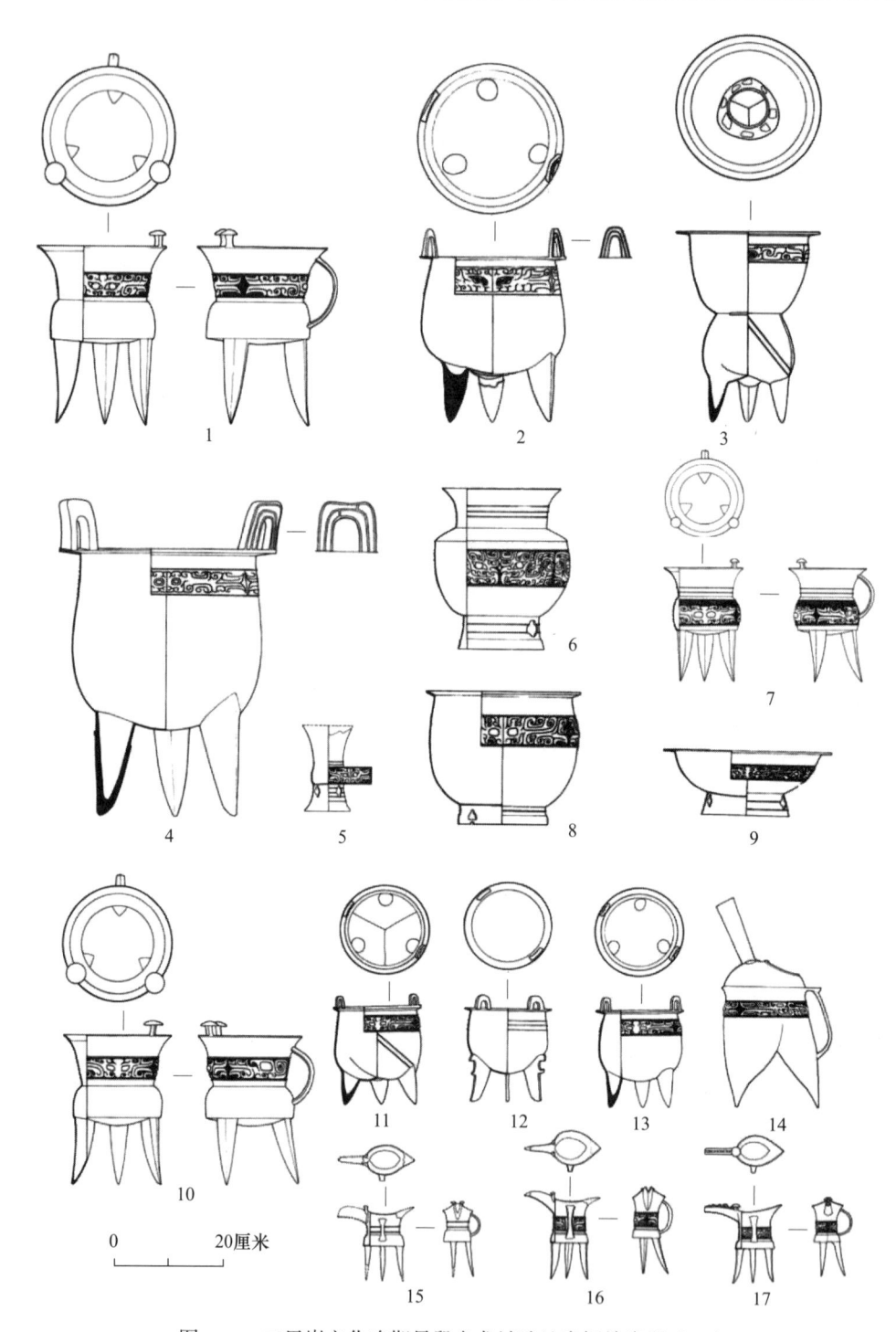

图一一　二里岗文化晚期早段盘龙城遗址青铜礼容器（一）

1. PLZM2 : 10　2. PLZM2 : 55　3. PLZM2 : 45　4. PLZM2 : 36　5. PLZM2 : 5　6. PLZM2 : 75
7. PLZM2 : 22　8. PLZM2 : 2　9. PLZM2 : 1　10. PLZM2 : 19　11. PLZM2 : 38　12. PLZM2 : 37
13. PLZM2 : 35　14. PLZM2 : 20　15. PLZM2 : 23　16. PLZM2 : 11　17. PLZM2 : 12
（均为遗址内发掘出土）

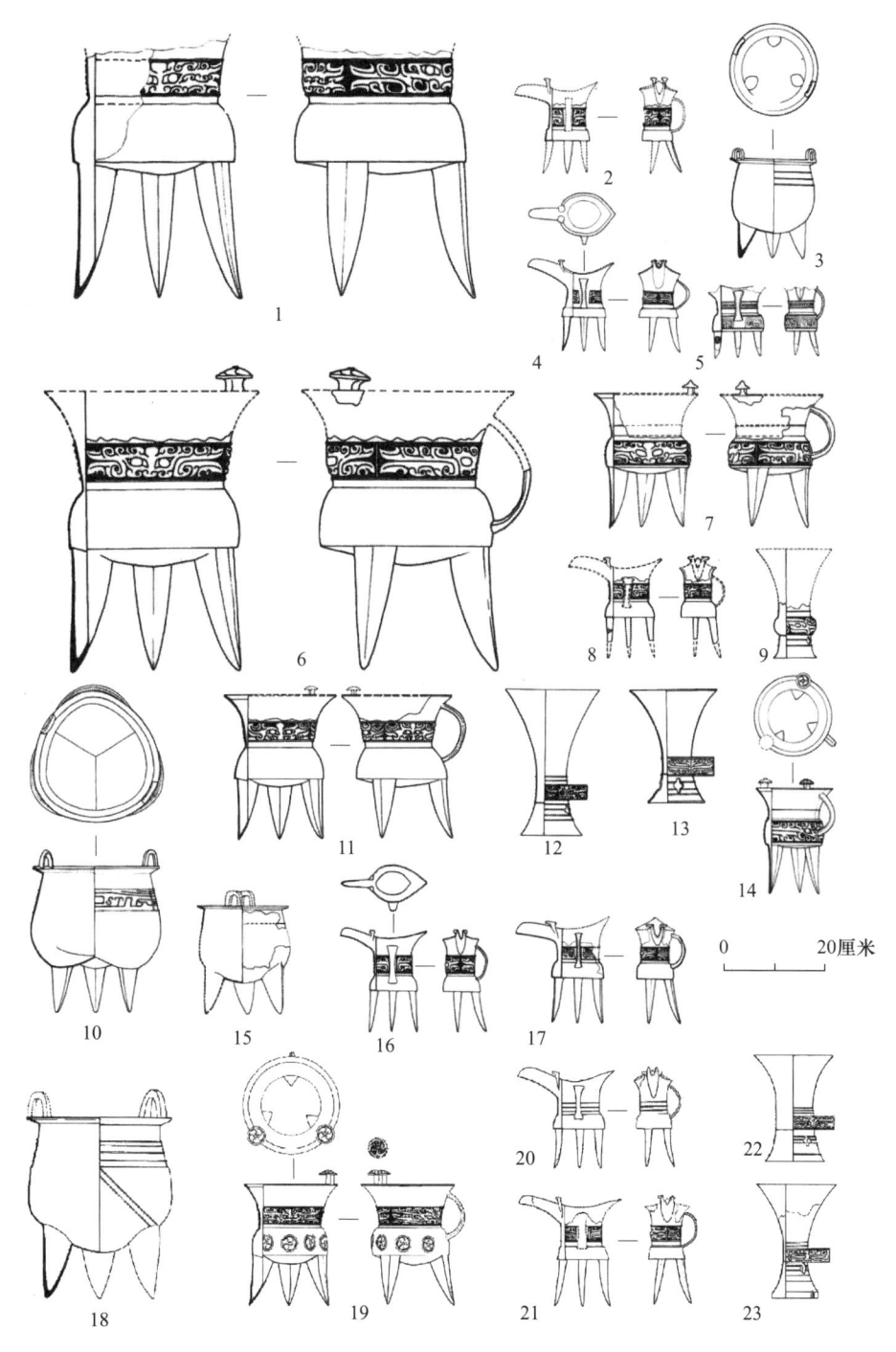

图一二 二里岗文化晚期早段盘龙城遗址青铜礼容器（二）
1. PLWM1∶1 2. PLWM1∶5 3. PLWM3∶1 4. PLWM3∶4 5. PWZT61⑥∶13 6. PLWM5∶3
7. PLWM7∶1 8. PLWM4∶1 9. PLWM5∶2 10. PLWM4∶3 11. PLWM4∶2 12. PWZT82H7∶2
13. PLWM6∶1 14. PLWM8∶1 15. PLWM4∶4 16. PLWM8∶2 17. PWZT82H7∶5 18. P∶016
19. P∶042 20. P∶030 21. P∶032 22. P∶0119 23. P∶050
（1~17为发掘出土，18~23为遗址内采集）

陶尊以及 C11T112 ②：137 陶盘等。如此则可较为清晰地推断出盘龙城遗址此期出现的新器形应仿制于郑州商城同期的同类陶器。

与盘龙城遗址相比，包括同样地处长江中游地区的荆州荆南寺遗址在内的其他周边地区所发现的铜容器不但数量相差甚远，且大部分制作工艺也略显粗糙（图一三）。铜鼎多见于本期各地，且新增扁足圆鼎。项城地区采集的单柱爵为首次出现，此类爵于二里岗时期较少见到。此外江淮地带皖西地区的霍山佛子岭铜罍仅见于学者的研究文章中，图片及数据均未发表，文中仅描述了器物的简要特征，指出其"颈腹部各饰单层粗疏的饕餮纹一周，边以小圆圈为饰，与二里岗下层铜器风格相同"[85]。以两圈圆圈纹为边框，中间夹一圈带状兽面纹或其他纹饰形成组合的装饰方式始见于本阶段偃师商城所出铜尊（图一〇，13）及铜罍（图一〇，10），依凭仅有的线索姑且先将其放在这一时期备考。

除长江中游地区的盘龙城遗址、荆州荆南寺遗址及晋南地区的垣曲商城外，其余各地区所见铜容器几乎皆为采集或征集品，其揭示历史文化意义的作用稍显不足。

（4）晚期晚段

这一阶段是青铜礼容器发展、扩散的顶峰时期，发现数量激增，种类更加丰富，殷墟时期大部分器类在此时均已出现。从空间范围上看，近畿地区的分布持续密集，周边地区分布区域大幅扩展，已延伸至一个相当广阔的区域。

1) 郑州商城及近畿地区

郑州商城内及近畿地区共发现青铜礼容器132件（包括辉县琉璃阁残鬲片1组、小双桥残器9件），有明确出土单位的发掘品79件，无详细出土信息及采集品53件，种类有鼎（方鼎、圆鼎）、鬲、簋、罍、爵、斝、尊、罍、卣、盘、中柱盂共11种（图版九）。其中郑州商城81件，近畿地区共51件（表一〇）。

本阶段除墓葬及灰坑外出现了新的埋藏形式，即铜器窖藏。目前中原地区大部分铜器窖藏发现于郑州商城，已有研究表明，郑州商城三座窖藏坑年代接近，其中张寨南街稍早，而向阳食品厂与南顺城街略晚，均应为二里岗晚期晚段最后阶段的器物，年代已接近于殷墟时期[86]。因此这三座窖藏所出铜器的形制特征可作为判断本期器物年代下限的标尺。

这一时期铜器整体变化得较为明显，不但增加诸多新器形，已有器类的形制演变进程也显著加快。郑州商城（图一四）与近畿地区（图一五）所见铜容器风格依旧保持一致，只是后者器物不若前者精致，都城内发现的一系列窖藏大型重器（图一六、图一七）更是少见于其他地区。在装饰风格上此时大部分器物依旧维持单层花纹，稍晚出现兽面纹目或整个兽首高出器表的立体花纹器物，亦有兽面纹特别繁复者，甚至出现扉棱装饰器物。同时普遍存在一器不同部位饰多条带状纹饰的现象，且以主、次纹饰组合成装饰纹带的应用更加普遍。这些变化与演进已形成了更加鲜明的二里岗特色，并开启了殷墟时期青铜礼容器繁缛之风的先河。

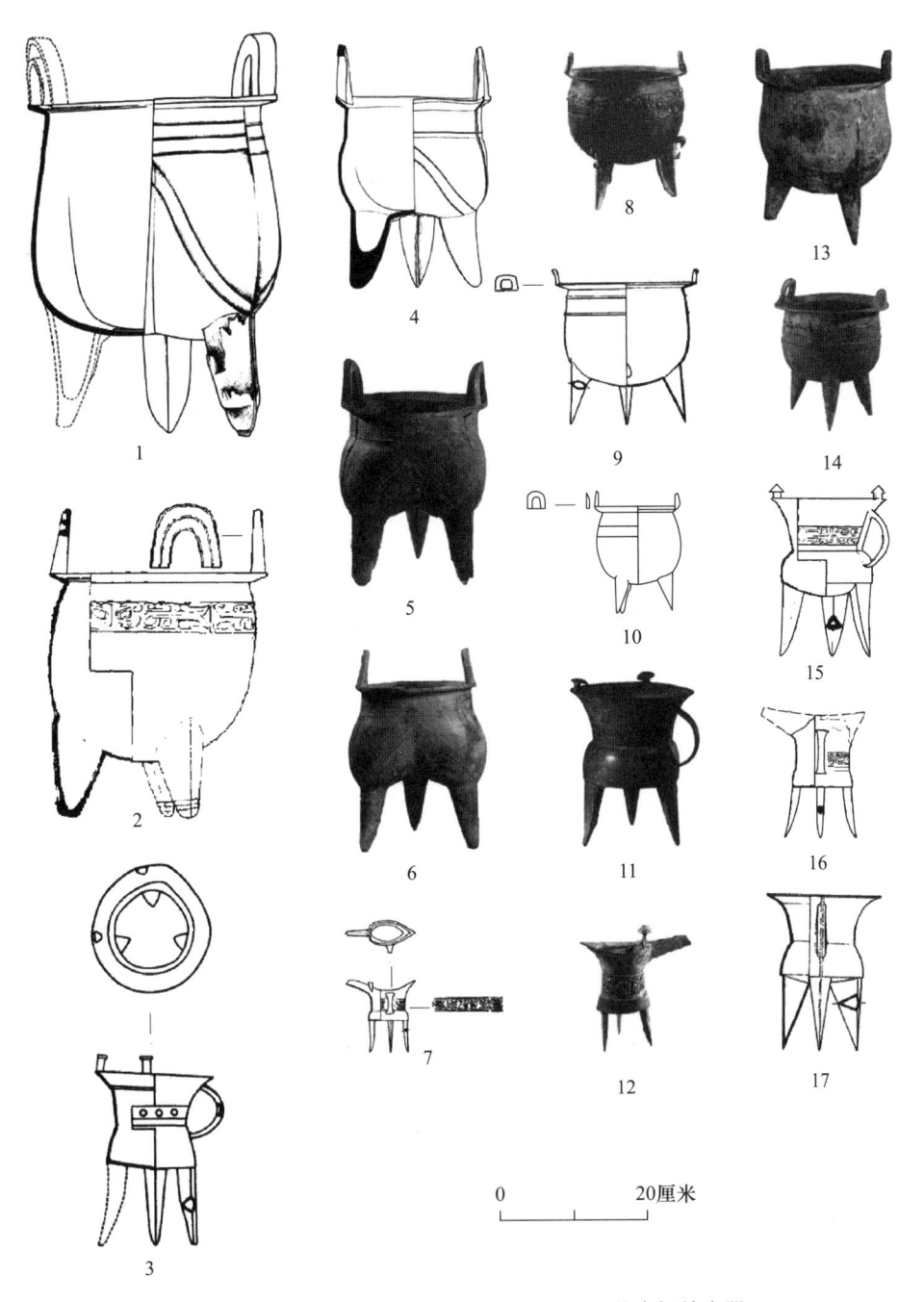

图一三　二里岗文化晚期早段周边地区发现的青铜礼容器

1. 陕西城固铜 294　2. 河南许昌大路陈村 86 采集：1　3. 湖北荆州荆南寺 M26：1　4. 陕西城固铜 22-4
5. 陕西西安田王村五九 2　6. 陕西城固铜 22-3　7. 山西垣曲商城 T3M1：8　8. 河南洛阳洛宁
9. 山西垣曲商城 T3M1：10　10. 河南许昌大路陈村 86 采集：2　11. 安徽六安土产公司拣选
12. 河南项城毛冢　13. 山西隰县庞村　14. 陕西田怀珍坊蓝 1　15. 河南许昌大路陈村 86 采集：4
16. 河南许昌大路陈村 86 采集：5　17. 山西垣曲商城 T3M1：11
（3、7、9、17 为发掘出土，2、10、12、15、16 为采集，11 为征集，1、4~6、8、13、14 无详细出土信息）

表一〇 二里岗文化晚期晚段郑州商城及近畿地区青铜礼容器

地区		出土单位	鼎 圆	鼎 方	鬲	簋	斝	爵	觚	尊	罍	卣	盘	中柱盂	资料出处
郑州商城		C8M2	1				1	1			1		1		《郑州商城——1953~1985年考古发掘报告》
		C8M3	1		2		2	2	2		1				
		C8M39	1				1								
		BQM1	1				3	1	2						
		BQM2					2	1	1						
		2001：ZSC8ⅢT6M1					1	1						1	
		MGM4		2											
		C1M1		2			1		1						
		无洋细出土信息及采集	3	4	3		9	4	2	2	2				
		张寨南街窖藏			1						1				
		向阳食品厂窖藏			残 1				1	2	2				
		南顺城街窖藏				1	2	2	1						
以 北 (黄 河 以 南 近 畿 地 区) 黄 河 以 北	辉县 琉璃阁	M110			1		1	1	1						《辉县发掘报告》第17、18页
		M203													
		M148						1	1						
	武陟	50HLM100	1						1						《河南文博通讯》1980年3期，第39页
	小双桥	1952~1954年	1				1	1	1			1			《河南出土商周青铜器（一）》第515页，皆为残器
		商代塞葬	3				4	2							《考古》1981年6期，第556页
以 南	新郑 望京楼	—		2	2		1	1	1						《河南出土商周青铜器（一）》
		1974年	1				2					1			
		1975~1976年													
		采集						9			1		1		《中原文物》1992年1期，第86页

续表

地区		出土单位	鼎 圆	鼎 方	鬲	簋	斝	爵	觚	尊	罍	卣	盘	中柱盉	资料出处
近畿地区	以南	新密曲梁							1						《河南出土商周青铜器（一）》第85页，图九八
		汝州李楼 第一次					1	1	1						《考古》1983年9期，第839页
		汝州李楼 第二次			1	1	1	1							
	以东	中牟大庄						1	1					1	《文物》1980年12期，第89、90页
合计		132	13	8	11	1	34	32	18	4	6	1	3	1	

注：器物较多，详见附表

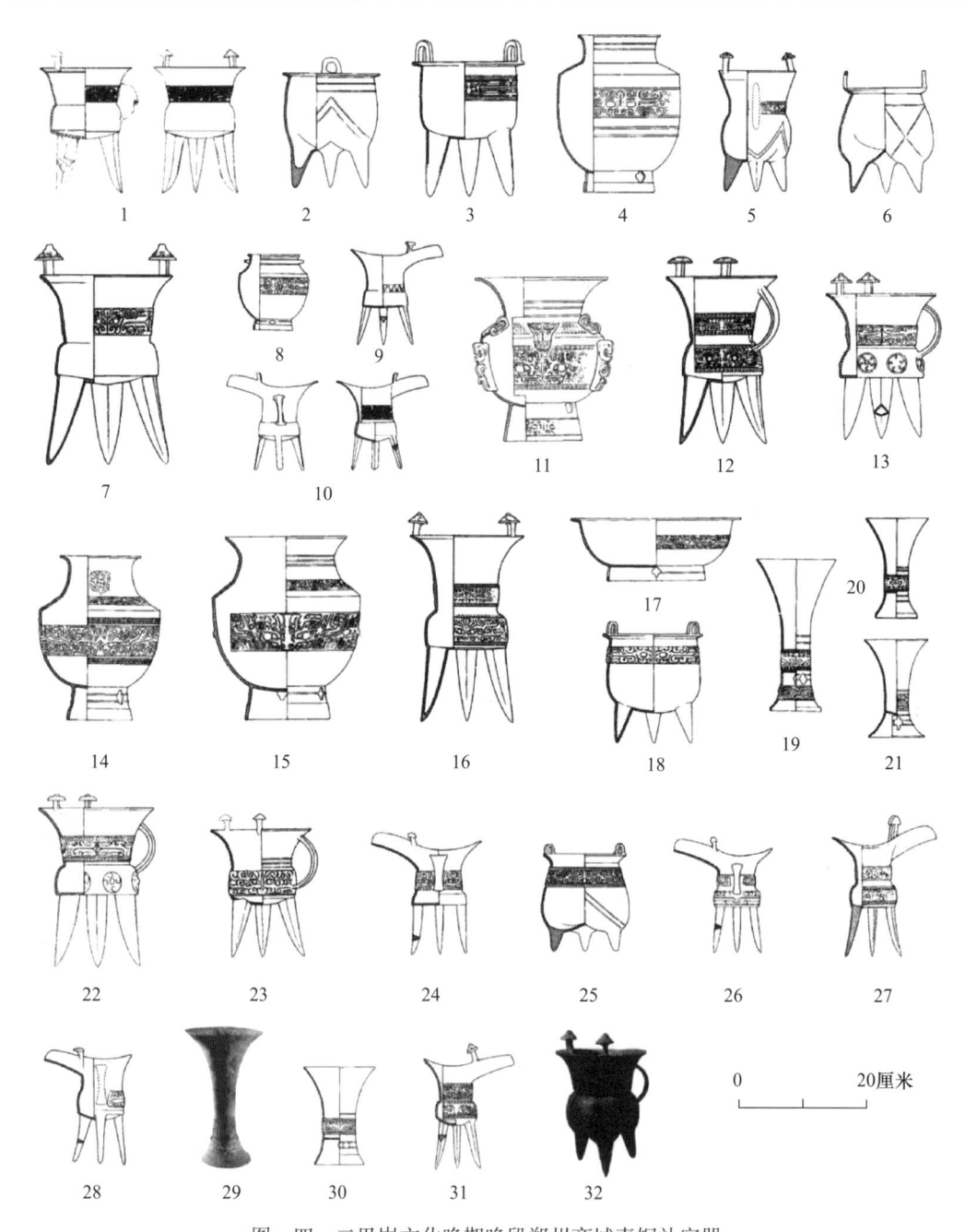

图一四 二里岗文化晚期晚段郑州商城青铜礼容器

1. 2001：ZSC8ⅢT61M1：1 2. C2：豫2912 3. BQM1：3 4. C1：郑博0243 5. C1M1：1 6. C2：豫文101
7. BQM1：1 8. C8：豫1615 9. BQM2：2 10. 2001：ZSC8ⅢT61M1：3 11. C7：豫0890 12. C8：豫0895
13. C8：郑博0057 14. C8M2：1 15. C8M3：9 16. C9：郑博0156 17. C8M2：3 18. C8M2：4
19. C8M3：5 20. BQM1：13 21. MGM4：3 22. C8M3：6 23. C8M2：7 24. C8M2：8 25. C8M3：3
26. C8M3：1 27. C2：豫1444 28. MGM4：1 29. C8：豫2318 30. C8M3：8 31. C2：豫1167
32. 汴博11014（汴博：开封市博物馆，下同）

（1、3、5、7、9、10、14、15、17～26、28、30为发掘出土，8、31为遗址内采集，2、4、6、11～13、16、27、29、32无详细出土信息）

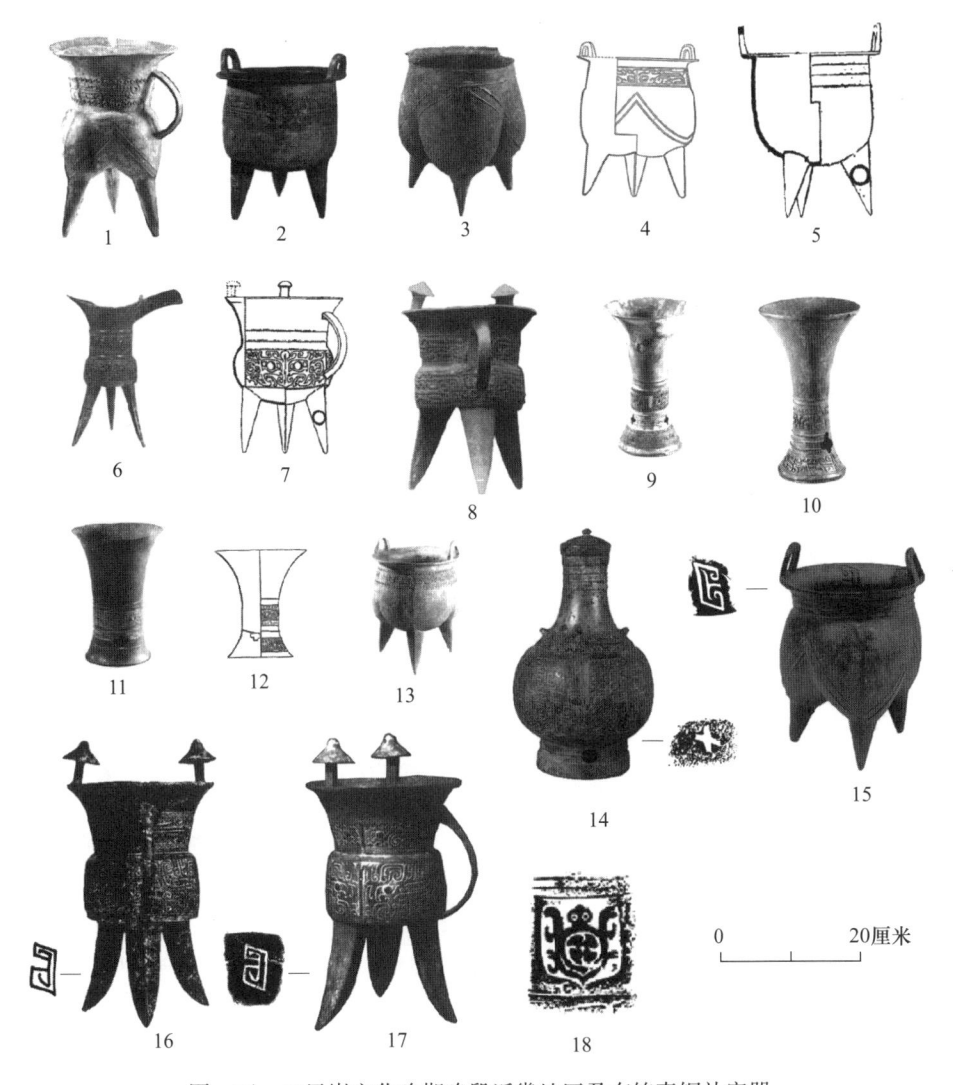

图一五　二里岗文化晚期晚段近畿地区及有铭青铜礼容器

1、3、8、11、13. 1974年新郑望京楼　2. 辉县新博0004　4. 辉县琉璃阁M110：1　5、7. 武陟
6. 辉县琉璃阁M148：1　9. 辉县琉璃阁50HLM100：2　10. 新密曲梁　12. 辉县琉璃阁M148：2
14. 上海博物馆藏品　15. 中国国家博物馆藏品　16. 瑞士玫茵堂藏品　17. 保利艺术博物馆藏品
18. 郑州商城C8M2：1铭文

（玫茵堂藏品无尺寸，铭文不适用于比例尺，4、6、9、12、18为发掘出土，5、7为窖藏，1~3、8、10、11、13
无详细出土信息，14~17为馆藏品）

此外，本阶段已出现有铭铜容器，如郑州商城C8M2所出铜罍（图一四，14），其颈部有三个相同的块状纹样，有学者认为此为铭文，隶定为"黽（黾）"[87]。除此器为科学发掘出土外，其他具有此期特征的有铭器物皆为馆藏品，如中国国家博物馆藏鬲[88]、保利艺术博物馆藏斝[89]、瑞士玫茵堂藏斝[90]，均有一相同铭文"亘"，上海博物馆藏"乂"壶[91]等（图一五，14~18）。铭文虽少，且隶定意见尚未统一，但其意义不能忽视。

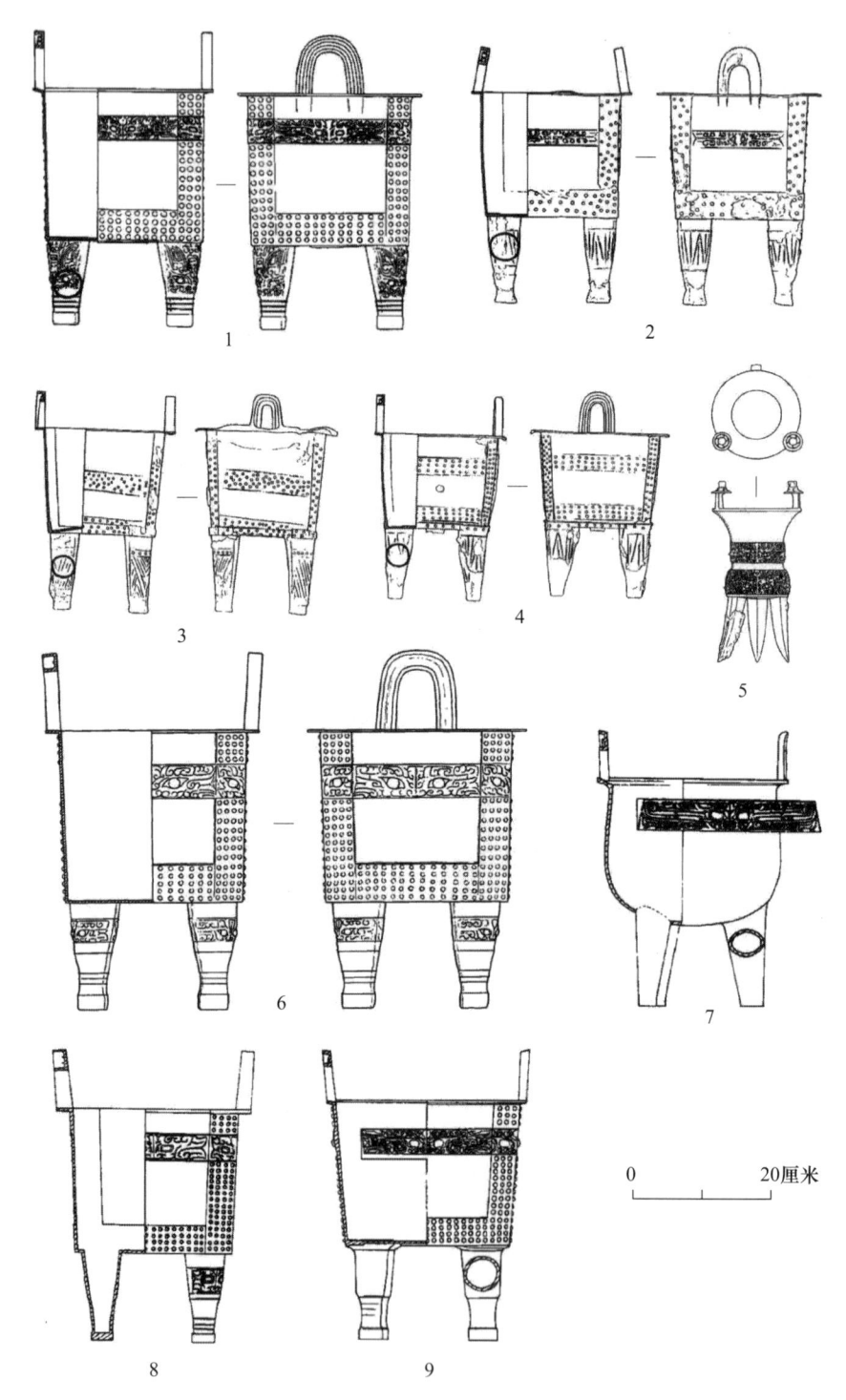

图一六 郑州商城铜器窖藏（一）

1. 南顺城街方鼎 H1 上：1　2. 南顺城街方鼎 H1 上：2　3. 南顺城街方鼎 H1 上：3　4. 南顺城街方鼎 H1 上：4
5. 南顺城街斝 H1 上：5　6. 张寨南街方鼎 DLH1：1　7. 向阳食品厂圆鼎 XSH1：1
8. 向阳食品厂方鼎 XSH1：8　9. 向阳食品厂方鼎 XSH1：2

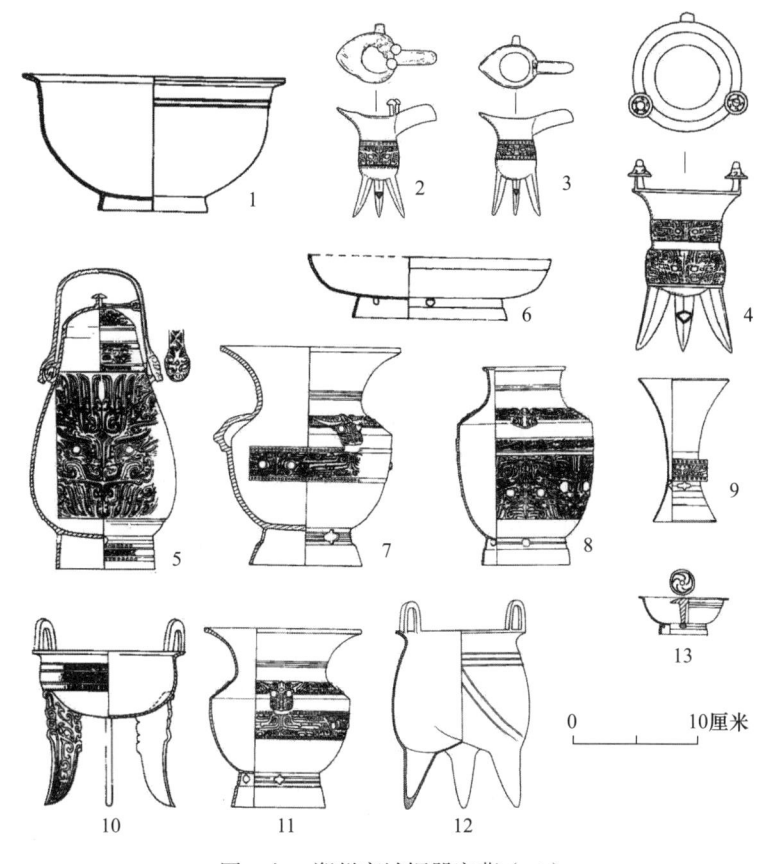

图一七　郑州商城铜器窖藏（二）

1. 南顺城街簋 H1 上：9　2. 南顺城街爵 H1 上：8　3. 南顺城街爵 H1 上：7　4. 南顺城街斝 H1 上：6
5. 向阳食品厂卣 XSH1：11　6. 向阳食品厂盘 XSH1：7　7. 向阳食品厂牛首尊 XSH1：3
8. 向阳食品厂羊首罍 XSH1：5　9. 向阳食品厂觚 XSH1：12　10. 向阳食品厂圆鼎 XSH1：9
11. 向阳食品厂牛首尊 XSH1：4　12. 张寨南街鬲 DLH1：3　13. 向阳食品厂中柱盂 XSH1：6

要之，本期郑州商城以北的近畿地区依然是重点分布区域，该地区除黄河以北外，于黄河以南也有发现，本阶段南部近畿地区进展颇丰，以东中牟地带又有新发现，以西未出现新的发现地点。

2）周边地区

本阶段周边地区的分布范围与铜器数量均大幅猛增。淮南与淮北及长江中游地区继续扩展，长江下游也有零星发现。继上一阶段关中平原东部被覆盖之后，西部地区于此期被纳入分布范围，乃至黄土高原地带的陕北地区也有发现。黄河中游地区在维持此前分布态势的同时，向下游及上游地区均有推进，向西或已达青藏高原东北的边缘地带，往东已至海岱地区西部。同时北方的空间范围也有极大拓展，河套地区、太行山东麓及燕山南北地带皆出现有本期特征的青铜礼容器（图版一〇）。目前共 242 件，有明确出土单位的 120 件，无详细发掘资料或采集品 122 件，种类有鼎（方鼎、圆鼎）、鬲、甗、簋、斝、爵、觚、尊、罍、卣、盘、壶、盂 13 种（表一一）。

表一一 二里岗文化晚期晚段周边地区青铜礼容器

地区		地点	出土单位	鼎圆	鼎方	斝	瓿	簋	觚	爵	斝	尊	罍	卣	盘	盉	资料出处
长江流域	中游地区	湖北 武汉盘龙城	PLZM1	2		2		1	6	4	3	2		1	1		《盘龙城——1963~1994年考古发掘报告》
			PLWM3						1		1						
			PYWM4			1			2	2	2	1					
			PYZM2						2	2	3						
			PLZM3						1								
			PYWM7			1			1	1		1					
			PYWM11	2				1	4	4	4	2					
			PYZM1	1					2	1							
			PWZM1	2					2	4	2	1					
			PWZT82H7		1				1								
			89HPCYM1						1	1	1		1				
			PLWM9						1	1	1						
			PLWM10							1							
			PLWM2														
			PYWM3						2	1	2		1				
			PYWM5						2	1	1						
			PYWM1							1							
			PYWM9						1	1	1	1					
			PYWT38④			1				1							
			PYWH6						3	3	3	3					1
			采集	1					6	7	1	1					

续表

地区		地点		出土单位	鼎圆	鼎方	斝	甗	簋	罍	爵	觚	尊	罍	卣	盘	盉	资料出处
长江流域	中游地区	湖北	武汉鲁台山	—							1							《江汉考古》1998年4期，第24页
			黄冈下窑嘴	商墓			1	1			1	1		1				《文物》1993年6期，第56页
	下游地区	安徽	宜昌枝城	收购														《考古》1989年9期，第775页
			铜陵童墩	—			1											《东南文化》1991年2期，第138页
	渭河流域汉中地区	陕西	城固 龙头村	—							1	5	3	2	3	1		《汉中出土商代铜器》
			苏村	—										1		1		
			五郎乡	—					1									
长江流域合计					9		7		2	41	40	31	14	7	4	3		
黄河流域	关中平原东部	陕西	咸阳邵家河	158							1	1						《关中商代文化研究》第126页
			西安老牛坡	—							1							《关中商代文化研究》第125、126页
	西部地区		铜川三里洞	—	1													《考古》1982年1期，第107页
			麟游九成宫	—						1								《夏商周考古论文集》第333页
		宝鸡	扶风法门寺	—			1					1						《陕西出土商周青铜器（一）》第49页，图四一
			岐山京当村	—			1					1						《陕西出土商周青铜器（一）》图四
	陕北地区		子长	M107							1							《考古》2004年7期，第26页
	下游地区	山东	济南大辛庄	M106						2				1				《考古》2004年7期，第28～31页
				M139	1									1				《考古》2010年10期，第869页
			济南长清	征集						1								《文物》1982年1期，第86页

续表

地区		地点	出土单位	鼎圆	鼎方	鬲	甗	簋	斝	爵	觚	尊	罍	卣	盘	盉	资料出处
黄河流域	中游地区	河南 灵宝东桥	—			1											《河南出土商周青铜器（一）》第102页，图一二三
		山西 夏县东下冯	M4	2	1					1							《文物季刊》1992年1期，第18页
		平陆前庄	—	2				1	1	1	2		1				《文物资料丛刊》(3)，第198、199页
		长子县	—	1			1	2			1		1				《文物》1982年9期，第49页
	河套地区	内蒙古 伊金霍洛旗朱开沟	H5028	1													《朱开沟——青铜时代早期遗址发掘报告》第120页
	上游地区	青海 西宁鲍家寨	—			1											《考古》1985年7期，第635页
	黄河流域合计		38	8	1	4		1	7	7	6		4				
淮河流域	淮北地区	河南 郾城拦河潘	窖藏	4					2	2	2		2				《考古》1987年8期，第765页
		舞阳北舞渡	—			2	1										《考古》1983年9期，第841页
		江苏 连云港	—	1													《中国出土青铜器全集》（第7卷），器1
		淮安	—						1								《中国出土青铜器全集》（第7卷），器2
		山东 滕州官桥镇	—							2							《中国出土青铜器全集》（第5卷），器4、5、9
		安徽 阜阳阜南	—								1						《安徽省博物馆藏青铜器》图五
	淮南地区	安徽 六安	拣选								1						《安徽江淮地区商周青铜器》第27页，图17
		蚌埠	拣选						1	1							《安徽江淮地区商周青铜器》《安徽省博物馆藏青铜器》

续表

地区	地点		出土单位	鼎圆	鼎方	鬲	甗	簋	斝	爵	觚	尊	罍	卣	盘	盉	资料出处
淮河流域合计			23	5		2		2	4	5	5	1	2				《文物》1986年3期，第92、93页
太行山东麓地区	河南	林州	拣选						1		1	1					《中国出土青铜器全集》（第2卷），器1
		安阳小屯	墓葬	2									2				《中国出土青铜器全集》（第2卷），第1页，器1
		邯郸	—							1							《中国出土青铜器全集》（第2卷），第4页，器4
	河北	保定要庄	—						1	1	1						《藁城台西商代遗址》第166页
		石家庄台西	M14		1												《中国出土青铜器全集》（第2卷），器2、3、6
			M112	1									1				
			其他	3				2	2	2	2	1	3				
太行山东麓地区合计			15	3				2	2	2	2	1	3				
燕山南北地区	辽宁	喀左小波汰沟	窖藏	1													《文物考古工作三十年》第89页
		朝阳	征集	1										1			
	北京	平谷刘家河	商墓	1		2	1				4	1		1		1	《文物考古工作三十年》第89页
燕山南北地区合计			8	3		2	1				4	1		1		1	《中国出土青铜器全集》（第1卷）
总计			242	22	1	12	2	2	51	53	43	14	12	5	3	1	

注：器物较多，详见附表。江苏的连云港地区不属江淮地区，为方便讨论姑且将其放在这一地区

这一阶段发现青铜礼容器的地域极广，但在形制上各地所见器物依旧均与郑州商城所出铜器保持了基本一致的风格特征。类别上周边地区少见方鼎，目前仅山西平陆前庄发现一件（图一九，1），中原地区一直未曾出现过的铜甗，自二里岗早期阶段开始持续于周边区域有零星发现，其余器类无甚分别。另有河南郾城拦河潘村发现一批集中出现且无其他遗物伴出的青铜容器，约属窖藏[92]。郾城拦河潘窖藏内除一件锥足圆鼎形制略早，应为二里岗晚期晚段偏早外，其余各器皆较晚，大部分也应属晚期晚段最晚时期。总体上看此期铜器数量虽多，但除盘龙城遗址外，大部分地区均为零星散见，无明确出土单位与地层关系的器物颇多，需结合已知材料对其进行分析筛选，才能更好地利用其参考价值分析其意义。

2. 小结

综合上述青铜礼容器的出土及发现情况可以看出，二里岗时期是承前启后的发展阶段。在继承二里头文化青铜礼器传统的基础上逐渐摆脱其简单朴素的原始特征，数量不断增加，器类逐渐丰富，形制日趋标准，最终形成了鲜明的二里岗特色。同时也十分清晰地展现出从共时阶段直至二里岗晚期晚段青铜礼容器空间分布的变化态势。

二里头文化四期晚段与二里岗文化早期早段开始，铜容器的器类突然增加，其发现地点也从二里头四期早段及以前仅见于当时的中心都邑二里头遗址变化为同时出现于郑州地区的墓葬中。此阶段新郑望京楼地区或已有青铜礼容器出现，江淮地带巢湖以西的安徽肥西地区也存在这种可能。

二里岗早期晚段时，郑州商城取代了二里头遗址成为铜容器的集中发现地，且都城以外的出现地点开始增加。晚期早段这种扩张的态势逐渐加剧，围绕着新的中心都邑的近畿地区分布区域愈来愈密集，周边地区的覆盖范围也越来越广阔。直至晚期晚段达到顶峰，此时青铜礼容器的空间分布已拓展到一个相当大的区域范围，北至河套地区的内蒙古南部、东北已抵燕山以北的辽宁西部，东达海岱地区的鲁西北地带，东南已延伸到江淮地区的鲁西南及皖中、苏北等地，向南涵盖长江中游地区的鄂东诸地及上游的鄂西南与下游的皖南北部，向西最远已达青藏高原东北部边缘的青海西宁地区。

无论二里岗时期的任一阶段，各地方区域所见铜容器的器形、器类、形制、特征皆保持着与中心都邑的高度一致性。

（二）空间分布及其意义分析

经与二里头三期及四期早段青铜礼容器空间分布对比可知，自共时阶段开始，局面突变且日趋复杂，其所揭示的历史背景亦应是错综丰富的。

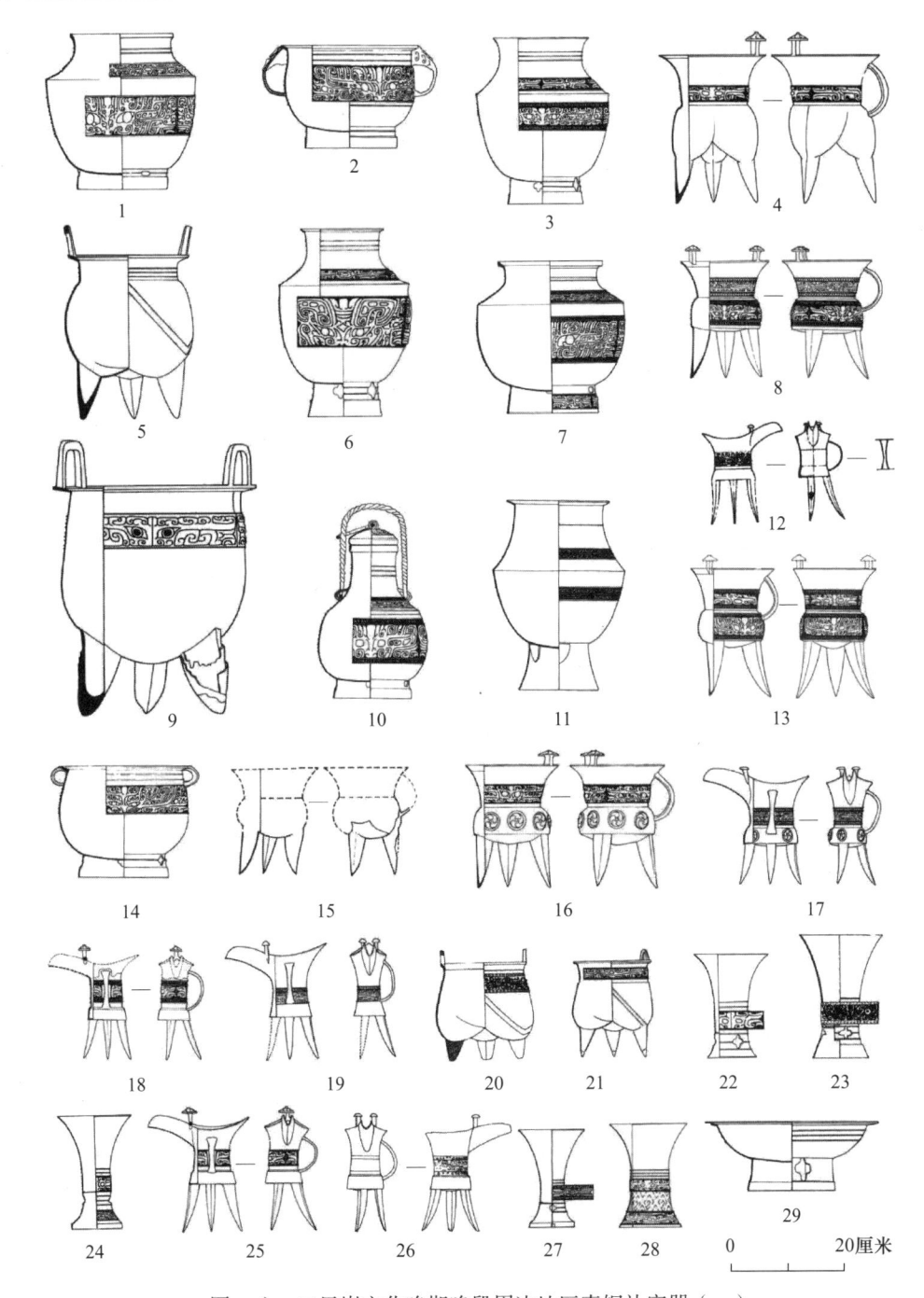

图一八　二里岗文化晚期晚段周边地区青铜礼容器（一）

1. 湖北武汉盘龙城 PTZ：0136　2. PLZM1：5　3. PLZM1：7　4. PWZM1：1　5. 2PLZM1：3　6. PWZM1：2
7. 89HPCYM1：7　8. PYWM11：31　9. PLZM1：1　10. PLZM1：9　11. PYWM11：34
12. 湖北武汉鲁台山　13. PYWM4：4　14. PYWM11：13　15. PYWM4：13　16. PLZM3：1　17. PYWM7：7
18. PYWM4：14　19. PYWM4：3　20、23、26. 湖北黄冈下窑嘴标本 1、4、3　21. PLZM1：4　22. PYWM4：6
24. 89HPCYM1：5　25. PLZM1：16　27. PYWM11：51　28. PLZM1：19　29. PLZM1：6

（1 为遗址内采集，12 无详细出土信息，其余均为发掘出土）

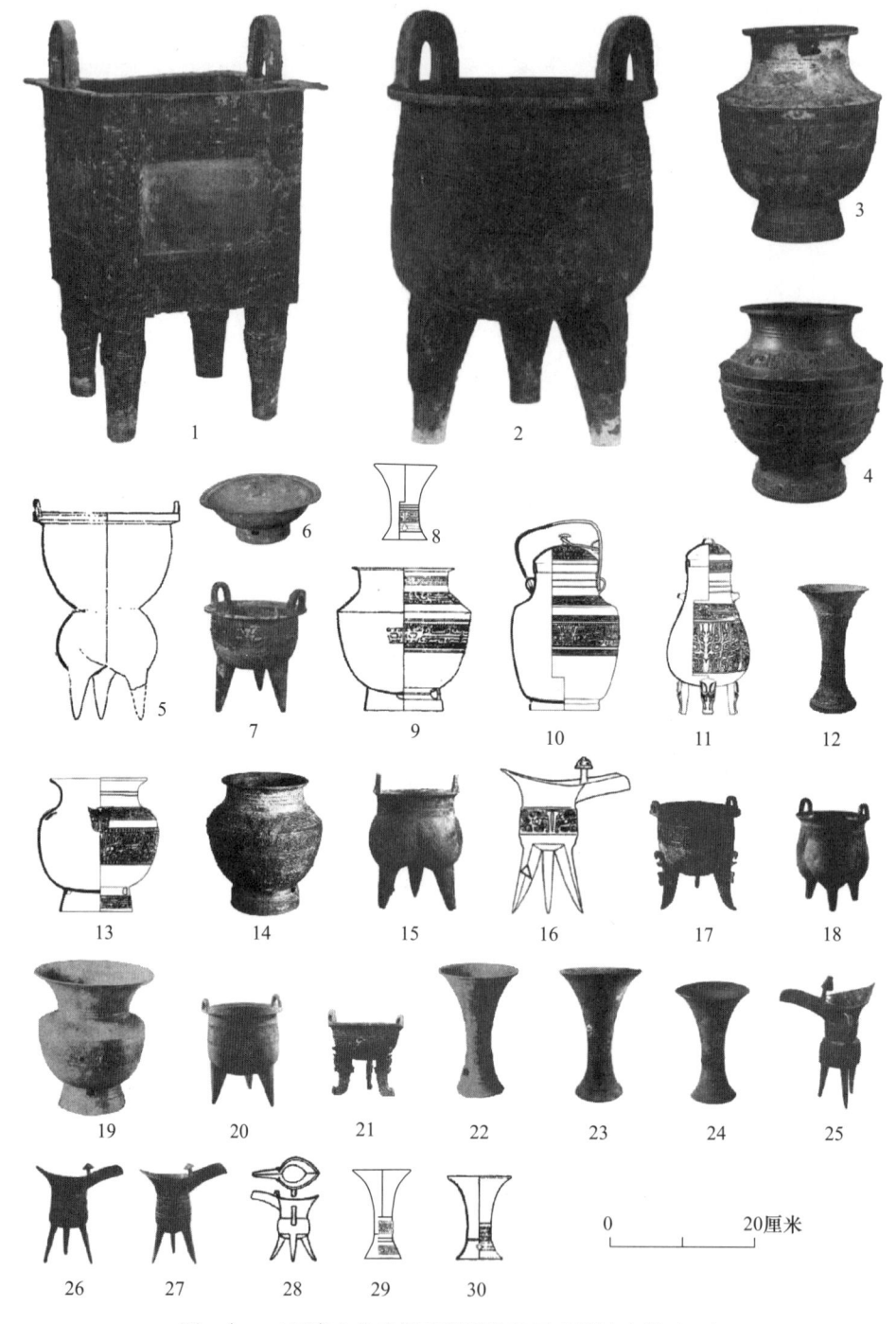

图一九　二里岗文化晚期晚段周边地区青铜礼容器（二）

1～3. 山西平陆前庄　4、8、10、11、13、27、29. 陕西城固龙头村　5、7、9、26、30. 山西长子北高庙
6. 陕西城固苏村　12、21. 河南郾城拦河潘村　14、17. 河南安阳小屯　15、23、25. 陕西宝鸡京当村
16. 陕西西安老牛坡　18. 陕西扶风　19、22. 河南安阳林州　20. 陕西铜川三里洞　24. 陕西子长
28. 山西夏县东下冯 M4：1

（14、28 为发掘出土，12、21 为窖藏，1～3 为遗址内采集，19、22 为征集，其余均无详细出土信息）

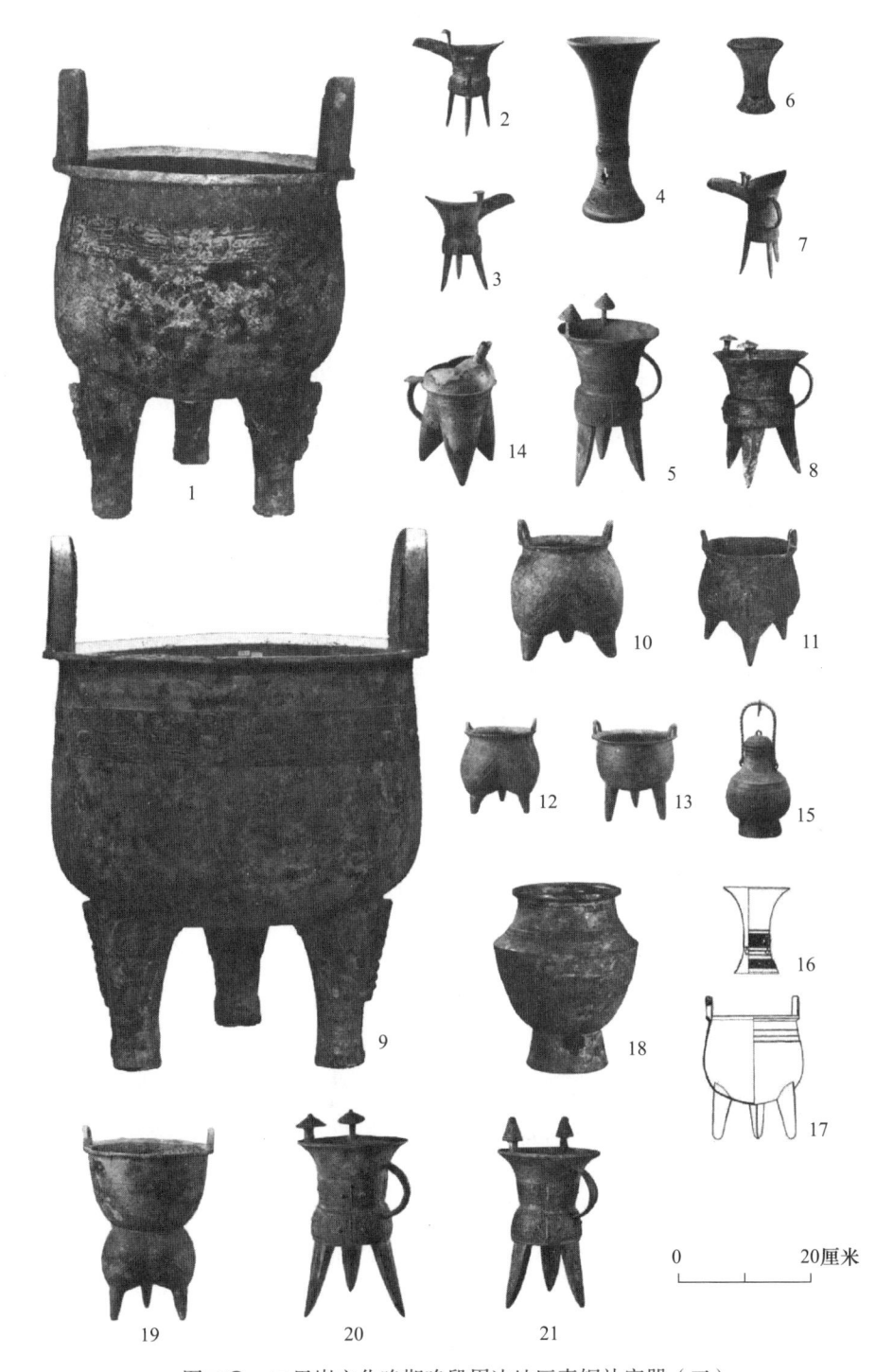

图二〇　二里岗文化晚期晚段周边地区青铜礼容器（三）

1、21. 江苏连云港大村、淮安　2、8. 河北邯郸、保定要庄　3、6. 山东滕州轩辕庄村、大康留村
4. 安徽阜南　5、7. 安徽蚌埠　9. 辽宁喀喇沁左旗小波汰沟　10. 北京平谷韩庄　11. 青海西宁鲍家寨
12～15、19. 北京平谷刘家河　16～18. 河北石家庄台西 M14∶6、M112∶2、罍　20. 安徽铜陵童墩
（12～17、19 为发掘出土，9 为窖藏，11 为采集，5、7 为征集，1～4、6、8、10、18、20、21 无详细出土信息）

1. 早期早段（二里头四期晚段）考古遗存背景

社会复杂化阶段考古学文化的特点是出现核心遗址，相关考古学文化以核心遗址为中心分布，其起讫时间也与核心遗址（都邑）的存废大体一致，都邑的迁移是导致考古学文化演变的重要因素[93]。进入共时阶段，处于二里岗早期早段的郑州地区与同时期的二里头都邑均出现了显著的变革，青铜礼容器空间分布态势的变化是其最重要的表现形式之一（图二一）。

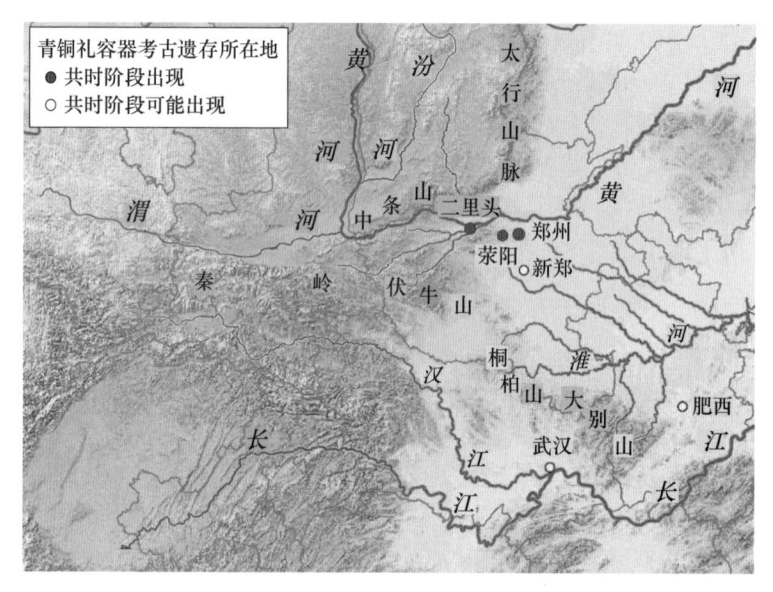

图二一　二里岗文化早期早段（二里头文化四期晚段）青铜礼容器的空间分布

（1）二里头遗址

1）聚落形态

从二里头四期晚段开始，二里头遗址的文化面貌发生了重要变化。遗址内突然出现了诸多下七垣与岳石文化因素，呈现出多元文化因素共存的局面。宫殿区仍继续使用，但此前的高等级遗存大部分被破坏，虽然有新的大型房屋、城墙建筑及手工业作坊出现，不过及至该期的最后阶段再次遭到废弃[94]。二里头遗址中心都邑的地位不复存在。二里岗文化晚期时二里头遗址已沦为一般聚落[95]。结合这一时期洛阳盆地的宏观聚落形态也可以看到，二里头四期晚段与二里岗早期早段之间，洛阳盆地中东部地区内的二里头文化遗址数量和规模都发生了较大的变化，与此同时郑洛地区的聚落格局亦发生了极大的改变，均显示着二里头遗址原有的核心地位逐渐崩塌[96]。

2）铸铜遗存

四期晚段时二里头遗址内的铸铜活动再次分散，但铸铜作坊依旧维持使用。这一时期新出现的墙址也似乎是对原有围垣的修补与加固，显示了该区域的重要性一直持续保持到了二里头文化末期整个遗址的废弃[97]。直到二里岗早期晚段，二里头遗址仅偶有零星冶铸活动发现，表明此时冶铸中心已随政治中心的变化发生转移。

（2）郑州商城

1）自然地理环境、资源与交通

郑州地区位于嵩山余脉向华北平原过渡的交接地带，西部、南部多低丘高岗地形，形成了碧沙岗、岗杜、杜岭、二里岗和凤凰台等起伏的丘陵高地，北部、东部为一望无际的黄淮平原或较低洼地带，其地势自西南向东北倾斜。西北有古黄河，北有古济水，索须河、贾鲁河、金水河、熊耳河流经其境。可见，郑州所处的中原地区腹心地带地理环境优越，既有冲积平原，土质肥沃，适宜发展农业，物产丰富，又有河流密布，分布均匀，排水性良好、水路交通便捷，这正与《管子·乘马》中所记"凡立国都，非于大山之下，必于广川之上；高毋近旱而水用足；下毋近水而沟防省"的都城选址思想相吻合。郑州地区往西经虎牢关可入洛阳盆地，往东过开封、徐州两地即可至大海，向北可通幽、燕地区，向南亦可达湖、广地带，这里可称得上是"九州腹地、十省通衢"之地，历史上该地区既是往来四方的交通要道，也是兵家必争的战略要地。和二里头遗址相同，自然资源的缺乏也成为郑州商城的最大掣肘。

2）聚落形态

郑州地区已发现有仰韶文化、龙山文化、二里头文化三、四期（郑州洛达庙中、晚期）、商代前期、商代后期和西周至战国等各时期众多文化遗存，其中商代前期文化遗存为其主体部分。第一期即二里岗早期早段，此阶段文化内涵颇为复杂，既有占主导地位的商文化因素，也有处于附属地位的其他文化因素，并在各个地区有不同的表现：在二里岗，商文化占绝对优势；在南关外，除占主导地位的商文化因素外，岳石文化因素明显而浓重；而在洛达庙，二里头文化仍在继续发展，并吸收了一些来自其他文化的因素[98]。这些不同地点既有相对的独立性，又相互渗透、融合，最终形成了内涵丰富且统一和谐、形态成熟的二里岗文化。本期郑州城内出土青铜礼容器的墓葬T166M6就处于这个"新时代"的开端。

二里头四期晚段与二里岗早期早段存在共时性，也就是说在郑州商城，至少洛达庙晚期偏晚阶段与二里岗早期早段也应存在一定的重合，T166M6应就是这种重合的具体体现。据已知材料，郑州商城宫殿区在这一时期出现了面积可达80万平方米的大型聚落[99]。有学者认为最早一批宫殿宗庙建筑及宫城的营建年代即为洛达庙晚期的某段时间，也是二里岗文化逐渐形成的开端[100]。这一起始阶段存在多元文化因素，文化面貌复杂，与二里头四期晚段二里头遗址的情形不谋而合。这种文化面貌的相似性亦为两者共时的证明。同时，随着二里头四级聚落体系的崩塌，二里岗文化迅速将其取代，占领了其主要的分布范围，区域中心也开始向以郑州商城为核心的地区转移。

3）铸铜遗存

郑州商城内已发现的铸铜遗址有两处，南关外和紫荆山北铸铜遗址。发掘者在报告中推测南关外遗址的使用时间从二里岗早期晚段开始延续到二里岗晚期早段，紫荆山北遗址的使用时间仅在二里岗晚期早段[101]。对于它们各自的使用时间问题，学者们意见均未达成一致，但对两者年代先后顺序是没有争议的，后者兴建与投入使用较晚，下文再进行详细讨论，前者争议较大[102]。

结合上文可知，二里头遗址铸铜作坊的生产活动自其出现至二里头文化结束前从未间断，尚无证据表明四期晚段时该作坊被废弃。同时这一时期的聚落形态也显示出当时二里头遗址的规格仍是相对较高的[103]。对围垣作坊区的保护也维持到了二里头文化的最后阶段，鉴于这种保密措施持续实施以及铸造青铜容器的技术具有排他性的特点，本文更倾向于南关外铸铜作坊开始使用的时间为二里岗早期晚段。由此推断共时阶段于郑州商城出土的两件青铜容器应铸造于二里头遗址内。

已知T166M6出土的铜盉具有二里头文化陶盉的特征，且较二里头四期铜盉形制略晚，铜鬲与夏家店下层筒腹鬲相近，均显示出多元文化共存交融的特征。同时该墓随葬铜器的组合形式颇为特殊，这两件器物既不同于二里头时期的常见形式，也与二里岗时期有异，但盉与鬲分别为两支考古学文化极具代表性的陶器类别，鲜见于对方遗存，这种明显的过渡性质应正是政治中心转移的具体体现（表一二）。

表一二　二里岗文化早期早段（二里头文化四期晚段）都邑遗址比较

对比	二里头	郑州商城
自然环境	优越，但缺乏自然资源	同样优越，也缺乏自然资源
聚落形态	多文化因素共存 原有高等级建筑大部分遭废弃 新建大型房屋、城墙	多文化因素共存 出现80万平方米的大型聚落 宫殿宗庙建筑及宫城或开始营建
铸铜遗存	铸铜作坊维持生产 修补、加固作坊区围垣	铸铜作坊尚未兴建

（3）近畿地区

如前所述，此时是政治中心转移的交替时期，郑州地区正处于肇始期的草创阶段，依然保有铜容器铸造权的二里头遗址的重要程度可能并不亚于前者，很难准确地判断出何者为真正的"中心"。鉴于郑州商城的大势所趋，本阶段权且以其为中心进行讨论。

1）中心都邑以西

本期于都城以西的近畿地区仅在荥阳一带两处相距较近的遗址内发现了三件铜容器。该地带位于郑州商城往西仅15千米左右，北靠黄河，中部有索河、汜河、枯河，南部又有须水河、贾峪河，水路交通十分便利，历史上的荥阳也一直被视为水运枢纽。此处北依黄河，南面嵩山，西过虎牢关即可达洛阳偃师等地，地势险要，素为兵家必争之地。高村寺遗址经调查未发现晚于二里岗晚期的器物，调查者推测其为商代前期文化遗存[104]。另一处西史村遗址的发掘者将其分为五期，第三期相对年代与二里岗早期文化相近[105]，所出铜爵即为这一阶段器物，也为另两件遗址内采集铜斝的出现时间提供了颇为有力的判断依据。

此两处遗存均未发现建筑基址，根据其与郑州商城相距不远、水系发达、又处于要塞之地的地理位置，同时铜器墓的出现也证明此处曾有高等级人群活动，因此推测这一区域于共时阶段已成为把守郑州商城西面门户的重要军事驻地及都城西郊的水路交通枢纽。

2）中心都邑以南

新郑望京楼遗址北距郑州商城约25千米，位于嵩山余脉东部边缘的山地与平原过渡地带，其自然环境与生产环境均十分适合人类生存与发展，区域内河流丰富，遗址西邻黄水河，又有双洎河、溱水河与之相距不远，水、陆交通十分便捷。

该遗址曾多次发现二里岗时期的青铜礼容器，但目前尚无科学发掘品，均为当地居民劳动时发现或采集而得，缺乏明确的地层关系，难以确定其准确的年代，只能根据其形制特征推断相对年代。与本期铜爵同时采集的还有铜斝、觚、鼎、斝各1件，后4件器物依形制均属二里岗晚期特征，简报中推测该遗址年代属于商代[106]。朱凤瀚先生将其视为同一座墓葬的随葬品[107]。鉴于简报年代偏早，其所谓"商代"的范畴在当时是包含二里头文化晚期在内的，且同时发现的器物皆为采集品，并不能确认其有共存关系，墓葬之说也仅为推测，因此不能轻易排除该铜爵出现于共时阶段墓葬（或遗迹）的可能性。

发掘者将望京楼遗址内二里头文化至二里岗文化遗存分为六期，分别对应二里头文化三、四期及二里岗文化早、晚期四段。二里头三期时此处即已出现城垣、城壕及大型建筑基址，二里头文化四期是其兴盛期，遗址内此期文化遗存较为丰富，城垣、城壕继续使用[108]。该城址具有一定规模，其完备的防御设施显示了在二里头文化阶段这里是一处十分重要的政治及军事重镇。

二里岗时期城址与二里头城址上下重叠，也由内城与外城组成。内城有城墙，城墙质量远高于二里头时期，城墙之外有宽阔的护城壕及护城墩，防御设施更加完备。该城址基本与郑州商城同时开始营建，其文化面貌也与后者高度一致，虽遗存数量、质量及规格上远不及后者，但也绝非一般聚落[109]。鉴于望京楼遗址的重要程度，极大地增加了青铜礼容器在共时阶段出现于当地的可能性，结合其二里岗城址始建年代以及直接摧毁二里头城址而建新城的极端现象，我们或可推断此处应为占领、取代、控制原二里头文化势力而建，同时也是拱卫郑州商城及二里岗文化以此为凭向南部近畿地区延伸的军事重镇。

目前尚未于望京楼遗址内发现与铸铜相关的遗物、遗迹，证明其青铜礼容器皆来自当时的中心都邑。

（4）周边地区

肥西大墩孜遗址地处江淮地带巢湖以西的皖中地区，其所出铜斝为取土烧砖时发现。考古工作者在其采集地附近进行了试掘，认为这两件斝应为商早期文化层遗物，同时出土的还有一件较为完整的二里头四期风格单扉棱铜铃[110]。简报中并未介绍该铜铃详细的地层及出土信息，因此对判断两件铜容器出现时间的佐证意义十分薄弱。近期于这一地区又发现了一处二里头时期的遗存——肥西三官庙遗址，该遗址内也发现了一件相似的铜铃[111]。这为判断原本孤立不证的大墩孜遗址铜铃的出现年代问题提供了重要依据，可以认为两者出现的时间应相差不远。如此也极大地增加了两件采集铜斝于共时阶段出现在当地的可能性。

该地在二里头文化至二里岗文化早期阶段，属于斗鸡台文化的分布范围[112]。中原风格的青铜礼容器出现于此的历史背景还有待进一步探索。此时中原地区的二里岗文化正忙于取代二里头文化，无暇南顾，有学者推测这些铜容器出现于当地是由于社会与文化重组的动荡时期导致人群的流动造成的，可备一说[113]。

此外，本阶段于长江中游地区的武汉盘龙城遗址也采集到了一件铜斝。尽管该遗址已发现有相当于二里头晚期阶段的文化遗存，但此斝为采集所得单件器物，又无其他相关材料可证明其具体的出现年代，结合二里岗早期晚段起，该遗址才开始发现有明确出土单位的铜容器的情况分析，此铜斝为之后随其他大宗器物一同出现的可能性极大。

2. 早期晚段考古遗存背景

由于二里岗早期晚段时，青铜礼容器的空间分布正式开始了其开疆拓土的进程，在对其进行讨论之前，需首先明确这一时期内二里岗文化本身的分布态势。继上一阶段二里岗文化占领了二里头文化的主要分布区域之后，本期于西方其维持在关中东部地区，向北仅覆盖了下七垣文化分布区域的南部地区，相比之下其向南方和东南方向的推进力度更加明显，在东南方向不但取代了河南周口地区东部的岳石文化，并经其向皖西北地区扩展，直抵江淮地区巢湖以西地带，向南拓展到湖北盘龙城地区[114]（图四）。

在这样的背景下，青铜礼容器的分布以郑州商城为中心，紧邻其外的近畿地区发现地点开始密集起来，环绕其四周隐隐形成包围拱卫之势。武汉盘龙城遗址在这一阶段正式被纳入分布版图，同时地处晋南中条山地区的山西垣曲商城地带也已被覆盖（图二二）。可见此时青铜礼容器的空间分布情况与二里岗文化的分布态势是相吻合的，发现有青铜礼容器的聚落遗址均为二里岗文化遗存。

（1）中心都邑——郑州商城

1）聚落形态

经过了早期早段多元文化因素共存、融合的调整重组阶段，自二里岗早期晚段开始，郑州商城进入了兴盛期。兴建了大批的宫殿建筑，出现了新的制陶、制骨等手工业作坊，城内文化遗存较上一期普遍增多，表明城市人口急剧增加。至此期偏晚阶段，郑州商城的外郭城基本建成，形成了较为完备的防御体系[115]。郑州商城取代二里头都

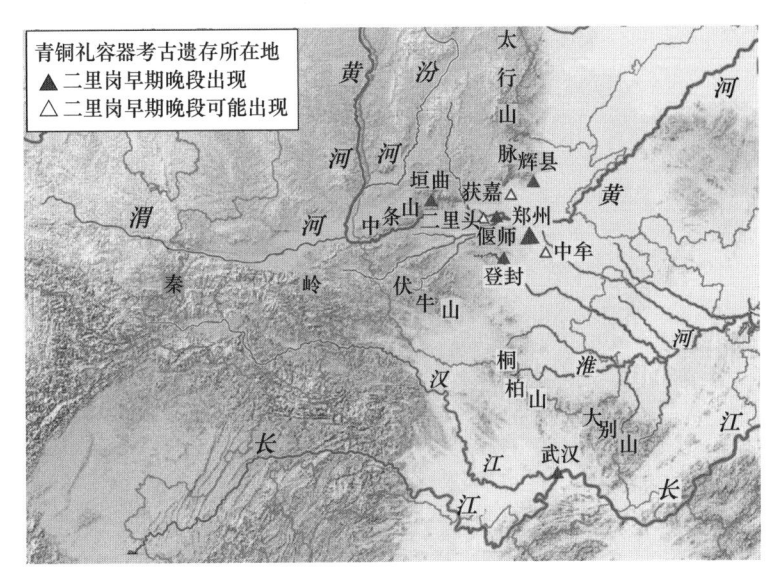

图二二 二里岗文化早期晚段青铜礼容器的空间分布

邑成为中心城市的过程已经完成，其于中原地区的统治地位已然确立。

2）铸铜遗存

本阶段南关外铸铜作坊开始投入生产。从其发现的陶范情况看，该铸铜遗址一经投入使用，便开始铸造青铜礼容器[116]。与二里头时期相比，此时的铸铜遗址外已无围垣，与宫城距离也相对变远，处于宫城与外郭城之间的位置（图二三），这或许说明了当时的统治者对铸铜作坊已经不再进行刻意的保护。该铸铜作坊在此期得到大规模扩建及诸多容器范的发现表明，当时对青铜礼容器的需求量逐渐增加。此期铜器发现数量确实大有增长，证实了这一判断。

（2）近畿地区

这一时期围绕郑州商城已形成了一个略显松散的包围圈，近畿地区北、西、南、东四个方向均分布有青铜礼容器发现地，各地所处区域的自然地理环境及聚落形态差异显示着其不同的地位与作用及与中心都邑的关系差异问题。

1）中心都邑以北（黄河以北）

北部的辉县孟庄遗址及获嘉东张居等铜容器发现地皆处在太行山东南麓的辉卫地区，该区域是郑州商城往北沟通太行山东麓地区的必经之地。

辉县孟庄遗址位于郑州商城向北80千米处，南临卫河，古黄河从其东南30千米处流经，龙山时代即已出现城址，二里头时期仍存在一座先商文化城址[117]叠压在龙山文化城址之上，至二里岗文化阶段城址虽已不再使用，但仍是一处重要的聚落遗存。其二里岗时期文化遗存共分四期，分别对应二里岗文化的四个期段。两者文化面貌的共同因素在其文化内涵中占主导地位，但该遗址也存在一定的自身特征[118]。相较其他时期的遗存，二里岗文化遗存在孟庄遗址内相对较为丰富，且分布范围最广，于本阶

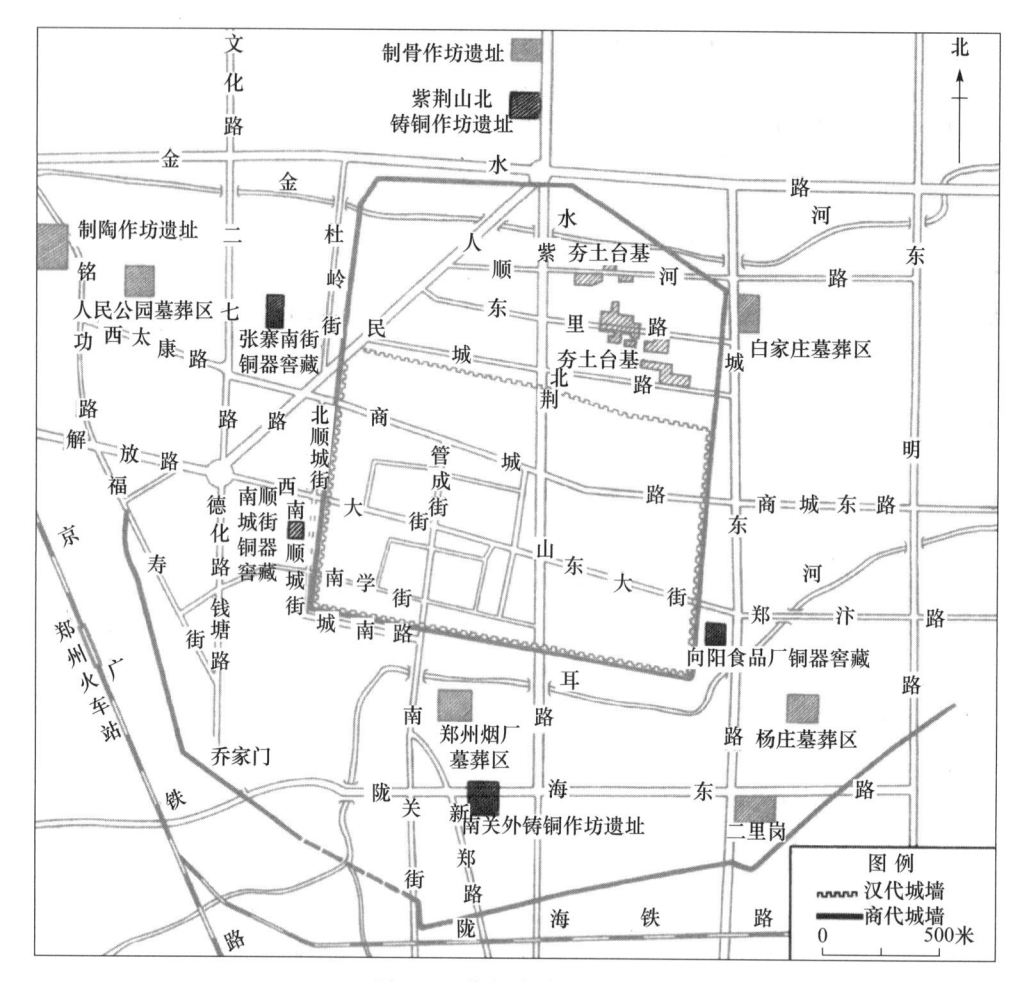

图二三　郑州商城平面布局
（据《中国考古学·夏商卷》第220页图4-8改绘）

段又发现有青铜礼容器随葬的墓葬，这表示至少在二里岗早期晚段时，孟庄遗址的政治地位依旧十分重要[119]。遗址内未发现与铸铜相关的遗迹遗物，铜器墓中所出青铜礼容器应皆源自于郑州商城。

获嘉地区与辉县孟庄相距20千米，距郑州商城更近，地处黄河、海河两大流域，水系发达。其所见铜容器没有详细发掘资料，出现于当地的时间存在一定的不确定性。但考虑到此处与辉县孟庄遗址相距较近，又有便利的水、陆交通条件，郑州商城统治者于此处设防布控的可能性是很大的。如此其与辉县孟庄遗址连成一线，形成了对北部辉卫地区更严密的控制。

要之，黄河以北的近畿地区是二里岗文化向太行山东麓地区推进的前沿阵地，辉县孟庄遗址则是控制这片区域的重镇，获嘉一带或为都城北郊的水、陆交通枢纽，两者共同形成了郑州商城近畿地区的北部防线。

2）中心都邑以西

偃师商城位于二里头遗址往东约6千米处，其所处自然地理环境的优劣势与二里头遗址别无二致，不再赘述。根据地层关系，将偃师商城分为三期七段已被大部分学者所接受。第一期分早、晚两段，相当于二里岗早期早段，第二期亦分早、晚两段，相当于二里岗早期晚段，第三期分早、中、晚三段，早、中段相当于二里岗晚期早段，晚段与二里岗晚期晚段相当[120]。

偃师商城于第一期已经开始修建宫殿、府库建筑、城墙及排水设施，并投入使用，至一期晚段时此处已经初具规模。本期即二里岗早期晚段该城继续使用并大规模扩建，不但城址规模剧增，在原本小城的基础上出现了新的更大的大城，形成了内、外两重城垣的结构，同时还修建、改建、扩建了大量的宫殿、府库建筑及城墙，是该城的繁盛阶段[121]。偃师商城出现于二里头四期与二里岗早期早段的文化重组时期，城墙、护城壕完备，且持续营建府库类建筑，其军事意义十分明显。应为二里岗文化统治者建于此处以便更好地控制、管理原二里头文化遗民的军事重镇，同时也能为郑州商城提供军事护卫作用。

偃师商城第一期时于小城东北部即已发现与铸铜相关的遗存，但至今仍未发现完整的铸铜作坊遗迹，也未发现陶范块或内芯等与铸造青铜礼容器相关的遗物，证明偃师商城虽规模较大，高等级建筑颇多，城市规划性也很高，但却没有铸造青铜礼容器的能力。

除偃师商城外，二里头遗址内也采集到了一件本期铜斝。但此时的二里头遗址早已失去了其原有地位，遗址内高等级遗存及铜容器铸造活动一应皆无，采集所得的单件器物亦无其他相关材料可证明其出现的背景，存此备考。

综上，于上一阶段二里岗人已在距二里头遗址不远处修建此军事色彩浓厚的城址，且在郑州商城西郊荥阳一带设防。至本期铜器墓的出现更加确证了偃师商城内存在等级较高的贵族人群于此直接进行管控，郑州商城西部近畿地区的军事防线已经形成，也可为维护二里岗文化向西扩张的通路提供保障。

3）中心都邑以南

登封王城岗遗址位于郑州商城西南方约70千米之处，地处嵩山南麓、五渡河西岸的岗地上，南距颍河约400米。从龙山时期开始即有城址修建于此，二里头时期此地亦为一处重要的遗存，直至二里岗时期依旧生生不息。王城岗遗址内二里岗时期遗存可分上、下两层，相对年代与郑州商城基本一致，下层时期遗存只有灰坑与墓葬，未见房屋等建筑遗迹[122]。王城岗所在地区地形复杂，北有嵩山，南有具茨山、箕山，交通不是很便利，且常年干旱少雨，河流也多为季节性小河，但这里林业用地相当广阔，极可能是郑州商城木材、木炭等资源的供应地。且登封地区矿产资源丰富，现已发现和探明的矿种中包括铜、锡、铅等金属矿产，目前虽尚无考古学证据证明郑州商城于此处获取金属资源，但也不能完全排除这个可能性。遗址内未发现铸铜遗存。袁桥村所见铜器无详细资料，但其距王城岗遗址较近，其性质与作用应具一致性。

相较于其他近畿地区的铜容器分布地，王城岗遗址的主要目的应在于获取当地的资源而非拱卫都城，护卫郑州商城的南部防线的重任应依旧由距其不远的望京楼遗址承担。

4）中心都邑以东

中牟地区位于郑州商城东南约 20 千米处，地处黄淮平原，境内有大小河流 40 余条，水资源相当丰富，同时大陆性季风气候使得这里气候温和，四季分明，雨热同期，全年农耕期可达 309 天，非常适合农作物生长。即便未发现青铜礼容器，该地区也应是当时郑州商城重要的粮食供应基地。其优越的气候条件增加了铜容器为当期出现的可能性。推测其为粮食产地的同时，与西面的荥阳地区遥相呼应，是把守郑州商城东面门户的军事驻地及都城东郊的水路交通枢纽。

（3）周边地区

1）长江中游地区

湖北武汉盘龙城遗址地处江汉平原东部、武汉市黄陂区盘龙湖岸边、府河北岸。东南部有长江，西南部有汉江，东北部有滠水，水路交通极为便利。由府河入长江经汉江及支流往北可达河南南阳地区，顺长江而下可抵江西、安徽等地，可见盘龙城遗址处于沟通中原与江汉地区的交通要道之上，是长江中游水路交通的枢纽。商城内遗存分为七期，第三期相当于二里岗早期早段偏早，第四、五期相当于二里岗晚期早段偏晚，第六期与二里岗晚期晚段偏早相当，第七期与二里岗晚期晚段偏晚相当[123]。从分期上看，二里岗早期晚段存在缺环。报告中认为前文所述出土本期青铜礼容器的铜器墓 PYWM6 属盘龙城三期遗存[124]，但观其青铜容器特征，尤其是铜爵 PYWM6∶1 与郑州商城发现的铜爵 C8M7∶2 十分近似，因此这座墓葬的年代应属二里岗早期晚段[125]。本期是盘龙城二里岗城址开始营建的初始阶段，虽已出现部分大型建筑及上述铜器墓葬，但城垣、城壕、宫殿等均未开始营建。这些青铜礼容器的所有者应为二里岗文化经略长江中游地区的先头部队，开始着手建立这一新据点。此期无铸铜遗存。

2）晋南中条山地区

垣曲商城位于垣曲县古城镇南关，亳清河与黄河相交的台地之上。台地东北部为亳清河，东部有沇河，南部紧邻黄河，城址天然三面环水，西北方向则无河水环绕，与周围丘陵地区相连，水、陆交通十分便捷。城址所在的中条山地区是我国铜矿资源的重要产地之一，也是华北地区最大的产矿地点，垣曲商城距中条山铜矿集中区的直线距离不过数十千米[126]。城内二里岗时期文化遗存共分四期，与郑州商城年代相当[127]。但目前发现的早期早段遗存极少，二里岗城址始建于本期[128]。

二里头晚期时这里已分布有该文化遗存，且修建了环壕聚落，表明此处已成为当时垣曲盆地的中心聚落，也是二里头都邑的重要矿源地。至本阶段二里岗人在利用二里头聚落已有设施进行改造的基础上兴建了新的城址，并开始夯筑城垣，逐步增强聚落防御设施，政治军事色彩日趋浓厚[129]。其原因是显而易见的：垣曲商城地处郑州商城进入晋南中条山地区的交通要道上，且临近矿源地，境内又有发达的水系为金属资源的运输和流通提供了便利，无论是将矿石从矿区运往垣曲商城，抑或是将初步冶炼过的金属矿锭由垣曲商城运往郑州商城，均省去了极大的运输上的人力、物力消耗，如此得天独厚的战略位置，不但是垣曲商城成为垣曲盆地中心聚落的先决条件，也是二里岗文化统治者迅速对其进行占领，进而着力加强安保措施，实施军事控制的根本原因。此处不但是郑州商城的金属矿源供应基地，也是管控垣曲盆地地区政治局面的军事重镇。

二里岗早期晚段时该遗址内已出现青铜冶炼遗物，有炉壁残块和青铜炼渣两种，数量较少[130]。尚未发现青铜冶铸遗迹，表明该城址的青铜容器同样源于郑州商城。

3. 晚期早段考古遗存背景

本阶段二里岗文化向外扩张的力度大为增强，在东方与东南方整个豫东地区均已纳入版图，鲁西地区的大辛庄遗址也发现了二里岗文化堆积，江淮地带已突进到巢湖以东，此时在南方长江中游的盘龙城地区已经形成了一个庞大的二里岗文化遗址群，且其分布范围已不仅限于武汉黄陂一带，向北扩张是二里岗人本阶段新的着力点，北易水河流域以南地区均为二里岗文化的分布范围，太行山东麓地带及以北的壶流河流域也有本期遗存发现，西方依旧维持在关中东部地区[131]（图四）。

结合前文所述这一时期青铜礼容器的空间分布区域可知，随着二里岗文化的扩张加剧，铜容器空间范围的拓展同步加速。本阶段太行山西麓长治盆地的长治地区、黄土高原边缘地带的隰县、汉江流域的汉中地区均有青铜礼容器出现，已突破了二里岗文化的分布范围（图二四）。

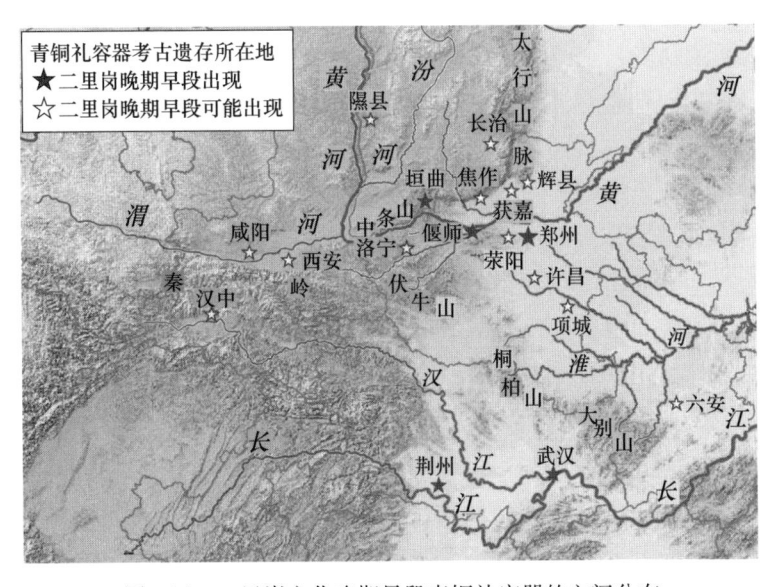

图二四　二里岗文化晚期早段青铜礼容器的空间分布

（1）中心都邑——郑州商城

1）聚落形态

本阶段是郑州商城的守成期。遗址在原有的基础上持续繁荣，新建、改建了诸多宫殿建筑，修建了蓄水、供水等用水设施，宫殿区范围也已较此前扩大并更加集中。原有的各类手工业作坊持续，且生产进一步分化，分工更加明确。以上均暗示着此时早期国家的社会控制力日益强化。

2）铸铜遗存

这一时期发掘资料显示南关外铸铜作坊的规模不断扩展，持续生产，但已不能满足当时对铜器制造的需求，因此本阶段新兴建了紫荆山北铸铜作坊，并投入使用。从其出土的花纹范、带浇口的残范块及残范芯可知，此处铸铜作坊也用于铸造青铜礼容器[132]。其位置同样也处于宫城与外郭城间一个距宫城有一定距离的区域，亦无围垣保护。青铜容器的制作不仅局限于一个铸铜作坊，且两处遗址均取消了围垣设施，这或许暗示了时至此期，统治者对青铜礼容器铸造技术的保密意识进一步放松。

（2）近畿地区

本阶段郑州商城以北的近畿地区呈现出更加密集的分布态势，以西在维持此前状况的基础上或略有扩充，以南进展颇丰，唯以东地区未出现新的发现地点。

1）中心都邑以北（黄河以北）

郑州商城往北黄河以北的近畿地区一直都呈现出较其他方向更为重要的态势，不但辉县、获嘉等地持续不断地有铜容器发现，还更为密集地出现其他新的分布地点。

焦作南朱村所见铜器虽为当地居民取土时发现，但经考古工作者确认此为一座墓葬，应属府城遗址同期遗存。府城商城位于郑州商城向北约60千米处，北依太行山，南有沁河且与郑州商城隔黄河相望，西与山西晋城地区接壤，东为新乡，近辉县与获嘉一带，境内河流众多，水路便利。

遗址内二里岗时期遗存主要集中在二里岗晚期阶段，其中晚期早段遗存的内涵体现了较多与二里岗文化的共同点，虽具有一定的自身特征，但已属于二里岗文化系统，晚期晚段的遗存则与郑州商城白家庄期较为一致，趋同性更加明显[133]。

本阶段已出现城墙及大型建筑基址，城址开始使用，南朱村发现的铜器墓亦属这一时期。结合其所处位置及便捷的水路交通，可推知该地区应是北部近畿地区与太行山及晋南中条山地区间重要的物资集散地。同时亦是控制辉卫、拱卫首都的军事据点，与辉县、获嘉等地共同于郑州商城北部地区形成了一道严密的扇状防线。遗址内未发现铸铜遗存。

2）中心都邑以西

偃师商城于本阶段维持了短暂的繁荣。城址规模与布局和上一时期相比没有太大变化，城墙、府库等建筑得到修缮。宫殿区变化较大，沿用、废弃了部分宫殿建筑，同时兴建了为数不少的新的大型建筑。但至本期偏晚阶段，该城址却突然遭到废弃，城池逐渐荒废，之后沦为一般聚落。偃师商城废弃于郑州商城最为鼎盛繁华的阶段，其遗址内发现的本期铜器数量颇多，可见其重要性并无减弱趋势却突遭废弃，有学者将其原因归结为"因长期干旱所起的突发事件"[134]，此分析推论较为合理。无论何种原因导致，偃师商城终究退出了历史舞台这一结果是确实的，二里岗文化统治者失去了一个重要的政治、军事据点，自其废弃后，于郑州商城以西的近畿地区未再出现同等级的大型军事重镇。

荥阳一带又见本期铜容器，或可说明从共时阶段开始此处的军事驻地一直持续存在，护卫着郑州商城的西部防线。

（3）周边地区

1）二里岗文化分布范围

① 长江中游地区

a. 武汉盘龙城遗址

本阶段是盘龙城遗址的繁盛阶段。此时期偏晚出现了城垣、城壕设施及两座大型宫殿建筑，其中宫殿建筑内未发现手工业作坊及其他文化遗存，可见城垣是专门为保护宫城内高等级人群而建。在城外的东、北、西三面，形成了手工业中心。铜器墓葬数量较上一时段明显增多，且这类高等级墓葬相对较为集中[135]。可见盘龙城遗址这一阶段已经成为一座规模较大、城市功能分区与布局均较为清晰的中心城市，通过这里郑州商城统治者对长江中游地区的控制力达到顶峰，也为其能向更远的西南方或南方施加影响提供了可能。

此期是盘龙城遗址内铸铜遗物集中出现的时期。先是于西城垣之外的小嘴采集到6件石范，证实盘龙城青铜铸造活动的存在[136]。后又在正式发掘时发现了更多与铸铜相关的遗存，主要包括陶范、坩埚、铜冶金渣、炉壁及青铜器残块等，且发现有一块陶范内壁呈弧形，有三周弦纹，发掘者推测其属青铜尊或鼎类器物外范[137]。对于这件陶范是否为容器外范，我们认为应持谨慎的态度。原因在于仅此一件且体积不大（长5.2、宽4.9、厚5.1厘米），孤例不证，且这与盘龙城所见的大量铜器不成正比，所谓"纹饰"又是相当简单的三条直线，同时亦未发现其他证据证明盘龙城遗址具备铸造青铜礼容器的能力。在不排除这种可能性的前提下，尚不能就此一块外范即认为该遗址内的铜容器为当地铸造。

b. 荆州荆南寺遗址

该遗址位于江汉平原西南部，东距盘龙城约200千米，南距长江4千米，自然条件较为优越。从新石器时代开始即有人类活动于此，遗址内遗存主体部分为夏商时期，分为八期，其中第二至五期与二里岗文化年代相当。荆南寺遗址的文化面貌颇为复杂，三至六期即二里岗早期晚段至晚期晚段期间，其文化特征为典型的二里岗文化因素[138]。遗址内未发现城址，只有部分房址，仅发现一座墓葬，即铜器墓M26。从形制、纹饰上看，荆南寺所出铜斝与同期郑州商城器物更为近似，遗址内所见陶器的特征及变化规律也与二里岗相同，或可推断其铜器来源于郑州商城，而非距离较近的盘龙城。综上可见荆南寺遗址应是受中原地区文化的直接影响，而非通过盘龙城遗址间接影响至此。遗址内未发现与铸铜相关的遗物、遗迹。

荆州地区除水资源极为丰富，水路交通十分发达外，其他资源尤其是与青铜冶铸相关的金属资源并不丰富。铜器墓的发现证明曾有高等级人群于此地活动，中原地区的二里岗人不远千里来到此处，但又未曾如在盘龙城、垣曲等地一样建立城池进行军事占领及控制，联系铅同位素示踪法显示的高放铅矿源地约在我国西南地区的推论[139]，这里或许曾经是二里岗人向南寻找新矿脉的前哨。

可见，二里岗文化对长江中游乃至更广阔的南方地区的经略主要依靠盘龙城遗址的作用，但显然这并非其向南扩张的唯一途径与通路。

② 晋南中条山地区

垣曲商城此阶段处于持续建造与繁荣阶段。这样的繁荣一直维持到二里岗晚期晚段最晚阶段开始转入衰落，垣曲商城才终被废弃。这一阶段商城外围高大的围垣已建成，将聚落环绕起来形成了一个完全封闭的整体。城内兴建了宫殿区，各类遗迹以宫殿区为中心有序分布，不同功能分区更加明晰。人口逐渐集中，皆生活于城内，城外罕有人烟。种种迹象表明垣曲商城依旧是垣曲盆地的中心聚落，且一直维持其浓厚的政治军事色彩[140]。

本阶段商城内与铸铜相关的遗物、遗迹的发现较上期增多。除冶铸器具、铜炼渣、炉壁及铜器残件等各类遗物外，还发现了数个青铜冶炼遗迹，该遗址存在冶铜活动得以确认[141]。但仍未发现与铸造青铜礼容器相关的遗存，这可以表明垣曲商城同样不具备铸造青铜礼容器的能力。

③ 关中平原地区

关中东部地区的西安及咸阳等地均处在二里岗文化此期势力范围的西部边缘。本阶段所见青铜礼容器皆非发掘出土，散见于两地。它们的出现应可作为二里岗文化于此时已推进到关中东部地区的佐证，但应尚未建立起完善的与其他区域中心类似的军事控制据点。

④ 洛河上游地区

洛宁地处洛河上游的豫西山区，林业资源发达，同时存在铜、铅等金属资源。目前尚无证据表明二里岗时期使用过此处的矿源，但至少木材、木炭等可顺洛河而下，较为便利地送达郑州商城。同时该地区是中原沟通关中平原地区通路上的重要节点，此处或为二里岗文化向西突进的前沿阵地。

⑤ 淮河流域

这一时期在淮北地区的颍河中游地带或出现了具有军事色彩的新据点。许昌铜器墓所在的大路陈村西临颍河不远，顺颍河而下西南方向约120千米，周口的项城地带亦发现此阶段的青铜礼容器。两者似乎展现了一条二里岗文化青铜礼容器沿颍河向江淮地带巢湖以西的皖中地区逐步推进的路线。结合大路陈村墓葬中随葬的较多兵器或可推知墓主人的武将身份[142]，此二地应均为这条路线上的军事据点或驻地。

结合上述判断，加之本阶段二里岗文化的分布区域早已覆盖巢湖以西并抵达以东地区，六安所见铜容器虽为仓库拣选所得，但其于此时出现于当地的可能性是极大的，甚至二里岗文化已于本阶段在该地区建立据点。

2）非二里岗文化分布范围

汉江上游的汉中地区位于一个群山环绕又有水路与外界相连的狭长谷地，区域内汉江及嘉陵江干流分别自西向东、由北往南横贯纵穿，两大水系的大小支流近200条分布各处。此处特殊的地理环境导致其考古学文化面貌总是显现出异彩纷呈的局面。早期多受客省庄文化影响，本阶段又被二里岗文化所波及，之后又受到殷墟文化的冲击，但其本身的地方因素一直占据主流地位，显示出浓厚的个性特色[143]。本期发现的青铜容器数量与形制均与关中东部地区近似，可见二里岗文化以同样的力度影响至这一地带，虽相较关中地区，此处距中原地区更远，且群山阻隔，自然环境相对封闭等都是人力无法改变的客观因素，但也能显示出面对强势文化的影响，汉中地区的土著文化持续保持了鲜明的自身的特色而非全面中原化。

吕梁山西麓的山西隰县一带处于典型的黄土高原残塬沟壑区，其周围山峦绵延起伏，陆路交通不便，水路亦不甚发达。该地区未受二里岗文化影响，所出青铜礼容器亦无详细发掘资料，推测应为后世流传至此地，或与李家崖文化相关。此外，晋南长治盆地所见铜容器为潞城废铜中拣选所得[144]，除此无其他可用信息，故本期暂不讨论。

总之本阶段于非二里岗文化分布地区所见的铜容器数量均十分稀少，亦无具有明确出土单位的发掘品，显示处在中原核心文化扩张的边缘地带，强弩之末的影响力如飞沫一般波及更远的地区，同时也是这些地区的考古学文化经过精心选择后对中原青铜礼器接受的结果。

4. 晚期晚段考古遗存背景

这一时期二里岗文化基本维持了上一阶段的分布范围，未有明显收缩，并且在鲁西地区仍有扩张趋势[145]（图四）。本期青铜礼容器的分布地点激增，尤其在周边地区，除十分边远的西南边陲、东南沿海、青藏高原深处及天山南北地区外，几乎所有区域均有本阶段的中原风格青铜礼容器出现（图二五）。

这一时期众多发现青铜礼容器的地区中非二里岗文化分布范围的区域大为扩展。往西关中平原西部及黄河上游的湟水谷地，往北黄河中游的陕北地区、河套地区及东北方向的燕山南北地带，东南部苏北地区及长江下游的皖南一带均有发现，这些区域则分布着各具地方特色的其他考古文化遗存。较之上一阶段跨越文化的零星突破，此时可谓遍地开花。

图二五　二里岗文化晚期晚段青铜礼容器的空间分布

（1）中心都邑——郑州商城

1）聚落形态

本期郑州商城持续使用，虽逐渐不复此前的极度繁荣景象，但其作为政治中心的地位依旧维持到了二里岗晚期晚段结束。本阶段城内仍有宫殿夯土基址，并于宫殿区南侧发现有一条东西向长百米以上的夯土墙，还发现多处二里岗晚期晚段的绳纹板瓦，应与当时的宫殿建筑有关[146]。据上文可知二里岗文化的势力范围并无显著收缩迹象且局部地区仍在推进的情形，同样证实了郑州商城的统治维稳能力并未明显减弱。

2）铸铜遗存

关于南关外与紫荆山铸铜作坊的使用时间问题，我们同意这两处铸铜作坊的使用年代一直延续到了白家庄期即二里岗晚期晚段结束[147]。这一阶段青铜礼容器空间分布极广相应导致其数量激增，且并未于其他地区确定发现有制作青铜容器的遗存，证明郑州商城内唯一有能力打造青铜礼容器的两处铸铜作坊依旧维持运转且产能颇高。同时本期最晚阶段城内又出现了一系列制作精美、体量巨大、器形复杂、具有王室重器性质的窖藏铜容器，表明郑州商城此期的王室活动依旧频繁。

（2）近畿地区

此期黄河以北的近畿地区依旧维持其分布密集型态势，同时黄河以南有新发现。以南地区是这一阶段新的着力点，以西持续低迷，以东仍无进展。

1）中心都邑以北（黄河南北）

① 黄河以南

小双桥遗址位于黄河以南、距郑州商城西北20千米小双桥村的西南台地上。遗址内已发现数座大型夯土台基及一批祭祀坑，尚未发现城墙、城壕等防御性设施及建筑。其年代相当于二里岗晚期晚段，遗址内遗存也与郑州商城面貌一致[148]。对于发掘者提出的小双桥遗址与郑州商城一兴一废，为二里岗晚期晚段都城这一观点，有学者提出了反对意见，认为此处仅为郑州商城晚期稍晚时的祭祀遗址[149]。结合小双桥遗址内的遗存与郑州商城此期的聚落形态看，祭祀遗址的判断是较为合理的。且小双桥遗址内虽有数量较多的铸铜遗迹、遗物，证明其存在冶铸活动，但并未发现与铸造青铜礼容器相关的遗存，也从一个侧面证明了其并非都城。

② 黄河以北

北部近畿地区一直是二里岗文化统治者着力维护的重点区域，从早期晚段开始持续到晚期晚段，辉县、焦作等地的二里岗文化墓葬、遗迹层出不穷。

本阶段辉县发现青铜礼容器的地点为琉璃阁遗址商代墓葬内。该遗址遗存可分七期，相对年代从先商文化直至殷墟四期文化，其中第二期与二里岗早期相当，第三期与二里岗晚期相当[150]。发掘报告中只介绍了墓葬及出土遗物情况，没有涉及遗址内其他遗存及与聚落形态相关的信息，但数座铜器墓的出现也足以证明该遗址内高等级人群活动频繁，应与孟庄遗址的等级相当，性质相同。

焦作武陟一带位于郑州商城北约40千米，西北距府城遗址约20千米。武陟商代铜器墓[151]中同出的青铜兵器表现出墓主人或与军事、武力相关，由此可推断该地区与辉县、获嘉、府城等地相同，均为拱卫郑州商城并控制辉卫地区的军事据点。

黄河以北的近畿地区所处的关键地理位置，正是当时统治者于该地区密集且从未间断地进行布控的直接原因，其作用除保证太行山东麓向北的通路顺畅外，还应与获取太行山及中条山地区重要资源并保证其妥善运送至郑州商城的目的相关。

2）中心都邑以南

诚然，新郑望京楼遗址依旧是这一区域内最重要的军事重镇。上一阶段即二里岗晚期早段为其鼎盛繁荣时期，城市建设基本完成，设施近乎完备，遗址内文化遗存也相当丰富，时至本期最晚阶段望京楼二里岗文化城址被废弃[152]。该遗址内相当一部分采集的铜器形制具有明显的二里岗晚期晚段特征，说明直至望京楼城址废弃前，持续有高等级人群存在。

新密曲梁遗址距郑州商城30千米，溱水分两支环绕遗址的东、西、北三面。以二里头文化遗存为其主体，存在部分二里岗文化晚期晚段遗存[153]。遗址内二里头文化与二里岗文化晚期晚段之间存在长时间的文化断层，采集的青铜礼容器证明于本阶段此处应有高等级人群活动过，该遗址应与荥阳、中牟等地一样行拱卫首都之职。

汝州北靠嵩山，南依伏牛山，北汝河自西向东贯穿全境，水路便利。境内已探明有铜、铅等矿产资源。此处铜容器的出现[154]可能显示当时的统治者于此处设置据点用以掌控西南近畿的广大区域，也可同时获取当地的自然资源。

　　从这一区域铜容器分布态势的变化可以感受到，随着本期对铜礼器需求量的激增，对维持铸铜产业各类资源的供应均提出了严峻的挑战，郑州商城统治者加剧了向南寻找资源产地的节奏，都城以南近畿地区防卫与保证资源运输的据点较此前增多。

　　3）中心都邑以东

　　本阶段中牟地区再次出现青铜礼容器，或可表示自早期晚段于此处产粮基地、近畿东南部交通枢纽地带所设的据点持续存在。

（3）周边地区

1）二里岗文化分布范围

① 长江中游地区

a. 武汉盘龙城遗址

　　此阶段为盘龙城作为中心城市的衰落期。原有宫殿区被废弃，于其他区域重新兴建了大型建筑，贵族墓葬也随之迁移，形成了新的核心。虽然这一阶段发现的铜器最为丰富，但盘龙城已开始出现明显的颓势。如新的宫殿区与普通居民区无明显界限，高等级墓葬零散分布等，均显示出此时城市核心区的布局、规划不如此前规整、有序，局部区域开始不断被废弃，遗存已不甚丰富。直到盘龙城第七期即本期偏晚阶段，盘龙城遗址终被放弃[155]。

　　该聚落废弃之后，这一带从周至唐、宋的很长一段时期都少有人类生活遗存，直至近代武汉人口大增之后才开始有较多居民，这说明盘龙城地区因土壤贫瘠，并非一般农耕人群的宜居之地[156]。那么二里头及二里岗人选择此处作为聚居地点，后者更是加大力度将盘龙城打造成一处规模较大的地区中心聚落，一定有更重要的目的。经上述分析，我们大体可以判断盘龙城遗址的多重性质：这里既是二里岗文化南征的军事据点，也是其掠夺南方矿产资源的中转站，更是其统治南方地区的政治中心[157]。随着盘龙城的废弃，长江中游一带原有的二里岗文化聚落也一并消失殆尽，二里岗人于南方地区的控制力就此丧失。

　　鲁台山所发现的青铜礼容器，应直接源自盘龙城遗址。

b. 黄冈下窑嘴商墓

　　下窑嘴商墓位于北距黄冈市黄州区33千米的举水河东岸，除此墓葬外，其周围的其他遗存情况未见于报道。该墓中除青铜礼器外，还随葬了中原地区墓葬较常使用的原始瓷器，而非盘龙城遗址多用的硬（釉）陶器，且亦发现有郑州商城墓葬中常见的圆形陶饼[158]。由此可见，黄冈地区虽距盘龙城距离较近，但仍更多地接受的是中原地区文化对其的直接影响。此处可能为盘龙城之外二里岗文化于长江中游地区开拓的另一个据点。黄冈本地既有铜、铅等金属资源，又近皖南地区的铜陵矿区，因此该据点可能仅为夺取南方的矿产资源而建,与盘龙城遗址的政治、军事意义无法相提并论。

可见,与上一阶段郑州商城和盘龙城、荆南寺两处遗址的相互关系相似,本期除盘龙城遗址外,二里岗文化于长江中游地区亦另有其他"直辖"区域。

② 晋南中条山地区

a. 夏县东下冯商城遗址

该遗址位于运城盆地东部的边缘地带,向西即为盐湖区域,向东又是中条山矿区所在。遗址第五、六两期遗存为二里岗文化遗存。二里头时期此处虽无城址,但已修建了环壕,至二里岗时期,修筑了城墙及府库建筑,目前仅在偃师商城及该城址发现有府库建筑,东下冯的城墙外又有城壕防护[159]。虽无垣曲商城那么完备、森严的控制体系,但东下冯商城的军事意味也是十分明显的,其建立的用意更是显而易见的,即控制晋西南地区局势同时获取运城盆地的食盐及金属资源。城内未发现与青铜冶铸相关的遗物、遗迹。

b. 平陆前庄遗址

该遗址位于三门峡谷、黄河北岸的黄土丘陵台阶地上,与灵宝及三门峡地区隔黄河相望。除已知遗址内有部分陶窑及半地穴式房址外,简报未给出更详细的资料。所出铜器中有唯一一件郑州商城以外地区的方鼎,实属罕见。连发掘者都提出了此处"古往今来,交通皆为不便,何况附近既不产铜,也不产玉,这批礼器从何而来,器物的主人到底是谁"的疑问[160]。目前看来该地应为连接郑州商城与运城盆地这一资源产地的路线上的重要节点、枢纽重镇。

c. 其他

地处黄河南岸崤函之塞的三门峡灵宝地区虽已出现本期铜容器[161],但同时发现的器物年代有早有晚,且大部分偏晚,应同为略晚时期出现,已超出本文的时间范畴,故不进行过多讨论。

③ 关中平原地区

本阶段关中东部地区的铜器依旧零星散见于西安一带的周边各处,数量不多,也不甚精致。这一时期二里岗文化的影响范围依旧维持在西安地区附近,可见其并未加大在西方扩张的力度。完善的军事控制据点依旧没有出现,与长江中游地区及黄河中游的晋南地区相比,二里岗文化的统治者仿佛对关中平原地区并不重视,抑或是失去了近畿西部地区重要的军事及控制据点偃师商城后,沿洛河一线向西扩张的通路没有得到恢复,从而限制了其推进力度。

④ 海岱地区

鲁西北的济南大辛庄遗址北临黄河,南靠泰山,这里一直都是一个相对独立的文化区域。到二里岗晚期早段时,二里岗文化推进到这一地区,取代了济南一带原本的岳石文化。但直至本期结束,大辛庄遗址内尚未发现城墙、围壕等相关设施,也未发现具有一定规模的宫殿基址[162]。可见此处并未形成如其他地区一般军事色彩浓厚的控制据点，仅铜器墓的出现证明该地有高等级人群活动。有学者推测由于晋南地区解盐生产的季节性很强，二里岗晚期晚段郑州地区气候转向温暖潮湿，对河东盐业生产不利，且解盐味苦，而东部沿海地区煮海盐业生产是终年均可进行的，获取食盐是二里岗文化向东扩张的原因[163]。虽然目前在山东东部沿海地区尚未有证据表明二里岗文化已影响至此，但二里岗晚期晚段时确已推进到淄弥流域[164]。这样看来，以取得食盐为目的向东扩张，是很有可能的。此外，济南长清一带所出青铜容器应源自大辛庄遗址。

⑤ 太行山东麓地区

二里岗晚期早段是二里岗文化着力向北扩张的阶段，沿太行山东麓地带往北已抵壶流河流域，即今河北省北部的张家口蔚县地区。因此同处太行山东麓的邯郸地区及保定满城要庄遗址，应皆为二里岗文化沿太行山向北推进路线上的重要据点。

此外，本阶段于安阳小屯与林州一带也发现了铜容器。小屯遗址所见铜器一同出土的其他器物年代有早有晚，且大部分偏晚，应同为略晚的殷墟时期出现于当地，已超出本文要讨论的时间范畴，暂不进行过多讨论。林州的三件铜容器为收购拣选所得，能提供的有效信息不多，存此备考。假设其为本阶段出现于当地，则该地区的性质和作用应与郑州商城以北近畿地区的辉县、焦作等地相同。但该地与殷墟遗址相距较近，铜容器为稍晚流传至此处的可能性也不小。

⑥ 淮河流域

据上文可知，二里岗早期晚段开始，二里岗文化的分布范围已顺豫南的周口一带向东南影响至江淮地带巢湖以西地区，至晚期早段更是推进到巢湖以东地区。

从青铜礼容器的分布态势上看，从晚期早段开始二里岗文化的统治者可能已经将新的着力点放在豫南广阔的黄淮平原地区。继上一阶段颍河中游的项城、许昌等地出现铜容器后，本期于漯河地区又有新的发现。郾城所见铜容器出土地点在拦河潘村南200米处，紧靠柳河（颍河支流）北岸，发掘者推测其为铜器窖藏[165]。另一处发现地为舞阳北舞渡[166]。两地同属沙颍河水系，临近南阳盆地，且与之有水系相通。南阳盆地为中原连接长江中游地区的枢轴之地，漯河地区可能为沟通两地、运输物资的中转站，同时也是二里岗文化控制豫南、皖北乃至苏北地区的据点。

此外，本阶段二里岗文化已拓展到淮北地区鲁西南的滕州所在区域。滕州薛城已发现有二里岗晚期遗存叠压在岳石文化遗存址之上[167]，但无具体资料发表。该地区所见为数不少的青铜礼容器为高等级人群曾集中出现于此增加了佐证。二里岗文化可能以该地区为控制鲁西南地区的根据地，同时继续向南影响苏西北地区。

六安位于江淮之间的皖西地区，阜南位于皖西北地区，沿颍河而上与项城、许昌、郾城、舞阳等地相连，蚌埠亦处于皖北地区淮河南岸。三地均属淮河流域且有水路相通，虽其所见铜器或为拣选征集品，或无具体发掘资料发表，不确定性较大，但也能在一定程度上显示出二里岗文化在江淮地区的扩张步伐。

2）非二里岗文化分布范围

① 黄河中游河套地区

朱开沟遗址地处鄂尔多斯高原腹地，这是一个完全与二里岗文化不同的考古文化遗存。朱开沟第五段文化遗存大致相当于二里岗晚期阶段，这一阶段一些商式器物出现于朱开沟文化遗存中，并发现有全部随葬商式器物的墓葬[168]。可见两支考古学文化间的互动交流是较为频繁和深入的，甚至不排除有高等级二里岗文化人群直接活动于此的可能性。青铜礼容器也出现于这一时期。遗址内发现了铸造青铜工具的石范，显示此时当地已存在青铜冶铸活动，但并无制造青铜礼容器的技术与能力，其所出青铜容器应直接源于郑州商城。同时，从合金成分分析可知其含铅量颇高[169]，并非十分精致的高等级器物，可见二里岗文化统治者用于远距离文化交流的铜器，在等级上应是有选择的。这也在一定程度上显示出，二里岗文化的影响虽然已经波及朱开沟地区，但所见铜器出于灰坑而非墓葬，同时并未发现更多其他器物，表明当地对于中原地区的青铜礼制接受程度不高。

② 关中平原西部、汉中及陕北地区

本阶段青铜礼容器的分布范围已抵达关中平原西部地区，虽依旧无科学发掘出土器物，但相较关中东部，该地区出土地点相对集中。此处的文化遗存也体现了多元文化因素共存的局面，其中二里岗因素相较汉中地区更加明显、占比较大，但与关中东部老牛坡等典型二里岗文化遗存相比，还是更具地方特色[170]。显然，该地区对中原文化的接受度较高，这也是学界就其是否属二里岗文化地方类型的问题争论不休的根本原因。

汉中地区所见此阶段铜器的数量明显增加，发现地点依旧较为集中，绝大部分为酒器且器物较为精致。这透露出当时该地区对青铜礼容器在数量上和和品质上的要求皆有所提高，但同期的关中地区貌似没有条件满足这样的需求。所以汉中地区出现的为数不少的精致器物或直接源自中原地区的都城，或来自某一间接区域，彼此间应存在青铜礼容器的交换活动。这也在一定程度上揭示出汉中地区对青铜礼制或礼器愈发认同的趋势，但即便如此，该地区仍要维持鲜明的自身文化特征，这可能也是二里岗文化无法突破关中挺进汉中的重要原因之一。

地处黄土高原边缘地带的陕北地区此阶段属于朱开沟文化的势力范围，子长县所见青铜礼容器未见详细发掘资料，若其于本期出现于陕北地区，则很大可能源自于朱开沟文化，否则就应与稍晚的李家崖文化相关。朱开沟文化所见青铜容器很少，所以后者的可能性较大。

③ 长江中下游地区

这一时期于地处长江中游鄂西山区向江汉平原过渡地带的宜昌枝城地区也见有中原风格的铜容器[171]。此器为废品收购站收购而得，但当地博物馆工作人员推测其为附近遗址出土。有学者曾对宜昌地区长江沿岸二里头到二里岗时期的文化遗存做过研究和分析，认为该地区在此阶段内的文化遗存与川东，甚至与成都平原的关系比其他地区的关系要密切得多[172]。枝城所在地理位置得天独厚，卡住了长江中游平原地区通往蜀地的咽喉要塞。但由于无更多其他资料进行综合分析，存此备考，期待更多的新资料出现。

安徽铜陵位于长江以南的皖南地区北部，其境内铜料资源十分丰富，水路交通亦较便利。史料上记载的商周统治者多次征伐江淮地区的淮夷部族，一个重要的目的就是为了打通铜料的运输通道[173]。目前尚无明确的证据表明二里岗文化在皖南地区已越过长江，扩张到铜陵一带。与之隔长江相望的含山孙家岗遗址所出青铜礼容器[174]年代均晚于二里岗时期，童墩所出铜爵与含山发现铜爵十分近似，年代略晚，但该地区出土的铜斝却与蚌埠地区所见铜斝如出一辙。如此看来，安徽铜陵地区受到了来自其北部地区二里岗文化据点的共同影响，其铜器也应直接源自这些地区。同时也从一个侧面显示出二里岗文化意图占据铜陵地区获取金属矿源的动机。

④ 江淮地区

目前江苏地区尚无可确认的二里岗文化遗存十分丰富的遗址，仅苏西北地区的徐州处于鲁南与皖北的交界处，受到二里岗文化影响较大，其他地区资料较少，尚未可知。连云港一带虽西接徐州，但徐州地区是否被二里岗文化影响尚属推测，当地更不见青铜礼容器的出现，在没有更多新资料问世前，连云港地区受徐州地区间接影响的可能性不大。12世纪以前，淮河并非现今所见由洪泽湖转入长江入海，而是自西向东横穿江苏地区，拥有自己的入海口。淮安、连云港两地刚好地处淮河北岸，巢湖以东地区的二里岗文化顺淮河而下，冲击苏中北部区域，并带来青铜礼容器的可能性还是值得考虑的。

3）年代较晚的器物出土地

① 黄河上中游地区

山西长治一带位于黄河中游晋东南地区的长治盆地，被太行山与太岳山环绕，是一个相对封闭的地理空间，只南部有地势略低的丘陵地带与晋城相通，西部仅可通过浊漳河与冀南、豫北等地水路相连。尚无证据表明该地区受到二里岗文化的影响，且与之相通的晋城地区也无二里岗文化因素发现。长子县一同发现的青铜礼容器年代有早有晚[175]，其中较早者也已属二里岗晚期晚段偏晚。所以推测这批出现在长治盆地的青铜容器，以及晚期早段潞城县拣选铜器，其年代应均晚于二里岗时期。

青海西宁地处黄河上游支流湟水流域的河谷盆地，此处是青藏高原的东方门户，东距陕西关中西部地区直线距离500多千米，为卡约文化的分布区域。卡约文化的年代上限或可早到商代早期[176]。所出铜鬲耳足五点排列，此形制已属二里岗文化偏晚阶段，加上距离遥远导致文化传播的滞后性，推断该器出现于青海地区的时间应已更晚。

② 太行山东麓及燕山南北地区

石家庄台西遗址位于太行山东麓河北平原中南部，北邻滹沱河。遗址内遗存可分四期,其第一期即早期居址,遗存相对较少,年代相当于二里岗晚期早段,第二期即第一期墓葬,与二里岗晚期晚段相当,或者稍晚,似乎介于二里岗与曹演庄下层之间[177]。具有本期特征的铜器出于第一期墓葬M14及第二期墓葬M112中。其中M112仅1件此期器物,其余均较晚,已非本文要讨论的时间范畴。M14中所出铜容器大部分皆为本阶段特征,但另有一铜斝其"T"字形三足明显年代稍晚,因此M14的年代也应略晚于二里岗晚期晚段。

地处燕山北部的北京平谷刘家河商墓所出青铜礼容器年代不一,按其中年代较晚者判断此墓年代应晚于二里岗时期。燕山以南的辽宁地区发现的铜器均无详细的相关信息,但其所出铜鼎与青海地区相似,耳足五点排列,亦属二里岗偏晚器物,考虑到目前北易水流域以北地区尚无二里岗文化因素的遗存发现,又存在文化滞后性,推断其出现于该地区的时间应较晚。

以上出现时间晚于二里岗时期的青铜礼容器,虽具备二里岗文化时期特征,但从时间上看已超出本文要讨论的时间范围,因此对其意义暂不进行过多讨论。

5. 意义分析

第一,二里头四期晚段与二里岗早期早段的共时阶段,郑洛地区的聚落格局与文化面貌发生了一系列改变。偃师商城宫殿区与小城开始兴建,二里头时期的军事重镇大师姑城址废弃,郑州一带出现了面积达80万平方米的聚落[178]。二里头及郑州地区均处于多元文化因素共存融合的局面,同时青铜礼容器开始出现在中心城市以外的其他聚落,均反映出当时的社会结构一定出现了重大调整与变化。

鬲本是二里岗文化传统陶器系统的主要器类,二里头时期虽也有发现,但数量很少且出现较晚。郑州T166M6出土的高裆筒腹铜鬲形制原始,与同期的二里岗弧腹陶鬲颇有差异,更近北方地区夏家店下层的筒腹鬲。已知在夏家店下层文化典型遗存大甸子遗址曾发现极具二里头文化特征的陶爵、陶鬶及陶盉等礼器随葬于等级较高的墓葬中[179]。这两支考古学文化年代相当,两者应发生过较为深入的文化交流。二里头遗址目前虽未见具有夏家店下层文化特征的陶鬲,但互动的双向性使我们不能完全排除其曾出现的可能性,尤其是在文化面貌多样融合的社会重组阶段。因此可以推测郑州商城所出铜鬲应为二里头遗址的铸铜工匠们,在满足二里岗文化统治者需求铸造二里头时期本就少见的铜鬲之时,吸取了夏家店下层文化筒腹鬲的特征。T166M6墓主人身份地位较高,其中大量武器的发现也映射着这个动荡不安的历史背景。

总之,二里岗文化继承了二里头文化利用青铜礼制建立以等级差别为特征的复杂社会的传统,为了确立、维护和巩固其统治秩序,在承袭青铜礼制的基础上逐步进行调整完善,使之更加适合自身需求。

第二,二里岗早期晚段开始,南关外铸铜作坊建成并投入使用,揭示着二里头遗址的地位彻底丧失,新的政治、经济、文化中心已完全转移到郑州地区。同时二里岗文化统治者不可能放弃对青铜礼容器制作技术的垄断，故而二里岗时期也仅郑州商城一地拥有铸造青铜礼容器的能力，生产技术保密程度虽有所放松，但依旧掌控在统治者手中。

据上文可知当时各地发现的铜器均直接或间接源自郑州商城，从数量上看，需求量是极大的，这对生产效能与生产专业化程度提出了极高的要求。只有社会发育成熟度达到一定水准，才有足够的组织管理与宏观调控能力来应对如此大量的铜器铸造任务。与此同时对人力、物力，尤其是金属资源的需求量空前提高。二里岗文化的统治者们既承担着维护政局稳定，提高社会发展水平与凝聚力的任务，也肩负着竭尽全力寻找维持国家运转的各类资源的使命，向周边地区及资源丰富区域进行扩张是其必然的选择。

这样，在二里岗文化时期的郑州商城形成了一个良性循环：维护统治地位的目的→对青铜礼制的追求→提高产能、改进技术→对社会组织能力及宏观调控能力的要求、对资源的需求→向外扩张，延伸权力（在维稳的基础上提高社会发育成熟度，同时获取所需资源）→维护了统治地位。一旦其中一个环节被打破，早期国家与社会就很难顺利地运转下去。

第三，二里岗文化经历了最初的文化重组后，虽已迅速果断地占领了原二里头文化的势力范围，但仅"占领"是远远不够的，文化的取代与维持稳定局面才是最终目的。意识形态上的影响是缓慢持久的，军事力量不容忽视，因此诸多地区均显示出十分浓厚的军事色彩。但凡兴建城址的同时必定建立城墙、城壕等防御性设施，如偃师商城、山西垣曲商城等。军事据点建立后，二里岗文化统治者以赏赐的形式，有选择地将青铜礼容器分配给各据点的高等级人群，表示对其身份合法性的认可，对方也十分认同并渴望得到这种代表了地位与财富的奢侈品，从而实现了维护稳定统治的目的。这种建立军事据点并以青铜礼容器为工具构建区域控制体系的模式使得二里岗文化的疆域空前广阔。

第四，二里岗文化的统治者并非盲目、任意地向各地区扩张，相反这是一个十分有序的开疆拓土的过程。大概可总结出几点规律：点状推进、等距原则、单线联络。

二里岗文化以建立据点的形式向四方推进扩张的态势已十分清晰。从不同阶段的分布图中（图二六）更可直观地感受到，其据点分布秩序井然，近畿地区点与点之间甚至等距，非中原地区也分布得十分均匀。若遇异常密集之点必是十分重要之地，如辉卫地区一直持续不断地密集建立据点，晋南地区也是相对集中的地带，前者位于交通要冲，后者临近资源产地，都是具有战略意义的地域所在。

单线联络则表现在二里岗文化对部分地区的同化与影响是直接的，而不是通过某中介地区或中介文化实施间接影响，这样的情况一般出现在距中心都邑较为遥远的区域。如荆州荆南寺与黄州下窑嘴遗址，二者与盘龙城相距甚近，然而其文化面貌却显示出直接来自中原地区的影响，而非盘龙城遗址。朱开沟文化作为一支非二里岗文化

图二六　二里岗文化时期青铜礼容器的空间分布

遗存，其原汁原味的中原式器物及墓葬形式，也同样是直接影响的结果。

这种直接的控制或交流一方面显示出二里岗文化影响和辐射能力的强大，同时这可能也是二里岗统治者的主动选择，他们更乐于将远方的战略要地和与其他文化上层人群的交流掌控在自己手中。

第五，与有序的军事据点式扩张相似，在城市乃至国家的宏观规划上二里岗文化也展现了很强的目的性与规划性（表一三、表一四）。据上文分析可知，二里岗统治者对近畿地区的规划主要出于拱卫都城、保障交通、经略地方维持稳定、获取当地资源和进行祭祀等目的。对周边地区的扩张则主要为了建立据点以便经略当地、获得资源，同时也是二里岗人向更远的地域扩张的前沿阵地。至于非二里岗文化分布区域，则更多的是通过人群流动，尤其是高等级人群间的互动，实现了文化的交流与碰撞，逐渐形成了远距离交易网络的雏形。

表一三　二里岗文化时期对近畿地区扩张的规划与目的

时段		郑州商城以北	郑州商城以西	郑州商城以南	郑州商城以东	铸造能力
早期	早段	—	荥阳 ●西史村①② ○高村寺①②	○新郑望京楼①③	—	均无能力铸造青铜礼容器

续表

时段		郑州商城以北	郑州商城以西	郑州商城以南	郑州商城以东	铸造能力
早期	晚段	△辉县孟庄①②③ △获嘉东张居①②③	△偃师商城①③ △偃师二里头	登封 △王城岗④ △袁桥④	△中牟黄店 ①②④	均无能力铸造青铜礼容器
晚期	早段	☆辉县①②③ ☆获嘉照镜①②③ ☆焦作南朱村①②③	★偃师商城①③ ☆荥阳张片庄①②	—	—	
	晚段	■辉县琉璃阁①②③ □武陟①②③ ■郑州小双桥⑤	—	□新郑望京楼①③ □新密曲梁① □汝州李楼③④	□中牟大庄 ①②④	
目的		①拱卫都城；②交通枢纽；③经略当地；④获取资源；⑤祭祀				

表一四 二里岗文化时期对周边地区扩张的规划与目的

地区	早期早段	早期晚段	晚期早段	晚期晚段	原因目的	铸造能力
二里岗文化分布区	—	△长江中游1处 △晋南地区1处	★长江中游2处 ★洛河上游1处 ★晋南地区1处 关中东部3处 淮北地区2处 ☆淮南巢湖以西2处	■长江中游3处 □关中东部3处 ■鲁西北2处 ■晋南地区2处 淮北地区4处 淮南地区2处 ■太行山东麓2处	经略当地&获取资源&前沿阵地	均无能力铸造青铜礼容器
非二里岗文化分布区	○长江中游1处 ○淮南地区1处	—	☆汉中地区2处 ☆黄土高原边缘1处	□长江中游1处 □长江下游2处 □汉中地区3处 □关中西部3处 ■河套地区1处 □苏北地区2处	人群流动&文化交流与互动	
趋势	▷▷▷▷▷▷▷▷扩张趋势逐渐加剧▷▷▷▷▷▷▷▷					

对于早期国家来说交通是否通畅是生存与发展的关键性问题。当时的统治者设置在距都城较近的据点皆为水路或陆路交通十分便利的区域，如北面的辉卫地区、东面的中牟、南面的新郑、西面的荥阳等遗址所在地，将郑州商城环绕其中，形成以水路为主的交通网络，以保证中心地区物资的运输、消息的传达、人员的流动等畅通无阻，同时还要兼顾拱卫都邑之职。在较远的其他周边地区，对资源明确且丰富的地区实施军事占领及控制，将其发展成为当地的中心聚落，在保证资源获取的同时，同时经略当地局势，如盘龙城遗址、垣曲商城。对物资运输路线或疆域拓展通路上的重要枢纽及节点地区同样重点布控，如平陆前庄、邯郸及保定要庄等遗址所在地。

第六，二里岗文化统治者针对地方的政策实施是有明显差异的。青铜礼容器的空间分布的变化态势或可向我们展示这种央地关系问题。

在早期国家阶段，施政的差异源于当地可利用价值的不同。对于资源丰富的区域，统治者往往不遗余力地对其进行军事占领与政治控制，最明显的还是体现在晋南中条山地区。晋南一带是二里岗时期最重要的资源产地之一，二里岗文化统治者不但在当地大规模地建立军事防御色彩浓厚的根据地，同时占领沿途交通便捷之地进行布控，确保物资安全无虞地运抵都城，其重视程度可见一斑。反观关中平原地区，关中东部早在二里岗早期早段时已出现典型的二里岗文化遗存（老牛坡商文化第一部分遗存），但直至二里岗文化结束都未在这一地区发现高等级铜器墓，散见的青铜容器数量也相对较少。可见二里岗文化在关东地区完成了取代二里头文化的进程后，几乎没有更多的经营和进展。这在很大程度上说明无丰厚资源的关中平原地区，又与郑州商城相距较远，并非当时统治者关注的重点，甚至表现出任其自然的态度。当然，也要考虑到偃师商城这一西部通路上重要据点的丧失，应是二里岗文化后续向西推进力度不足的原因之一。此外，海岱地区由于距离上的客观限制以及当地岳石文化的强大根基，二里岗文化在向东推进的过程中，即便使用了青铜礼容器这一利器，也没能建立起系统完善、行之有效的控制据点，显示出了其力不从心。

虽然上文梳理的青铜礼容器有相当一部分没有明确的出土单位，但通过结合二里岗文化的分布局势及各地区考古遗存的情境分析，将其分布态势的变化作为线索来追踪当时的政治、文化、经济格局与社会历史背景是有一定的价值的。

四、二里头、二里岗时代青铜礼容器空间分布意义探析

（一）早期国家发展进程视角

二里头至二里岗文化是一个较为长程的历史时段，也是早期国家出现和初步发展的阶段。期间经历了以二里头文化为核心的中国第一个广域王权国家的出现，之后历经社会及文化重组发展到二里岗文化时期，王权更加巩固，社会秩序愈发稳定，也为之后灿烂的殷墟文化奠定了坚实的基础。这一进程得以实现，是早期国家的统治者选择以青铜礼容器为核心的青铜礼制作为其统治基础的结果。青铜礼容器为其行使王权提供了军事、经济及意识形态三方面的来源，并作为政治工具、财富手段及军事力量在早期国家的发展历程中发挥着最突出的作用。

为了巩固王权和维护统治秩序，对青铜礼容器生产、消费、分配乃至金属资源的垄断与独占是必然的选择。在二里头、二里岗文化时期，我们已经有了充分的证据显示当时的统治阶层对生产青铜礼容器这种"高科技"生产技术的控制、对青铜礼容器这种奢侈品及礼仪用器的垄断以及对珍稀原料的不懈追逐与独占，这是早期国家统治

者们最重要的政治策略。

二里头文化时期的统治者将政治权力与青铜礼器相结合形成青铜礼制,将其神圣化、制度化,迅速搭建起以等级差别为主要特征的早期国家的统治秩序。随后又以追逐礼制、礼器为最大的原动力,凭借其优势核心地位,向外进行扩张,使得二里头文化在空间上首次突破了地理单元的限制,形成了一个较为广阔的分布范围。但青铜礼容器却并未随之一起扩散,甚至未突破二里头都邑的范围,牢牢地控制在身处中心都邑的统治者手中。

二里岗文化时期继承了这一复杂社会传统,在其进行文化重组与整合阶段,即果断地占领了原二里头文化的领地,迅速取而代之并成功获得了中原腹地的主导地位。与此同时对青铜礼制逐步进行调整,使其更符合自身的需求,具体表现为青铜礼容器的空间分布范围不断扩展,最终形成了一个空前广阔的青铜礼制文化圈,象征着以二里岗文化为代表的早期国家在政治、军事及文化上的控制力。

由此可见随着国家与社会发展进程的不同,统治阶层在利用青铜礼器与礼制的过程中存在一定的差异。二里头时期处于青铜礼制的草创阶段,统治阶层是相对谨慎与保守的。其利用珍罕的青铜资源与传统的礼制文化相结合,通过青铜礼容器的神圣化将青铜礼制内化为自己的统治核心,同时使用各种手段保护铜器铸造产业的神秘性,十分严格地将其完全控制在自己手中。实践证明在早期国家与等级社会的肇始阶段,这种做法是适合当时社会的发展进程的。

二里岗时期,相较二里头阶段对于青铜礼容器的信仰程度则显出逐渐弱化的趋势。虽然青铜礼制仍然是维护王权统治的基础,但对青铜礼容器的垄断意识却在逐渐降低。在都城内部铸铜作坊区失去了围垣的保护,铜器制作也不仅局限于唯一的生产作坊,这或许表明统治阶层对于铸铜技术的保密程度已出现放松迹象。同时在都城以外地区,二里岗文化的统治者更看重青铜礼容器对于巩固王权、维护统治的作用和价值,更善于利用其比寻常的意义,不惜将其工具化,分配给其他适合的高等级人群,以此赋予他们合法的卓然身份,从而辅助统治者共同维护国家与地方的稳定与发展。这说明统治阶层对青铜礼容器的分配及消费已不再独占。

综上所述,青铜礼容器在二里头、二里岗文化时期从神圣化、制度化逐渐工具化的过程,是早期统治者面对国家与社会的不同发展阶段,维护王权与统治的必然选择,同时也极大地促进了早期国家发展进程。

(二)考古学文化互动视角

张光直先生很早就已提出了考古遗存之间"相互作用圈"的问题[180]。考古学文化间的互动有两种形式,一是相邻考古学文化间的相互影响,二是相距较远的跨地区考古学文化间的相互作用。互动的方式也有两种,一种为强势文化目的明确的扩张导致对弱势文化的同化或替代；另一种为无意识的影响，在强势文化主导下二者的结合[181]。

二里头文化时期虽然其分布范围较为广阔，但从青铜礼容器的分布空间来看，并未显示出二里头文化利用青铜礼容器对其他地区施加影响，仅是依靠青铜礼制稳定了王权，提高了社会发展程度，并以此为基础利用自身文化的优势进行强势扩张。

二里岗文化时期则一改前者相对温和的扩张方式，从其最初取代二里头文化开始，军事意味一直较为明显，并形成以郑州商城为中心，利用近畿地区严密的防护，稳步向四面八方推进的态势。在进行军事占领与控制的同时，利用青铜礼容器有选择、有规划地分配给重点地区的高等级人群，使其成为维护稳定与统治的助力。这种快速有效的扩张模式使得二里岗文化很快就突破了二里头文化原有的疆域范围，控制了更广阔的地域。这一过程也是青铜礼制向外传播的过程。虽然社会组织、风俗习惯及思想观念等方面的传播与生产技术等类型的传播相比，阻力要大得多，因此以军事力量作为辅助就使得这一过程更加顺畅。在二里岗文化时期，"青铜礼器文化圈"[182]已初具规模。

同时，面对强势文化的影响，弱势文化也表现出两种态度，当被强势同化或替代时，弱势文化是全面抵制的，但当面对自然产生的并无明确军事目的的影响时，弱势文化则会根据自己的需要，精心选择对自身有益的因素进行吸收[183]。青铜礼容器空间分布范围的变化显示出了面对二里岗文化青铜礼制的强势影响，弱势文化的抵制效果与两个客观因素相关，一是其距强势文化中心区域的距离远近，二是其自身所处自然地理环境的交通发达程度。黑格尔说"河流是文化联系的纽带而山是文化交流的障碍。"二里岗文化以青铜礼容器为工具，以军事力量为辅助，在黄河中下游、淮河支流颍河流域、长江中游、太行山东麓地区可谓所向披靡，但于中条山以北、太行山西麓、黄土高原、秦岭以北地区则举步维艰。

经分析，我们认为关中平原地区并非二里岗文化扩张的重点，这一区域几乎未曾体现出强烈的军事色彩，所以在强势文化相对无意识的影响下，汉中地区才有了既维持自身文化特性又有选择性地接受青铜礼制或礼器的余地。内蒙古、辽宁、青海这些更加边远的地区则应是被当时二里岗文化形成的"世界风格"[184]所影响，当地所发现的青铜礼容器是他们对先进文化的模仿与学习，而在思想观念与意识形态上并未接受中原地区的礼制文化。

需要注意的是，虽然考古学文化之间的互动关系要从双方的角度观察问题，文化之间的交流是双向的，都包括吸收和输出两个方面[185]。但礼制本属中原地区的传统观念，青铜礼容器更为二里头文化时期初创，除二里头文化四期与二里岗文化早期早段这一社会重组、多元文化因素并存的阶段表现出曾受到北方夏家店文化因素的影响外，其余时段均以中原地区的强势输出为主导。因此考古学文化间的双向互动关系，在二里头、二里岗文化时期青铜礼容器方面的表现不甚明显。

（三）礼器分配、消费及交换视角

　　青铜礼容器的生产问题由于有诸多考古证据，目前认为二里头、二里岗时期青铜礼容器的生产为统治阶层所垄断的观点已被大部分学者接受。但由于青铜礼容器的分配、消费与交换问题是人与人之间的具体活动，并非考古学擅长解读的问题，所以一直以来对其分析都较为笼统。本文虽然也没有做出更深刻的理解，但应能为解读这一问题提供一些可供参考的实例。

　　首先需明确分配与消费的区别。简单地概括即为：分配是对某种社会资源进行配置的过程，而消费的目的则是为了满足个人的生活需要。在以等级制度为基础的早期社会，统治阶层的生活需要就是通过占有奢侈品来彰显自身的身份、地位，用以维护权力与统治。

　　从二里头文化的青铜礼容器空间分布来看，当时青铜礼器无论生产还是消费都仅局限于二里头遗址内金字塔最顶端的一部分人手中，我们有理由推断这一时期的青铜礼容器只集中在所谓的"王室"手中，仅王室成员有权享受青铜礼器的消费，可能存在一定的分配行为，但也仅在王室成员范围内进行小规模分配。

　　二里岗时期，青铜礼容器的生产依旧掌握在统治阶层手中，但其分配与消费的环节则有较大变化。从空间分布的变化可以看出，这一时期的统治者已将青铜礼容器视为一种工具，大规模进行分配，不仅在都城内部各贵族阶层间，二里岗文化分布区域内各据点的铜器也均为分配所得。如此其消费也就不仅局限于王室成员内部，都城内的各级贵族、各据点的高等级人群均为青铜礼容器的消费者，但这种"政治性消费"[186]依旧是贵族阶层的特权。

　　其次，关于青铜礼容器的交换环节，我们从内蒙古朱开沟遗址内铜器的发现情况可以推断，二里岗与朱开沟文化间存在奢侈品交换活动，这种交换应属上层社会的政治性交换，前者用代表先进文化、具有"世界风格"的青铜礼容器换取后者的金器、马匹甚至贵重金属资源。燕山以北的辽宁朝阳地区发现的铜容器虽可能出现时间较晚，但结合当地是我国北方重要的铜、铅矿产地，这些青铜礼容器经政治性交换到该地区的可能性是很大的。这也在一定程度上揭示出当时"奢侈品交易网络"的存在。同时，我们还观察到汉中地区发现的青铜礼容器数量和质量都高于关中西部地区，该地区对青铜礼容器的需求表明其对礼制或礼器的认同，但并未接受二里岗文化的同化，其所处自然地理环境亦无丰富资源可用于交换，同时关中地区又无足够数量与精致的铜容器满足其所需，或许汉中地区所见的青铜礼容器可能来源于非政治性交换的途径。期待更多与之相关的新资料出现。

五、结　语

本文主要从青铜礼容器的发现及发现地的情境分析入手，动态解读了二里头、二里岗文化时期青铜礼容器的空间分布变化态势，主要有以下几点认识：

（1）二里头文化是青铜礼容器与青铜礼制的初创阶段。处于早期国家发展肇始期的二里头文化统治者试图以青铜礼制为核心建立以等级差别为特征的复杂社会。通过对青铜礼容器的生产技术、产品的分配与消费及金属资源的垄断与独占，实现了其在政治上和宗教礼仪上的合法化，构建起了层级明显的等级秩序。二里头文化以此优势文化为基础，以寻求更丰富的资源为目的大规模向四周进行文化扩张，使得二里头统治阶层的权力得到了极大的延伸，统治地位更加牢固。

（2）二里头文化四期与二里岗文化早期早段存在共时性，这是一个文化整合与社会重组的阶段。随着政治中心从二里头转移到郑州地区，青铜礼容器与铸铜作坊在郑州商城的出现，表明二里岗文化迅速完成了对二里头文化的取代，中原地区的主导权彻底发生转变。

（3）二里岗文化时期是青铜礼容器与青铜礼制的发展阶段。它承袭了前者的等级社会传统，处于早期国家发展阶段的二里岗文化统治者为了巩固、维护其统治秩序，对青铜礼制进行了更加符合自身需要的调整。这一时期，青铜礼容器的数量和种类均有了极大的增长，青铜礼制日趋成熟，统治者在不放弃对青铜礼容器制作技术与金属资源独占的基础上，通过将其分配给其他贵族阶层来维护地方的稳定，中央与地方的隶属关系更加牢固，巩固了统治秩序，同时也极大地扩张了自身的疆域控制范围，有条件获取更丰富的资源。

（4）空间分布的变化展现了一个青铜礼制逐步扩散与青铜礼器日趋工具化的过程。从二里头时期仅王室垄断，到二里岗时期不但本文化内的诸多贵族阶层有权力享受青铜礼容器的"政治性消费"，非二里岗文化分布区域也能通过交换的方式获取源自先进文化的贵重物品，显示出"青铜礼器文化圈"与早期"奢侈品交易网络"的存在。

（5）二里头、二里岗文化时期均实行十分强势的疆域控制政策，但存在一定的差异性。这种早期国家扩张政策的差异性不仅存在于两支考古学文化之间，也存在于二里岗文化自身的发展过程中。相较于二里岗文化时期军事色彩浓厚的对外扩张，二里头文化虽然态势强劲，但手段相对温和。二里岗文化时期在处理地方政策上差别较大，对资源丰富、交通便利、战略位置重要的地区的重视程度明显高于距离偏远、资源缺乏之地。此外，这种疆域政策的实施使得考古学文化间的互动变得十分频繁，各地区不同的考古学文化在面对强势文化的同化、扩张时也显示出了不同的应对方式。

（6）青铜礼容器空间分布的变化态势也为揭示其生产、分配、交换及消费等问题提供了实例。青铜礼容器的生产及制作技术一直保持为统治者所垄断。分配及消费活动从二里头时期只为王室成员享有，到二里岗时期受众范围已相对广泛，但依旧仅在贵族阶层内流通。同时出现了青铜礼容器的交换迹象。结合不同时期铸铜作坊遗址在中心都邑城市规划中的变化，表现出统治阶层对于青铜礼容器保密程度逐渐下降的趋势，这是之后殷墟时期技术"泄密"的先兆，证明青铜礼容器制作技术并非突然泄露外传，而是一个渐次的过程。

注　释

[1] 即二里头、二里岗文化时期。以下简称二里头时期，二里岗时期，二里头、二里岗时期。
[2] 朱凤瀚：《古代中国青铜器》，南开大学出版社，1995年。
[3] 朱凤瀚：《中国青铜器综论》，上海古籍出版社，2009年。
[4] 中国社会科学院考古研究所：《中国考古学·夏商卷》，中国社会科学出版社，2003年。
[5] 李朝远、周亚、马今洪等：《中国青铜器》，五洲传播出版社，2004年。
[6] 李学勤：《青铜器与古代史》，联经出版事业股份有限公司，2005年。
[7] 〔日〕林巳奈夫著，广濑薰雄、近藤晴香译：《殷周青铜器综览》（第一卷），上海古籍出版社，2017年；《殷周青铜器综览》（第二卷），上海古籍出版社，2019年。
[8] 陈国梁：《二里头文化铜器研究》，《中国早期青铜文化——二里头文化专题研究》，科学出版社，2008年，第124～274页。
[9] 梁宏刚、孙淑云：《二里头遗址出土铜器研究综述》，《中原文物》2004年1期，第29～39、56页。
[10] 李朝远：《关于二里头文化的青铜斝——从上博藏一件青铜斝谈起》，《二里头遗址与二里头文化研究——中国·二里头遗址与二里头文化国际学术研讨会论文集》，科学出版社，2006年，第184～199页。
[11] 〔日〕宫本一夫著，吴菲译：《从神话到历史：神话时代夏王朝》，广西师范大学出版社，2014年，第345～347页。
[12] 朱光华：《早商青铜器分期与区域类型研究》，郑州大学博士学位论文，2005年。
[13] 秦文波：《郑州出土商代青铜容器分期》，《安金槐先生纪念文集》，大象出版社，2005年，第289～305页。资料截止到1995年，1996年之后的资料未收录。
[14] 李维明：《郑州早商铜礼器年代辨识》，《故宫博物院院刊》2001年2期，第25～33页。
[15] 张国硕：《从郑州商城青铜礼器的发现与铸造看郑州商城的废弃年代》，《青铜文化研究》（第六辑），黄山书社，2009年，第12～16页。
[16] 施劲松：《商时期南方地区的青铜器与社会：复杂性与多样性的例证》，《考古》2018年5期，第90～100页。
[17] 金正耀：《二里头青铜器的自然科学研究与夏文明探索》，《文物》2000年1期，第56～64、69页。
[18] 刘莉、陈星灿：《中国早期国家的形成——从二里头和二里岗时期的中心和边缘的关系谈起》，《古代文明》（第1卷），文物出版社，2002年，第71～134页。

[19] 许永杰：《中国考古学研究中的情境分析》，《考古与文物》2011年1期，第92～99页。
[20] 李伯谦：《从对三星堆青铜器年代的不同认识谈到如何正确理解和运用"文化滞后"理论》，《中国青铜文化结构体系研究》，科学出版社，1998年，第300～305页。
[21] 仇士华：《^{14}C测年与中国考古年代学研究》，中国社会科学出版社，2015年，第101页。
[22] 仇士华：《^{14}C测年与中国考古年代学研究》，中国社会科学出版社，2015年，第101页。
[23] 邵望平：《礼制——中国古代文明的一大特征》，《东方考古研究通讯》2003年1期，第9、10页。
[24] 高炜在"中国文明起源学术座谈会"上的发言，《中国文明起源座谈纪要》，《考古》1989年12期，第1115页。
[25] 中国社会科学院考古研究所：《二里头：1999～2006》，文物出版社，2014年，第15页。以下简称二里头三期早段、三期晚段、四期早段、四期晚段。
[26] 河南省文物考古研究所：《郑州商城——1953～1985年考古发掘报告》，文物出版社，2001年，第139～145页。
[27] 中国社会科学院考古研究所：《二里头：1999～2006》，文物出版社，2014年，第15页。以下简称二里岗早期早段、早期晚段、晚期早段、晚期晚段。
[28] 关于铜器年代，本文将主要参考原发掘报告及简报的意见，年代判断有更新或争议及资料发表不足者将以学术界通行的意见进行推定，并在适当的地方加以说明。
[29] 韩维周、丁伯泉、张永杰等：《河南登封县玉村古文化遗址概况》，《文物参考资料》1954年6期，第18～24页。
[30] 中国社会科学院考古研究所：《二里头：1999～2006》，文物出版社，2014年，第15页。
[31] 仇士华：《^{14}C测年与中国考古年代学研究》，中国社会科学出版社，2015年，第101页。
[32] 许宏、陈国梁、赵海涛：《二里头遗址聚落形态的初步考察》，《考古》2004年11期，第23～31页。
[33] 此觚为施工时与一件鼎和斝同时发现，被工人私藏卖出后，鼎、斝追回，该器丢失，文中并未计入总数。
[34] 廉海萍、谭德睿、郑光：《二里头遗址铸铜技术研究》，《考古学报》2011年4期，第563页。两件均已计入总数，其一为图版叁：1-4铜爵，无器号，三足已脱落；其二为图版叁：5铜爵，墓葬出土，器号为1987YLⅥM58：2，此器还见于陈光祖主编：《金玉交辉——商周考古、艺术与文化论文集》，"中央研究院"历史语言研究所，2013年，第171页，表四。由于图片均为局部，无法观察整体形制，难以确定分期，下文分期讨论部分并未列入这两件。
[35] 朱凤瀚：《中国青铜器综论》，上海古籍出版社，2009年，第837页。
[36] 许宏、赵海涛：《二里头遗址文化分期再检讨——以出土铜、玉礼器的墓葬为中心》，《南方文物》2010年3期，第44～52页。
[37] 中国社会科学院考古研究所：《偃师二里头：1959年～1978年考古发掘报告》，中国大百科全书出版社，1999年，第299页。
[38] 朱凤瀚：《中国青铜器综论》，上海古籍出版社，2009年，第840页。
[39] 马今洪：《上海博物馆藏二里头文化束腰爵新探》，《中国国家博物馆馆刊》2014年3期，第20～28页。

[40] 许宏、赵海涛：《二里头遗址文化分期再检讨——以出土铜、玉礼器的墓葬为中心》，《南方文物》2010年3期，第44~52页；赵海涛：《二里头遗址二里头文化四期晚段遗存探析》，《南方文物》2016年4期，第115~123页。

[41] 许宏、赵海涛：《二里头遗址文化分期再检讨——以出土铜、玉礼器的墓葬为中心》，《南方文物》2010年3期，第49页。

[42] 朱凤瀚：《中国青铜器综论》，上海古籍出版社，2009年，第843~845页。

[43] 许宏、袁靖主编：《二里头考古六十年》，中国社会科学出版社，2019年，第26页。

[44] 陈惊鸿：《伊洛双子河——黄河伸出的臂弯》，《中国国家地理》2017年10期，第175页。

[45] 张国硕：《夏商时代都城制度研究》，河南人民出版社，2001年，第116页。

[46] 刘莉、陈星灿：《城：夏商时期对自然资源的控制问题》，《东南文化》2000年3期，第45~60页。

[47] 许宏、袁靖主编：《二里头考古六十年》，中国社会科学出版社，2019年，第78~82页。

[48] 许宏、袁靖主编：《二里头考古六十年》，中国社会科学出版社，2019年，第102~130、262~270页。

[49] 许宏、袁靖主编：《二里头考古六十年》，中国社会科学出版社，2019年，第340页。

[50] 中国社会科学院考古研究所：《二里头：1999~2006》，文物出版社，2014年，第336、337页。

[51] 陈国梁：《二里头遗址铸铜遗存再探讨》，《中原文物》2016年3期，第35~44页。

[52] 郑光、杨国忠、张国柱等：《偃师二里头遗址》，《中国考古学年鉴·1984》，文物出版社，1984年，第128页。

[53] 常怀颖：《夏商都邑铸铜作坊空间规划分析》，《中原文物》2018年5期，第68~81页。

[54] 高赞岭：《郑州航空港区银河办事处夏商遗址》，《中国考古学年鉴·2013》，文物出版社，2014年，第280、281页。

[55] 河南省文物研究所、中国历史博物馆考古部：《登封王城岗与阳城》，文物出版社，1992年，第125页。

[56] 中国社会科学院考古研究所、中国历史博物馆、山西省考古研究所：《夏县东下冯》，文物出版社，1988年，第100、147页。

[57] 陕西省考古研究院、商洛市博物馆：《商洛东龙山》，科学出版社，2011年，第186页。

[58] 安徽省文物考古研究所：《安徽铜陵县师姑墩遗址发掘简报》，《考古》2013年6期，第3~23页。

[59] 邹厚本主编：《江苏考古五十年》，南京出版社，2000年，第151页。

[60] 张昌平、陈晖：《湖北郧县李营发现的铸铜遗存》，《考古》2016年6期，第118~120页。

[61] 重庆市文化局、陕西省考古研究所：《重庆市万州区塘房坪遗址1998年发掘简报》，《考古与文物》2003年1期，第3~9页。

[62] 甘肃省文物考古研究所、北京科技大学冶金与材料史研究所、中国社会科学院考古研究所等：《甘肃张掖市西城驿遗址》，《考古》2014年7期，第3~17页。

[63] 许宏、袁靖主编：《二里头考古六十年》，中国社会科学出版社，2019年，第288页。

[64] 张海、陈建立：《史前青铜冶铸业与中原早期国家形成的关系》，《中原文物》2013年1期，第52~59、90页。

[65] 董琦：《虞夏时期的中原》，科学出版社，2000年，第137～140页。
[66] 安志敏：《一九五二年秋季郑州二里冈发掘记》，《考古学报》1954年2期，第65～107页。
[67] 河南省文物考古研究所：《郑州商城——1953～1985年考古发掘报告》，文物出版社，2001年，第139～145页。
[68] 中国社会科学院考古研究所：《二里头：1999～2006》，文物出版社，2014年，第15页。
[69] 仇士华：《^{14}C测年与中国考古年代学研究》，中国社会科学出版社，2015年，第101页。
[70] 黄铭崇：《迈向重器时代——铸铜技术的输入与中国青铜技术的形成》，《"中央研究院"历史语言研究所集刊》第八十五本第四分册，2015年，第575～678页。
[71] 许宏、陈国梁、赵海涛：《二里头遗址聚落形态的初步考察》，《考古》2004年11期，第23～31页。
[72] 许宏、赵海涛：《二里头遗址文化分期再检讨——以出土铜、玉礼器的墓葬为中心》，《南方文物》2010年3期，第44～52页；赵海涛：《二里头遗址二里头文化四期晚段遗存探析》，《南方文物》2016年4期，第115～123页。
[73] 赵海涛：《二里头遗址二里头文化四期晚段遗存探析》，《南方文物》2016年4期，第118页。
[74] 朱凤瀚：《中国青铜器综论》，上海古籍出版社，2009年，第861页。
[75] 朱凤瀚：《中国青铜器综论》，上海古籍出版社，2009年，第865页。
[76] 杜金鹏：《安徽出土两件铜斝的年代及其意义》，《中国文物报》1995年9月24日第3版。
[77] 许宏、赵海涛：《二里头遗址文化分期再检讨——以出土铜、玉礼器的墓葬为中心》，《南方文物》2010年3期，第51页。
[78] 李朝远：《关于二里头文化的青铜斝——从上博藏一件青铜斝谈起》，《二里头遗址与二里头文化研究——中国·二里头遗址与二里头文化国际学术研讨会论文集》，科学出版社，2006年，第184～199页。
[79] 许宏、赵海涛：《二里头遗址文化分期再检讨——以出土铜、玉礼器的墓葬为中心》，《南方文物》2010年3期，第51页。
[80] 许宏、赵海涛：《二里头遗址文化分期再检讨——以出土铜、玉礼器的墓葬为中心》，《南方文物》2010年3期，第51页。
[81] 河南省文物考古研究所：《郑州商城新发现的几座商墓》，《文物》2003年4期，第19页。
[82] 李朝远：《关于二里头文化的青铜斝——从上海博物馆藏一件青铜斝谈起》，《二里头遗址与二里头文化研究——中国·二里头遗址与二里头文化国际学术研讨会论文集》，科学出版社，2006年，第191页。
[83] 朱凤瀚：《中国青铜器综论》，上海古籍出版社，2009年，第863页。下文关于铜器年代问题与报告或简报有异议者，如无特殊说明，均采用了朱先生的意见，不再另加注释。
[84] 武陟县文化馆：《武陟县早商墓葬清理简报》，《河南文博通讯》1980年3期，第38、39页。
[85] 杨立新：《安徽淮河流域夏商时期古代文化》，《文物研究》（第五辑），黄山书社，1989年，第86页。
[86] 朱凤瀚：《中国青铜器综论》，上海古籍出版社，2009年，第886～889页。
[87] 吴镇烽：《商周青铜器铭文暨图像集成》（第25卷），上海古籍出版社，2012年，第3页，器3。
[88] 中国青铜器全集编辑委员会：《中国青铜器全集·夏商卷》，文物出版社，1996年，第50页，

器五一。

[89] 钟柏生、陈昭容、黄铭崇等：《新收殷周青铜器铭文暨器影汇编》（二），艺文印书馆，2006年，第1082页，器1582。

[90] 吴镇烽：《商周青铜器铭文暨图像集成》（第20卷），上海古籍出版社，2012年，第4页，器10882。

[91] 陈佩芬：《夏商周青铜器研究——上海博物馆藏品（夏商篇）》，上海古籍出版社，2004年，第90页，器四一。

[92] 孟新安：《郾城县出土一批商代青铜器》，《考古》1987年8期，第765、766页。

[93] 许宏：《都邑变迁与商代考古学的阶段划分》，《二十一世纪的中国考古学——庆祝佟柱臣先生八十五华诞学术文集》，文物出版社，2006年，第479~487页。

[94] 赵海涛：《二里头遗址二里头文化四期晚段遗存探析》，《南方文物》2016年4期，第115~123页。

[95] 许宏、袁靖主编：《二里头考古六十年》，中国社会科学出版社，2019年，第78~82页。

[96] 许宏、袁靖主编：《二里头考古六十年》，中国社会科学出版社，2019年，第339、340页。

[97] 中国社会科学院考古研究所：《二里头：1999~2006》，文物出版社，2014年，第336、337页。

[98] 中国社会科学院考古研究所：《中国考古学·夏商卷》，中国社会科学出版社，2003年，第168、169页。

[99] 许宏：《二里头文化聚落动态扫描》，《早期夏文化与先商文化研究论文集》，科学出版社，2012年，第31~44页。

[100] 侯卫东：《郑州商城肇始阶段王畿区域聚落变迁与社会重组》，《江汉考古》2018年2期，第57~67页。

[101] 河南省文物考古研究所：《郑州商城——1953~1985年考古发掘报告》，文物出版社，2001年，第384页。

[102] 关于南关外铸铜遗址的使用年代，大致有三种意见，一种意见与发掘者相同，认为其使用年代为二里岗早期晚段至晚期早段，如杨育彬、曾晓敏：《郑州商城的考古学研究》，《河南考古探索》，中州古籍出版社，2002年，第234~291页；另一种意见认为其使用年代为二里岗早期早段至即二里岗上层二期，如杨肇清：《略论商代二里岗期青铜铸造业及其相关问题》，《郑州商城考古新发现与研究》，中州古籍出版社，1993年，第64~71页；第三种意见认为其使用年代从南关外期开始沿用至白家庄期，如陈旭：《郑州商代铸铜基址的年代及相关问题》，《中原文物》1992年3期，第37~43、78页。

[103] 赵海涛：《二里头遗址二里头文化四期晚段遗存探析》，《南方文物》2016年4期，第115~123页。

[104] 陈立信、马德峰：《荥阳县高村寺商代遗址调查简报》，《华夏考古》1991年3期，第24~28页。

[105] 郑州市博物馆：《河南荥阳西史村遗址试掘简报》，《文物资料丛刊》（5），文物出版社，1981年，第84~102页。

[106] 新郑县文化馆：《河南新郑县望京楼出土的铜器和玉器》，《考古》1981年6期，第556页。

[107] 朱凤瀚：《中国青铜器综论》，上海古籍出版社，2009年，第901页。

[108] 郑州市文物考古研究所:《新郑望京楼——2010~2012年田野考古发掘报告》,科学出版社,2016年,第52~65、717页。

[109] 郑州市文物考古研究所:《新郑望京楼——2010~2012年田野考古发掘报告》,科学出版社,2016年,第719页。

[110] 胡悦谦:《试谈肥西县大墩孜商文化》,《安徽省考古学会成立会议会刊(第一至八集合订本)》,安徽省考古协会编印,1979年,第35~43页。简报中所指的"商文化早期类型"是既包括二里头文化,也包含与二里岗文化的(第39页)。

[111] 安徽省文物考古研究所:《安徽肥西三官庙遗址发现二里头时期遗存》,《中国文物报》2019年8月23日第8版。

[112] 中国社会科学院考古研究所:《中国考古学·夏商卷》,中国社会科学出版社,2003年,第457~461页。

[113] 杜金鹏:《安徽出土两件铜斝的年代及其意义》,《中国文物报》1995年9月24日第3版;向桃初:《二里头文化向南方的传播》,《考古》2011年10期,第58页。

[114] 王立新:《早商文化研究》,高等教育出版社,1998年。

[115] 河南省文物考古研究所:《郑州商城——1953~1985年考古发掘报告》,文物出版社,2001年。

[116] 河南省文物考古研究所:《郑州商城——1953~1985年考古发掘报告》,文物出版社,2001年,第346页。

[117] 发掘者在报告中将二里头时期的城址归为二里头文化城址,不过关于该城址乃至该地区二里头时期考古学文化遗存的归属问题目前尚未达成一致意见,但大部分学者认为其应与二里头文化相区别,是探索先商文化的重要对象。如张应桥、徐昭峰:《试论辉县孟庄二里头文化时期城址的性质》,《中国历史文物》2008年1期,第65~74页。

[118] 河南省文物考古研究所:《辉县孟庄》,中州古籍出版社,2003年,第241页。

[119] 侯卫东、张玲:《论辉县孟庄商城的年代》,《江汉考古》2020年1期,第65~68页。

[120] 中国社会科学院考古研究所:《偃师商城》(第一卷),科学出版社,2013年,第122、726页。

[121] 中国社会科学院考古研究所:《偃师商城》(第一卷),科学出版社,2013年,第727~731页。

[122] 河南省文物研究所、中国历史博物馆考古部:《登封王城岗与阳城》,文物出版社,1992年,第151页。

[123] 湖北省文物考古研究所:《盘龙城——1963~1994年考古发掘报告》,文物出版社,2001年,第441~446页。

[124] 湖北省文物考古研究所:《盘龙城——1963~1994年考古发掘报告》,文物出版社,2001年,第220页。

[125] 朱凤瀚:《中国青铜器综论》,上海古籍出版社,2009年,第914页。

[126] 佟伟华:《垣曲商城与中条山铜矿资源》,《考古学研究》(九),文物出版社,2012年,第346~361页。

[127] 中国历史博物馆考古部、山西省考古研究所、垣曲县博物馆:《垣曲商城(一):1985~1986年度勘察报告》,科学出版社,1996年,第49~59页。

[128] 中国国家博物馆田野考古研究中心、山西省考古研究所、垣曲县博物馆:《垣曲商城(二):1988~2003年度考古发掘报告》,科学出版社,2014年,第656~660页。

[129] 中国国家博物馆田野考古研究中心、山西省考古研究所、垣曲县博物馆：《垣曲商城（二）：1988~2003年度考古发掘报告》，科学出版社，2014年，第616~625页。

[130] 中国国家博物馆田野考古研究中心、山西省考古研究所、垣曲县博物馆：《垣曲商城（二）：1988~2003年度考古发掘报告》，科学出版社，2014年，第670页。

[131] 王立新：《早商文化研究》，高等教育出版社，1998年。

[132] 河南省文物考古研究所：《郑州商城——1953~1985年考古发掘报告》，文物出版社，2001年，第379页。

[133] 袁广阔、秦小丽：《河南焦作府城遗址发掘报告》，《考古学报》2000年4期，第501~536页。

[134] 王学荣：《偃师商城废弃研究——兼论与偃师二里头、郑州商城和郑州小双桥遗址的关系》，《三代考古》（二），科学出版社，2006年，第297~327页。

[135] 湖北省文物考古研究所：《盘龙城——1963~1994年考古发掘报告》，文物出版社，2001年，第447~450、498~501页。

[136] 韩用祥、余才山、梅笛：《盘龙城遗址首次发现铸造遗物及遗迹》，《江汉考古》2016年2期，第36~39页。

[137] 武汉大学历史学院、湖北省文物考古研究所、盘龙城遗址博物院：《武汉市盘龙城遗址小嘴2015~2017年发掘简报》，《考古》2019年6期，第15~34页。

[138] 荆州博物馆：《荆州荆南寺》，文物出版社，2009年，第148页。

[139] 金正耀：《二里头青铜器的自然科学研究与夏文明探索》，《文物》2000年1期，第56~64、69页。

[140] 中国国家博物馆田野考古研究中心、山西省考古研究所、垣曲县博物馆：《垣曲商城（二）：1988~2003年度考古发掘报告》，科学出版社，2014年，第627~635页。

[141] 中国国家博物馆田野考古研究中心、山西省考古研究所、垣曲县博物馆：《垣曲商城（二）：1988~2003年度考古发掘报告》，科学出版社，2014年，第671页。

[142] 河南省文物研究所：《许昌县大路陈村发现商代墓》，《华夏考古》1988年1期，第23~26、85页。

[143] 赵丛苍：《城固洋县铜器群综合研究》，《文博》1996年4期，第3~26页。

[144] 王进先：《山西长治市拣选、征集的商代青铜器》，《文物》1982年9期，第49页。

[145] 王立新：《早商文化研究》，高等教育出版社，1998年。

[146] 杨育彬：《郑州商城相关问题研究——纪念郑州商代遗址发现60周年》，《中原文物》2011年2期，第35~40、50页。

[147] 陈旭：《郑州商代铸铜基址的年代及相关问题》，《中原文物》1992年3期，第37~43、78页。

[148] 河南省文物考古研究所：《郑州小双桥：1990~2000年考古发掘报告》，科学出版社，2012年。

[149] 杨育彬：《再论郑州商城的年代、性质及相关问题》，《华夏考古》2004年3期，第52~70页。

[150] 张新斌：《辉县商代文化遗存的初步研究》，《华夏考古》1994年1期，第68~77页。

[151] 武陟县文化馆：《武陟县早商墓葬清理简报》，《河南文博通讯》1980年3期，第38、39页。

[152] 郑州市文物考古研究所：《新郑望京楼——2010~2012年田野考古发掘报告》，科学出版社，

2016年，第719页。
[153] 北京大学考古文博学院：《河南新密曲梁遗址1988年春发掘报告》，《考古学报》2003年1期，第45~88页。
[154] 临汝县文化馆：《河南临汝县李楼出土商代青铜器》，《考古》1983年9期，第839、840页。
[155] 张昌平、孙卓：《盘龙城聚落布局研究》，《考古学报》2017年4期，第439~460页。
[156] 张昌平、方勤、李永康等：《2012~2017年盘龙城考古：思路与收获》，《江汉考古》2018年5期，第3~13页。
[157] 湖北省文物考古研究所：《盘龙城——1963~1994年考古发掘报告》，文物出版社，2001年，第502~504页。
[158] 黄冈地区博物馆、黄州市博物馆：《湖北省黄州市下窑嘴商墓发掘简报》，《文物》1993年6期，第56~60页。
[159] 中国社会科学院考古研究所、中国历史博物馆、山西省考古研究所：《夏县东下冯》，文物出版社，1988年，第150~153、208~215页。
[160] 卫斯：《平陆县前庄商代遗址出土文物》，《文物季刊》1992年1期，第18、19页。
[161] 河南省博物馆、灵宝县文化馆：《河南灵宝出土一批商代青铜器》，《考古》1979年1期，第20~22页。
[162] 山东大学东方考古研究中心、山东省文物考古研究所、济南市考古研究所：《济南市大辛庄商代居址与墓葬》，《考古》2004年7期，第25~33页。
[163] 刘莉、陈星灿：《中国早期国家的形成——从二里头和二里岗时期的中心和边缘的关系谈起》，《古代文明》（第1卷），文物出版社，2002年，第124~126页。
[164] 王迅：《东夷文化与淮夷文化研究》，北京大学出版社，1994年，第18页。
[165] 孟新安：《鄢城县出土一批商代青铜器》，《考古》1987年8期，第765、766页。
[166] 朱帜：《北舞渡商代铜鬲》，《考古》1983年9期，第841页。
[167] 徐基：《商文化东渐初论》，《南方文物》1994年2期，第8~13、53页。
[168] 内蒙古自治区文物考古研究所、鄂尔多斯博物馆：《朱开沟——青铜时代早期遗址发掘报告》，文物出版社，2000年，第285页。
[169] 北京科技大学冶金与材料史研究所、内蒙古考古研究所：《朱开沟遗址早商铜器的成分及金相分析》，《文物》1996年8期，第85页，表二。
[170] 张天恩：《关中商代文化研究》，文物出版社，2004年，第30~104页。
[171] 黎泽高、赵平：《枝城市博物馆藏青铜器》，《考古》1989年9期，第775~778页。
[172] 林春：《宜昌地区长江沿岸夏商时期的一支新文化类型》，《江汉考古》1984年2期，第22、29~38页。
[173] 张国茂：《安徽铜陵地区先秦青铜文化简论》，《东南文化》1991年2期，第138~144页。
[174] 杨德标：《安徽省含山县出土的商周青铜器》，《文物》1992年5期，第92、93页。
[175] 郭勇：《山西长子县北郊发现商代铜器》，《文物资料丛刊》（3），文物出版社，1980年，第198页；王进先：《山西长治市拣选、征集的商代青铜器》，《文物》1982年9期，第52页。
[176] 中国社会科学院考古研究所：《中国考古学·夏商卷》，中国社会科学出版社，2003年，第566页。

[177] 河北省文物研究所:《藁城台西商代遗址》,文物出版社,1985年,第11页。

[178] 许宏:《二里头文化聚落动态扫描》,《早期夏文化与先商文化研究论文集》,科学出版社,2012年,第31~44页。

[179] 中国社会科学院考古研究所:《大甸子——夏家店下层文化遗址与墓地发掘报告》,科学出版社,1996年,第219页。

[180] 张光直:《中国相互作用圈与文明的形成》,《庆祝苏秉琦考古五十五年论文集》,文物出版社,1989年,第1~23页。

[181] 李伯谦:《关于考古学文化的互动关系研究》,《南方文物》2008年1期,第14~20页。

[182] 徐良高:《文化因素定性分析与商代"青铜礼器文化圈"研究》,《中国商文化国际学术讨论会论文集》,中国大百科全书出版社,1998年,第227~236页。

[183] 李伯谦:《关于考古学文化的互动关系研究》,《南方文物》2008年1期,第14~20页。

[184] 陈洪波:《商王权政治基础的人类学观察——另一视角下的商代青铜器》,《东南文化》2006年6期,第10页。

[185] 俞伟超:《关于"考古类型学"的问题》,《考古学是什么:俞伟超考古学理论文选》,中国社会科学出版社,1996年,第54~107页。

[186] 许宏:《青铜的政治性消费——"冶金术与古代东亚文明"丛谈之四》,《中国社会科学报》2013年1月4日第A05版。

附　表

附表一　二里头文化时期青铜礼容器统计表

二里头遗址出土青铜礼容器统计表

序号	年代	器类	器物号	出土地点	资料出处	原资料年代
1	三期	爵	1973YLⅧT22③:6	采集	[1] P195；[2] P304；[3] P17；[16] 三；[35] 彩图六；[36] P3 器3	三期
2	三期	爵	1974YLⅣ采:65	四角楼采集	[1] P299；[2] P304；[3] P20；[4] P260	四期
3	三期晚段	爵	1980YLⅢM2:1	墓葬	[6] P202；[9] P119；[13] P563	三期
4	三期晚段	爵	1980YLⅢM2:2	墓葬	[6] P202；[13] P563；[36] P6 器6	三期
5	四期早段	爵	1976YLⅢKM6:1	墓葬	[1] P251；[3] P19；[16] 四；[36] P4 器4	三期
6	四期早段	爵	1978YLⅤKM8:1	墓葬	[1] P251；[36] P5 器5	三期
7	四期早段	爵	1975YLⅥKM3:4	墓葬	[1] P251；[3] P18；[4] P260；[16] 二	三期
8	四期早段	爵	1987YLⅥM57:1	墓葬	[13] P563；[14] P295	四期
9	四期晚段	鼎	1987YLⅤM1:1	墓葬采集	[9] P118；[10] P1138；[16] 一；[33] P51；[36] P1 器1	四期
10	四期晚段	斝	1987YLⅤM1:2	墓葬采集	[10] P1138；[16] 一三；[25] P185 表一1#；[33] P51；[36] P11 器12	四期
11	四期晚段	斝	1984YLⅥM9:1	墓葬	[8] P319；[9] P120；[16] 一四；[25] P186 续表一2#；[36] P10 器11	四期
12	四期晚段	爵	1984YLⅥM9:2	墓葬	[8] P319；[16] 五；[36] P8 器9	四期
13	四期晚段	爵	1975YLⅦKM7:1	四角楼采集	[1] P341；[3] P21；[7] P270；[12] P81；[16] 七；[23] P3；[36] P7 器7	四期
14	四期晚段	爵	1984YLⅥM6:5	墓葬	[8] P319；[9] P119；[13] P563	四期
15	四期晚段	爵	1984YLⅥM11:1	墓葬	[8] P319；[9] P118；[13] P563；[16] 六	四期
16	四期晚段	爵	1983YLⅣM16:3	墓葬	[5] P171 表；[15] P32；[33] P49；[22] P235 表；[36] P8 器8	—
17	四期晚段	盉	1986YLⅡM1:1	墓葬采集	[9] P120；[11] P105；[12] P82；[13] P564；[16] 一九；[36] P2 器2	数据未公布

续表

博物馆藏品统计表

序号	年代	器类	器物号	出土地点	资料出处	原资料年代
馆1	三期	爵	上海博物馆藏	疑二里头	[16]一〇；[31] P177；[35] P20	二里头文化
馆2	四期	爵	天津历史博物馆藏	传商丘	[3] P22；[16]九；[17] P844；[18] P33；[19]；[23] P3	早商
馆3	四期	角	陕西省历史博物馆藏	传洛宁	[16]一一；[17] P844	夏晚期
馆4	四期	角	上海博物馆藏	1959年废铜中拣出	[16]一二；[17] P844；[34] P49下，P53	夏晚期
馆5	四期晚段	斝	上海博物馆藏 73557	—	[25] P186 表二 3#；[32] 006	夏晚期

私人收藏品统计表

序号	年代	器类	器物号	出土地点	资料出处	原资料年代
私1	三期	爵	—	首阳斋	[37]图一	同前
私2	三期	爵	玫茵堂2号	玫茵堂	[38] P152~154；[41]	—
私3	四期	爵	玫茵堂199号	玫茵堂	[38] P152~154；[41]	—
私4	四期	角	—	玫茵堂	[41]	—

其他

序号	年代	器类	器物号	出土地点	资料出处	原资料年代
残1	—	圈足	南T1③：1	二里头二号宫殿	[26] P215	上限为三期
残2	—	器腹	T38③A：17	河南郾城郝家台	[27] P300	一期
残3	—	边角扉棱	T16①A：2	河南郾城郝家台	[27] P300	一期
残4	—	斝袋状足	WT260H710：2	河南登封王城岗	[28] P143 图版四六-29	三期
残5	—	爵流部	T4421：3C：17	山西夏县东下冯	[29] P147 图版六三-9	东下冯类型第Ⅳ期
残6	—	容器腹片	—	山东青州郝家庄	[30] P306	岳石文化晚期
其他1	—	爵	未发表，无号	二里头遗址墓葬	[5] P171表；[11] P110表；[13] P563	四期
其他2	—	觚	1987YLVM1	丢失？	[10] P1138	四期

注：

[1] 中国社会科学院考古研究所：《偃师二里头：1959年～1978年考古发掘报告》，中国大百科全书出版社，1999年。
[2] 中国科学院考古研究所二里头工作队：《河南偃师二里头遗址三、八区发掘简报》，《考古》1975年5期。
[3] 《河南出土商周青铜器》编辑组：《河南出土商周青铜器》（一），文物出版社，1981年。
[4] 中国科学院考古研究所二里头工作队：《偃师二里头遗址新发现的铜器和玉器》，《考古》1976年4期。
[5] 陈光祖主编：《金玉交辉——商周考古、艺术与文化论文集》，"中央研究院"历史语言研究所，2013年。
[6] 中国社会科学院考古研究所二里队：《1980年秋河南偃师二里头遗址发掘简报》，《考古》1983年3期。
[7] 偃师县文化馆：《二里头遗址出土的铜器和玉器》，《考古》1978年4期。
[8] 中国社会科学院考古研究所二里头工作队：《1984年秋河南偃师二里头遗址发现的几座墓葬》，《考古》1986年4期。
[9] 中国社会科学院考古研究所：《考古精华——中国社会科学院考古研究所建所四十年纪念》，科学出版社，1993年。
[10] 中国社会科学院考古研究所二里队：《河南偃师二里头遗址发现新的铜器》，《考古》1991年12期。
[11] 中国社会科学院考古研究所：《中国考古学·夏商卷》，中国社会科学出版社，2003年。
[12] 文物出版社：《中国重大考古发现》，文物出版社，1989年。
[13] 廉海萍、谭德睿、郑光：《二里头遗址铸铜技术研究》，《考古学报》2011年4期。
[14] 中国社会科学院考古研究所二里头工作队：《1987年偃师二里头遗址墓葬发掘简报》，《考古》1992年4期。
[15] 中国社会科学院考古研究所：《中国社会科学院考古研究所考古博物馆洛阳分馆》，文化艺术出版社，1998年。
[16] 中国青铜器全集编辑委员会：《中国青铜器全集·夏商卷》，文物出版社，1996年。
[17] 朱凤瀚：《中国青铜器综论》，上海古籍出版社，2009年。
[18] 天津市文化局文物组：《天津市新收集的商周青铜器》，《文物》1964年9期。
[19] 李学勤：《从传出商丘地区的二里头文化铜爵谈起》，《商丘师专学报》1987年2期。
[20] 新郑县文化馆：《河南新郑县望京楼出土的铜器和玉器》，《考古》1981年6期。
[21] 李学勤：《青铜器与古代史》，联经出版事业股份有限公司，2005年。
[22] 陈国梁：《二里头文化铜器研究》，《中国早期青铜文化——二里头文化专题研究》，科学出版社，2008年。
[23] 国家文物局主编：《中国文物精华大辞典·青铜卷》，上海辞书出版社、商务印书馆（香港），1995年。
[24] 程露：《也谈肥西大墩孜出土的青铜斝和铃》，《东方博物》2014年3期。
[25] 李朝远：《关于二里头文化的青铜斝——从上博藏一件青铜残斝谈及相关问题》，《二里头遗址与二里头文化研究——中国·二里头遗址与二里头文化国际学术研讨会论文集》，科学出版社，2006年。
[26] 中国社会科学院考古研究所二里头队：《河南偃师二里头二号宫殿遗址》，《考古》1983年3期。
[27] 河南省文物考古研究所：《郾城郝家台》，大象出版社，2012年。
[28] 河南省文物研究所、中国历史博物馆考古部：《登封王城岗与阳城》，文物出版社，1992年。
[29] 中国社会科学院考古研究所、中国历史博物馆、山西省考古研究所：《夏县东下冯》，文物出版社，1988年。
[30] 吴玉喜：《岳石文化地方类型初探——从郝家庄岳石遗存的发现谈起》，《考古学文化论集》（三），文物出版社，1993年。
[31] 上海博物馆：《上海博物馆》，文物出版社，1985年。
[32] 陈佩芬：《夏商周青铜器研究——上海博物馆藏品（夏商篇）》，上海古籍出版社，2004年。

[33] 许宏、赵海涛:《二里头遗址文化分期再检讨——以出土铜、玉礼器的墓葬为中心》,《南方文物》2010年3期。
[34] 蒋大沂:《说早期青铜器中的"角"》,《文物》1960年7期。
[35] 马今洪:《上海博物馆藏二里头文化束腰爵新探》,《中国国家博物馆馆刊》2014年3期。
[36] 李伯谦主编:《中国出土青铜器全集·第9卷·河南(上)》,科学出版社、龙门书局,2018年。
[37] 首阳斋、上海博物馆、香港中文大学文物馆:《首阳吉金——胡盈莹、范季融藏中国古代青铜器》,上海古籍出版社,2018年。
[38] 张昌平:《玫茵堂收藏的二里头文化青铜器》,《南方文物》2014年3期。
[39] SACA学会公众号:《瑰丽之巅:王朝的萃与玫茵堂青铜》,https://mp.weixin.qq.com/s/vdwWzDvRznq-QBEUdcDI9w。

附表二 二里岗文化时期郑州商城青铜礼容器统计表

序号	年代	器类	器物号	出土地点	资料出处	原报告年代
1	早期早段	鬲	1997:ZSC8ⅡT166M6:1	郑州黄河河务局住宅楼	[1]P6;[2]P44~52;[3]P15~21	洛达庙晚期晚段
2		盉	1997:ZSC8ⅡT166M6:2	郑州黄河河务局住宅楼	[1]P7;[2]P44~52;[3]P15~21	洛达庙晚期晚段
3	早期晚段	斝	C8M32:1	1975年商代宫殿区东北部东里路黄河医院	[4]P674;[5]P1~3	同前
4		爵	C8M32:2	1975年商代宫殿区东北部东里路黄河医院	[4]P674;[5]P1~3	同前
5		斝	C8M7:7	1955年城垣内东北部	[4]P564	同前
6		爵	C8M7:1	1955年城垣内东北部	[4]P564	同前
7		爵	C8M7:2	1955年城垣内东北部	[4]P674;[6]一七	同前
8		爵	C8M7:3	1955年城垣内东北部	[4]P674;[6]一八	同前
9		盉	C8M7	1955年城垣内东北部	[4]P565;[7]一○一	同前
10		爵	C8YJM1:1	1971年中医院家属院距黄河医院不远	[4]P565;[5]P1~3	同前
11		盉	C8YJM1:2	1971年中医院家属院距黄河医院不远	[4]P674;[5]P1~3	同前
12		爵	C8采:豫文104(郑博0159)	1964年南关熊儿河	[4]P674;[6]五七	同前
13		盉	C8采:郑博0059	1958年南关熊儿河	[4]P674;[6]六七;[7]一○○;[10]P58器65	同前
14		盉	C8采:郑博0042	郑州商城	[4]P674;[3]六六	同前
15		爵	C8:郑博0049	1958年白家庄墓区	[4]P809;[6]六一	二里岗晚期早段
16		爵	C2:豫0018	1959年杨庄墓葬区	[4]P809;[6]五八;[10]P34器38	二里岗晚期早段
17		斝	—	1964年郑州	[10]P40器46	—

续表

序号	年代	器类	器物号	出土地点	资料出处	原报告年代
18		圆鼎	1987：ZSC5M1：4	1987年陇海北二街	[1] P17	二里岗早期早段
19		爵	1987：ZSC5M1：1	1987年陇海北二街	[1] P17	二里岗早期早段
20		爵	C7M25：1	1954年郑州人民公园	[4] P809；[11] P83~85	同前
21		圆鼎	C11M146：3	1956年铭功路西侧制陶遗址	[4] P798；[6] 三九	同前
22		爵	C11M148：10	1956年铭功路西侧制陶遗址	[4] P809；[6] 四〇	同前
23		爵	C11M125：1	铭功路西侧	[4] P809	同前
24		爵	C11M125：4	铭功路西侧	[4] P811	同前
25		斝	C11M126：3	铭功路西侧	[4] P803	同前
26		斝	C11M150：6	铭功路西侧	[4] P581	同前
27		圆鼎	MGM2：2	1965年铭功路西侧	[4] P799；[12] P500	同前
28		斝	MGM2：7	1965年铭功路西侧	[4] P805；[12] P500	同前
29	晚期早段	斝	MGM2：20	1965年铭功路西侧	[4] P805；[6] 一二；[12] P500	同前
30		爵	MGM2：22	1965年铭功路西侧	[4] P809；[12] P500	同前
31		爵	MGM2：21	1965年铭功路西侧	[4] P810；[6] 一三；[12] P500	同前
32		爵	MGM2：14	1965年铭功路西侧	[4] P809；[6] 一四	同前
33		斝	MGM2：8	1965年铭功路西侧	[4] P813；[6] 一五；[7] 一四九；[12] P500	同前
34		爵	BQM4：1	1982~1983年北二七路商墓	[4] P809	同前
35		鬲	97：ZSC8ⅡT143M1：1	1997年顺河东街西侧	[1] P5	同前
36		斝	ZYM1：1	郑州烟厂院内	[4] P805	同前
37		爵	C7M46：1	郑州人民公园	[4] P809	同前
38		斝	99：ZSCWT17M2：1	1999年人民路西侧	[1] P11	同前
39		爵	99：ZSCWT17M2：2	1999年人民路西侧	[1] P11	同前
40		斝	99：ZSCWT17M2：3	1999年人民路西侧	[1] P12	同前
41		圆鼎	C8：郑博0058	1958年白家庄商代墓葬	[4] P789；[6] 四一；[7] 二五；[10] P19 器23	同前
42		鬲	C8：郑博0054	1958年白家庄商代墓葬	[4] P801；[6] 四五	同前

续表

序号	年代	器类	器物号	出土地点	资料出处	原报告年代
43	晚期早段*	斝	C8：郑博0155	1964年白家庄墓葬	[4] P803；[8] P24～41；[9] P7 续表三 10#；[6] 五二	同前
44		爵	C2：豫1187	1970年郑州市东关外采集	[4] P811；[6] 六〇；[7] 六三；[13] 13	同前
45		爵	C2：郑博0223	杨庄墓葬区	[4] P811；[6] 六三	同前
46		爵	C8：豫1439	白家庄墓葬区采集	[4] P811	同前
47		斝	C8：郑博0157	1964年白家庄墓葬区	[4] P813；[6] 六九	同前
48		盉	C8：豫0021	1955年白家庄墓葬区	[4] P815；[6] 六八	同前
49		鬲口残片	C5.3H310：37	南关外商代铸铜遗址	[4] P366	同前
50		斝口残片	C5T15①：44	南关外商代铸铜遗址	[4] P366	同前
51	晚期晚段	圆鼎	C8M39：2	1979年白家庄墓葬区东里路	[4] P798	二里岗晚期早段
52		斝	C8M39：1	1979年白家庄墓葬区东里路	[4] P806；[7] 八三；[10] P43 器49	二里岗晚期早段
53		圆鼎	BQM1：3	1982年北二七路	[4] P799；[7] 二九、三〇；[14] P69	二里岗晚期早段
54		斝	BQM1：2	1982年北二七路	[4] P805；[14] P69	二里岗晚期早段
55		斝	BQM1：4	1982年北二七路	[4] P805；[14] P69	二里岗晚期早段
56		斝	BQM1：1	1982年北二七路	[4] P805；[14] P69	二里岗晚期早段
57		爵	BQM1：12（豫0126）	1982年北二七路	[4] P811；[6] 六二；[14] P69	二里岗晚期早段
58		斝	BQM1：35	1982年北二七路	[4] P813；[7] 一四六；[14] P69	二里岗晚期早段
59		斝	BQM1：13	1982年北二七路	[4] P813；[14] P69	二里岗晚期早段
60		斝	BQM2：1	1982年北二七路	[4] P805；[14] P74	二里岗晚期早段
61		斝	BQM2：12	1982年北二七路	[4] P805；[14] P74	二里岗晚期早段
62		爵	BQM2：2	1982年北二七路	[4] P811；[14] P75	二里岗晚期早段

续表

序号	年代	器类	器物号	出土地点	资料出处	原报告年代
63	晚期晚段	斝	BQM2:11	1982年北二七路	[4]P813;[14]P75	二里岗晚期早段
64		斝	MGM4:3	1965年铭功路西商墓	[4]P869;[6]三八;[12]P504	同前
65		爵	MGM4:1	1965年铭功路西商墓	[4]P869;[6]三七;[7]六九;[10]P35器41;[12]P504	同前
66		圆鼎	C8M2:4	1955年白家庄墓葬区	[4]P799;[6]二〇;[8]P24~41;[10]P21器25	二里岗晚期早段
67		罍	C8M2:7	1955年白家庄墓葬区	[4]P806;[6]二一;[7]九一、九二;[8]P24~41	二里岗晚期早段
68		爵	C8M2:8	1955年白家庄墓葬区	[4]P811;[6]二二;[7]六五、六六;[8]P24~41;[10]P35器40	二里岗晚期早段
69		罍	C8M2:1	1955年白家庄墓葬区	[4]P821;[6]二三;[7]一二八;[8]P24~41;[10]P49器55	二里岗晚期早段
70		盘	C8M2:3	1955年白家庄墓葬区	[4]P822;[6]二四;[7]一六六;[8]P24~41;[10]P57器63	二里岗晚期早段
71		圆鼎	C8M3:7	1955年白家庄墓葬区	[4]P800;[6]二五;[8]P24~41	二里岗晚期早段
72		鬲	C8M3:2	1955年白家庄墓葬区	[4]P803;[6]二六;[8]P24~41	二里岗晚期早段
73		鬲	C8M3:3	1955年白家庄墓葬区	[4]P803;[6]二七;[7]五六;[8]P24~41;[10]P32器36	二里岗晚期早段
74		罍	C8M3:4	1955年白家庄墓葬区	[4]P803;[6]二八;[7]一五;[8]P24~41;[9]P7	二里岗晚期早段
75		罍	C8M3:6	1955年白家庄墓葬区	[4]P808;[6]二九;[7]八七;[8]P24~41	二里岗晚期早段
76		斝	C8M3:8	1955年白家庄墓葬区	[4]P814;[6]三二;[7]一五〇;[8]P24~41	二里岗晚期早段
77		斝	C8M3:5	1955年白家庄墓葬区	[4]P815;[6]三一;[7]一五九;[8]P24~41	二里岗晚期早段

续表

序号	年代	器类	器物号	出土地点	资料出处	原报告年代
78		爵	C8M3:1	1955年白家庄墓葬区	[4]P811；[6]三〇；[8]P24~41	二里岗晚期早段
79		罍	C8M3:9	1955年白家庄墓葬区	[4]P821；[6]三三；[8]P24~41	二里岗晚期早段
80		铜爵流	C8M3:18	1955年白家庄墓葬区	[4]P586表；[8]P24-41	二里岗晚期早段
81		斝	C1M1:1	1979年省商业局仓库	[4]P869；[15]	同前
82		爵	C1M1:2	1979年省商业局仓库	[4]P870；[15]	同前
83		斝	2001:ZSC8ⅢT6M1:1	2001年西大街东段北侧	[1]P9	晚期早晚段之间
84		爵	2001:ZSC8ⅢT6M1:3	2001年西大街东段北侧	[1]P9	晚期早晚段之间
85	晚期晚段	方鼎	DLH1:1（杜岭1号）	1974年张寨南街窖藏	[4]P794；[6]三四；[7]三四；[16]P75；[17]P64	二里岗晚期早段
86		方鼎	DLH1:2（杜岭2号）	1974年张寨南街窖藏	[4]P794；[6]三五；[7]三五；[10]P24器28；[16]P75；[17]P64	二里岗晚期早段
87		鬲	DLH1:3	1974年张寨南街窖藏	[4]P801；[6]三六；[7]五〇；[10]P31器35；[16]P75；[17]P65	二里岗晚期早段
88		方鼎	XSH1:2	1982年向阳食品厂窖藏	[4]P796；[7]三六；[10]P25器29；[16]P86；[18]P49	二里岗晚期早段
89		方鼎	XSH1:8	1982年向阳食品厂窖藏	[4]P796；[16]P86；[18]P49	二里岗晚期早段
90		圆鼎	XSH1:1	1982年向阳食品厂窖藏	[4]P797；[10]P20器24；[16]P86；[18]P49	二里岗晚期早段
91		圆鼎	XSH1:9	1982年向阳食品厂窖藏	[4]P800；[7]四〇；[16]P86；[18]P49	二里岗晚期早段
92		圆鼎	XSH1:10	1982年向阳食品厂窖藏	[4]P800；[10]P22器26；[16]P86；[18]P49	二里岗晚期早段
93		觚	XSH1:12	1982年向阳食品厂窖藏	[4]P813；[16]P92；[18]P49	二里岗晚期早段
94		觚	XSH1:13	1982年向阳食品厂窖藏	[4]P813；[16]P92；[18]P49	二里岗晚期早段
95		牛首尊	XSH1:3	1982年向阳食品厂窖藏	[4]P815；[7]一〇六；[16]P86；[18]P49	二里岗晚期早段

续表

序号	年代	器类	器物号	出土地点	资料出处	原报告年代
96		牛首尊	XSH1:4	1982年向阳食品厂窖藏	[4]P815；[10]P45器51；[16]P86；[18]P49	二里岗晚期早段
97		羊首罍	XSH1:5	1982年向阳食品厂窖藏	[4]P818；[7]一二三；[10]P52器58；[16]P90；[18]P49	二里岗晚期早段
98		卣	XSH1:11	1982年向阳食品厂窖藏	[4]P821；[7]一三六；[10]P48器54；[16]P91；[18]P49	二里岗晚期早段
99		盘	XSH1:7	1982年向阳食品厂窖藏	[4]P822；[10]P57器64；[16]P92；[18]P49	二里岗晚期早段
100		中柱盂	XSH1:6	1982年向阳食品厂窖藏	[4]P824；[10]P60器67；[16]P92；[18]P49	二里岗晚期早段
101		方鼎	96ZSNH1上:1	1996年南顺城街铜器窖藏	[10]P26器30；[16]P9	白家庄至殷墟一期
102		方鼎	96ZSNH1上:2	1996年南顺城街铜器窖藏	[10]P27器31；[16]P10	白家庄至殷墟一期
103		方鼎	96ZSNH1上:3	1996年南顺城街铜器窖藏	[10]P28器32；[16]P10	白家庄至殷墟一期
104	晚期晚段	方鼎	96ZSNH1上:4	1996年南顺城街铜器窖藏	[16]P10	白家庄至殷墟一期
105		斝	96ZSNH1上:5	1996年南顺城街铜器窖藏	[10]P42器48；[16]P17	白家庄至殷墟一期
106		斝	96ZSNH1上:6	1996年南顺城街铜器窖藏	[16]P17	白家庄至殷墟一期
107		爵	96ZSNH1上:7	1996年南顺城街铜器窖藏	[16]P17	白家庄至殷墟一期
108		爵	96ZSNH1上:8	1996年南顺城街铜器窖藏	[16]P18	白家庄至殷墟一期
109		簋	96ZSNH1上:9	1996年南顺城街铜器窖藏	[10]P33器37；[16]P17	白家庄至殷墟一期
110		鬲	C2:豫0013	1954年杨庄采集	[4]P802；[6]四二；[7]四八；[10]P29器33；[13]11	二里岗晚期早段
111		鬲	C2:豫文101	杨庄商墓	[4]P802；[6]四三	二里岗晚期早段
112		鬲	C2:豫2912	杨庄商墓	[4]P803；[6]四四；[7]四九；[10]P30器34	二里岗晚期早段
113		斝	C8:豫0017	1954年郑州商城采集	[4]P805	二里岗晚期早段

续表

序号	年代	器类	器物号	出土地点	资料出处	原报告年代
114	晚期晚段	斝	C8：豫 0016	1959 年白家庄墓葬区	[4] P806；[6] 四六；[7] 八二	二里岗晚期早段
115		斝	C8：豫 0895	1954 年白家庄商代墓葬	[4] P806；[6] 五四；[7] 九五；[10] P44 器 50	二里岗晚期早段
116		斝	C8：郑博 0056	1958 年白家庄商代墓葬	[4] P806；[6] 四八；[7] 八一；[10] P41 器 47	二里岗晚期早段
117		斝	C9：郑博 0244	1968 年郑州烟厂商代墓葬区	[4] P806；[6] 四七	二里岗晚期早段
118		斝	C8：郑博 0057	1958 年白家庄商代墓葬	[4] P806；[6] 四九	二里岗晚期早段
119		斝	C1M	郑州二里岗商墓	[4] P809；[6] 五五	二里岗晚期早段
120		斝	C9：郑博 0156	1969 年郑州烟厂商墓葬区	[4] P809；[6] 五三	二里岗晚期早段
121		斝	汴博 11014	郑州	[7] 九〇；[6] 五六；[19] P846 右	商代前期
122		爵	C2：豫 1444	1974 年杨庄墓葬区	[4] P811；[6] 六五；[8] P24-41	二里岗晚期早段
123		爵	—	白家庄墓葬区	[4] P811	二里岗晚期早段
124		爵	C2：豫 1167	1954 年杨庄采集	[4] P813；[6] 六四；[7] 七二；[10] P36 器 42；[13] 18	二里岗晚期早段
125		爵	郑博 0050	1958 年郑州	[6] 五九	商代前期
126		觚	C8：豫 2318（豫 0896）	白家庄墓葬区	[4] P815；[6] 七〇；[7] 一四五；[10] P38 器 44	二里岗晚期早段
127		觚	郑博 0052	1958 年郑州南关	[6] 七一	商代前期
128		尊	C7：豫 0861	1961 年人民公园墓葬区	[4] P815；[6] 七五；[7] 一〇七；[10] P47 器 53	二里岗晚期早段
129		尊	C7：豫 0890	1954 年人民公园墓葬区	[6] 七六；[7] 一一四；[8] P24-41	二里岗晚期早段
130		罍	C1：郑博 0243	1968 年郑州二里岗商墓	[4] P821；[6] 七三；[7] 一二一；[10] P51 器 57	二里岗晚期早段
131		罍	C8：豫 1615	1960 年白家庄墓葬区采集	[4] P821；[6] 七四；[7] 一二二；[10] P50 器 56	二里岗晚期早段

* 晚期早段另有 6 件爵、3 件觚见于发掘报告，但无详细出土信息及图片。

注：

[1] 河南省文物考古研究所：《郑州商城新发现的几座商墓》，《文物》2003 年 4 期。

[2] 侯卫东：《试论二里岗文化构成的演变》，《江汉考古》2016 年 4 期。

［3］庞小霞、高江涛：《郑州商城 C8T166M6 性质初探》，《中原文物》2015 年 6 期。
［4］河南省文物考古研究所：《郑州商城——1953～1985 年考古发掘报告》，文物出版社，2001 年。
［5］杨育彬、赵灵芝、孙建国等：《近几年来在郑州新发现的商代青铜器》，《中原文物》1981 年 2 期。
［6］《河南出土商周青铜器》编辑组：《河南出土商周青铜器》（一），文物出版社，1981 年。
［7］中国青铜器全集编辑委员会：《中国青铜器全集·夏商卷》，文物出版社，1996 年。
［8］河南省文物工作队第一队：《郑州市白家庄商代墓葬发掘简报》，《文物参考资料》1955 年 10 期。
［9］李朝远：《青铜器学步集》，文物出版社，2007 年。
［10］李伯谦主编：《中国出土青铜器全集·第 9 卷·河南（上）》，科学出版社、龙门书局，2018 年。
［11］郑州市文物工作组：《郑州市人民公园第二十五号商代墓葬清理简报》，《文物参考资料》1954 年 12 期。
［12］郑州市博物馆：《郑州市铭功路西侧的两座商代墓》，《考古》1965 年 10 期。
［13］河南省博物馆：《河南省博物馆馆藏青铜器选》，香港摄影艺术出版社。
［14］河南省文物研究所：《郑州北二七路新发现三座商墓》，《文物》1983 年 3 期。
［15］王彦民、赵清：《郑州二里岗发掘一座商代墓》，《中原文物》1982 年 4 期。
［16］河南省文物考古研究所、郑州市文物考古研究所：《郑州商代铜器窖藏》，科学出版社，1999 年。
［17］河南省博物馆：《郑州新出土的商代前期大铜鼎》，《文物》1975 年 6 期，第 64 页。
［18］河南省文物研究所、郑州市博物馆：《郑州新发现商代窖藏青铜器》，《文物》1983 年 3 期，第 49 页。
［19］陈佩芬：《中国青铜器辞典》，上海辞书出版社，2013 年。

附表三　二里岗文化时期其他地区青铜礼容器统计表

序号	年代	地区	器类	器物号	出土地点	资料出处	原报告年代
1	早期早段	河南	斝	采集 66	荥阳高寺村采集	［1］；［2］P188 续表三 7#	不晚于二里岗晚期
2			斝	采：6	1979 年荥阳西史村采集	［3］P94；［2］P189 续表三 8#	西史村第三期
3			爵	M2∶1	1979 年荥阳西史村采集	［3］P96	西史村第三期
4			爵	—	1974 年新郑望京楼采集	［4］P22；［5］八；［6］P9 器 10；［36］P556；［54］P3；［87］P52	商代
5			斝	—	1975 年新郑望京楼	［4］九一	商代前期
6			斝	—	1975 年新郑望京楼	［4］九二	商代前期
7		安徽	斝	—	1972 年肥西大墩孜	［2］P187 表三 1#；［54］P3；［88］P35；［89］图一；［90］P2 器 2	商文化
8			斝	—	1972 年肥西大墩孜	［2］P187 表三 2#；［88］P35；［89］图二；［90］P1 器 1	商文化
9		湖北	斝	PCY∶084	盘龙城采集	［2］P187 表三 3#；［10］P411；	盘龙城三期

续表

序号	年代	地区	器类	器物号	出土地点	资料出处	原报告年代
10			爵	—	1975年登封袁桥	[4]八四	同前
11			斝	—	1975年登封袁桥	[4]八五	同前
12			斝	WT245M49：1	1977～1981年登封王城岗	[2]P187 表三 4#；[7]P155	二里岗早期
13			爵	WT245M49：2	1977～1981年登封王城岗	[7]P155	二里岗早期
14			爵	豫1439	1976年中牟黄店	[4]八三；[5]六一；[6]P34 器39；[35]P89	二里岗
15			盉	豫1440	1976年中牟黄店	[4]八二；[6]P59 器66；[35]P89	二里岗
16	早期晚段	河南	爵	1996ⅡT11M22：1	偃师商城	[8]653	二期4段
17			爵	1985ⅦT18M1	偃师商城	[8]P766	二期4段
18			斝	XXT31M5：2	辉县孟庄墓葬	[9]P278	二里岗
19			斝	XXT30M11：5	辉县孟庄墓葬	[9]P278	二里岗
20			鬲	XXT31M5：1	辉县孟庄墓葬	[9]P278	二里岗
21			斝	XXT31M5：3	辉县孟庄墓葬	[9]P279	二里岗
22			斝	XXT30M11：6	辉县孟庄墓葬	[9]P279	二里岗
23			爵	新博1315	1965年获嘉东张居	[4]一二〇	商代前期
24			斝	Ⅴ采M：66	二里头采集	[2]P186 续表一 3#；[4]P20；[91]P342；[92]P51	二里头四期
25			斝	PWZ：040	盘龙城采集	[2]P7 续表三 11#；[10]P411；[12]P87	盘龙城三期
26		湖北	鬲	PYWM6：2	盘龙城杨家湾	[10]P221；[11]P15 器13	盘龙城三期
27			斝	PYWM6：4	盘龙城杨家湾	[2]P189 续表三 9#；[10]P220；[11]P57 器53	盘龙城三期
28			爵	PYWM6：1	盘龙城杨家湾	[10]P220	盘龙城三期
29			斝	PCY0113	盘龙城 1958年群众上交	[44]	殷代中期

续表

序号	年代	地区	器类	器物号	出土地点	资料出处	原报告年代
30	早期晚段	山西	斝	M16:8	1988~1989年垣曲商城城址东南	[13]P20	二里岗早期
31			斝残片	M16:10	1988~1989年垣曲商城城址东南	[13]P20	二里岗早期
32			爵	M16:9	1988~1989年垣曲商城城址东南	[13]P19	二里岗早期
33	晚期早段	河南	斝	—	1973年荥阳张片庄	[4]八一	商代前期
34			残爵	—	1973年荥阳张片庄	[4]八一中介绍	商代前期
35			爵	1983ⅦT19M1:6	偃师商城	[8]P807	三期5段
36			斝	1983YSⅢT5M1:5	偃师商城	[8]P652；[19]P139；[20]P874	三期6段
37			爵	1983YSⅢT5M1:7	偃师商城	[8]P45；[20]P874	三期6段
38			斝	1989ⅣT28M13:3	偃师商城	[8]P652	三期6段
39			爵	1989ⅣT28M13:1	偃师商城	[8]P653	三期6段
40			尊	—	偃师商城采集	[4]九九；[5]一〇五,P31说明；[40]P867	商代前期
41			鼎	—	洛阳洛宁	[14]P21器2	—
42			鼎	86采集:1	1986年许昌大路陈村	[16]P23	二里岗晚期
43			鼎	86采集:2	1986年许昌大路陈村	[16]P23	二里岗晚期
44			鼎	与86采集:2形制相同	1986年许昌大路陈村	[16]P23	二里岗晚期
45			斝	86采集:4	1986年许昌大路陈村	[16]P23	二里岗晚期
46			斝	与86采集:4形制相同	1986年许昌大路陈村	[16]P23	二里岗晚期
47			爵	86采集:5	1986年许昌大路陈村	[16]P24	二里岗晚期
48			爵	与86采集:5形制相同	1986年许昌大路陈村	[16]P24	二里岗晚期
49			爵	新博0114	1952年辉县	[4]一一七	商代前期

续表

序号	年代	地区	器类	器物号	出土地点	资料出处	原报告年代
50	晚期早段	河南	爵	M1：1	1984年焦作南朱村墓葬	［15］P28	晚期早段
51			觚	—	1978年武陟墓葬	［18］P39	二里岗
52			爵	新博0122	1975年获嘉照镜	［4］一二一	商代前期
53			斝	—	1977年项城毛冢	［4］一〇二中介绍；［17］P83	二里岗
54			爵	—	1977年项城毛冢	［4］一〇二；［17］P83	二里岗
55		湖北	斝	PLWM1：1	盘龙城楼子湾	［10］P381	盘龙城五期
56			爵	PLWM1：5	盘龙城楼子湾	［10］P378	盘龙城五期
57			残鼎	PLWM1	盘龙城楼子湾	［10］P381	盘龙城五期
58			鼎	PLWM3：1	盘龙城楼子湾	［10］P381	盘龙城五期
59			爵	PLWM3：4	盘龙城楼子湾	［10］P378	盘龙城五期
60			鼎	PLWM4：4	盘龙城楼子湾	［10］P367	盘龙城四期
61			鬲	PLWM4：3	盘龙城楼子湾	［10］P367；［11］P14器12	盘龙城四期
62			斝	PLWM4：2	盘龙城楼子湾	［10］P367	盘龙城四期
63			爵	PLWM4：1	盘龙城楼子湾	［10］P367	盘龙城四期
64			残斝	PLWM4	盘龙城楼子湾	［10］P367	盘龙城四期
65			斝	PLWM7：1	盘龙城楼子湾	［10］P379	盘龙城五期
66			斝	PLWM8：1	盘龙城楼子湾	［10］P379	盘龙城五期
67			爵	PLWM8：2	盘龙城楼子湾	［10］P378	盘龙城五期
68			残爵	PYZM9	盘龙城杨家嘴	［10］P283	盘龙城四期

续表

序号	年代	地区	器类	器物号	出土地点	资料出处	原报告年代
69			残觚	PYZM9	盘龙城杨家嘴	[10] P283	盘龙城四期
70			鼎	PLZM2:36	盘龙城李家嘴	[5] 三二；[10] P169	盘龙城四期
71			鼎	PLZM2:55	盘龙城李家嘴	[10] P169；[11] P5 器 5	盘龙城四期
72			鼎	PLZM2:35	盘龙城李家嘴	[10] P169；[11] P4 器 4	盘龙城四期
73			鼎	PLZM2:37	盘龙城李家嘴	[10] P171；[11] P9 器 8	盘龙城四期
74			鬲	PLZM2:38	盘龙城李家嘴	[10] P172	盘龙城四期
75			甗	PLZM2:45	盘龙城李家嘴	[10] P173；[11] P18 器 16	盘龙城四期
76			簋	PLZM2:2	盘龙城李家嘴	[5] 一六三；[10] P174；[11] P19 器 17	盘龙城四期
77	晚期早段	湖北	斝	PLZM2:22	盘龙城李家嘴	[10] P163；[11] P54 器 50	盘龙城四期
78			斝	PLZM2:10	盘龙城李家嘴	[5] 八九；[10] P163；[11] P52 器 48	盘龙城四期
79			斝	PLZM2:19	盘龙城李家嘴	[10] P163；[11] P53 器 49	盘龙城四期
80			爵	PLZM2:12	盘龙城李家嘴	[5] 六八；[10] P162；[11] P27 器 23	盘龙城四期
81			爵	PLZM2:11	盘龙城李家嘴	[10] P162；[11] P26 器 22	盘龙城四期
82			爵	PLZM2:21	盘龙城李家嘴	[10] P162；[11] P28 器 24	盘龙城四期
83			爵	PLZM2:23	盘龙城李家嘴	[10] P162；[11] P29 器 25	盘龙城四期
84			觚	PLZM2:5	盘龙城李家嘴	[10] P161	盘龙城四期
85			盉	PLZM2:20	盘龙城李家嘴	[5] 一〇三；[10] P163；[11] P76 器 70	盘龙城四期
86			尊	PLZM2:75	盘龙城李家嘴	[10] P168；[11] P70 器 64	盘龙城四期
87			盘	PLZM2:1	盘龙城李家嘴	[5] 一六七；[10] P176；[11] P78 器 72	盘龙城四期

续表

序号	年代	地区	器类	器物号	出土地点	资料出处	原报告年代
88			残鼎	PLZM2	盘龙城李家嘴	[10] P176	盘龙城四期
89			残鼎	PLZM2	盘龙城李家嘴	[10] P176	盘龙城四期
90			残爵	PLZM2	盘龙城李家嘴	[10] P176	盘龙城四期
91			斝	PLWM5:3	盘龙城楼子湾	[10] P381	盘龙城五期
92			爵	PLWM5	盘龙城楼子湾	[10] P378; [21] P920	盘龙城五期
93			斝	PLWM5:2	盘龙城楼子湾	[10] P378	盘龙城五期
94			斝	PLWM6:1	盘龙城楼子湾	[10] P367	盘龙城四期
95			残斝	PLWM6	盘龙城楼子湾	[10] P367	盘龙城四期
96			残爵	PLWM6	盘龙城楼子湾	[10] P367	盘龙城四期
97	晚期早段	湖北	爵	PWZT61⑥:13	盘龙城王家嘴	[10] P124	盘龙城四期
98			爵	PWZT82H7:5	盘龙城王家嘴	[10] P132	盘龙城五期
99			斝	PWZT82H7:2	盘龙城王家嘴	[10] P131	盘龙城五期
100			鼎	P:016	盘龙城采集	[10] P411	盘龙城四期
101			鼎	—	盘龙城采集	[10] P412	—
102			斝	P:042	盘龙城采集	[10] P413	盘龙城五期
103			爵	P:030	盘龙城采集	[10] P411	盘龙城四期
104			爵	P:032	盘龙城采集	[10] P413	盘龙城五期
105			斝	P:0119	盘龙城采集	[10] P412	盘龙城五期
106			斝	P:050	盘龙城采集	[10] P412	盘龙城五期
107			爵	PCY0114	盘龙城1958年群众上交	[44]	殷代中期

续表

序号	年代	地区	器类	器物号	出土地点	资料出处	原报告年代
108	晚期早段	湖北	斝	M26:1	荆州荆南寺	[11] P64 器 59；[22] P57	二里岗晚期
109		山西	鼎	T3M1:10	1986年垣曲商城墓葬	[23] P211	二里岗晚期
110			斝	T3M1:11	1986年垣曲商城墓葬	[23] P211	二里岗晚期
111			爵	T3M1:8	1986年垣曲商城墓葬	[23] P211	二里岗晚期
112			鼎	—	隰县庞村	[25] P2 器 2	商代前期
113			斝	—	1975年潞城废铜中拣选	[24] P49	—
114		陕西	关中东部	鼎	蓝 1	1973年蓝田怀珍坊	[26] P57；[27] P124；[28]；[29] P27	—
115				鼎	—	咸阳邵家河	[27] P124	—
116				鼎	—	咸阳邵家河	[27] P124	—
117				鬲	五九 2	1959年西安田王村	[26] P17；[27] P124	—
118			汉中	鬲	铜 294	1973年城固龙头村	[30] P29；[31] P4 器 4	商早期
119				鬲	城 8（铜 22—4）	1973年五郎乡湑水村	[26] P94；[30] P33	商早期
120				鬲	铜 22—3	1973年汉中城固五郎乡	[5] 五四；[30] P31；[31] P2 器 2	商早期
121		安徽		斝	—	1978年六安土产公司仓库拣选	[5] 八〇；[32] P19 器 012；[33]	二里岗
122				斝	—	1984年霍山佛子岭	[84] P86	二里岗早期
123	晚期晚段	河南	残鼎	97ⅣH29:165&169	郑州小双桥	[34] P515	同前
124			残鼎	96ⅣH122:6	郑州小双桥	[34] P515	同前
125			残鼎	95ⅣH8:2	郑州小双桥	[34] P515	同前
126			残斝	95ⅣH39:2	郑州小双桥	[34] P515	同前
127			残斝	96ⅣH137:2	郑州小双桥	[34] P515	同前
128			残斝	97ⅣH137:60	郑州小双桥	[34] P515	同前
129			残斝	00ⅤH74:9	郑州小双桥	[34] P515	同前
130			残爵	95ⅣM65:01	郑州小双桥	[34] P516	同前
131			残爵	95ⅣH35:1	郑州小双桥	[34] P516	同前

续表

序号	年代	地区	器类	器物号	出土地点	资料出处	原报告年代
132			爵	—	中牟大庄	[35] P89	二里岗
133			斝	—	中牟大庄	[35] P89	二里岗
134			斝	—	1971年新密曲梁	[4]九八	商代前期
135			鬲	—	1974年新郑望京楼	[4]八九；[5]五三；[36] P556	二里岗
136			鬲	—	1974年新郑望京楼	[4]八八；[36] P556	二里岗
137			鬲形斝	—	1974年新郑望京楼	[4]九三；[36] P556	二里岗
138			斝	—	1975新郑望京楼	[4]九〇；[5]八四	商代前期
139			斝	—	1976新郑望京楼	[4]九四	商代前期
140			爵	—	新郑望京楼	[37] P86	二里岗
141			爵	—	新郑望京楼	[37] P86	二里岗
142	晚期晚段	河南	爵	—	新郑望京楼	[37] P86	二里岗
143			爵	—	新郑望京楼	[37] P86	二里岗
144			爵	—	新郑望京楼	[37] P86	二里岗
145			爵	—	新郑望京楼	[37] P86	二里岗
146			爵	—	新郑望京楼	[37] P86	二里岗
147			爵	—	新郑陆庄高广民院内	[37] P86	二里岗
148			爵	—	1981年新郑陵岗村	[37] P86	二里岗
149			斝	—	1974年新郑望京楼	[4]九五；[5]一五一；[36] P556	二里岗
150			罍	—	新郑望京楼	[37] P86	二里岗
151			盘	—	新郑望京楼	[37] P86	二里岗
152			鼎	—	1978年武陟墓葬	[18] P39	商代早期
153			斝	—	1978年商代墓葬	[5]九三；[18] P39	商代早期
154			爵	—	1978年商代墓葬	[18] P39	商代早期
155			鬲	中区110:1	1950年辉县琉璃阁墓葬	[38] P23；[4]一〇四；[5]五二	二里岗早期

续表

序号	年代	地区	器类	器物号	出土地点	资料出处	原报告年代
156			斝	中区 110∶2	1950年辉县琉璃阁墓葬	[4]一〇五；[38]P24	二里岗早期
157			爵	中区 110∶11	1950年辉县琉璃阁墓葬	[4]一〇六；[5]六二；[38]P24	二里岗早期
158			斝	中区 110∶9	1950年辉县琉璃阁墓葬	[4]一〇七；[5]一五三；[38]P24	二里岗早期
159			爵	北区 203∶1	1950年辉县琉璃阁墓葬	[38]P24	二里岗早期
160			爵	北区 148∶1	1950年辉县琉璃阁墓葬	[4]一〇八；[5]七〇；[38]P24	二里岗早期
161			斝	北区 148∶2	1950年辉县琉璃阁墓葬	[4]一〇九；[5]一五四；[38]P24	二里岗早期
162			斝	50HLM100∶02	1950年辉县琉璃阁墓葬	[4]一一〇	二里岗早期
163			鬲片	北区 148∶4-9、11-18	1950年辉县琉璃阁墓葬	[38]P24	二里岗早期
164			鼎	新博0004	1952年辉县	[4]一一五；[5]二七	商早期
165	晚期晚段	河南	斝	新博0185	1954年辉县	[4]一一六	商代前期
166			斝	新博0064	1952年辉县	[4]一一八；[5]一五六	商代前期
167			斝	—	1978年临汝李楼（第一次）	[39]P839	商代早期
168			爵	—	1978年临汝李楼（第一次）	[39]P839	商代早期
169			斝	—	1978年临汝李楼（第一次）	[39]P839	商代早期
170			鬲	—	1978年临汝李楼（第二次）	[39]P840	商代早期
171			斝	—	1978年临汝李楼（第二次）	[39]P840	商代早期
172			爵	—	1978年临汝李楼（第二次）	[39]P840	商代早期
173			鬲	一号（大）	1987年舞阳北舞渡	[41]P841	二里岗晚期早段
174			鬲	二号（小）	1987年舞阳北舞渡	[41]P841	二里岗晚期早段

续表

序号	年代	地区	器类	器物号	出土地点	资料出处	原报告年代
175	晚期晚段	河南	鼎	—	1979年郾城拦河潘村窖藏	[5]四七；[6]P23器27；[42]P765	过渡期
176			鼎	—	1979年郾城拦河潘村窖藏	[42]P765	过渡期
177			鼎	—	1979年郾城拦河潘村窖藏	[42]P765	过渡期
178			鼎	—	1979年郾城拦河潘村窖藏	[42]P765	过渡期
179			斝	—	1979年郾城拦河潘村窖藏	[5]九四；[42]P765	过渡期
180			斝	—	1979年郾城拦河潘村窖藏	[42]P765	过渡期
181			爵	—	1979年郾城拦河潘村窖藏	[5]七一；[6]P37器43；[42]P765	过渡期
182			爵	—	1979年郾城拦河潘村窖藏	[42]P765	过渡期
183			斝	—	1979年郾城拦河潘村窖藏	[5]一五八；[6]P39器45；[42]P765	过渡期
184			斝	—	1979年郾城拦河潘村窖藏	[42]P765	过渡期
185			罍	—	1979年郾城拦河潘村窖藏	[5]一二七；[6]P54器60；[42]P765	过渡期
186			罍	—	1979年郾城拦河潘村窖藏	[5]一二六；[6]P53器59；[42]P765	过渡期
187			鬲	—	1974年灵宝东桥	[4]一二二	商代前期
188			斝	—	河南林州拣选	[85]P92、93	二里岗晚期
189			斝	—	河南林州拣选	[85]P92、93	二里岗晚期
190			尊	—	河南林州拣选	[85]P92、93	二里岗晚期
191		湖北	鼎	藏于台湾史语所	1936安阳小屯	[40]P341左	商代中期
192			鼎	藏于台湾史语所	1936安阳小屯	[40]P342右	商代中期
193			罍	藏于台湾史语所	安阳小屯388号墓	[43]P176下	商

续表

序号	年代	地区	器类	器物号	出土地点	资料出处	原报告年代
194			罍	藏于台湾史语所	安阳小屯331号墓	［43］P177上	商
195			斝	PYZM1：2	盘龙城杨家嘴	［10］P335	盘龙城五期
196			斝	PYZM1：4	盘龙城杨家嘴	［10］P335	盘龙城五期
197			爵	PYZM1：5	盘龙城杨家嘴	［10］P335	盘龙城五期
198			残鼎	PYZM1	盘龙城杨家嘴	［10］P337	盘龙城五期
199			斝	PYZM2：1	盘龙城杨家嘴	［10］P337；［11］P61器57	盘龙城五期
200			爵	PYZM2：4	盘龙城杨家嘴	［10］P335；［11］P30器26	盘龙城五期
201			爵	PYZM2：5	盘龙城杨家嘴	［10］P335；［11］P31器27	盘龙城五期
202			斝	PYZM2：3	盘龙城杨家嘴	［10］P335；［11］P49器45	盘龙城五期
203	晚期晚段	湖北	斝	PYZM2：9	盘龙城杨家嘴	［10］P335	盘龙城五期
204			残斝	PYZM2	盘龙城杨家嘴	［10］P337	盘龙城五期
205			残斝	PYZM2	盘龙城杨家嘴	［10］P337	盘龙城五期
206			爵	PLWM2：1	盘龙城楼子湾	［10］P378	盘龙城五期
207			斝	PLWM3：3	盘龙城楼子湾	［10］P381	盘龙城五期
208			斝	PLWM3：2	盘龙城楼子湾	［10］P378；［11］P40器36	盘龙城五期
209			残斝	PLWM9：6	盘龙城楼子湾	［10］P391	盘龙城七期
210			残爵	PLWM9：7	盘龙城楼子湾	［10］P391	盘龙城七期
211			残斝	PLWM9：2	盘龙城楼子湾	［10］P391	盘龙城七期
212			斝	PLWM10：5	盘龙城楼子湾	［10］P389	盘龙城六期

续表

序号	年代	地区	器类	器物号	出土地点	资料出处	原报告年代
213			爵	PLWM10:6	盘龙城楼子湾	[10] P389	盘龙城六期
214			残爵	PYWM1	盘龙城杨家湾	—	盘龙城六期
215			爵	PYWM3:1	盘龙城杨家湾	[10] P248	盘龙城六期
216			斝	PYWM3:2	盘龙城杨家湾	[10] P246	盘龙城六期
217			斝	PYWM3:3	盘龙城杨家湾	[10] P246	盘龙城六期
218			残斝	PYWM3	盘龙城杨家湾	[10] P248	盘龙城六期
219			残斝	PYWM3	盘龙城杨家湾	[10] P248	盘龙城六期
220			鬲	PYWM4:2	盘龙城杨家湾	[10] P252;[11] P17 器 15	盘龙城六期
221	晚期晚段	湖北	斝	PYWM4:4	盘龙城杨家湾	[10] P250	盘龙城六期
222			斝	PYWM4:13	盘龙城杨家湾	[10] P252	盘龙城六期
223			爵	PYWM4:3	盘龙城杨家湾	[10] P248;[11] P32 器 28	盘龙城六期
224			爵	PYWM4:14	盘龙城杨家湾	[10] P246	盘龙城六期
225			斝	PYWM4:6	盘龙城杨家湾	[10] P246;[11] P41 器 37	盘龙城六期
226			斝	PYWM4:5	盘龙城杨家湾	[10] P246;[11] P42 器 38	盘龙城六期
227			尊	PYWM4:1	盘龙城杨家湾	[10] P252;[11] P71 器 65	盘龙城六期
228			斝	PYWM5:3	盘龙城杨家湾	[10] P250	盘龙城六期
229			爵	PYWM5:4	盘龙城杨家湾	[10] P246	盘龙城六期
230			斝	PYWM5:2	盘龙城杨家湾	[10] P246	盘龙城六期
231			残斝	PYWM5	盘龙城杨家湾	[10] P250	盘龙城六期

续表

序号	年代	地区	器类	器物号	出土地点	资料出处	原报告年代
232			鬲	PYWM7:2	盘龙城杨家湾	[10] P252	盘龙城六期
233			斝	PYWM7:3	盘龙城杨家湾	[10] P252；[11] P58 器 54	盘龙城六期
234			爵	PYWM7:7	盘龙城杨家湾	[10] P248；[11] P33 器 29	盘龙城六期
235			尊	PYWM7:6	盘龙城杨家湾	[10] P252；[11] P72 器 66	盘龙城六期
236			残斝	PYWM9	盘龙城杨家湾	[10]	盘龙城六期
237			残爵	PYWM9	盘龙城杨家湾	[10]	盘龙城六期
238			残觚	PYWM9	盘龙城杨家湾	[10]	盘龙城六期
239			斝	PLZM3:1	盘龙城杨家嘴	[10] P194	盘龙城五期
240	晚期晚段	湖北	斝	PWZT82H7:1	盘龙城王家嘴	[10] P133；[11] P56 器 52	盘龙城五期
241			鼎	PYWM11:16	盘龙城杨家湾	[10] P281；[11] P8 器 7	盘龙城七期
242			簋	PYWM11:13	盘龙城杨家湾	[10] P283；[11] P22 器 19	盘龙城七期
243			斝	PYWM11:29	盘龙城杨家湾	[10] P278	盘龙城七期
244			斝	PYWM11:31	盘龙城杨家湾	[10] P278；[11] P60 器 56	盘龙城七期
245			斝	PYWM11:30	盘龙城杨家湾	[10] P278	盘龙城七期
246			斝	PYWM11:2	盘龙城杨家湾	[10] P278；[11] P59 器 55	盘龙城七期
247			爵	PYWM11:50	盘龙城杨家湾	[10] P275；[11] P38 器 34	盘龙城七期
248			爵	PYWM11:6	盘龙城杨家湾	[10] P275；[11] P37 器 33	盘龙城七期
249			爵	PYWM11:4	盘龙城杨家湾	[10] P275；[11] P36 器 32	盘龙城七期
250			爵	PYWM11:57	盘龙城杨家湾	[10] P275；[11] P34 器 30	盘龙城七期

续表

序号	年代	地区	器类	器物号	出土地点	资料出处	原报告年代
251			觚	PYWM11:11	盘龙城杨家湾	[10]P274;[11]P44器40	盘龙城七期
252			觚	PYWM11:18	盘龙城杨家湾	[10]P275;[11]P45器41	盘龙城七期
253			觚	PYWM11:5	盘龙城杨家湾	[10]P274;[11]P43器39	盘龙城七期
254			觚	PYWM11:51	盘龙城杨家湾	[10]P275	盘龙城七期
255			尊	PYWM11:34	盘龙城杨家湾	[10]P278;[11]P74器68	盘龙城七期
256			残尊	PYWM11	盘龙城杨家湾	[10]P266	盘龙城七期
257			残鼎	PYWM11	盘龙城杨家湾	[10]P266	盘龙城七期
258			鼎	PLZM1:1	盘龙城李家嘴	[10]P198;[11]P2器2	盘龙城五期
259	晚期晚段	湖北	鼎	PLZM1:2	盘龙城李家嘴	[10]P199;[11]P3器3	盘龙城五期
260			鬲	PLZM1:4	盘龙城李家嘴	[10]P199;[11]P11器10	盘龙城五期
261			鬲	PLZM1:3	盘龙城李家嘴	[10]P199;[11]P12器11	盘龙城五期
262			簋	PLZM1:5	盘龙城李家嘴	[5]一六四;[10]P199;[11]P20器18	盘龙城五期
263			斝	PLZM1:13	盘龙城李家嘴	[10]P191	盘龙城五期
264			斝	PLZM1:10	盘龙城李家嘴	[5]八八;[10]P191	盘龙城五期
265			斝	PLZM1:11	盘龙城李家嘴	[10]P191;[11]P50器46	盘龙城五期
266			斝	PLZM1:12	盘龙城李家嘴	[10]P192;[11]P51器47	盘龙城五期
267			爵	PLZM1:16	盘龙城李家嘴	[10]P191;[11]P24器21	盘龙城五期
268			爵	PLZM1:17	盘龙城李家嘴	[10]P191	盘龙城五期
269			爵	PLZM1:15	盘龙城李家嘴	[10]P191;[11]P23器20	盘龙城五期

续表

序号	年代	地区	器类	器物号	出土地点	资料出处	原报告年代
270			斝	PLZM1:19	盘龙城李家嘴	[10] P189；[11] P47 器 43	盘龙城五期
271			斝	PLZM1:20	盘龙城李家嘴	[10] P190；[11] P48 器 44	盘龙城五期
272			斝	PLZM1:21	盘龙城李家嘴	[10] P190	盘龙城五期
273			尊	PLZM1:7	盘龙城李家嘴	[10] P194；[11] P68 器 62	盘龙城五期
274			尊	PLZM1:8	盘龙城李家嘴	[10] P194；[11] P69 器 63	盘龙城五期
275			盘	PLZM1:6	盘龙城李家嘴	[10] P199；[11] P77 器 71	盘龙城五期
276			卣	PLZM1:9	盘龙城李家嘴	[5] 一三七；[10] P194；[11] P65 器 60	盘龙城五期
277			残斝	PLZM1	盘龙城李家嘴	[10] P199	盘龙城五期
278	晚期晚段	湖北	残斝	PLZM1	盘龙城李家嘴	[10] P199	盘龙城五期
279			残爵	PLZM1	盘龙城李家嘴	[10] P199	盘龙城五期
280			鼎	PWZM1:3	盘龙城王家嘴	[10] P138；[11] P10 器 9	盘龙城六期
281			斝	PWZM1:6	盘龙城王家嘴	[10] P136	盘龙城六期
282			斝	PWZM1:1	盘龙城王家嘴	[10] P138；[11] P55 器 51	盘龙城六期
283			爵	PWZM1:11	盘龙城王家嘴	[10] P136	盘龙城六期
284			斝	PWZM1:5	盘龙城王家嘴	[10] P136	盘龙城六期
285			斝	PWZM1:4	盘龙城王家嘴	[10] P136；[11] P46 器 42	盘龙城六期
286			尊	PWZM1:2	盘龙城王家嘴	[10] P138；[11] P67 器 61	盘龙城六期
287			残鼎	PWZM1	盘龙城王家嘴	[10] P138	盘龙城六期
288			残爵	PWZM1	盘龙城王家嘴	[10] P138	盘龙城六期

续表

序号	年代	地区	器类	器物号	出土地点	资料出处	原报告年代
289	晚期晚段	湖北	残爵	PWZM1	盘龙城王家嘴	[10] P138	盘龙城六期
290			残爵	PWZM1	盘龙城王家嘴	[10] P138	盘龙城六期
291			鬲	PYWH6：17	盘龙城杨家湾	[10] P283；[11] P16 器 14	盘龙城七期
292			斝	PYWH6：18	盘龙城杨家湾	[10] P278	盘龙城七期
293			斝	PYWH6：27	盘龙城杨家湾	[10] P278	盘龙城七期
294			爵	PYWH6：28	盘龙城杨家湾	[10] P276；[11] P35 器 31	盘龙城七期
295			爵	PYWH6：30	盘龙城杨家湾	[10] P275	盘龙城七期
296			斝	PYWH6：24	盘龙城杨家湾	[10] P275	盘龙城七期
297			尊	PYWH6：21	盘龙城杨家湾	[10] P278	盘龙城七期
298			尊	PYWH6：15	盘龙城杨家湾	[10] P278	盘龙城七期
299			尊	PYWH6：20	盘龙城杨家湾	[10] P278；[11] P73 器 67	盘龙城七期
300			残斝	PYWH6	盘龙城杨家湾	[10] P264	盘龙城七期
301			残斝	PYWH6	盘龙城杨家湾	[10] P264	盘龙城七期
302			残斝	PYWH6	盘龙城杨家湾	[10] P264	盘龙城七期
303			残爵	PYWH6	盘龙城杨家湾	[10] P264	盘龙城七期
304			鼎	89HPCYM1：6	盘龙城西城垣南段墓葬	[10] P72；[11] P6 器 6	盘龙城七期
305			斝	89HPCYM1：2	盘龙城西城垣南段墓葬	[10] P72；[11] P62 器 58	盘龙城七期
306			爵	89HPCYM1：1	盘龙城西城垣南段墓葬	[10] P72；[11] P39 器 35	盘龙城七期
307			斝	89HPCYM1：5	盘龙城西城垣南段墓葬	[10] P72	盘龙城七期

续表

序号	年代	地区	器类	器物号	出土地点	资料出处	原报告年代
308			罍	89HPCYM1：7	盘龙城西城垣南段墓葬	［10］P72；［11］P75 器69	盘龙城七期
309			爵	PYWT38④：1	盘龙城杨家湾	［10］P247	盘龙城六期
310			鼎	PTZ：0137	盘龙城采集	［10］P426	盘龙城七期
311			鬲形斝	P：02	盘龙城采集	［10］P418	盘龙城六期
312			斝	P：046	盘龙城采集	［10］P417	盘龙城六期
313			斝	P：041	盘龙城采集	［10］P417	盘龙城六期
314			斝	P：047	盘龙城采集	［10］P417	盘龙城六期
315			斝	P：0134	盘龙城采集	［10］P417	盘龙城六期
316			爵	P：04	盘龙城采集	［10］P415	盘龙城六期
317	晚期晚段	湖北	爵	P：033	盘龙城采集	［10］P415	盘龙城六期
318			爵	P：037	盘龙城采集	［10］P417	盘龙城六期
319			爵	P：031	盘龙城采集	［10］P417	盘龙城六期
320			爵	P：012	盘龙城采集	［10］P425	盘龙城七期
321			爵	P：024	盘龙城采集	［10］P426	盘龙城七期
322			觚	PTZ：0138	盘龙城采集	［10］P425	盘龙城七期
323			尊	P：01	盘龙城采集	［10］P421	盘龙城六期
324			罍	PTZ：0136	盘龙城采集	［10］P426	盘龙城七期
325			残爵	PTZ	盘龙城采集	［10］P426	盘龙城七期
326			残斝	PTZ	盘龙城采集	［10］P426	盘龙城七期

续表

序号	年代	地区	器类	器物号	出土地点	资料出处	原报告年代
327		湖北	爵	—	武汉鲁台山	[45] P24	二里岗晚期早段偏晚
328			鬲	标本1	1992年黄冈下窑嘴	[21] P934;[46] P56	同前
329			斝	标本2	1992年黄冈下窑嘴	[46] P56	二里岗晚期早段偏晚
330			爵	标本3	1992年黄冈下窑嘴	[46] P56	—
331			觚	标本4	1992年黄冈下窑嘴	[46] P56	—
332			罍	标本5	1992年黄冈下窑嘴	[46] P56	二里岗晚期
333			罍	—	宜昌枝城收购	[86] P775~778	二里岗晚期
334	晚期晚段	山西	爵	M4:1	夏县东下冯墓葬	[47] P206	二里岗
335			鼎	—	1971年长子北高庙	[25] P3 器3;[50] P198	商中期
336			鼎	—	1971年长子北高庙	[5] 四三;[25] P4 器4;[50] P198;[51] P50	—
337			甗	—	1971年长子北高庙	[50] P198;[51] P52;[52] P3 器03101	—
338			斝	—	1972年长子北高庙	[50] P199	—
339			爵	—	1971年长子北高庙	[25] P10 器11;[50] P198	—
340			觚	—	1971年长子北高庙	[25] P13 器12;[50] P198	—
341			罍	—	1971年长子北高庙	[5] 一二四;[25] P17 器16;[40] P1107;[50] P198	商中期
342			鼎	—	1973~1976年长子县废铜中拣选	[51] P50	—
343			斝	—	1975年9月潞城废铜中拣选	[51] P49	—
344			斝	—	1975年9月潞城废铜中拣选	[51] P49	—

续表

序号	年代	地区	器类	器物号	出土地点	资料出处	原报告年代
345		山西	方鼎	—	1990年平陆前庄	[5]三七;[25]P10器9;[48]P18;[49]P502;[53]	二里岗晚期早段
346			鼎	—	1990年平陆前庄	[5]三三;[25]P1器1;[48]P18;[49]P502	—
347			鼎	—	1990年平陆前庄	[48]P18	—
348			爵	—	1990年平陆前庄	[48]P18;[49]P502	二里岗
349			爵	—	1990年平陆前庄	[48]P18	二里岗
350			罍	—	1990年平陆前庄	[5]一二五;[25]P16器15;[48]P18;[49]P502	二里岗晚期
351	晚期晚段	关中东部	鼎	六344	1965年铜川三里洞	[5]二八;[26]P1;[27]P124;[54]P4器8;[55]P107;[61]P36	—
352			爵	—	咸阳邵家河	[27]P126	—
353			爵	七937	1972年西安老牛坡	[26]P18;[27]P126;[56];[57]	同前
354			斝	F七三607	1973年扶风法门寺	[26]P49;[27]P47;[59]P91	晚期
355		陕西	罍	—	1970年麟游九成宫	[26]P305;[58]P333	
356		关中西部	斝	岐11	1972年岐山京当村	[26]P27;[27]P22;[31]P3器3	—
357			爵	岐52	1972年岐山京当村	[26]P23;[27]P22;[31]P5器5;[60]P86	—
358			觚	岐75	1972年岐山京当村	[5]一四八;[26]P22;[27]P23;[31]P7器7;[60]P86	—
359			爵	—	1980年城固龙头镇	[5]七三;[31]P19器19;[61]P128	商早期
360		汉中	觚	铜4-3	1980年城固龙头镇火疙瘩	[5]一五二;[30]P76;[31]P6器6;[84]P3	商早期
361			觚	铜4-4	1980年城固龙头镇火疙瘩	[30]P78;[31]P22器22	商中期
362			觚	铜4-1	1980年城固龙头镇火疙瘩	[5]一六一;[30]P84	商中期

续表

序号	年代	地区	器类	器物号	出土地点	资料出处	原报告年代
363	晚期晚段	陕西	汉中地区	觚	CH4-2	1980年城固龙头镇火疙瘩	[5]一六〇；[30]P87	商上层
364				觚	铜64	1981年城固龙头镇龙头村	[30]P80	商中期
365				尊	铜5	1980年城固龙头镇火疙瘩	[5]一三一、一三二；[30]P106；[31]P27器27	商中期
366				尊	铜68	1980年城固龙头镇火疙瘩	[5]一一一；[30]P47；[31]P24器24	商中期
367				尊	CH68-2	1980年城固龙头镇火疙瘩	[5]一〇九、一一〇；[30]P49	商中期
368				罍	铜71	1980年城固龙头镇龙头村	[30]P109	商中期
369				罍	—	1981年城固龙头镇	[5]一三三；[31]P28器28	商中期
370				卣	铜6	1980年城固龙头镇火疙瘩	[5]一四〇；[30]P67；[31]P25器25	商中期
371				卣	铜72	1980年城固龙头镇火疙瘩	[5]一四三、一四四；[30]P73；[31]P26器26	商中期
372				卣	Q513	1981年城固龙头镇龙头村	[5]一三九；[61]P186	商早期
373				盘	铜9	1977年城固龙头镇龙头村	[30]P157	商中期
374				鬲	铜105	1973年城固湑水村	[30]P34	商中期
375				罍	CH71-2	1980年城固苏村	[5]一二九、一三〇；[30]P102；[31]P9器9	商中期
376				盘	A九二89	城固苏村	[30]159；[31]P32器32	商中期
377			陕北地区	觚	六四342	1964年子长柏树台	[26]P20	—
378		河北		鼎	M112:2	1972年石家庄台西墓葬	[63]119	二里岗晚期稍早
379				爵	M14:2	1973年石家庄台西墓葬	[63]P127	二里岗晚期稍晚
380				觚	M14:6	1973年石家庄台西墓葬	[63]P127	二里岗晚期稍晚

续表

序号	年代	地区	器类	器物号	出土地点	资料出处	原报告年代
381			斝	—	石家庄台西	[62] P2 器 2	商代前期
382			斝	—	石家庄台西	[62] P3 器 3	商代前期
383		河北	罍	—	1974 年石家庄台西	[5] 一三四；[62] P6 器 6	—
384			斝	—	保定要庄	[62] P4 器 4	商代前期
385			爵	—	邯郸	[62] P1 器 1	商代前期
386			爵	—	滕州市轩辕庄村	[67] P4 器 5	商代前期
387			斝	—	1984 年滕州大康留村	[67] P8 器 9	商代前期
388			爵	M107	2003 年济南大辛庄	[68] P26	中商早期
389	晚期晚段		斝	M107	2003 年济南大辛庄	[68] P26	中商早期
390		山东	斝	M106:9	2003 年济南大辛庄	[67] P11 器 12；[68] P30	中商中期
391			斝	M106:4	2003 年济南大辛庄	[67] P10 器 11；[68] P30	中商中期
392			尊	M106:5	2003 年济南大辛庄	[68] P31	中商中期
393			鼎	M139:1	2010 年济南大辛庄	[67] P2 器 3；[69] P868	中商中期
394			罍	M139:3	2010 年济南大辛庄	[67] P13 器 14；[69] P868	中商中期
395			斝	—	1980 年济南长清前平大队	[67] P9 器 10；[70] P86	二里岗晚期
396			爵	—	1980 年济南长清前平大队	[70] P86	二里岗晚期
397			斝	—	蚌埠废品公司拣选	[32] P24 器 15	二里岗
398		安徽江淮	爵	—	1965 年蚌埠废铜收购站收购	[71] 八	二里岗
399			斝	—	1977 年六安土产公司拣选	[16] 一四七；[32] P27 器 17；[33]	二里岗
400			斝	—	阜南	[71] 五	—

续表

序号	年代	地区		器类	器物号	出土地点	资料出处	原报告年代
401	晚期晚段	安徽	皖南	斝	铜陵市 a3	1983年铜陵童墩村	[72]P10第1器；[73]P8器8；[74]；[75]P83	二里岗晚期
402		江苏		鼎	—	1960年连云港大村	[76]P1器1	商代前期
403				斝	—	淮安茭陵翻水站	[76]P2器2	商代前期
404		内蒙古		鼎	H5028:4	伊金霍洛旗朱开沟	[77]P120	朱开沟文化第五段
405				爵	H5028:5	伊金霍洛旗朱开沟	[77]P120	朱开沟文化第五段
406		辽宁		鼎	—	1978辽宁喀左小波汰沟窖藏	[80]P1器1；[78]P157器256；[79]P89	商中期
407				鼎	—	朝阳地区征集	[79]P89	商中期
408		青海		鬲	—	1963年西宁鲍家寨	[64]；[65]彩图65；[66]P232器342	卡约文化
409		北京		鼎		1977北京平谷刘家河	[81]器1；[82]P2器2；[83]P1~8	商中期
410				鬲		1977北京平谷刘家河	[81]器7；[82]P4器4；[83]P1~8	商中期
411				鬲		1980北京平谷韩庄	[81]器8	商中期
412				甗		1977北京平谷刘家河	[81]器6；[82]P5器5；[83]P1~8	商中期
413				盂		1977北京平谷刘家河	[81]器17；[82]P10器10；[83]P1~8	商中期
414				卣		1977北京平谷刘家河	[5]一三八；[40]P936左；[81]器21；[82]P7器7；[83]P1~8	商中期

注：

[1] 陈立信、马德峰：《荥阳县高村寺商代遗址调查简报》，《华夏考古》1991年3期。

[2] 李朝远：《关于二里头文化的青铜斝——从上博藏一件青铜残斝谈及相关问题》，《二里头遗址与二里头文化研究——中国·二里头遗址与二里头文化国际学术研讨会论文集》，科学出版社，2006年。

[3] 郑州市博物馆：《河南荥阳西史村遗址试掘简报》，《文物资料丛刊》（5），文物出版社，1981年。

[4] 《河南出土商周青铜器》编辑组：《河南出土商周青铜器》（一），文物出版社，1981年。

[5] 中国青铜器全集编辑委员会：《中国青铜器全集·夏商卷》，文物出版社，1996年。

[6] 李伯谦主编：《中国出土青铜器全集·第9卷·河南（上）》，科学出版社、龙门书局，2018年。

[7] 河南省文物研究所、中国历史博物馆考古部：《登封王城岗与阳城》，文物出版社，1992年。
[8] 中国社会科学院考古研究所：《偃师商城》（第一卷），科学出版社，2013年。
[9] 河南省文物考古研究所：《辉县孟庄》，中州古籍出版社，2003年。
[10] 湖北省文物考古研究所：《盘龙城——1963~1994年考古发掘报告》，文物出版社，2001年。
[11] 李伯谦主编：《中国出土青铜器全集·第11卷·湖北（上）》，科学出版社、龙门书局，2018年。
[12] 李桃元、何昌义：《盘龙城青铜文化》，湖北美术出版社，2002年。
[13] 中国历史博物馆考古部、山西省考古研究所：《1988~1989年山西垣曲古城南关商代城址发掘简报》，《文物》1997年10期。
[14] 洛阳师范学院、洛阳市文物局编：《洛阳出土青铜器》，紫禁城出版社，2006年。
[15] 马全：《焦作南朱村发现商代墓》，《华夏考古》1988年1期。
[16] 河南省文物研究所：《许昌县大路陈村发现商代墓》，《华夏考古》1988年1期。
[17] 周口地区文化局、项城县人民文化馆：《河南项城出土商代前期青铜器和刻文陶拍》，《文物》1982年9期。
[18] 武陟县文化馆：《武陟县早商墓葬清理简报》，《河南文博通讯》1980年3期。
[19] 中国社会科学院考古研究所：《考古精华——中国社会科学院考古研究所建所四十年纪念》，科学出版社，1993年。
[20] 中国社会科学院考古研究所河南第二工作队：《1983年秋季河南偃师商城发掘简报》，《考古》1984年10期。
[21] 朱凤瀚：《中国青铜器综论》，上海古籍出版社，2009年。
[22] 荆州博物馆：《荆州荆南寺》，文物出版社，2009年。
[23] 中国历史博物馆考古部、山西省考古研究所、垣曲县博物馆：《垣曲商城（一）：1985~1986年度勘察报告》，科学出版社，1996年。
[24] 王进先：《山西长治市拣选、征集的商代青铜器》，《文物》1982年9期。
[25] 李伯谦主编：《中国出土青铜器全集·第3卷·山西（上）》，科学出版社、龙门书局，2018年。
[26] 陕西省考古研究所、陕西省文物管理委员会、陕西省博物馆编：《陕西出土商周青铜器（一）》，文物出版社，1979年。
[27] 张天恩：《关中商代文化研究》，文物出版社，2004年。
[28] 西安半坡博物馆、蓝田县文化馆：《陕西蓝田怀珍坊商代遗址试掘简报》，《考古与文物》1981年3期。
[29] 蓝田县文化馆樊维岳、陕西省考古研究所吴镇烽：《陕西省蓝田县出土商代青铜器》，《文物资料丛刊》（3），文物出版社，1980年。
[30] 曹玮主编：《汉中出土商代青铜器》，四川出版集团、巴蜀书社，2006年。
[31] 李伯谦主编：《中国出土青铜器全集·第15卷·陕西（上）》，科学出版社、龙门书局，2018年。
[32] 陆勤毅、宫希成主编：《安徽江淮地区商周青铜器》，文物出版社，2014年。
[33] 孟宪珉、赵力华：《全国拣选文物展览巡礼》，《文物》1985年1期。
[34] 河南省文物考古研究所：《郑州小双桥：1990~2000年考古发掘报告》，科学出版社，2012年。
[35] 赵新来：《中牟县黄店、大庄发现商代铜器》，《文物》1980年12期。
[36] 新郑县文化馆：《河南新郑县望京楼出土的铜器和玉器》，《考古》1981年6期。
[37] 赵炳焕、白秉乾：《河南省新郑县新发现的商代铜器和玉器》，《中原文物》1992年1期。
[38] 中国科学院考古研究所：《辉县发掘报告》，科学出版社，1956年。
[39] 临汝县文化馆：《河南临汝县李楼出土商代青铜器》，《考古》1983年9期。
[40] 陈佩芬：《中国青铜器辞典》，上海辞书出版社，2013年。
[41] 朱帜：《北舞渡商代铜鬲》，《考古》1983年9期。

[42] 孟新安：《郾城县出土一批商代青铜器》，《考古》1987年8期。
[43] 孙华主编：《中国美术全集·青铜器》，时代出版传媒股份有限公司、黄山书社，2010年。
[44] 郭冰廉：《湖北黄陂杨家湾的古遗址调查》，《考古通讯》1958年1期。
[45] 黄锂、况红梅：《近年黄陂出土的几件商周青铜器》，《江汉考古》1998年4期。
[46] 黄冈地区博物馆、黄州市博物馆：《湖北省黄州市下窑嘴商墓发掘简报》，《文物》1993年6期。
[47] 中国社会科学院考古研究所、中国历史博物馆、山西省考古研究所：《夏县东下冯》，文物出版社，1988年。
[48] 卫斯：《平陆县前庄商代遗址出土文物》，《文物季刊》1992年1期。
[49] 陶正刚、范宏：《山西平陆前庄村商代遗址及青铜方鼎铸造的研究》，《2004年安阳殷商文明国际学术研讨会论文集》，社会科学文献出版社，2004年。
[50] 郭勇：《山西长子县北郊发现商代铜器》，《文物资料丛刊》(3)，文物出版社，1980年。
[51] 王进先：《山西长治市拣选、征集的商代青铜器》，《文物》1982年9期。
[52] 吴镇烽：《商周青铜器铭文暨图像集成》（第7卷），上海古籍出版社，2012年。
[53] 卫斯：《山西平陆前庄方鼎的历史归属与年代问题》，《中国历史文物》2007年2期。
[54] 国家文物局主编：《中国文物精华大辞典·青铜卷》，上海辞书出版社、商务印书馆（香港），1995年。
[55] 铜川市文化馆卢建国：《陕西铜川发现商周青铜器》，《考古》1982年1期。
[56] 刘士莪：《老牛坡》，陕西人民出版社，2002年。
[57] 保全：《西安老牛坡出土商代早期文物》，《考古与文物》1981年2期。
[58] 邹衡：《论先周文化》，《夏商周考古学论文集》，文物出版社，1980年。
[59] 罗西章：《扶风美阳发现商周青铜器》，《文物》1978年10期。
[60] 王光永：《陕西省岐山县发现商代铜器》，《文物》1977年12期。
[61] 李西兴主编：《陕西青铜器》，陕西人民美术出版社，1994年。
[62] 李伯谦主编：《中国出土青铜器全集·第2卷·河北》，科学出版社、龙门书局，2018年。
[63] 河北省文物研究所：《藁城台西商代遗址》，文物出版社，1985年。
[64] 赵生琛：《青海西宁发现卡约文化铜属》，《考古》1985年7期。
[65] 青海省文物处、青海省考古研究所：《青海文物》，文物出版社，1994年。
[66] 李伯谦主编：《中国出土青铜器全集·第18卷·青海》，科学出版社、龙门书局，2018年。
[67] 李伯谦主编：《中国出土青铜器全集·第5卷·山东（上）》，科学出版社、龙门书局，2018年。
[68] 山东大学东方考古研究中心、山东省文物考古研究所、济南市考古研究所：《济南市大辛庄商代居址与墓葬》，《考古》2004年7期。
[69] 山东大学历史文化学院考古系、山东省文物考古研究所：《济南大辛庄遗址139号商代墓葬》，《考古》2010年10期。
[70] 韩明祥：《山东长清、桓台发现商代青铜器》，《文物》1982年1期。
[71] 安徽省博物馆：《安徽省博物馆藏青铜器》，上海人民美术出版社，1987年。
[72] 陆勤毅、杨立新主编：《皖南商周青铜器》，文物出版社，2006年。
[73] 李伯谦主编：《中国出土青铜器全集·第8卷·安徽》，科学出版社、龙门书局，2018年。
[74] 张国茂：《安徽铜陵地区先秦青铜文化简论》，《东南文化》1991年2期。
[75] 张爱冰、陆勤毅：《皖南出土商代青铜容器的年代与性质》，《考古》2010年6期。
[76] 李伯谦主编：《中国出土青铜器全集·第7卷·江苏》，科学出版社、龙门书局，2018年。
[77] 内蒙古自治区文物考古研究所、鄂尔多斯博物馆：《朱开沟——青铜时代早期遗址发掘报告》，文物出版社，2000年。
[78] 李伯谦：《中国出土青铜器全集·第20卷·辽宁》，科学出版社、龙门书局，2018年。

[79] 辽宁省博物馆文物工作队:《概述辽宁省考古新收获》,《文物考古工作三十年》,文物出版社,1979年。
[80] 辽宁省博物馆:《辽宁省博物馆》,文物出版社、株式会社讲谈社,1983年。
[81] 梅宁华、陶信成主编:《北京文物精粹大系·青铜器卷》,北京出版社,2002年。
[82] 李伯谦主编:《中国出土青铜器全集·第1卷·北京》,科学出版社、龙门书局,2018年。
[83] 北京市文物管理处:《北京市平谷县发现商代墓葬》,《文物》1977年11期。
[84] 杨立新:《安徽淮河流域夏商时期古代文化》,《文物研究》(第五辑),黄山书社,1989年。
[85] 张增午:《河南林县拣选到三件商代青铜器》,《文物》1986年3期。
[86] 黎泽高、赵平:《枝城市博物馆藏青铜器》,《考古》1989年9期。
[87] 李学勤:《青铜器与古代史》,联经出版事业股份有限公司,2005年。
[88] 胡悦谦:《试谈肥西县大墩孜商文化》,《安徽省考古学会会刊(第一至八集合订本)》,1979年。
[89] 程露:《也谈肥西大墩孜出土的青铜斝和铃》,《东方博物》2014年3期。
[90] 张昌平:《玫茵堂收藏的二里头文化青铜器》,《南方文物》2014年3期。
[91] 中国社会科学院考古研究所:《偃师二里头:1959年~1978年考古发掘报告》,中国大百科全书出版社,1999年。
[92] 许宏、赵海涛:《二里头遗址文化分期再检讨——以出土铜、玉礼器的墓葬为中心》,《南方文物》2010年3期。

纹饰复杂化视域下的二里头、二里岗文化青铜容器铸造技术

张涵钰

（中国人民解放军 32178 部队）

一、绪　　论

　　二里头文化与二里岗文化是先秦考古中的重要文化遗存，它们所存在的时期也是中国中原地区早期青铜文明的起源阶段。二里头文化时期作为古代王朝文明的开端，其青铜冶铸业已较为发达，并且出现了青铜礼器。到二里岗文化时期，青铜器得到了一定发展，出现了新的器形与礼器组合，冶铸技术更加成熟，青铜器纹样也更为繁杂，为商代后期青铜器的高度繁荣奠定了基础。

　　二里头遗址与郑州商城作为二里头文化时期与二里岗文化时期的代表性遗址，自20世纪50年代始，考古发掘工作获得了许多成果，考古学界对于二者的城市布局、文化遗存、遗址性质等都作出了一定的判断与分析。在人工遗物方面，对于两个遗址的陶器的类型与分期等，也进行了全方位的研究。近些年，对于二里头文化时期到二里岗文化时期的青铜器，以及这两个阶段青铜器的发展演变的相关探讨也逐渐趋于系统化，但是对于青铜器纹饰的铸造技术，和在这一个大的历史时期中，纹饰复杂化所展现出铸造技术的提高，相关研究还较少，尤其是没有一个系统而完整的梳理。因此，通过对二里头、二里岗文化青铜器纹饰演变的研究，探讨青铜铸造技术的进步，对于了解上古冶金技术和中国青铜文明发展都有较重要的意义。

（一）发现与研究概况

1. 青铜器与铸铜遗存的发现

（1）二里头遗址

　　二里头遗址出土青铜器较少，种类包括容器、兵器、工具、乐器等，大部分发现于二里头文化三、四期。一期中仅出小型青铜工具，二期出土了乐器和兽面牌饰，自

三期始，青铜兵器和容器相继出现，而到了二里头文化四期，青铜容器类型进一步增多，并出现了一些新的纹饰。截至2020年，已发表的二里头遗址出土的铜制品近170件[1]，其中青铜容器17件（附表一）。

1）青铜容器

二里头文化中的铜器墓仅发现于二里头遗址，且遗址中的铜容器多见于墓葬，青铜容器的数量和墓葬的等级高低与墓圹规模密切相关，同时出现了较为规律性的礼器组合。二里头遗址墓葬中共出土青铜容器15件，所出容器皆为酒器，以素面为主，其中铜爵的数量为最。另外，在二里头文化四期墓葬中曾采集到一件铜斝（1975YLⅤ采M:66），后纠正其时代为二里岗文化时期[2]。此外，在二里头墓葬外还发现了两件铜爵。

2）铸铜遗迹、遗物

二里头遗址至今确认的铸铜作坊遗址仅有围垣作坊区南部的铸铜作坊一处[3]，是二里头遗址铜器生产中心，其主要使用时间为二里头文化二期至四期[4]。二里头遗址的铸铜遗物主要发现于二里头遗址Ⅳ区及Ⅴ区的建筑基址、灰坑和地层中，总计72件，其中铸铜作坊位于遗址Ⅳ区，共发现55件铸铜遗物，包括铜渣、坩埚、浇勺、陶范、泥芯等[5]；宫殿区发现17件遗物，包括铜渣、铜矿石（蓝铜矿、孔雀石）。陶范数量较多，少部分为花纹范，上刻简单纹饰。

（2）郑州商城

郑州商城出土二里岗文化时期青铜器较多，容器在其中占有较大比重。与二里头文化时期相比，新的容器器形自二里岗文化晚期开始大量出现，但铜爵在铜容器中依旧占据着主要地位。此时期郑州商城出土青铜容器素面极为少见，器表纹饰较二里头文化时期繁杂许多。截至2020年，已发表的郑州商城出土二里岗文化期青铜容器共132件（附表二）。除窖藏和墓葬出土铜器外，还有不明出处铜器7件，采集品3件，铸铜遗址出土铜器2件。另外，郑州商城出土二里头文化时期青铜容器共2件。

1）墓葬出土青铜容器

郑州商城出土的二里岗文化时期青铜容器数量不少，其中大部分为墓葬出土，同时形成了以铜爵为核心的规律性的礼器组合形式，但并未制度化。郑州商城墓葬中共出土二里岗文化期青铜容器95件，以铜爵、铜斝数量为最，所有容器皆有纹样装饰。

郑州商城墓葬中出土了二里头文化时期的铜盉、铜斝各一[6]，多数有简单纹饰。

2）窖藏青铜容器

郑州商城先后发现了三处二里岗晚期晚段的商代青铜器窖藏坑，分别为张寨南街窖藏坑、向阳回族食品厂窖藏坑、南顺城街窖藏坑[7]，共出土青铜容器25件。窖藏中出土的铜鼎较多，还有一些青铜器类别为墓葬中所不见，青铜容器大多纹饰精美，在此时期商王室所铸铜器中有着代表性。

3）铸铜遗迹、遗物

郑州商城的铸铜遗址共发现两处，分别是南关外铸铜基址[8]和紫荆山北铸铜基址[9]。在南关外铸铜基址内发现有烘范窑、铸铜场地、窖穴等遗迹和铜矿石、熔炉残块（坩埚）、炼渣、陶范等遗物，此铸铜作坊的使用时间基本与郑州商城相始终[10]。紫荆山北铸铜作坊是郑州商城铸铜业发展至后期建设的，基址内发现有房基、窖穴等遗迹和铜矿石、铅块、熔炉残块（坩埚）、炼渣、陶范等遗物[11]。南关外铸铜基址出土带纹饰的陶范较多，紫荆山北铸铜基址中出土8块花纹范，皆是铜容器外范。

2. 研究现状

近几十年来，二里头、二里岗文化的相关研究资料不胜枚举，对于这两个文化中青铜器的研究也随着考古资料的丰富而不断深入。总体而言，学术界对青铜器研究的角度不尽相同，主要集中在四个方面，即考古学本位的综合性研究、对青铜器本身的研究和对冶金与铸造工艺、装饰艺术的专项研究。除下述研究成果外，国内外还发表有许多关于二里头文化和二里岗文化青铜器相关著作，抑或有相关观点散见于各类期刊，此处便不多加赘述。

（1）考古学综合研究

与青铜器相关的各个考古报告，除对资料的客观叙述外，也包含一定的基础性研究。《偃师二里头：1959年～1978年考古发掘报告》和《二里头：1999～2006》中，对2006年以前发掘出土的二里头遗址的遗迹、遗物做出了分期分类的陈述，对出土青铜器的器形、纹饰等特征以及冶铜遗迹遗物等都进行了说明，进而讨论了铜器的合金材质、熔炼工艺和制作工艺[12]。《郑州商城——1953～1985年考古发掘报告》描述了1985年以前发掘出土的二里岗文化期青铜器、铸铜作坊和出土遗迹遗物，并对铸铜手工业的生产与分工做出了探讨[13]。商城中发现的窖藏青铜器在《郑州商代铜器窖藏》中有着详细信息，对窖藏铜器的年代分期问题与方鼎的铸造技术做出了研究[14]。其余与二里头遗址、郑州商城出土铜器相关的简报中也有部分讨论[15]。

《中国考古学·夏商卷》中，对二里头遗址和郑州商城的青铜手工业做出了概括性阐述，对2003年前所公开发表的二里头文化青铜器进行了简单整理，研究了二里头遗址和郑州商城青铜冶铸作坊、出土的遗迹遗物和冶铸业的特点，并收录了部分二里头文化铜器的合金成分[16]。

对于二里头遗址出土铜器的最新的研究当属《二里头考古六十年》，书中在二里头遗址的遗迹遗物所见生产与生活中，对二里头遗址的冶铸作坊、铜器的发现情况、合金成分与金相组织、制作工艺、铸铜遗物、绿松石作坊等等，放在六十年二里头田野工作与研究的大背景下，进行了综合性研究[17]。

此外，还有一些研究对青铜器窖藏进行了考古学观察。如安金槐在《关于郑州商代青铜器窖藏坑性质的探讨》中，认为从铜器的制作精美等方面可以看出窖藏坑与贵族祭祀活动有关，后又在《再论郑州商代青铜器窖藏坑的性质与年代》中进一步对窖藏坑的时代进行了判断[18]。

（2）青铜器研究

《商周铜器群综合研究》中，郭宝钧提出了"器群界标法"，并对郑州白家庄出土的15件青铜器的器类、组合、铸造工艺、纹饰等进行研究，并将其归类为"二里岗铜器群"[19]。

目前，对中国古代青铜器研究最全面且具有系统性的当属朱凤瀚的专著《中国青铜器综论》。全书分为上编和下编两部分，上编按照分类、纹饰、铸造工艺等类别对中国古代青铜器做出探讨，下编按照历时性将二里头文化至东周时期的青铜器进行了综合论述。朱凤瀚在书中总结了二里头文化和二里岗文化青铜器，并按照分期叙述了此时期青铜器合金成分、青铜冶铸工艺特点与青铜器形制特征[20]。

对于二里头文化和二里岗文化的青铜器，一些学者还做出了专项性研究。梁宏刚和孙淑云通过收集整理有关研究二里头遗址出土铜器的文献资料，对我国20世纪50年代以来，偃师二里头遗址出土铜器的研究情况进行了初步统计，《二里头遗址出土铜器研究综述》中总结了专家学者们从考古学、冶铸技术和中华文明起源等方面对二里头遗址出土铜器进行研究的学术成果[21]。陈国梁在《二里头文化铜器研究》中专门研究了二里头文化铜器，并对青铜器纹饰进行了分期对照，阐述了青铜器形制与纹饰的演变特征，还对二里头文化青铜器制作方式加以研究[22]。

（3）冶金与铸造工艺研究

对于青铜器的合金成分和金相组织，在相关考古报告中已经对二里头遗址出土部分青铜器发表了实验数据，并根据结果对冶铸工艺做出了一定分析[23]。另外二里岗文化部分窖藏青铜器也在《郑州商代铜器窖藏》中进行了合金成分分析，并试析了方鼎的拼铸技术[24]。《郑州二里岗文化期青铜礼器的合金成分研究》对24件郑州地区出土的二里岗文化期青铜容器的化学组成进行了分析检测，为了解二里岗文化期商王都地区的青铜业，尤其是青铜礼器的合金技术，提供了迄今为止数量最多的一批重要数据[25]。

苏荣誉等在《中国上古金属技术》中讨论了先秦时期铜矿的采选、铜的冶炼、青铜器的铸造、青铜合金的配制和青铜器的装饰工艺，重点论述了以青铜礼器为代表的青铜器制作中的分范合铸工艺，并将二里头文化时期的青铜铸造工艺归为形成期，二里岗文化时期归为勃发期，但由于此书著成时二里头文化青铜器资料尚较少，故此书中对此部分的论述寥寥[26]。

杨肇清在《略论商代二里岗期青铜铸造业及其相关问题》中通过分析青铜器的合金成分探讨了合金配比与器物可塑性之间的重要关系，较高的制范工艺也使二里岗文化期能铸造出工艺精制、纹饰精美的青铜器[27]。廉海萍等在《二里头遗址铸铜技术研究》中通过对二里头遗址出土青铜器的技术特征及铸造工艺的分析，加上对出土陶范、浇勺的考察，探讨了二里头遗址的铸铜技术，其中文章对于陶范的研究相对全面，还涉及了陶范上纹饰的制作工艺[28]。日本学者宫本一夫在《二里头遗址二里头文化至二里岗文化过渡期的青铜器生产》中对二里头文化四期到二里岗文化早期青铜容器的铸造工艺进行了对比研究，认为夏王朝（二里头文化期）至商王朝（二里岗文化早期）之间虽然存在王朝更替，然而制造青铜器的集团或者制造青铜器的技术却是连续的[29]。

(4) 装饰艺术研究

马承源将自己四十余篇论文收录于《中国青铜器研究》，主要分为铭文、形制纹样和实验考古三大类，其中前两者是研究重点，讨论了青铜器在装饰艺术上的有关问题[30]。杨晓能在《另一种古史：青铜器纹饰、图形文字与图像铭文的解读》中，专门研究了青铜器装饰纹样的起源与寓意，探讨了考古学与古代艺术的关系[31]。田自秉作为中国较早研究工艺美术的学者，在其所著《中国工艺美术史》中论述了中国早期青铜器纹饰、铸造技术和艺术特征等，并指出纹饰具有的社会意义大于审美意义[32]。从美术史角度研究青铜器的还有李松、贺西林，他在《中国古代青铜器艺术》中将二里头文化期到二里岗文化期青铜器全部归于青铜艺术主要发展阶段初期，并将商代青铜器的艺术形式与当时的社会形态结合讨论[33]。

(5) 存在问题

除了一些考古发掘出土的与青铜器相关的新材料之外，现有的研究成果中已经将大部分二里头文化和二里岗文化青铜器做出了整合与梳理，虽然偶有缺失遗漏，但仍旧不乏系统性。

但是对于青铜器的纹饰方面，材料的整理并不多，一般都将纹饰以一个文化为整体来做概括性论述。学术界对青铜器纹饰的研究大多还是集中于美术史方面，例如纹饰的图像寓意，它的艺术价值，以及它所表现出来的社会或者宗教含义。另外在考古学角度上也有不少相关讨论，但研究目的基本局限于判断相对年代，纹饰溯源与演变，以及与历史学相结合的文化含义和社会意识形态考据。

在冶金上，二里头文化与二里头文化的部分铜器已经进行了合金成分与金相分析，并公布了实验数据。但对于不同合金配比下铜器所展现出的初始状态，包括金属颜色等，还鲜有研究。青铜器的铸造工艺的研究也多见于对整体青铜器器形铸造与分范方式上的探讨，对铸后加工的研究对象也大多是晚于商代后期的。

关于青铜器纹饰与铸造技术之间的关系，在现有的研究成果中都普遍意识到了铸造技术的进步与发展促进了纹饰的复杂程度，并通过对铜器合金配比的分析看出其对青铜器整体精细程度上的影响，但对于青铜纹饰的铸造技术和纹饰复杂化所反映出的铸铜技术中的进步性，部分研究虽有涉及却并未展开论述。

(二) 研究目的与方法

1. 研究目的

二里头文化时期处于中国早期青铜文明的萌芽阶段，但由于此时青铜冶铸技术已自西方传入,所以二里头文化青铜器展现出虽然原始但却比较成熟的特点。纹饰在青铜器上的出现是二里头文化手工业进步的主要体现,催动了青铜文明的进一步发展,铜器纹饰与青铜铸造技术关系密切,尤其在二里头文化时期到二里岗文化时期这一阶段中,青铜器从素面到简单纹饰再到精美纹饰的背后更是青铜铸造技术的一次又一次变革。这种纹饰的塑造力与其铸造技术上的成熟对日后青铜器的高度繁荣有着重要的意义,也是中国古代礼乐文明高度发达的重要因素。

综上,二里头文化时期到二里岗文化时期的青铜器铸造技术,尤其是在纹饰上的体现,在中国冶金史和中国古代文明发展史上有着关键性的影响力。青铜器铸造技术直接影响到铜器的器形和花纹,对器形和花纹进行分析,是探索早期青铜冶铸技术的一个重要内容[34]。因此,以二里头、二里岗文化青铜器纹饰复杂化为视角,围绕二里头、二里岗文化青铜器铸造技术,探讨其如何变革与进步,是探索中国早期青铜冶铸技术的重要一环,也对研究礼乐文明起源在物质层面中的表现形式上,具有深刻的社会史层面的意义。

2. 研究方法

二里头、二里岗文化青铜器出土繁多,特征明显,相关文献资料齐全,有充足的材料以供进行考古学的分析。针对现存的研究史上的问题,本文收集了相关资料与数据,对二里头、二里岗文化青铜器,尤其是纹饰与铸造技术的相关资料进行重新整合梳理。分析二里头、二里岗文化青铜器纹饰、合金、铸造工艺等所反映出的发展规律,考察此时期青铜纹饰的铸造方式,结合已有研究成果,探讨纹饰与青铜铸造技术所呈现出的正相关性,并以纹饰的复杂化为切入点,具体分析二里头、二里岗文化青铜器铸造技术的进步表现。

(三)研究范围界定

二里头文化以及二里岗文化由于遗址较多,研究对象极为丰富,因此本文将研究地域限定于二里头遗址与郑州商城两大都邑,时间跨度为二里头文化一期至二里岗文化末期。研究对象为在纹饰和铸造技术上都具有代表性的青铜容器。文章中的纹饰包括但不限于普通纹饰、不确定是否为纹饰的铸造痕迹和未有存在证据的平面彩绘。由于本文在论述时需要对比或引证,一些材料会超出界定的时空范畴。

二里头文化时期划分采用一期至四期的划分标准[35],二里岗文化时期划分采用四期的划分标准[36],但鉴于早年上层、下层的定名不甚符合学术规范,本文采用二里岗文化早期(早段、晚段)、晚期(早段、晚段)的定名[37]。青铜器中二元合金和三元合金按照含锡量和含铅量配比的通用标准来划分[38]。

二、二里头文化的青铜纹饰与铸造技术

（一）二里头文化青铜纹饰的特征

二里头文化青铜器普遍有着较为原始的特点，虽然二里头遗址出土的青铜器的种类已经比较全面，包括了容器、兵器、工具、乐器等等，但每个单独分类下的器形并不多。青铜容器从出土的器形与纹样上看，还具有比较明显的仿陶器特征，但晚期仿陶器特征减少，普遍胎质较薄，工艺较晚期相比尚还粗糙，器身素面或有简单的几何纹饰。

1. 青铜容器的装饰风格

二里头文化出土青铜容器大部分器表为素面，器形和纹饰上可以看出均受到了同时期或较早时期陶器的影响，整体较为质朴。二里头文化铜容器从二里头文化三期开始发现，在二里头遗址中，三期仅有铜爵出土，除一件外，其余皆由墓葬中发现，证明青铜容器自一开始，其中之一的功能应就是作为礼器所用。

二里头遗址出土的二里头文化三期铜容器出现了在整个二里头文化期都十分流行的镂孔，这种装饰手法在铜爵上尤为常见。学术界对铜器上的镂孔作用曾做出猜测，但还无法确定其为纯粹的装饰手法还是铸造或使用所需的实用工艺，抑或是两者皆有。

青铜爵与斝口沿上的双柱，可能是由陶爵、陶斝上的泥丁演变而来[39]，陶器上的泥丁是制作所必须，所以在陶器上是功能性和实用性的[40]，而到了青铜爵上，双柱一开始可能是过滤酒时固定滤网所用[41]，但有些学者认为铜爵对于双柱装饰性的需要逐渐取代了实用价值，而对于青铜斝而言，其柱应该一开始就是非实用性的装饰物[42]。

到二里头文化四期时，青铜容器器表上一些简单纹饰少量出现，如弦纹、乳钉纹、网格纹等，郑州商城所出土的二里头文化四期的铜容器上还出现了V纹等。弦纹是最早出现的青铜纹饰，后期的几何纹饰也多是由弦纹组合变化而来。二里头遗址在二里头文化二期的遗物中已经发现了带有凹弦纹的陶范（ⅣH29:1）[43]，证明二期已铸造带凸弦纹的青铜器，这点在二里头文化二期出土的铜铃上也得到证实（表一）。

表一　二里头文化出土青铜容器纹饰一览（二里头遗址、郑州商城）

期别＼纹饰	素面	镂孔	弦纹	乳钉纹	网格纹	鼓面纹	人字纹
三期	爵	爵					
四期	爵、斝	盉	爵、盉、鬲	爵、盉	鼎	斝	鬲

总体来讲，二里头文化青铜容器仿陶现象明显，除个别器物外，大部分铜容器在

铸造时还局限于陶容器的思路内，整体对实用意义的注重应大于其象征意义，且并未发展出青铜礼器的独特艺术特征。考古工作人员在二里头遗址出土的部分铜爵底部曾发现黑色烟炱，一些学者提出铜爵的烟炱证明其具有煮酒或温酒的功能[44]。郭宝钧曾猜测早期的青铜器铸造时，会用陶容器直接贴泥翻制成铜器外范[45]。这些无非都证明了早期青铜容器所具有的实用意义，而非纯粹为礼用器。当然，铜容器虽然脱胎于陶器，但由于材质和铸造工艺的不同，在其造型和纹饰上也都有着一定程度上的取舍，直到商代早期开始，青铜容器才逐渐摆脱陶器的影响自成体系，按照贴近青铜铸造的工艺特点和贵族阶层的礼用需求，对青铜器进行独立的设计与创作。

2. 各类铜容器的纹饰及其组织方式

二里头文化的青铜容器在装饰工艺上根据器类的不同有其各自的特点，二里头遗址和郑州商城所出土的铜容器在这一点上也有着明显的表现。对两个遗址所出土的二里头文化期的19件青铜容器进行归纳分类，共出现了爵[46]、鼎、盉、斝、鬲、盨[47]六种器类，其中铜鬲仅在郑州商城发现。铜鼎、鬲、斝等具有二里岗文化因素的器形出现在四期偏晚阶段，表明此时二里头遗址的性质发生了一定的变化[48]。这些器形及器身上纹饰的区别也应与墓主人身份的差异相关。

（1）爵

二里头遗址共出土铜爵13件，见于二里头文化三、四期。其中11件为墓葬中出土，是二里头文化青铜容器中数量最多的器类，这与其在墓葬礼器组合中的核心地位有关。二里头遗址的铜器墓中，只出一件铜器必定为爵，若是两件及以上铜器，其中必定有爵[49]。铜爵是目前为止二里头文化中发现的最早的青铜容器，在二里头遗址中铜爵也是三期唯一被发现的铜容器。

1）青铜爵的装饰风格

① 三期铜爵

青铜爵最早发现于二里头文化三期，目前发表的二里头遗址出土的6件三期铜爵器表均无花纹，其中2件为素面铜爵[50]，4件的鋬处有镂孔。这种镂孔除了装饰外，应是鋬部泥芯定位的工艺孔[51]。此外，镂孔还出现在铜爵假腹处，由于铜爵很大可能为煮酒或温酒器，这种假腹上的圆形镂孔除去装饰外，也作为烟道便于燃火时出烟。

此时期铜爵的装饰风格主要有两种，一种为素面，一种则在器身上饰有镂孔。

素面爵共2件。包括1973YLⅧT22③:6（图一，1）和1978YLⅤKM8:1（图一，2）。饰有镂孔的铜爵共4件，根据鋬部的镂孔形状可分为"H"形和"目"形两种。

2件铜爵的鋬部有"目"形镂孔。包括1975YLⅥKM3:4（图一，3）和1980YLⅢM2:1（图一，4），鋬面有三个长条形镂孔。

2件铜爵的鋬部有"H"形镂孔。1976YLⅢKM6:1，鋬面有两个长条形镂孔（图一，5）。1980YLⅢM2:2，平底下外围出现了假腹，假腹饰有等距圆镂孔四个，镂空

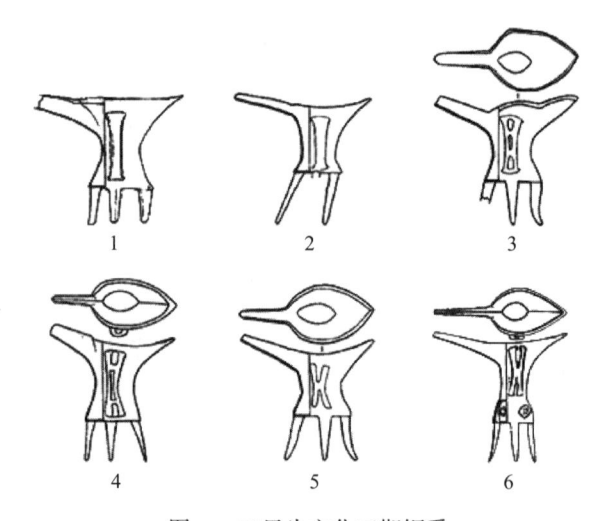

图一　二里头文化三期铜爵
1. 1973YLⅧT22③:6　2. 1978YLⅤKM8:1　3. 1975YLⅥKM3:4
4. 1980YLⅢM2:1　5. 1976YLⅢKM6:1　6. 1980YLⅢM2:2

四周隆起如兽眼。为三期其他铜爵所不见（图一，6）。

② 四期铜爵

二里头文化四期青铜爵依旧以素面为主，截至目前已发表的二里头遗址出土的7件四期铜爵中，其中一件在器表首次出现了除镂孔以外的纹饰。

此时期铜爵的装饰风格分为三种，一种为素面，一种则仅在鋬部饰有镂孔，一种在带有镂孔的基础上还饰有几何纹。

素面爵共3件。包括1974YLⅣ采:65（图二，1）、1983YLⅣM16:3（图二，2）、1984YLⅥM6:5（图二，3）。

饰有镂孔的铜爵共4件，其中包含几何纹铜爵1件。鋬部的镂孔根据形状和个数可分为两种，一种为"H"形镂孔，一种仅在鋬首有一个较小镂孔。

1件铜爵仅鋬部有"H"形镂孔。1984YLⅥM11:1，鋬面有三角形镂孔两个（图二，4）。

1件铜爵不仅鋬部有"H"形镂孔，还饰有几何纹。1975YLⅦKM7:1，腹部的无鋬一侧饰有两道凸弦纹，中间排列有五个乳钉（图二，5）。这是已发表的二里头遗址出土铜器中，唯一一件带有花纹的铜爵。此外，在1975YLⅦKM7:1之外有一件未正式发表的铜爵，腹部在无鋬的一侧饰有阳纹，纹饰的中部为连珠纹，上下两条弦纹内附乳钉纹，也是中国青铜器上最早的纹饰之一[52]。

2件铜爵仅鋬首有一个较小的镂孔。包括1984YLⅥM9:2（图二，6）和1987YLⅥM57:1（图二，7）。其中1987YLⅥM57:1鋬上有麻制品缠绕，为其他带鋬青铜容器出土时所不见。有学者通过分析上海博物馆一件同时期铜爵，发现该器物的鋬也有用纤维缠绕的痕迹，推测这种现象是由于铜爵鋬的内侧不太平整，手执时有锋利

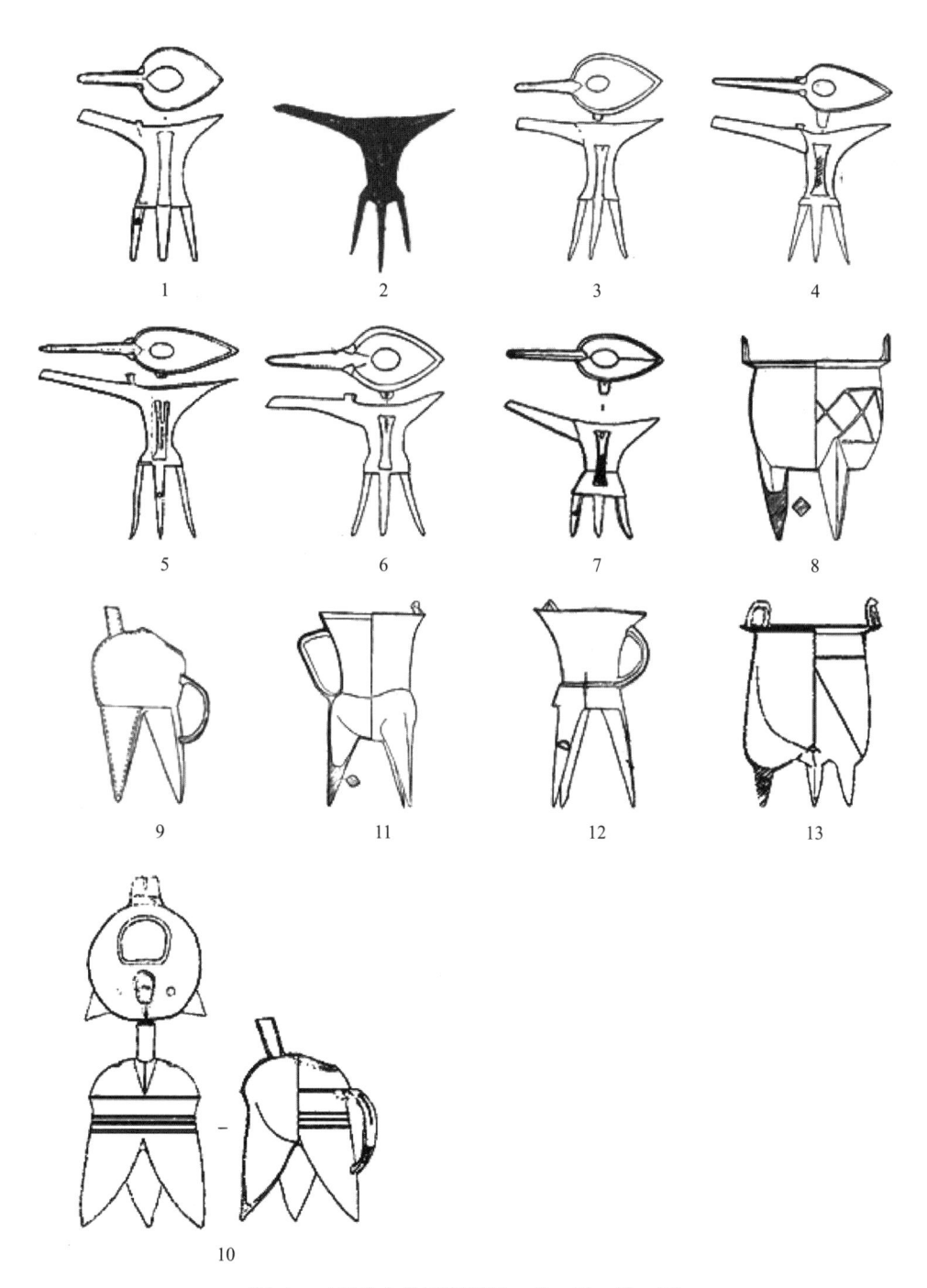

图二　二里头文化四期铜爵、鼎、盉、斝、鬲

1. 1974YL Ⅳ采：65　2. 1983YL Ⅳ M16：3　3. 1984YL Ⅵ M6：5　4. 1984YL Ⅵ M11：1　5. 1975YL Ⅶ KM7：1
6. 1984YL Ⅵ M9：2　7. 1987YL Ⅵ M57：1　8. 1987YL Ⅴ M1：1　9. 1986YL Ⅱ M1：1　10. C8T166M6：2
11. 1987YL Ⅴ M1：2　12. 1984YL Ⅵ M9：1　13. C8T166M6：1

（10、13为郑州商城出土）

感，而整个鋬部缠上纤维后，可以保持执用时手感舒适[53]。

2）青铜爵纹饰的组织方式

素面无纹饰是对二里头文化时期青铜爵整体最为直观的印象，但是镂孔在鋬部和假腹处的出现，也说明了二里头文化先民开始思考青铜容器中纹饰、器形与实用性的整体适应性，青铜器所展现出的艺术性也是之后青铜文明在中国社会礼制上占有重要地位的关键因素。

对于铜爵上的镂孔究竟是一种装饰手法，还是一种铸造工艺，通过测量二里头文化时期部分铜爵（1984YLⅥM6：5、1987YLⅥM57：1、一件无号）的壁厚，可以发现铜爵的壁厚在1~2毫米，每件铜器上的壁厚差小于0.8毫米，整体壁薄且均匀，且在未发表的铜爵上，并没有发现使用铜垫片和泥质芯撑的设置[54]。由此推测，泥芯撑的设置虽然对于定位及保持壁厚有着重要作用，但在铜爵上所造成的镂孔很大意义上也出于对装饰的需要。

铜爵鋬处的镂孔多为"H"形和"目"形，多数镂孔以鋬部宽和高的中线为对称轴，两侧基本对称，铜爵鋬一侧的对称轴向下延长为铜爵一足。这种镂孔与器物部位共同形成的对称性，是二里头文化铜爵中最基本的艺术形式。轴对称的布局能给人平衡、稳重、安定的感觉，直到周代，青铜器的主题纹饰和造型都基本上遵循这一原则[55]。

二里头遗址出土的四期部分铜爵与其他铜爵不同，仅在鋬首有一处小镂孔，这种装饰工艺不确定是刻意的还是巧合。上海博物馆一件同时期铜爵鋬首也有一不规则小孔，但X光片显示铜爵鋬上实则有四个规整的方孔（图版一一，1），但并没有在鋬的表面形成镂空，检测表明形成这个现象的原因是泥芯头与外范之间存在缝隙，而小孔恰好位于一个方孔的位置，可能是这个方孔的泥芯头与外范有所连接，形成了部分镂空[56]。所以并不好判断二里头遗址这两件铜爵的实际装饰工艺。上海博物馆的二里头文化期铜爵还有一个特点便是鋬部有纤维缠绕的痕迹，而1987YLⅥM57：1的鋬上也有麻制品缠绕，因此这种鋬部鋬首一个镂孔加上纤维缠绕的形式，也有可能是一种特殊的装饰组合。

不过这种鋬部的镂孔大多只出现于二里头文化的铜爵上，其他带鋬器形少见，到二里岗文化期，这种装饰形式基本消失。

二里头遗址出土的一件铜爵（1980YLⅢM2：2）造型与其他铜爵差异较大，在平底外围铸有假腹，假腹上有圆形镂孔。假腹与圆形镂孔同时出现，虽然也有作为烟道的作用，但并无必要性，很大可能是以装饰为主要目的。这种造型还出现在同时期或稍晚时期天津历史博物馆的一件铜爵[57]和上海博物馆的一件铜角[58]上。仅从目前已发表的二里头文化铜爵来看，假腹的存在与圆形镂孔之间具有完全的相关性，镂孔之间均为等距。

另外，简单的纹饰也在铜爵上可见，虽然二里头遗址仅出土一件，但根据一件二里头遗址未发表的无编号铜爵[59]和上海博物馆所藏青铜角[60]，可以看出几何纹饰在铜爵上的出现并不罕见。1975YLⅧKM7：1上的弦纹夹乳钉纹仅无鋬的一侧有饰，只有一组而并未连续环绕形成带状，无编号铜爵也是相同情况。铜爵的纹饰应是因设鋬所阻，但这种仅有一侧饰有纹饰，也可能演变成了二里头和二里岗文化铜爵或带鋬铜容器[61]上的一种装饰特征，通过纹饰加强重心，以增加稳定感，达到与有鋬一侧平衡的视觉效果。通过参考二里岗文化期的一些铜容器，可以将此算作一带双纹的现象[62]。

（2）鼎

二里头文化中仅发现铜鼎1件，这是青铜鼎的首次出土，为二里头文化青铜容器增加了新的器形，也是中国目前已发现的最早的铜鼎。从铜鼎仅有1件出土也可以看出此类青铜器在整个二里头文化礼器中并不占有较为核心的地位。

1）青铜鼎的装饰风格

二里头文化中迄今为止唯一的铜鼎发现于二里头遗址的四期墓葬中，此件铜鼎仅饰几何纹。

1987YLVM1：1，腹部饰有两道凸弦纹夹网状纹，纹饰独特，形成了带状网格纹（图二，8）。与此鼎装饰方法相近的是一件青铜钺（2000YLⅢC：1），器身近肩部饰一周凸起的带状网纹，花纹相比铜鼎更为紧凑。铜鼎虽饰有纹饰，但铸造工艺较为粗糙，因此推断出土墓葬的墓主人身份地位并不高[63]。

2）青铜鼎纹饰的组织方式

青铜鼎上所饰网纹虽在二里头文化铜容器中独一无二，但在同时期的部分玉器和铜器上均有出现，在陶器中，网纹更是一种非常普遍的装饰纹样。此鼎纹样将方格以二方连续的形式展开，绕器物腹中部一周，上下配以弦纹形成带状网纹。但铜鼎上的纹饰不甚规整，与铜鼎整体庄重沉稳的造型并不很相称，这与其工艺粗糙有关。像圆鼎之类大口、深腹的器形，分布面积较大的、主纹饰作较宽带状的，一般都施于中腹，这些做法显然是为了增加器物的稳定感[64]。

（3）盉

铜盉在二里头遗址和郑州商城中各发现1件，不同于三、四期铜器墓中以爵和陶盉为核心的礼器组合形式，郑州商城出土的铜盉并未伴随铜爵出土[65]，说明铜盉一开始就没有取代陶盉成为墓葬中礼器组合的主流的趋势。

1）青铜盉的装饰风格

二里头文化已发表的两件铜盉分别出土于二里头遗址和郑州商城的墓葬中，目前仅为四期所见。

此时期铜盉的装饰风格主要有两种，一种饰有镂孔，一种在镂孔基础上加饰几何纹。

1986YLⅡM1：1，通身无花纹，鋬部细小，上有两个长三角形镂孔，呈"H"形（图二，9）。铜盉是除铜爵外，唯一一种饰有镂孔的青铜容器。

C8T166M6：2，郑州商城出土。鋬部有一长条形镂孔，顶部流两侧饰有两个对称的乳钉，流根部下侧为三角形装饰，腹部饰三周弦纹。此件带有较为明显的二里头文化特征（图二，10）。

2）青铜盉纹饰的组织方式

二里头遗址出土的铜盉整体素面，鋬部的镂孔应是受到了铜爵的影响。郑州商城出土的铜盉C8T166M6：2上所饰纹样较多，鋬上的镂孔保持了二里头文化的特征，腹部即器物最细部位饰有三周弦纹的装饰风格也和二里头文化铜爵如出一辙。铜盉顶部的乳钉不仅与管状流对称，对于整个器物而言也是对称的。二里岗文化两件铜盉（C8：豫0021、C8采：郑博0059）在流根部两侧也饰有圆钉，与流部组成兽面，因此C8T166M6：2流部的乳钉应也是兽面的一种形式，并在商代晚期形成完整的兽面。而流根部下侧的三角形装饰，通过对比线图和二里岗文化期铜盉（C8：豫0021；图三），发现可能并非装饰，而是铸造所留痕迹。

图三　二里岗文化期铜盉（C8：豫0021）

（4）斝

二里头文化期的铜斝在二里头遗址中发现2件，数量虽少，却从二里头四期开始在墓葬礼器组合中占有重要地位，成为之后铜斝在二里岗文化时期墓葬中占据核心地位的滥觞。

1）青铜斝的装饰风格

二里头遗址所发现的青铜斝皆由四期墓葬中出土。

此时期铜盉的装饰风格主要有两种，一种为素面，另一种饰有简单几何纹。

1987YLⅤM1：2，与二里头遗址出土的其他两件铜斝器形具有明显差异，且通体素面（图二，11）。

1984YLⅥM9：1，整体无花纹，但腹部有三个不甚突出的圆饼饰（鼓面纹）（图二，12）。这种纹饰在后期的铜斝上较为常见。

2）青铜斝纹饰的组织方式

二里头遗址出土的铜斝1984YLⅥM9：1虽腹部有纹饰，但不甚突出，圆饼纹在斝腹部呈连续的散点式分布。这种圆饼饰与铜斝关系甚密，在二里岗文化期的斝腹部经常出现，可能为这种装饰形式的滥觞[66]，且逐渐演变为涡纹等等。

（5）鬲

青铜鬲在二里头文化时期已经出现，但仅有1件，在二里头遗址中并无出土，唯一一件被发现于郑州商城的墓葬中。

1）青铜鬲的装饰风格

铜鬲出土于郑州商城最早的一座墓葬中，带有几何纹。

C8T166M6：1，腹上部饰一周弦纹，袋足部饰"V"形纹（人字纹）（图二，13）。袋足上的纹饰到二里岗文化时期继续沿用。

2）青铜鬲纹饰的组织方式

郑州商城墓葬 C8T166M6 出土了二里头文化期的两件青铜容器，其中铜鬲不仅是二里头文化中唯一所见铜鬲，其纹饰还与郑州商城二里岗文化期出土铜鬲一脉相承。这种纹饰在铜鬲上的出现与传承表明其是袋足上的基础性纹饰，"V"形纹和人字纹都与袋状足呈现出密切的相关性。从器物本身来看，这种折线式的连续与袋足向下扩张的形制达成了一种微妙的平衡，与鬲足裆部的线条走势也十分契合。

C8T166M6 是一座中型贵族墓，其葬式特殊，陪葬品较多，证明墓主人身份地位较高，陪葬铜器的铸造工艺也较好，铜鬲以及此墓葬出土的铜斝，和器身上比较精美的纹饰应该与社会地位息息相关。另外，二里头遗址中虽然到目前为止还没有出土铜鬲，但发现了一件带有凹双人字纹的陶范（ⅣT1扩方③：6），相信铜鬲的出现并不是个例。

（二）二里头文化青铜纹饰所见铸造技术

二里头文化青铜器上纹饰的体现与器物的合金成分、装饰工艺和铸造工艺有关，每一个环节都对纹饰的塑造至关重要。对于合金成分来说，二里头遗址出土的铜器的合金成分较为复杂，铜、锡、铅、砷组成了这一时期青铜器的主要成分。与前期相比，二里头文化期铜器的冶金技术正由输入性技术向本土适应性技术迈进，逐渐形成较为合理的合金配比，从而为青铜铸造的成熟奠定了基础。制范与分范是青铜容器铸造的基础，对器表纹饰的展现形式有着直接影响。虽然二里头文化的青铜器在一定程度上还较为原始，但在工艺上已经形成了以中原地区为中心的独特的铸造方式。

1. 合金成分

二里头文化铜器的发展规律在合金成分上得以体现，有学者对二里头遗址13件铜器做了分析检测，标本的实验结果分为三种：红铜、锡青铜与铅锡青铜，从二里头文化二期到四期，基本上是从红铜过渡到青铜，再到铜－锡－铅的三元青铜成为主流[67]。红铜在检测器物中每一时期的占比逐渐降低，而锡青铜和三元青铜的占比则反之，可以看出随着时间的推移，二里头文化先民已经认识到合金对于金属铸造性能的影响。二里头文化晚期的灰坑中曾经出土一件铅块（ⅣH76：48）[68]，加上在对二里头遗址出土的铜渣进行分析后[69]，发现铜渣中有纯铜、青铜颗粒，存在二氧化锡骸晶，并有部分高铅相，可以证明当时锡和铅被有意识地在铸造铜器时进行利用。

截至目前，已经发表的经过检验分析的二里头文化青铜容器共有10件。从中可以看出，二里头三期时铜容器中就已经有铅的加入，而到了二里头文化四期，检测的所有铜容器中均含有铅元素，且锡在合金中的占比较三期时明显增高（表二）。纵观整个二里头文化期的青铜容器，多数为含锡、铅量中等或偏低的三元青铜，这应该是青铜容器较合理的配方，而高铅合金的存在，不排除是出于增加铸件精细程度以及节约锡料的目的[70]，或是与采样有关。

表二　二里头文化部分青铜容器成分表

名称	器物号	时代	材质	铜（Cu）	锡（Sn）	铅（Pb）
爵	1973YLⅧT22③:6	三期	锡青铜	92%	7%	—
爵（足）	83YLⅣT1B［⑥］:9	三期	锡青铜	96.09%	1.93%	—
爵	—	三期	铅锡青铜	78.8%	2.24%	3.9%
爵（足）	—	三期	锡青铜	92%	2.18%	0.295%
盉	1986YLⅡM1:1	四期	铅锡青铜	62.8%	13.9%	22.3%
盉（残片）	85YLⅢM1:1	四期	铅锡青铜	86.56%	7.7%	4.01%
盉	—	四期	铅锡青铜	77.2%	6.62%	8.68%
斝	1984YLⅥM9:1	四期	铅锡青铜	90%	5%	4.6%
斝	1987YLⅤM1:2	四期	铅锡青铜	64%	6.6%	26.7%
爵	1974YLⅣ采:65	四期	铅锡青铜	91.89%	2.62%	2.34%

（朱凤瀚：《中国青铜器综论》，上海古籍出版社，2009年；赵春燕、杜金鹏、许宏等：《河南偃师二里头出土部分铜器的化学组成分析》，《文物保护与科技考古》，三秦出版社，2006年）

锡和铅的加入解决了纯铜在铸造时熔点高、流动性差、充型能力低、沙眼多、冷却收缩易开裂的缺点。在熔铜时加入锡可以大幅度降低铜的熔点，改善充型能力，减少气孔生成，并使铸件在冷却时不易开裂，这点对于铜容器尤为重要，避免了容器浇铸出来后纹饰和轮廓不清晰，器形不完整。而铅在熔铜时的加入，使熔铜液的流动性和充型性能得以大幅提高，对于礼器上纹饰精细度的塑造起着决定性作用。因此，合金运用上造成的铸造性能上的提升，是二里头文化青铜容器器形更加规整、纹饰逐渐细腻复杂化的重要因素。

对于合金的机械性能来说，在本质上是由金相组织决定的。虽然二里头遗址出土的铜容器还没有进行过金相组织的分析，但通过对遗址其他铜器样品的金相组织的观察，可以看到大部分铜器为α+（α+δ）组织或α+（α+δ）+Pb[71]，证明含锡青铜在此时期占据主要地位。α+（α+δ）组织相较于单一的α相组织来说，在金属上的表现就是强度和硬度的提升，这种提升对于青铜器上纹饰的清晰度是比较重要的。而铅的加入却会使青铜合金的强度降低，主要目的可能还是让游离态的铅粒以单独相的存在分布于枝晶间，以减少枝晶间显微缩孔的体积，提高铸件的致密度，改善合金的耐磨性和切削加工性能。但不可否认，铅的加入对于提高铸件尤其是纹饰上的精细度有着不可替代的作用，但这也证明在早期青铜器铸造时，并未平衡好铸造性能与机械性能之间的关系，更多地还是考虑铸造性能对于青铜器的影响。一些二里头文化铜器在制作时进行了退火处理，但多应用于兵器的尾部，以改善韧性。因青铜礼容器对于机械性能的要求较低，便不多加论述。

青铜器中的合金成分对于青铜器的整体色泽也有影响，二里头遗址出土的铜容器大多是锡含量在10%以下的锡青铜和铅锡青铜。锡青铜基本基体呈金黄色，但表面很快氧化成古铜色。铅锡青铜为浅黄铜色，一般颜色根据锡和铅量占比的减小而变深。至于铜牌饰与铜圆形器是否也遵循着这一规律，或者为了搭配绿松石是否会在金属颜色上通过配比来加以改变，待铜牌饰和铜圆形器日后进行合金分析后应该能得到答案。

2. 铸造工艺

（1）爵

二里头文化铜爵皆为块范法浑铸，但对于器身铸型的分型方式历来争议很大，主要分为两种，一种认为铜爵上下分段造型，腹部采用2块外范，足部使用3块外范，最后接范合铸[72]。另一种则认为，以铜爵流-尾为中轴设2侧范，上及口沿，下过三足，上下与腹芯和底范配合而成[73]。这两种说法都有一定的合理性。对二里头遗址出土的一件青铜爵（1984YLⅥM11：1）进行X光片拍摄后[74]，可以看到流部清晰的对分范线（图版一一，2），证明此时期的铜爵上半部的确是对分的范型。但是在与底平面相接处的爵腹壁上却见到了合范留下的痕迹，证明其外范为上下分段制作，但足部的分范情况却未可知[75]。在对二里头遗址出土的6件铜爵做出同样的考察后，却发现它们的分型方式为第二种，即以铜爵流-尾为中轴，两侧各设范，上及口沿，下过三足[76]。这证明争议中的两种铸型在二里头文化铜爵中皆有出现，但以第二种为主。玫茵堂收藏的两件二里头文化时期铜爵上则留有两种分型方式的直接证据，且两件铜器分属于二里头文化三期和四期，因此铸型的差异可能与时代的早晚有关[77]。

这一期铜爵中最主要的装饰方式为鋬部设镂孔，对于铜爵鋬的铸造方式，学术界说法不一。二里头文化铜爵鋬（图四）有如下特征：鋬部中间内凹，两侧有披缝；鋬面有"H"形或"目"形镂孔，内侧略大；鋬上与鋬下腹部均不见范痕。因此可以首先排除鋬部的铸造是下活块芯，或是两侧范自带泥芯成形这两种会在鋬下腹壁造成铸缝的方式[78]。而铜爵外范嵌入活块芯，用泥芯撑将鋬芯定位，再利用泥浆将活块芯与外范黏合的方式与二里头文化铜爵鋬部的特征相符[79]。泥浆未填满的地方会产生披缝，泥芯撑会形成镂空，且不会在鋬部和鋬下腹部产生铸缝。另外有学者提出了二里头文

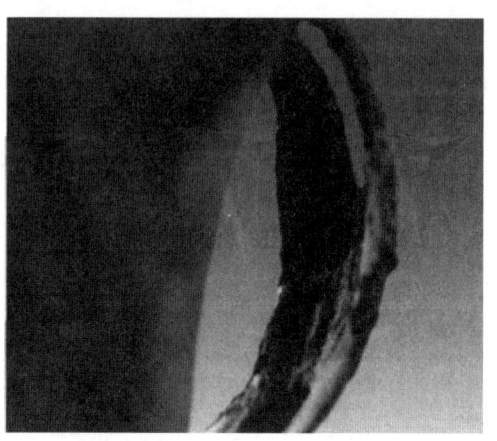

图四　1980YLⅢM2：2 鋬部
（廉海萍、谭德睿、郑光：《二里头遗址铸铜技术研究》,《考古学报》2011 年 4 期）

化时期铜爵鋬下腹壁之所以没有铸缝痕迹,是因为爵鋬一侧外范可能是由内外两个范组成的,即鋬的内范为爵腹外范,在爵鋬外另设单独外范,两范间放置泥芯撑[80]。此种方式虽也能够使爵鋬下侧腹壁没有铸缝,但也没有设置泥芯撑的必要,且镂孔内侧较大应是鋬芯自带泥芯撑,而非使用了独立的泥丁。从此时期的一些铜爵鋬部因内侧不平整需要缠绕麻绳来看,铸造水平还不算太成熟,因此铜爵鋬部的铸造方式应为前一种。镂孔同时也出现在二里头文化三期中一件铜爵（1980YLⅢM2：2）的假腹上,这个镂孔应与鋬部镂孔一样是泥芯撑所致。假腹处饰有的四个圆形镂孔,应是在足底范上设置泥芯头,浇铸后形成。

二里头文化四期一件铜爵（1975YLⅦKM7：1）,腹部的无鋬一侧饰有两道凸弦纹夹五个乳钉,仅为半周。纹饰与素面的交界处为铜爵腹部范线所在,因此纹饰在两侧的设置与否,应与分范有关。有鋬的一侧不饰纹饰,这应是因为活块芯的设置不利于纹饰的刻画。而同期的一件上海博物馆藏铜角,腹部弦纹和乳钉纹均绕器物一周,并未因为设鋬而中断,且鋬处也没有镂孔。这可能是因为铜角在铸造时利用了上文所提的在爵鋬处设内外两范的方式（图五）,并且此种铸造工艺铸鋬一直延续到了西周时期。

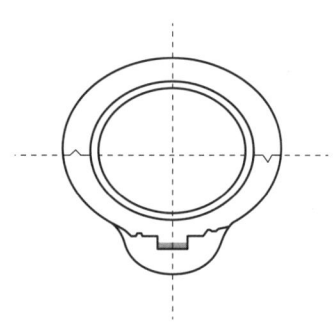

图五　铜角铸型组合方式示意图
（楚小龙：《二里头文化至西周文化时期青铜爵铸型分范技术的演进》,《华夏考古》2017 年 1 期）

1975YLⅦKM7：1 器表上的纹饰均为阳纹,结合二里头遗址出土的几个带有纹饰的范（图版一一,3～5）,范上花纹皆为凹入的细线条,可以看出,此时期的纹饰在制范时便先刻画在范上,然后铸造出来。这种铸造的纹饰具有很强的地域性特征,无论是技术过程还是理念,都迥异于两河流域和古埃及地区所代表的青铜器成型后再在器表上直接施加纹饰的技术传统[81]。

有学者通过观察陕西历史博物馆藏一件二里头文化四期铜角，发现长管流根部有明显的分铸痕迹，且叠压在器表，说明流为后铸，证明二里头文化时期已经出现了分铸工艺[82]。但此种情况为其他铜器所不见，二里头文化期的管状流也都为浑铸，因此猜测此件铜角流根的铸痕更可能为补铸所留痕迹。

（2）其他三足器

二里头遗址出土1件铜鼎（1987YLⅤM1∶1），腹部饰有一周网格纹（图六，1），与铜爵一样为块范法浑铸而成。铜鼎腹部两道范线明显，沿延双耳中间对分，带状纹饰被范线割裂，且范线周围纹饰混乱或不见。范线向下不接三足，腹底不见范线，足部上端与腹部相接，连接处不见分范痕迹，其中一足稍微隔断纹饰，但周围纹饰依旧清晰。说明铜鼎应以垂直于双耳连接线为中轴两侧设范，下过足底，加上足底范与包括足芯的腹芯铸造而成。有学者分析此件铜鼎，认为还有一条范线自腹部延伸至足部，但仅足部棱线明显，范线间的角度呈180°、90°、90°，猜测此鼎属于特殊的三范结构[83]。仔细观察，此处纹饰确实模糊，并且上下弦纹在此中断，但中间网格交叉线却十分清晰且并未断开（图六，2）。参考此鼎的其他部分，范线分割处大范围内纹饰混乱且基本消失不见，因此猜测此处并非分范所致。此外，此鼎通身粗糙，铸造工艺远不如同期其他铜器，因此应还是采用对开分型。二里头遗址出土的这件铜鼎纹饰为阳纹，而且并不规整，线条之间有时排列间隙相差极多，因此不应是使用了模印工艺，而是在外范上较为随意刻画而成。

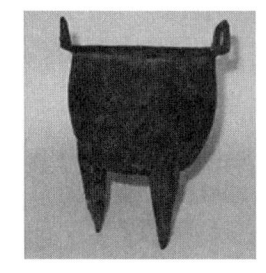

图六　铜鼎（1987YLⅤM1∶1）及腹部网格纹
1. 网格纹　2. 铜鼎细部
（宫本一夫：《二里头遗址二里头文化至二里岗文化过渡期的青铜器生产》，《南方文物》2019年2期）

铜盉图像资料不全，二里头遗址出土的铜盉（1986YLⅡM1∶1），经过修复，范线并不清楚，所以无法判断其铸型，銎面有"H"形镂孔，判断其铸造方式应与铜爵相似，为泥芯撑所致。郑州商城出土的这件铜盉（C8T166M6：2）较前者更为精致，通过其线图与同样出土于郑州商城的二里岗文化早期铜盉相比对，猜测盉顶与盉顶以下为分段制范。原简报中称铜盉流部下饰三角纹，但通过比较线图与二里岗文化晚期早段的铜盉（C8：豫0021）后，判断此纹饰应是铸痕。猜测这种三角形的铸造痕迹应是因铜盉的管状流设活块范，并置入盉顶的外范中，后经过浇铸所导致。

铜斝以二里头文化四期的1987ⅤM1：2为代表，器身无分铸痕迹，范线明显，范线自腹部延伸至足部，交汇于器底中央形成"Y"形，是典型的外范三范的铸造方法（图七）。但1984YLⅥM9：1则比较特殊，是一件平底斝，但其腹部饰有三个不甚凸出的圆饼饰，其中两个圆饼饰以鋬部延长线为中轴对称，相距较近，之间也并未见范线。因此猜测此件平底斝可能借用了此时期平底爵的分范方式，即对开分型，一侧范刻画一个圆形纹，另一侧则刻画两个。

二里头文化唯一一件铜鬲（C8T166M6：1）出土于郑州商城，铜鬲范线清晰，出现于每个袋足中部，将"V"形纹最底端割断，并沿腹壁向上至口沿处，范线在底部对应位置也有见，因此铜鬲应分为三范，过足底，与包括足芯的腹芯相配铸造而成。铜鬲上腹部的弦纹在一范线处相错，可能为合范时错位所致，证明此时合范的定位方法并不成熟。袋足部的纹饰若按分范看为人字纹，仅看袋足为"V"形纹，十分清晰，二里头遗址中曾出土一件带有凹双人字纹的陶范（ⅣT1扩方③：6），证明这种纹饰是直接刻画在陶范上铸造而成。

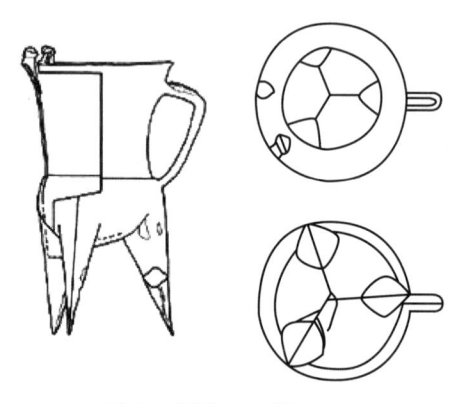

图七 铜斝 1987ⅤM1：2
（宫本一夫：《二里头遗址二里头文化至二里岗文化过渡期的青铜器生产》，《南方文物》2019年2期）

三、二里岗文化的青铜纹饰与铸造技术

（一）二里岗文化青铜纹饰的特征

二里岗文化青铜器的发现以郑州商城为中心分布，普遍体现着商代早期铜器的特点。二里岗文化早期未发现新的铜容器器形，而到了二里岗文化晚期，除去二里头文化期已有的器形，又新出现了罍、尊、盘、卣、盉、簋六种器形。青铜容器从出土的器形与纹样上看，早期还具有一些二里头文化特征，器身有较为简单的纹饰。到晚期时，青铜容器已趋于成熟，器壁增厚，形制规整，纹饰繁缛。

1. 青铜容器的装饰风格

以郑州商城为代表的二里岗文化在青铜冶铸业上发展迅速，但在二里岗文化早期，青铜容器的发现却不多。尤其是郑州商城，对于明确归纳为早期早段铜容器的发现目前还是空白，仅在郑州西侧的西史村和新郑望京楼发现一些此时期的铜爵，其形制与纹饰与二里头文化四期相近。对于此种空白的出现有两种考虑，一是仅仅未发现，二则是由于二里岗早期早段与二里头文化四期可能存在共时关系[84]，若后者成立，那么铜容器从二里头文化到二里岗文化的发展序列实则是完整的，这一点还有待验证。

到早期晚段，青铜容器的发现逐渐增多，这也与郑州商城的兴起有关，但铜器上的纹饰还是较为简单，以几何纹为主，弦纹依旧占据着主流，乳钉纹和其与流部组合形成的兽面也依旧没有摆脱二里头文化因素的框架。

二里岗文化晚期早段是青铜容器真正开始兴盛的时期，并且以郑州为中心辐射到了周边及较远地区。最能体现二里岗文化铜器特点的窖藏青铜器也从郑州商城内发现，大大丰富了晚期[85]青铜器的数量，纹饰精美，极具特色。弦纹、乳钉纹、三角纹等几何纹饰依然存在，连珠纹、云雷纹、涡纹盛行，但多数用作辅助纹饰。镂孔成为铜觚、罍、盘、尊等器形上圈足的固定装饰手法，并多为"十"字形镂孔。铜爵、斝的柱帽开始出现装饰，涡纹是柱帽上最常见的纹饰。此外，还出现了突出于器表的浮雕式兽首，多以牛羊为主体，装饰在器物肩部，这种装饰手法到商代晚期最为流行。

饕餮纹在此时期异军突起，经常作为主纹饰在铜容器上出现，并有宽线条和细线条两种表现方式，多为单层，不设地纹，呈带状装饰。用一个动物从两旁看的"侧面"各作一个图像，再把这两幅侧面的图像对称地排在一个平面上，这是商代一个常见的安排，他们经常把两个侧面的全身动物或头部，或面孔左右排齐，放在一个平面或弧面上[86]。饕餮纹作为商代青铜文明的代表性纹饰，是商人在文化传统基础上赋予青铜器的艺术表现形式，盛行至西周早期。

二里岗文化晚期晚段与晚期早段相比，对于铜容器的装饰风格变化并不大，整体的纹饰分布密度变大，纹饰在表现上更为繁复。另外，出现了以一个纹饰排列组合组成另一个纹饰的情况，如夔纹组成饕餮纹。

二里岗文化出土的铜器中目前还没有发现设有铭文，但传世品中却发现了几件饰有铭文的青铜器，所以在二里岗文化遗址中还应有带铭文的青铜容器等待发现。

总体而言，二里岗文化时期的青铜器已经基本摆脱了陶器的影响，铸铜工艺进步快速，纹饰由简单向复杂转变，铜容器的礼用意义增强。到二里岗文化晚期，青铜器的形制和纹饰为商代晚期的青铜器装饰风格奠定了基础。

2. 各类铜容器的纹饰及其组织方式

由于出土青铜容器数量的增多，纹饰在每一类器形上的装饰方式的特点也就愈加明显。对郑州商城和二里头遗址截至目前所发表的二里岗文化期的133件青铜容器进行归纳分类，共出现了爵、鼎、盉、斝、鬲、觚、罍、盘、尊、盂、卣、簋等12种器类，其中盂、卣、簋仅在窖藏坑中发现。墓葬中出土的铜容器所属墓主人级别均不高，与窖藏坑出土铜器的精美程度有一定差异（表三）。

（1）爵

郑州商城共出土二里岗文化期铜爵40件，其中2件为南顺街窖藏坑出土，是二里岗文化青铜容器中数量最多的器类，这与其在墓葬礼器组合中依旧占据着核心地位有关，这种现象直到二里岗晚期早段稍晚才被铜鼎逐渐替代。

1）青铜爵的装饰风格

① 早期晚段铜爵

郑州商城所出土的6件二里岗文化早期晚段铜爵形制和纹样都基本相同，均用弦纹加以装饰。但装饰部位有所不同，一种仅饰腰部，一种仅饰颈部。

3件铜爵在腰部饰有弦纹数周。C8M32：2，腰部饰三道弦纹（图八，1）。C8M7：1，未见图像，但知其腰部饰有弦纹。C8M7：3，腰部饰两周弦纹夹一周乳钉纹（图八，2）。

3件铜爵在颈部饰有弦纹数周。C8M7：2，颈部饰两周弦纹（图八，3）。C8YJM1：1，颈部饰三周弦纹。C8采：豫文104，颈部饰两周弦纹（图八，4）。

② 晚期早段铜爵

二里岗文化晚期早段出土铜爵较多，共29件，均在墓葬中出土，其中6件未发表器物号和图像。

铜爵装饰的主纹饰分为两种，一种以弦纹为主纹饰，一种以饕餮纹为主纹饰，其中饕餮纹还分为细线和宽线两种不同装饰风格。

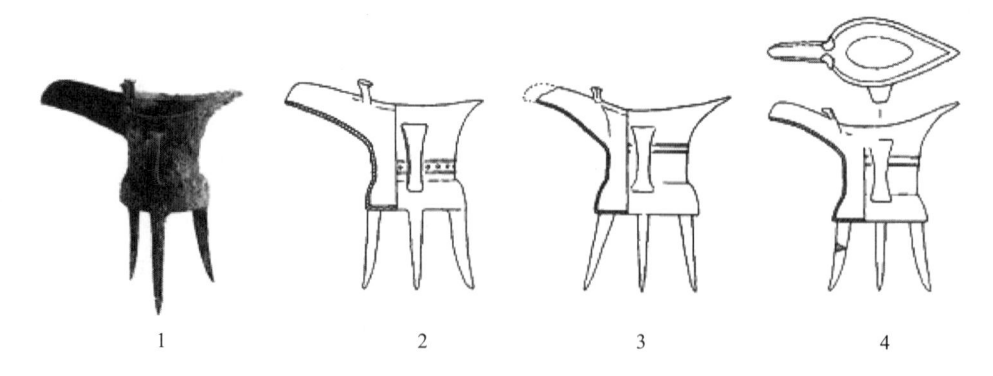

图八 二里岗文化早期晚段铜爵
1. C8M32：2 2. C8M7：3 3. C8M7：2 4. C8采：豫文104

表三 二里岗文化青铜容器纹饰一览（郑州商城、二里头遗址）

纹饰\期段	素面	弦纹	乳钉纹	人字纹"X"形纹	连珠纹	涡纹	鼓面纹	云雷纹	其他云纹	方格纹三角纹	组合兽面	饕餮纹	夔纹	目纹	龟形图案	兽首	镂孔
早期早段																	
早期晚段		爵、斝	爵														
晚期早段	盘	爵、斝、鼎、盉、斝、觚、尊、盘、罍	鼎、斝	斝、盉	爵、鼎、斝、盉、觚、尊	爵、斝	斝	斝、罍	鼎、觚、罍	爵、鼎	盉	爵、鼎、斝、觚、罍、尊	鼎、盉、觚、罍、尊、盘	爵	罍	尊	觚、尊、盘
晚期晚段		爵、觚、尊、盉	鼎		爵、尊、盉	斝、盉		爵、觚、盉	鼎	鼎、盉	盉	爵、鼎、斝、盉、尊	爵、觚、罍、尊、盉	罍		罍、盉	觚、盉、尊

仅饰弦纹的铜爵有 7 件。MGM2：22、C7M25：1、MGM2：14、C11M125：1、87M1：1，腰部均饰三周弦纹（图九，1~5）。BQM2：2，腰部饰两周弦纹夹一周三角纹组成的带状纹饰（图九，6）。BQM4：1，腹部饰两周凸弦纹（图九，7）。

以饕餮纹为主纹饰的铜爵共 16 件。按照具体装饰手法分为四种，除去线条宽细不同外，还有一种在单柱上还加饰涡纹，余一种则为一带双纹。

4 件铜爵饰有细线饕餮纹或变形饕餮纹。C11M125：4，仅腰部饰饕餮纹（图九，8）。C2：豫 0018，腰部饰变形饕餮纹（图九，9）。C8：豫 1439，颈部饰一周连珠纹，腹部饰一周饕餮纹（图九，10）。白家庄 C8 墓葬出土一件无号铜爵，腰部饰一周由连珠纹和饕餮纹组成的图案带条（图九，11）。

8 件铜爵饰宽线饕餮纹。BQM1：12、C8M2：8、C7M46：1、C11M148：10、T17M2：2、MGM2：21，腰部均饰一周宽线饕餮纹（图九，12~17）。C8M3：1，颈部与腹部分别饰一周饕餮纹带条（图九，18）。C2：豫 1444，颈部饰一周饕餮纹带条，腹部饰一周上下连珠纹夹饕餮纹带条（图九，19）。

2 件铜爵的单柱上饰涡纹。C2：豫 1167，流口二柱上部合二为一柱帽饰涡纹，颈部饰由一周连珠纹和一周饕餮纹组成的图案带条（图九，20）。C1：郑博 0223，流口二柱上部合二为一，柱帽饰涡纹，腰部饰饕餮纹（图九，21）。

2 件铜爵的腰部饰一带双纹。C8：郑博 0049，腰部有鋬的一侧饰网格纹，另一侧饰饕餮纹（图九，22）。C2：豫 1187，腰部有鋬的一侧饰双目纹，另一侧饰饕餮纹（图九，23）。这种一带双纹的现象在同时期盘龙城的铜容器上也有发现[87]，同时郑州周边的一些遗址也有出土类似铜器。

③ 晚期晚段铜爵

郑州商城二里岗文化晚期晚段铜爵共 5 件，其中 2 件于窖藏坑中发现。此时期的铜爵大多依旧以饕餮纹作为主纹饰。

此时期铜爵的纹饰分为两种，一种以饕餮纹为主纹饰，一种则以夔纹为主纹饰，但数量较少。

4 件铜爵饰饕餮纹。MGM4：1，与鋬相应一侧的腰部饰半周云雷纹图案条带，腹部饰一周两组饕餮纹图案条带（图一〇，1）。T61M1：3，腹部饰一周饕餮纹（图一〇，2）。96ZSNH1 上：7，南顺街窖藏坑出土。腹部饰一组饕餮纹，上下为两道连珠纹和凸弦纹（图一〇，3）。96ZSNH1 上：8，南顺街窖藏坑出土。腹部饰一周饕餮纹，上下为两周连珠纹（图一〇，4）。

1 件铜爵饰夔纹。C1M1：2，腹部饰一周单线夔纹，夔纹上部饰一周连珠纹（图一〇，5）。这也是郑州商城中出土的唯一一件夔纹铜爵。

2）青铜爵纹饰的组织方式

铜爵是二里岗文化中纹饰变化最为明显的青铜器之一，铜爵在郑州商城内较其他铜容器也发现得更早。早期的青铜器几乎仅以弦纹装饰，晚期早段几何纹铜爵也如此，

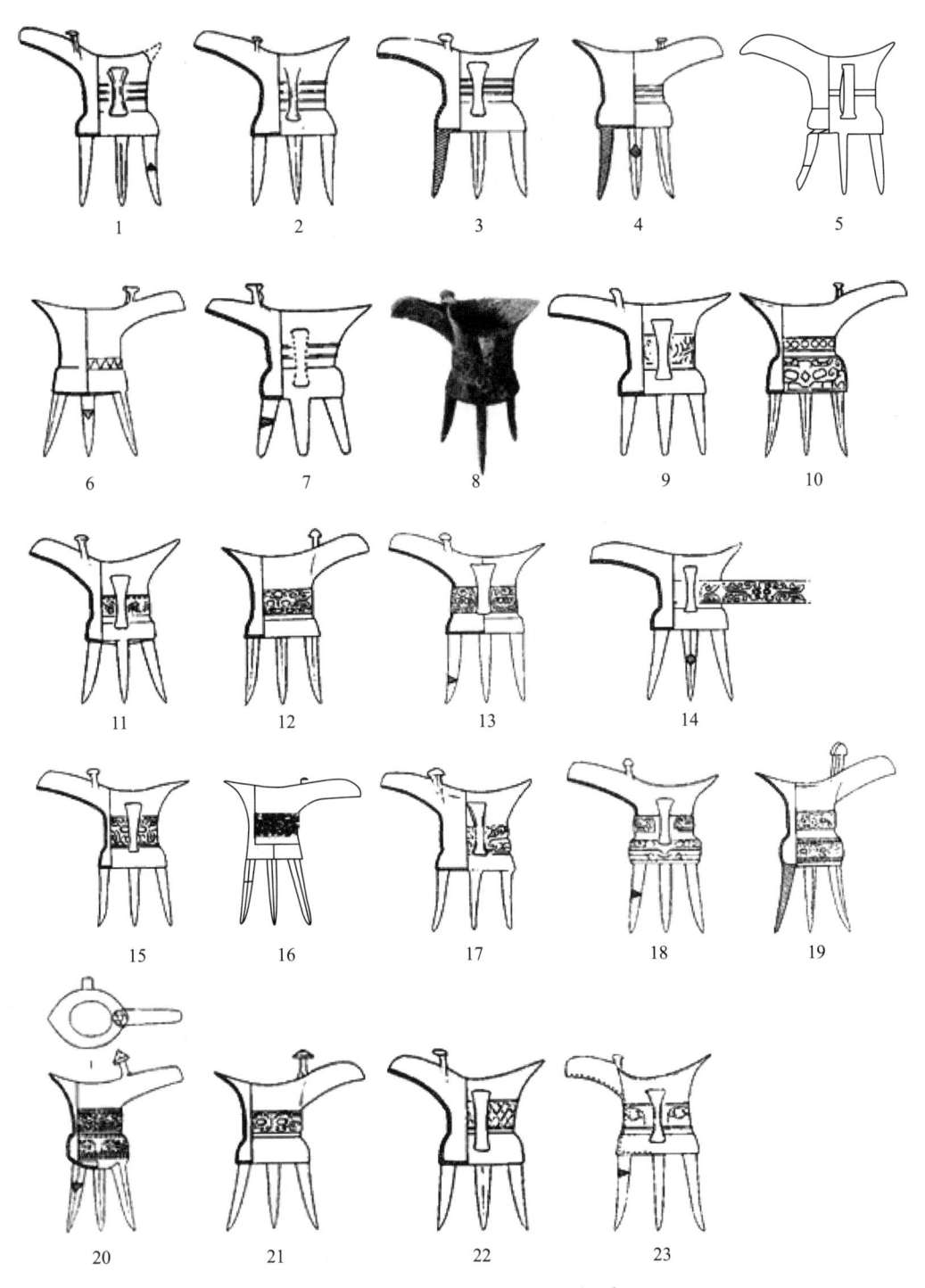

图九 二里岗文化晚期早段铜爵

1. MGM2∶22 2. C7M25∶1 3. MGM2∶14 4. C11M125∶1 5. 87M1∶1 6. BQM2∶2 7. BQM4∶1
8. C11M125∶4 9. C2∶豫0018 10. C8∶豫1439 11. 白家庄C8墓葬出土 12. BQM1∶12 13. C8M2∶8
14. C7M46∶1 15. C11M148∶10 16. T17M2∶2 17. MGM2∶21 18. C8M3∶1 19. C2∶豫1444
20. C2∶豫1167 21. C1∶郑博0223 22. C8∶郑博0049 23. C2∶豫1187

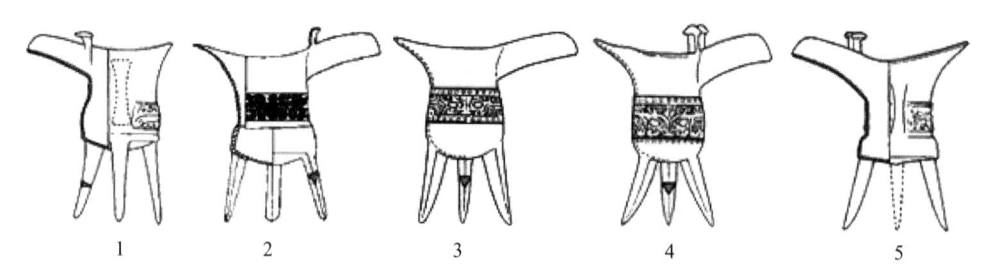

图一○ 二里岗文化晚期晚段铜爵
1. MGM4：1　2. T61M1：3　3. 96ZSNH1上：7　4. 96ZSNH1上：8　5. C1M1：2

偶尔配以乳钉纹、三角纹，加在铜爵的颈部或腰部，并绕器数周。这种连续纹饰虽简单，但经常饰于器物凹进的部位，协调了器物视觉重心上的不平衡。

饕餮纹流行后，铜爵开始盛行在腰部和腹部饰饕餮纹带条，有时上下界以连珠纹作为辅助纹饰。这种饕餮纹加连珠纹经过二方连续形成的带状纹饰，也成了一种组合纹饰经常在圜底器物中作为主纹饰出现。一般腰部和腹部同时饰有图案带条的，腹部会较腰部的带状纹样更宽，这样显然是为了增加器物的稳定性。

二里岗文化晚期早段的一些铜爵中，柱帽上会饰以涡纹，这些铜爵的双柱有共同的特点，都为流口二柱上部合二为一。而这种情况在同样常用涡纹装饰柱帽的铜斝中并未见到，因此应是铜爵特有的装饰手法。

二里岗文化铜爵中还出现了一带双纹现象，即同一纹饰带上出现不同母题的纹饰[88]，常见为带鋬半周与相对一侧在同一个条带中分别饰有不同的主纹饰。带鋬一侧的纹饰通常较前侧的纹饰更为简单，郑州商城晚期早段的一带双纹铜爵，均为带鋬一侧为几何纹，相对一侧饰饕餮纹。这种一带双纹的现象基本出现在带鋬铜容器上，尤其是铜爵和铜斝，郑州商城出土的铜斝虽然未出现此类纹饰，但在其他二里岗文化遗址中并不罕见。一带双纹集中出现在二里岗文化期左右，具有较强的时代性，应与当时的铸造工艺有关，后期逐渐消失。

（2）鼎

郑州商城共出土二里岗文化期铜鼎19件，全部发现于二里岗文化晚期，这应该与铜鼎在此时期逐渐代替了铜爵在礼器中的核心地位有关。窖藏铜鼎在其中占据大部分，且普遍较墓葬出土铜鼎的装饰更为复杂。

1）青铜鼎的装饰风格

① 晚期早段铜鼎

在已发表的郑州商城二里岗文化晚期早段的10件铜鼎中，有2件发现于南顺街窖藏坑中，其余均为墓葬出土。墓葬出土铜鼎大多以动物纹作为主纹饰，而窖藏铜鼎则以几何纹为主。

此时期铜形制有圆鼎与方鼎两种，纹饰一般以几何纹和动物纹加以装饰，动物纹中饕餮纹和夔纹皆占有一定比例。

几何纹圆鼎仅 1 件。C8：郑博 0058，上腹部饰三周弦纹（图一一，1）。

动物纹圆鼎共 7 件。装饰有夔纹和饕餮纹两种，饕餮纹依旧有宽细之分。

2 件圆鼎饰夔纹。C8M39：2，上腹部夔纹，其旁有单线勾连纹（图一一，2）。C11M146：3，上腹部饰一周三组单线组成的夔纹图案带条，底部有烟炱（图一一，3）。

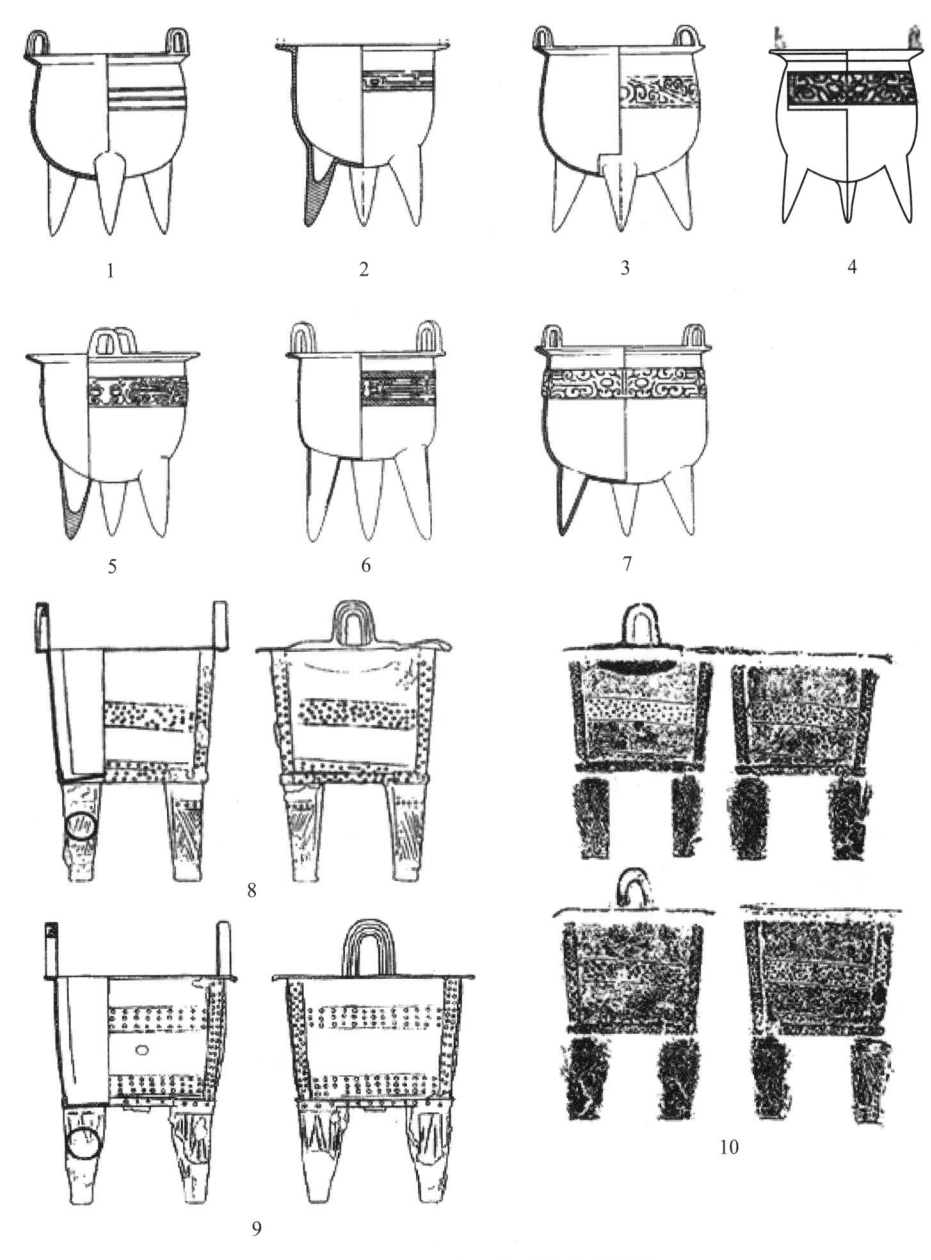

图一一　二里岗文化晚期早段铜鼎

1. C8：郑博 0058　2. C8M39：2　3. C11M146：3　4. 87M1：4　5. MGM2：2　6. BQM1：3
7. C8M2：4　8、10. 96ZSNH1 上：3　9. 96ZSNH1 上：4

1件圆鼎饰细线饕餮纹。87M1：4，上腹部饰一周细线饕餮纹（图一一，4）。

4件圆鼎饰宽线饕餮纹。MGM2：2，上腹部饰一周三组单线勾画的饕餮纹图案带条，底部和腹部有烟炱（图一一，5）。BQM1：3，上腹部饰一周三组宽线条饕餮纹，上下界以连珠纹与弦纹（图一一，6）。C8M2：4，上腹部饰一周宽线条饕餮纹图案带条（图一一，7）。C8M3：7，形制与C8M2：4相同，但已残损。

几何纹方鼎共2件，皆饰乳钉纹。南顺街窖藏坑出土。96ZSNH1上：3，鼎耳外壁凹槽中间有一道凸弦纹，器表饰带状乳钉纹，腹中部饰横带状乳钉纹，乳钉纹带上下各有一道凸弦纹，呈倾斜状，每一面的带状乳钉纹组成一"凵"字形图案，竖向乳钉纹可分两行，横向乳钉纹杂乱，足部中间为斜线纹相交形成的三角形纹样，上有两道凸弦纹夹一周连珠纹，近底部还有一周凸弦纹。表面有烟炱（图一一，8、10）。96ZSNH1上：4，鼎上纹饰几乎与96ZSNH1上：3完全相同，但乳钉排列有序，仅足部未饰连珠纹（图一一，9）。

② 晚期晚段铜鼎

9件铜鼎全部发现于窖藏坑，分散于三处窖藏坑内，大部分铜鼎以饕餮纹作为主纹饰。

此时期铜爵的形制与纹饰类型与晚期早段相似，但单纯的几何纹鼎已经不见。

以饕餮纹为主纹饰的方鼎共6件。有宽线、细线两种。

5件方鼎饰细线条饕餮纹。其中张寨南街窖藏坑出土2件。DLH1：1，鼎耳外壁凹槽内有三道凸弦纹，腹四壁上各有一横条细线饕餮纹图案带条，每壁两侧各饰四竖行乳钉纹，每壁下各饰五行横列乳钉纹，四足足根部各饰两周弦纹和一周锡线饕餮纹，足下部各饰三周弦纹。腹部和底部有烟炱（图一二，1）。这是目前郑州商城二里岗文化期出土青铜容器中体型最大重量最重的一件。DLH1：2，鼎耳外壁呈凹槽内有两道凸弦纹，其余纹饰与DLH1：1相同（图一二，2）。

向阳回族食品厂窖藏坑发现1件。XSH1：8，鼎耳外壁凹槽内有两道凸弦纹，腹部饕餮纹由细线条构成，足上部饰饕餮纹，器身纹饰与XSH1：2基本相似（图一二，3）。

南顺城街窖藏坑发现2件。96ZSNH1上：1，腹部表面饰成组的饕餮纹带，共在四面和四角组成八个饕餮面，鼎腹四隅和下腹饰带状乳钉纹，但两侧上部被饕餮纹割断，近底部为四行横列乳钉纹，鼎足下部饰三周凸弦纹，上部饰饕餮纹。在鼎的底部和腹壁有烟炱（图一二，4）。96ZSNH1上：2，上腹部中间横列一组饕餮纹，眉目两侧则为变形云纹，每壁两侧和每壁下各饰三行乳钉纹，但其大小、形状及排列均较杂乱，足中部饰一组由正、倒三角形组成的一组花纹，上下饰两道凸弦纹。底部和腹壁有烟炱（图一二，5）。

1件方鼎饰宽线饕餮纹。XSH1：2，向阳回族食品厂窖藏坑出土，鼎耳外壁凹槽内有一道凸弦纹，上腹饰宽线条带状饕餮纹，饕餮的目鼻凸起，类似浮雕，鼎腹四隅和下腹的周围饰带状乳钉纹，对角两足饰两道半周弦纹，另两足素面。腹壁、底、足间

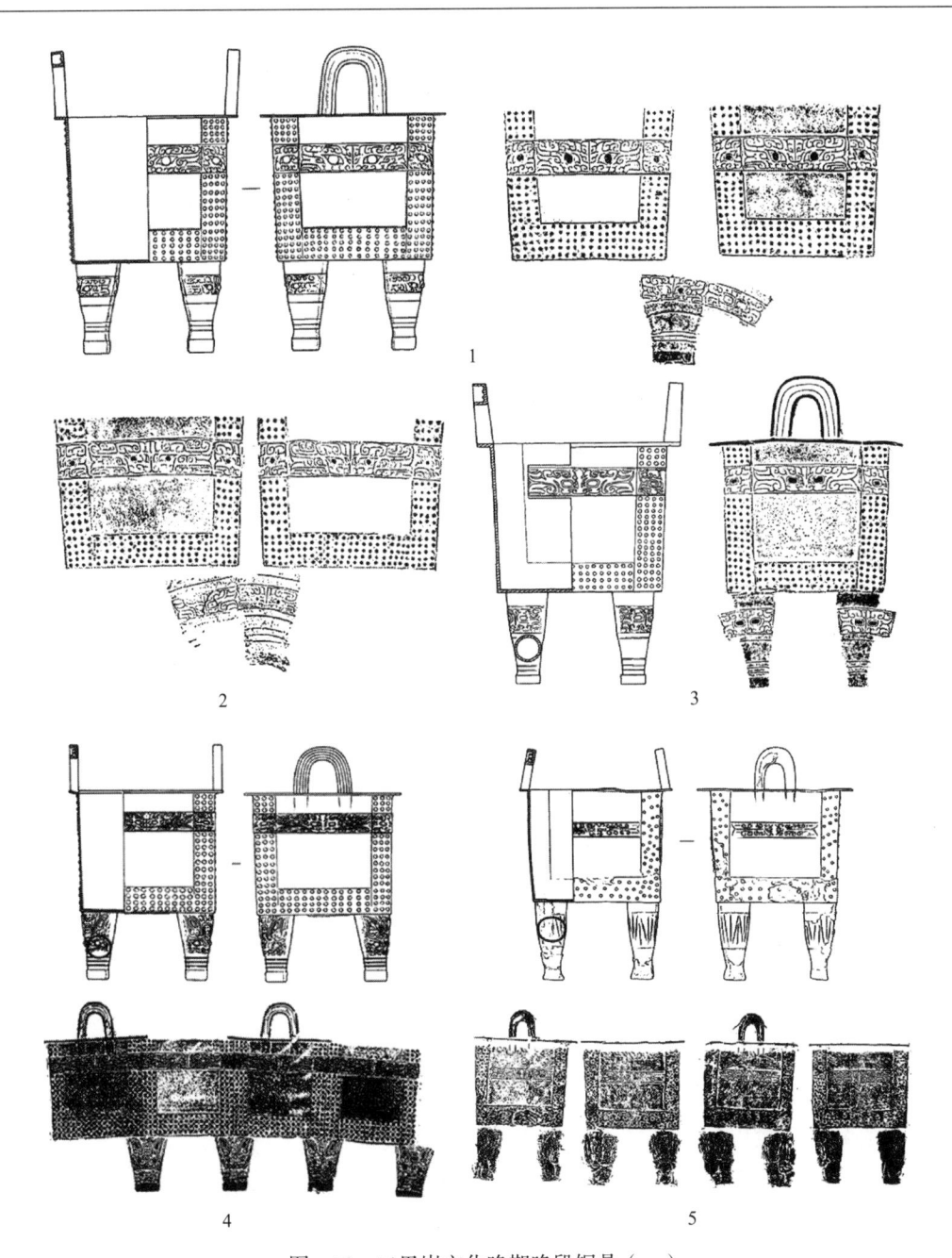

图一二 二里岗文化晚期晚段铜鼎（一）
1. DLH1:1 2. DLH1:2 3. XSH1:8 4. 96ZSNH1 上:1 5. 96ZSNH1 上:2

有烟炱（图一三，1）。

圆鼎共3件。分为夔纹扁足圆鼎和饕餮纹柱足圆鼎。

2件为扁足圆鼎，向阳回族食品厂窖藏坑出土。XSH1:9（图一三，2）、XSH1:10，造型、大小和纹饰相同，上腹饰带状云雷纹，上下界以连珠纹，三扁足饰夔纹。

1件为柱足圆鼎，向阳回族食品厂窖藏坑出土。XSH1：1，鼎耳外壁凹槽内有一道凸弦纹，上腹饰三组二目凸起的带状饕餮纹。出土时腹底有烟炱，腹内一块兽骨（图一三，3）。

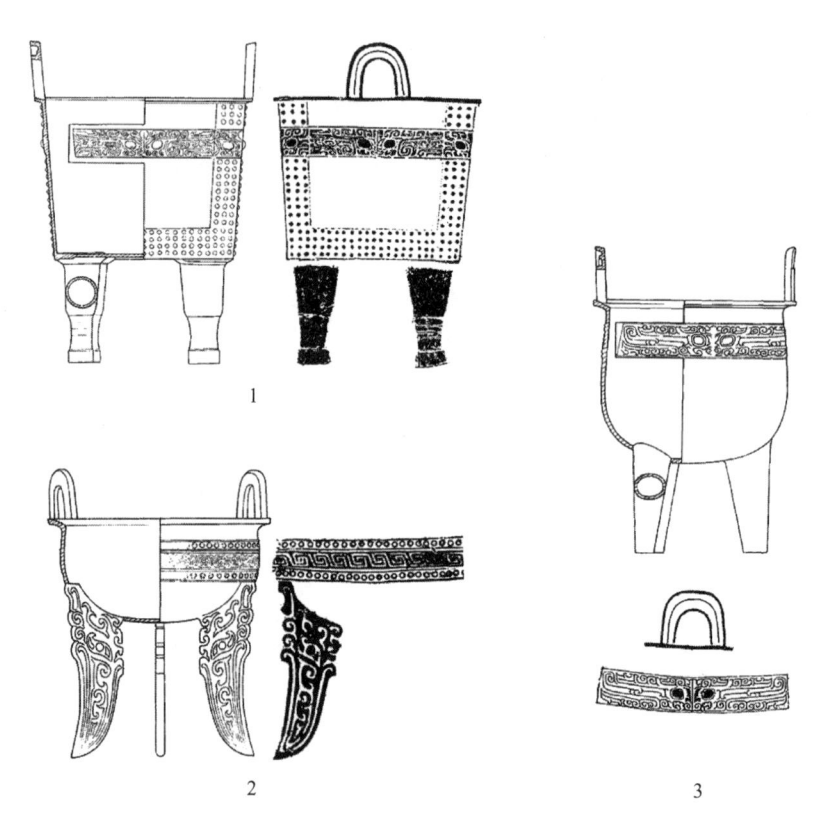

图一三　二里岗文化晚期晚段铜鼎（二）
1. XSH1：2　2. XSH1：9　3. XSH1：1

2）青铜鼎纹饰的组织方式

郑州商城出土的二里岗文化期铜鼎分为圆鼎和方鼎两类，其中墓葬出土的皆为圆鼎。这批圆鼎多数以夔纹和饕餮纹作为主纹饰，装饰于铜鼎的上腹部，偶尔用弦纹、连珠纹作为辅助，形成连续一周的带状纹饰。这种较窄的带状纹饰饰于圆鼎口沿下、上腹部，是为了增加铜鼎的稳定感。

窖藏坑出土的铜鼎多为方鼎，纹饰较圆鼎复杂。鼎耳有凹槽，凹槽内有数道凸棱，其线条与鼎耳外廓走向完全一致。方鼎的每一个面由乳钉纹或乳钉纹加饕餮纹的带条组成，在面上形成"吕"字形图案组合，腹壁两侧的乳钉纹带条有时会被腹壁中部横向的饕餮纹带条隔断，每一个面都以中线为轴左右对称，每两个面都以四角棱线为轴左右对称。这种纹饰的组合方式放在方鼎上，能够很大程度地增添平衡感和稳重感。其中96ZSNH1上：3的纹饰在面上呈倾斜状，但参考与其纹饰几乎完全相同的另一件同坑出土的方鼎（96ZSNH1上：4），应该可以断定倾斜非刻意为之。另外，方鼎的足部也经常用几何纹或饕餮纹来装饰，应该是以增加足部在视觉上的重量感。

铜鼎分为宽线条和细线条两种，方鼎以细线条为主，宽线条多出现在圆鼎上，方鼎中仅在晚期晚段一件上饰有宽线纹饰。说明在大型的方鼎上，细线条的装饰方式更受青睐。这可能与细线和宽线饕餮纹不同的制作方式有关，这种区别在铜爵和铜斝上也经常出现。

此外，窖藏坑还出土了三件晚期晚段的圆鼎，其中除出现柱足外，纹饰组织与墓葬所出圆鼎差异不大。另外两件圆鼎比较特殊，为浅腹，圜底，扁平足，足较高。上腹部饰云雷纹、连珠纹、弦纹组成的带状纹样。足部不仅形制特殊，夔纹的应用也较其他不同，整个足部似二维的夔的外形，足边似卷云纹。此种装饰方式的出现，应为商代后期以立体的动物造型来作为器物中的某一部位做出了启发。

（3）盉

二里岗文化期铜盉在郑州商城中发现4件，纹饰均较为简单。铜盉与铜爵的礼器组合在墓葬中偶然可见，窖藏铜器中没有发现铜盉。

1）青铜盉的装饰风格

① 早期晚段铜盉

二里岗文化早期晚段铜盉在郑州商城中共出土3件，纹饰简单。此时期的铜盉仅以几何纹装饰，但同时也有以几何纹构成的组合兽面。

仅饰弦纹的铜盉共2件。C8采：郑博0042、C8YJM1∶2，颈部均饰三周弦纹（图一四，1、2）。

饰有组合兽面的铜盉共1件。C8采：郑博0059，颈部饰三周弦纹，流的根部左右各有一圆钉，与流组成兽面（图一四，3）。此时期的铜盉无论从形制还是纹饰上，都还具有比较明显的二里头文化特征。

② 晚期早段铜盉

二里岗文化晚期早段铜盉在商城内仅发现1件，纹饰较前期复杂，饰有组合兽面

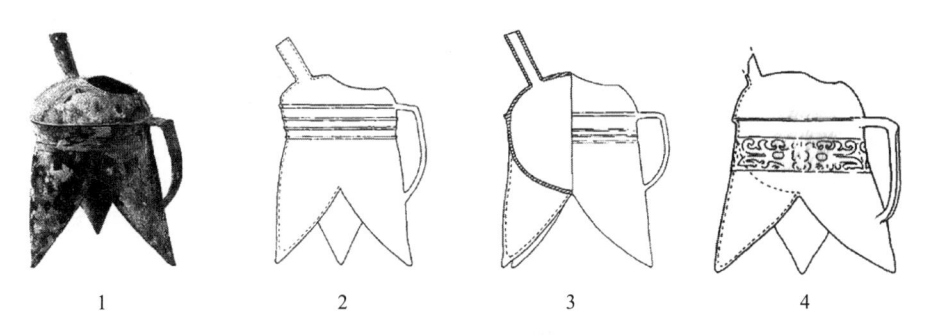

图一四 二里岗文化铜盉
1. C8采：郑博0042 2. C8YJM1∶2 3. C8采：郑博0059 4. C8∶豫0021

与饕餮纹。

C8∶豫 0021，颈部饰一周饕餮纹带条，流根两侧顶部饰有圆钉，与流组成兽面（图一四，4）。

2）青铜盉纹饰的组织方式

铜盉在二里岗文化期并不多见，整体形制和纹饰都还与二里头文化期的相近，变化不大。到二里岗文化晚期早段，铜盉在主流纹饰的影响下，也加入了饕餮纹装饰以替代弦纹。饕餮纹带条分为三组，分别以鋬和二足作为分界，前侧的饕餮纹中部与裆部对齐。顶部在流根两侧饰两个乳钉是铜盉比较常见的装饰手法，与铜盉流部与口部组成为兽面寓意，二里头文化期相似装饰的铜盉也是在郑州商城出土，是为此装饰形式的滥觞。

（4）斝

铜斝是仅次于铜爵在郑州商城出土最多的二里岗文化期铜容器，共发现 31 件，其与铜爵在墓葬中形成核心的礼器组合，在铜鼎盛行后与鼎相组合。另外，二里头遗址中也出土 1 件二里岗文化期铜斝。

1）青铜斝的装饰风格

① 早期晚段铜斝

铜斝共 2 件，均仅以弦纹装饰。

C8M32∶1，颈部饰两周弦纹（图一五，1）。C8M7∶7，颈部饰三周弦纹。

② 晚期早段铜斝

共出土 26 件铜斝，其中 1 件发现于南关外铸铜遗址，已残，仅剩斝口，1 件出土于二里头遗址墓葬[89]，其余均由郑州商城墓葬中出土。有一斝 C11M150∶6，未给图像。

此时期铜斝装饰风格分为两类，一类仅以几何纹装饰，一类则以动物纹为主纹饰。

几何纹铜斝共 10 件。MGM2∶7、MGM2∶20、C11M126∶3、ZYM1∶1、T17M2∶1，颈部饰三周弦纹，部分器身有烟炱，器内有水锈，其中 MGM2∶7 鋬面中央有一条纵向范缝（图一五，2～6）。BQM1∶2，颈部饰三周连珠纹，其间界以四周弦纹，鋬面中央有一条纵向范缝（图一五，7）。BQM2∶12，颈部饰两周弦纹（图一五，8）。C8M3∶4，颈部饰一周弦纹夹乳钉纹带条，腹部饰一周五个圆形鼓面纹（图一五，9）。C8∶郑博 0155，颈部饰一周上下弦纹夹两周乳钉纹带条（图一五，10）。C8∶郑博 0056，颈部饰一周两条弦纹夹云雷纹（图一五，11）。1975YLⅤ采 M∶66，二里头遗址出土。颈部饰四周凸弦纹，相间有三周连珠纹（图一五，12）。

动物纹铜斝共 14 件。具体装饰手法有宽线饕餮纹、细线饕餮纹、柱帽饰涡纹和宽线夔纹，铜斝以这四种装饰方式相互组合。

5 件铜斝颈部或腹部饰宽线饕餮纹或变形饕餮纹。BQM2∶1，颈部饰一周变形饕餮纹，上下界以两周连珠纹，鋬面中央有一条纵向范缝（图一五，13）。C8M3∶6，颈

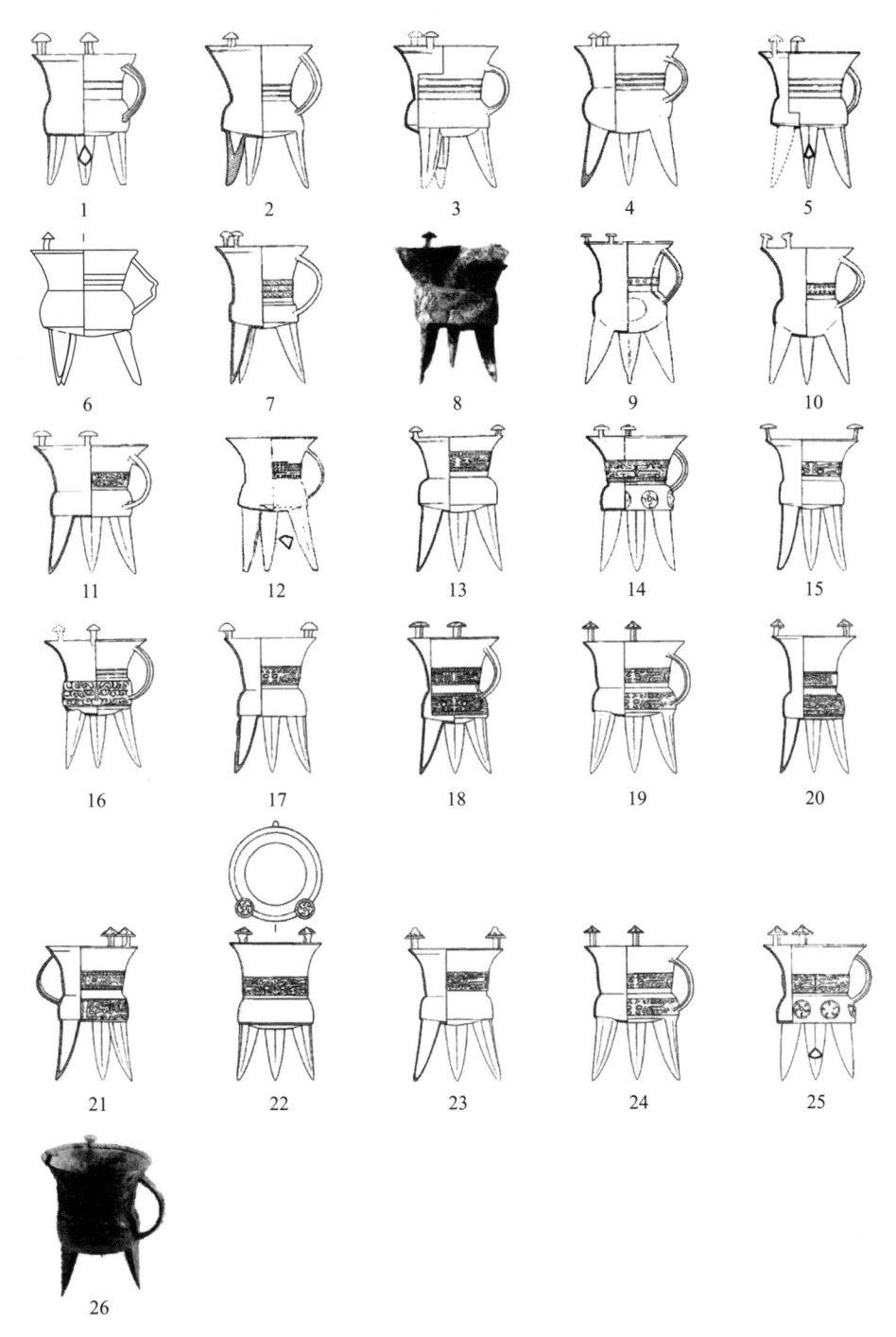

图一五　二里岗文化早期晚段、晚期早段铜斝

1. C8M32∶1　2. MGM2∶7　3. MGM2∶20　4. C11M126∶3　5. ZYM1∶1　6. T17M2∶1　7. BQM1∶2　8. BQM2∶12　9. C8M3∶4　10. C8∶郑博0155　11. C8∶郑博0056　12. 1975YLV采M∶66　13. BQM2∶1　14. C8M3∶6　15. BQM1∶4　16. C8M2∶7　17. C9∶郑博0244　18. C8∶豫0895　19. C8M39∶1　20. C9∶郑博0156　21. C1M出土　22. C8∶豫0016　23. BQM1∶1　24. C8M39∶1　25. C8∶郑博0057　26. C8∶豫0017

（12为二里头遗址出土）

部饰饕餮纹条带，上下界以两周连珠纹，腹部饰一周涡纹（图一五，14）。BQM1：4，颈部饰一周饕餮纹（图一五，15）。C8M2：7，颈部饰两周弦纹，腹部饰一周宽线饕餮纹（图一五，16）。C9：郑博0244，颈部饰一周两条弦纹夹宽线饕餮纹（图一五，17）。

1件铜斝双柱柱帽饰涡纹，器身饰细线条饕餮纹。C8：豫0895，颈部和腹部均饰一周由两周连珠纹夹一周变形饕餮纹组成的图案带条（图一五，18）。

7件铜斝双柱柱帽饰涡纹，器身饰宽线饕餮纹。C8M39：1，颈部和腹部均饰一周饕餮纹带条（图一五，19）。C9：郑博0156，颈部与腹部均饰一周由两周连珠纹夹一周饕餮纹组成的图案带条（图一五，20）。C1M出土一件无号铜斝，颈部饰饕餮纹条带，上下界以两周连珠纹，腹部饰一周宽线饕餮纹（图一五，21）。C8：豫0016，颈部饰一周宽线饕餮纹（图一五，22）。BQM1：1，颈部饰一周宽线饕餮纹带条，鋬面中央有一条纵向范缝（图一五，23）。C8M39：1，颈部和腹部均饰一周饕餮纹带条（图一五，24）。C8：郑博0057，颈部饰一周两条弦纹夹饕餮纹，腹部饰一周涡纹（图一五，25）。

1件铜斝饰宽线夔纹。C8：豫0017，颈部饰一周夔纹组成的带条（图一五，26）。

③ 晚期晚段铜斝

此时期铜斝共出土4件，2件为墓葬出土，2件发现于南顺街窖藏坑。此时期的铜斝均以饕餮纹作为主纹饰，但出现了一件鬲形斝。

饕餮纹铜斝共3件。除饰有饕餮纹外，部分铜爵双柱的柱帽饰有涡纹。

1件铜斝仅饰饕餮纹。T61M1：1，腰部饰一周饕餮纹（图一六，1）。

2件铜斝颈部和腹部饰饕餮纹，双柱柱帽饰涡纹，南顺街窖藏坑出土。96ZSNH1上：5，颈部和腹部分别饰一周饕餮纹，鋬面中央有一条纵向范缝（图一六，2）。96ZSNH1上：6，颈部和腹部分别饰一周饕餮纹，下面一组花纹较宽（图一六，3）。

鬲形斝1件，兼具斝与鬲的装饰风格。C1M1：1，柱帽涡纹，腰部饰一周饕餮纹，

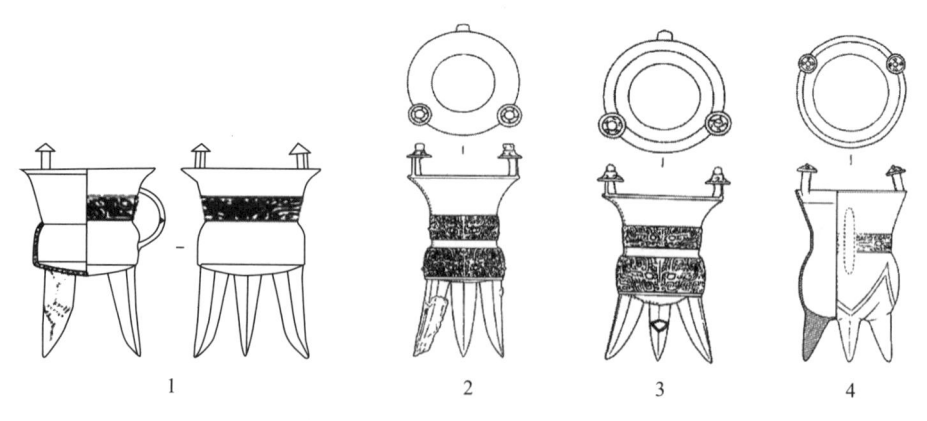

图一六 二里岗文化晚期晚段铜斝
1. T61M1：1 2. 96ZSNH1上：5 3. 96ZSNH1上：6 4. C1M1：1

上部饰一周连珠纹，袋足饰双弦线人字纹（图一六，4）。

2）青铜斝纹饰的组织方式

铜斝在二里岗文化晚期前仅以弦纹装饰颈部，到早期时，单纯以几何纹装饰的铜斝占比减少，饰有饕餮纹的铜斝成了主流。饕餮纹斝在颈部均饰有带状纹饰，若腹部同时具有纹饰，则大部分颈部和腹部装饰的纹饰组合和结构相同。如C8：豫0895，其颈部和腹部均由一周由两周连珠纹夹一周变形饕餮纹组成的图案带条来装饰。这种情况下，腹部的纹饰均较颈部更宽，饕餮纹的细节也更加精致一些。

另外一种情况便是腹部用鼓面纹或涡纹的火纹类纹饰装饰，呈连续的散点式分布一周。每一件器物上的火纹也不一定相同，带中心圆的涡纹与不带的涡纹交错而饰。这种纹饰在器身上的出现还以斝为主，其他器形如铜爵、铜盉等还是大多装饰于柱帽上。涡纹在殷墟晚期以后则以和其他纹饰组合的形式多装饰在鼎、簋上。

涡纹在铜斝上更多地装饰在双柱柱顶帽上，多在伞状柱上出现，但在菌状柱上也偶见。涡纹从样式上来说与柱帽的适配性相当高，与柱帽组成同心圆，配合涡纹内旋转状的弧线，形成一种整齐的律动感。涡纹中心的圆心在伞状柱帽顶上突出形成一种类似乳钉的感觉，也非常具有装饰性。

晚期晚段鬲形斝的袋足饰有双弦线人字纹，但这种情形罕见，也许是个例，应是受到了铜鬲上袋足装饰的影响。

二里岗文化的部分铜斝上还有一种特殊的现象，一些铜斝的鋬面中央有一条纵向范缝，而这通常代表着在鋬对应的腹壁上有两条范缝，并在腹壁上留下一个长方形的素面区域，并且阻断了器表带状纹饰的连贯与循环。这应与带鋬铜容器在铸造手法上的不同有关，这种情形到殷墟时期逐渐消失。

（5）鬲

郑州商城所出土铜鬲均集中在二里岗文化晚期早段，共发现9件，多为墓葬中出土，窖藏坑中少见，形制变化小，纹饰构成相似。

1）青铜鬲的装饰风格

9件铜鬲中，1件为南关外铸铜遗址发现，已残，仅剩鬲口。1件发现于张寨南街窖藏坑，出土时放在铜鼎（DLH1：1）内。

铜鬲按纹饰不同可分为三种，一种袋足无装饰，一种以几何纹为主纹饰，一种颈部不再饰几何纹，而以动物纹为主纹饰，但数量较少。

袋足素面铜鬲共1件。T143M1：1，颈部饰两周连珠纹（图一七，1）。

袋足饰几何纹，颈部饰弦纹铜鬲共5件。袋足纹饰分为人字纹和"X"纹两种，人字纹基本为双弦线。

3件铜鬲袋足饰双弦线人字纹。DLH1：3，张寨南街窖藏坑出土。颈部饰三周弦纹（图一七，2）。C8：郑博0054，颈部饰三周弦纹（图一七，3）。C2：豫2912，颈部饰两周弦纹（图一七，4）。

2件铜鬲袋足饰有"X"纹。C2：豫0013，颈部饰一周弦纹，腹部饰"X"纹和人字纹（图一七，5）。C2：豫文101，腹部饰"X"纹，底部有烟炱（图一七，6）。

夔纹铜鬲共2件。C8M3：2、C8M3：3（图一七，7），两者形制、大小、纹饰完全相同，颈部饰一周上下弦纹、连珠纹夹宽线夔纹带条，袋足饰双弦线人字纹。

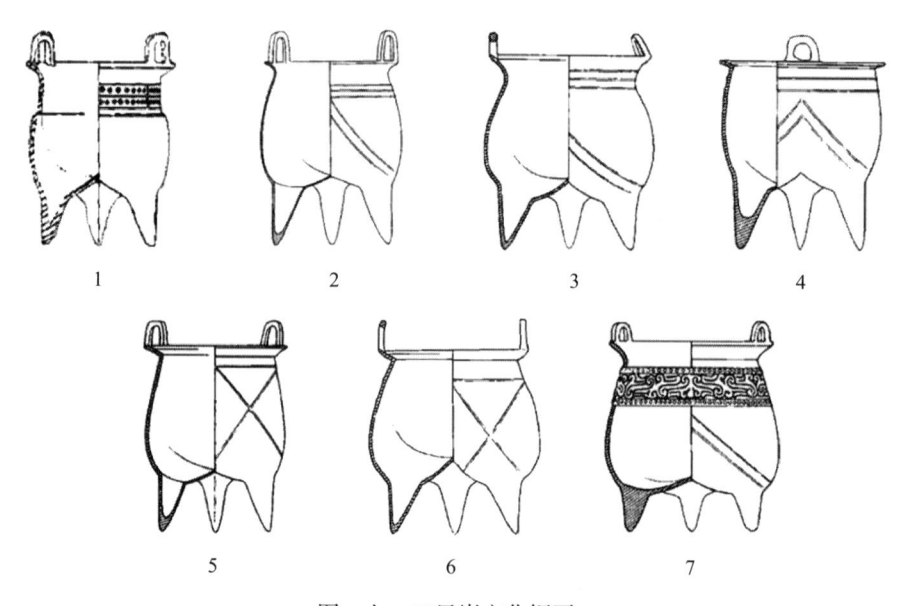

图一七　二里岗文化铜鬲
1. T143M1：1　2. DLH1：3　3. C8：郑博0054　4. C2：豫2912
5. C2：豫0013　6. C2：豫文101　7. C8M3：3

2）青铜鬲纹饰的组织方式

本期的铜鬲少见，且所属时代皆为二里岗文化晚期早段。铜鬲从形制和纹饰的组织方式上来看基本一致，皆为颈部饰数周弦纹，偶见用夔纹辅以连珠纹装饰。袋足上饰单线、双线人字纹或"X"纹，"X"纹可能是网格纹的一种变形，这种纹饰应是袋足上专用且普遍的装饰方式。铜鬲整体上的风格较为古朴，相较于其他器形纹饰简单稀疏。

（6）瓿

郑州商城出土铜瓿共15件，二里岗文化晚期早段铜瓿均为墓葬出土，这与此时期其与铜鼎、铜斝组成礼器组合有关。二里岗文化晚期晚段铜瓿均为向阳食品厂窖藏坑所出土。

1）青铜瓿的装饰风格

① 晚期早段铜瓿

12件二里岗文化晚期早段铜瓿中，有3件未发表器物号和图像。基本均以饕餮纹、夔纹等动物纹为主纹饰，大部分圈足上饰有十字形镂孔。

此时期铜觚按纹饰分为两类，一类以动物纹为主纹饰，一类仅饰几何纹且数量稀少。

以动物纹为主纹饰的铜觚共8件。纹饰分为宽线、细线饕餮纹和夔纹。

4件以宽线饕餮纹为主纹饰，多数圈足上饰三个等距的十字镂孔。C8M3：5，腰部饰上下两周连珠纹夹一周饕餮纹组成的图案带条，其上又饰两周凸弦纹，圈足上部饰两周弦纹，圈足下部饰一周夔纹带条（图一八，1）。C8M3：8，腰部饰一周由上下连珠纹夹饕餮纹组成的图案带条，圈足表饰两周平行凸弦纹（图一八，2）。MGM2：8，腰部饰两周弦纹和一周两组饕餮纹，圈足表饰有四周凸弦纹（图一八，3）。BQM1：13，腰部饰一周宽线条饕餮纹，其上饰两周凸弦纹，圈足表饰两周凸弦纹，无十字镂孔（图一八，4）。

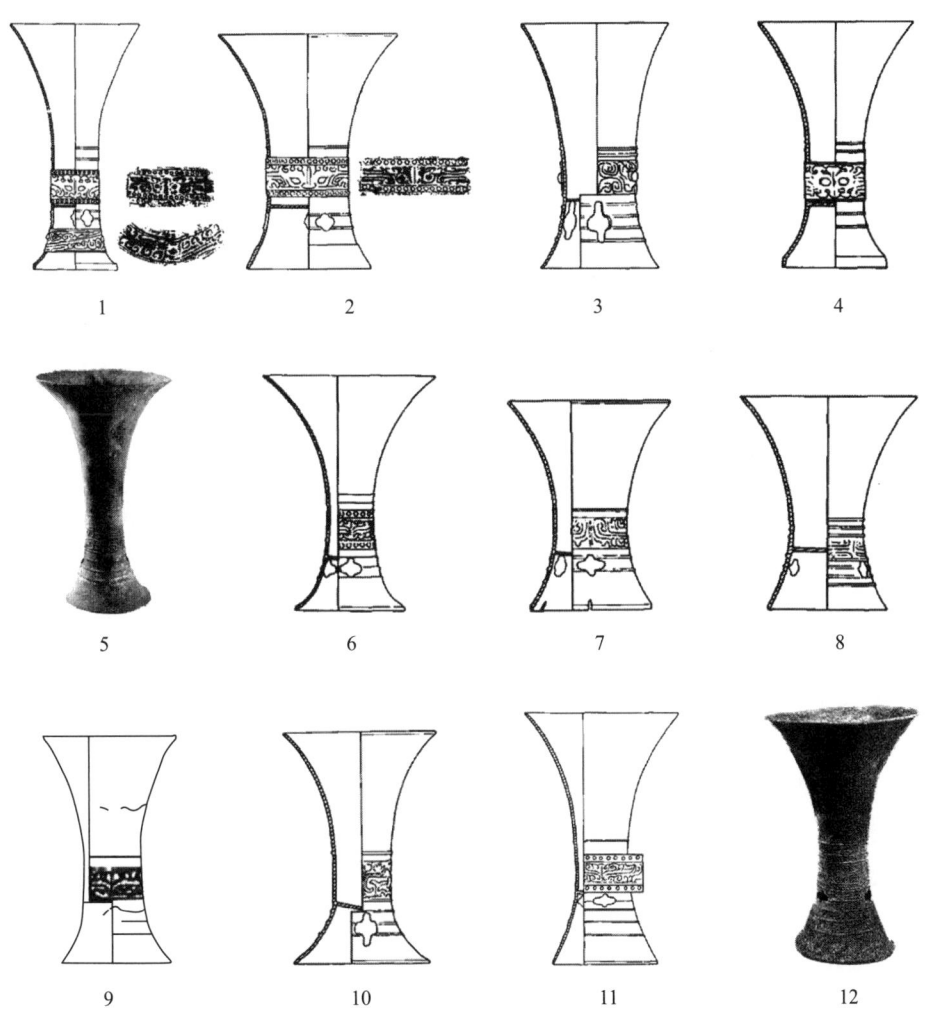

图一八　二里岗文化时期铜觚

1. C8M3：5　2. C8M3：8　3. MGM2：8　4. BQM1：13　5. C8：豫2318　6. BQM1：35　7. BQM2：11　8. C8：郑博0157　9. T17M2：3　10. MGM4：3　11. XSH1：12　12. XSH1：13

1件饰有细线饕餮纹。C8：豫2318，腰部饰一周饕餮纹，圈足饰两周弦纹（图一八，5）。

3件以夔纹作为主纹饰。BQM1：35，腰部饰三周平行凸弦纹和一周由上下连珠纹相夹变形夔纹组成的图案带条，圈足饰四周平行凸弦纹和三个等距的十字镂孔（图一八，6）。BQM2：11，腰部饰一周两组单线变形夔纹，圈足表饰弦纹和三个等距的扁十字形镂孔（图一八，7）。C8：郑博0157，腰部饰三周平行弦纹和一周变形夔纹，圈足表饰四周平行弦纹和三个等距的竖长十字镂孔（图一八，8）。

几何纹铜觚仅1件。T17M2：3，腰部饰两周弦纹和一周勾连纹，足部饰两周弦纹和一对称的圆形镂孔（图一八，9）。较为特殊，这不仅是郑州商城出土铜觚中唯一一件不饰有动物纹的，且圈足也为对称的圆形镂孔而非十字形。

② 晚期晚段铜觚

此时期铜觚共3件，皆以夔纹为主纹饰。

MGM4：3，墓葬出土。腰部饰单窄线变形夔纹或云雷纹图案带条，圈足表面饰三周弦纹并有三个相对称的十字镂孔（图一八，10）。XSH1：12、XSH1：13，向阳食品厂窖藏坑出土。器形、大小、纹样相同，纹饰与晚期早段的BQM1：35几乎相同，但腰部饰一周凸弦纹（图一八，11、12）。

2）青铜觚纹饰的组织方式

二里岗文化晚期的铜觚在形制上没有明显不同，纹饰的组织上也较为一致。基本为腰部饰数周凸弦纹加夔纹或饕餮纹组成的图案带条，常见于主纹饰，上下界以连珠纹辅助，以增加器物的稳定感。圈足上部饰数道弦纹并三个等距的十字形镂孔于一道弦纹中间，其中一个镂孔与一侧的兽面纹中线上下对齐。

在二里岗文化期的铜容器中，圈足饰有镂孔是一个比较常见的现象，其中以铜觚最具有代表性。此时的镂孔为泥芯撑所造成，应该还是为了解决外范和泥芯之间的距离，用以保持壁厚的。但对盘龙城遗址中出土的数十件二里岗文化期青铜器进行分析，发现它们使用了铜芯撑，这些铜芯撑多位于腹部、鋬部、足部等多见镂孔的部位，但为圈足部位所不见[90]。因此，猜测圈足上的镂孔应还是使用的泥芯撑，并且设于范缝上，加以夸张和美化，成为刻意留下的装饰性镂孔[91]。其中两件铜觚（T17M2：3、BQM1：13）的圈足上由十字镂孔改为对称的圆形镂孔和无镂孔，可能是源于铸造技术上的改进。

铜觚与铜鼎一样，在纹饰上有细线条和宽线条两种。纹饰线条粗细的选择往往与铜觚腰部的粗细程度有关，如宽线条纹饰多饰于腰部较粗的铜觚上，这应是考虑到所饰部位的面积，铜觚选择细线纹饰更易于在较小空间表达完整的纹饰结构[92]。

（7）罍

郑州商城出土的5件二里岗文化期铜罍形制皆不大一样，但纹饰繁复，皆以饕餮纹作为主纹饰，可以看出饕餮纹在二里岗文化晚期的主流地位。

1）青铜罍的装饰风格

① 晚期早段铜罍

共4件，均为墓葬出土。铜罍皆以饕餮纹为主纹饰，但一件较为特殊，出现了"龟"图案。

1件特殊铜罍。C8M2：1，颈部饰一周三个等距的"龟"形图案，肩部饰一周勾云纹带条，腹部饰两周平行的云雷纹带条，其间又夹饰一周由三组饕餮纹组成的图案带条。圈足表面饰弦纹和三个等距的十字镂孔（图一九，1）。

3件铜罍在颈部饰两周凸弦纹，腹部饰饕餮纹，圈足表面均饰一周或两周弦纹和三个等距的十字镂孔。C8M3：9[93]，肩部饰一周变形夔纹带条，腹部饰一周由三组双目突出的饕餮纹组成的图案带条（图一九，2）。C1：郑博0243，腹上部饰一周由三组饕餮纹组成的图案带条，上下界以凸弦纹，下部饰两周平行凸弦纹（图一九，3）。C8：豫1615，饰有两个对称的鼻，腹部饰一周三组饕餮纹（图一九，4）。

② 晚期晚段铜罍

仅在向阳食品厂窖藏坑发现1件，纹饰十分复杂，并在肩处装饰有兽首。

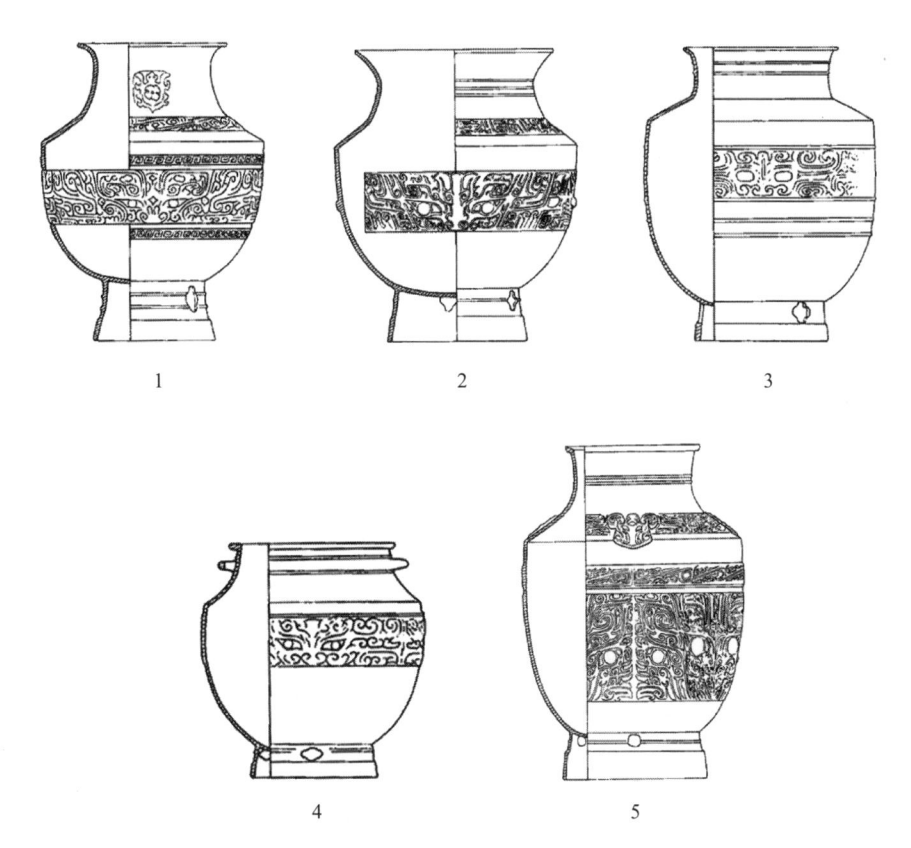

图一九 二里岗文化时期铜罍
1. C8M2：1 2. C8M3：9 3. C1：郑博0243 4. C8：豫1615 5. XSH1：5

XSH1：5，颈部饰两周弦纹，肩部饰一周三组饕餮纹带条，饕餮纹带上又加饰三个凸起的羊首，上腹部饰一周变形夔纹形斜引纹窄带条，下腹部饰一周三组双目突出的饕餮纹，特别是在三组饕餮纹间又加饰三组倒置的双目较小的饕餮纹，圈足上饰一周弦纹，并有三个等距的方形镂孔（图一九，5）。

2）青铜罍纹饰的组织方式

青铜罍的纹饰比较繁杂，目前发现的二里岗文化期铜罍的纹饰都分布在颈部、肩部、腹部、圈足四处。颈部一般两周凸弦纹，肩部素面或饰几何纹或动物纹纹组成的较窄的图案带条，腹部以带状的饕餮纹为主纹饰，间或辅以弦纹、云雷纹等作为装饰，圈足的装饰风格和手法与铜瓿相同。

其中如 C8M3：9、XSH1：5 的铜罍，饕餮纹上的双目凸出，这种装饰手法在铜鼎（XSH1：1）上亦有出现。这样不仅起到对称中心的作用，得以将两侧的纹样统一于一个整体的效果，同时亦增加了整个器物的庄重感与平稳感[94]。

C8M2：1 铜罍与其他铜罍不同，在颈部装饰了三个等距的"龟"形图案。这是龟纹首次出现在青铜器上，其背部用涡纹代替龟壳。龟纹并非是与铜器基底处在同一平面，而且类似浮雕兽首一样略为凸起。龟纹的出现应与商代对于龟的崇拜有关，商代晚期以降，龟纹常在铜盘内壁底部出现。

向阳食品厂窖藏坑出土的铜罍与其他铜罍相比有所差异，除了装饰更为烦琐外，肩部还出现了三个浮雕式的羊首，这种肩部饰有兽首的装饰手法在与铜罍器形差异不大的铜尊上经常出现，可能是受其影响。另外，在下腹部的饕餮纹间加饰倒置的双目较小的饕餮纹，这种装饰手法很好地突出了主题纹饰，既填补了两侧的空白，又由于小饕餮的弱小，更反衬出主纹饰的凶悍[95]。

（8）尊

铜尊是二里岗文化中装饰最为复杂的青铜容器之一，郑州商城出土的这 4 件铜尊，每件同时饰有夔纹和饕餮纹，搭配弦纹、连珠纹等几何纹饰，且均饰有高浮雕牛首，纹饰繁密且种类丰富。

1）青铜尊的装饰风格

① 晚期早段铜尊

二里岗文化晚期早段的 2 件铜尊均出土自墓葬。纹饰均很繁杂，几何纹与动物纹搭配装饰，其中一件的风格较为特殊，出现了扉牙。

C7：豫 0861，颈部饰三周平行凸弦纹，肩部饰一周夔纹和连珠纹组成的图案带条，并在这条图案带条之上，装饰有三个等距的凸起牛首。腹部饰一周三组饕餮纹，上下界以连珠纹，圈足上饰两周弦纹和三个等距的椭圆形镂孔（图二〇，1）。

C7：豫 0890，颈部饰三周凸弦纹，肩部除饰一周上下连珠纹夹夔纹带条和三个等距的凸起牛首外，还在三个凸起牛首之间又加饰有三个等距的凸起双卷云纹扉牙，腹部除饰一周由上下连珠纹夹饕餮纹组成的图案带条外，在饕餮纹带上还饰有三个等距的凸起卷云纹扉牙与肩部扉牙相对应，圈足上部饰三个等距的椭圆形镂孔，圈足下部饰一周饕餮纹带条（图二〇，2）。

② 晚期晚段铜尊

2件铜尊均出土自向阳食品厂窖藏坑，装饰风格与C7：豫0861相似。

XSH1：3，在颈部与圈足上分别各饰三周弦纹，圈足上为十字形镂孔（图二〇，3）。XSH1：4，在颈部与圈足上分别各饰两周弦纹，圈足上为十字形镂孔（图二〇，4）。

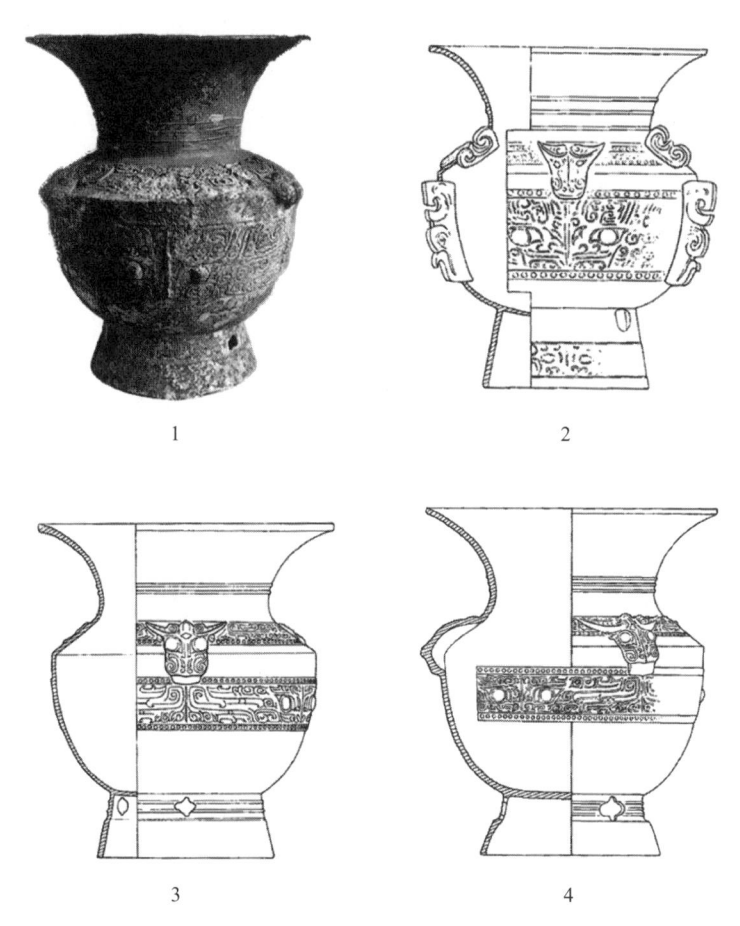

图二〇　二里岗文化时期铜尊
1. C7：豫0861　2. C7：豫0890　3. XSH1：3　4. XSH1：4

2）青铜尊纹饰的组织方式

青铜尊的纹饰虽烦琐，但整体风格和所饰纹饰都较为统一。一般为颈部饰数周平行凸弦纹，肩部饰一周夔纹和连珠纹组成的图案带条与三个等距突出于器表的浮雕式牛首，腹部饰一周带状饕餮纹，上下界以连珠纹，圈足饰弦纹和等距的椭圆形或十字形镂孔。

铜尊的肩部均饰有浮雕式的牛首，这种装饰风格不仅限于二里岗文化时期，在后期的铜尊上也成了最为常用的装饰方式。牛首整体比较写实，用几何纹构成牛首上的各个部位，整体为牛的正面形象，与夔纹和饕餮纹的装饰风格相似。

铜尊 C7：豫 0890 较其他铜尊装饰更为复杂，在肩部与腹部还各饰有三个等距的凸起卷云纹扉牙，将带状纹饰的每一组分隔开。这是郑州商城中唯一一件带扉牙的青铜器，很可能是受到了玉器的影响。后期扉棱常与饕餮纹搭配使用，或用作方形器物的四角，或用作饕餮鼻梁的塑造，或与此铜尊装饰手法相同。

（9）盘

郑州商城出土的 2 件铜盘集中于二里岗文化晚期早段，数目较少，形制有些微差异。

1）青铜盘的装饰风格

2 件铜盘分别出土于墓葬和向阳食品厂窖藏坑。装饰风格分为两种，一种以夔纹为主，另一种则为素面。

夔纹铜盘 1 件。C8M2：3 腹部饰一周夔纹带条，圈足上饰一周弦纹和四个对称的十字镂孔（图二一，1）。

素面铜盘 1 件。XSH1：7，窖藏坑出土。素面，圈足上有三个等距的方形镂孔（图二一，2）。

二里岗文化铜盘是少见的窖藏铜器纹饰较墓葬出土简单的铜容器。

2）青铜盘纹饰的组织方式

青铜盘的出土数量不多，纹饰也较为简单，铜盘 C8M2：3 腹部饰有比较流行的带状夔纹，而另一件盘则为素面，这是二里岗文化期少见的素面铜容器。铜盘圈足的装饰与其他圈足器相似。

（10）盂

二里岗文化期铜盂目前仅见窖藏出土 1 件，纹饰简单，以几何纹饰为主。

1）青铜盂的装饰风格

向阳食品厂窖藏坑出土二里岗文化晚期晚段铜盂 1 件。XSH1：6，柱帽饰涡纹，腹外壁上部饰三周平行凸弦纹，圈足上部饰一周弦纹和三个等距的方形镂孔（图二一，3）。

2）青铜盂纹饰的组织方式

中柱铜盂在装饰上吸收了许多其他青铜容器的手法，例如将单个菌状柱柱帽上饰以涡纹，与铜爵、铜斝上的类似，圈足上的弦纹和等距的方形镂孔也借鉴了其他圈足器的装饰方法。这种中柱盂形制特殊且少见，在二里岗文化中仅发现这一件。后期铜盂中柱的装饰更为复杂，常作立体的花瓣或动物外形。

（11）卣

二里岗文化期铜盂目前仅见窖藏出土 1 件，器身装饰华丽，纹饰十分复杂。且这件鼎的形制不为后期所见，具有很强的时代性。

1）青铜卣的装饰风格

向阳食品厂窖藏坑出土二里岗文化晚期晚段铜卣1件。XSH1：11，盖顶饰连续夔纹，握手顶面饰涡纹，提梁两端作蛇头状，提梁饰多组三角形与方形云雷纹，颈部饰一周由夔纹组成的饕餮纹带条，上下界以云雷纹，腹部饰竖向夔纹组成的两组宽线条饕餮纹图案，圈足表面饰一周云雷纹带条，上下各界以连珠纹，并有四个对称圆形镂孔（图二一，4）。

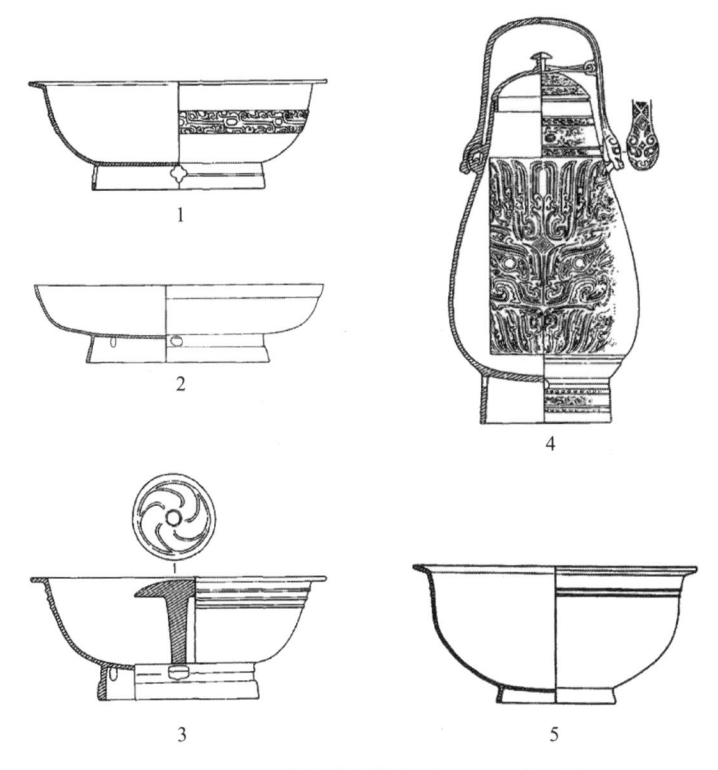

图二一 二里岗文化时期铜盘、盂、卣、簋
1. C8M2：3 2. XSH1：7 3. XSH1：6 4. XSH1：11 5. 96ZSNH1上：9

2）青铜卣纹饰的组织方式

铜卣的出土虽少，但是郑州商城中所发现的纹饰最为复杂的器形，此卣的形制在后期基本不见，具有很强的时代性。铜卣通身遍饰花纹，繁缛细密，与殷墟文化因素接近，纹饰之精美在商代早期的青铜器中罕见。

尤其是提梁与腹部的装饰，与其他器形风格差异较大。提梁的两侧的蛇头，搭配提梁上以三角形与方形云雷纹的组合形成的似蛇身的装饰，使提梁整体似一条双头蛇，十分生动，这样动物外形的提梁也给器物以点缀。器身饰有饕餮纹，但饕餮纹由夔纹组成，使得饕餮纹的纹饰十分细密。但由于夔纹为细纹，饕餮纹为宽纹，因此在视觉上并不感觉杂乱无章，反而丰富了主纹饰的层次。这种装饰方法在殷墟文化时期十分常见，利用阴纹与阳纹和线条的粗细，来赋予青铜器不同的风格。

（12）簋

二里岗文化期铜簋目前仅见窖藏出土1件，纹饰十分简洁。

1）青铜簋的装饰风格

南顺城街窖藏坑出土二里岗文化晚期早段铜簋1件。96ZSNH1上：9，上腹部饰两道凸弦纹（图二一，5）。

2）青铜簋纹饰的组织方式

铜簋不仅在郑州商城出土数量少，且纹饰简单。96ZSNH1上：9，仅饰有弦纹。二里岗文化特征较少。

但目前发现的最早的铜簋，即盘龙城四期出土的PLZM2：2，已经在上腹部饰有带状饕餮纹，圈足也如其他圈足器一样饰有弦纹和镂孔。且铜簋在盘龙城墓葬中的发现也比较多，因此郑州商城出土的这件铜簋很难说是受到了盘龙城铜簋的影响，而且与二里岗文化的传播路线相悖。从形制和纹饰来说，96ZSNH1上：9均与同期郑州商城出土的陶簋相似，因此这件铜簋应该是借鉴了陶簋在本地自行发展而成。另外有研究表示盘龙城的青铜器很可能是在郑州铸造，然后才运到盘龙城的[96]。若此猜测为真[97]，那么郑州商城内也应有纹饰更加精美的铜簋，但因商城内目前还没有大墓的发掘，所以有待验证。

（二）二里岗文化青铜纹饰所见铸造技术

二里头文化青铜器在合金成分和铸造工艺上已经进入一个较为成熟的时期。对于合金成分来说，二里岗文化出土的铜器的合金种类较少，铜器不外乎是铜与锡、铅两种元素在不同配比下形成的。虽然此时期人们已经开始有意识地控制合金中的成分，但与商代后期和西周时期相比，还没有建立一个完善的合金体系。而对于铸造工艺来说，此时期的工匠对于不同器类的铸造方式已经有了自己的理解，可以对器形和纹饰的铸造方式进行合理的选择，并且较好地平衡了纹饰与其在器物上的表现形式。

1. 合金成分

由于二里岗文化早期铜容器发现较少且仅有铜爵，因此在目前所检测的42件郑州二里岗文化期青铜容器中，虽然有些实验标本并未提供考古号，但应该大部分都为二里岗文化晚期所出土。42件标本中，并无纯铜器，包括锡青铜12件，铅锡青铜29件，铅青铜1件。可以看出，铅锡青铜在样本中的占比最高，约占总数的69%，其次为锡青铜，约占28.6%。在铜－锡－铅三元青铜占据了主导地位的现象之下，高合金在所有样本中的占比也达到了惊人的78.6%。其中锡青铜中有8件都为高锡青铜，铅锡青铜中也仅有 5 件为铅、锡含量皆中等或偏低的合金，其余的样本中高锡与高铅铅锡青铜数量差距不大，偶见高锡高铅合金（表四）。这些都证明了当时二里岗文化先民在青铜铸造时有意识地增加锡和铅在合金中的配比，以达到一个比较好的铜器铸造效果。

表四　郑州出土二里岗文化部分青铜容器成分表

名称	器物号/实验号	时代	材质	铜（Cu）	锡（Sn）	铅（Pb）
鼎	96ZSNH1 上：4	晚期早段	铅锡青铜	64.3%	8.14%	25.6%
鼎	96ZSNH1 上：3	晚期早段	铅锡青铜	70.9%	17.8%	10.1%
鼎	XSH1：2	晚期晚段	锡青铜	87.73%	8%	0.1%
鼎	DLH1：2	晚期晚段	铅锡青铜	75.09%	3.48%	17%
鼎	96ZSNH1 上：2	晚期晚段	铅锡青铜	69.5%	8.68%	19.9%
鼎	Y24	—	锡青铜	85.3%	13.4%	1.4%
斝	1975YLV 采 M：66	晚期早段	锡青铜	89.04%	7.05%	—
斝	96ZSNH1 上：5	晚期晚段	铅青铜	53.3%	0.53%（误差）	40.9%
斝（足）	E1	—	铅锡青铜	80.5%	10.7%	8.8%
斝	Y23	—	铅锡青铜	90.9%	3.1%	6%
斝	94217	—	铅锡青铜	85.1%	9.8%	2.4%
斝（腹部）	ZY-1824	—	铅锡青铜	69.36%	11.17%	16.33%
斝（腹部）	ZY-1826	—	铅锡青铜	66.54%	7.03%	21.81%
斝（底部）	ZY-1827	—	铅锡青铜	78.08%	11.49%	8.81%
斝（足部）	ZY-1828	—	锡青铜	80.44%	12.69%	1.56%
斝（腹部）	ZY-1829	—	铅锡青铜	75.83%	6.08%	11%
斝（腹部）	ZY-1830	—	铅锡青铜	79.06%	11.4%	6.63%
尊	XSH1：4	晚期晚段	锡青铜	91.29%	1.1%	1.12%
盘	XSH1：7	晚期早段	锡青铜	86.37%	10.91%	0.69%
盘	94213	—	锡青铜	81.8%	13.6%	0.6%
盘	94214	—	铅锡青铜	67.4%	19.7%	6.8%
盘	94215	—	锡青铜	81.1%	13.6%	0.6%
盘	94216	—	铅锡青铜	73%	11.5%	13.3%
簋	96ZSNH1 上：9	晚期早段	铅锡青铜	79.9%	13.1%	5.5%
爵（腹部）	ZY-1808	—	锡青铜	88.48%	10.46%	0.22%

续表

名称	器物号/实验号	时代	材质	成分		
				铜（Cu）	锡（Sn）	铅（Pb）
爵（腹部）	ZY-1809	—	铅锡青铜	82.87%	9.77%	5.48%
爵（腹部）	ZY-1810	—	铅锡青铜	74.28%	11.85%	9.22%
爵（口沿）	ZY-1811	—	锡青铜	86.6%	9.95%	0.04%
爵（腹部）	ZY-1812	—	铅锡青铜	80.74%	7.52%	9.51%
爵（口沿）	ZY-1813	—	铅锡青铜	78.91%	10.27%	4.16%
爵（口沿）	ZY-1814	—	铅锡青铜	74.16%	6.02%	19.99%
爵（口沿）	ZY-1815	—	铅锡青铜	76.97%	12.71%	2.41%
爵（腹部）	ZY-1816	—	铅锡青铜	76.82%	14.17%	2.62%
爵（腹部）	ZY-1817	—	锡青铜	84.94%	12.44%	1.71%
爵（腹部）	ZY-1818	—	铅锡青铜	77.95%	6.27%	15.06%
爵（腹部）	ZY-1820	—	铅锡青铜	77.99%	10.27%	5.90%
爵（腹部）	ZY-1821	—	铅锡青铜	82.35%	12.53%	5.13%
爵（口沿）	ZY-1822	—	铅锡青铜	71.73%	7.34%	19.26%
爵（底部）	ZY-1823	—	铅锡青铜	86.02%	9.05%	5.27%
鬲（腹部）	ZY-1825	—	铅锡青铜	74.84%	7.64%	14.66%
罍（肩部）	ZY-1831	—	铅锡青铜	66.78%	9.96%	20.63%
觚（底部）	ZY-1832	—	锡青铜	83.9%	14.28%	1.17%

（朱凤瀚：《中国青铜器综论》，上海古籍出版社，2009年；田建花、金正耀、齐迎萍等：《郑州二里岗文化期青铜礼器的合金成分研究》，《中原文物》2013年2期）

以铅在此时期合金中的出现比例来看，显然铅是二里岗文化青铜合金中一个重要元素，然而与含量基本稳定在中等的锡元素相比较，铅元素在合金中的占比较为混乱，没有规律，偏低或偏高都是常出现的现象，这反映了当时的人们还没有很清楚地认识到铅的作用。低含量的铅的加入有可能和当时的矿藏来源有关，为铜铅共生矿所带入，而含量高达20%左右及以上的铅却有可能是有意加入以节约锡料。将郑州出土青铜器与盘龙城所出土铜器的合金成分相对比，可以看出盘龙城青铜器中铅锡合金的占比较郑州青铜器更大，且平均铅含量要高，高铅合金含量也更多，但锡含量却低于郑州出土青铜器[98]。这就印证了郑州地区作为早商都邑，能够在昂贵的锡料上有更多的使用权。当然，一些高铅也可能是因为铅在铜合金的基体中不是固溶体，它们的分布极不均匀，可能与采样时（尤其是仅采样一处的样本），采到铅成分高的团块有关[99]。

但是正是由于铅和锡含量的增加，才增强了二里岗文化期青铜器的铸造性能。此时期的青铜容器器形规整，气孔较少，器身纹饰清晰精致、细腻繁杂，这源于熔铜液在浇铸时较好的流动性和铸后加工的便捷性，锡和铅两种元素的加入对此起到了非常重要的作用。

对南顺城街5件铜容器进行金相分析后，发现除铜斝[100]（96ZSNH1上：5）与一件铜鼎（96ZSNH1上：4）外，其余三件的金相均为α+（α+δ）+Pb，证明铜器为铅锡合金，也意味着三件铜容器的纹饰清晰度较高，切削加工性能也不错，还具有较好的耐磨性。96ZSNH1上：4虽然在经过合金成分分析后为铅锡青铜，且锡含量为8.14%，从数据上看其金相组织也应是α+（α+δ）+Pb，但其实际金相却为单相α枝晶间分布铅粒。此鼎锡含量大于6%，却未发现δ相，不确定是否是经过别的加工处理[101]，但单从金相上来看，其机械性能应当优于其他铜容器。而从另外三件铜鼎的金相分析中，也可以看出当时铸造青铜容器时更多地考虑其礼用意义，因而对于金属的机械性能并不看重。

郑州出土二里岗文化期的青铜容器以高合金为主，这对青铜器的色泽影响很大。一般高锡锡青铜的颜色为银白色或近银白色，高锡铅锡青铜与前者颜色相似，而高铅铅锡青铜为浅黄铜色。这说明锡的加入对于青铜器的色泽有很大的改变，而铅的加入虽也有但并不如锡明显。因此，二里岗文化青铜容器中锡的占比较为稳定，有可能是为了控制铜容器的色泽。锡含量变化范围小也包含了不同器物的不同部位，这能够证明二里岗文化期应该还未对纹饰区与非纹饰区的金属色泽区别开而用以进一步装饰。能够改变纹饰颜色的一种特殊而精湛的表面合金化技术，即金属膏剂涂层工艺，应该直到周代才开始出现[102]。

2. 铸造工艺

（1）爵

二里岗文化早期铜爵整体纹饰简单，形制还有一定的二里头文化特征，应与二里头文化时期铜爵铸造方式相似。但此时期铜爵鋬部、腹部均不见镂孔，证明已经不用或较少使用泥芯撑的铸造技术。另外，纹饰在有鋬一侧也有出现，说明鋬部的铸造工艺已经不成为铜爵饰纹的阻碍，结合鋬面镂孔的消失来看，猜测早期铜爵采用了二里头文化期铜角的铸造方式。

到二里岗文化晚期，铜爵经历了质的飞跃，不仅在形制上较前期有了明显变化，器表纹饰也更为复杂。此时期的铜爵多在器底发现"Y"形铸造披缝，参考同时期盘龙城出土铜爵，可知铜爵多采用上下分段合范制作，腹部范以流-尾为中轴对分，下段以三足外侧面中线及内侧凸棱为分范处三分并外包三足[103]（图二二）。"一带双纹"现在在此时期较多出现，如C8：郑博0049、C2：豫1187，有鋬一侧与另一侧饰不同纹饰，并较之简单。这种现象应该是在素面陶模上翻制外范，后在两侧外范上刻画出不同的带状纹饰所致，其中鋬侧纹饰较前侧简单应与这一侧的外范上需要设置鋬芯有关。

因为在需要固定鋬芯，分铸铸接与一范多用技术尚不成熟的前提下，二里岗文化时期铜爵、斝类器物的鋬侧均采用较简化的纹饰以降低工艺的难度与复杂性，后期因鋬侧纹饰的处理方式的提高，"一带双纹"铜器的数量减少[104]。

这造成了晚期铜爵还有一个特点，便是纹饰在鋬下腹壁中断，形成长方形的素面（图二三）。大部分铜爵鋬面上未见范痕，这说明此时期的铜爵已经运用了独立的鋬芯来铸造爵鋬。有学者认为此时期的铜爵腹部应是由前侧块二分之一大的腹范和鋬侧两块各四分之一大的腹范共三块外范组成铸型，鋬芯用左右两块外范分型面固定[105]。但通过观察一些腹部上下饰有两组纹饰的铜爵（C8M3∶1、C2∶豫1167），可以发现仅有颈部和腹部上半部的一小块纹饰被割断，鋬以下的腹部纹饰没有割断也无范线，说明鋬两侧并没有被分为两个外范。而且铜爵一周带状纹饰由两组而非三组纹饰组成，此说法不符合纹饰组数与分范数相等的习惯。另外，也有一些铜爵鋬下腹壁处纹饰流畅，未见割断，这可能是依旧延续了二里头文化时期铜角的铸造技术。

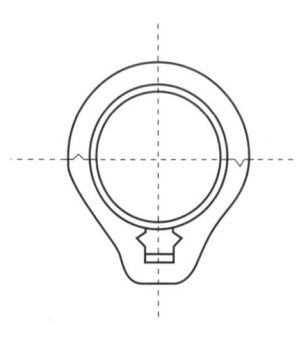

图二二　铜爵铸型组合方式示意图

（楚小龙：《二里头文化至西周文化时期青铜爵铸型分范技术的演进》，《华夏考古》2017年1期）

图二三　铜爵鋬部
1. C2∶豫1187　2. C8∶豫1439　3. C2∶豫1167

二里岗文化期铜爵上还出现了人字形单柱，柱帽皆饰有涡纹。观察C1∶郑博0223的单柱，发现柱身和柱帽都没有明显的范痕，因此单柱的铸造以单柱左右两侧中线为界分范[106]的这种方法虽然存在，但应该不是二里岗文化期都会风格[107]人字形单柱的主要铸造方式。其中盘龙城一件单柱爵（PLZM1∶16）与郑州商城出土单柱爵相似，应为同一种方式铸造，即人字形柱茎是在内芯上交叉钻上三个对穿的柱孔而形成[108]。柱帽上的纹饰较深且清晰，证明并非铸后加工，也非在模上作纹后翻制，可能有单独为柱帽设置的顶范，在范内刻画出柱帽和凹涡纹，再合范铸造。

（2）鼎

二里岗文化晚期铜鼎大体分为圆鼎和方鼎两种，墓葬出土皆为锥足圆鼎。圆鼎上腹部多饰一周三组纹饰，每组纹饰以范线相隔，范线向下延伸至足部棱线，分型面以鼎底为中心。证明锥足铜鼎不设足底范，铸型由三块外范与一件腹芯组成（图二四）。另外在向阳食品厂窖藏坑出土一件柱足铜鼎（XSH1∶1），其纹饰的组织方式与锥足鼎相似，皆为在腹部饰一周由三组纹饰单元组成的带状纹饰。但观其器身上范线，可以看出柱足鼎以腹部为界上下段合范制作，每段各分为三个外范，这点与锥足鼎差别较大。

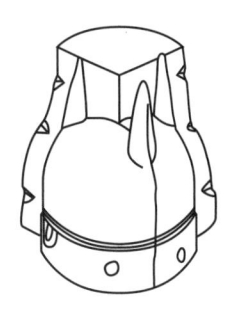

图二四　圆鼎外范结构示意图
（朱凤瀚：《中国青铜器综论》，上海古籍出版社，2009年）

同样为向阳食品厂窖藏坑出土的两件扁足鼎（XSH1∶9、XSH1∶10），在形制上与其他圆鼎有很大差异。可以看到其范线由腹部延伸至扁足一侧边缘，猜测外范分为三块，每一块带一整足，整体铸造工艺与锥足鼎变化不大。扁足鼎腹部饰带状云雷纹、上下界以连珠纹，对于二里岗文化时期的云雷纹、连珠纹等几何纹，学术界一直有争议其是否为模印工艺制作。在此件铜鼎上可以看出，连珠纹中圆圈大小形状几乎一致，有很大可能使用了此种或类似工艺，如用同一件圆管工具在外范上戳制。但云雷纹并非十分规整，每一个云雷纹都有差异，证明还是在外范上手工刻画而成。此外，有一点值得注意，这两件扁足鼎造型、大小和纹饰完全相同，证明其为同一模范铸造。这两件铜鼎证明至早在二里岗文化期，就已经有母范和母模的出现，这意味着青铜器的生产效率的大大提高。

方鼎共8件，皆出土于窖藏坑，形制与纹饰组织差别不大。以向阳食品厂出土的XSH1∶8为例。从纹饰上看，腹中部有一组带状饕餮纹，在腹壁两侧隔断乳钉纹条带，但两侧纹饰与中部也不连续，形成了一块方形的半侧饕餮纹。中间饕餮纹与两侧纹饰之间有一道铸造披缝贯穿器表，披缝处有开裂现象，证明方鼎应为拼铸[109]成型（图二五）。纹饰拼合后错位较少，在器身上比较连贯，在其他郑州窖藏方鼎的开裂处能够观察到侧壁与中壁之间还采用了榫卯结构[110]，使拼合更加紧密。XSH1∶2对角两足饰两道半周弦纹，纹饰中断处可见范线，并且不与腹部铸造披缝相接，说明柱足使用了独立的两个外范加足芯，后与底部拼接浇铸。

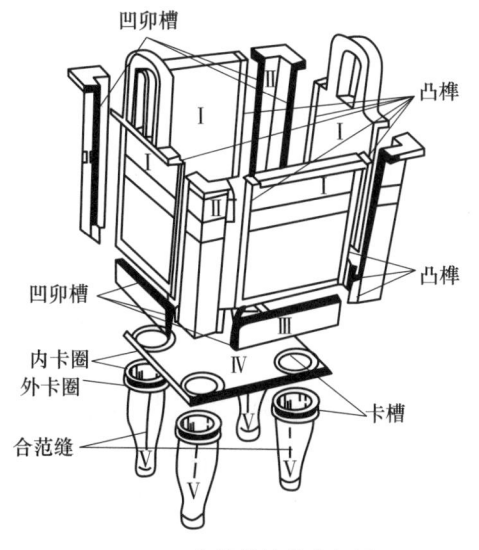

图二五　方鼎拼铸块分解图
Ⅰ. 中壁上段　Ⅱ. 角壁　Ⅲ. 中壁下段　Ⅳ. 鼎底　Ⅴ. 鼎足
（李京华：《郑州商代大方鼎拼铸技术试析》，《郑州商代铜器窖藏》，科学出版社，1999年）

铜鼎中的动物纹饰分为宽线条和细线条两种，细线条应为直接在外范上刻画而成，宽线条的纹饰的制作方法则一直存在争议。宽线条若为刻画而成，很难控制其突出于器表的高度、线条的宽窄和其对称性。但观察郑州商城所出土的宽线条饕餮纹铜鼎，发现并没有以上问题存在。有学者通过研究同时期盘龙城所出土的一件宽线条饕餮纹铜罍（M1∶7），发现纹饰与范线相连，没有空隙，若为范作纹，则不应有这种剔除不完全情况的情况出现，所以宽线条纹饰为模作纹的可能性更大[111]。在郑州商城的铜容器上虽然观察不到这种现象，但可以看到宽线条之间的空隙很小，因纹饰皆凸出器表，所以应不是在范上贴细泥条制作纹饰，而直接挖出宽线条纹饰并不好控制线条间的距离，且纹饰边缘没有明显的挖痕。因此模作纹的说法较为可信，纹饰应是从泥模上翻范后进行修整而成。这也说明了为什么大型方鼎上的纹饰几乎都为细线条，而宽线条多出现在较为好翻范的小型圆鼎上。

（3）斝

二里岗文化早期的铜斝整体纹饰简单，形制与二里头文化期铜斝相比变化不大，应与二里头文化时期铜斝铸型相似，即三块外范以三足中央为分型面，由口部向下兜底。到二里岗文化晚期，铜斝纹饰增多。此时期铜斝上常饰带状纹饰，通常每一个带条由三组纹饰构成，每组纹饰的分割处为范线所在，证明分范的块数与纹饰的构成有莫大的关系。铜斝外范由素面模翻制后分成三份，每一块上刻上相同的纹饰，鋬侧两组由于范块面积会较前侧稍窄，而后拼合浇铸。

另外，多数铜斝的鋬面中央有一条纵向范缝，在鋬下腹壁上还有两条范缝，在腹壁上留下一个长方形的素面区域，鋬侧两组纹饰在此被隔断（图二六）。这说明铜斝设置了独立的鋬芯，且与铜爵不同，是由鋬两侧的外范来将其固定。可以看到在一些颈部与腹部皆饰纹饰的铜斝（C8M2∶7、C8M39∶1）上，鋬芯会将两段纹饰全部打断。在一些腹部纹饰未被打断的铜斝（96ZSNH1上∶5、96ZSNH1上∶6）上，两组纹饰间也可见范线，这可能是缩短了鋬芯的长度所致。还有一类铜斝（C8∶豫0895），鋬面不见范缝，鋬下腹壁纹饰也未断，仅有一道范缝。其可能的做法是在鋬下设一横截面为三角形的芯范，以保证斝腹的装饰效果[112]。还有一种二里岗晚期铜斝[113]，为郑州商城中所不见（或图像资料不全），腹部纹饰不中断，鋬面中心和鋬下腹壁上各有一条范线。这种铜斝的外范应该是在鋬中线分型，鋬由在两侧外范上自带的鋬芯拼合后浇铸成型。

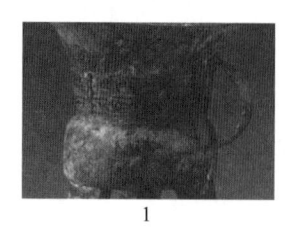

图二六　铜斝鋬部
1. BQM1∶1　2. C8M2∶7　3. C8M39∶1

郑州商城内还发现了一件鬲形斝（C1M1∶1），器底铸造披缝明显，但图像资料不全。从其纹饰来看，装饰风格与鬲相似，袋足饰双弦线人字纹，腰部每组饕餮纹应与每组的人字纹对应，猜测其范缝位于每组纹饰之间，并通至器底裆部中心汇合。这种铸造方式与铜鬲相同，唯一的不同可能是鋬芯和双柱的设置。

此时期铜斝的双柱柱帽上多饰涡纹，柱帽下方分范痕迹明显，双柱柱帽范应是在外范与顶范上各刻画一半，最后合范铸造。至于柱帽上没有明显范痕，可能是经过打磨所致。

（4）其他三足器

铜盉范线不明显，从C8∶豫0021上看，颈部饕餮纹分为三组，因此铜盉应分为三外范，顶盖与颈部有明显分范痕迹，为分段制作，流根下部有三角形铸造痕迹，应为管状流的活块范设置所导致。流底两旁的圆钉应是为与流组成兽面所作，证明此时纹饰已经会为搭配器形而设。

铜鬲在二里岗文化期器形和纹饰组织方式基本一致，纹饰依旧由范线分割为三组，铸造方式应与二里头文化期铜鬲相同。其中C2∶豫0013三组纹饰分别由X纹和人字纹构成，器身无错位与不合，应是作纹时刻意为之，为纯粹的装饰手法。有两件铜鬲（C8M3∶2、C8M3∶3）形制大小、器表纹样完全相同，证明为同一模范铸造，这与窖藏坑出土的两件扁足鼎情况一样。

（5）觚

二里岗文化期铜觚共性较多，基本都为腰部饰一周由两组纹饰组成的纹样，同时对应有两条范线。圈足二里岗文化晚期早段一般饰有三个等距的十字形镂孔，其中一个镂孔位于一条范线之上，与其纹饰单元的数量并不对应。这与铜罍和铜尊圈足上的镂孔情况不太一样，罍和尊的镂孔与纹饰组数对应，位于分范处或纹饰中线沿线上。十字形镂孔的形成应是铜觚在合范时使用了泥芯撑技术以定位内外范来控制铜器壁厚，在足芯上设置十字形的泥芯撑，与二外范和一腹芯组成铜觚的铸型。另外有一件铜觚（T17M2∶3），圈足上为对称的圆形镂孔，还有一件（BQM1∶13）甚至无镂孔。这两件铜觚镂孔的特殊性可能源于在铸造铜觚时对泥芯撑依赖性的减少，也证明了在当时十字形镂孔的出现并不是纯粹出于铸造工艺的要求。

（6）罍和尊

铜罍的铸型可能分为两种，一种为分段制作，一种则反之。XSH1∶5与C8M3∶9肩部与腹部衔接流畅，折肩处不见明显凸出痕迹，分范处较明显，纹饰皆为一周三组，应由三块外范与一腹芯和圈足芯组成。这应该与铜尊的铸型相同，同时这两件铜罍也兼有铜尊的一些特征，比如肩部饰有兽首，侈口弧度更大等，这些相似点在铸造工艺上应当不是巧合。另外三件铜罍（C8M2∶1、C1∶郑博0243、C8∶豫1615）在折肩处有明显的线状凸起，可能以折肩为界上下分段制范，每段各分三块外范。从C8M2∶1（图二七）上可以看到，肩部的纹饰为阴纹，而腹部则为阳纹，这种在同一件器物上同时出现阴阳纹饰的情况在二里岗文化期少见，很可能两处纹饰为在不同的外范上分开制作。在铜罍的颈部饰有三个龟纹，纹饰下的内壁有方形的凹入，龟纹为单独的立体纹饰，类似浮雕。这种龟纹很可能是在外范上挖出壁龛，然后将预备好的印有龟纹的外范放置入壁龛内，这种工艺常见于殷墟时期[114]。但因图像资料不全，不确定龟纹是否为模印。铜罍上多为宽线条纹饰，可能是模作纹，器表隆起的双目和鼻部可能为在模上用泥直接堆塑而成。

图二七　铜罍 C8M2∶1

铜尊的铸型应与第一种铜罍一样。铜尊在肩部装饰有三个等距的凸起牛首，并且割断肩部三组纹饰，这种情况在铜罍（XSH1∶5）上也有见。兽首皆位于分范处，与周围纹饰间隔很小，这种情况与龟纹不同，应该是随主纹饰直接做出。此外，在 C7∶豫 0890 的肩部和腹部都饰有卷云纹扉牙，扉牙底部有铸造痕迹，很可能是采用了拼铸方式，将扉牙先铸好后再与器身的外范拼接后浇铸成型。

（7）卣

铜卣仅出土一件，但形制和纹饰烦琐，盘龙城所出铜卣的风格也是如此，是铜容器中最为复杂之件。盘龙城铜卣卣身、卣盖、提梁及 8 字环各为单独铸件，各部件上均可观察到分范缝及浇口痕迹，提梁两端环上各有两个范缝，套接卣肩两耳，8 字环两端也各有两个范缝，一边连接卣盖纽，另一边连接提梁[115]。郑州商城铜卣的特征与盘龙城铜卣一致，因此铸型应为同一种。观察 XSH1∶11（图二八）器表饕餮纹，由宽、细两种线条组成，以宽线条勾勒出饕餮纹，细线做成夔纹置入饕餮纹面部的不同部位，纹饰细密，为阴纹，应是模作纹，但也不排除为模范合作纹的可能。提梁两侧蛇头线条为阴纹，提梁上的三角纹和方形云雷纹也同样，应是模作纹后翻范浇铸。器盖纹样也有同样特征。但整体纹饰上有些部位与泥条的形态相似，因此也有可能是在外范上贴泥条作纹。但此种方式工程量大，所以模作纹的可能性更好，泥条状的纹饰可能是翻范后在纹饰有缺陷的地方用泥条做出修补所致。

（8）其他圈足器

素面铜盘一件破损，白家庄墓葬出土一件铜盘（C8M2∶3），比较精致。器表不见范线，纹饰连贯，说明此时铸后加工工艺已经比较成熟。根据盘龙城出土铜盘，二里岗文化时期铜盘铸型应由三块外范与一腹芯、一圈足芯组成[116]。这两件铜盘的镂孔较其他镂孔小，可能是因铸造工艺进步所致。

中柱盂形制比较特殊，盂内底部中间立一单柱，柱帽为平顶，饰涡纹。单柱低于口沿，在涡纹处见一条不明显范线，这种中柱盂很可能没有设计独立的外范，二是利用

图二八　铜卣 XSH1∶11

两块腹芯合范浇铸。这不同于后期中柱盂先行铸就后放入芯中，在浇注盂体时，和盂体铸接的工艺[117]。而这种铸造工艺的不同可能也源于中柱盂用途上的区别，郑州商城这件中柱盂应为驱虫所用[118]。

铜簋无耳，铸型应与铜盘相似，但不设泥芯撑。

四、结论与相关问题

（一）二里头、二里岗文化时期青铜纹饰的演变

二里头文化至二里岗文化时期的青铜容器在纹饰上主要以几何纹和动物纹为主，在时间上经历了流行纹饰由几何纹过渡到动物纹的演变（表五）。纹饰复杂化和细腻化的倾向性是此段时期铜器的一个重要特征，在青铜器艺术的发展初期，装饰花纹从取材于陶器、玉器，到找到青铜器独立的造型语言[119]，对中国早期青铜文明来说是一次重大的突破。

1. 几何纹

（1）弦纹、三角纹、网格纹、"X"纹、人字纹

弦纹是青铜容器上最早发现、也是出现频率最高的几何纹饰。二里头文化时期，弦纹凸出于基体，经常呈现在铜容器的腰部和颈部，作为主纹饰装饰器表。弦纹不只独立成纹，还常与其他纹饰搭配，例如与乳钉纹搭配饰于铜爵腰部，与"X"纹搭配形

成带状网格纹饰于铜鼎腹部。弦纹是构成纹饰形成条带的基本要素，这在二里岗文化期的铜容器纹饰中有着明显表现。

表五　二里头到二里岗文化部分青铜容器装饰风格演变

期段\器形	爵	鼎	斝	鬲
二里头文化三期	1980YLⅢM2：1			
二里头文化四期	1975YLⅦKM7：1	1987YLⅤM1：1	1984YLⅥM9：1	C8T166M6：1
二里岗文化早期晚段	C8M7：3		C8M32：1	
二里岗文化晚期早段	C2：豫1187	C8M2：4	C8M3：6	C8M3：3
二里岗文化晚期晚段	96ZSNH1上：7	XSH1：9	96ZSNH1上：6	

二里岗文化早期，弦纹的运用依旧延续着二里头文化期的形式与风格，直到二里岗文化晚期，弦纹从主纹饰的位置上逐渐退下，演变为辅助性纹饰。一般在主纹饰上下界以弦纹，以形成带状纹饰，弦纹间可夹其他几何纹饰，作为主纹饰条带的边纹以点缀。此时期还出现了凹弦纹，这与纹饰铸造工艺的改变有关。

三角纹、网格纹、"X"纹与人字纹（"V"纹）都是弦纹的变形组合，其中前三种纹饰是由人字纹排列组合后或搭配弦纹形成的。

人字纹目前仅见于袋足器，是铜鬲上的基础性纹饰，在鬲形斝上也有见。二里头文化中发现的唯一一件铜鬲上就饰有人字纹，此外在二里头遗址中也出土了刻有凹人字纹的陶范，可见用人字纹装饰袋足是此时期的一个传统风格。到二里岗文化晚期，对铜鬲的装饰依旧以弦纹加上人字纹为主，组织形式也没有改变。此时期的人字纹分为单弦线和双弦线两种，以后者为重，部分人字纹摒弃了直线的形式，对弦线做出了加强弧度的处理，使其由纯粹的"V"字形向"人"字形转变，这种改变使人字纹更加贴合袋足的形态，说明此时期的纹饰设计者开始思考纹饰与器形之间的关联性。另外，"X"纹也在此时期的袋足上出现，很可能是为了改变铜鬲一成不变的装饰风格而做出的创新。

二里头文化中，网格纹仅在铜鼎腹部有饰，并且极为粗糙，但在二里头文化的铜容器中，已经算作是较为复杂的纹饰。二里岗文化期，三角纹和网格纹常出现在铜爵的腰部和铜鼎的足部，并基本见于晚期早段，此时期的三角纹和网格纹已经比较精致规范，且讲究对称性，在合范时也会考虑到几何纹整体的连贯性。从铜爵（C8：郑博0049）上仅饰半侧的网格纹来看，几何纹在此时已经成为铜器装饰的次要选择，在具有铸造技术限制的部位一般会将简单的几何纹作为首选。

（2）乳钉纹与连珠纹

乳钉纹与弦纹同时于二里头文化四期中出现，作为铜爵的主纹饰构成之一装饰于腰部，是除弦纹外最为流行的纹饰，但一般都与其他纹饰搭配，不会独立出现。在二里岗文化早期，乳钉纹也偶有出现，与弦纹搭配作铜爵的主纹饰。而到了二里岗文化晚期，乳钉纹开始以连续纹样的形式大量出现，经常与弦纹配合作为铜容器主纹饰上下的辅助性纹饰。尤其是在郑州商城窖藏坑所出土的方鼎上，数排的乳钉纹以条带的形式被装饰在腹壁四隅甚至腹中部，这种形式应该为殷墟文化时期将乳钉纹配合云雷地纹作为主纹饰的滥觞。乳钉纹制作简单，凸出器表富有立体感，还可以根据铜器的不同风格做出不同形式的搭配，这可能成了乳钉纹在铜器中长盛不衰的重要因素。

连珠纹是圆圈纹以二方连续形式展开而组成的纹饰，出现在二里岗文化晚期。连珠纹从出现伊始便作为辅助性纹饰，最常见于主纹饰边缘。其应用广泛，在大部分器形上都有出现，基本与带状饕餮纹一同，是当时最常见的纹饰组合。二里岗文化以后同乳钉纹一样，连珠纹也偶尔会作为主纹饰出现。

（3）鼓面纹、涡纹

鼓面纹为一种圆饼饰，二里头文化时期被发现在一件铜斝（1984YLⅥM9：1）的腹部，但不甚凸出。在二里岗文化晚期早段，这种纹饰依旧被装饰在铜斝的腹部。可以看出，到二里岗文化晚期，铜斝腹部经常装饰有散点状的一周圆形纹饰，其中涡纹也较常出现，这应该是对鼓面纹在装饰程度上的一种改良。

涡纹在二里头文化期不见，在二里岗文化期最常见于带柱铜器的柱帽上，其中铜卣（XSH1：11）的盖纽顶部也有出现。可以看出涡纹在装饰时，对于挑选器物部位的倾向性还是比较统一的。此外，在铜罍（C8M2：1）颈部的龟纹上，涡纹也替代龟壳出现。二里岗文化期在设计圆形纹饰时，涡纹可能是一种首选，既不像纯粹的圆形纹饰那样单调，又因其旋转的纹饰线条给铜器增加了立体的动态感。

（4）云雷纹、勾云纹、勾连纹、卷云纹

云雷纹、勾云纹、勾连纹、卷云纹都可以算作云纹，在二里岗文化时期的青铜器上作为辅助纹饰出现。其中云雷纹经常在边缘辅助主纹饰，但在圆鼎（XSH1：9、XSH1：10）上也作为主纹饰装饰，在铜卣的提梁上，方形云雷纹还作为蛇身纹饰的象征出现。可见云雷纹在二里岗文化期，运用已经比较广泛，并且在二里岗晚期晚段远多于一期，装饰面积也有逐渐扩大的迹象。商人对天的崇拜，加上云雷纹较强的可塑性，让其在后期成为青铜器上的主要地纹。

其他三种可以视为变形的云纹，在二里岗文化期的铜容器上，他们的运用或与云雷纹一样，或作为辅助纹饰补足主要纹饰所不及的空间。可以看到许多勾勒饕餮纹与夔纹的线条也是借用了云纹的设计手法，可以说云纹一类的纹饰已经与动物类的纹饰融合在一起。借助云纹构成的补充纹饰，也可以由其对称处清晰地看到主纹饰的分组边界。其中卷云纹出现在扉牙上，应该是从玉器上借鉴的装饰手法，这种扉牙在后期经常搭配饕餮纹出现。

2. 镂孔

镂孔在铜容器的装饰上具有特殊性，它与器表纹饰不同，是铸造工艺所形成的兼具实用性和艺术性的纹饰。在二里头文化时期，镂孔多出现于铜爵的鋬部，基本分为"H"形和"目"形两种，但镂孔大小形状并不很一致，说明此时的镂孔还未规范化。此外，在铜爵（1980YLⅢM2：2）的假腹处，也出现了圆形镂孔。

到二里岗文化时期，鋬处的镂孔基本消失，圈足开始出现镂孔并逐渐成为其标准配置。以铜斝为代表的圈足器，在圈足二里岗文化晚期早段一般饰有2~4个十字形或十字近方形的镂孔，但偶尔也见圆形和方形镂孔。不同的圈足器上镂孔的设置位置不用，有些镂孔对应范线的位置，如铜盘、铜尊、铜罍、铜卣，还有一些镂孔与范线并无直接关系，如铜斝。

3. 动物纹

（1）饕餮纹、兽面纹

兽面纹在二里头文化时期出现于绿松石镶嵌铜牌饰上，早期由绿松石单独构成，稍晚期由绿松石结合铜框架构成。皆为独立纹样，左右对称，兽面纹分为上下两部分，下半部为动物面部，饰有双目和口鼻，上半部为身体或冠角。

二里岗文化晚期，饕餮纹成为铜容器上的主流纹饰，作为主纹饰呈带状装饰在器表。饕餮纹多为单层，不设地纹，面部设在中央，身体分设两旁，分为宽线条和细线条两种，这与其铸造方式的不同有关。宽线条一般出现在体型较小的器物上，在大型器上仅在一件窖藏方鼎（XSH1∶2）上有见。细线条装饰在面积较小的器物，如铜斝上常见，是为在有限的空间内尽可能地展现出纹饰的完整性。兽面纹的双目分为圆形和梭形两种，这继承了二里头文化时期铜牌饰上兽面纹两种不同的双目风格。但在此时期以梭形眼为主，这种眼型更加能突出饕餮的凌厉。突出的双目也是如此，尽管也有平面的双目，但是凸出的一类显然在二里岗文化期因为威严的视觉体验而更受青睐。在一件铜罍（C8M3∶9）上，饕餮面部不仅双目凸出，其鼻部、角部等也隆起，类似浅浮雕的效果与旁边的辅助纹饰形成了明显的差别。这种形式的兽面纹因出众的表现效果，在殷墟时期开始流行。

饕餮纹多数作为条带装饰，但在一些纹饰复杂的器物上，饕餮纹变宽，向下延伸至足部以上，几乎占据了整个器表，如铜罍和铜卣，这在二里岗文化晚期晚段时尤为明显。这意味着铜器礼器的意味逐渐浓厚，形成了自己独特的装饰风格。而这种少见素面的装饰风格，被殷墟文化期的铜容器所继承，成为当时青铜文明繁盛的重要表现。

二里岗文化期的一些带鋬铜器（C8∶郑博0049、C2∶豫1187）上，若饰有饕餮纹，则会出现一带双纹的现象。有鋬一侧的纹饰会用简单的线条较少的纹饰来替代，这种显然是由于铸造技术的问题而刻意为之。在部分铜斝上，饕餮纹条带会在鋬下腹壁处断开，这也与当时的铸造手法有关。这种情况集中出现在二里岗文化期左右，具有较强的时代性。

二里岗文化期还出现了目纹，可以视为是饕餮纹简洁的表达方式。铜爵C2∶豫1187上出现的半侧双目纹，很可能是因为不想破坏器物的整体风格，而又受技术所限制，从而使用了双目纹来代表饕餮纹。

铜盉的装饰手法从二里头文化时期到二里岗文化时期，除了在饕餮纹流行时，将颈部的弦纹改为饕餮纹外，其他部位的装饰区别不大。尤其是铜盉在顶部的流根两侧一直饰有圆钉，这种固定的装饰风格在拥有管状流的器物中仅在铜盉上可见。应当是利用顶部与管状流，加上两个乳钉，从而达到兽面的效果，可以算是特殊的组合兽面纹。到商代晚期，铜盉顶部的兽面更加完善，已经不只用两个圆钉来象征，形成了完整的兽面。铜盉上圆钉与管状流、口部的组合兽面，意味着此时期对于铜器的设计已经不仅局限于平面或单个部位，而是将纹饰与器形相结合进行考量。

（2）夔纹

夔纹是二里岗文化时期流行程度仅次于饕餮纹的纹饰，但与饕餮纹基本作为主纹饰不同，夔纹虽然也有作为主纹饰出现，但也经常作为辅助纹饰饰于器物的颈部与足部。夔纹依然以带状纹饰为主，但在窖藏扁足鼎（XSH1∶9、XSH1∶10）的足部，整个足部都被做成了夔龙的造型，这是铜容器在造型上的一次突破，纹饰不仅仅能装饰在器表，还可以以本身的形态替代铜器的某个部位。而且铜鼎足部与夔龙的形态很是契合，证明此时期已经有意识地将动物的形态和铜器的部位做出比对，并能够挑选出合适的形态融入。

（3）其他动物纹

龟纹在二里岗文化晚期首次出现在铜罍（C8M2：1）上，而且具有浮雕的效果，被置于铜罍颈部的方形凹坑内，这些都提示着这件铜罍上的龟纹并不是用普通的纹饰铸造工艺做出。龟纹虽然在商代晚期以后也经常出现，但一般都为平面，且置于铜盘内壁底部。

此外，在同时期的铜罍和铜尊上，也出现了浮雕式的兽首，分别为羊首和牛首。这些兽首面部以中线对称，略凸出于器表，饰于折肩处。兽首上以阴纹勾勒出羊和牛的面部细节和角，双目和鼻梁凸出。这些兽首与龟纹不同，与周围纹饰之间没有空白间隔，底部腹壁也不见凹陷，因此和龟纹的铸造工艺不为同一种。

铜卣（XSH1：11）提梁两侧被装饰成立体的蛇头，与之相配的是提梁上端以云雷纹饰为蛇身。这说明了在二里岗文化时期，铜器的设计者就能将所见的物品或动物制作为合适的铜器部位，对铜器的整体加以装饰。

（二）二里头、二里岗文化时期青铜纹饰所见铸造技术的发展

在二里头文化到二里岗文化时期，青铜器纹饰从简单到复杂的背后，依靠的是青铜铸造技术的变革与演进。青铜器的铸造工艺在此段时期经历了从形成到勃发[120]的过程，在合金成分、纹饰的制作、范铸工艺和铸后加工方面都体现出了相当的进步性，这些进步点也都从铜器的器形与纹饰的呈现上予以反馈。这时期的青铜铸造工艺开创了中国青铜冶铸技术不同于其他早期文明的独特方式，也成为奠定鼎盛期青铜艺术绚烂夺目的根基。

1. 合金的发展

铜容器在二里头文化期，便已经出现了锡青铜和铅锡青铜两种。在二里头文化三期时，锡青铜的占比还是比较高的，铜器正好处于从红铜过渡到锡青铜的阶段。锡在合金中的加入应该使当时的匠人意识到了其比纯粹的红铜、在铸造时的熔点更低，铸造出来铜器成功率也更高，开裂现象和气孔的生成都大大减少。但到二里头文化四期时，铅锡青铜占据了大部分比例。这源于二里头文化四期伊始，铅被有意识地添加到合金中，以增加铜液的流动性和充型性能。这在铜器的纹饰上也得以体现，二里头文化四期时，带有纹饰的铜器数量大幅度增加，纹饰的呈现也比较清晰。可见，二里头文化时期的铜容器多数为含锡、铅量中等或偏低的三元青铜，对铜容器来说已经是较好的配比。

到二里岗文化晚期，铅锡青铜的三元合金在所有铜容器中占据主要地位，锡青铜也存在较多，铅青铜偶见。其中高合金在铜器中的占比最高，高锡、高铅成分常见。说明当时已经可以熟练地运用锡和铅的成分，来增强青铜器的铸造效果。在铜容器合金中，锡的含量较为稳定，含量基本保持在中等水平，而铅的含量没有规律，偏低尤其是偏高都较为常见。这可能有三种原因：一是当时的人们还没有很清楚地认识到铅的作用，尤其是对容器机械性能的影响；二是有意加入更多的铅以节约昂贵的锡料，而都邑对锡有更大的掌控权，所以铅的含量会较地方略少；三是铅在铜合金的基体中分布极不均匀，采样时可能会采到铅成分高的团块。

但锡和铅的加入对于改善铜容器的铸造性能有着关键性作用，从二里头文化到二里岗文化时期，铜容器的器形愈加规整，气孔大为减少，器身纹饰细腻清晰。尤其是到二里头文化晚期，纹饰在铜器器表上出现的面积增大，线条增多且规整，纹饰的连贯性高，而这也使铜器纹饰逐渐摆脱了陶器的影响，出现了自己独立的风格。

从金相上看，从二里头文化期到二里岗文化期，大部分铜容器的金相组织应该都为 α+（α+δ）或 α+（α+δ）+Pb，后者的占比随着时间的推移逐渐超过前者。这令铜器在强度和硬度上都有一定程度的上升，在纹饰上的表现就是纹饰清晰度的提高。铅粒在枝晶间的分布使铸件致密度提升，金属的耐磨性和切削加工性能也有所改善，所以后期的铜器纹饰往往平整细腻，在合范处也有着良好的展现。但同时，金相组织的发展也说明了不论是二里头文化期还是二里岗文化期，匠人对于青铜礼容器的机械性能都没有清晰的认识，也没有想要改善的倾向，这应该与铜容器还是以礼用功能为主有关。

对于合金成分对青铜器色泽的影响，在二里头文化时期，铜容器多呈现出古铜色和浅黄铜色。而到了二里岗文化期，青铜器则多呈现出银白色和浅黄铜色。这种变化可能与不同时期对青铜器的不同审美风格有关，而稳定的锡含量也可以帮助控制金属最终呈现出的色泽。直到二里岗文化期，还没有通过金属颜色来对纹饰加以装饰的证据，因而铜器颜色的转变是整体性的。

2. 纹饰铸造技术的进步

镂孔是二里头文化期到二里岗文化时期一直存在的一种装饰手法，是因为泥芯撑的存在发展而来，因此它也不仅仅只是装饰，同样是部分铜容器在铸造中的必要工艺。早在二里头文化时期，镂孔在铜爵鋬部就是相当常见的存在。在二里头文化铜爵的鋬面可见"H"形或"目"形镂孔，内侧略大，鋬上与鋬下腹部均不见范痕。这应是在铜爵外范嵌入活块芯，用泥芯撑将鋬芯定位，再利用泥浆将活块芯与外范黏合的方式铸造而成。而到了二里岗文化时期，带鋬铜容器鋬部的镂孔逐渐消失，这是源于鋬部铸造工艺上的改进，从而对泥芯撑的依赖减小。有两种方式：一是鋬一侧外范由内外两个范组成的，在爵鋬外另设单独外范；二是在外范上自带鋬芯。这种情况在铜爵腰部的纹饰上也可看出，二里头文化铜爵在鋬一侧不设纹饰，而二里岗文化铜爵、铜斝的纹饰在有鋬一侧也有出现，说明鋬部的铸造工艺已经不成为铜爵饰纹的阻碍。

而二里岗文化时期的镂孔却多出现在圈足器的足上，这与二里头文化期铜爵假腹处的圆形镂孔有一定相似性。圈足青铜器是二里岗文化时期新出现的器形，圈足基本饰有十字形或近十字形镂孔，偶见方形和圆形镂孔。这种十字镂孔的形成应是在足芯上设置十字形的泥芯撑，而后浇铸而成。有一些圈足器的镂孔数量减少，甚至不设镂孔，或镂孔变小，应该是因为铸造技术的提升，使在合范时能够较好地控制定位和铜器的壁厚，从而使泥芯撑的作用减小或不设泥芯撑。

青铜器器表的纹饰分为阴纹和阳纹两种，阴纹低于器表，阳纹则反之。二里头文化时期的纹饰皆为阳纹，配合二里头遗址中所出土的花纹范来看，应该是在制范时直接刻画在范上，然后铸造出来。这种纹饰的铸造方式是我国早期青铜文明所特有的，并形成了自己独特的体系。

此时期的阳纹究竟为模印还是手工刻画，可以通过纹饰的组合排列看出。例如铜鼎上的纹饰并不规整，线条之间有时排列间隙相差极多，因此不应是使用了模印工艺，而是在外范上较为随意刻画而成。而到了二里岗文化时期，可以从铜器上看出，连珠纹中圆圈大小形状几乎一致，有很大可能使用了此种或类似工艺，如用同一件圆管工具在外范上戳制。而至于其他纹饰，如云雷纹等，可以看到每个云雷纹都有差异，证明依旧是在外范上手工刻画而成。而成组的纹饰，在每个单元对比后，纹饰也不尽相同。二里岗文化时期已经出现了陶拍子和陶花纹印模，但都用于泥质陶器上。郑州商城南关外铸铜遗址出土的几块花纹范[121]疑似作为模印所用，然而并不能确认，因此模印工艺的说法还有待证实，但应该已经出现并运用。

虽然模印工艺并没有直接的证据证明其已经在此时期出现，但二里岗文化时期出土了三对形制大小、器表纹样完全相同的铜器（铜鼎、铜瓿、铜鬲），意味着其为同一模范铸造。这证明至早在二里岗文化期，就已经有母范和母模的出现，可令青铜器的生产效率大大的提高。

阴纹在二里岗文化晚期中出现，并与阳纹装饰于同一件器物上，这种情况很可能是两处纹饰为在不同的外范上分开制作。全部为阴纹的情况出现在铜卣上，纹饰细密，很有可能整器皆为模作纹而后翻范浇铸。但纹饰上有些部位与泥条形态相似，也有可能是在外范上贴泥条作纹，或在翻范后在纹饰有缺陷的地方用泥条做出修补。

纹饰在二里头文化到二里岗文化时期共出现了细线条、宽线条与浅浮雕三种样式，二里头文化期仅有细线条一种，是为在外范上直接刻画。二里岗文化期，三种样式同时存在，宽线条在铜器器表展现出了高度平均、线条宽窄均匀、对称性好的特征，因此宽线条纹饰为模作纹的可能性更大，纹饰应是从泥模上翻范后进行修整而成。而宽线条倾向于在小型器上出现的特点也从侧面证实了这一猜测。在一些宽线条的饕餮纹中，饕餮的双目和鼻部隆起，这可能是在模上就用泥直接堆塑而成。在一些同时饰有宽线条和细线条的铜器上，纹饰在制作时也不排除为模范合作纹的可能。

浮雕兽首的出现也是二里岗文化期的一项重要突破，这种兽首多出现在铜罍和铜尊上。兽首皆位于分范处，与周围纹饰间隔很小，应该是随主纹饰直接做出。在铜罍上还出现了一种浅浮雕式的龟纹，这种龟纹与兽首不同，很可能是在外范上挖出壁龛，然后将预备好的印有龟纹的外范放置入壁龛内，这种工艺于殷墟时期所常见。

3. 范铸工艺的提高

二里头文化中铜爵具有纹饰仅饰半侧的现象，这与铜爵分为两块外范，而有鋬的一侧不饰纹饰，这应是因为活块芯的设置不利于纹饰的刻画有关。而到了二里岗文化期，这种现象减少，但"一带双纹"现在在此时期较多出现，且有鋬一侧较前侧饰纹饰简单，这种现象应该是与这一侧的外范上需要设置鋬芯有关，采用简单的纹饰可以降低工艺的难度与复杂性，后期这种现象因分铸的盛行而减少。但纹饰也并不完全是连续的，一些在鋬下腹壁中断，形成长方形的素面，这说明此时期的铜爵已经运用了独立的鋬芯来铸造爵鋬。但也有一些铜爵鋬下腹壁处纹饰未见割断，这可能是因为在爵鋬外另设了单独外范。

这在铜斝上也出现了相似现象，多数铜斝在鋬下腹壁上有两条范缝，留下一个长方形的素面区域，鋬侧两组纹饰在此被隔断。这说明铜斝设置了独立的鋬芯，且与铜爵不同，铜斝外范分为三块，鋬芯由鋬两侧的外范来将其固定。在一些颈部与腹部皆饰纹饰的铜斝上，鋬芯会将两段纹饰全部打断，而在一些腹部纹饰未断的铜斝上，可能是缩短了鋬芯的长度。对于一些腹部纹饰连续的铜斝，其可能的做法是在鋬下设一横截面为三角形的芯范来保证纹饰不被中断，或将外范在鋬部中线处分型，鋬由在两侧外范上自带的鋬芯拼合后浇铸成型。

在二里头文化时期的铜盉流部底端皆有类似于三角纹的纹饰，但此纹饰应是因铜盉的管状流设活块范，并置入盉顶的外范中，后经过浇铸所导致的铸痕。到二里岗文化时期，铜盉上依旧见有这种三角形铸痕，因此管状流的铸造方式没有太大变化。

铜器的纹饰基本与其分范相关，但在二里头遗址所出土的铜斝上，其腹部饰有的三个圆饼饰，其中两个圆饼饰以鋬部延长线为中轴对称，相距较近，之间也并未见范线。因此猜测此件平底斝可能借用了此时期平底爵的分范方式，即对开分型，而圆饼饰与分范并不对应。这说明在二里头文化期，纹饰的分组并不与分范存在一定的对应关系。

而二里岗文化时期，铜斝上所饰的带状纹饰，基本每一个由三组纹饰构成的带条单元分割处皆为范线所在，证明分范的块数与纹饰的构成形成了对应关系。这种纹饰单元数量与外范块数之间的关联，几乎在每一类铜容器上都有着明显的体现。这种按外范块数来分组制作纹饰的方式，也大大提高了纹饰的制作效率。

合范时的定位是铜容器铸造时的重要步骤，合范时定位的准确度往往在纹饰上有着最为直接的呈现。二里头文化时期，纹饰在范线两侧经常有错位现象，证明合范时的定位方法还并不是很成熟。观察二里头遗址出土的陶范，发现此时期有两种合范定位方式，定位线定位及销钉定位，其中没有发现榫卯定位[122]。以定位线定位为主，在外范上刻有各种符号，便于合范。

到二里岗文化时期，纹饰的错位现象减少，到二里岗文化晚期时，纹饰的连贯性极强，甚至看不出来有分范的痕迹。在郑州商城南关外铸铜遗址出土的陶范上，可以看出来，此时期合范的定位采用了定位线定位和榫卯定位相结合的方式，榫卯定位大大降低了范与范之间定位的难度，对于合范后铜容器浇铸出来的准确度有着重要作用。

二里岗文化中还见到一种特殊的铜容器，在形制和铸造方式上方鼎都有其独特性。方鼎每面腹壁上的纹饰呈"凵"字形图案，但两侧纹饰与中部并不连续，两侧中部的纹饰与上下也同样被割断。但纹饰拼合后错位较少，侧壁与中壁之间应采用了榫卯结构，使拼合更加紧密。个别方鼎足部仅饰半周纹饰，纹饰中断处可见范线，并且不与腹部铸造披缝相接，说明柱足使用了独立的两个外范加足芯，后与底部拼接浇铸。方鼎使用了与其他器形所不同的拼铸方式，这是因为二里岗文化时期的铸造技术还不先进，无法将大型铜容器浑铸成型。同样特殊的还有铜卣，铜卣器身遍饰花纹，且器形构造复杂。铜卣卣身、卣盖、提梁及8字环都各为单独铸件。铜尊的扉牙也很可能是采用了拼铸方式，将扉牙先铸好后再与器身的外范拼接后浇铸成型。拼铸技术的出现说明当时的匠人对于不同的铜器会改变铸造工艺，运用最适合的技术将铜器铸造成型。

4. 铸后加工工艺的完善

从二里头文化到二里岗文化时期的纹饰上也可以看到铸后加工工艺的完善，范线从早期的明显到后期存在感降低，甚至不见。二里头文化早期，铸造披缝明显，后期可见对铸缝的修整，但对周围纹饰的磨损比较严重。到二里岗文化早期，范痕依旧较为明显，铜容器没有做特别的加工。但到了二里岗文化晚期，对铜器，尤其是小件铜容器，做出了较为精致的铸后加工，纹饰几乎都有打磨痕迹。

补铸技术在此段时期内也经常出现。二里头文化期的补铸常用于在浇铸时出现缺陷的铜器上，而二里岗文化时期补铸则多用于在设置芯撑后浇铸所出现的孔洞上，并且会加以修整。这说明铜器在合范铸造时的准确度提升，而补铸技术也成为分铸技术出现的滥觞。

铸后表面装饰只在二里头文化时期出现，在铜牌饰和铜圆形器中，用绿松石镶嵌成纹饰。二里岗文化中也有绿松石的发现，殷墟文化时期更是有绿松石镶嵌铜牌饰的出土。从文化发展上讲，二里岗文化应当是继承了二里头文化的绿松石镶嵌技术，这一点还有待发现。

（三）纹饰复杂化所见铸造技术进步的动因

青铜器上的纹饰所呈现出的相关因素远不仅仅局限于冶金、铸型和浇铸修整的工艺[123]，二里头文化到二里岗文化时期，从冶铸材料到社会文化，都体现出了相当的影响力和进步性。其中，青铜器纹饰所反馈出最为鲜明的两点动因是建基于数千年深厚制陶工艺的高超制范技术和以礼制为核心的广域王权国家的社会文化需求。

1. 陶泥与制范

早在新石器时代晚期，制陶业就已经非常发达，印纹硬陶的出现证明人类在制陶时已经有意识地选择不同的原料并且进行精加工，而且对烧制时的温度也有着相应的控制。模制法和快轮制陶的出现使制陶效率大大提高，器型更加规整，通过刮削等技术修整后的陶胎光滑且薄厚均匀。到二里头文化时期，对二里头遗址中发现的特殊陶器（白陶、印纹硬陶和原始瓷）进行研究后，可以发现其胎料组成明显区别于日用陶器，可见当时陶工对于特殊类型陶器的原料具有一定的选择性[124]。此时期慢轮修整的广泛运用使陶器更加规整、匀称，质量得到了极大提升[125]。这种长期在陶器制作中积累出的制陶经验，为早期青铜器铸造时所依赖的陶范的制作技术，奠定了坚实的基础。

有学者通过实验研究发现，中国早期的陶范必须具备良好的可塑性、复印性、可雕性、脱模性，拥有足够高的干湿强度、干硬度、耐火度和化学稳定性，还有较低的收缩 - 膨胀率和发气量，以及足够好的退让性与充型性能，以上的基本性能缺一不可[126]。对于青铜器纹饰最终的呈现效果来讲，这些性能的影响因素或大或小。

二里头遗址出土的陶范，经过观察，发现陶范中有植物质夹杂，经过焙烧但陶范的焙烧温度不高，未达烧结温度，明显可见陶范的型腔面和分型面上都很光滑、致密且无孔洞，表明陶范的型腔面经过了特殊的处理，采用了细腻的泥料组成[127]。由于当时制陶工艺已经成熟，因此陶范中的植物应是人为加入。植物质的加入对于陶范来说是一项重要的技术，植物所生成的无定形 SiO_2 使得陶范拥有了良好的充型性能，对于青铜纹饰的清晰度极为重要。二里头遗址出土的陶范经过化学成分分析，可以发现其 SiO_2 含量稳定在 62% ± 0.5%[128]，已经算是比较高的含量，与同时期陶器中的含量[129]相似。稳定化学成分证明了此时期陶泥的制作已经有了固定的程序和配比，虽并未与制陶的材料成分区分开，但已足够满足当时的青铜器生产需要。

郑州商城出土的陶范由黏土塑制，并经过轻度的焙烧，所用黏土需要淘洗，掺杂草木灰与砂子并多次捣作，范面细腻[130]。对郑州商城出土的陶范进行化学分析，发现其 SiO_2 含量已经高达 75% 以上[131]，这远远高出了同时期的陶器含量[132]。这说明二里岗文化期已经能够根据陶质物品的不同功用进行不同的加工，这在郑州商城出土的泥芯与陶范成分不同上也有着体现，高 SiO_2 含量也使郑州商城可以铸造出相比于二里头遗址纹饰更加精细复杂的青铜器。

不论是二里头文化还是二里岗文化期，陶范在焙烧时温度都较低，不曾烧结，陶范的退让性与充型性能会因此而增加，并使脱范更加便利。此外，匠人会在外范内刷上细泥浆，令外范内壁光滑，这样脱范后，青铜器器表也会更加平整。殷墟时期常见的面范加背范的外范组合在此时期还未出现，这对于铜器纹饰的形成也是一次重要的技术变革。

2. 社会文化需求

二里头作为中国最早的广域王权国家[133]，是中国文明史上的一个重要节点。二里头遗址发掘者在遗址宫殿区以南发现了铸铜作坊，还在作坊以北发现了一处绿松石制造作坊，这两处作坊与其他手工业作坊不同之处在于，两者都处于遗址中心区[134]。这不仅表现出当时社会已经分工细化，同时还表明了青铜生产被贵族阶级所垄断。当然，垄断的表现并不仅仅止于此，除二里头遗址外，其他遗址均没有发现有铜容器制造的遗迹，并集中于少数墓葬之中[135]，表明了二里头遗址对青铜铸造技术的垄断[136]，并同时也垄断了青铜器的分配[137]。

二里头文化时期青铜器的出现，除了生产力发展的因素外，更重要的原因是贵族统治阶层对于青铜器在扩大阶层分化上作用的需要。因此，在这个青铜冶铸技术恰好从西方传入中原的节点上，二里头文化仿制陶器铸造了青铜器，并逐渐代替了陶器在礼制中的作用。块范法青铜器生产需要明确细致的劳动分工、对原料的有效控制和高度复杂的技术和管理水平，只有高度分层的社会组织才能够满足它们，它们反过来也会进一步促进社会的复杂化进程[138]。而青铜器仅在贵族阶层内分配更是又加剧了社会组织的分层，这种阶级和阶层的分化与手工业的专业化分工，伴随着二里头遗址中出现了高等级、高规格的宫殿宗庙建筑，使二里头成了文明时代的国家都城[139]。

二里头文化时期处在设计、铸造、使用青铜礼器的初期阶段，工匠们需要在青铜器铸造和装饰过程中不断实践和提炼容器的制作技术，对于青铜器纹饰的设计者来说，如何将主要地域和主要文化中的图像归纳、平衡、体系化到一种具有更大包容性的聚合性统一图案形式上来，以便王朝统治者与臣民、诸侯方国、盟友，甚至敌对国和敌对群体都能理解、接受和信奉，是一个更为巨大的挑战[140]。二里头文化一开始选择了几何纹饰，这不仅是因为受到了铸造技术的制约，更是平衡了统治地域内的共同审美，而绿松石镶嵌铜牌饰使用的兽面纹则是赋予了更高一级的使用权限。

早期采矿、冶炼与铸造工序是分离的，不同地区形成了各自的青铜产业格局，而不同的格局背后是不同的管理机制即政权发育程度[141]。而铸铜作坊的选址和布局，与铜器生产水平和技术垄断程度密切相关[142]。铸铜作坊与绿松石作坊的地理位置足以表明当时统治者对于铜器生产和绿松石器生产的重视程度，而在铸铜作坊内却没有功能分区，这意味着铜器的生产规模还没有扩大，生产力较小，处于低等级的手工业分工阶段，这也能证明为何在二里头遗址中出土的铜容器不多，且纹饰都较为简单。这种垄断强调了当时统治阶层的集权，但也大大制约了铜器的铸造与发展。

到二里岗文化时期，王权的更迭伴随着疆域面积的扩大，青铜器成为礼制的代表，为了王朝的统治和文化输出，此时期的青铜器已经找到了以饕餮纹为主要装饰的传播方案，至迟在二里岗文化晚期，一个以郑州为中心的青铜礼器动脉网络体系已经形成，并且容器类的青铜礼器在体系中占据了核心地位，其重要性远超其他任何礼器[143]。

在网络中心的郑州商城中，发现了南关外和紫荆山两个铸铜作坊。就遗址性质看，南关外铸铜遗址是一处进行熔铜浇铸和成品处理环节的工作场所，不承担陶范等生产环节的工作，而紫荆山则几乎不生产铜容器，根据郑州商城所发现的铜器数量与陶范的不匹配特点看，不排除郑州商城还存在另外的铸造工坊[144]。这种分工体系说明了此时期铜器生产的每一步都有着单独的流程，是一种流水线式的生产模式。如果陶范的制作有单独的地点和工匠，那么也就能说明为什么铜器分范数量在增加，而这种增加对于纹饰的分片制作来说提供了较好的环境，从而使铜器生产效率提升。到了二里岗晚期，直接的表现就是铜容器器表纹饰面积的扩大和精细程度的上升，而母模和母范的使用也是在这种生产格局下的体现。

从二里头文化到二里岗文化时期铸铜遗作坊的空间布局和手工业分工来看，说明王室或政权对铸铜作坊的技术与生产的管控是逐步下降的，而生产的专门化和生产能力在不断提升[145]。到了殷墟时期，青铜铸造生产的专业程度达到了空前的高度，极度烦琐的纹饰背后是对于人力大量的需求和更加细致化的分工，青铜冶铸产业已经不仅仅是出于中央权力象征的需要，更是国家经济发展和政权下文化扩散的必需品。纹饰在数百年间的不断复杂化映射的是青铜铸造技术持续的进步，同样也是中国早期文明从兴起到鼎盛的全过程。

注　释

[1] 许宏、袁靖主编：《二里头考古六十年》，中国社会科学出版社，2019年，第140页。

[2] 李朝远：《青铜器学步集》，文物出版社，2007年，第9页。与M：66有相似形制和纹饰的斝曾在郑州商城出土，时代为二里岗晚期早段。

[3] 中国社会科学院考古研究所：《中国考古学·夏商卷》，中国社会科学出版社，2003年，第111、112页；陈国梁：《略论二里头遗址的围垣作坊区》，《夏商都邑与文化（二）——纪念二里头遗址发现55周年国际学术研讨会论文集》，中国社会科学出版社，2014年，第91~93页。

[4] 郑光：《二里头遗址的发掘——中国考古学上的一个里程碑》，《夏文化研究论集》，中华书局，1996年，第67页。

[5] 陈国梁：《二里头遗址铸铜遗存再探讨》，《中原文物》2016年3期，第35~44页。

[6] 原简报将其时代定为洛达庙晚期，后陈国梁修订为二里头文化四期。见陈国梁：《二里头文化铜器研究》，《中国早期青铜文化——二里头文化专题研究》，科学出版社，2008年，第237页。

[7] 河南省文物考古研究所、郑州市文物考古研究所：《郑州商代铜器窖藏》，科学出版社，1999

年，第 i 页。

[8] 河南省文物考古研究所：《郑州商城——1953～1985 年考古发掘报告》，文物出版社，2001 年，第 307 页。

[9] 河南省文物考古研究所：《郑州商城——1953～1985 年考古发掘报告》，文物出版社，2001 年，第 367 页。

[10] 中国社会科学院考古研究所：《中国考古学·夏商卷》，中国社会科学出版社，2003 年，第 225 页。

[11] 中国社会科学院考古研究所：《中国考古学·夏商卷》，中国社会科学出版社，2003 年，第 225 页。

[12] 中国社会科学院考古研究所：《偃师二里头：1959 年～1978 年考古发掘报告》，中国大百科全书出版社，1999 年；中国社会科学院考古研究所：《二里头：1999～2006》，文物出版社，2014 年。

[13] 河南省文物考古研究所：《郑州商城——1953～1985 年考古发掘报告》，文物出版社，2001 年。

[14] 河南省文物考古研究所、郑州市文物考古研究所：《郑州商代铜器窖藏》，科学出版社，1999 年。

[15] 中国社会科学院考古研究所二里头队：《1980 年秋河南偃师二里头遗址发掘简报》，《考古》1983 年 3 期，第 202 页；中国社会科学院考古研究所二里头工作队：《1984 年秋河南偃师二里头遗址发现的几座墓葬》，《考古》1986 年 4 期，第 319 页；中国社会科学院考古研究所二里头工作队：《1987 年偃师二里头遗址墓葬发掘简报》，《考古》1992 年 4 期，第 294 页；中国社会科学院考古研究所二里头工作队：《河南偃师二里头遗址发现新的铜器》，《考古》1991 年 2 期，第 1138 页；河南省考古研究所：《郑州商城新发现的几座商墓》，《文物》2003 年 4 期，第 7～17 页。

[16] 中国社会科学院考古研究所：《中国考古学·夏商卷》，中国社会科学出版社，2003 年，第 109～115、225 页。

[17] 许宏、袁靖主编：《二里头考古六十年》，中国社会科学出版社，2019 年，第 121～125、140～155、351～353 页。

[18] 安金槐：《关于郑州商代青铜器窖藏坑性质的探讨》，《郑州商城考古新发现与研究（1985～1992）》，中州古籍出版社，1993 年，第 60～63 页；安金槐：《再论郑州商代青铜器窖藏坑的性质与年代》，《华夏考古》1997 年 1 期。

[19] 郭宝钧：《商周铜器群综合研究》，文物出版社，1981 年，第 4～9 页。

[20] 朱凤瀚：《中国青铜器综论》，上海古籍出版社，2009 年。

[21] 梁宏刚、孙淑云：《二里头遗址出土铜器研究综述》，《中原文物》2004 年 1 期。

[22] 陈国梁：《二里头文化铜器研究》，《中国早期青铜文化——二里头文化专题研究》，科学出版社，2008 年，第 124～274 页。

[23] 中国社会科学院考古研究所：《偃师二里头：1959 年～1978 年考古发掘报告》，中国大百科全书出版社，1999 年，第 399 页；中国社会科学院考古研究所：《二里头：1999～2006》，文物出版社，2014 年，第 1500～1542 页。

[24] 河南省文物考古研究所、郑州市文物考古研究所：《郑州商代铜器窖藏》，科学出版社，1999 年，第 104～127 页。

[25] 田建花、金正耀、齐迎萍等：《郑州二里岗文化期青铜礼器的合金成分研究》，《中原文物》2013年2期。
[26] 苏荣誉、华觉明、李克敏等：《中国上古金属技术》，山东科学技术出版社，1995年。
[27] 杨肇清：《略论商代二里岗期青铜铸造业及其相关问题》，《郑州商城考古新发现与研究（1985～1992）》，中州古籍出版社，1993年，第64～71页。
[28] 廉海萍、谭德睿、郑光：《二里头遗址铸铜技术研究》，《考古学报》2011年4期。
[29] 〔日〕宫本一夫：《二里头遗址二里头文化至二里岗文化过渡期的青铜器生产》，《南方文物》2019年2期，第95～102页。
[30] 马承源：《中国青铜器研究》，上海古籍出版社，2007年，第355～504页。
[31] 〔美〕杨晓能著，唐际根、孙亚冰译：《另一种古史：青铜器纹饰、图形文字与图像铭文的解读》，生活·读书·新知三联书店，2008年。
[32] 田自秉：《中国工艺美术史》，东方出版中心，1985年，第35～54页。
[33] 李松、贺西林：《中国古代青铜器艺术》，陕西人民美术出版社，2002年，第2～67页。
[34] 韩玉玲：《谈二里头文化时期的青铜冶铸业》，《中原文物》1992年2期，第101页。
[35] 中国社会科学院考古研究所：《偃师二里头：1959年～1978年考古发掘报告》，中国大百科全书出版社，1999年，第389页。
[36] 河南省文物考古研究所：《郑州商城——1953～1985年考古发掘报告》，文物出版社，2001年，第1016页。
[37] 中国社会科学院考古研究所：《二里头：1999～2006》，文物出版社，2014年，第15页。
[38] 铅<2%，锡<2%，属于纯铜和类纯铜，铅和锡皆视为杂质混入；铅<2%，锡>2%，铅视为杂质混入，实为铜－锡二元合金，为典型的锡青铜。其中，含锡>10%的为高锡青铜；锡<2%，锡可视为杂质混入，合金是单纯的铜－铅二元合金，亦即铅青铜。含铅>10%的为高铅青铜；铅>2%、锡>2%，皆为合金元素，构成铜－锡－铅三元合金、称之为铅锡青铜，其中，锡>10%者属于高锡铅锡青铜，铅>10%者属于高铅铅锡青铜，铅>10%、锡>10%者为高锡高铅铅锡青铜。
[39] 郑光：《二里头遗址的发掘——中国考古学上的一个里程碑》，《夏文化研究论集》，中华书局，1996年，第75页。
[40] 裴明相：《郑州商代二里岗文化期陶器制作中的几个问题》，《华夏考古》1991年4期，第89页。
[41] 陈国梁：《二里头文化铜器研究》，《中国早期青铜文化——二里头文化专题研究》，科学出版社，2008年，第137页。
[42] 李朝远：《青铜器学步集》，文物出版社，2007年，第14、15页。
[43] 中国社会科学院考古研究所：《偃师二里头：1959年～1978年考古发掘报告》，中国大百科全书出版社，1999年，第81页。
[44] 朱凤瀚：《古代中国青铜器》，南开大学出版社，1995年，第89页。
[45] 郭宝钧：《商周铜器群综合研究》，文物出版社，1981年，第7页。
[46] 在陕西历史博物馆、上海博物馆和玫茵堂中分别收藏有二里头文化时期的青铜角各一件，学术界对于角的器类划分看法并不一致，有些学者认为角属于爵的一种。由于三件青铜角的出土地点并不明确，所以在本文不多加赘述。

[47] 1987年春,在二里头遗址Ⅴ区发现三件铜器,三件皆被工人卖出,后经公安协助追回一件铜鼎和一件铜斝,另一件据当事人描述,当为铜盉,但至今未找回。

[48] 陈国梁:《二里头文化铜器研究》,《中国早期青铜文化——二里头文化专题研究》,科学出版社,2008年,第152页。

[49] 李志鹏:《二里头文化墓葬研究》,《中国早期青铜文化——二里头文化专题研究》,科学出版社,2008年,第56页。

[50] 由于上海博物馆一件二里头文化四期铜爵鋬部经X光拍摄显示有四个未镂空的方孔,但因并非所有铜器都经过X光拍摄,所以对于未经检测的铜器,本文的素面即表面所见未形成花纹和镂孔。

[51] 刘煜:《圈足上的镂孔:试论商代青铜器的泥芯撑技术》,《南方文物》2014年3期,第110~116页。

[52] 廉海萍、谭德睿、郑光:《二里头遗址铸铜技术研究》,《考古学报》2011年4期,第563页。

[53] 马今洪:《上海博物馆藏二里头文化束腰爵新探》,《中国国家博物馆馆刊》2014年3期,第24页。

[54] 廉海萍、谭德睿、郑光:《二里头遗址铸铜技术研究》,《考古学报》2011年4期,第567、568页。

[55] 朱凤瀚:《中国青铜器综论》,上海古籍出版社,2009年,第617页。

[56] 马今洪:《上海博物馆藏二里头文化束腰爵新探》,《中国国家博物馆馆刊》2014年3期,第26页。

[57] 崔志远:《天津市新收集的商周青铜器》,《文物》1964年9期,第33页。

[58] 蒋大沂:《说早期青铜器中的"角"》,《文物》1960年7期,第53页。

[59] 廉海萍、谭德睿、郑光:《二里头遗址铸铜技术研究》,《考古学报》2011年4期,第563页。

[60] 蒋大沂:《说早期青铜器中的"角"》,《文物》1960年7期,第53页。

[61] 1972年安徽肥西出土的一件铜斝饰两道弦纹夹半周连珠纹;1975年河南新郑望京楼出土一件铜斝饰半周菱形交叉纹。

[62] 二里岗文化中部分铜器出现了同一纹饰带上出现不同母题的纹饰。

[63] 中国社会科学院考古研究所二里头工作队:《河南偃师二里头遗址发现新的铜器》,《考古》1991年2期,第1139页。

[64] 朱凤瀚:《中国青铜器综论》,上海古籍出版社,2009年,第619页。

[65] 另一件出土铜盉的墓葬1986YLⅡM1资料发表不全。

[66] 飯島武次,「二里頭類型第4期の青銅器と二里岡下層文化の青銅器」,『駒澤大學文學部研究紀要』2014年第72号,第123頁。

[67] 早川泰弘、平尾良光、金正耀、鄭光,「ICP—AES/MSによる研究を中心に中国二里頭遺跡出土青銅器の多元素分析」,『保存科学』1999年第38号,第101頁。

[68] 李敏生:《先秦用铅的历史概况》,《文物》1984年10期,第85页。

[69] 许宏、袁靖主编:《二里头考古六十年》,中国社会科学出版社,2019年,第150页。

[70] 朱凤瀚:《中国青铜器综论》,上海古籍出版社,2009年,第694页。

[71] 中国社会科学院考古研究所:《二里头:1999~2006》,文物出版社,2014年,第1504~1515页。

[72] 李京华：《〈偃师二里头〉有关铸铜技术的探讨——兼谈报告存在的几点问题》，《中原文物》2004年3期，第34页。

[73] 苏荣誉、华觉明、李克敏等：《中国上古金属技术》，山东科学技术出版社，1995年，第97页。

[74] 许宏、袁靖主编：《二里头考古六十年》，中国社会科学出版社，2019年，第146页。

[75] 廉海萍、谭德睿、郑光：《二里头遗址铸铜技术研究》，《考古学报》2011年4期，第564页。

[76] 廉海萍、谭德睿、郑光：《二里头遗址铸铜技术研究》，《考古学报》2011年4期，第563、564页。

[77] 张昌平：《玫茵堂收藏的二里头文化青铜器》，《南方文物》2014年3期，第153页。

[78] 苏荣誉、华觉明、李克敏等：《中国上古金属技术》，山东科学技术出版社，1995年，第97页。

[79] 廉海萍、谭德睿、郑光：《二里头遗址铸铜技术研究》，《考古学报》2011年4期，第566页。

[80] 楚小龙：《二里头文化至西周文化时期青铜爵铸型分范技术的演进》，《华夏考古》2017年1期，第77页。

[81] 张昌平：《方国的青铜与文化》，上海人民出版社，2012年，第274页。

[82] 苏荣誉、董韦：《盖钮铸铆式分铸的商代青铜器研究》，《中原文物》2018年1期，第80页。

[83] 〔日〕宫本一夫：《二里头遗址二里头文化至二里岗文化过渡期的青铜器生产》，《南方文物》2019年2期，第96、97页。

[84] 宫本一夫认为，二里头文化四期铜容器应归于二里岗文化系统，即便出现了王朝更替，但制造青铜器的集团或者制造青铜器的技术却是连续的。〔日〕宫本一夫：《二里头遗址二里头文化至二里岗文化过渡期的青铜器生产》，《南方文物》2019年2期，第102页。

[85] 对于窖藏青铜器各个器物的所属年代，不同的学者有着不同判断，本文中对窖藏青铜器的断代以《郑州商代铜器窖藏》中所述为准。

[86] 李济：《殷商时代装饰艺术研究之一——比较觚形器的花纹所引起的几个问题》，《李济考古学论文选集》，文物出版社，1990年，第900页。

[87] 有"一带双纹"现象的盘龙城铜器包括爵（PWZH7：5、PYZM2：5、P：032、PYWM11：57）、斝（PWZH7：1）、甗（PLZM2：45）、觚（89HPCYM1：5）。

[88] 常怀颖：《二里岗铜容器的"一带双纹"现象》，《文物》2010年6期，第84页。

[89] 1975YLV采M：66，原报告将其判断为二里头文化四期，后根据其形制与纹饰改为二里岗文化期，因其形制与二里岗文化晚期早段铜罍相近，故本文将其归于二里岗文化晚期早段。

[90] 湖北省文物考古研究所：《盘龙城：1963～1994年考古发掘报告》，文物出版社，2001年，第592页。

[91] 李琴：《商代青铜器镂孔圈足之管见》，《青铜器与山东古国学术研讨会论文集》，上海古籍出版社，2017年，第29、30页。

[92] 张昌平：《方国的青铜与文化》，上海人民出版社，2012年，第276页。

[93] 铜罍C8M3：9在原考古报告中称罍，后有学者称其为尊，笔者对比了器形和纹饰后，认为其为罍。

[94] 朱凤瀚：《中国青铜器综论》，上海古籍出版社，2009年，第620页。

[95] 朱凤瀚：《中国青铜器综论》，上海古籍出版社，2009年，第619页。

[96] 刘莉、陈星灿：《中国考古学：旧石器时代晚期到早期青铜时代》，生活・读书・新知三联书店，2017年，第299页。

[97] 但也有学者对盘龙城墓葬出土青铜器上的黏土残留物进行分析，发现黏土来自本地，从而证明盘龙城青铜器为本地生产。

[98] 田建花、金正耀、齐迎萍等：《郑州二里岗文化期青铜礼器的合金成分研究》，《中原文物》2013年2期，第94页。

[99] 钱宪和、余炳盛、方建能等：《中国古代的各种青铜（二）》，《台湾博物馆学刊》2005年2期，第55页。

[100] 已被完全锈蚀。

[101] 一般经过退火处理的铅锡青铜会呈现出类似金相。

[102] 谭德睿、廉海萍、吴则嘉等：《东周铜兵器菱形纹饰技术研究》，《考古学报》2000年1期，第111~144页。

[103] 湖北省文物考古研究所：《盘龙城：1963~1994年考古发掘报告》，文物出版社，2001年，第578页；楚小龙：《二里头文化至西周文化时期青铜爵铸型分范技术的演进》，《华夏考古》2017年1期，第77、78页。

[104] 常怀颖：《二里岗铜容器的"一带双纹"现象》，《文物》2010年6期，第88、89页。

[105] 常怀颖：《二里岗铜容器的"一带双纹"现象》，《文物》2010年6期，第88页。

[106] 楚小龙：《二里头文化至西周文化时期青铜爵铸型分范技术的演进》，《华夏考古》2017年1期，第79页。

[107] 古典期的器物被简单划分成两个类型："都会风格"与"地方风格"。当年美国学者贝格立（Rober Bagley）在讨论商文化的时候，称之为"Metropolity style"（都会风格）。在中国青铜文明早期，从二里头到郑州商城、到殷墟、再到丰镐的演变过程，均可被称为"都会"，也是各种历史因素表达和交换的场合。转引自讲座纪要：https://mp.weixin.qq.com/s/SMAhM-g4WckPe66B85WIGg。

[108] 湖北省文物考古研究所：《盘龙城：1963~1994年考古发掘报告》，文物出版社，2001年，第579页。

[109] 河南省文物考古研究所、郑州市文物考古研究所：《郑州商代铜器窖藏》，科学出版社，1999年，第104页。

[110] 张经：《商代青铜方鼎铸造工艺研究》，《青铜器与金文》（第一辑），上海古籍出版社，2017年，第500页。

[111] 张昌平：《方国的青铜与文化》，上海人民出版社，2012年，第275页。

[112] 张昌平：《二里头文化至殷墟文化时期青铜器錾的铸造技术及其发展》，《文物》2016年9期，第58~61页。

[113] 郭春媛：《郑州博物馆藏几件夏商青铜器》，《文物》2020年1期，第70、71页。

[114] 岳占伟、刘煜、岳洪彬等：《殷墟陶模、陶范、泥芯的制作工艺研究》，《南方文物》2016年2期，第134~137页。

[115] 湖北省文物考古研究所：《盘龙城：1963~1994年考古发掘报告》，文物出版社，2001年，第582页。

[116] 湖北省文物考古研究所：《盘龙城：1963~1994年考古发掘报告》，文物出版社，2001年，第582、583页。

[117] 刘煜：《试论殷墟青铜器的分铸技术》，《中原文物》2018年5期，第85页。
[118] 宋豫秦：《中柱盂功用的民族志类比》，《中原文物》1991年4期，第51、52页。
[119] 李松、贺西林：《中国古代青铜器艺术》，陕西人民美术出版社，2002年，第5页。
[120] 苏荣誉、华觉明、李克敏等：《中国上古金属技术》，山东科学技术出版社，1995年，第101、102页。
[121] 河南省文物考古研究所：《郑州商城——1953~1985年考古发掘报告》，文物出版社，2001年，第364页。
[122] 廉海萍、谭德睿、郑光：《二里头遗址铸铜技术研究》，《考古学报》2011年4期，第569页。
[123] 苏荣誉：《块范法》，《中国三十大发明》，大象出版社，2017年，第129页。
[124] 中国社会科学院考古研究所：《二里头：1999~2006》，文物出版社，2014年，第1480页。
[125] 戴向明：《陶器生产、聚落形态与社会变迁：新石器至早期青铜时代的垣曲盆地》，文物出版社，2010年，第158页。
[126] 谭德睿、徐惠康、黄龙：《中国青铜时代陶范铸造技术研究》，《考古学报》1999年2期，第213页。
[127] 廉海萍、谭德睿、郑光：《二里头遗址铸铜技术研究》，《考古学报》2011年4期，第569页。
[128] 廉海萍、谭德睿、郑光：《二里头遗址铸铜技术研究》，《考古学报》2011年4期，第567页。
[129] 中国社会科学院考古研究所：《二里头：1999~2006》，文物出版社，2014年，第1430、1431页。
[130] 裴明相：《郑州商代青铜器铸造述略》，《中原文物》1989年3期，第91页。
[131] 谭德睿、徐惠康、黄龙：《中国青铜时代陶范铸造技术研究》，《考古学报》1999年2期，第219页。
[132] 周仁、张福康、郑永圃：《我国黄河流域新石器时代和殷周时代制陶工艺的科学总结》，《考古学报》1964年1期，第23页。
[133] 许宏：《何以中国——公元前2000年的中原图景》，生活·读书·新知三联书店，2016年，第163页。
[134] 中国社会科学院考古研究所：《二里头：1999~2006》，文物出版社，2014年，第1162、1163页。
[135] 陈国梁：《二里头文化铜器研究》，《中国早期青铜文化——二里头文化专题研究》，科学出版社，2008年，第206页。
[136] 陈国梁：《二里头文化铜器研究》，《中国早期青铜文化——二里头文化专题研究》，科学出版社，2008年，第206页。
[137] 刘莉、陈星灿：《中国考古学：旧石器时代晚期到早期青铜时代》，生活·读书·新知三联书店，2017年，第283页。
[138] 刘莉、陈星灿：《中国考古学：旧石器时代晚期到早期青铜时代》，生活·读书·新知三联书店，2017年，第283页。
[139] 王震中：《文明与国家起源的"聚落三形态演进"说和"邦国—王国—帝国"说》，《中国社会科学院研究生院学报》2012年5期，第112页。
[140] 〔美〕杨晓能著，唐际根、孙亚冰译：《另一种古史：青铜器纹饰、图形文字与图像铭文的解读》，生活·读书·新知三联书店，2008年，第335页。

[141] 李延祥:《中原与北方地区早期青铜产业格局的初步探索》,《中国文物报》2014年2月28日第5版。
[142] 常怀颖:《夏商都邑铸铜作坊空间规划分析》,《中原文物》2018年5期,第69页。
[143] 〔美〕杨晓能著,唐际根、孙亚冰译:《另一种古史:青铜器纹饰、图形文字与图像铭文的解读》,生活·读书·新知三联书店,2008年,第338页。
[144] 常怀颖:《夏商都邑铸铜作坊空间规划分析》,《中原文物》2018年5期,第71、72页。
[145] 常怀颖:《夏商都邑铸铜作坊空间规划分析》,《中原文物》2018年5期,第80页。

附　　表

附表一　二里头遗址出土铜容器

名称	器物号	期段	出土	资料出处
爵	1973YLⅧT22③：6	二里头文化三期	遗址	注［1］，第 195、196 页，图 103、图版 88；注［2］，第 304 页，图四 -3、图版玖 -2；注［3］，一
	1975YLⅥKM3：4	二里头文化三期	墓葬	注［1］，第 251 页，图 164-3；注［4］，第 260 页，图四 -2、图版伍 -3；注［3］，二
	1976YLⅢKM6：1	二里头文化三期	墓葬	注［1］，第 251、252 页，图 164-1、图版 120-2
	1978YLⅤKM8：1	二里头文化三期	墓葬	注［1］，第 252 页，图 164-2、彩版 1、图版 120-1
	1980YLⅢM2：1	二里头文化三期	墓葬	注［5］，第 202 页，图九 -4；注［6］，第 119 页，图九十二 - 右
	1980YLⅢM2：2	二里头文化三期	墓葬	注［5］，第 202 页，图版壹 -1、图九 -6
	1974YLⅣ采：65	二里头文化四期	遗址	注［1］，第 299 页，图 197、图版 142-1；注［2］，第 304 页；注［4］，第 260 页，图四 -1；注［3］，七
	1975YLⅦKM7：1	二里头文化四期	墓葬	注［1］，第 341、342 页，图 239、图版 169-1；注［7］，第 270 页，图一 -2、图版拾壹 -1；注［3］，9
	1983YLⅣM16：3	二里头文化四期	墓葬	注［8］，第 32 页
	1984YLⅥM11：1	二里头文化四期	墓葬	注［9］，第 319 页，图五 - 上、图版柒 -5
	1984YLⅥM6：5	二里头文化四期	墓葬	注［9］，第 319 页，图五 - 下、图版捌 -7；注［6］，第 119 页，图九十二 - 左
	1984YLⅥM9：2	二里头文化四期	墓葬	注［9］，第 319 页，图四 - 上、图版捌 -6
	1987YLⅥM57：1	二里头文化四期	墓葬	注［10］，第 294 页，图二 -2、图版贰 -1
鼎	1987YLⅤM1：1	二里头文化四期	墓葬	注［11］，第 1138 页，图一 - 左 / 下、图版捌 -1
盉	1986YLⅡM1：1	二里头文化四期	墓葬	注［6］，第 120 页，图九十三 -2；注［12］，第 105 页，图 2-10-5
斝	1987YLⅤM1：2	二里头文化四期	墓葬	注［10］，第 1138 页，图一 - 右、图版捌 -2
	1984YLⅥM9：1	二里头文化四期	墓葬	注［9］，第 319 页，图五 - 下、图版捌 -7；注［6］，第 119 页，图九十二 - 左
	1975YLⅤ采 M：66	二里岗文化晚期早段	墓葬	注［1］，第 342 页，图 240、图版 169-2

注：

［1］中国社会科学院考古研究所：《偃师二里头：1959 年～1978 年考古发掘报告》，中国大百科全书出版社，1999 年。

［2］中国科学院考古研究所二里头工作队：《河南偃师二里头遗址三、八区发掘简报》，《考古》1975 年 5 期。

［3］《河南出土商周青铜器》编辑组：《河南出土商周青铜器》（一），文物出版社，1981 年。

［4］中国科学院考古研究所二里头工作队：《偃师二里头遗址新发现的铜器和玉器》，《考古》1976 年 4 期。

［5］中国社会科学院考古研究所二里队：《1980 年秋河南偃师二里头遗址发掘简报》，《考古》1983 年 3 期。

［6］中国社会科学院考古研究所：《考古精华：中国社会科学院考古研究所建所四十年纪念》，科学出版社，

1993年。
[7] 偃师县文化馆：《二里头遗址出土的铜器和玉器》，《考古》1978年4期。
[8] 中国社会科学院考古研究所：《中国社会科学院考古研究所考古博物馆洛阳分馆》，文化艺术出版社，1998年。
[9] 中国社会科学院考古研究所二里头工作队：《1984年秋河南偃师二里头遗址发现的几座墓葬》，《考古》1986年4期。
[10] 中国社会科学院考古研究所二里头工作队：《1987年偃师二里头遗址墓葬发掘简报》，《考古》1992年4期。
[11] 中国社会科学院考古研究所二所里头工作队：《河南偃师二里头遗址发现新的铜器》，《考古》1991年2期。
[12] 中国社会科学院考古研究所：《中国考古学·夏商卷》，中国社会科学出版社，2003年。

附表二 郑州商城出土铜容器

名称	器物号	期段	出土	资料出处
爵	C8M32：2	二里岗文化早期晚段	墓葬	注[1]，第564页
	C8M7：1	二里岗文化早期晚段	墓葬	注[1]，第564页
	C8M7：2	二里岗文化早期晚段	墓葬	注[1]，第564、674页，图四六二-2、彩版九-2/3、图版一四三-2
	C8M7：3	二里岗文化早期晚段	墓葬	注[1]，第564、674页，图四六二-3
	C8YJM1：1	二里岗文化早期晚段	墓葬	注[1]，第565页
	C8采：豫文104	二里岗文化早期晚段	采集	注[1]，第674页，图四六二-4、图版一四二-3
	MGM2：21	二里岗文化晚期早段	墓葬	注[1]，第574、810、811页，图五四六-1、图版二二〇-2；注[2]，第502页，图版叁-4、图二-16、三-2
	MGM2：22	二里岗文化晚期早段	墓葬	注[1]，第574、809页，图五四五-1、图版二二九-1；注[2]，第502页，图版叁-5、图二-15
	BQM1：12	二里岗文化晚期早段	墓葬	注[1]，第576、811页，图五四六-2、彩版二八-2、图版二二〇-3；注[3]，第69页，图一七-5、图一八-6
	BQM2：2	二里岗文化晚期早段	墓葬	注[1]，第578、811页，图五四六-9；注[3]，第75页，图一八-11、图二三-2
	C7M25：1	二里岗文化晚期早段	墓葬	注[1]，第578页；注[4]，第84、85页
	C11M125：4	二里岗文化晚期早段	墓葬	注[1]，第579、811页，彩版二八-4、图版二二一-1
	BQM4：1	二里岗文化晚期早段	墓葬	注[1]，第580页；注[5]，第334页，图一三-10、图一四-6
	C8M2：8	二里岗文化晚期早段	墓葬	注[1]，第583、811页，图五四六-3、彩版二八-3、图版二二〇-4；注[6]，第30页，图版十
	C8M3：1	二里岗文化晚期早段	墓葬	注[1]，第583、811页，图五四六-7、图版二二二-1；注[6]，第30页，图版九
	MGM2：14	二里岗文化晚期早段	墓葬	注[1]，第809页，图五四五-4、图版二二九-3
	C11M125：1	二里岗文化晚期早段	墓葬	注[1]，第809页，图五四五-5

续表

名称	器物号	期段	出土	资料出处
爵	C8：郑博 0049	二里岗文化晚期早段	墓葬	注［1］，第 809 页，图五四五 -6、图版二一九 -4
	C7M46：1	二里岗文化晚期早段	墓葬	注［1］，第 809 页，图五四五 -7
	C11M148：10	二里岗文化晚期早段	墓葬	注［1］，第 809、810 页，图五四五 -8
	C2：豫 0018	二里岗文化晚期早段	墓葬	注［1］，第 810 页，图五四五 -9、图版二二〇 -1
	C2：豫 1187	二里岗文化晚期早段	墓葬	注［1］，第 811 页，图五四六 -4、彩版二九 -1、图版二二一 -2
	C8：豫 1439	二里岗文化晚期早段	墓葬	注［1］，第 811 页，图五四六 -5、彩版二九 -2、图版二二一 -3
	C2：豫 1444	二里岗文化晚期早段	墓葬	注［1］，第 811 页，图五四六 -6、图版二二一 -4
	C1：郑博 0223	二里岗文化晚期早段	墓葬	注［1］，第 811 页，图五四六 -8、图版二二二 -2
	白家庄 C8	二里岗文化晚期早段	墓葬	注［1］，第 811、812 页，图五四六 -10
	—	二里岗文化晚期早段	—	注［1］，第 811 页
	C2：豫 1167	二里岗文化晚期早段	墓葬	注［1］，第 813 页，图五四六 -11、彩版二；九 -3、图版二二二 -3/4
	—	二里岗文化晚期早段	—	注［1］，第 813 页
	—	二里岗文化晚期早段	—	注［1］，第 809 页
	—	二里岗文化晚期早段	—	注［1］，第 809 页
	—	二里岗文化晚期早段	—	注［1］，第 809 页
	—	二里岗文化晚期早段	—	注［1］，第 809 页
	T17M2：1	二里岗文化晚期早段	墓葬	注［7］，第 11、12 页，图二〇 -1、图二四、图四二 -3
	87M1：1	二里岗文化晚期早段	墓葬	注［7］，第 17 页，图二六、四一 -1
	MGM4：1	二里岗文化晚期晚段	墓葬	注［1］，第 870 页，图五八一 -3、彩版四三 -2、图版二五三 -6
	C1M1：2	二里岗文化晚期晚段	墓葬	注［1］，第 870、871 页，图五八一 -4
	96ZSNH1 上：7	二里岗文化晚期晚段	南顺街窖藏坑	注［8］，第 17、18 页，图一六 -1、图一七 -1、图版九 -1/2
	96ZSNH1 上：8	二里岗文化晚期晚段	南顺街窖藏坑	注［8］，第 18~21 页，图一六 -2、图一七 -2、彩版八、图版一〇 -1/2
	T61M1：3	二里岗文化晚期晚段	墓葬	注［7］，第 9 页，图一七 -5、图二二、图四二 -2
鼎	MGM2：2	二里岗文化晚期早段	墓葬	注［1］，第 574、799 页，图五三九 -4；注［2］，第 502 页，图版叁 -6、图二 -2、图三 -3
	BQM1：3	二里岗文化晚期早段	墓葬	注［1］，第 576、799 页，图五三九 -5、彩版一九 -1/2、图版二一二 -1；注［3］，第 69 页，图一七 -1、图一八 -2
	C8M39：2	二里岗文化晚期早段	墓葬	注［1］，第 578、798 页，图五三九 -2、彩版一八 -2、图版二一一 -3
	C8M2：4	二里岗文化晚期早段	墓葬	注［1］，第 583、799、800 页，图五三九 -6、彩版一九 -3、图版二一二 -2；注［6］，第 29 页，图版四

续表

名称	器物号	期段	出土	资料出处
鼎	C8M3：7	二里岗文化晚期早段	墓葬	注［1］，第583、800页；注［6］，第29页，图版五
	C8：郑博0058	二里岗文化晚期早段	墓葬	注［1］，第798页，图五三九-1、彩版一八-1、图版二一一-2
	C11M146：3	二里岗文化晚期早段	墓葬	注［1］，第798页，图五三九-2、彩版一八-3、图版二一一-4
	87M1：4	二里岗文化晚期早段	墓葬	注［7］，第17页，图二五、图四一-2
	96ZSNH1上：3	二里岗文化晚期早段	南顺街窖藏坑	注［8］，第10页，图一〇、图一一、彩版五、图版五
	96ZSNH1上：4	二里岗文化晚期早段	南顺街窖藏坑	注［8］，第10～17页，图一二、图一三、图版六-1
	DLH1：1	二里岗文化晚期晚段	张寨南街窖藏坑	注［1］，第513、794页，图五三四-1～3、彩版一四、图版二〇九-1；注［9］，第64页，图版壹、图一〇；注［8］，第75、76页，图四九、图五〇、彩版九、图版二三
	DLH1：2	二里岗文化晚期晚段	张寨南街窖藏坑	注［1］，第513、794～796页，图五三五-1/2、彩版一五、图版二〇九-2；注［9］，第64页，图一一；注［8］，第75页，图五一、彩版一〇、图版二四
	XSH1：2	二里岗文化晚期晚段	向阳食品厂窖藏坑	注［1］，第516、794页，图五三七-1/2、彩版一六、图版二一〇-2；注［10］，第52页，图版肆-5、图一八；注［8］，第86页，图六二-1、图六三-2、彩版一一、图版二七-1
	XSH1：8	二里岗文化晚期晚段	向阳食品厂窖藏坑	注［1］，第516、794页，图五三六-1/2、图版二一〇-1；注［10］，第53、54页，图一九、图二五；注［8］，第86页，图六二-2、图六三-1、图版二八
	XSH1：1	二里岗文化晚期晚段	向阳食品厂窖藏坑	注［1］，第516、797页，图五三八-1～3、彩版一七、图版二一一-1；注［10］，第54页，图版肆-3、图二〇；注［8］，第86页，图六二-3、图六三-3、彩版一二、图版二七-2
	XSH1：9	二里岗文化晚期晚段	向阳食品厂窖藏坑	注［1］，第516、800页，图五四〇-1～3、彩版二〇、图版二一二-3/4；注［10］，第54页，图版肆-1、图二二、图二三；注［8］，第86页，图六二-4、图六三-5、彩版一三、图版二七-2
	XSH1：10	二里岗文化晚期晚段	向阳食品厂窖藏坑	注［1］，第516、800页，图五四〇-1～3、彩版二〇、图版二一二-3/4；注［10］，第54页，图版肆-1、图二二、图二三；注［8］，第86页，图六二-4、图六三-5、彩版一三、图版二七-2
	96ZSNH1上：1	二里岗文化晚期晚段	南顺街窖藏坑	注［8］，第9、10页，图六、图七、彩版三、图版二、图版三-1/2
	96ZSNH1上：2	二里岗文化晚期晚段	南顺街窖藏坑	注［8］，第10页，图八、图九、彩版四、图版二、图版四-1/2

续表

名称	器物号	期段	出土	资料出处
	C8T166M6∶2	二里头文化四期	墓葬	注［7］，第7页，封面、图一五-10
盉	C8采∶郑博0042	二里岗文化早期晚段	墓葬	注［1］，第565、674页，彩版九-6、图版一四三-6
	C8YJM1∶2	二里岗文化早期晚段	墓葬	注［1］，第565、674页，图四六二-5、彩版九-5、图版一四三-5
	C8采∶郑博0059	二里岗文化早期晚段	采集	注［1］，第565、674页，图四六二-6
	C8∶豫0021	二里岗文化晚期早段	墓葬	注［1］，第815页，图五四七-13、图版二二五-1
斝	C8M32∶1	二里岗文化早期晚段	墓葬	注［1］，第564、674页，图四六二-1、彩版九-1、图版一四三-1
	C8M7∶7	二里岗文化早期晚段	墓葬	注［1］，第564页
	C5T15［1］∶44	二里岗文化晚期早段	南关外	注［1］，第366页
	MGM2∶7	二里岗文化晚期早段	墓葬	注［1］，第574、805页，图五四二-4、图版二一四-4；注［2］，第500页，图版叁-8、图二-8
	MGM2∶20	二里岗文化晚期早段	墓葬	注［1］，第574、805页，图五四二-5、图版二一五-1；注［2］，第500～502页，图版叁-1、图二-7
	BQM1∶1	二里岗文化晚期早段	墓葬	注［1］，第576、805、806页，图五四三-1、彩版一二四-2/3、图版二一六-2；注［3］，第69页，图一七-2、图一八-3
	BQM1∶2	二里岗文化晚期早段	墓葬	注［1］，第576、805页，图五四二-7、彩版二三-3、图版二一五-4；注［3］，第69页，图一七-3、图一八-4
	BQM1∶4	二里岗文化晚期早段	墓葬	注［1］，第576、805页，图五四二-9、彩版二三-4、图版二一六-1；注［3］，第69页，图一七-4、图一八-5
	BQM2∶1	二里岗文化晚期早段	墓葬	注［1］，第578、805页，图五四二-8；注［3］，第74、75页，图一八-9、图二三-1
	BQM2∶12	二里岗文化晚期早段	墓葬	注［1］，第578、805页，图版二一五-3；注［3］，第75页，图一八-10
	C8M39∶1	二里岗文化晚期早段	墓葬	注［1］，第579、806页，图五四三-4、彩版二六-2、图版二一七-1
	C11M126∶3	二里岗文化晚期早段	墓葬	注［1］，第579、803页，图五四二-1
	C11M150∶6	二里岗文化晚期早段	墓葬	注［1］，第581页
	C8M2∶7	二里岗文化晚期早段	墓葬	注［1］，第583、806页，图五四三-3、彩版二六-1、图版二一六-4；注［6］，第29页，图版七
	C8M3∶4	二里岗文化晚期早段	墓葬	注［1］，第803页，图五四二-2、彩版二三-1、图版二一四-2；注［6］，第29页，图版六
	C8∶郑博0155	二里岗文化晚期早段	墓葬	注［1］，第803页，图五四二-3、彩版二三-2、图版二一四-3

续表

名称	器物号	期段	出土	资料出处
斝	ZYM1：1	二里岗文化晚期早段	墓葬	注[1]，第805页，图五四二-6、图版二一五-2
	C8：豫0017	二里岗文化晚期早段	采集	注[1]，第805页，彩版二四-1
	C8：豫0016	二里岗文化晚期早段	墓葬	注[1]，第806页，图五四三-2、彩版二四-4、图版二一六-3
	C8：豫0895	二里岗文化晚期早段	墓葬	注[1]，第806页，图五四三-5、彩版二五、图版二一七-2
	C8：郑博0056	二里岗文化晚期早段	墓葬	注[1]，第806页，图五四四-1、彩版二六-3、图版二一七-3
	C9：郑博0244	二里岗文化晚期早段	墓葬	注[1]，第806页，图五四四-2、彩版二六-4、图版二一七-4
	C8：郑博0057	二里岗文化晚期早段	墓葬	注[1]，第806～808页，图五四四-3、彩版二七、图版二一八-1
	C8M3：6	二里岗文化晚期早段	墓葬	注[1]，第808页，图五四四-4、图版二一八-2[①]；注[6]，第29页，图版六
	C1M 出土	二里岗文化晚期早段	墓葬	注[1]，第809页，图五四四-5、彩版二七-2、图版二一八-3
	C9：郑博0156	二里岗文化晚期早段	墓葬	注[1]，第809页，图五四四-6、图版二一八-4
	T17M2：1	二里岗文化晚期早段	墓葬	注[7]，第11页，图二〇-5、图二三
	C1M1：1	二里岗文化晚期晚段	墓葬	注[1]，第869页，图五八一-1
	T61M1：1	二里岗文化晚期晚段	墓葬	注[7]，第9页，图一七-2、图二一、图四二-1
	96ZSNH1上：5	二里岗文化晚期晚段	南顺街窖藏坑	注[8]，第17页，图一四-1、图一五-1、彩版六、图版七
	96ZSNH1上：6	二里岗文化晚期晚段	南顺街窖藏坑	注[8]，第17页，图一四-3、图一五-2、彩版七、图版八-1/2
鬲	C8T166M6：1	二里头文化四期	墓葬	注[7]，第6、7页，图八、图一五-1
	C5.3H310：37	二里岗文化晚期早段	南关外铸铜遗址	注[1]，第366页
	DLH1：3	二里岗文化晚期早段	张寨南街窖藏坑	注[1]，第801页，图五四一-1、彩版二一-1、图版二一三-1；注[9]，第65页，图九；注[8]，第78页，图五二、图版二五
	C8M3：2	二里岗文化晚期早段	墓葬	注[1]，第583、803页，图五四一-6、彩版二二、图版二一四-1
	C8M3：3	二里岗文化晚期早段	墓葬	注[1]，第583、803页，图五四一-6、彩版二二、图版二一四-1
	C8：郑博0054	二里岗文化晚期早段	墓葬	注[1]，第801、802页，图五四一-2
	C2：豫0013	二里岗文化晚期早段	墓葬	注[1]，第802页，图五四一-3、彩版二一 2/3、图版二一三-2

续表

名称	器物号	期段	出土	资料出处
鬲	C2：豫文 101	二里岗文化晚期早段	墓葬	注［1］，第 802、803 页，图五四一-4、图版二一三-3
	C2：豫 2912	二里岗文化晚期早段	墓葬	注［1］，第 803 页，图五四一-5、彩版二一-4、图版二一三-4
	T143M1：1	二里岗文化晚期早段	墓葬	注［7］，第 5 页，图三、图一三-1、图四二-4
斝	MGM2：8	二里岗文化晚期早段	墓葬	注［1］，第 574、813 页，图五四七-6、彩版三〇-2、图版二二四-1；注［2］，第 502 页，图版叁-2、图二-6、图三-5
	BQM1：13	二里岗文化晚期早段	墓葬	注［1］，第 576、813、814 页，图五四七-7、彩版三〇-3、图版二二四-2；注［3］，第 69~71 页，图一七-6、图一八-7
	BQM1：35	二里岗文化晚期早段	墓葬	注［1］，第 576、813 页，图五四七-3、图版二二三-2；注［3］，第 71 页，图一七-7、图一八-8
	BQM2：11	二里岗文化晚期早段	墓葬	注［1］，第 578、813 页，图五四七-1、图版二二三-1；注［3］，第 74、75 页，图一八-12、图二三-3
	C8M3：5	二里岗文化晚期早段	墓葬	注［1］，第 583、815 页，图五四七-1~12、图版二二四-3；注［6］，第 30 页，图版十四
	C8M3：8	二里岗文化晚期早段	墓葬	注［1］，第 583、814、815 页，图五四七-8、9；注［6］，第 30 页，图版十五
	C8：郑博 0157	二里岗文化晚期早段	墓葬	注［1］，第 813 页，图五四七-2
	C8：豫 2318	二里岗文化晚期早段	墓葬	注［1］，第 815 页，彩版三〇-4、图版二二四-4
	T17M2：3	二里岗文化晚期早段	墓葬	注［7］，第 12 页，图二〇-4
	—	二里岗文化晚期早段	墓葬	注［1］，第 813 页
	—	二里岗文化晚期早段	墓葬	注［1］，第 813 页
	—	二里岗文化晚期早段	墓葬	注［1］，第 813 页
	MGM4：3	二里岗文化晚期晚段	墓葬	注［1］，第 869 页，图五八一-2、图版二五三-5
	XSH1：12	二里岗文化晚期晚段	向阳食品厂窖藏坑	注［1］，第 516、813 页，图五四七-4/5、彩版三〇-1、图版二二三-3/4；注［10］，第 55 页，图版肆-6、图一六、图一七-1、图二七；注［8］，第 87 页，图六三-4、图六七-1、图版三三-2/3
	XSH1：13	二里岗文化晚期晚段	向阳食品厂窖藏坑	注［1］，第 516、813 页，图五四七-4/5、彩版三〇-1、图版二二三-3/4；注［10］，第 55 页，图版肆-6、图一六、图一七-1、图二七；注［8］，第 87 页，图六三-4、图六七-1、图版三三-2/3
罍	C8M2：1	二里岗文化晚期早段	墓葬	注［1］，第 583、821 页，图五五二-2~4、彩版三五、图版二二八；注［6］，第 30 页，图版十二
	C8M3：9	二里岗文化晚期早段	墓葬	注［1］，第 583、821 页，图五五二-5、图版二二九-1；注［6］，第 30 页，图版十一
	C1：郑博 0243	二里岗文化晚期早段	墓葬	注［1］，第 818~821 页，图五五二-1、彩版三四、图版二二七-2；

续表

名称	器物号	期段	出土	资料出处
罍	C8：豫 1615	二里岗文化晚期早段		注［1］，第 821 页，图五五二 -6、彩版三六、图版二九 -2
	XSH1：5	二里岗文化晚期晚段	向阳食品厂窖藏坑	注［1］，第 818 页，图五五一 -1～3、彩版三三、图版二二七 -1；注［10］，第 54、55 页，图版肆 -2、图一二、图一三；注［8］，第 90、91 页，图六五 -3、图六六 -2、彩版一五、图版三一
尊	C7：豫 0861	二里岗文化晚期早段	墓葬	注［1］，第 815 页，彩版三一 -2、图版二二六 -2
	C7：豫 0890	二里岗文化晚期早段	墓葬	注［1］，第 818 页，图五五〇、彩版三二、图版二二六 -3
	XSH1：3	二里岗文化晚期晚段	向阳食品厂窖藏坑	注［1］，第 516、815 页，图五四八 -1～4、彩版三一 -1、图版二二五 -2；注［10］，第 54 页，图二一、图二四、图二六；注［8］，第 86 页，图六四 -1、图六五 -2、彩版一四
	XSH1：4	二里岗文化晚期晚段	向阳食品厂窖藏坑	注［1］，第 516、815 页，图五四九 -1～4、图版二二六 -1；注［10］，第 54 页，彩色插页、图一〇、图一一；注［8］，第 86 页，图六四 -2、图六五 -1、图版三〇
盘	C8M2：3	二里岗文化晚期早段	墓葬	注［1］，第 583、822 页，图五五四 -2/3、彩版三八 -1、图版二三一 -2；注［6］，第 30 页，图版十三
	XSH1：7	二里岗文化晚期早段	向阳食品厂窖藏坑	注［1］，第 822 页，图五五四 -1、图版二三一 -1；注［10］，第 55 页，图一七 -3、图二八；注［8］，第 92 页，图六七 -3、图版三二 -2
盂	XSH1：6	二里岗文化晚期晚段	向阳食品厂窖藏坑	注［1］，第 516、823、824 页，图五五四 -4、彩版三八 -2、图版二三一 -3；注［10］，第 55 页，图版肆 -4、图一七 -2；注［8］，第 92 页，图六七 -2、图版三三 -1
簋	96ZSNH1 上：9	二里岗文化晚期早段	南顺街窖藏坑	注［8］，第 17 页，图一四 -2、图版六 -2
卣	XSH1：11	二里岗文化晚期晚段	向阳食品厂窖藏坑	注［1］，第 821 页，图五五三 -1～6、彩版三七、图版二三〇 -1/2；注［10］，第 55 页，彩色插页、图一四、图一五；注［8］，第 91 页，图六五 -4、图六六 -1、彩版一六、图版三二 -1

注：

［1］河南省文物考古研究所：《郑州商城——1953～1985 年考古发掘报告》，文物出版社，2001 年。

［2］郑州市博物馆：《郑州市铭功路西侧的两座商代墓》，《考古》1965 年 10 期。

［3］河南省文物研究所：《郑州北二七路新发现三座商墓》，《文物》1983 年 3 期。

［4］郑州市文物工作组：《郑州市人民公园第二十五号商代墓葬清理简报》，《文物参考资料》1954 年 12 期。

［5］郑州市博物馆：《郑州商代遗址发掘简报》，《考古》1986 年 4 期。

［6］河南文物工作队第一队：《郑州市白家庄商代墓葬发掘简报》，《文物参考资料》1955 年 10 期。

［7］河南省考古研究所：《郑州商城新发现的几座商墓》，《文物》2003 年 4 期。

［8］河南省文物考古研究所、郑州市文物考古研究所：《郑州商代铜器窖藏》，科学出版社，1999 年。

［9］河南省博物馆：《郑州新出土的商代前期大铜鼎》，《文物》1975 年 6 期。

［10］河南省文物研究所、郑州市博物馆：《郑州新发现商代窖藏青铜器》，《文物》1983 年 3 期。

对二里头、二里岗文化铜陶相似器的观察与分析

钱心怡

一、绪　　论

（一）选题来源及意义

中国灿烂的青铜文明开始于二里头文化时期，在二里头遗址发现的最早铜容器及其复合范铸造工艺，宣告了一个全新青铜铸造技术体系的诞生，对早期中国文明的发展具有划时代的重要意义。这种迥异于其他地区青铜文化的创新性技术的出现，离不开当时社会需求的催化，也与此前中原地区的陶器传统有着密切的关联，大部分早期铜容器的器形被认为是借鉴了早期陶器的形制。作为三代文明中最高身份地位的象征，青铜礼容器与其所代表的独特的礼乐文化自二里头文化时期肇始，后为二里岗文化继承并得到进一步发展。在这一过程中，随着青铜器数量与种类的增多，其对陶器制作又产生了一定的影响，出现仿铜陶礼器。

二里头、二里岗文化时间跨度不大，但却处在中国青铜时代初始的关键时期，是中国古代青铜文明的重要组成部分，对此时期两大考古学文化的铜陶相似器进行全面系统的梳理及观察研究，可以使我们对青铜时代初期的器用特征及其背后所反映的社会生活、思想观念等有更加全面的认知，完善其与早期礼制形成过程之间的关联，也可为深入研究中国古代青铜文明提供更加丰富的研究路径。

（二）研究现状简述

学术界对于二里头、二里岗文化的研究涉及各个方面，且大部分都取得了很大进展。其中对于青铜器与陶器的研究更是硕果累累，现将前辈学者既往研究中与二里头、二里岗文化铜陶相似器有关的部分进行梳理。

1. 形制来源

最早注意到青铜器形制来源问题的应是郭沫若，郭先生在《彝器形象学试探》一文中提出殷商前期为铜器滥觞期，此时铜器脱胎于陶器等器物[1]。目前，早期铜器器形

多仿照同期陶器同类器物的形制[2]。这一观点得到了大部分学者的认可。张长寿在《殷商时代的青铜容器》一文中将二里头文化的部分铜陶相似器进行了比对，推测铜盉在器形上源于陶盉，并在陶盉被淘汰后继续沿用，其后在分析二里岗文化的青铜容器时，则认为方鼎的形式可能是仿自木器[3]。郭宝钧在其专著中关于二里岗铜器群的章节里推测此时期的铜鼎是由陶鼎胚子作内范直接翻制而成，并将其解释为空锥足的来历[4]。方酉生在《试论郑州二里岗期商文化的渊源——兼论郑州商城与偃师商城的关系》一文中提出二里头遗址出土的爵、盉、斝三种青铜容器的形制都仿自陶器，二里岗下层文化出土的鼎、鬲、斝、爵、盉和觚六种青铜容器的形制则仿自二里头文化三、四期的铜器和陶器[5]。李维明在方文提及的二里岗下层文化出土的六种青铜容器基础上增加盘、罍两种，认为它们的造型均源于同类型陶器，直接或间接源自二里头文化[6]。朱凤瀚在其著作《中国青铜器综论》中介绍早期青铜器种类时偶有提及部分青铜器的形制是仿照了陶器，并列举出部分铜陶相似器，分析其异同处[7]。马军霞在《略论商周时期青铜卣的起源问题：以罐形卣为例》一文中就二里岗时期的青铜卣与类似的白陶卣、陶壶之间的关系作了一些有益的探讨[8]。王青在研究二里头镶嵌绿松石铜牌饰的文章中提到二里头遗址出土有可能仿制铜牌饰的陶制品，并推测仿铜陶牌饰的制作年代为二里头早期[9]。董睿对二里岗时期出现的铜壶造型来源进行了分析，提出铜壶的造型早在二里头文化三期就已经定型，二里头文化三期Ⅱ式陶壶是青铜壶造型的来源[10]。

二里头遗址出土的数件小型陶方鼎，造型有悖于快轮制陶的原则，其中有一件饰有弦纹和曲折纹，并有铆钉形的装饰，与郑州商城出土的二里岗期大型铜方鼎在形制上非常接近，有学者推测其可能是在模仿铜方鼎[11]。李翔在《青铜时代早期陶方鼎（杯）研究》一文中对二里头至二里岗时期的陶方鼎进行了梳理研究，认为陶方鼎模仿自铜方鼎的可能性较大[12]。关于方鼎形制的来源，艾兰、韩鼎在《郑州商城青铜大方鼎造型与纹饰研究》一文中提出与张长寿先生类似的看法，认为二里头遗址出土的陶方鼎与郑州商城出土的铜方鼎均仿自木制组合鼎身与俎案组合的形制，而乳钉纹则是模仿木制器物器身边棱上用来固定金属边套或兽皮的铆钉[13]。

安家瑗在《中国早期的铜铃》一文中提出二里头文化青铜铃的基本形制和铸造工艺明显继承了陶寺铜铃[14]。久保田慎二在对二里头时代及之前陶铃的相关资料进行系统梳理后，则认为二里头文化只是引入了陶寺遗址铜铃的用法和埋葬方法，其基本形制是仿照黄河中游的中原系陶铃制造的[15]。陈国梁在其文章中也对二里头至二里岗时期的铜陶相似铃形器作了分析，推测二里头文化铜铃应是模仿当地陶铃，并在二里岗文化晚期出现与二里头文化铜铃近似的仿铜陶铃[16]。随后，邓玲玲在《二里头文化铃的性质刍议》一文中对铜陶相似铃形器作了更加详尽的分析[17]。

2. 互动关系

在梳理形制来源问题的基础上，郑光在《二里头陶器文化论略》《二里头遗址的发掘》两篇文章中对早期铜器与陶器的动态关系进行了分析，认为早期是铜仿陶，青铜器发展演变与相应陶器的演化同步，两者分期大体相应，至二里头晚期时陶器与铜器间形制渐呈差异，二里岗期上层以后，两者明显分道扬镳[18]。梁宏刚、孙淑云在探讨铜容器形制与陶器关系时也赞同该观点[19]。

张长寿在其文章中指出处于初级阶段的铸造技术可能会导致青铜器较发展变化快的陶器有一定的滞后性这一现象，且这种限制会影响到青铜器的器形、花纹与陶器等样板的一致性[20]。杜金鹏认为这种材料质地与工艺造成的差异性使得铜器有异于同类陶器的独特之处，并且在对陶爵、铜爵二者之间的源流与发展进行分析比对后，提出二里头文化早期陶爵是铜爵的模仿对象[21]。吕琪昌在其著作《青铜爵、斝的秘密》中提出与前者不同的观点，认为二里头时期的陶爵仿自铜爵，而青铜爵的根源则是龙山文化晚期的原始陶爵[22]。杜金鹏在其《封顶盉研究》一文中对封顶陶盉与封顶铜盉之间的相互关系也进行了探讨，认为早期封顶铜盉的形制、纹饰都是仿自封顶陶盉，而封顶铜盉的轻薄与光润可能对封顶陶盉产生了影响[23]。吕琪昌在文章中赞同了封顶铜盉源自于封顶陶盉这一观点，吕认为二里头文化二至四期大量出现制作精巧细致的封顶陶盉具有青铜器的特质，推测二里头文化存在更早期的封顶铜盉[24]。关于二里头文化盉，贝格立在《商时期青铜铸造业的起源和发展》一文中也对其进行了观察与分析，他提出二里头文化陶盉本是金属锻制器与陶器的混合器形，在铸造工艺出现后被仿制为铜盉[25]。

3. 组合与相关功能

刘莉在《中国新石器和铜器时代早期礼器的生产》一文中提出铜礼器应是受到白陶礼器的启发而发展的，二里岗时期白陶礼器消失，可能是被具有相同功能的青铜礼器所代替，两者形制的连续性意味着与之相关的礼仪形式的连续性[26]。李志鹏在文章中赞同了该观点，并将这一发展过程与社会等级制度逐渐复杂化、礼制逐渐规范化相对应[27]。

王祁在《商代陶质酒器组合的研究》一文中通过对商代陶质酒器组合变化的考察，提出在商早期已经出现仿铜陶酒器，且陶质酒器的组合方式是对铜器组合的模仿，作者认为出现仿铜陶酒器以及此时期多座墓葬中的陶、铜酒器搭配组合是由于受到了早期制铜技术与铜料来源的双重限制，所以当时的下级贵族选择使用陶质酒器代替同类铜质酒器，这种现象也反映出二里头文化与二里岗文化的礼制传统有着明显的连续性[28]。

通过回顾学界对二里头、二里岗文化铜陶相似器的相关研究概况，可以看到前辈学者们运用科学的研究方法，针对铜器的形制来源、铜陶相似器间的互动、器物组合、相似器出现的原因等方面做了探讨与研究，为本文观察二里头、二里岗文化的铜陶相似器奠定了坚实的研究基础。

（三）研究目标和研究方法

在以往的研究中，大多数学者更加重视同质器物形制的来源及其演变，介绍与铜器同出的陶器时，多是列出与其形制相近的陶器以廓清年代问题，还有部分学者针对二里头、二里岗文化铜陶相似器所做的研究只是以其中某一类作为切入点，综合性系统研究尚嫌不足。有鉴于此，对于此时期铜陶相似器进行全面系统的观察与分析，具有较强的必要性。

本文的主要研究对象为二里头、二里岗文化的铜陶相似器。两大考古学文化中形制相似的铜器与陶器间的联系具体表现在何处？使用方式是否相同？模仿陶器制作的青铜器与样板完全相似还是略有不同？是否有制陶工艺、铸铜工艺的限制？铜器从何时开始不再模仿陶器？陶器的形制又从何时开始受到铜器的影响？仿铜器的陶器一定是礼器吗？此时期模仿铜器的陶器是晚商及两周大量出现的仿铜陶礼器的源头吗？

本文将运用考古地层学和考古类型学的基本原理，尝试为上述问题找出答案，结合文化因素分析法，通过物质理解文化，力图深化对其背后早期国家社会文化面貌及早期礼制的形成过程的理解。首先，对二里头遗址、郑州商城及偃师商城正式考古发掘出土的青铜器与陶器进行比较、分析、归纳，尝试整理出其中总体相似度较高的两种质料的同类器物，以现有的分期成果对其进行梳理，判断其先后顺序，对其可能存在的互仿现象进行资料观察与学理剖析。其次，从考察其共存关系入手，梳理各期铜陶相似器在墓葬中的数量关系及组合形式，以期探究当时人们器用选择变化背后所反映出来的意识形态变化，进而探讨早期国家社会结构的变化与礼乐制度形成过程中二里头文化与二里岗文化的关系。以如此视角对相关考古遗存的探讨尚不多见，因此本文的粗浅研究或具有一定的创新性。

需要说明的是，关于二里头、二里岗文化青铜器的分类，已有不少学者论及。本文以青铜容器为主，共计有器类爵、角、斝、鼎、盉、鬲、盘、尊、罍、簋、中柱盂11种。此外，青铜器的制作样板除陶器以外应当还有其他材质，本文只以相似器形的铜、陶器为标本，对其进行观察讨论，且由于二里头、二里岗文化铜陶相似器发现数量仍较少，以及青铜器较陶器演变有一定的滞后性，以上因素对研究结果均会造成一定影响。本文将尽可能全面地搜集资料，以期能得到相对准确、完备的资料库，在此基础上进行相对客观、严谨的讨论研究。

（四）相关概念的界定

本文主要的研究对象是二里头、二里岗文化时期两大都邑遗址（即二里头遗址与郑州商城遗址）及偃师商城出土的铜陶相似器，首先需要明确二里头文化、二里岗文化、铜陶相似器等概念，并对研究的时空范围进行界定。

1. 二里头文化

二里头文化是以二里头遗址为代表的一支考古学文化，其相对年代介于龙山时代晚期文化与二里岗文化之间。根据最新的 ^{14}C 测年数据显示，其绝对年代大致介于公元前1750年至公元前1520年之间[29]。

2. 二里岗文化

二里岗文化是以郑州商城、偃师商城遗址为代表的一支考古学文化，其相对年代介于二里头文化与殷墟文化之间。根据最新的 ^{14}C 测年数据显示，其绝对年代大致介于公元前1510年至公元前1300年之间[30]。

3. 铜陶相似器

如何判断两件不同质料的器物为相似器，学界目前还未形成统一的标准。因本文采用的标本以容器为主，根据李济先生曾在文章中提出的"只要是属于容器一门的器物，就可以用同一标准类别它"[31]这一观点，下文将从同一时代同一遗址出土的铜、陶器中按照形制、纹饰、组合方式三个方面筛选出相似度较高的器物，铜、陶相似器需要满足以下几个条件：

（1）相似的铜器与陶器应为同一器类；

（2）形制与纹饰相同或基本相似，考虑到早期铸铜技术还未成熟，形制、纹饰在一定程度上受到限制，因此有些许差异的器物也被本文采用；

（3）在组合形式、使用方法上具有相似性。

此外，涉及仿铜陶器的概念，本文沿用康石磊在《殷墟仿铜陶礼器研究》中的界定方法，除以上三点外，仿铜陶器的年代必须不早于所仿铜器的年代，因为只有晚期器物模仿早期器物的可能性，而不能相反[32]。

4. 礼器

"礼制"是由社会不平等与等级制度催生而成，是王权以各种规则、名分（或爵位）、礼仪、礼器等手段对社会各集团，特别是贵族内部各阶层的行为，包括权力、义务的制度化规定，诸如管辖范围、限定剥削程度和忠君纳贡、出师勤王等[33]。礼器则是"礼制"的物化形式与内涵载体，用以"明贵贱，辨等列"（《左传·成公二年》）。

对礼器范围的界定，学界往往存在有广义与狭义的两种区别。广义上的礼器包含玉器、精美陶器及其他珍贵物品，可追溯至龙山时代之前。而狭义的礼器则是指与三代礼器群有直接的承袭关系、作为华夏礼乐制度的物化形式的器物[34]。本文中二里头、二里岗文化的青铜礼容器是取其狭义概念，与青铜礼容器拥有相同礼仪性质的陶器为陶礼器。

5. 时空范围

本文讨论的时间范围限定在二里头、二里岗文化时期，采用目前应用最为普遍的二里头文化四期八段[35]与二里岗文化二期四段[36]划分方案，即二里头一期早段、晚段，二里头二期早段、晚段，二里头三期早段、晚段，二里头四期早段、晚段，二里岗早期早段、晚段，二里岗晚期早段、晚段。

本文讨论的空间范围，主要限定在二里头、二里岗文化的主要遗址，包括二里头遗址、郑州商城、偃师商城。

原则上，本文的研究对象是地层关系清楚且具有明确出土单位的器物，但二里头文化时期经由科学发掘出土的资料十分有限，因此具有相对清晰的出土地点、年代特征明显的采集品需作为重要且必要的补充，同时年代特征鲜明的馆藏品、征集品也可用于对比分析。

二、二里头文化的铜、陶相似器

1953年，二里头文化遗存首先发现于河南省登封县玉村[37]，其核心遗址为二里头遗址。由于二里头文化四期晚段与二里岗文化早期早段在年代上有共存关系[38]，本文将其并为二里头—二里岗文化过渡期一并讨论。

（一）二里头文化的青铜器

迄今可确认的最早的礼仪性铜器是二里头遗址2002VM3所出的铜铃（2002VM3：22）[39]，属于二里头文化二期。青铜礼容器的铸造则始于二里头文化三期，目前，已发表的出土于二里头遗址的青铜礼容器共17件，集中发现于二里头三、四期，其中数量最多的是爵，计13件，另有斝2件，鼎、封顶盉各1件[40]。因科学发掘的二里头文化时期出土资料十分有限，本文将极具二里头文化三至四期早段风格、无明确出土地点的4件馆藏品也纳入标本中，其中爵2件，角2件。

1. 铜爵

爵是最早出现的青铜容器，也是青铜酒礼器群的核心器类。目前，最早的可确认其分期的2件青铜爵出土于二里头文化三期晚段墓葬80ⅢM2[41]，此外，二里头文化三期还有采集品2件与馆藏品1件（图一）。本期铜爵器形多矮小，形制较为原始，皆素面无纹饰，流尾较窄长，口沿多无柱或有短柱，口沿边有凸起的棱，平底束腰，鋬上多有长方形或三角形镂孔。器腹横截面呈椭圆形，器腹外壁呈圆转的曲线。三足细长外撇，作三棱或四棱形。铜爵80ⅢM2：2（图一，4）作假腹，圈足一周有四个圆形镂孔。

二里头文化四期早段的青铜爵器腹底开始外鼓，腰腹间出现折痕，三足更加细长且外撇程度也略有加大（图二）。

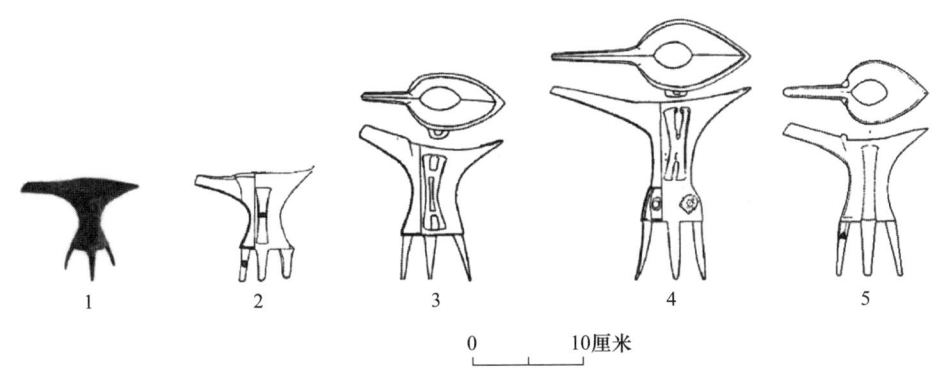

图一　二里头文化三期青铜爵
1. 上海博物馆藏品　2. 1973YLⅢT22③：6　3. 1980YLⅢM2：1　4. 1980YLⅢM2：2　5. 1974YLⅣ采：65

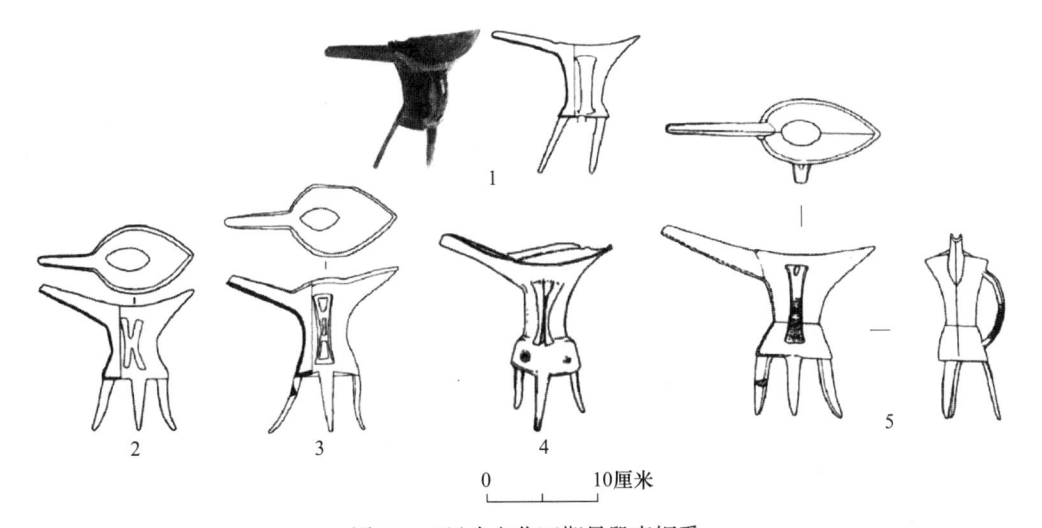

图二　二里头文化四期早段青铜爵
1. 1978YLⅤKM8：1　2. 1976YLⅢKM6：1　3. 1975YLⅥKM3：4　4. 天津历史博物馆藏品
5. 1987YLⅥM57：1

二里头—二里岗文化过渡期的青铜爵均出自二里头遗址。本期铜爵器形较前期更加挺拔细瘦，三足修长（图三）。

2. 铜角

角与爵的形制相近，大小亦相仿，不同的是角口沿两侧均为爵尾的形状，无柱，

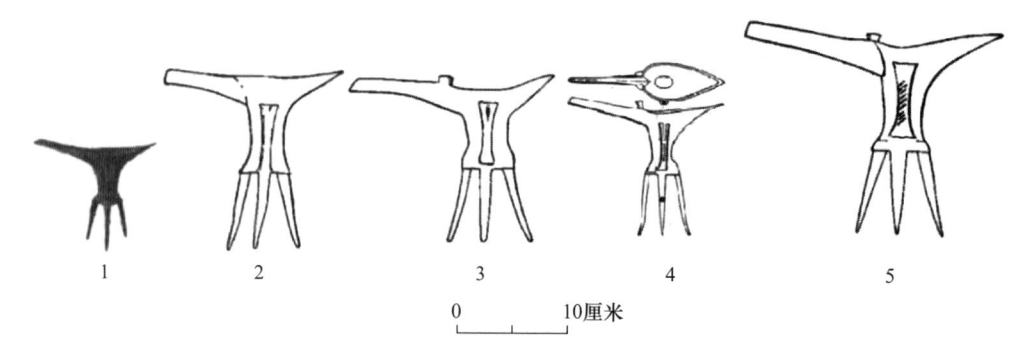

图三　二里头—二里岗文化过渡期青铜爵

1. 二里头 83ⅣM16∶3　2. 二里头 84ⅥM6∶5　3. 二里头 84ⅥM9∶2
4. 二里头 75ⅦKM7∶1　5. 二里头 84ⅥM11∶1

口沿下伸出管状流。目前所见最早的铜角为馆藏品，有 2 件。陕西历史博物馆所藏铜角（图四，1），器身与二里头文化四期早段铜爵相似，腹壁伸出一管状流，流上无附加装饰，三足作三棱锥形。上海博物馆所藏青铜角（图四，2）口沿两端尖锐上翘，有加厚的唇边，腹壁近直，管状流从腹壁伸出，器身下接外鼓的假腹，上有若干透孔。

3. 铜斝

根据已发表的资料看，青铜斝出现于二里头—二里岗文化过渡期，本期铜斝有平底、锥形足和圜底、袋足二型。二里头遗址出土有 2 件，发掘品和采集品各 1 件。出土于二里头遗址墓葬中的铜斝 84ⅥM9∶1（图五，2）器腹与同期铜爵相似，平底束腰，器壁斜直，下腹略鼓，三棱空锥足，口沿有加厚唇边，前侧有两个三棱锥形短柱，与双柱位置相对的器壁上有扁平状的鋬；采集品 87ⅤM1∶2（图五，1）为圜底斝，下腹更加圆鼓，双柱呈三棱柱状，三空足呈扁圆锥状。

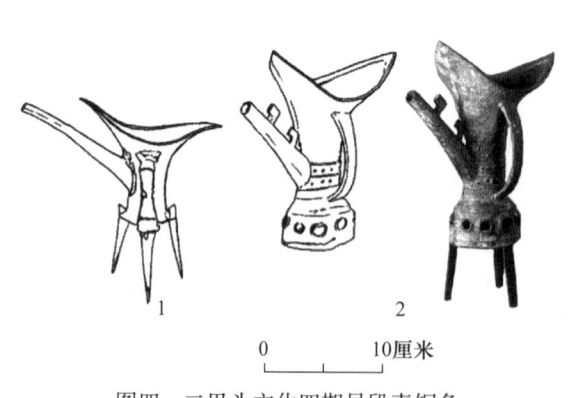

图四　二里头文化四期早段青铜角

1. 陕西历史博物馆藏品　2. 上海博物馆藏品

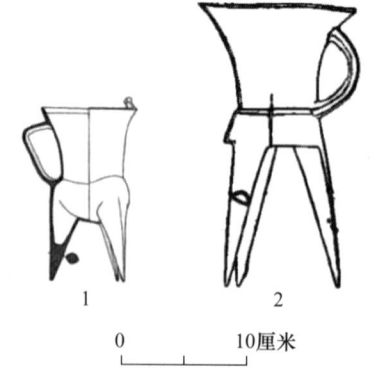

图五　二里头—二里岗文化过渡期青铜斝

1. 二里头 87ⅤM1∶2　2. 二里头 84ⅥM9∶1

4. 铜鼎

最早的青铜鼎发现于二里头遗址墓葬 87ⅤM1，属于二里头—二里岗文化过渡期[42]，目前所知本期仅此 1 件。此铜鼎（图六）敛口折沿，沿上立二环状耳，平底鼓腹，腹部饰一周带状网格纹，足部为空心四棱锥状；其中一耳对应一足，另一耳则位于两足之间的口沿上，从上俯视，共有四个点，为"耳足四点配列式"[43]。

5. 铜盉

最早的青铜盉发现于二里头遗址墓葬 86ⅡM1[44]，应属于二里头—二里岗文化过渡期。该铜盉（图七）器壁单薄，顶部圆鼓，顶侧立有一管状流，足部为空心三棱锥状，器鋬位置与流相对，形体较瘦长。

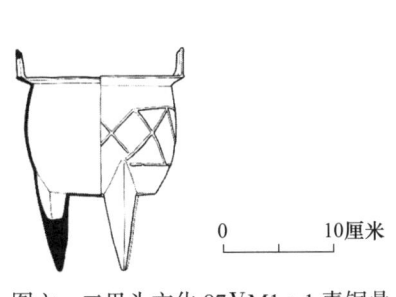

图六 二里头文化 87ⅤM1∶1 青铜鼎　　图七 二里头文化 86ⅡM1∶1 青铜盉

（二）二里头文化的相关陶器

本文分析标本选取与上述青铜器为同一类型的二里头文化相关陶器 15 件，均出土于二里头遗址。这些样品在时间上涵盖二里头文化二期至二里头文化四期晚段。

1. 陶爵

二里头文化陶爵选取标本 4 件，均出土于二里头遗址（图八）。

二里头遗址所出陶爵大部分为泥质灰陶，鋬上有刻划纹，三足为实心圆锥形。其中二期陶爵（图八，1）较为特殊，流根和鋬首各饰有一对泥丁，此后一段时间里，陶爵流口逐渐伸长。

2. 陶角

二里头文化陶角选取标本 3 件，均出土于二里头遗址（图九）。

3 件陶角为二里头文化二期早段器，有泥质灰陶和夹细砂灰褐陶，皆从腹壁伸出一管状流，流上无附加装饰，三足作圆锥形，口沿前后唇尖上均饰泥丁，腹部和鋬面有刻花纹。二里头 83YLⅣM45 所出陶角（图九，3）的鋬较前两件稍细一些，鋬上饰有泥丁，有刻划纹，管状流也更长更细。

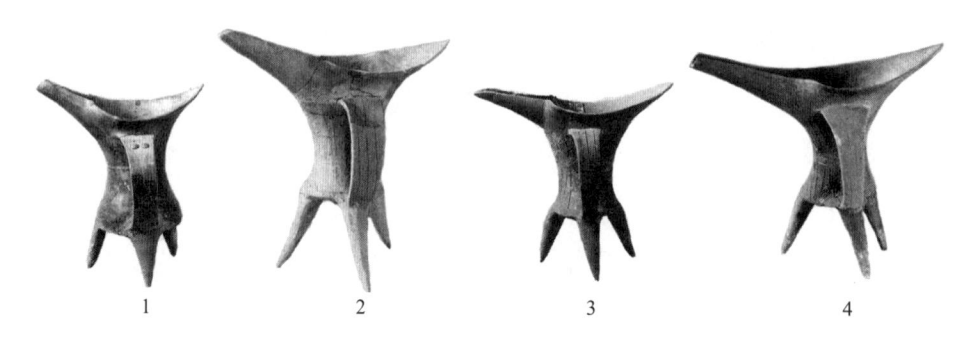

图八　二里头文化陶爵
1. 二里头 94YLⅩⅢM1∶1　2. 二里头 80YLⅤM3∶7　3. 二里头 90YLⅨM1∶2　4. 二里头 82YLⅣM13∶4
（1 为二里头文化二期，2、3 为二里头文化三期，4 为二里头文化四期早段）

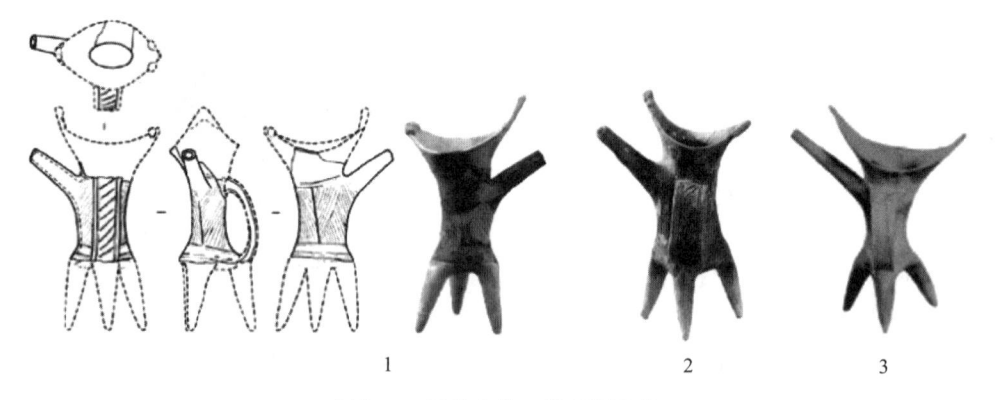

图九　二里头文化二期早段陶角
1. 二里头 2001ⅤM1∶10　2. 二里头 87YLⅦM49∶3　3. 二里头 83YLⅣM45∶1

3. 陶斝

二里头文化陶斝选取标本 1 件，出土于二里头遗址。

二里头遗址出土的陶斝（图一〇）为泥质灰褐陶，无柱，袋足，足部为圆锥形，饰有细绳纹。

4. 陶鼎

二里头文化陶鼎选取标本 1 件，出土于二里头遗址。

二里头遗址出土的陶鼎（图一一）为夹砂灰陶，罐形，圜底，无耳，器身绳纹加索状堆纹，腹接扁体实足。

图一○ 二里头文化 84YLⅤH4∶2 陶斝 　　　图一一 二里头文化 91YLⅥH2∶2 陶鼎

5. 陶盉

二里头文化陶盉选取标本 4 件，均出土于二里头遗址。

标本 1（图一二，1）顶部与颈交接处较为圆转，三袋足，腰饰两周凸棱，鋬上饰有刻划纹；标本 2（图一二，2）为凸圆肩，颈部向下向内斜伸，鋬饰泥丁和刻划纹；标本 3（图一二，3）的器形较前期略矮略粗，器壁饰有弦纹；标本 4（图一二，4）通体磨光，顶盖饰一对泥丁，腰部有一组弦纹，鋬上饰泥丁和刻划纹，三袋足，有较小的矮锥形足根。

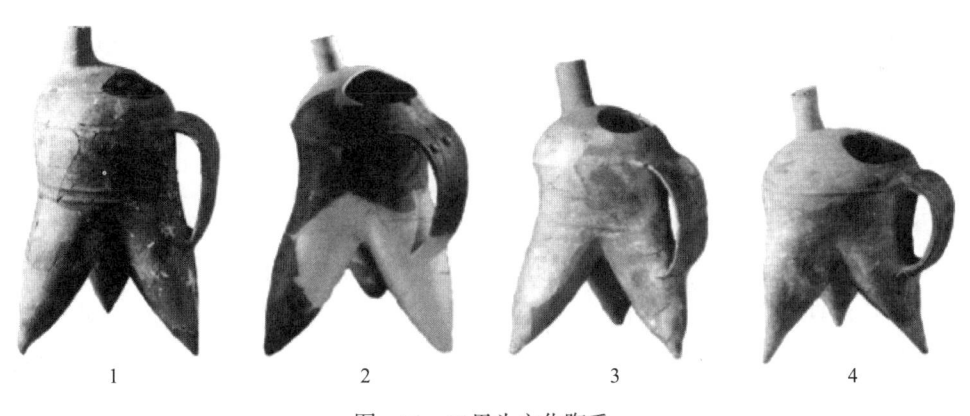

图一二 二里头文化陶盉
1. 二里头 85YLⅥM7∶3　2. 二里头 2002ⅤM3∶30
3. 二里头 87YLⅣM44∶6　4. 二里头 85YLⅤH27∶8
（1、2 为二里头文化二期，3 为二里头文化三期晚段，4 为二里头—二里岗过渡期）

6. 陶鬲

二里头文化陶鬲选取标本 2 件，均出土于二里头遗址。

二里头文化三期陶鬲（图一三，1）器身修长，长袋足且足尖呈圆锥状。四期陶鬲（图一三，2）器表饰 "V" 形纹饰。

图一三　二里头文化陶鬲
1. 二里头 81YLⅢT22③∶1　2. 二里头 84YLⅣH122∶1
（1 为二里头文化三期，2 为二里头文化四期）

三、二里岗文化的铜、陶相似器

1950 年，二里岗文化遗存首先发现于郑州二里岗一带[45]，其核心遗址为郑州商城。

（一）二里岗文化的青铜器

二里岗文化在继承二里头文化青铜器的形制、铸造技术的基础上，发展了若干新的铜容器，铸造工艺与合金配比等方面也有了长足的进步。目前，此时期已发表出土于郑州商城的青铜礼容器共 140 件，偃师商城 8 件[46]。

1. 铜爵

二里岗文化早期晚段的青铜爵仍具有明显的二里头文化风格，但器形略有变化，流、尾间的口沿逐渐内凹，流、尾变短且弯曲上翘，流的纵向深度变大，双柱逐步加高，器壁较前期略直，器腹向横宽发展，下腹圆鼓程度更加明显。此外，铜爵装饰纹饰的比例也大幅度增长，在使用简单的几何纹饰如弦纹、网格纹、乳钉纹等的同时，开始出现兽面纹（图一四）。

二里岗文化晚期早段的青铜爵腰部多饰有弦纹和兽面纹，陇海北二街出土铜爵 1987C5M1∶1（图一五，12）是此阶段典型形制，器腹横截面呈椭圆形，敞口，前有窄长流，流口处立有对称的扁形柱，后有短尖尾，束腰，平底，腰腹间有明显折棱，三棱锥形长足，足尖外撇，颈腹一侧有扁菱形半圆鋬，腰部饰三周弦纹。此外，本阶段流口处双柱渐高，柱帽也由半月形逐渐转为菌状。

二里岗文化晚期晚段的青铜爵较前期变化较为明显，下腹明显外鼓，底部开始微凸，大部分铜爵饰有浅浮雕兽面纹且双柱有菌状帽，出土于郑州南顺城街窖藏的 2 件铜爵已为圜底，口作圆形，腹部近卵形（图一六）。

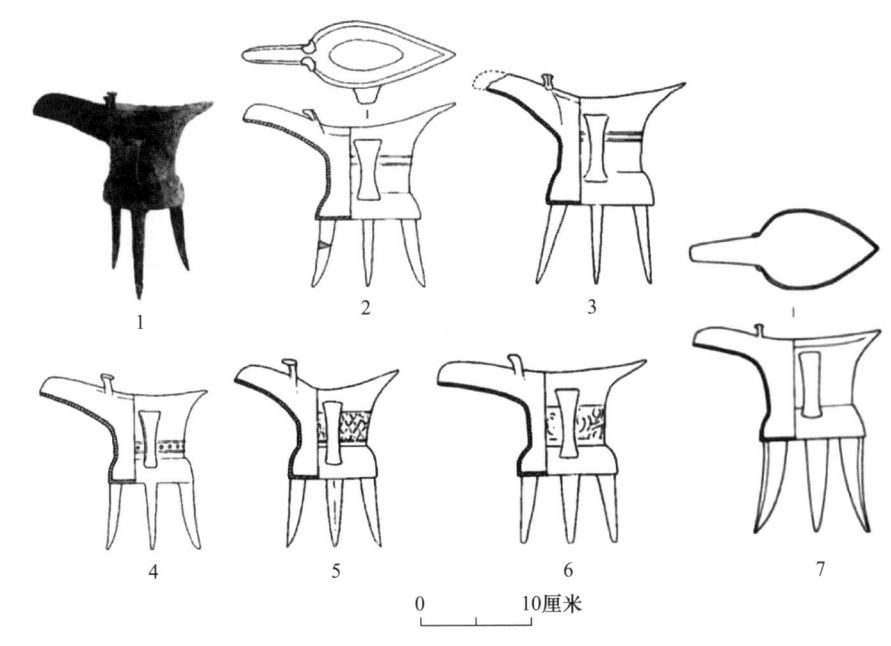

图一四　二里岗文化早期晚段青铜爵
1. 郑州商城 C8M32：2　2. 郑州 C8 采：豫文 104　3. 郑州商城 C8M7：2　4. 郑州商城 C8M7：3
5. 郑州白家庄 C8：郑博 0049　6. 郑州白家庄 C2：豫 0018　7. 偃师商城 1996ⅡT13M22：1

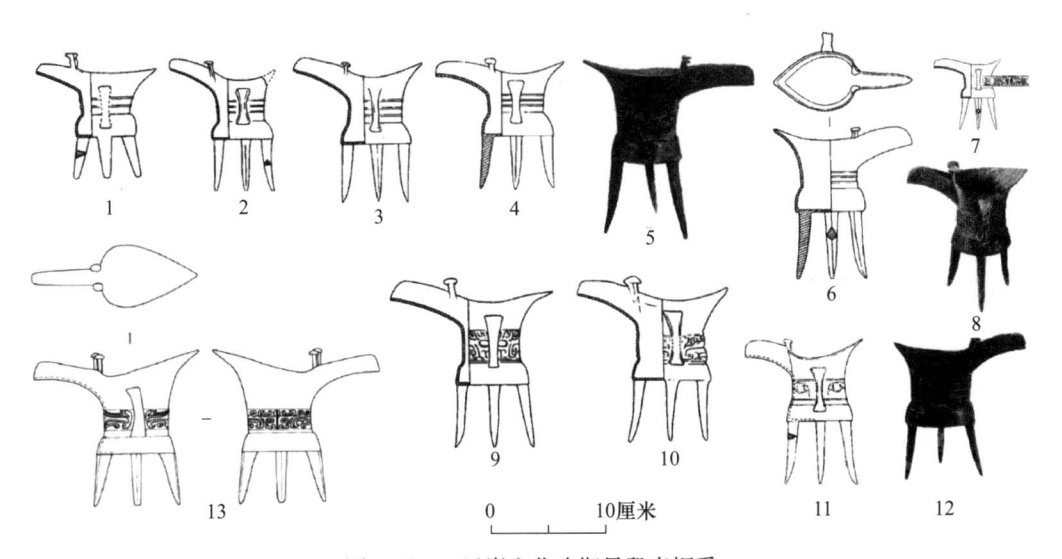

图一五　二里岗文化晚期早段青铜爵
1. 郑州北二七路 BQM4：1　2. 郑州铭功路 MGM2：22　3. 郑州商城 C7M25：1　4. 郑州铭功路 MGM2：14
5. 郑州人民路 99：ZSCWT17M2：2　6. 郑州铭功路 C11M125：1　7. 郑州人民公园 C7M46：1　8. 郑州铭功路 C11M125：4　9. 郑州铭功路 C11M148：10　10. 郑州铭功路 MGM2：21　11. 郑州东关外 C2：豫 1187　12. 郑州陇海北二街 1987C5M1：1　13. 偃师商城 89ⅣT28M13：1

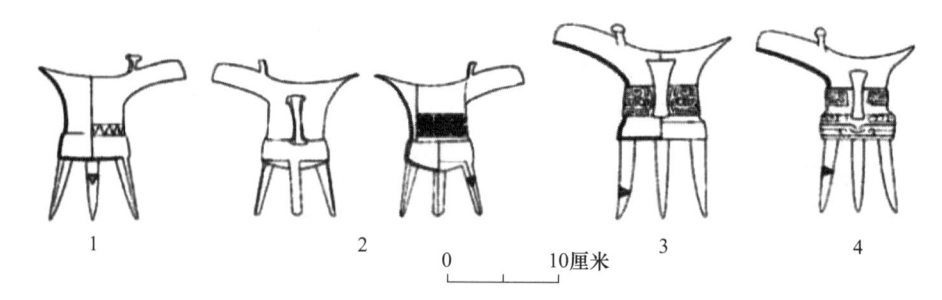

图一六　二里岗文化晚期晚段青铜爵
1. 郑州北二七路 BQM2∶2　2. 郑州西大街东段北侧 2001∶ZSC8ⅢT61M1∶3
3. 郑州白家庄 C8M2∶8　4. 郑州白家庄 C8M3∶1

2. 铜斝

二里岗文化早期晚段的青铜斝保留了部分二里头文化风格，需要注意的是，本阶段开始出现菌状柱，腰部饰有弦纹及连珠纹。

二里岗文化晚期早段的青铜斝多为平底，侈口，双柱已呈菌状，柱顶饰有涡纹，腰部圆转内收，下接圆鼓腹，三棱锥状空足，腰部往往饰有一圈带状纹饰，如弦纹和兽面纹等。此段偏晚的近畿地区出土铜斝的腹部饰有涡纹，如偃师商城 83ⅢT5M1∶5 斝（图一七，8）。

至二里岗文化晚期晚段，青铜斝的底部已显圜鼓，部分铜斝上下腹饰有两组兽面带状纹。此段偏晚时斝腹圆鼓，圜底。此外，本期出现分裆斝（图一七，11、12），腹以上与同期斝相同，腹部与足部则近似铜鬲，中腹部饰有兽面纹，附连珠纹边框，足尖底略突出。

3. 铜鼎

从二里岗文化晚期早段开始，青铜圆鼎皆为圜底，器腹较前期更加圆转，空锥足也渐浑圆，部分圆鼎足部棱痕消失。本期圆鼎口沿下多饰有带状兽面纹，但未完整环绕器壁一周，仍处于较原始的形态。

至二里岗文化晚期晚段，圆鼎形制逐步趋于规整，基本维持圆腹、圆锥状空足的样式，纹饰均在口沿下的器壁展开，有兽面纹、弦纹等，多呈带状布陈于器壁一周。本期偏晚阶段，郑州向阳回族食品厂窖藏出土的青铜圆鼎（图一八，7）足部趋近于柱形，足下部作平底，已近似于殷墟时期的圆鼎形态。此外，还出现了新式扁足圆鼎与铜方鼎。

4. 铜盉

郑州商城出土的 97∶ZSC8T166M6∶2 青铜盉（图一九，1）器形相对低矮，分裆，三空袋足较肥，颈部饰三周弦纹，顶部流两侧饰有两枚对称的乳钉。

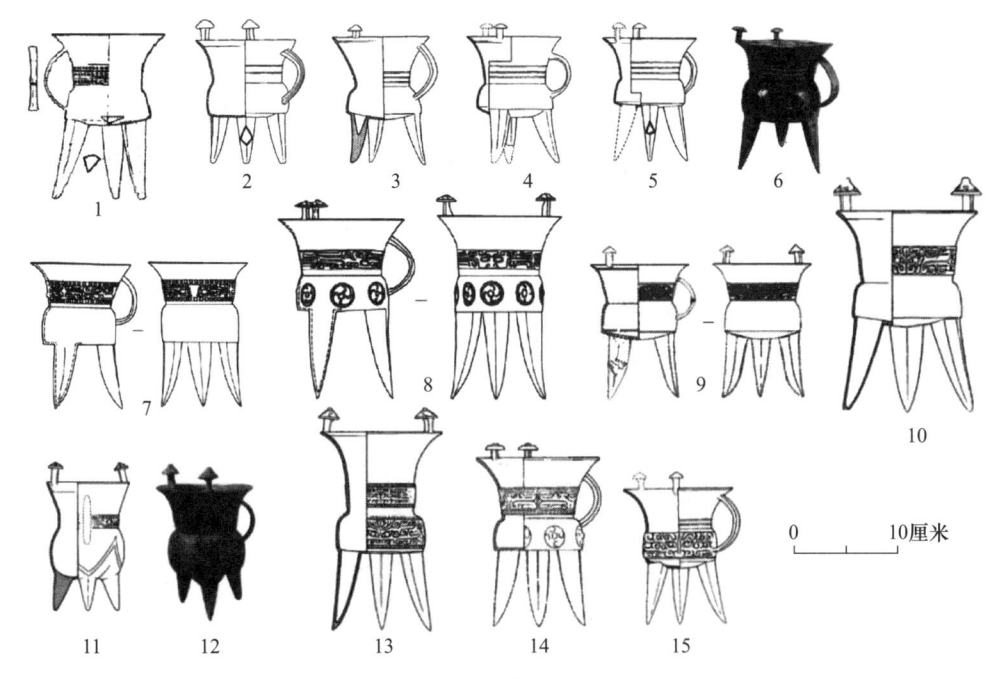

图一七　二里岗文化青铜斝

1. 二里头V采M：66　2. 郑州C8M32：1　3. 郑州铭功路MGM2：7　4. 郑州铭功路MGM2：20　5. 郑州烟厂院内ZYM1：1　6. 郑州人民路西侧T17M2：1　7. 偃师商城89ⅥT28M13：3　8. 偃师商城83ⅢT5M1：5　9. 郑州西大街东段北侧2001：ZSC8ⅢT61M1：1　10. 郑州北二七路BQM1：1　11. 河南省商业局仓库商墓C1M1：1　12. 汴博11014　13. C9：郑博0156　14. 郑州白家庄C8M3：6　15. 郑州白家庄C8M2：7
（1、2为二里岗文化早期晚段，3~8为二里岗文化晚期早段，9~15为二里岗文化晚期晚段）

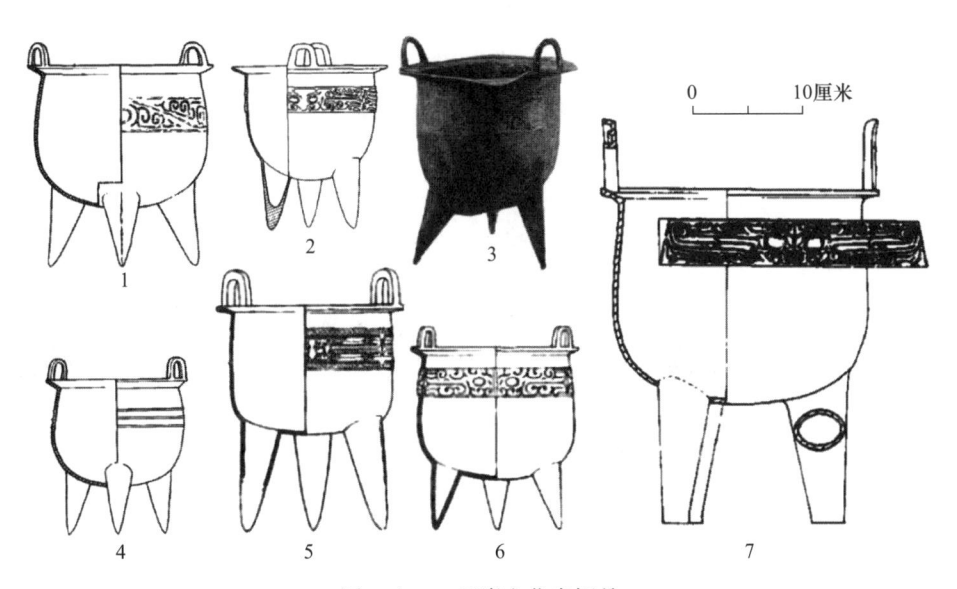

图一八　二里岗文化青铜鼎

1. 郑州商城C11M146：3　2. 郑州铭功路MGM2：2　3. 郑州陇海北二街墓1987C5M1：4　4. 郑州C8：郑博0058　5. 郑州北二七路BQM1：3　6. 郑州白家庄C8M2：4　7. 郑州向阳食品厂圆鼎XSH1：1
（1~4为二里岗文化晚期早段，5~7为二里岗文化晚期晚段）

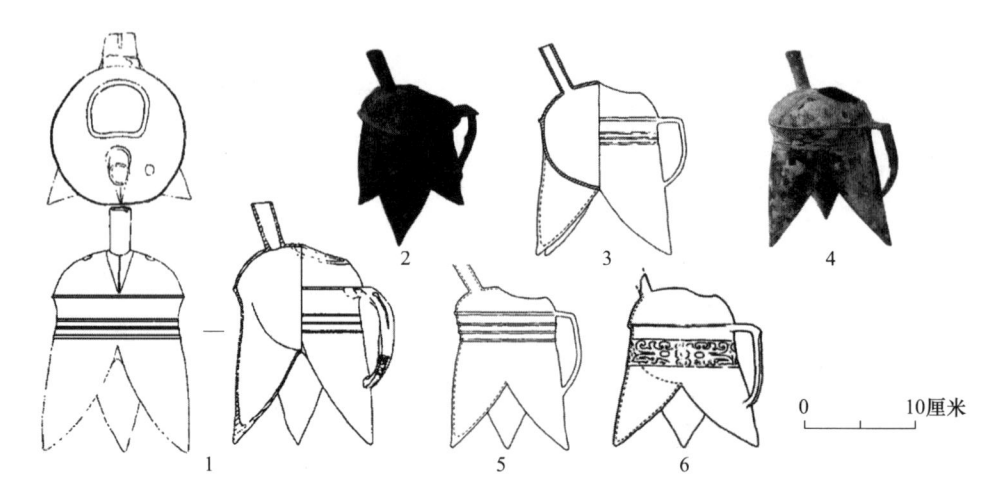

图一九　二里头—二里岗文化过渡期至二里岗文化晚期早段青铜盉
1. 郑州商城 97：ZSC8T166M6：2　2. 郑州商城 C8M7　3. C8 采：郑博 0059　4. C8 采：郑博 0042
5. 郑州省中医院家属院 C8YJM1：2　6. 郑州白家庄 C8：豫 0021
（1 为二里头—二里岗文化过渡期，2～5 为二里岗文化早期晚段，6 为二里岗文化晚期早段）

至二里岗文化早期晚段和二里岗文化晚期早段，铜盉器形向低矮发展，分裆，除弦纹外，颈部开始使用浅浮雕的兽面纹作为装饰。

5. 铜鬲

最早的青铜鬲出土于郑州商城 97：ZSC8ⅡT166M6[47]，应属二里头—二里岗文化过渡期，该铜鬲（图二〇，1）口沿较宽而外侈，深筒状腹，直壁分裆，长袋足且足尖呈圆锥状，双立耳向内折，一耳立于一足之上，上腹部饰一周弦纹，袋足下部有"V"形纹饰。在二里岗文化晚期早段至晚期晚段的发展过程中，袋足渐浅，裆内转圆鼓，足根向矮锥形发展。

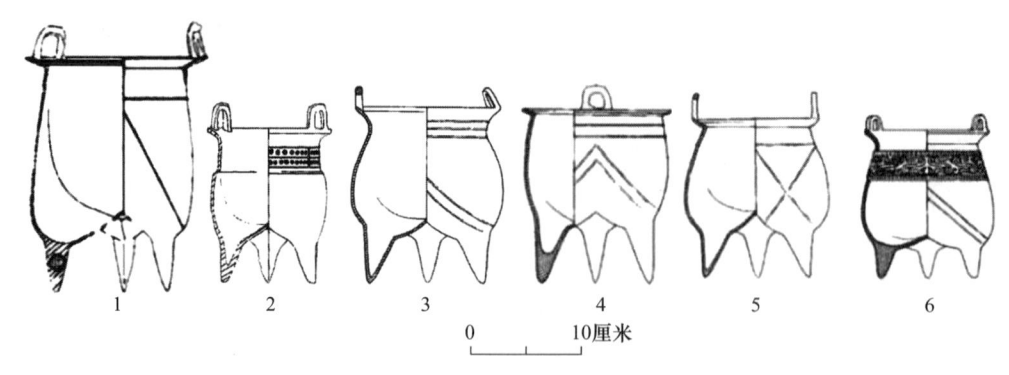

图二〇　二里头—二里岗文化过渡期至二里岗文化晚期晚段青铜鬲
1. 郑州商城 97：ZSC8T166M6：1　2. 郑州顺河东街西侧 97：ZSC8ⅡT143M1：1
3. 郑州 C8：郑博 0054　4. 郑州 C2：豫 2912　5. 郑州 C2：豫文 101　6. 郑州白家庄 C8M3：3
（1 为二里头—二里岗文化过渡期，2、3 为二里岗文化晚期早段，4~6 为二里岗文化晚期晚段）

6. 铜觚

最早的青铜觚据传出自于二里头文化四期墓葬 1987ⅥM1[48]，已失。目前可见最早的青铜觚见于二里岗文化晚期早段，有粗体和细体两种形制，皆为敞口，平底束腰，圈足，腹上饰有两道弦纹，腹下饰有兽面纹，圈足有十字形镂孔与弦纹相连。至二里岗文化晚期晚段，器壁轮廓线弯曲的曲率变大。

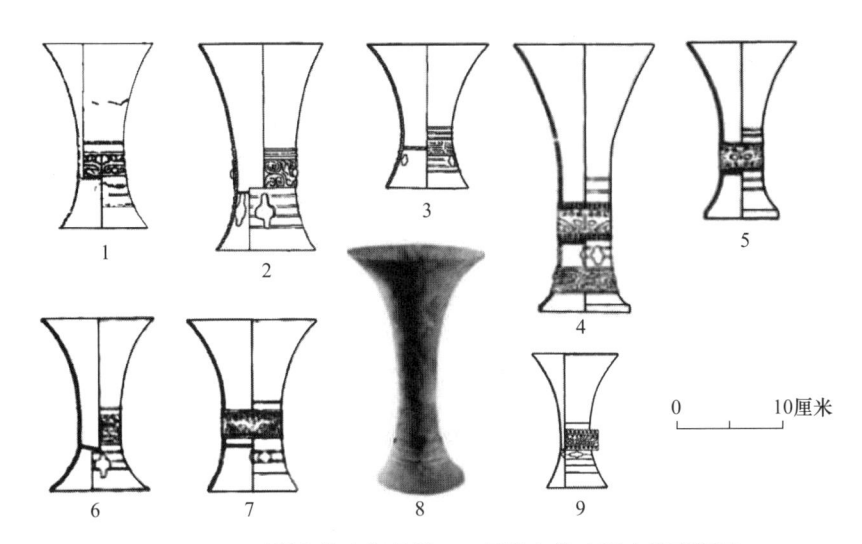

图二一 二里岗文化晚期早段—二里岗文化晚期晚段青铜觚
1. 郑州人民路西侧 99：ZSCWT17M2：3　2. 郑州铭功路 MGM2：8　3. 郑州 C8：郑博 0157
4. 郑州白家庄 C8M3：5　5. 郑州北二七路 BQM1：13　6. 郑州铭功路 MGM4：3
7. 郑州白家庄 C8M3：8　8. 郑州 C8：豫 2318　9. 郑州向阳食品厂 XSH1：12
（1~3 为二里岗文化晚期早段，4~9 为二里岗文化晚期晚段）

7. 铜尊

青铜尊自二里岗文化晚段早期出现，目前所见年代最早的为偃师商城采集[49]，该铜尊（图二二，1）为敞口、敛颈、折肩、鼓腹、圜底，颈部饰弦纹，腹部饰有连珠纹和兽面纹，圈足有三个十字形镂孔。至二里岗文化晚期晚段，郑州人民公园采集的一件铜尊（图二二，3）饰有扉棱，并在肩部饰突出的牛首。

8. 铜罍

青铜罍，折肩、口沿微侈、宽肩、无耳、直圈足微外撇，圈足上有十字形镂孔，腹与口、足截面均作圆形，为二里岗文化晚期晚段新出现的青铜器类型（图二三）。

9. 铜簋

二里头至二里岗时期中原地区目前仅见有 1 件青铜簋（图二四），出土于郑州南顺城街窖藏，应为二里岗文化晚期晚段偏晚阶段的器物。

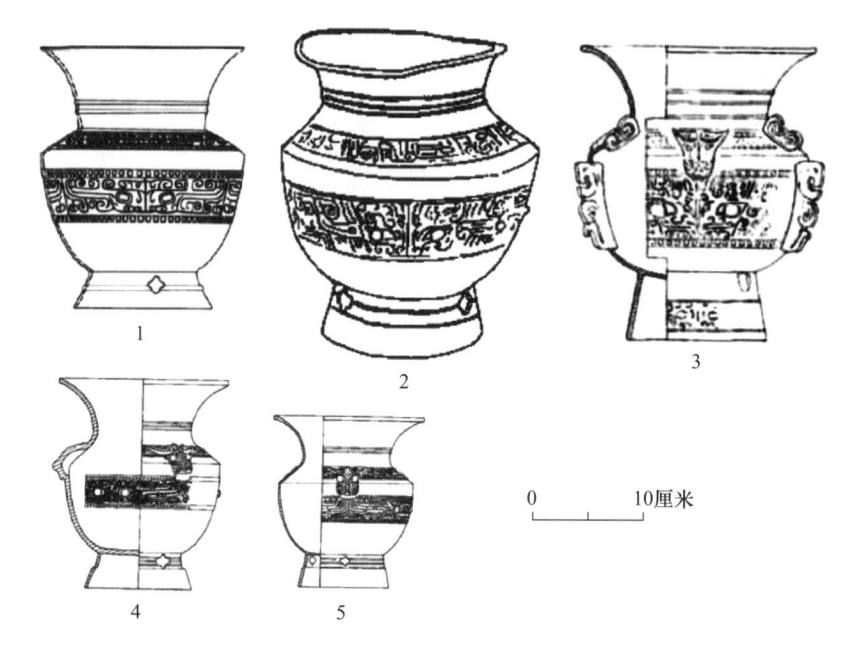

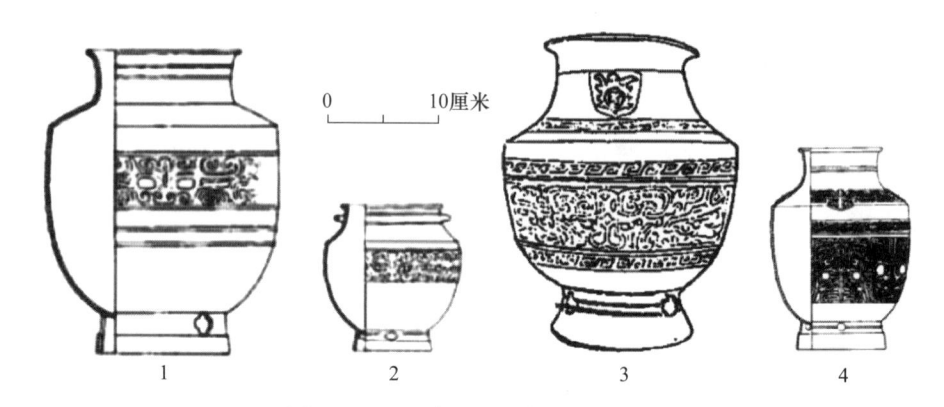

图二二　二里岗文化晚期早段—二里岗文化晚期晚段青铜尊

1. 偃师商城 1974 采　2. 郑州白家庄 C8M3：9　3. 郑州 C7：豫 0890　4. 郑州向阳食品厂牛首尊 XSH1：3
5. 郑州向阳食品厂牛首尊 XSH1：4
（1 为二里岗文化晚期早段，2～5 为二里岗文化晚期晚段）

图二三　二里岗文化晚期晚段青铜罍

1. 郑州 C1：郑博 0243　2. 郑州 C8：豫 1615　3. 郑州白家庄 C8M2：1　4. 郑州向阳食品厂羊首罍 XSH1：5

10. 铜中柱盂

青铜中柱盂为二里岗文化晚期晚段始见，仅有 1 件。

郑州向阳食品厂窖藏出土的铜盂（图二五），形似于殷墟时期的青铜盂，应为本期偏晚阶段器物。铜盂的形制为侈口、折沿、鼓腹、圜底、圈足，盂底中央有一立柱，柱顶呈菌状且顶面饰有涡纹，腹壁上部饰三周弦纹，圈足饰一周弦纹并有三个方形镂孔。

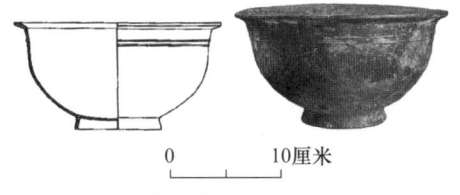

图二四　郑州南顺城街簋 H1 上：9 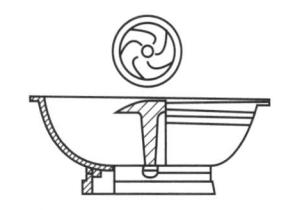　　　图二五　郑州向阳食品厂中柱盂 XSH1：6

（二）二里岗文化的相关陶器

本文分析标本选取与上述青铜器为同一类型的二里岗文化相关陶器 38 件，出土于郑州商城与偃师商城两处遗址。这些样品在时间上涵盖二里岗文化早期早段至二里岗文化晚期晚段。

1. 陶爵

二里岗文化陶爵选取标本 6 件，均出土于郑州商城。

自二里岗文化早期晚段开始，陶爵的口沿中部开始下凹，尾渐短，腹壁微内凹。至二里岗文化晚期晚段，陶爵的形制已为敞口，唇沿内折成直唇，口与流相接处两侧有对称二矮柱，流前段上翘，流上面呈凹弧形，三锥状足外侈，腹与足相接处凸起（图二六）。

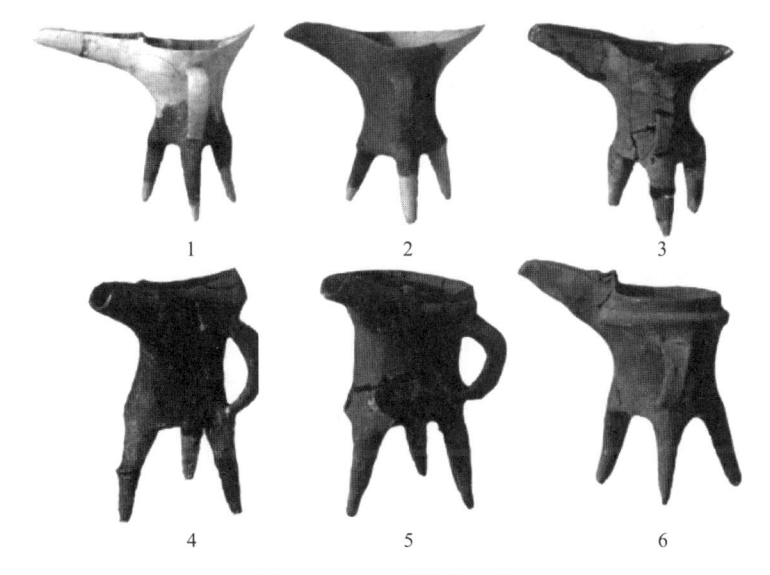

图二六　二里岗文化陶爵

1. 郑州商城 97ZSC8ZZH10：2　2. 郑州商城 97ZSC8ZZH70：10　3. 郑州商城 C5T86③：49
4. 郑州商城 C5.1H137：2　5. 郑州商城 ZFH1：17　6. 郑州商城 97ZSC8ZZH12：17
（1 为二里头—二里岗文化过渡期，2~4 为二里岗文化早期晚段，5 为二里岗文化晚期早段，
6 为二里岗文化晚期晚段）

2. 陶斝

二里岗文化陶斝选取标本6件，其中2件出土于偃师商城，4件出土于郑州商城。

出土于郑州南关外遗址的陶斝（图二七，3）为细砂棕陶，年代为二里头—二里岗文化过渡期，形制为大敞口，尖圆唇，口沿前部有两个对称的圆帽平顶立柱，长颈斜向内收，细腰，溜肩，分裆，三袋状足，足尖呈圆锥状，拱形鋬，鋬的顶部两侧饰有两个鼓面乳钉，器表为素面，颈、肩部饰有三组带状纹。

偃师商城出土的两件斝为夹砂灰陶，年代为二里岗早期晚段。1989YSⅣT19H71：8斝（图二七，2）器表粗糙，翻沿微凹，高领束腰，平底，浅腹通体光素，腹部饰有泥丁；1989YSⅣT24H47：10斝（图二七，1）口沿外翻，袋足垂鼓，足尖细高，饰有细绳纹。

图二七　二里头—二里岗文化过渡期至二里岗文化晚期晚段陶斝
1. 偃师商城1989YSⅣT24H47：10　2. 偃师商城1989YSⅣT19H71：8　3. 郑州南关外C5T86：52
4. 郑州商城C5H59：1　5. 郑州商城C5T51②：1　6. 郑州商城C8T12②：6
（3为二里头—二里岗文化过渡期，1、2、4、5为二里岗文化早期晚段，6为二里岗文化晚期晚段）

至二里岗文化晚期晚段，陶斝较前期变化较大。出土于郑州商城C8T12的斝（图二七，6）器表涂有一层细泥陶衣并磨光，形制为敞口折沿，尖唇，长颈略向内收，凸圆肩，浅直腹，平底，三外侈实心圆锥足；颈与腹间有扁圆体拱形鋬，鋬的上部绕有三周附加泥条，与鋬相应口沿前部有两个菌状柱；颈的下部饰两周凹弦纹，并在弦纹之间饰有一周精美的夔纹带条，弦纹与下腹之间饰一周连珠纹。

3. 陶鼎

二里岗文化陶鼎选取标本6件，3件出土于偃师商城，3件出土于郑州商城。

标本1（图二八，1）的形制为方唇，斜折沿，沿面下凹如槽，耳立口沿外侧，耳横穿有孔，敛口，鼓腹，圜底，三足呈椭圆锥形，器壁饰凹弦纹，底部为绳纹；标本2（图二八，2）的形制为方唇，斜折沿，沿面微凹，双耳横穿有孔，上腹收敛，下腹外鼓，圜底近平，圆锥状足较短，器壁饰有两圈弦纹和一条带状兽面纹，底部为绳纹；标本3（图二八，4）的形制为直口微敛，宽沿外折，深腹略鼓，圜底，三个圆锥状足，口沿两侧有两个对称的拱顶带孔竖耳，在每个耳下的鼎腹外壁上各有二道上厚下薄的附加堆条，用来支撑鼎耳，器壁上饰有两道弦纹，下腹与底部饰有绳纹。前述3件陶鼎皆为二里岗文化早期晚段器。

二里岗晚期早段出土的标本4（图二八，3）的形制为斜折沿，微敛口，方唇有凹槽，宽沿，腹稍浅，器壁饰有三道弦纹，底饰粗绳纹；标本5（图二八，5）的形制为圆唇，口微敛，折沿，沿面有一周凸棱，深腹较直，圜底，尖锥形三足，器壁饰有四周弦纹；标本6（图二八，6）体形较大，形制为厚圆唇，敛口折沿，沿面饰有二道弦

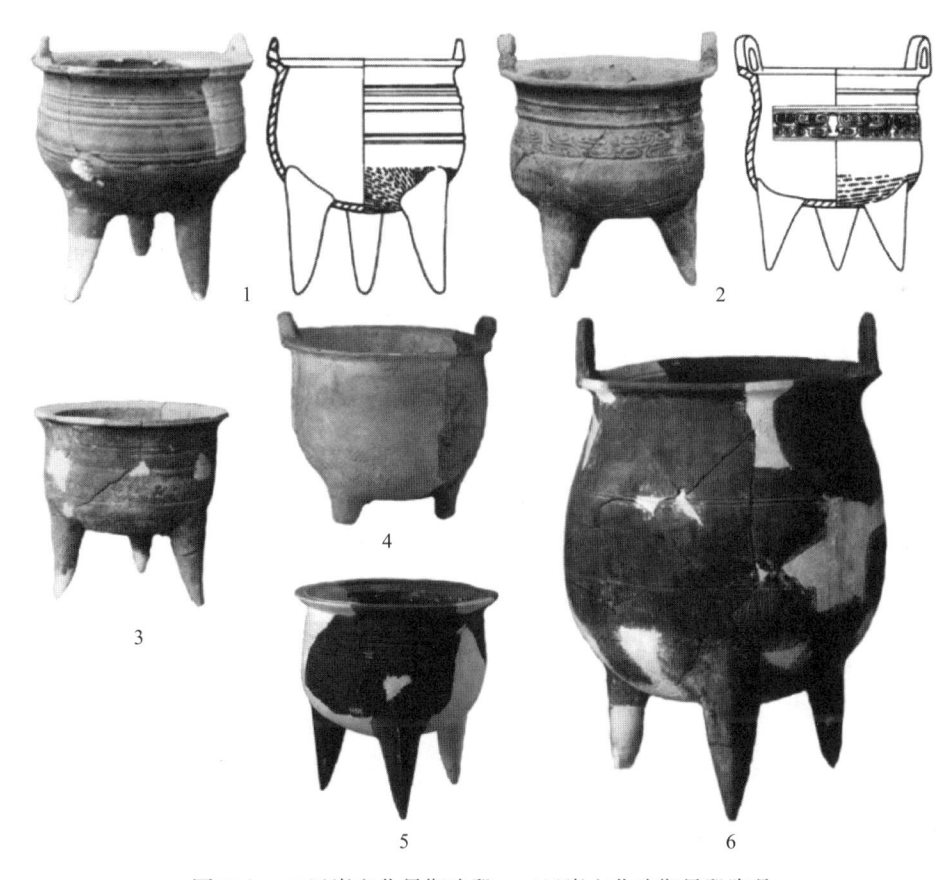

图二八　二里岗文化早期晚段—二里岗文化晚期早段陶鼎
1. 偃师商城1984YSⅥT5M2∶1　2. 偃师商城1996YSⅡT11M21∶2　3. 偃师商城1983YSⅢT5M2∶3
4. 郑州商城C11T104③∶86　5. 郑州商城99ZSC8T185H12∶1　6. 郑州商城97ZSC8ZZG3∶14
（1、2、4为二里岗文化早期晚段，3、5、6为二里岗文化晚期早段）

纹，口沿两侧有两个对称的横形竖耳，深鼓腹，圜底，尖锥形三足，似有棱，器壁磨光饰有弦纹，下腹与底部饰绳纹。本期陶鼎较前期更加精致。

4. 陶盉

二里岗文化陶盉选取标本2件，均出土于郑州商城，年代为二里岗文化早期晚段。

标本1（图二九，1）的管状流两侧有两个对称的乳钉纹，磨光，腹部饰有弦纹；标本2（图二九，2）器形相对低矮。

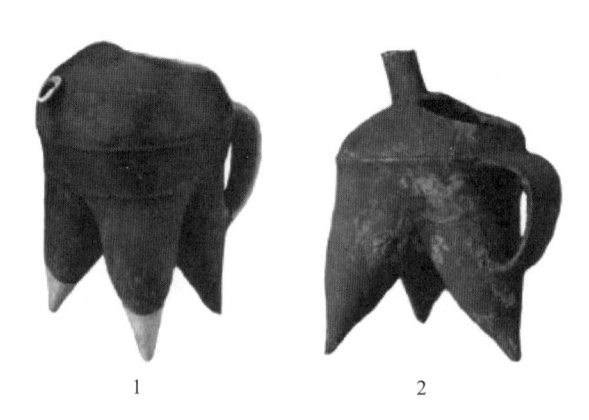

图二九　二里岗文化陶盉
1. 郑州商城 C9.1H117∶11　2. 郑州商城 C8T37④∶12

5. 陶鬲

二里岗文化陶鬲选取标本4件，均出土于郑州商城。

标本1（图三〇，1）器表饰"V"形纹饰，形制为敛口，卷沿，沿面略上翻，深腹较鼓，瘪裆，三袋状足带有锥形实心足根；标本2（图三〇，2）为砂质粗灰陶筒腹鬲，侈口，口沿斜向上折，器壁近直，三袋足微鼓，器表饰细绳纹，做工较为粗糙，其腹壁近直作风同于夏家店下层文化的筒腹鬲。

图三〇　二里头文化三期—二里岗文化晚期晚段陶鬲
1. 郑州商城 C9.1H118∶13　2. 郑州商城 C7T37①∶149　3. 郑州商城 04ZSC8ⅠT110M5∶1
4. 郑州商城 C8T10②∶1
（1为二里头—二里岗过渡期，2为二里岗文化早期晚段，3为二里岗文化晚期早段，4为二里岗文化晚期晚段）

6. 陶觚

二里岗文化陶觚选取标本5件，1件出土于偃师商城，4件出土于郑州商城。

标本1（图三一，1）出土于偃师商城，形制为圆唇，侈口，束腰，平底，高圈足，口内有一周凹弦纹，腰部饰模印阳文饕餮纹和凹槽、凸棱纹各一周，圈足饰三周凸棱纹，圈足底缘加厚；标本2（图三一，2）形制为敞口，深腹斜向内收，平底，圈足，腹部素面无纹饰，圈足部饰六周弦纹，并有两个对称的十字形镂孔与弦纹相连。

值得注意的是，这5件年代为二里岗文化早期晚段至二里岗文化晚期晚段的陶觚均为通体磨光，应为礼仪用器。

图三一　二里岗文化早期晚段—二里岗文化晚期晚段陶觚
1. 偃师商城 1990YSⅡT7M14：1　2. 郑州商城 C1M41：6　3. 郑州商城 C5.1H118：21
4. 郑州商城 C11M148：8　5. 郑州商城 97ZSC8ZZT1H9：13
（1~3为二里岗文化早期晚段，4为二里岗文化晚期早段，5为二里岗文化晚期晚段）

7. 陶尊

二里岗文化陶尊选取标本2件，均出土于偃师商城。

两件标本（图三二）的形制均为喇叭形口，深腹，斜领，折肩，圜底，有圈足，颈部、肩部均饰弦纹，腹部饰有绳纹，圈足饰两周凸棱，其中年代稍晚的尊三肩部弦纹处还饰有三组（每组两颗）等距泥丁。

8. 陶罍

二里岗文化陶罍选取标本3件，1件出土于偃师商城，2件出土于郑州商城。

标本1（图三三，1）形制为直领，凹圜底，口微侈，肩部饱满，腹部瘦深，下腹和底部饰绳纹，颈部饰有弦纹，上腹部饰有兽面纹；标本2（图三三，2）的形制为小敞口，沿

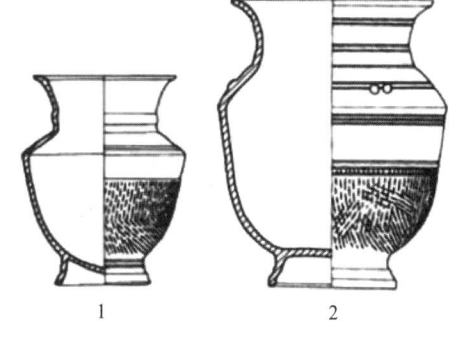

图三二　二里岗文化晚期早段—二里岗文化晚期晚段陶尊
1. 偃师商城 1983YSⅢT5M2：6　2. 偃师商城 1989YSⅣT28M13：7
（1为二里岗文化晚期早段，2为二里岗文化晚期晚段）

外卷，圆唇，长颈内凹，折肩，深弧腹略鼓，圜底，下附矮圈足，器表素面磨光，颈部饰两周凸弦纹，腹上部和下部各饰一周宽凹弦纹，圈足部饰一周凸弦纹；标本3（图三三，3）的形制为小敞口，沿外折，方圆唇，沿面上有一周凹槽，长颈内凹，折肩，深腹略鼓，圜底，下附高圈足，颈部饰一周弦纹，肩部饰三周凹弦纹，腹部弦纹间又加饰一周精美的饕餮纹图案带条，圈足素面。

图三三　二里岗文化晚期早段陶罍
1. 偃师商城1996YSⅡT11M21∶3　2. 郑州商城06ZSC8ⅠT189M44∶9　3. 郑州商城C11T109②∶40
（1为二里岗文化早期晚段，2、3为二里岗文化晚期早段）

9. 陶簋

二里岗文化陶簋选取标本2件，均出土于郑州商城，为二里岗文化晚期早段器。

标本1（图三四，1）形制为直口，平折沿，沿面饰有一对拱形錾手，錾手上有一对对称乳钉，圆鼓腹，圈足微外侈，器物表面磨光，腹、圈足均饰凹弦纹；标本2（图三四，2）形制为敞口，斜折沿，圆唇，浅腹内收，平底，矮圈足，腹部饰两周凹弦纹，底部饰绳纹。

图三四　二里岗文化晚期早段陶簋
1. 郑州商城C5H16∶41　2. 郑州商城98ZSC8ⅡT227H194∶17

10. 陶中柱盂

二里岗文化陶中柱盂选取标本2件，均出土于郑州商城。

标本1（图三五，2）形制为敞口，折沿，厚圆唇，器壁斜直，平底，中间立一个空柱内凹状圆鼓顶握，底部饰两周锥刺纹；标本2（图三五，1）形制为大敞口，折沿，方唇，浅腹斜直壁，平底，盂内底部中央竖立一柱体，器内壁内饰四周凹弦纹，器表饰纵向中绳纹。

图三五 二里岗文化晚期早段、晚期晚段中柱陶盂
1. 郑州商城 97ZSC8ZZH12∶14 2. 郑州商城 C11T106②∶67

四、铜、陶相似器综合分析

（一）二里头、二里岗文化中的铜陶相似现象

综合上文对相关青铜器与陶器的梳理，可以看出二里头、二里岗文化中铜陶相似器有以下具体表现。

1. 爵形相似器

现存最早可确认分期的青铜爵为二里头文化三期，此期铜爵尚处于较为原始的阶段，形体不甚规整，做工粗糙。通过比对分析，可以看出二里头文化三期铜爵的形制近似于二里头文化二期陶爵，且二里头文化二期陶爵是成熟、较为精致的器形，在部分铜爵口沿部位饰有与陶爵口部贴附的小泥丁相似的矮柱。随后，二里头文化四期早段铜爵与二里头文化三期陶爵、二里头—二里岗文化过渡期铜爵与二里头文化四期早段陶爵、二里岗文化早期晚段铜爵与二里头—二里岗文化过渡期陶爵、二里岗文化晚期早段铜爵与二里岗文化早期晚段至二里岗文化晚期早段陶爵的形制均大体相似，至二里岗文化晚期晚段，这两种质料爵形器形制的演变开始出现差异化（表一）。

表一 二里头、二里岗文化铜陶相似爵形器

期段	铜爵	陶爵
二里头二期		1994YLXⅢM1∶1

续表

期段	铜爵			陶爵	
二里头三期	上海博物馆藏品	1973YLⅢT22③：6	1974YLⅣ采：65	1980YLⅤM3：7	1990YLⅨM1：2
二里头四期早段	1978YLⅤKM8：1	1976YLⅢKM6：1	1975YLⅥKM3：4	1982YLⅣM13：4	
二里头—二里岗过渡期	1984ⅥM9：2	1975ⅦKM7：1	1984ⅥM11：1	1997ZSC8ZZH10：2	
二里岗早期晚段	郑州商城 C8M32：2	郑州 C8 采：豫文 104	白家庄 C2：豫 0018	1997ZSC8ZZH 70：10	郑州 C5T86③：49
二里岗晚期早段	郑州 99：ZSCWT17 M2：2	郑州铭功路 MGM2：21	偃师商城 89ⅣT28M13：1	郑州商城 ZFH1：17	
二里岗晚期晚段	郑州白家庄 C8M2：8	郑州白家庄 C8M3：1	郑州商城 97ZSC8ZZH12：17		

爵形相似器中铜爵标本的纹饰从最初的素面无纹，到开始使用简单的几何纹饰，再到兽面纹的出现，应是源于铸造工艺的不断发展以及人们对于礼器重视程度的加深。而陶爵标本虽然大部分都为素面无纹，但其形制演变与铜爵大体相同，且年代稍早，

由此可见，早期铜爵应是模仿了陶爵的形制，并持续至二里岗文化晚期早段。

2. 角形相似器

陕西历史博物馆所藏二里头文化四期早段青铜角与二里头83YLⅣM45所出二里头文化二期早段陶角形制相似（图三六），应当是模仿了陶角的形制。

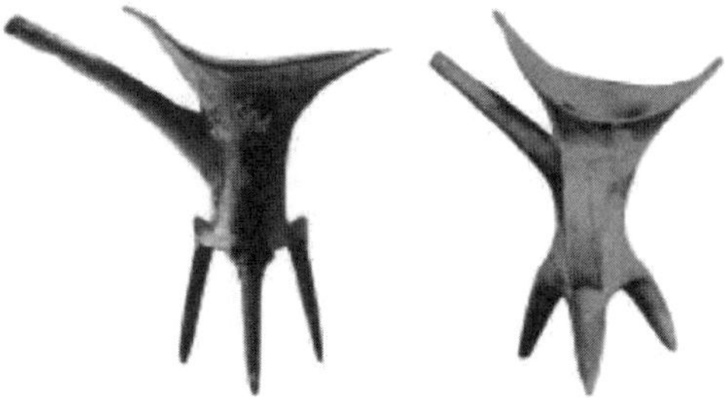

3. 斝形相似器

二里头遗址所出87ⅤM1∶2青铜斝

图三六　陕西历史博物馆藏铜角（左）与二里头文化83YLⅣM45∶1陶角

的形制近似于二里头84YLⅤH4∶2陶斝，不同的是，铜斝口沿已普遍出现双柱，有学者认为青铜斝上的柱"是对陶爵和青铜爵的借鉴，它从一开始就是非实用性的装饰物"[50]。关于二者的源流，郑光先生认为青铜斝曾模仿过当时的陶斝[51]，笔者赞同该观点。根据对标本的梳理，青铜斝年代稍晚，可能是在模仿陶斝形制的同时借鉴了爵形器的装饰。

二里岗文化早期晚段，铜斝与同期陶斝形制相似，且部分器物纹饰相同，饰有简单的三周弦纹。随着铸造工艺的发展，青铜斝的纹饰逐渐华丽，相关陶斝发现较少。

至二里岗文化晚期晚段，郑州商城C8T12②出土有两件与同时期的青铜斝相似度颇高的陶斝。经过比较可以明显看出其形制、纹饰都与同时期所流行的实用陶斝迥异，而与同时期及稍早时期所流行青铜斝的特征、器表花纹装饰极其相似，应当是模仿铜斝制作而成，非实用器物，并且很有可能作为礼器使用（表二）。

表二　二里头、二里岗文化铜陶相似斝形器

期段	铜斝	陶斝
二里头四期早段		 二里头84YLⅤH4∶2
二里头—二里岗过渡期	 二里头87ⅤM1∶2	 郑州南关外C5T86∶52

续表

期段	铜斝	陶斝	
二里岗早期晚段	郑州 C8M32∶1	偃师商城 1989YSⅣT19H71∶8	郑州商城 C5T51②∶1
二里岗晚期早段	郑州铭功路 MGM2∶20	偃师商城 89ⅥT28M13∶3	
二里岗晚期晚段	郑州白家庄 C8M3∶6	C9∶郑博 0156	郑州商城 C8T12②∶6

4. 鼎形相似器

二里头遗址出土的青铜鼎虽与同时期及稍早的二里头文化陶鼎形制差异较大，但其器身形制近似于二里头文化三期陶鼎 91YLⅥH2∶2，腹身的网格纹装饰与二里头文化四期陶鬲 84YLⅣH122∶1 相像，推测二里头文化铜鼎可能是从陶鼎中汲取不同形制、纹饰的元素制作而成。其有别于陶鼎的鼎耳的增设可能是源于具体的功能需求，不同于实心扁足的锥状空足或许是受到了青铜铸造工艺的影响。而随着铸造工艺的不断发展，二里岗文化晚期晚段出现的扁足青铜鼎的特殊足部形制与早期扁足陶鼎是否有所关联还有待探究。

通过两种质料标本的比对，可以看出二里岗文化早期晚段陶鼎的形制异于此前出土于二里头遗址的陶鼎，双耳、锥足的改变可能是模仿自铜鼎，而其腹部形制、纹饰与二里岗文化晚期早段出现的青铜鼎颇为相似。因二里头文化铜鼎与二里岗文化晚期早段铜鼎形制差异较大，或可推测二者之间的二里岗文化早期晚段中应存在与二里岗文化早期晚段陶鼎相似的青铜鼎，并为该时期陶鼎模仿的样本。此外，鼎形相似器中的二里岗文化陶鼎不同于实用器物的精致程度显示其应是作为礼器使用（表三）。

表三　二里头、二里岗文化铜陶相似鼎形器

期段	铜鼎	陶鼎
二里头三期		91YLⅥH2:2
二里头—二里岗过渡期	二里头1987ⅤM1:1	
二里岗早期晚段		偃师商城1984YSⅥT5M2:1　偃师商城96YSⅡT11M21:2　郑州商城C11T104③:86
二里岗晚期早段	郑州商城C11M146:3　郑州陇海北二街墓1987C5M1:4　郑州C8:郑博0058	偃师商城83YSⅢT5M2:3　郑州商城99ZSC8T185H12:1　郑州商城97ZSC8ZZG3:14
二里岗晚期晚段	郑州北二七路BQM1:3　郑州白家庄C8M2:4　郑州向阳食品厂圆鼎XSH1:1	

需要说明的是，二里头文化三期出土陶方鼎被认为与二里岗文化晚期晚段出现的铜方鼎关系密切，前文研究史综述中已提及，此处不再赘述。

5. 盉形相似器

二里头文化二期 85YLⅥM7∶3 陶盉顶部与颈交接处较为圆转，这一点与二里头遗址出土 86ⅡM1∶1 青铜盉有些许相似，但两者足部差异较大，该陶盉为三袋足，铜盉则为锥形足，或许是因为受到了铸造工艺的限制。

通过两种质料标本的比对，可以看出二里头文化三期 87YLⅣM44∶6 陶盉与郑州商城 97∶ZSC8T166M6∶2 青铜盉形制相似。上述两件二里头—二里岗文化过渡期铜盉的年代均晚于与其相似的陶盉，可见铜盉应当是模仿陶盉制作而成。

至二里岗文化早期晚段，两种质料盉形器的形制相似度仍较高（表四）。

表四 二里头、二里岗文化铜陶相似盉形器

期段	铜盉			陶盉	
二里头二期				二里头 85YLⅥM7∶3	
二里头三期				二里头 87YLⅣM44∶6	
二里头—二里岗过渡期	二里头 86ⅡM1∶1	郑州商城 97∶ZSC8T166M6∶2		二里头 85YLⅤH27∶8	
二里岗早期晚段	郑州商城 C8M7	C8 采∶郑博 0042	C8 采∶郑博 0059	郑州商城 C9.1H117∶11	郑州商城 C8T37④∶12
二里岗晚期早段	郑州白家庄 C8∶豫 0021				

6. 鬲形相似器

目前所见最早的铜鬲的年代为二里头—二里岗文化过渡期，其筒状腹近似于以标本 C7T37①：149 为代表的带有夏家店下层文化风格的筒状腹陶鬲，该风格陶鬲在郑州洛达庙二里头文化遗址也有发现，在相关研究中，该铜鬲与上述陶鬲一起归分为同一类型的筒腹鬲[52]。通过标本比对分析，可以发现该铜鬲的高足尖与筒状腹陶鬲有所差异，而与二里头文化三期陶鬲的足尖形制相仿，其装饰也与二里头文化四期及二里岗文化早期早段陶鬲器表所饰"V"形纹饰相似。据此推测该铜鬲是汲取了不同风格陶鬲中的各种元素制作而成，而双耳的有无或许是由于两种质料鬲形器在使用方法上有所差异。

二里岗文化晚期早段铜鬲较前期铜鬲形制略有变化，但与二里岗文化早期早段陶鬲形制仍较为相似。自二里岗文化晚期晚段开始，铜、陶鬲的形制互动性减弱，差异逐渐变大（表五）。

表五　二里头、二里岗文化铜陶相似鬲形器

期段	铜鬲	陶鬲
二里头三期		二里头 81YLⅢT22③：1
二里头四期早段		二里头 84YLⅣH122：1
二里头—二里岗过渡期	郑州商城 97：ZSC8T166M6：1	郑州商城 C9.1H118：13
二里岗早期晚段		郑州商城 C7T37①：149

续表

期段	铜鬲		陶鬲
二里岗晚期早段	郑州顺河东街西侧 97：ZSC8ⅡT143M1：1	郑州 C8：郑博 0054	郑州商城 04ZSC8ⅠT110M5：1
二里岗晚期晚段	郑州 C2：豫 2912	郑州 C2：豫文 101	郑州白家庄 C8M3：3 / 郑州商城 C8T10②：1

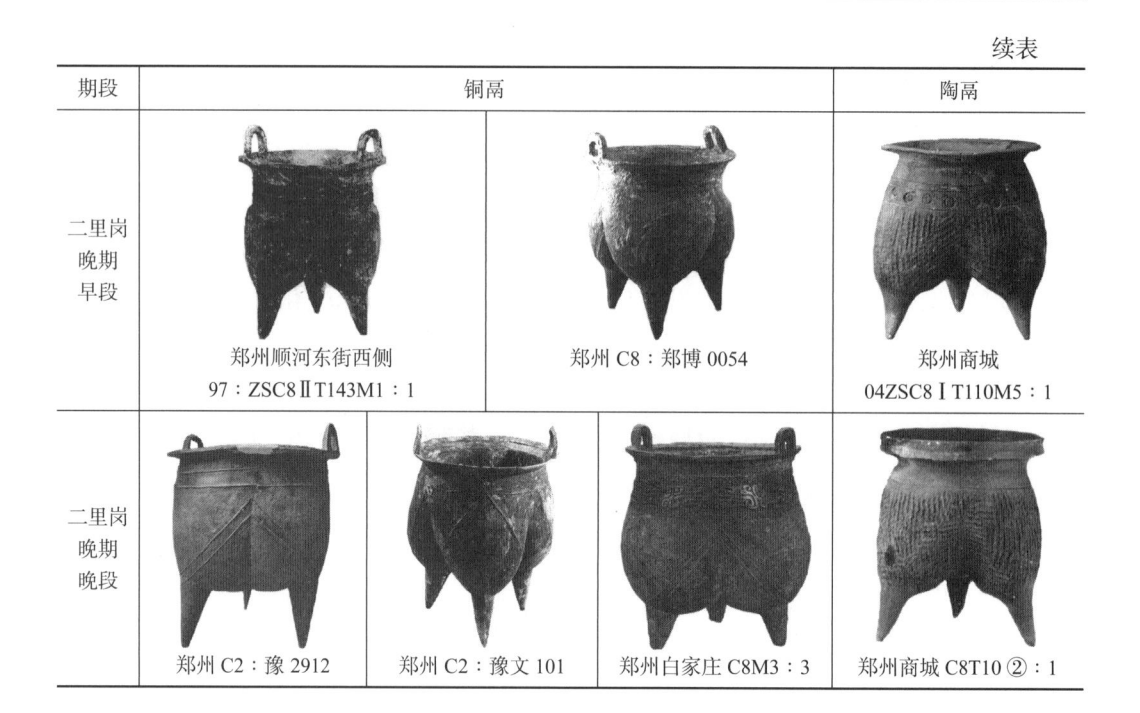

7. 觚形相似器

已知年代最早的青铜觚应当是出自于二里头遗址，由于该器去向不明，现存可见最早的青铜觚为二里岗文化晚期早段器，因此本文着重观察二里岗文化时期铜、陶觚的相似情况。需要说明的是，目前大多数学者认为木制觚形器是铜觚与陶觚的模仿对象[53]，已非本文讨论范围。

通过对标本的观察，可以看出二里岗文化晚期早段铜觚的形制与同期及年代略早的陶觚十分相似，至二里岗文化晚期晚段开始出现差异，青铜觚的器身逐渐修长，陶觚的器身变得更加宽矮。值得注意的是，从二里岗文化早期晚段开始，陶觚上已经开始出现与青铜器相似的兽面纹装饰，并且 5 件年代为二里岗文化早期晚段至二里岗文化晚期晚段的陶觚均为通体磨光，应当是受到铜器装饰风格的影响（表六）。

表六 二里头、二里岗文化铜陶相似觚形器

期段	铜觚	陶觚		
二里岗早期晚段		偃师商城 90YSⅡT7M14：1	郑州商城 C1M41：6	郑州商城 C5.1H118：21

续表

期段	铜觚			陶觚
二里岗晚期早段	郑州铭功路 MGM2：8	郑州 C8：郑博 0157		郑州商城 C11M148：8
二里岗晚期晚段	郑州白家庄 C8M3：5	郑州白家庄 C8M3：8	郑州 C8：豫 2318	郑州商城 97ZSC8ZZT1H9：13

8. 尊形相似器

通过对标本的观察，可以发现标本中的陶尊形制异于此前的陶质尊形器，与目前所见最早的铜尊十分相似，二者均为二里岗文化晚期早段器。因陶尊装饰简洁、数量较少，或可推测此类陶尊是模仿铜尊制作而成，而铜尊的喇叭形口与陶尊的敞口略显差异，可能是因为不同质料工艺限制的原因（表七）。

表七　二里头、二里岗文化铜陶相似尊形器

期段	铜尊			陶尊
二里岗晚期早段	偃师商城（采集）			偃师商城 1983YSⅢT5M2：6
二里岗晚期晚段	郑州向阳食品厂牛首尊 XSH1：3	郑州向阳食品厂牛首尊 XSH1：4	郑州 C7：豫 0890	偃师商城 1989YSⅣT28M13：7

9. 罍形相似器

铜罍是二里岗文化晚期晚段出现的新铜器类型，与二里岗文化早期晚段、二里岗文化晚期早段的陶罍形制十分相似，略有不同之处在于圈足或圈足上镂孔的有无。陶罍1996YSⅡT11M21∶3 与 C11T109②∶40 均饰有极具青铜器装饰风格的兽面纹饰（表八）。

表八　二里头、二里岗文化铜陶相似罍形器

期段	铜罍	陶罍
二里岗早期晚段		偃师商城 1996YSⅡT11M21∶3
二里岗晚期早段		郑州商城 06ZSC8ⅠT189 M44∶9 ； 郑州商城 C11T109②∶40
二里岗晚期晚段	郑州 C1∶郑博0243 ； 郑州商城 白家庄 C8M2∶1 ； 郑州向阳食品厂 羊首罍 XSH1∶5	

10. 簋形相似器

铜簋是二里岗文化晚期晚段出现的新铜器类型。通过对标本的观察，可以发现其与二里岗文化晚期早段陶簋形制相似、纹饰相同，或许是表九中 2 件陶簋标本的结合体。

表九　二里头、二里岗文化铜陶相似簋形器

期段	铜簋	陶簋	
二里岗晚期早段		郑州商城 C5H16：41	郑州商城 98ZSC8ⅡT227H194：17
二里岗晚期晚段	郑州南顺城街簋 H1 上：9		

11. 中柱盂相似器

青铜中柱盂是二里岗文化晚期晚段出现的新铜器类型。通过对标本的观察，发现铜、陶两种质料的中柱盂虽在器形形制方面有些许差异，但两者之间应存在密切关联（表一〇）。

表一〇　二里头、二里岗文化铜陶相似中柱盂形器

期段	铜中柱盂	陶中柱盂
二里岗晚期早段		郑州商城 97ZSC8ZZH12：14
二里岗晚期晚段	郑州向阳食品厂 XSH1：6	郑州商城 C11T106②：67

12. 小结

通过上文对铜、陶相似器形制的年代早晚比对梳理可知，早期青铜容器的形制大部分是模仿当时器形已经较为成熟的同类陶器，如爵、角、斝、盉、鬲。其中铜爵、铜斝、铜鬲对陶爵、陶斝、陶鬲的模仿从出现伊始一直持续至二里岗文化晚期早段。

至二里岗文化晚期晚段，出现仿铜陶罍，而铜、陶爵形器与铜、陶斝形器间形制互动性减弱，差异逐渐变大（图版一二）。二里头文化铜、陶角形器数量极少，暂未见于二里岗文化，张懋镕先生曾在文章中指出铜角与铜爵发展历程相似，且有时会替代爵与觚组合[54]，据此分析，早期铜角或被功能相似的铜爵所替代。铜盉对陶盉的模仿持续至二里岗文化早期晚段，此后陶盉逐渐消失。

现存最早出土于二里头遗址的铜鼎虽与同时期的陶鼎形制有所差异，但其形制、纹饰都可以从同期及稍早时期中的陶器中找到来源。而二里岗文化早期晚段的陶鼎形制与此前出土的陶鼎形制差异较大，却与二里岗文化晚期早段出现的铜鼎形制相似度颇高，推测二里岗文化早期晚段时期或存在与二里岗文化早期晚段陶鼎相似的青铜鼎，并为该时期陶鼎模仿的样本。

二里岗文化晚期晚段在郑州商城出现新的铜容器类型罍、簋、中柱盂都有与之十分相似且早于铜器的陶器原型，且陶器都较为精致，或饰有兽面纹饰，这些陶器原型可能是模仿借鉴了铜器纹饰的新陶器类型。目前所见最早铜觚出现之前的陶觚也都较为精致，部分饰有与青铜觚纹饰相似的兽面纹装饰。而与铜尊相似的陶尊发现数量较少且装饰简单，可能是模仿同期铜尊制作而成。同时可以看到，自二里岗文化早期晚段开始，大部分与铜器形制相似的陶器器表都有似经磨光的细泥陶衣装饰，这种现象应是受到铜器材质的影响。

由于两种质料的特性与制作工艺不同，二里头、二里岗文化中的铜陶相似器在形制与纹饰上有所差异，这种差异也为青铜器、陶器的新器类的出现奠定了基础。

（二）铜、陶相似器的共存关系

1. 二里头文化铜、陶相似器的共存关系

（1）空间分布

二里头遗址是二里头文化的主要遗址，现存面积约300万平方米，整个遗址可分为中心区和一般居住活动区两大部分。中心区位于遗址的东南部至中部一带，由宫殿区、若干贵族聚居区、围垣作坊区和祭祀活动区组成（图三七）[55]。其中宫殿区围以城垣，宫殿略呈长方形，面积逾10万平方米。宫殿区以南是围垣作坊区，至迟在二期时已经出现各类手工业作坊，如制陶、铸铜、绿松石器作坊等。在中心区还发现有井字形主干道路网络与车辙遗迹、围垣设施3处、大中型夯土建筑基址12座，同时发掘中小型房址44座、水井10余座、灰坑和窖穴近千、墓葬400多座，亦有较多可能与祭祀相关的遗迹。遗址西部和北部区域为一般居住活动区[56]。

本文所采用二里头文化中铜、陶相似器的标本大部分是出自墓葬，二里头遗址内墓葬分布相对而言没有固定的埋葬区域，分布形态较为复杂，生活区与墓葬区往往并

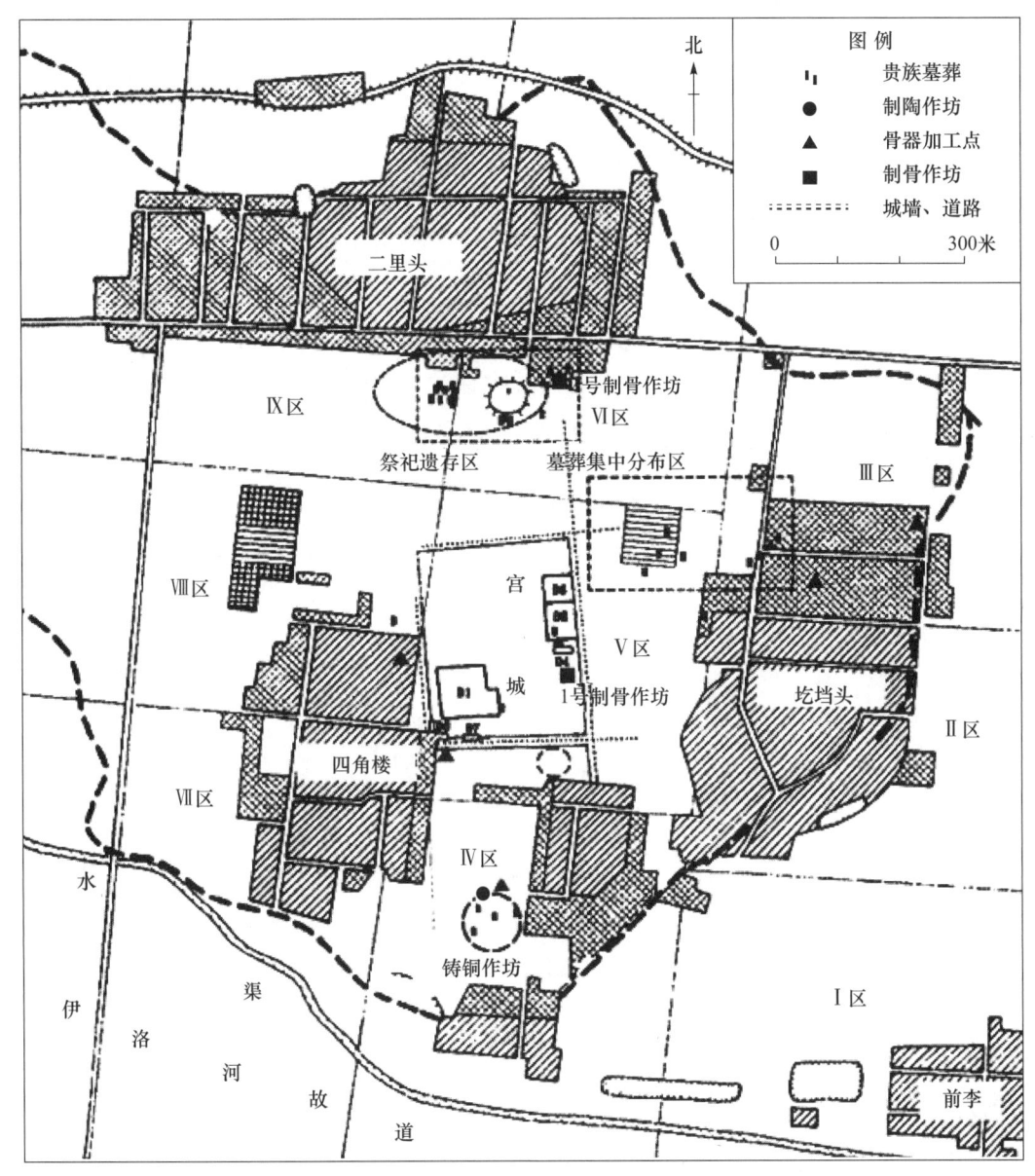

图三七　二里头遗址中心区重要遗存的分布
（图片来源：《二里头考古六十年》第83页图4-2）

不截然分开，甚至在不同时期相互发生转化。出土铜、陶相似器的墓葬一般分布于宫殿区及宫殿区周围的地区，尤其是宫殿区东部、南部和北部的Ⅲ、Ⅳ、Ⅴ、Ⅵ区较为集中。

（2）器物组合

1）二里头文化二期

二里头文化铜、陶相似器标本中有6件陶器出土于二里头文化二期墓葬中，其中已经发表的墓葬有2座，85YLⅥM7、87YLⅥM49、83YLⅣM45、94YLⅩⅢM1四座墓葬未有详细的考古发掘资料发表，暂据《二里头陶器集粹》中同出陶器列出其大概的组合形式。从陶器形制上看，上述四座未发表墓葬年代应当为二里头文化二期偏早阶段（表一一）。

表一一　二里头文化二期相关陶器墓随葬品统计表

期段	墓号	随葬品		
		铜器	陶器	其他
二期早段	2001ⅤM1	—	角1、爵1、盉2、鼎3、圆陶片2、豆1、尊1、壶1、平底盆3、盆1	玉柄形器1、漆器1
二期晚段	2002ⅤM3	铃1	爵1、盉3、鼎1、圆陶片3、斗笠形白陶器3、豆3、尊3、平底盆3、盆1、深腹罐1等	鸟形玉器1、铃舌1、镶嵌绿松石龙形器、绿松石珠5、漆觚1等
二期	1985YLⅥM7		爵1、盉1、鬶1、豆1、四系尊1、小尊1、鼎1等	
	1987YLⅥM49		角1、鬶1、觚2、豆2、三足盘1、圆腹罐1、盆1等	
	1983YLⅣM45		角1、盉1、豆1、圆腹罐1、三足盘1等	
	1994YLⅫM1		爵1、觚2、敛口罐1、盆1等	

此时，铜容器还未出现，陶爵（角）、陶盉和漆觚已经开始成为固定组合模式。

2）二里头文化三期

二里头文化铜、陶相似器标本中有1件铜器、3件陶器出土于二里头文化三期墓葬中，其中已经发表的墓葬有2座，墓葬87YLⅣM44和90YLⅨM1未有详细的考古发掘资料发表，暂据《二里头陶器集粹》中同出陶器列出其大概组合形式（表一二）。

表一二　二里头文化三期相关铜、陶器墓随葬品统计表

期段	墓号	随葬品		
		铜器	陶器	其他
三期	1987YLⅣM44		爵1、盉1、敛口罐1、盆1、小尊1等	
	1990YLⅨM1		爵1、盉1等	
三期晚段	1980YKⅢM2	爵2、刀2	爵1、盉1、圆陶片4等	玉圭1、漆觚1、盉1、豆1、绿松石片若干
	1980YLⅤM3	—	爵1、盉1、圆陶片2、高领罐1、小尊1等	玉钺1、牙璋2、尖状饰1、绿松石管状饰2

二里头文化三期尚处于铜质容器的初创阶段，仅有2件可确认其分期的青铜爵出土于三期晚段墓葬中。此时随葬品的基本器类与二期保持一致，随着青铜容器铸造技

术的发展，高级墓葬中的爵开始用青铜铸造，新增铜爵、陶盉、陶爵、漆觚的组合形式。

3）二里头文化四期早段

二里头文化铜、陶相似器标本中有4件铜器、1件陶器出土于二里头文化四期早段墓葬中，其中已经发表的墓葬有4座，墓葬82YLⅣM13未有详细的考古发掘资料发表，暂据《二里头陶器集粹》中同出陶器列出其大概组合形式（表一三）。

表一三　二里头文化四期早段相关铜、陶器墓随葬品统计表

期段	墓号	随葬品		
		铜器	陶器	其他
四期早段	1982YLⅣM13		爵1、盉2、豆1、圈足尊1、罐3、盆2等	
	1975YLⅥKM3	爵1、钺1、戈1、圆泡形铜器1、镶嵌绿松石圆形铜器2	盉1、圆陶片6	玉柄形器1、璧戚1、戈1、铲1、绿松石片若干、绿松石三角形饰2、骨串珠1、贝3枚、石磬1
	1987YLⅥM57	爵1、铃1、牌饰1、刀1	盉1、圆陶片5、圆腹罐1、簋1、盆1	玉柄形器2、刀1、戈1、半月形器1、铃舌1、小玉饰多枚、漆觚（?）、绿松石珠2、绿松石片若干
	1976YLⅢKM6	爵1	盉1、圆陶片6	玉璋等（有5片朱漆残迹）
	1978YLⅤKM8	爵1	圆陶片1	

二里头文化四期早段铜器墓被破坏盗扰的现象严重，76YLⅢKM6和78YLⅤKM8出土遗物较少，但仍然可以看出，铜爵逐渐取代陶爵，与陶盉、疑似漆觚的器物进行组合，总体看来此期组合形式较前期变化不大。

4）二里头—二里岗文化过渡期

二里头文化铜、陶相似器标本中有9件铜器出土于二里头—二里岗文化过渡期墓葬中，其中墓葬1983ⅣM16和1986ⅡM1未有详细的考古发掘资料发表（表一四）。

表一四　二里头—二里岗文化过渡期相关铜器墓随葬品统计表

期段	墓号	随葬品		
		铜器	陶器	其他
过渡期	1984ⅥM6	爵1	盉1、圆陶片1	玉柄形器1、绿松石串珠1（共150枚）
	1984ⅥM9	爵1、斝1	盉2、圆陶片3、圆腹罐1、簋1、大口尊2、器盖1	漆觚1
	1984ⅥM11	爵1、铃1、牌饰1	爵1、盉1、圆陶片6	玉柄形器3、璧戚1、圭1、刀1、铃舌1、漆盒等
	1975ⅦKM7	爵1	圆陶片3	玉柄形器1、牙璋1、钺1、七孔刀1

续表

期段	墓号	随葬品		
		铜器	陶器	其他
过渡期	1987ⅤM1	鼎1、斝1、觚1（？）		
	1983ⅣM16	爵1		
	1986ⅡM1	盉1		

依据保存较为完整的墓葬材料，二里头—二里岗文化过渡期相关铜器墓葬中组合形式有：铜爵；铜爵、陶盉；铜爵、陶爵、陶盉；铜爵、铜斝、陶盉。此外，据传出自同一墓葬的铜鼎、铜斝、铜觚（？）可能是一种全新的搭配组合方式。

2. 二里岗文化铜、陶相似器的共存关系

（1）空间分布

二里岗文化不但覆盖了二里头文化的分布范围，并向更广阔的地域进一步扩张，且其区域中心也开始向以郑州商城与偃师商城为核心的地区转移。

郑州商城位于今河南省郑州市中心的管城区、金水区一带（图三八），城址总体略呈长方形，分内城和外郭城，城外有护城河。宫殿区位于内城的东北部，在宫殿区内发现数十处夯土基址，最大的有2000多平方米。城内供水系统较为发达，除城外的自然河流外，还有水井、蓄水池等。郑州商城的手工业作坊均位于郑州商城的外围，主要遗址有南关外铸铜作坊、紫荆山北铸铜作坊、铭功路制陶作坊、紫荆山北制骨作坊等。郑州商城的墓葬大多分布于内城周围，或内城与外郭城之间，如白家庄、杨庄、陇海东路、北二七路、人民公园和铭功路等，内城里墓葬较少[57]。至二里岗晚期晚段，内城外侧出现一系列铜容器窖藏。

偃师商城位于今河南省洛阳市偃师区西南部，其始建年代早于郑州商城。遗址规模庞大，包括时间较早的小城和在小城基础上扩建而成的大城。偃师商城具有城、郭两重城垣，大城城墙外有人工护城壕护卫，有完备的给排水体系。在城址的南部以宫城为主体，分布有成片的大型夯土建筑基址，在宫城西南和东北各有一座规模可观的府库遗址。在城址的东北部发现大量与制陶、制骨、铸铜等与手工业相关的遗存。遗址内发现有数量可观的墓葬、房址和窖穴等遗迹（图三九）。出土遗物数量众多，包括陶器、青铜器、骨角器、玉石器等[58]。

本文所采用的二里岗文化中的铜器标本大部分是出自郑州商城的墓葬，其中出土于二里岗文化早期晚段和晚期早段墓葬的数量最多。这些墓葬多分布于郑州商城城垣东北部内侧的商代宫殿附近、商代夯土城垣西北部内外一带和商城城垣的南外侧，主要集中分布的区域有白家庄墓地、杜岭墓地（包括北二七路北段东侧和西侧的人民公园）、杨庄墓地、铭功路西侧墓地。除上述四处墓地外，还有今郑州市卷烟厂院内以及年代为二里岗文化晚期晚段偏晚时期的向阳食品厂、南顺城街两处窖藏。而出土于郑

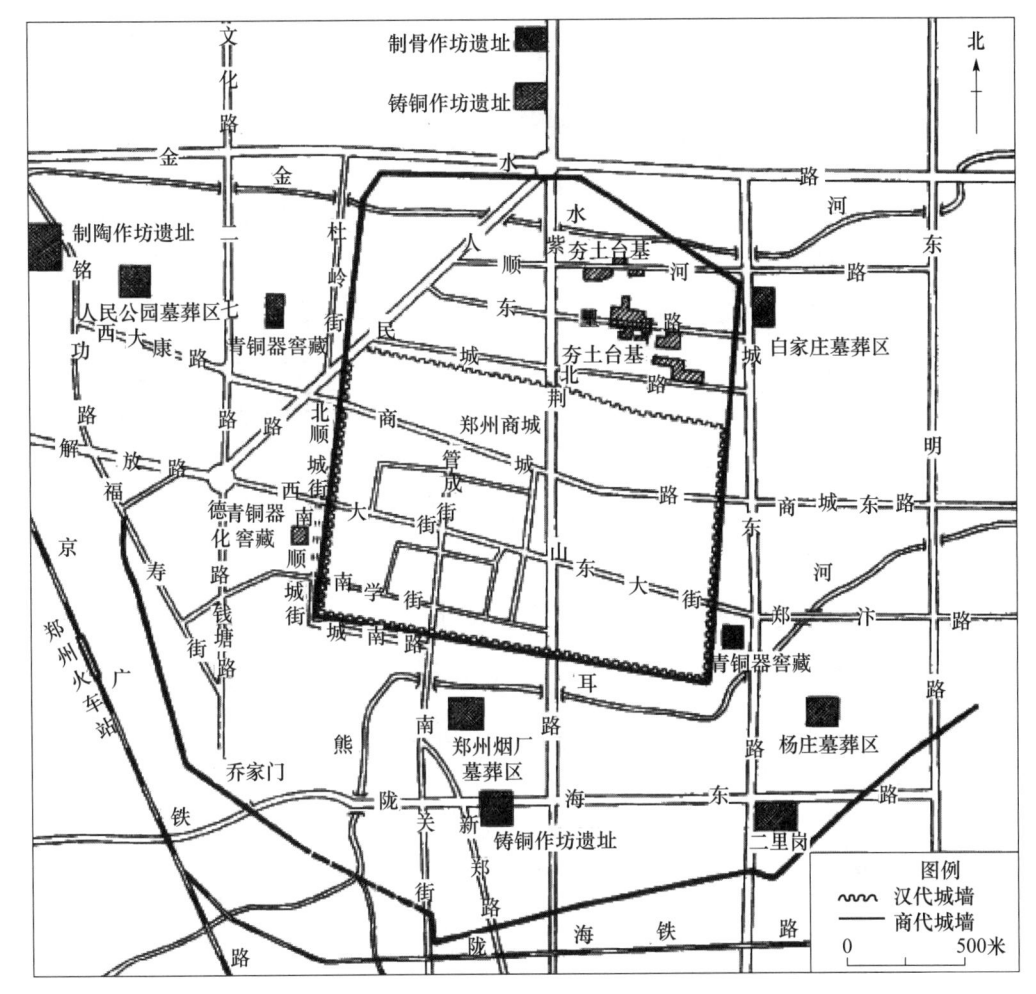

图三八　郑州商城平面图

（图片来源：《中国考古学大辞典》第 328 页）

州商城的相关陶器标本大部分都是出土于南关外铸铜遗址、铭功路制陶遗址等区域的灰坑或探沟，只极少数出土于墓葬。

其余出土于偃师商城的铜、陶器标本大部分来自墓葬，主要集中在城墙内外两侧。

（2）器物组合

1）郑州商城出土相关铜、陶器墓葬器物组合

二里头—二里岗文化过渡期在郑州商城发现有相关铜器的墓葬 97：ZSC8T166M6 中出土有铜盉、铜斝及一些陶器碎片，与同时期二里头遗址相关墓葬中的组合方式有所差异。

二里岗文化早期晚段相关墓葬中的组合形式主要有：铜爵、铜盉；铜爵、铜盉、铜斝；铜爵、铜斝、陶斝、陶盉。此期器物组合基本延续了二里头文化四期的随葬品种类，铜盉基本取代陶盉，与铜觚相似度颇高的陶觚出现。

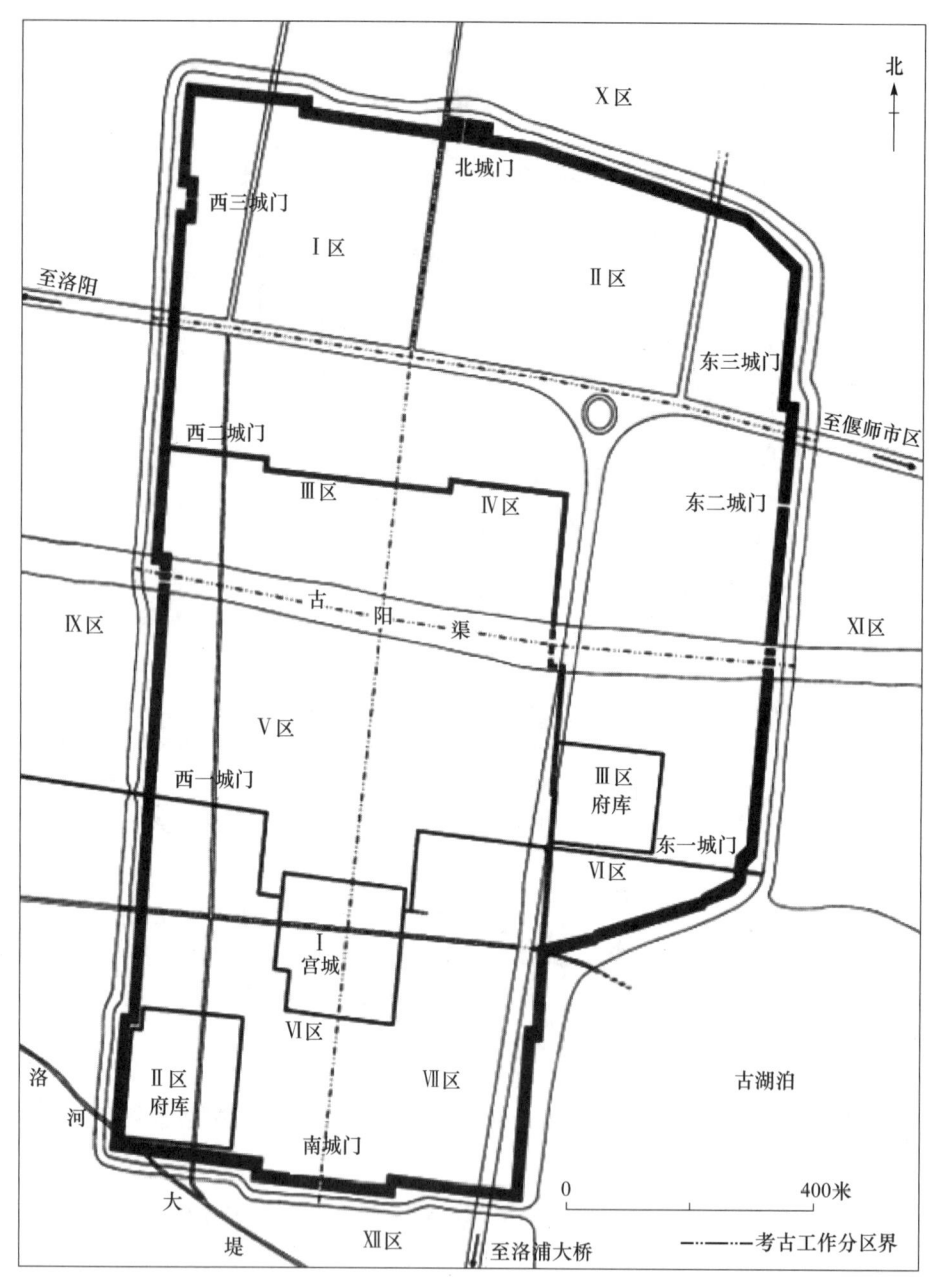

图三九 偃师商城平面图
（图片来源：《偃师商城（第一卷）》第 20 页图五）

二里岗文化晚期早段相关墓葬数量较多，器物组合的主要形式有：铜爵、陶斝；铜爵、铜斝、铜觚；铜爵、陶斝、陶觚、陶鬲、陶豆；铜爵、陶斝、陶鬲、陶簋、陶豆；铜鼎、陶爵、陶觚、陶斝、陶鬲；铜爵、铜鼎、陶鬲、陶尊；铜爵、铜斝、铜觚、铜鼎。此期，铜爵依然是器物组合的核心，但以铜鼎为核心的铜、陶食器开始占据重要地位，铜、陶觚出现频率也有所增加，与铜罍相似度颇高的陶罍出现，盂形器逐渐消失。

二里岗文化晚期晚段相关墓葬中的组合形式主要有：铜爵、铜斝；铜爵、铜觚；铜爵、铜斝、铜觚；铜爵、铜斝、铜觚、铜鼎；铜爵、铜斝、铜鼎、铜罍；铜爵、铜斝、铜觚、铜鼎、铜鬲、铜罍。器物组合中礼容器质料均为青铜，此前组合中同类型陶器在此期不再出现（表一五）。

表一五 郑州商城出土相关铜、陶器墓随葬品统计表

期段	墓号	随葬品		
		铜器	陶器	其他
过渡期	97：ZSC8T166M6	盉1、鬲1、戈1	圆陶片1等	玉柄形器1、项饰1、骨镞41、蚌镞2
早期晚段	C8M32	爵、斝1	斝1、鬲1、豆1、器盖1	
	C8M7	爵3、斝1、盉1（？）、戈1	圆陶片1	玉柄形器3、戈1、石戈1、骨器1、贝100多枚
	C8YJM1	爵、盉1		
	C1M41		觚1、豆1、盆1	
晚期早段	C11M125	爵1	斝1、鬲1、簋1、瓮1、豆1、圆陶片1	玉柄形器1、石斧1
	C11M146	鼎1	爵1、觚1、斝1、鬲1、圆饼1	玉柄形器1
	C11M148	爵1	斝1、觚1、鬲1、豆2、盆1、圆饼1	玉柄形器2等
	MGM2	爵2、斝1、觚1、鼎1、戈1、刀1	圆陶片1、盆1	玉柄形器2、戈1、璜1、原始瓷尊1、蚌珠6串、绿松石3等
	BQM4	爵1	爵1、斝2、鬲1、豆1、纺轮1	玉簪1
	C7M25	爵1、刀1、镞2	斝1、盆1	玉柄形器1、原始瓷尊1、骨簪1等
	C7M46	爵1		玉璧1
	99：ZSCWT17M2	爵1、斝1、觚1、簪1		玉饰1
	97：ZSC8ⅡT143M1	鬲1		玉璧2、玉饰1、玉料3
	1987C5M1	爵1、鼎1	鬲1、尊1	
	ZYM1	斝1		
	06ZSC8ⅠT189M44		鬲1、斝1、簋1、罍1	
晚期晚段	BQM1	爵、斝3、觚2、鼎1、刀1、片1	圆陶片3	玉柄形器3、戈3、铲3、璧1、蝉形饰1、石柄形器1、戈7、铲1、钵1、骨匕2、骨簪2、骨镞1、牙饰1等
	BQM2	爵1、斝2、觚1、刀1	印纹硬陶尊1、圆陶片2	玉柄形器2、石戈3、铲1

续表

期段	墓号	随葬品		
		铜器	陶器	其他
晚期晚段	C8M2	爵1、斝1、鼎1、罍1、盘1	圆陶片2	玉柄形器1、象牙瓶1、绿松石饰2
	C8M3	爵1、(爵流1)、盉2、斝2、鼎1、鬲2、尊1	圆陶片1	玉玦1、璜2、象牙梳1、玛瑙块1、石戈1、石器2、蚌片1
	01：ZSC8ⅢT61M1	爵1、斝1、戈1、锯1、镰1	圆陶片2	玉璜1、蝉形饰1、卜骨2
	C1M1	爵1、斝1		玉柄形器1
	MGM4	爵1、盉1	圆陶片1	玉璜1、柿蒂形饰1、玉饰1

2）偃师商城出土相关铜、陶器墓葬器物组合

偃师商城中出土相关铜、陶器的墓葬中相关陶器数量较多。二里岗文化早期晚段相关墓葬中组合形式主要有：铜爵、陶斝、陶鬲；陶爵、陶盉、陶盆；陶鼎、陶尊、陶簋、陶盆、陶豆。其中陶鼎、陶鼎、陶尊、陶盉都较为精美，多饰有兽面纹。晚期早段相关墓葬中组合形式主要有：陶鼎、陶尊、陶鬲、陶簋；铜爵、铜斝、陶簋、陶方鼎；晚期晚段相关墓葬1989ⅣT28M13中出土有铜爵、铜斝、陶鬲、陶尊、陶簋（表一六）。

表一六 偃师商城出土相关铜、陶器墓随葬品统计表

期段	墓号	随葬品		
		铜器	陶器	其他
早期晚段	1996ⅡT13M22	爵1	斝1、鬲1、盆1	
	1984YSⅥT5M2		鼎1	骨匕1
	1996YSⅡT11M21		鼎1、尊1、簋1、豆1、盆1	
	1990YSⅡT7M14		爵1、盉1、盆2	
晚期早段	1983ⅢT5M1	爵1、斝1、刀1、戈1、镞1	簋1、方鼎1、圆陶片1	玉璜1、刀1、虎形饰1、蛤壳1、卜骨1
	1983ⅢT5M2		鼎2、尊1、簋1、鬲1、捏口罐1、盆2	
晚期晚段	1989ⅣT28M13	爵1、斝1	鬲1、尊1、簋1、盆1、圆陶片1	玉柄形器1、石匕1

3. 小结

综合上述对铜、陶相似器空间分布、器物组合关系的梳理可以看出，二里头文化铜、陶相似器大多出自二里头遗址宫殿区及宫殿区附近区域的墓葬，没有相对固定的

埋藏区域。早期器物组合以陶爵（角）、陶盉和漆觚为主，二里头文化三期出现铜容器后，随葬品中出现铜爵，并且逐渐开始取代陶爵，成为器物组合的核心。出土于郑州商城的铜器标本大部分出自较为规律且固定的墓葬区域，相关陶器则极少来自墓葬，主要出土于南关外铸铜遗址、铭功路制陶遗址等区域的灰坑或探沟。二里岗文化早期晚段出土于郑州商城相关墓葬的器物组合基本延续了二里头文化四期的随葬品种类，此时铜盉已经基本取代陶盉，与铜爵进行搭配，并且出现与铜觚相似度高的陶觚。至二里岗晚期文化早段，铜爵虽仍然是器物组合的核心，但以铜鼎为核心的铜、陶食器逐步占据重要地位，铜、陶觚出现频率也有所增加，出现了与铜罍相似度颇高的陶罍，盉形器逐渐消失。二里岗文化晚期晚段出土于郑州商城相关墓葬的器物组合中礼容器的质料均为青铜，此前组合中同类型陶器在此期不再出现。

不同于郑州商城相关墓葬的质料选择，采用出土于偃师商城的标本以较精致的陶器为主，铜、陶相似器大部分出自位于城墙内外两侧的墓葬。值得注意的是，偃师商城的墓葬的分布规律与郑州商城较为相似。

五、对相关问题的探讨

（一）铜、陶相似器出现的原因

二里头文化二期时，二里头遗址较高规格墓葬的礼器基本组合为陶爵（角）、陶盉，这些陶礼器往往是用经过淘洗的黏土精心制作而成，有别于普通陶器，大多随葬于级别较高的墓葬中，在当时的社会生活中应扮演着重要角色。二里头文化三期，青铜礼容器初现，铜爵逐渐开始取代陶爵，成为礼器组合的中心。铜礼容器出现后，陶礼器的地位逐渐降低，但由于当时处在青铜器的初创期，铜礼器往往与陶礼器搭配成组。二里岗文化早期晚段时，铜盉已经基本取代陶盉。至二里岗文化晚期早段，盉形器逐渐消失，以铜鼎为核心的铜、陶食器开始占据重要地位，一批明显借鉴铜器特征的陶礼器出现。二里岗文化晚期晚段，出土于郑州商城相关墓葬器物组合中的礼容器的质料均为青铜，种类较为丰富，此前组合中同类型陶器在此期不再出现。此期偏晚阶段，完全模仿铜器的陶器出现，其器形和纹饰都与同时期同类型铜器相似，多是出自地层或灰坑。需要说明的是，与铜器相似度较高的二里岗文化陶礼器大部分出土于郑州商城的一般居住区与偃师商城的墓葬，几乎不见于郑州商城的墓葬中。

综合上述对铜、陶相似器的观察，分析其出现原因，可能有以下几点：

（1）铜料的稀缺性以及铸造技术的限制。铸造铜容器需要巨大的人力物力，其生产成本高出同类陶质器物数百倍，因此选择拥有核心地位的陶礼器作为模仿样本，可以更多地体现出其珍稀性以及对礼制的重视。

（2）铜、陶质料差异带来形制与纹饰上的互动。随着铸造技术的进步，工匠不断获得更加适用于青铜铸造的经验，在模仿陶礼器形制的基础上，创制出更加适应铜质特色的器类、器形以及精美的纹饰，以满足人们对美的追求。同时，这种特色对陶礼器也造成了一定的影响。出现具有明显铜器风格的陶礼器，这些陶礼器在二里岗文化晚期晚段前也是礼器组合中铜礼器的补充形式，体现了陶礼器向铜礼器演变的过程，也共同反映出当时的造型意念。

（3）社会风尚催生仿铜陶礼器。二里岗文化晚期晚段偏晚阶段，礼器已经完成了从陶向铜的演化，郑州商城相关墓葬器物组合中的礼容器质料均为青铜，不再需要陶礼器进行补充。此时在郑州商城的居住区出现的器形、纹饰完全模仿同时期同类型铜器的陶器应当是社会风尚带来的改变，虽与晚商时期大量出现在墓葬中代替铜礼器的仿铜陶礼器有所差别，但仍可视为其萌芽时期。

（二）铜、陶相似器反映出的社会意义

二里头文化上承新石器时代晚期文化，下启发达的三代青铜文明，处于中国青铜文明的起步和初级发展阶段，二里头文化时期也是早期国家形成的重要节点。以二里头遗址大型宫殿为标志的国家机构的建立，暗示着其在祭祀礼仪方面也有一定的改变。在青铜礼容器出现以前，二里头文化中的礼容器以陶爵（角）、陶盉等酒器为基本组合形式，这些有别于普通陶器的精制陶酒器往往随葬于级别较高的墓葬中，显示出酒器在礼制体系中的必要性，可视为此后以酒礼器为核心的礼器制度的伊始，是当时礼制规范化、社会等级差异化的物质表现。自青铜礼容器出现，核心酒礼器从陶质逐渐转换为铜质，陶器表面开始涂一层灰色陶衣，显现其礼器地位的下降，而两种质料形制的同类性也意味着礼器制度的连续性。铸造青铜器需要付出高昂的代价，因此，在青铜器初创期应当只有统治阶级才有可能使用铜礼器代替陶礼器，这一现象反映出社会政治结构进一步的复杂化。

随着铸铜技术的进步，青铜器在模仿陶礼器形制的基础上，演化出更加适应铜质特色的器类、器形以及精美的纹饰，这种特色对陶礼器也造成了一定的影响，出现了具有明显铜器风格的陶礼器。在二里岗文化早期阶段，这些与铜器相似度较高的陶礼器与铜礼器搭配出现在郑州商城的墓葬中，作为组合中铜礼器的补充，至晚期晚段，陶礼器消失于郑州商城的墓葬中而主要出现在以作坊遗址为主的居住区，完成了陶礼器向铜礼器演变的转换过程。此期偏晚阶段，有完全模仿铜器的精美陶器出现在郑州商城的居住区，而郑州商城内部两处陶器制作手工业作坊也确证了以制陶为专业的工人群体的出现，那么这种非必需的完全仿铜的实用陶可能是反映当时社会风尚的奢侈品。陶礼器向铜礼器演变的过程与仿铜陶器的出现反映了当时技术的发展以及礼制的高度规范化。与郑州商城不同，偃师商城的二里岗文化铜、陶相似器大都出土于墓葬

中，铜器数量较少，而具有明显铜器风格的陶器较多，说明铜、陶相似器承担着不同的社会角色而存在一定程度上的分工，反映出偃师商城与郑州商城在墓葬等级、礼器等级上的差异。

六、结　　语

本文主要从铜、陶器形制及其共存关系的观察入手，动态解读二里头、二里岗文化中铜、陶相似器的关系，主要有以下几点认识：

（1）铜、陶相似器器形与互动关系：二里头、二里岗文化中铜、陶相似器主要有爵、角、斝、鼎、盉、鬲、觚、尊、罍、簋、中柱盂11类。自青铜容器出现伊始，其形制大多借鉴了当时器形已经较为成熟的同类陶器，有完全式的模仿和部分元素的汲取两种形式，这种模仿一直持续至二里岗文化晚期早段。此期间出现许多具有明显铜器风格的陶器，其中有一些新的器物类型。至二里岗文化晚期晚段，大部分铜、陶相似器间的互动性减弱，差异变大，偶有完全模仿铜器的陶器出现。

（2）共存关系：二里头文化中铜、陶相似器出土于遗址的中心区域及附近，分布形态较为复杂；二里岗文化中郑州商城、偃师商城两处遗址出土铜、陶相似器的墓葬分布较为规律且有一定的相似性。早期器物组合以陶爵（角）、陶盉为主，铜容器出现后，铜爵逐渐开始取代陶爵，成为礼器组合的中心。随着青铜技术的发展，除了以铜爵为核心的酒礼器外，以铜鼎为核心的铜、陶食器也开始占据重要地位，此时一批借鉴铜器特征的陶礼器出现，并且与铜礼器搭配成组出现在墓葬中。至二里岗文化晚期晚段，出土于郑州商城相关墓葬器物组合中的礼容器的质料均为青铜，且种类较为丰富。而与铜器相似度较高的二里岗文化陶礼器大部分出土于郑州商城的一般居住区与偃师商城的墓葬中。

（3）铜、陶相似器出现的原因：铜、陶两种质料的可塑性都较强，全新的青铜铸造工艺与制陶工艺关系密切，并且铜料的稀缺及铸造工艺的限制赋予了青铜器一定的珍稀性，使用其代替具有核心地位的陶酒礼器更能体现出对礼制的重视；随着铸造技术的进步，更加适应铜质特色的器类、器形以及精美的纹饰自然出现，这种特色反映出当代造型意念，必然对陶礼器造成影响；当礼器从陶向铜演化完成后，铜礼器带来新的社会风尚，仿铜陶器的出现应是水到渠成。

（4）礼制与社会：青铜礼容器出现前的礼容器以陶酒器形式出现，为三代以酒礼器为核心的礼器制度奠定了基础。青铜礼容器出现后，核心酒礼器从陶质开始转换为铜质，此时生产力还没有发展到一定的高度，在铸造技术不断发展的过程中，逐渐受到铜器风格影响的陶礼器一直作为铜礼器的补充形式存在于郑州商城与偃师商城的墓葬中，直至二里岗晚期晚段演化完成。此期具有明显铜器风格的陶礼器消失于郑州商城的墓葬中而主要出现在以作坊遗址为主的居住区和偃师商城的墓葬中，反映出偃师商城与郑州商城在墓葬等级、礼器等级上的差异。此期偏晚阶段，非必需的完全仿铜的实用精美陶器的出现映射出当时奢侈的社会风尚，暗示着礼制的高度规范化、社会政治结构进一步的复杂化。

无论从形制和共存关系上看，二里头、二里岗文化的铜、陶相似器都是一脉相承的，两种质料的同类相似器物相辅相成，具有较强的连续性，且相继建立了以青铜礼制为核心的复杂社会。但早期中国的礼制传统与社会是通过多维度材质的物质表达而呈现出的复杂景象，孤立地抽取铜、陶相似器进行观察与分析是不甚完整的，仅仅只能揭示其中的一个侧面。囿于笔者的学识与能力，文中有诸多不足和疏漏，亦有很多问题未能发现并明确阐明，对二里头、二里岗文化铜陶相似器的讨论也只进行了简单的资料梳理与初步分析，希望在以后的学习和工作中能够通过不断的积累，从更加广阔的视角对其进行更为深入的探讨和研究。

注　释

[1] 郭沫若：《彝器形象学试探》，《青铜时代》，科学出版社，1957年，第319页。

[2] 陈旭：《河南古代青铜冶铸业的兴起》，《中州今古》1985年2期，第59页。

[3] 张长寿：《殷商时代的青铜容器》，《考古学报》1979年3期，第272～277页。

[4] 郭宝钧：《商周铜器群综合研究》，文物出版社，1981年，第7页。

[5] 方酉生：《试论郑州二里岗期商文化的渊源——兼论郑州商城与偃师商城的关系》，《华夏考古》1988年4期，第97页。

[6] 李维明：《郑州早商铜礼器年代辨识》，《故宫博物院院刊》2001年2期，第25～33页。

[7] 朱凤瀚：《中国青铜器综论》，上海古籍出版社，2009年。

[8] 马军霞：《略论商周时期青铜卣的起源问题：以罐形卣为例》，《考古与文物》2010年2期，第60～63页。

[9] 王青：《二里头遗址出土镶嵌绿松石牌饰的初步研究》，《夏商都邑与文化（二）——"纪念二里头遗址发现55周年学术研讨会"论文集》，中国社会科学出版社，2014年，第260页。

[10] 董睿：《形于艺而成于礼：关于铜壶起源问题的探讨》，《三代考古》（七），科学出版社，2017年，第230～244页。

[11] 许宏：《最早的中国》，科学出版社，2009年，第170页。

[12] 李翔：《青铜时代早期陶方鼎（杯）研究》，《中原文物》2017年6期，第72～82页。

[13] 〔美〕艾兰、韩鼎：《郑州商城青铜大方鼎造型与纹饰研究》，《中原文物》2022年1期，第116～123页。

[14] 安家瑗：《中国早期的铜铃》，《中国历史博物馆馆刊》1987年，第38页。

[15] 〔日〕久保田慎二：《陶寺与二里头铜铃的出现背景——由对新石器时代陶铃的分析入手》，《夏商都邑与文化（一）·纪念二里头遗址发现55周年学术研讨会论文集》，中国社会科学出版社，2014年，第315～328页。

[16] 陈国梁：《中国早期铃形器——以新石器时代至二里岗文化的陶铃和铜铃为例》，《古代文明》

（第12卷），上海古籍出版社，2018年，第28～70页。

[17] 邓玲玲：《二里头文化铃的性质刍议》，《中原文物》2019年4期，第81～88页。

[18] 郑光：《二里头陶器文化论略》，《二里头陶器集粹》，中国社会科学出版社，1995年，第24页；郑光：《二里头遗址的发掘》，《夏文化研究论集》，中华书局，1996年，第69页。

[19] 梁宏刚、孙淑云：《二里头遗址出土铜器研究综述》，《中原文物》2004年1期，第32页。

[20] 张长寿：《殷商时代的青铜容器》，《考古学报》1979年3期，第272～277页。

[21] 杜金鹏：《陶爵——中国古代酒器研究之一》，《考古》1990年6期，第519～530、564页；杜金鹏：《商周铜爵研究》，《考古学报》1994年3期，第263～298页。

[22] 吕琪昌：《青铜爵、斝的秘密》，浙江大学出版社，2007年，第161页。

[23] 杜金鹏：《封顶盉研究》，《考古学报》1992年1期，第1～34页。

[24] 吕琪昌：《青铜爵、斝的秘密》，浙江大学出版社，2007年，第204、205页。

[25] 〔美〕贝格立著，奚国胜译，彭劲松校：《商时期青铜铸造业的起源和发展》，《南方文物》2009年1期，第135～137页。

[26] 刘莉：《中国新石器和铜器时代早期礼器的生产》，《桃李成蹊集——庆祝安志敏先生八十寿辰》，香港中文大学中国考古艺术研究中心，2004年，第98～111页。

[27] 李志鹏：《二里头文化墓葬研究》，《中国早期青铜文化——二里头文化专题研究》，科学出版社，2008年，第68、69页。

[28] 王祁：《商代陶质酒器组合的研究》，《南方文物》2016年4期，第141～148页。

[29] 仇士华：《^{14}C测年与中国考古年代学研究》，中国社会科学出版社，2015年，第101页。

[30] 仇士华：《^{14}C测年与中国考古年代学研究》，中国社会科学出版社，2015年，第101页。

[31] 李济：《记小屯出土之青铜器》，《中国考古学报》（第三册），商务印书馆，1948年，第5页。

[32] 康石磊：《殷墟仿铜陶礼器研究》，陕西师范大学硕士学位论文，2013年。

[33] 邵望平：《礼制——中国古代文明的一大特征》，《东方考古研究通讯》2003年1期，第9、10页。

[34] 许宏：《礼制遗存与礼乐文化的起源》，《古代文明》（第3卷），北京大学出版社，2004年，第87～101页。

[35] 中国社会科学院考古研究所：《二里头：1999～2006》，文物出版社，2014年，第15页。

[36] 河南省文物考古研究所：《郑州商城——1953～1985年考古发掘报告》，文物出版社，2001年，第139～145页。

[37] 韩维周、丁伯泉、张永杰等：《河南登封县玉村古文化遗址概况》，《文物参考资料》1954年6期，第18～24页。

[38] 许宏、陈国梁、赵海涛：《二里头遗址聚落形态的初步考察》，《考古》2004年11期，第23～31页。

[39] 中国社会科学院考古研究所：《二里头：1999～2006》，文物出版社，2014年，第1003、1004页。

[40] 许宏、袁靖主编：《二里头考古六十年》，中国社会科学出版社，2019年，第140页。

[41] 中国社会科学院考古研究所二里头队：《1980年秋河南偃师二里头遗址发掘简报》，《考古》1983年3期，第199～205、219页；许宏、赵海涛：《二里头遗址文化分期再检讨——以出土铜、玉礼器的墓葬为中心》，《南方文物》2010年3期，第44～52页。简报中定为二里头三

期，后为许宏、赵海涛两位学者研究细化至二里头三期晚段。

[42] 中国社会科学院考古研究所二里头工作队：《河南偃师二里头遗址发现新的铜器》，《考古》1991年12期，第318～323页；许宏、赵海涛：《二里头遗址文化分期再检讨——以出土铜、玉礼器的墓葬为中心》，《南方文物》2010年3期，第44～52页。报道者在文章中推测其为二里头文化四期，后为许宏、赵海涛两位学者研究细化至二里头—二里岗文化过渡期。

[43] 郭宝钧：《商周铜器群综合研究》，文物出版社，1981年，第5～7页。

[44] 中国社会科学院考古研究所：《考古精华》，科学出版社，1993年，第120页；中国社会科学院考古研究所：《中国考古学·夏商卷》，中国社会科学出版社，2003年，第105页。该铜盉未见正式报告，但曾于1990年公开陈列。

[45] 安志敏：《一九五二年秋季郑州二里冈发掘记》，《考古学报》1954年2期，第65～107页。

[46] 司媛：《二里头、二里岗时代青铜礼容器的空间分布及意义》，中国社会科学院研究生院硕士学位论文，2020年。

[47] 河南省文物考古研究所：《郑州商城新发现的几座商墓》，《文物》2003年4期，第5～9页。

[48] 中国社会科学院考古研究所二里头工作队：《河南偃师二里头遗址发现新的铜器》，《考古》1991年12期，第1138、1139页。

[49] 《河南出土商周青铜器》编辑组：《河南出土商周青铜器》，文物出版社，1981年，第86页。

[50] 李朝远：《关于二里头文化的青铜斝》，《青铜器学步集》，文物出版社，2007年，第1～17页。

[51] 郑光：《二里头陶器文化论略》，《二里头陶器集粹》，中国社会科学出版社，1995年，第1～38页。

[52] 徐昭峰：《试论郑州地区的筒腹鬲》，《中国国家博物馆馆刊》2014年3期，第29～34页。

[53] 卢一：《论先秦礼器中的漆器传统》，《古代文明》（第13卷），上海古籍出版社，2019年，第28～56页。

[54] 张懋镕：《商周青铜角探研》，《古文字与青铜器论集》（第二辑），科学出版社，2006年，第114～127页。

[55] 许宏、袁靖主编：《二里头考古六十年》，中国社会科学出版社，2019年，第82、83页。

[56] 许宏、袁靖主编：《二里头考古六十年》，中国社会科学出版社，2019年，第102～130、262～270页。

[57] 王巍主编：《中国考古学大辞典》，上海辞书出版社，2014年，第328页。

[58] 王巍主编：《中国考古学大辞典》，上海辞书出版社，2014年，第330、331页。

附　表

附表一　二里头文化相关青铜器及编年

期段	种类	器号	出土区域	资料出处
三期	爵	上海博物馆藏	—	《中国博物馆丛书·上海博物馆》图 24 《中国青铜器全集·夏商卷》第 10 页，图一〇
		1973YLⅢT22③∶6	Ⅲ	《考古》1975 年 5 期，第 302～309 页 《偃师二里头：1959 年～1978 年考古发掘报告》195 页 《河南出土商周青铜器（一）》第 17 页，图一 《中国青铜器全集·夏商卷》第 3 页，图三 《中国出土青铜器全集·第 9 卷·河南（上）》第 3 页
		1980YLⅢM2∶1	Ⅲ	《考古》1983 年 3 期，第 199～219 页
		1980YLⅢM2∶2	Ⅲ	《考古》1983 年 3 期，第 199～219 页 《中国出土青铜器全集·第 9 卷·河南（上）》第 6 页
		1974YLⅣ采∶65	Ⅳ	《考古》1985 年 5 期，第 302～309 页 《考古》1976 年 4 期，第 259～263 页 《偃师二里头：1959 年～1978 年考古发掘报告》第 299 页 《河南出土商周青铜器（一）》第 20 页，图七
四期早段		1978YLⅤKM8∶1	Ⅴ	《偃师二里头：1959 年～1978 年考古发掘报告》第 243 页 《中国出土青铜器全集·第 9 卷·河南（上）》第 5 页
		1976YLⅢKM6∶1	Ⅲ	《偃师二里头：1959 年～1978 年考古发掘报告》第 241 页 《河南出土商周青铜器（一）》第 19 页，图五 《中国青铜器全集·夏商卷》第 4 页，图四 《中国出土青铜器全集·第 9 卷·河南（上）》第 4 页
		1975YLⅥKM3∶4	Ⅵ	《考古》1976 年 4 期，第 259～263 页 《偃师二里头：1959 年～1978 年考古发掘报告》第 241 页 《河南出土商周青铜器（一）》第 18 页，图二 《中国青铜器全集·夏商卷》第 2 页，图二
		天津历史博物馆藏	—	《文物》1964 年 9 期，第 33～40 页 《河南出土商周青铜器（一）》第 22 页，图十一 《中国青铜器全集·夏商卷》第 9 页，图九
		1987YLⅥM57∶1	Ⅵ	《考古》1992 年 4 期，第 294～303 页
	角	陕西历史博物馆藏	—	《中国青铜器全集·夏商卷》第 11 页，图十一
		上海博物馆藏	—	《文物》1960 年 7 期，第 53 页 《中国青铜器全集·夏商卷》第 12 页，图一二
二里头—二里岗过渡期	爵	1983ⅣM16∶3	Ⅳ	《中国社会科学院考古研究所考古博物馆——洛阳分馆》第 32 页，上图 《中国出土青铜器全集·第 9 卷·河南（上）》第 8 页，上图
		1984ⅥM6∶5	Ⅵ	《考古》1986 年 4 期，第 318～323 页 《考古精华——中国社会科学院考古研究所建所四十年纪念》第 119 页，图九二左

续表

期段	种类	器号	出土区域	资料出处
二里头—二里岗过渡期	爵	1984ⅥM9：2	Ⅵ	《考古》1986年4期，第318~323页 《中国青铜器全集·夏商卷》第5页，图五 《中国出土青铜器全集·第9卷·河南（上）》第8页，下图
		1975ⅦKM7：1	Ⅶ	《考古》1978年4期，第270页 《偃师二里头：1959年~1978年考古发掘报告》第341页 《河南出土商周青铜器（一）》第21页，图九 《中国青铜器全集·夏商卷》第7页，图七 《中国出土青铜器全集·第9卷·河南（上）》第7页
		1984ⅥM11：1	Ⅵ	《考古》1986年4期，第318~323页 《考古精华——中国社会科学院考古研究所建所四十年纪念》第118页，图九一-2 《中国青铜器全集·夏商卷》第6页，图六
	斝	1987ⅤM1：2	Ⅴ	《考古》1991年12期，第1138、1139页 《中国青铜器全集·夏商卷》第19页，图一九
		1984ⅥM9：1	Ⅵ	《考古》1986年4期，第318~323页 《考古精华——中国社会科学院考古研究所建所四十年纪念》第120页，图九三-1 《中国青铜器全集·夏商卷》第14页，图一四
	鼎	1987ⅤM1：1	Ⅴ	《考古》1991年12期，第1138、1139页 《考古精华——中国社会科学院考古研究所建所四十年纪念》第118页，图九一-1 《中国青铜器全集·夏商卷》（第1卷），图一
	盉	1986ⅡM1：1	Ⅱ	《考古精华——中国社会科学院考古研究所建所四十年纪念》第120页，图九三-2 《中国青铜器全集·夏商卷》第19页，图一九

附表二　二里头文化相关陶器及编年

期段	种类	器号	出土区域	资料出处
二期	爵	94YLⅫM1：1	Ⅻ	《二里头陶器集粹》第156页
	角	87YLⅥM49：3	Ⅵ	《二里头陶器集粹》第103页
		83YLⅣM45：1	Ⅳ	《二里头陶器集粹》第129页
		2001ⅤM1：10	Ⅴ	《二里头：1999~2006（一）》第107页
	盉	85YLⅥM7：3	Ⅵ	《二里头陶器集萃》第97页
		2002ⅤM3：30	Ⅴ	《二里头：1999~2006（一）》第106页
三期	爵	80YLⅤM3：7	Ⅴ	《二里头陶器集粹》第179页
		90YLⅨM1：2	Ⅸ	《二里头陶器集粹》第195页
	鼎	91YLⅥH2：2	Ⅵ	《二里头陶器集萃》第222页
	盉	87YLⅣM44：6	Ⅳ	《二里头陶器集萃》第184页
	鬲	81YLⅢT22③：1	Ⅲ	《二里头陶器集萃》第212页

续表

期段	种类	器号	出土区域	资料出处
四期	爵	82YLⅣM13：4	Ⅳ	《二里头陶器集粹》第236页
	斝	84YLⅤH4：2	Ⅴ	《二里头陶器集粹》第320页
	盉	85YLⅤH27：8	Ⅴ	《二里头陶器集萃》第305页
	鬲	84YLⅣH122：1	Ⅳ	《二里头陶器集萃》第253页

附表三 二里岗文化相关青铜器及编年

期段	种类	器号	出土地点	资料出处
过渡期	鬲	97：ZSC8T166M6：1	黄河河务局住宅楼墓葬	《文物》2003年4期，第5～9页
	盉	97：ZSC8T166M6：2		
早期晚段	爵	C8M32：2	宫殿区东北部	《中原文物》1981年2期，第1页 《郑州商城——1953～1985年考古发掘报告》第674页
		C8采：豫文104	南关熊儿河采集	《河南出土商周青铜器（一）》第56页，图五七 《郑州商城——1953～1985年考古发掘报告》第674页
		C8M7：2	城垣内东北部	《郑州商城——1953～1985年考古发掘报告》
		C8M7：3		
		C8：郑博0049	白家庄墓葬区	《河南出土商周青铜器（一）》第58页，图六一 《郑州商城——1953～1985年考古发掘报告》第809页
		C2：豫0018		《河南出土商周青铜器（一）》第56页，图五八 《郑州商城——1953～1985年考古发掘报告》第810页
		1996ⅡT13M22：1	偃师商城Ⅱ区	《偃师商城（第一卷）》第653页
	斝	Ⅴ采M：66	二里头Ⅴ区采集	《偃师二里头：1959年～1978年考古发掘报告》第342页
		C8M32：1	宫殿区东北部	《中原文物》1981年2期，第1页 《郑州商城——1953～1985年考古发掘报告》第674页
	盉	C8M7	城垣东北部	《郑州商城——1953～1985年考古发掘报告》
		C8采：郑博0059	南关熊儿河采集	《河南出土商周青铜器（一）》第62页，图六七 《中国青铜器全集·夏商卷》第99页，图一〇〇 《郑州商城——1953～1985年考古发掘报告》第674页
		C8采：郑博0042	—	《河南出土商周青铜器（一）》第61页，图六六 《郑州商城——1953～1985年考古发掘报告》第674页
		C8YJM1：2	中医家属院	《郑州商城——1953～1985年考古发掘报告》第565页
晚期早段	爵	BQM4：1	北二七路	《郑州商城——1953～1985年考古发掘报告》第809页
		MGM2：22	铭功路西侧	《考古》1965年10期，第502页 《郑州商城——1953～1985年考古发掘报告》第809页

续表

期段	种类	器号	出土地点	资料出处
晚期早段	爵	C7M25∶1	城垣西城墙外人民公园	《文物参考资料》1954 年 12 期，第 84 页 《郑州商城——1953～1985 年考古发掘报告》第 809 页
		MGM2∶14	铭功路西侧	《考古》1965 年 10 期，第 500～502 页 《河南出土商周青铜器（一）》第 23、24 页，图一二、图一三、图一四 《郑州商城——1953～1985 年考古发掘报告》第 805～810 页
		99∶ZSCWT17M2∶2	人民路西侧	《文物》2003 年 4 期，第 11、12 页
		C11M125∶1	铭功路西侧	《郑州商城——1953～1985 年考古发掘报告》第 809 页
		C7M46∶1	人民公园	
		C11M125∶4	铭功路西侧	《郑州商城——1953～1985 年考古发掘报告》第 579 页
		C11M148∶10		《河南出土商周青铜器（一）》第 44 页，图四〇 《郑州商城——1953～1985 年考古发掘报告》第 809 页
		MGM2∶21		《考古》1965 年 10 期，第 500～502 页 《河南出土商周青铜器（一）》第 23、24 页，图一二、图一三、图一四 《郑州商城——1953～1985 年考古发掘报告》第 805～810 页
		C2∶豫 1187	郑州市东关外采集	《河南出土商周青铜器（一）》第 57 页，图六〇 《中国青铜器全集·夏商卷》第 62 页，图六三 《郑州商城——1953～1985 年考古发掘报告》第 811 页
		1987C5M1∶1	陇海北二街	《文物》2003 年 4 期，第 16、17 页
		89ⅣT28M13∶1	偃师商城Ⅳ区	《偃师商城（第一卷）》
	斝	MGM2∶7	铭功路西侧	《考古》1965 年 10 期，第 500～502 页 《郑州商城——1953～1985 年考古发掘报告》第 799～805 页
		MGM2∶20		《考古》1965 年 10 期，第 500～502 页 《河南出土商周青铜器（一）》第 23、24 页，图一二 《郑州商城——1953～1985 年考古发掘报告》第 805～810 页
		ZYM1∶1	郑州烟厂院内	《郑州商城——1953～1985 年考古发掘报告》第 805 页
		99∶ZSCWT17M2∶1	人民路西侧	《文物》2003 年 4 期，第 11、12 页
		83ⅢT5M1∶5	偃师商城Ⅲ号	《偃师商城（第一卷）》第 652 页
		89ⅥT28M13∶3	偃师商城Ⅵ区	

续表

期段	种类	器号	出土地点	资料出处
晚期早段	鼎	C11M146：3	铭功路西侧	《河南出土商周青铜器（一）》第 43 页，图三九 《郑州商城——1953~1985 年考古发掘报告》第 798 页
		MGM2：2	铭功路西侧	《考古》1965 年 10 期，第 500~502 页 《郑州商城——1953~1985 年考古发掘报告》第 799~805 页
		1987C5M1：4	陇海北二街	《文物》2003 年 4 期，第 16、17 页
		C8：郑博 0058	白家庄墓葬区	《河南出土商周青铜器（一）》第 44 页，图四一 《中国青铜器全集·夏商卷》第 24 页，图二五 《郑州商城——1953~1985 年考古发掘报告》第 798 页
	盂	C8：豫 0021	白家庄墓葬区	《河南出土商周青铜器（一）》第 62 页，图六八 《郑州商城——1953~1985 年考古发掘报告》第 815 页
	鬲	97：ZSC8ⅡT143M1：1	顺河东街西侧	《文物》2003 年 4 期，第 5 页
		C8：郑博 0054	白家庄墓葬区	《河南出土商周青铜器（一）》第 46 页，图四五 《郑州商城——1953~1985 年考古发掘报告》第 801 页
	觚	99：ZSCWT17M2：3	人民路西侧	《文物》2003 年 4 期，第 11、12 页
		MGM2：8	铭功路西侧	《考古》1965 年 10 期，第 502 页 《河南出土商周青铜器（一）》第 25 页，图一五 《中国青铜器全集·夏商卷》第 148 页，图一四九 《郑州商城——1953~1985 年考古发掘报告》第 813 页
		C8：郑博 0157	白家庄墓葬区	《河南出土商周青铜器（一）》第 63 页，图六九 《郑州商城——1953~1985 年考古发掘报告》第 813 页
	尊	—	偃师商城采集	《偃师商城（第一卷）》第 651 页
晚期晚段	爵	BQM2：2	北二七路	《文物》1983 年 3 期，第 75 页 《郑州商城——1953~1985 年考古发掘报告》第 811 页
		2001：ZSC8ⅢT61M1：3	郑州西大街东段北侧	《文物》2003 年 4 期，第 9 页
		C8M2：8	白家庄墓葬区	《文物参考资料》1955 年 10 期，第 24~41 页 《河南出土商周青铜器（一）》第 29 页，图二二 《中国青铜器全集·夏商卷》第 64、65 页，图六五、图六六 《郑州商城——1953~1985 年考古发掘报告》第 811 页 《中国出土青铜器全集·第 9 卷·河南（上）》第 35 页，器 40
		C8M3：1	白家庄墓葬区	《文物参考资料》1955 年 10 期，第 24~41 页 《河南出土商周青铜器（一）》第 36 页，图三〇 《郑州商城——1953~1985 年考古发掘报告》第 811 页
	斝	2001：ZSC8ⅢT61M1：1	郑州西大街东段北侧	《文物》2003 年 4 期，第 9 页

续表

期段	种类	器号	出土地点	资料出处
晚期晚段	斝	BQM1∶1	北二七路	《文物》1983年3期，第69页 《郑州商城——1953~1985年考古发掘报告》第805页
		C1M1∶1	省商业局仓库商墓	《中原文物》1982年4期，第29、72页 《郑州商城——1953~1985年考古发掘报告》第869页
		汴博11014	—	《河南出土商周青铜器（一）》第55页，图五六 《中国青铜器全集·夏商卷》第89页，图九〇 《中国青铜器辞典》第846页，右
		C9∶郑博0156	—	《河南出土商周青铜器（一）》第52页，图五三 《郑州商城——1953~1985年考古发掘报告》第809页
		C8M3∶6	白家庄墓葬区	《文物参考资料》1955年10期，第24~41页 《河南出土商周青铜器（一）》第35页，图二九 《中国青铜器全集·夏商卷》第86页，图八七 《郑州商城——1953~1985年考古发掘报告》第808页
		C8M2∶7		《文物参考资料》1955年10期，第24~41页 《河南出土商周青铜器（一）》第28页，图二一 《中国青铜器全集·夏商卷》第91页，图九一、图九二 《郑州商城——1953~1985年考古发掘报告》第806页
	鼎	BQM1∶3	北二七路	《文物》1983年3期，第69页 《中国青铜器全集·夏商卷》第28页，图二九、图三〇 《郑州商城——1953~1985年考古发掘报告》第799页
		C8M2∶4	白家庄墓葬区	《文物参考资料》1955年10期，第24~41页 《河南出土商周青铜器（一）》第27页，图二〇 《郑州商城——1953~1985年考古发掘报告》第799页 《中国出土青铜器全集·第9卷·河南（上）》第21页，器25
		XSH1∶1	向阳食品厂窖藏	《文物》1983年3期，第49页 《郑州商代铜器窖藏》第86页 《郑州商城——1953~1985年考古发掘报告》第797页 《中国出土青铜器全集·第9卷·河南（上）》第20页，器24
	鬲	C2∶豫2912	—	《河南出土商周青铜器（一）》第46页，图四四 《中国青铜器全集·夏商卷》第48页，图四九 《郑州商城——1953~1985年考古发掘报告》第803页 《中国出土青铜器全集·第9卷·河南（上）》第30页，器34
		C2∶豫文101	—	《河南出土商周青铜器（一）》第45页，图四三 《郑州商城——1953~1985年考古发掘报告》第802页
		C8M3∶3	白家庄墓葬区	《文物参考资料》1955年10期，第24~41页 《河南出土商周青铜器（一）》第33页，图二七 《中国青铜器全集·夏商卷》第55页，图五六 《郑州商城——1953~1985年考古发掘报告》第803页 《中国出土青铜器全集·第9卷·河南（上）》第32页，器36
	瓿	C8M3∶5		《文物参考资料》1955年10期，第24~41页 《河南出土商周青铜器（一）》第37页，图三一 《中国青铜器全集·夏商卷》第158页，图一五九 《郑州商城——1953~1985年考古发掘报告》第815页

续表

期段	种类	器号	出土地点	资料出处
晚期晚段	觚	BQM1：13	北二七路	《文物》1983年3期，第69页 《郑州商城——1953~1985年考古发掘报告》第813页
		MGM4：3	铭功路西侧	《考古》1965年10期，第504页 《河南出土商周青铜器（一）》第42页，图三八 《郑州商城——1953~1985年考古发掘报告》第869页
		C8M3：8	白家庄墓葬区	《文物参考资料》1955年10期，第24~41页 《河南出土商周青铜器（一）》第37页，图三二 《中国青铜器全集·夏商卷》第149页，图一五〇 《郑州商城——1953~1985年考古发掘报告》第814页
		C8：豫2318	—	《河南出土商周青铜器（一）》第63页，图七〇 《中国青铜器全集·夏商卷》第144页，图一四五 《郑州商城——1953~1985年考古发掘报告》第815页 《中国出土青铜器全集·第9卷·河南（上）》第38页，器44
		XSH1：12	向阳食品厂窖藏	《文物》1983年3期，第49页 《郑州商代铜器窖藏》第92页 《郑州商城——1953~1985年考古发掘报告》第813页
	尊	C7：豫0890	—	《文物参考资料》1955年10期，第24~41页 《河南出土商周青铜器（一）》第68页，图七六 《中国青铜器全集·夏商卷》第113页，图一一四
		XSH1：3	向阳食品厂窖藏	《文物》1983年3期，第49页 《郑州商代铜器窖藏》第86页 《中国青铜器全集·夏商卷》第105页，图一〇六 《郑州商城——1953~1985年考古发掘报告》第815页
		XSH1：4	向阳食品厂窖藏	《文物》1983年3期，第49页 《郑州商代铜器窖藏》第86页 《郑州商城——1953~1985年考古发掘报告》第815页 《中国出土青铜器全集·第9卷·河南（上）》第45页，器51
		C8M3：9	白家庄墓葬区	《文物参考资料》1955年10期，第24~41页 《河南出土商周青铜器（一）》第38页，图三三 《郑州商城——1953~1985年考古发掘报告》第821页
	罍	C1：郑博0243	—	《河南出土商周青铜器（一）》第65页，图七三 《中国青铜器全集·夏商卷》第120页，图一二一 《郑州商城——1953~1985年考古发掘报告》第821页 《中国出土青铜器全集·第9卷·河南（上）》第51页，器57
		C8：豫1615	—	《河南出土商周青铜器（一）》第66页，图七四 《中国青铜器全集·夏商卷》第121页，图一二二 《郑州商城——1953~1985年考古发掘报告》第821页 《中国出土青铜器全集·第9卷·河南（上）》第50页，器56
		C8M2：1	白家庄墓葬区	《文物参考资料》1955年10期，第24~41页 《河南出土商周青铜器（一）》第30页，图二三 《中国青铜器全集·夏商卷》第127页，图一二八 《郑州商城——1953~1985年考古发掘报告》第821页 《中国出土青铜器全集·第9卷·河南（上）》第49页，器55

续表

期段	种类	器号	出土地点	资料出处
晚期晚段	罍	XSH1：5	向阳食品厂窖藏	《文物》1983年3期，第49页 《郑州商代铜器窖藏》第90页 《中国青铜器全集·夏商卷》第122页，图一二三 《郑州商城——1953～1985年考古发掘报告》第818页 《中国出土青铜器全集·第9卷·河南（上）》第52页，器58
	簋	96ZSNH1上：9	南顺城街窖藏	《郑州商代铜器窖藏》第17页 《中国出土青铜器全集·第9卷·河南（上）》第33页，器37
	中柱盂	XSH1：6	向阳食品厂窖藏	《文物》1983年3期，第49页 《郑州商代铜器窖藏》第92页 《郑州商城——1953～1985年考古发掘报告》第824页 《中国出土青铜器全集·第9卷·河南（上）》第60页，器67

附表四　郑州商城出土二里岗文化相关陶器及编年

期段	种类	器号	出土地点	资料出处
早期早段	爵	97ZSC8ZZH10：2	—	《郑州商城陶器集粹》第103页
	斝	C5T86④：52	南关外遗址	《郑州商城——1953～1985年考古发掘报告》第130页 《郑州商城陶器集粹》第82页
	鬲	C9.1H118：13		《郑州商城陶器集粹》第98页
早期晚段	爵	97ZSC8ZZH70：10	宫殿区	《郑州商城陶器集粹》第163页
		C5T86③：49	铭功路制陶遗址	《郑州商城——1953～1985年考古发掘报告》第638页 《郑州商城陶器集粹》第165页
		C5.1H137：2	南关外遗址	《郑州商城——1953～1985年考古发掘报告》第638页 《郑州商城陶器集粹》第164页
	斝	C5H59：1	南关外遗址	《郑州商城——1953～1985年考古发掘报告》第634页 《郑州商城陶器集粹》第159页
		C5T51②：1	南关外商代铸铜遗址	《郑州商城——1953～1985年考古发掘报告》第348、636页 《郑州商城陶器集粹》第162页
	鼎	C11T104③：86	铭功路制陶遗址	《郑州商城——1953～1985年考古发掘报告》第623页 《郑州商城陶器集粹》第125页
	盂	C9.1H117：11	南关外遗址	《郑州商城——1953～1985年考古发掘报告》第637页 《郑州商城陶器集粹》第169页
		C8T37④：12	白家庄附近	《郑州商城——1953～1985年考古发掘报告》第637页 《郑州商城陶器集粹》第170页
	鬲	C7T37①：149	郑州人民公园	《郑州商城——1953～1985年考古发掘报告》第909～911页
	瓿	C1M41：6	二里岗遗址	《郑州商城——1953～1985年考古发掘报告》第639页 《郑州商城陶器集粹》第167页
		C5.1H118：21	南关外遗址	《郑州商城——1953～1985年考古发掘报告》第639页 《郑州商城陶器集粹》第168页

续表

期段	种类	器号	出土地点	资料出处
晚期早段	爵	ZFH1∶17	郑州市法院	《郑州商城——1953～1985年考古发掘报告》第734页 《郑州商城陶器集粹》第304页
	鼎	99ZSC8T185H12∶1	—	《郑州商城陶器集粹》第255页
		97ZSC8ZZG3∶14	—	《郑州商城陶器集粹》第254页
	鬲	04ZSC8ⅠT110M5∶1	—	《郑州商城陶器集粹》第266页
	斝	C11M148∶8	铭功路西制陶遗址	《郑州商城——1953～1985年考古发掘报告》第736页 《郑州商城陶器集粹》第306页
	罍	06ZSC8ⅠT189M44∶9	—	《郑州商城陶器集粹》第379页
		C11T109②∶40	铭功路西制陶遗址	《郑州商城——1953～1985年考古发掘报告》第756页 《郑州商城陶器集粹》第380页
	簋	C5H16∶41	—	《郑州商城陶器集粹》第327页
		98ZSC8ⅡT227H194∶17	—	《郑州商城陶器集粹》第322页
	中柱盂	C11T106②∶67	铭功路制陶遗址	《郑州商城陶器集粹》第393页
晚期晚段	爵	97ZSC8ZZH12∶17	白家庄	《郑州商城陶器集粹》第415页
	斝	C8T12②∶6		《郑州商城——1953～1985年考古发掘报告》第860页 《郑州商城陶器集粹》第414页
	鬲	C8T10②∶1		《郑州商城——1953～1985年考古发掘报告》第858页 《郑州商城陶器集粹》第399页
	斝	97ZSC8ZZT1H9∶13	—	《郑州商城陶器集粹》第416页
	中柱盂	97ZSC8ZZH12∶14	—	《郑州商城陶器集粹》第434页

附表五 偃师商城出土二里岗文化相关陶器及编年

期段	种类	器号	出土区域	资料出处
早期晚段	斝	1989YSⅣT24H47∶10	Ⅳ	《偃师商城（第一卷）》第438页
		1989YSⅣT19H71∶8	Ⅳ	《偃师商城（第一卷）》第439页
	鼎	1984YSⅥT5M2∶1	Ⅵ	《偃师商城（第一卷）》第547页
		1996YSⅡT11M21∶2	Ⅱ	
	斝	1990YSⅡT7M14∶1	Ⅱ	《偃师商城（第一卷）》第586页
	罍	1996YSⅡT11M21∶3	Ⅱ	《偃师商城（第一卷）》第599页
晚期早段	鼎	1983YSⅢT5M2∶3	Ⅲ	《偃师商城（第一卷）》第547页
	尊	1983YSⅢT5M2∶6	Ⅲ	《偃师商城（第一卷）》第599页
晚期晚段	尊	1989YSⅣT28M13∶7	Ⅳ	

中原地区青铜时代初期铜、玉礼器关系初探

董 苗
（科学出版社）

一、绪 论

（一）研究背景及问题的提出

早期中国社会的礼制传统经历了由新石器时代晚期的"前铜礼器群"到青铜时代的"青铜礼器与玉礼器"为主的组合的转变，转变的节点在二里头文化时期，前者以玉礼器和精制陶器为主，后者以青铜礼器为主。二里头文化尤其是二里头文化晚期开始以复合范技术铸造青铜礼器，中原地区由此进入青铜时代。二里头遗址发现了最早的青铜礼器群，初生的青铜容器仿照陶器逐渐演变，奏响了三代青铜礼乐文明的先声。玉礼器与史前玉礼器系统一脉相承并有所扬弃，在华夏文明的形成与早期发展史上也起着承上启下的作用。二者相辅相成，与漆器、陶器尤其是白陶器一起，共同组成礼器群，构建早期中国的礼制传统。

其后的二里岗文化不仅继承了二里头文化的青铜铸造技术，还继承了二里头文化开创的礼制传统，并有所发展和深化。青铜器类和造型更加丰富，与日益发展的青铜礼器相比，玉礼器系统总体水平不高。二者之间的关系及其动态变化过程，有待系统梳理与线性比较。

（二）研究现状

既往研究中，相关研究多单独谈论三代玉礼器、青铜礼器的形制、发展流变，研究三代礼制传承单独把铜、玉礼器做比对研究的也较少，本文仅简单摘录。总体而言，依然缺乏对三代铜、玉礼器的系统梳理及线性动态比较。

李志鹏《二里头文化墓葬研究》（2008）一文中指出，二里头文化礼器系统由以白陶礼器为主体演变为以铜礼器为核心，二里头的礼器制度主要以酒礼器的材质、组合的差序格局来构成，而玉器主要作为礼仪用玉体现政治身份和军事权威，而宗教和巫术色彩较淡，处于"以玉崇礼"的阶段，玉礼器组合更多是一种群体的组合。陈国梁

《二里头文化铜器研究》(2008)一文中指出,二里头文化的墓葬制度中铜礼器逐渐成为重中之重,白陶器逐渐淡出历史舞台,玉礼器成为社会高层使用的身份象征物之一,开始饰品化。郝炎峰《二里头文化玉器的考古学研究》(2008)一文中指出,二里头文化的铜礼器在很大程度上制约了玉礼器的作用的发挥,但铜礼器从未在礼制意义上完全替代玉器,其礼器功能仍受到玉器的很大制约。青铜礼器尚未真正发达,至二里岗时期,青铜礼器才成熟起来。而二里头文化玉礼器已相当成熟,形成独立的玉礼器系统。铜礼器主要应用于社会生活和祭祀领域,是身份地位和等级制度的象征。而玉礼器除了是最高贵族集团使用的身份象征物外,主要应用于不同宗教仪式,表达不同的社会意义[1]。共同之处在于并未从礼器制度整体和出土情境考察二者之间的关系。

许宏《国之大事:从铜玉礼器解读早期中国》(2010)一文中指出,二里头时代的礼器组合存在兴替过程,由陶礼器与玉石礼器的组合,到青铜礼器与玉石礼器的组合,再到青铜礼器为主。青铜礼兵器渗入并局部替代既有的玉礼器器种,形成"金玉共振"的局面。二里岗文化时期铜兵器系统得到光大,以戈、钺为主,并以戈为中心。玉礼器的政治性逐渐淡化,实用性增强,其演化与社会发展相关[2]。缺乏材料的系统梳理。

徐坚《时惟礼崇——东周之前青铜兵器的物质文化研究》(2014)一书中,通过讨论青铜时代铜兵器与玉兵器的关系,进而讨论铜礼器与玉礼器的关系,认为青铜时代的金石之缘不是金石更替,而是金石互补的过程。在早期中国的礼制生活中,玉兵相对于铜兵而言处于辅助性地位,在社会和精神层面上对铜兵起到更为重要的印证和补充作用。玉兵作为辅助性线索,并不是独立于铜兵之外的平行发展线索,两者之间存在双向、复杂而动态的关系。金石之间更重要的是此消彼长的角色转换的关系[3]。文章只分析了铜兵器和玉兵器在区分社会等级地位的社会层面意义,并未深入分析其具体承担的社会角色。

(三)研究目标与研究方法

本文主要研究对象为青铜时代初期的铜、玉礼器(含礼仪性装饰品),主要从考察共存关系和出土情境分析入手,探究二者之间的关系。包括各期铜、玉礼器的发现变化情况,礼器组合变化情况,及其在早期王权形成确立、祭祀礼仪活动中各自发挥的作用及变化,探究铜、玉礼器的社会角色嬗变情况、精神意识形态变化,进而探究早期国家的社会结构和精神文化内涵,进一步解读三代礼乐制度的形成过程,以及二里头文化与二里岗文化的关系。

研究方法选取物质文化研究方法,即通过研究物质理解文化,揭示特定时代、地区和社会的信仰[4]。首先系统梳理已发表的二里头文化、二里岗文化的铜、玉礼器墓葬材料,分析各期铜礼器与玉礼器的类型与发现情况。再选取各期未被盗扰、礼器组合关系保存相对完整的典型墓葬,做量化分析,并采用情境分析法,依次分析墓葬中的器物组合关系、器物空间分布特征,乃至墓葬区位分布特征等,分析青铜时代初期铜、玉礼器的关系，揭示铜、玉礼器各自的社会层面意义和精神层面意义变化。

同时，我们不得不考虑研究方法可能存在的问题以及弊端，以及由此造成的对研究结果的影响。二里头文化、二里岗文化各期别墓葬材料发现不平衡，影响统计结果准确性。另外，墓葬材料发表较为混乱，大型遗址报告资料相对全面，小型遗址较为简略，器物定名、材质、数量在不同章节中统计数据存在不一致的现象。这些都给研究统计、量化分析带来一定困难。同时早期国家的葬式礼仪内容十分丰富，由于时间久远，墓葬内人骨多腐朽，葬具、墓底铺垫物、随葬品中纺织物多已不存，漆器保存状况不佳，要想还原墓葬中铜、玉礼器的初始的随葬情况，困难重重。另外，还必须要考虑倒塌、下落、互相磕碰等位移的次生情况对结果产生的影响。

（四）相关概念阐释与界定

本文的研究对象主要是青铜时代初期铜、玉礼器墓出土的青铜礼器和玉礼器，需要对青铜时代，青铜时代初期，铜、玉礼器墓，青铜礼器与玉礼器等概念进行阐释，并对讨论的时空范围做一界定。

"青铜时代"最早由丹麦考古学家汤姆森提出，提出"青铜时代"是"以红铜或青铜制成武器或切割器具"的时代[5]。《中国大百科全书·考古学》认为青铜时代是指"以青铜作为制造工具、用具和武器的重要原料的人类物质文化发展阶段。"[6]张光直在《中国青铜时代》一书中指出"中国青铜时代最大的特征，在于青铜的使用是与祭祀和战争分不开的，换言之，青铜便是政治的权利"[7]，朱凤瀚也认为中国青铜时代最大的特点是"青铜器的重要性不仅表现在它对社会物质文化发展的重要作用，而且突出地表现于它对社会政治生活的巨大影响上。一方面青铜被大量铸造为武器，因而与国家机器之一的军队的存在相联系；另一方面青铜容器被贵族用作礼器，成为维护等级制度的工具，甚至被作为政权的象征"[8]。从这个意义上讲，二里头文化时期开始铸造青铜兵器和青铜容器，尤其是二里头文化晚期开始以复合范技术铸造青铜礼容器，中原地区由此进入青铜时代。

郭沫若、郭宝钧、容庚、马承源等诸家都曾对青铜器发展进行分期。而青铜时代的分期不同于青铜器的分期，主要是以青铜礼器的发展阶段划定。《中国大百科全书·考古学》将中国青铜时代划分为三期四段：早期——二里头文化时期（夏时期）、中期前段——商代早期、中期晚段——商代晚期至西周早期昭穆之时、晚期——西周后期至春秋末[9]。本文将二里头文化时期和二里岗文化时期合在一起，称青铜时代初期，认为二者在礼器和礼制系统上存在一定传承性，是三代礼乐制度初步奠基形成的时期。但相对于中晚期相对发达的殷墟青铜文明和西周青铜文明而言，此时仍然处于青铜时代的初期发展阶段。

铜、玉礼器墓，顾名思义，是指出土铜礼器、玉礼器的墓葬。礼器是礼制的物质载体和文化象征，用以"明贵贱，辨等列"。"器以藏礼"，礼器既是社会地位和身份等级的象征，又是区别贵族内部等级的标志物。礼制的核心是等级制度，以礼器的组合与数量关系来确定贵族的身份等级关系是礼器制度的一个重要表现形式。礼器的概念较为复杂，有广义和狭义之分，本文取狭义礼器概念，"指与三代礼器群有直接承袭关系、作为华夏礼乐制度的物化形式的器物"[10]。由此，本文中铜礼器指在墓葬礼器群中作为礼乐制度物化形式和文化象征的青铜质器物，而玉礼器指在墓葬礼器群中作为礼乐制度物化形式和文化象征的玉质器物（含礼仪性装饰品）。

本文讨论的空间范围，主要限定在中原地区，地理上泛指黄河中游及邻近地区，腹地为洛阳盆地，二里头遗址、郑州商城、偃师商城等大型都邑都位于此处，是早期王朝礼乐制度形成的核心地区。根据研究对象，主要指出土铜、玉礼器的墓葬所在地区，除大型都邑外，还包括周围据点式的聚落、城邑，如伊川南寨、荥阳西史村、郑州洛达庙、夏县东下冯、垣曲古城南关、登封王城岗、新郑望京楼等。

本文讨论的时间范围，原则上为青铜时代初期，范围囊括二里头文化一至四期，二里岗文化早期和晚期。根据最新测年结果，大致为公元前1750—前1300年[11]。一般认为，二里头文化可分为四期，每期又至少可分为早、晚两段[12]。而二里岗文化的分期已有学者注意到其考古学文化及期别定名的不规范性，将二里岗文化分期统一以郑州商城二里岗文化四期为标杆划分为二期四段，即二里岗文化早期早段、早期晚段、晚期早段、晚期晚段[13]，本文依照此法。为避免分期系统混乱，各地二里岗文化墓葬的分期依照《中国考古学·夏商卷》分期标准使用二里岗文化分期[14]。有关二里头文化四期与二里岗文化早期晚段在年代上的相互关系尚存在争议，倾向于认为二里头文化四期晚段与二里岗文化早期早段大体同时[15]。

二、铜、玉礼器的发现与类型

本文采取的所有分析样本主要是科学发掘出土的墓葬。值得一提的是，二里头文化的铜玉、礼器墓发现30余座，但迄今尚未在二里头遗址或其附近发现王陵区和大规模的墓葬群，因而目前所发现的墓葬材料，并不能代表二里头文化墓葬的全貌，所发现的铜玉礼器也不能代表二里头文化铜玉礼器的最高等级。二里岗文化的郑州商城、偃师商城中，至今也尚未全面揭露一处墓地，已发现的墓葬多是零星的中小型铜器墓和埋在居住址、城门或城墙附近以及手工业作坊的小墓，也尚未发现等级最高的大墓。同时，不少墓葬断代尚存在争议，且铜、玉礼器属于珍稀耐用品，其制作年代、使用年代、下葬年代不一定一致，由于本文研究主要从考察二者共存关系入手，故相关研究均采用墓葬分期[16]。需要说明的是，本文研究基于目前的发现及研究现状，更深入的研究有待新材料、新研究进一步更新相关研究进度。

本文主要研究青铜时代初期青铜礼器和玉礼器的关系，型式分析意义不大，主要以图表形式表现各期墓葬出土铜、玉礼器的发现及变化情况（详见表一、附表一、附表二）。

表一　二里头文化至二里岗文化墓葬出土青铜礼器、玉礼器统计表（以二里头遗址和郑州商城为例）

期段	青铜礼器				玉礼器	
	容器	兵器	乐器	其他	仪仗礼仪用玉	礼仪用装饰品
二里头文化二期			铃 3	牌饰 1	柄形器 4、钺 1	鸟形饰 1
二里头文化三期	爵 4		铃 1	圆形器 1	柄形器 6、钺 1、戈 1、璧戚 1、刀 4、牙璋 3、圭 2、板	管状镯 1、尖状饰 1
二里头文化四期	爵 7、盉 1、斝 2、觚 1（？）、鼎 1	戈 1、戚 1	铃 2	牌饰 2、圆形器 3	柄形器 9、钺 2、戈 2、璧戚 2、刀 1、牙璋 1、圭 1、铲 1	半月形器 1、小玉饰多枚
二里岗文化早期早段	爵 1、盉 1、鬲 1、鼎 1	戈 1			柄形器 1	
二里岗文化早期晚段	爵 5、盉 1、斝 2	戈 1			柄形器 5、戈 1	
二里岗文化晚期早段	爵 12、斝 14、觚 7、鼎 6、鬲 3、罍 2、盘 1	戈 1			柄形器 18、戈 6、璧 5、璜 3、铲 3	玦 1、簪 2、饰品 3
二里岗文化晚期晚段	爵 3、斝 2、觚 1	戈 1			柄形器 2、璜 3	饰品 3

注：二里头文化四期晚段与二里岗文化早期早段大体同时

（一）青铜礼器的发现与类型

关于早期铜器的分类，已有不少学者论及[17]。本文将青铜时代初期的铜礼器分为青铜容器、青铜兵器、青铜乐器和其他礼仪用器。二里头文化墓葬出土的铜礼器主要有爵、斝、盉、觚（？）、鼎等容器，戚、钺、戈等兵器，乐器铜铃，牌饰、圆形器等其他礼仪用器，此外还有工具刀，不计入礼器范畴。二里岗文化基本继承了二里头文化的铜礼器类型，此外墓葬还出土有鬲、罍、盘等容器，其中，铜盉二里岗文化晚期后不见。青铜兵器多见戈，少见钺，铜铃仅偃师商城墓葬中发现 1 件，铜牌饰和圆形器消失，工具刀依然存在（详见附表一）。此外，除了墓葬，张寨南街、回民食品厂、南顺城街铜器窖藏发现有前所未见的罍、尊、卣、扁足盘形鼎、四足方鼎、圈足盘、中柱盂等铜器[18]，本文暂不讨论。

1. 青铜容器

（1）爵

爵是青铜时代初期最早出现、最具等级区分意义的礼器。二里头文化三期出土 4

件，四期出土7件，最早见于二里头文化三期晚段墓葬。基本形制为槽流、尖尾、束腰、平底、三足，平底下或有假腹。越往后期流与足越长，器体由低矮变为瘦长。

郑州商城二里岗文化墓葬出土21件，最早见于早期早段墓葬。偃师商城二里岗文化墓葬出土4件，最早见于早期晚段墓葬。窄长流，尖尾，束腰，腰部较直，较二里头文化变粗，平底，近三棱状锥形实足，口、腰、腹横剖面呈椭圆形，口边沿有一道凹棱，柱立于流口交界处。存在下腹甚浅和深二型。从早期至晚期，柱由矮小渐高，渐由半月形帽转为菌状。早期铜爵平底，下腹明显外鼓。晚期底平或微凸，下腹部外鼓，上腹部或变直。

（2）盉

盉，二里头文化四期墓葬出土1件。1986ⅡM1∶1，封顶，管状流位于顶侧，三空锥足，形体较瘦长。形制与同时期陶盉相似，略有差异。

郑州商城二里岗文化早期早段和晚段墓葬各出土1件，晚期墓葬已不见。封顶，器形相对低矮，分裆，三空袋足，有束颈和不束颈之分，颈部多三道弦纹。

（3）斝

斝，二里头文化四期墓葬出土2件，最早见于四期早段墓葬。有平底、锥形足和圜底、袋足二型。

郑州商城二里岗文化墓葬出土18件，最早见于早期晚段墓葬。偃师商城二里岗文化墓葬出土2件，仅见于二里岗文化晚期晚段墓葬。有平底（或微凸）、三棱状空（或半空）锥足、形体粗矮和圜底、近袋状空锥足、形体瘦长二型。二里岗文化早期为平底，形体较粗矮，下腹部微鼓，三棱形锥状空足，口沿边多一道凸棱。晚期平底者向微凸转变，圜底者渐少。

（4）觚

觚，据传二里头文化四期墓葬1987ⅥM1出土一件铜觚，已失[19]。

郑州商城二里岗文化墓葬出土8件，最早见于晚期早段墓葬。皆为直筒形腹，中腰不外鼓，有粗、细二体。由二里岗晚期早段至晚段，腹壁弯曲度增加，中腰也有外鼓倾向。

（5）鼎

鼎，二里头文化仅四期墓葬出土1件。1987ⅥM1∶1，折沿，沿上立二环状耳，鼓腹，平底，空心四棱锥状足。腹部饰带状网纹，器壁较薄。

郑州商城二里岗文化墓葬出土7件，最早见于早期早段墓葬。圆鼎基本为深腹，圜底，空圆锥形足，双立耳，一耳立于一足之上，或稍向外倾。鼎腹有变浅趋势。

（6）鬲

鬲，郑州商城二里岗文化墓葬出土4件，最早见于早期早段墓葬。深腹，分裆，大袋足，空或半空圆锥形足，双立耳多向内折，一耳立于一足之上，口沿较宽而外侈，内里多一节层。

（7）罍

罍，2件，仅见于郑州商城白家庄二里岗文化晚期早段墓葬。直颈较长，腹较深，均作折沿。

（8）盘

盘，1件，仅见于郑州商城白家庄二里岗文化晚期早段墓葬。深腹，平沿外折，无耳。

2. 青铜兵器

（1）戈

戈，二里头文化四期早段墓葬出土1件。1975ⅥKM3：2，直援、曲内、无阑，中部起脊，内中部有一单面圆穿，穿与援之间有安柲痕，内后部铸凸起云纹。此外，还有一件采集品1975ⅢC：60，直援、直内、无阑，援、内无明显界限，内部有一方穿。原报告归入第三期，缺乏层位学和类型学依据。

郑州商城二里岗文化墓葬出土4件，最早见于早期早段墓葬。偃师商城二里岗文化晚期晚段墓葬出土1件。许昌大路陈村二里岗文化晚期墓葬出土2件。铜戈承袭二里头文化铜戈形制，有双阑，直内，内部内收呈长方形。

（2）戚

戚，二里头文化四期早段墓葬出土1件，1975ⅥKM3：1，长条斧形，器身窄长，中部隆起，锥形短阑，长方形内，中部有一长方形穿。二里岗文化不见。

（3）钺

钺，二里头遗址仅采集1件，推测出自晚期墓葬。2000ⅢC：1，长方斧形，体薄平，刃角外侈，刃部较钝。钺身近肩部饰带状网纹，下有一圆孔[20]。

二里岗文化时期仅许昌大路陈村二里岗晚期墓葬出土1件铜钺。86C：9，弧刃，刃两侧外扩，无阑，钺身中部有一圆孔，孔径较大，后部有对称性长方形穿。

3. 青铜乐器

铃

铃，二里头文化墓葬共出土6件，二期墓葬出土3件，三期早段墓葬出土1件，四期墓葬出土2件。平顶，顶上有纽，横剖面为圆形或椭圆形，一侧有扉棱，正面有凸弦纹，铃舌均为玉管。根据铃壁差别可分为平直、外鼓、内凹三型。

二里岗文化时期仅偃师商城二里岗文化晚期早段墓葬出土1件，1988YSⅣT6M1：2，形制与二里头文化铜铃基本相同，铃壁为平直型，较为瘦高。

4. 其他礼仪用器

（1）铜牌饰

铜牌饰，二里头文化墓葬共出土3件。铜牌饰底座上均以绿松石装饰镶嵌出动物纹样，两侧各有两个孔纽。二期晚段墓葬出土1件，1981ⅤM4∶5，圆角方形，束腰，纹饰下半部为动物头部，圆眼圆睛，上半部为动物身体。二里头四期墓葬出土2件，1984ⅥM11∶7，圆角方形，束腰，动物头部近似狐狸面部，梭眼圆睛。1987ⅥM57∶4，圆角，倒梯形，纹饰下部为动物头部，圆眼圆睛，上半部身体分割为12块鳞状图案。另外，三期墓葬1980ⅢM4∶2形制已不清楚，推测为铜牌饰。二里岗文化不见。

（2）圆形器

圆形器，二里头文化墓葬共出土4件，三期墓葬出土1件。四期早段墓葬出土3件。形制基本相同，圆形，边沿钻有圆孔，有镶嵌绿松石的痕迹。二里岗文化不见。

（二）玉礼器的发现与类型

关于二里头文化、二里岗文化玉器的分类，已有不少学者论及[21]。青铜时代初期的玉礼器内涵十分复杂，本文将其分为仪仗和礼仪用器、礼仪用装饰品两大类。二里头文化墓葬出土的玉礼器主要有柄形器、戈、钺、璧戚、刀、牙璋、圭、铲，及各类饰品等。二里岗文化墓葬出土的玉礼器主要有柄形器、戈、钺、牙璋、圭、璧、璜、玦、簪及各类饰品（详见附录二）。

1. 仪仗和礼仪用器

（1）戈

戈，二里头文化墓葬出土3件，三期墓葬出土1件，四期墓葬出土2件。均为扁平长条形，援两侧有刃并前聚成峰，后部收为内，内首或直或斜，少数微外弧，内部贴近援部正中有一圆穿。内部分别为窄短形、方形或长方形。

郑州商城二里岗文化墓葬出土7件，最早见于早期晚段墓葬。此外，许昌大路陈村二里岗文化晚期墓葬出土2件。玉戈基本承袭二里头文化玉戈，多为直内长援，中部起脊，两侧均磨出边刃，援内间有穿。

（2）钺

钺，二里头文化墓葬出土4件，二期墓葬出土1件，三期晚段墓葬出土1件，四期墓葬出土2件。均为梯形，或长方或扁平，器身有圆穿，一般为1个，也有的有两个。分为有对称扉齿和无扉齿两型。

二里岗文化时期仅偃师商城二里岗文化晚期早段墓葬出土1件，原报告无附图[22]。

（3）璧戚

璧戚，二里头文化墓葬出土3件，三期墓葬出土1件，四期墓葬出土2件。形制基本相同，均为圆弧顶、两侧基本平直且各有一排扉齿，刃部圆弧或分成数段磨出刃，中部有圆孔，有大、小之分。二里岗文化不见。

(4) 刀

刀，二里头文化墓葬出土5件，三期墓葬出土4件，四期晚段墓葬出土1件。均为长条扁梯形，较薄，或长或短。背部较短而平，皆有穿孔，有单孔、三孔、七孔之分。刃部直而长，双面刃。两侧有的有对称扉齿，有的没有。大型多孔玉刀不见于二里岗文化墓葬。

(5) 牙璋

牙璋，是争议较大的一类器物，也是二里头文化极具特色的一种器物。二里头文化墓葬共出土4件，三期晚段墓葬出土3件，四期晚段墓葬出土1件。均大体呈长条状，刃部呈内凹弧形，阑部出多组扉齿、呈张嘴兽头状，并阴刻成组线纹。内部长方，靠近扉棱处有一圆孔。

二里岗文化仅许昌大路陈村二里岗文化晚期墓葬出土1件。此外，郑州杨庄采集到1件，时代推测为二里岗文化晚期[23]。形制承袭二里头文化牙璋，更为规制，刃部斜弧。新郑望京楼采集品年代存在争议[24]。

(6) 圭

圭，二里头文化墓葬出土3件，三期2件，4期1件。均呈长方或长条形，刃部稍宽，另一端有一孔或两孔，器表或有纹饰。

二里岗文化仅偃师商城二里岗早期晚段墓葬出土1件。

(7) 铲

铲，二里头文化仅四期早段墓葬出土1件。1975ⅥKM3：12，器体较大，刃部与器身基本等宽，另一端有圆孔。

二里岗文化仅郑州商城北二七路二里岗晚期早段墓葬出土3件，与二里头文化基本相同。

(8) 璧

璧，二里头文化仅1件，发现于淅川下王岗遗址灰坑[25]。二里岗文化开始出现于墓葬中，仅郑州商城晚期早段墓葬中出土5件。均为扁平圆体，中部有直壁圆孔，有大、小差异。

(9) 璜

璜，二里头文化系采集品，二里岗文化出现于墓葬中。偃师商城二里岗文化早期晚段和晚期晚段墓葬各出土1件，体扁平，两端穿孔。郑州商城二里岗文化晚期早段和晚期晚段墓葬各出土6件。扁平扇面形，一般为璧的三分之一，有的一端钻有圆孔，有的两端都有。多为素面璜，也有虎形璜、蚕形璜。

(10) 柄形器

柄形器，是青铜时代初期墓葬中数量最多也极具特色的一种器物。二里头文化墓葬出土柄形器20件，多呈长柱或长条状，一端近顶部内凹略似器柄，另一端或有短榫，少数器表刻有精美纹饰。

郑州商城二里岗文化墓葬出土柄形器 47 件，基本延续二里头文化柄形器，多呈柱状或长条状，形制较为简单，多素面，无纹饰。

2. 礼仪用装饰品

（1）玦

玦，郑州商城二里岗文化晚期早段墓葬出土 1 件。C8M3∶20，扁四棱体，器一侧有一直口。

（2）簪

簪，郑州商城二里岗文化晚期早段墓葬出土 1 件。平顶圆锥形，上粗下细，素面无纹。

（3）其他

除玦与簪之外，二里头文化墓葬中发现的礼仪性装饰品主要有鸟形饰、尖状饰、管状镯、小玉饰等，数量少，比重小。二里岗文化墓葬中发现的礼仪性装饰品主要有蝉形饰、铃形饰、柿蒂形饰、虎形饰、坠饰、玉管状器等，数量增多，比重增加。

（三）相关问题讨论

有关二里头文化青铜器的渊源，中原地区龙山时代已出现铜容器的踪迹，主要有陶寺中期砷铜容器（盆?）残片、王城岗青铜容器（鬶?）残片、新砦遗址新砦期红铜容器（鬶、盉?）残片等，但都是残片，皆为采集品，发现较为零星。最早的完整的青铜礼容器群初现于二里头都邑的贵族墓葬中，主要仿照陶器器类和造型逐渐演化，尤其是白陶器。最早的铜容器爵、斝、盉等都可以在龙山时代和二里头时代的白陶器中找到其祖型。铜铃与陶寺晚期红铜铃渊源颇深，铜牌饰溯源存在争议，圆形器来源不明。而铜戈、戚、钺等青铜兵器则首次出现，显示了与同时代玉器的渊源关系，戚存在争议。

二里头文化玉礼器与史前玉礼器一脉相承并有所扬弃。钺、戚、璧戚、戈、多孔玉刀以及牙璋都显示出与新石器时代玉石传统的承继关系，代表了玉石材质器物在礼制生活中的使用传统的延续。但它们在青铜时代的形态变化与同时期的铜兵及其他类似线索，以及整体性青铜文化关系更为密切，而并不是自新石器时代以来形态变迁的自然延续[26]。二里头文化中玉戈、钺与铜戈、钺在一定程度上存在类别和器形上的对应关系，下文即讨论二者之间的关系（详见表二）。多孔玉刀、牙璋则无器形上的对应关系。

二里头文化二期墓葬 1982ⅨM4 中最早出现玉钺[27]，三期墓葬 1972ⅢKM1 中最早出现玉戈[28]，三期晚段墓葬 1980ⅤM3 中玉钺与牙璋共出[29]，四期墓葬 1981ⅤM6 中出土1件玉钺[30]。铜爵、戈、戚与玉戈、璧戚、铲共出的重要墓葬1975ⅥKM3[31]，有学者将其定为四期早段[32]。与墓葬同批发现的还有一件采集品铜戈1975ⅢC：60，原报告归入第三期，缺乏层位学和类型学依据[33]。从造型上看，与墓葬出土玉戈较为相似。四期晚段墓葬1975ⅦKM7中玉钺与牙璋、七孔玉刀共出[34]，1987ⅥM57中玉戈与刀共出[35]。另外采集1件晚期铜钺，可能为墓葬所出[36]。

与二里头文化四期晚段大体同时的二里岗文化早期早段，郑州商城C8T166M6中出土1件铜戈，原报告认为该墓葬应归于洛达庙晚期晚段（即二里头文化四期晚段）[37]，也有将其归入二里岗文化早期早段的。从铜戈形制分析，与二里头1975ⅥKM3中出土的曲内戈存在一定的差异性，而与之后二里岗文化出土的铜戈形制相似，推测为其原型。郑州商城二里岗文化早期晚段墓葬C8M7中玉戈与铜戈共出[38]。晚期早段墓葬MGM2中玉戈与铜戈共出[39]；BQM1出土玉戈、铲、柄形器各3件，玉璧、蝉形饰各1件，还有石戈3件[40]；C8M39出土玉戈2件[41]；BQM2出土石戈3件[42]。晚期晚段墓葬T61M1仅出土铜戈1件[43]。

此外，偃师商城二里岗文化晚期早段墓葬1983YSⅢT5M1中出土玉钺1件，晚期晚段墓葬1983YSⅢT5M1中出土铜戈1件[44]，许昌大路陈村二里岗文化晚期墓葬中出土铜戈2件、铜钺1件、玉戈2件、牙璋1件[45]。登封王城岗二里岗文化晚期墓葬WT16M14中出土铜戈1件[46]。

综上，二里头文化玉质兵器出现早于青铜兵器，某些铜质兵器从造型分析最初应该仿自玉石兵器[47]。由于等级礼仪制度的需要，模仿玉兵器的造型，先进的青铜铸造技术开始用于青铜兵器的生产，在礼制系统中二者共存。从目前发现的7座墓葬材料看，组合方式有：玉钺；牙璋；玉钺、牙璋；玉戈、刀；玉钺、牙璋、刀；铜戈、戚、玉戈、璧戚。玉兵器数量多于铜兵器，除1975ⅥKM3中玉戈、璧戚与铜戈、戚共出外，其余墓葬仍然主要随葬玉兵器，铜兵器并未取代玉兵器地位。且玉钺与玉戈并重，二里头文化时期二者不存在共存关系，出土玉钺的墓葬多随葬牙璋，而出土玉戈的墓葬多随葬刀或璧戚，刀也与钺、牙璋共出。

二里岗文化时期，铜钺、玉钺各自仅见1件，铜兵器和玉兵器系统中戈占显著地位，数量增多。仅C8M7、MGM2、许昌大路陈村商墓等少数墓葬铜戈与玉戈共出，且往往成对出现，C8M7、MGM2出一对，许昌大路陈村商墓出两对。多数墓葬仅出玉戈或铜戈中的一种，BQM1中甚至出土玉戈3件，石戈7件之多，而铜戈往往仅出1件。虽然此时玉戈的数量在总体上与铜戈大致相等，但单出铜戈的墓葬数量超过单出玉戈的墓葬数量，越往后期趋势越明显，晚期晚段多单出铜戈。由于材质、形制差异以及可能在使用理念上存在的差异，玉兵器往往非实用，而铜兵器可能兼具实用和礼仪价值，二者在礼制系统中相辅相成，在礼制表达上有所联系和区分，而非简单的替代关系。

表二　二里头文化至二里岗文化墓葬出土玉钺、玉戈、铜钺、铜戈统计表

期段	玉兵器		铜兵器	
	玉钺	玉戈	铜钺（戚）	铜戈
二里头文化二期	1982ⅨM4：5			
二里头文化三期	1980ⅤM3：3（三晚）	1972ⅢKM1：2		1975ⅢC：60
二里头文化四期早段		1975ⅥKM3：11	1975ⅥKM3：1	1975ⅥKM3：2
二里头文化四期晚段（二里岗文化早期早段）	1975ⅦKM7：2 1981ⅤM6：1（四期）	1987ⅥM57：21	2000ⅢC：1（四期）	C8T166M6：3
二里岗文化早期晚段		C8M7：9		C8M7：6
二里岗文化晚期	? 1983YSⅢT5M1（晚期早段）	MGM2：3		MGM2：4（晚期早段）

续表

期段	玉兵器		铜兵器	
	玉钺	玉戈	铜钺（戚）	铜戈
二里岗文化晚期	？ 1983YSⅢT5M1 （晚期早段）	BQM1：16 BQM1：17 BQM2：14 （晚期早段） 大路陈村86C：14 （晚期） 大路陈村86C：15 （晚期）	许昌大路陈村86C：9 （晚期）	T61M1：2（晚期晚段） 1983YSⅢT5M1：3 （晚期晚段） 大路陈村86C：6 （晚期） 大路陈村86C：7 （晚期） 登封王城岗 WT16M14：1（晚期）

三、铜、玉礼器墓的情境分析

青铜时代初期铜、玉礼器的出土情境基本指向墓葬。墓葬作为个体生命的终结点，是社会主要礼仪之一——丧葬礼的载体，承载着多种社会、宗教和文化意义，蕴含着极其丰富的信息。墓葬中的礼器组合和与礼制相关的遗迹又比较容易完整地保存下来，因此墓葬成为考古学上探究古代社会丧葬习俗、社会结构及其礼制的主要研究对象。

墓葬出土的铜、玉礼器，应当与其他材质器物一样，放在丧葬礼制情境的整体框架下进行分析。在一定程度上，墓葬中器物的空间分布模式反映了当时的行为模式，能够揭示一定的文化内涵。利用情境分析法，依次分析墓葬中的器物组合关系、器物空间分布特征，乃至墓葬区位分布特征。分析器物组合关系，关注墓葬中铜、玉礼器各自的组合关系、二者的组合关系，及与其他材质器物的组合关系；分析器物的空间分布，关注铜、玉礼器在墓葬中的空间分布、位置关系，以及和其他类型器物之间的位置关系；分析墓葬区位分布特征，关注墓葬自身的区位分布以及墓区的区位分布。

（一）二里头文化礼器墓的情境分析

二里头文化是中原地区最早迈入青铜时代的考古学文化。二里头文化以二里头遗址为代表，最早由古史专家徐旭生于1959年根据文献记载调查"夏墟"时发现。二里头遗址位于洛阳盆地东部的偃师市二里头村，以二里头遗址为典型代表的"二里头文化"由此得名[48]。

二里头遗址现存面积约300万平方米，是一处经缜密规划、布局严整的大型都邑。遗址的中心区位于遗址的东南部至中部一带，由宫殿区、官营作坊区、祭祀活动区和若干贵族聚居区组成。宫殿区围以城垣，宫城略呈纵长方形，面积逾10万平方米，已发现两组有明确的中轴线的大型建筑基址群。中心区有纵横交错的道路网，宫城、大型建筑以及道路都有统一的方向。宫殿区以南，是围垣官营手工区，包括铸铜作坊和绿松石器制造作坊。遗址西部和北部区域为一般居住活动区[49]。二里头文化迄今发现墓葬500余座，出土铜、玉礼器的高等级墓葬也仅见于二里头遗址。周边聚落墓葬中仅见小型玉器。

1. 器物组合

（1）二里头文化二期

二里头二期始发现出土铜、玉礼器的墓葬，铜礼器组合以单个铜铃和铜牌饰为基本组合，铜铃较为常见，其铃舌常为玉质，而铜牌饰迄今为止仅见一件。玉器组合以单个柄形器或钺为基本组合，玉柄形器较为常见，而玉钺仅见一件，另有鸟形饰。铜礼器与玉礼器并未组成固定搭配，出土铜礼器的墓葬必出玉礼器，反之则不尽然。同时，保存状况良好的铜、玉礼器墓中常见陶制酒器爵、盉及食器鼎，此外还发现一件陶酒器鬶，漆器中漆觚较为常见。陶爵、盉和漆觚组成完整的酒器组合（表三）。

镶嵌绿松石龙形器等级较高。二里头文化二期时一个特殊的现象是在宫殿区内发现高等级的贵族墓葬，此后，贵族墓葬不再葬入宫殿区。

表三　二里头文化二期铜、玉礼器墓随葬品统计表

期段	墓号	等级	保存状况	随葬品 陶器	随葬品 铜器	随葬品 玉器	随葬品 其他
二期早段	2001ⅤM1	Ⅰ	被扰	爵2、盉2、鼎3、圆陶片2等		柄形器1	漆器1
二期晚段	2002ⅤM3	Ⅰ	较好	爵1、盉3、鼎1、斗笠形白陶器3、圆陶片3等	铃1	鸟形饰1、铃舌1	镶嵌绿松石龙形器、绿松石珠5、绿松石片1组、铃舌；漆觚1、勺1、匣1等
二期晚段	2002ⅤM5	Ⅰ	被扰	爵1、盉2、鼎1、鬶1		柄形器1	漆豆、漆觚2等
二期晚段	1981ⅤM4	ⅡA	较好	盉1、圆陶片2	牌饰1、铃1	柄形器1、铃舌1	漆觚1、鼓1、钵2
二期晚段	ⅣM11	Ⅰ	较好	爵1、角1、盉1、鼎1		柄形器1	绿松石饰1
二期	1982ⅨM4	Ⅰ	被扰		铃1	钺1、铃舌1	绿松石饰1

（2）二里头文化三期

二里头文化三期的铜、玉礼器墓被扰乱现象严重。但不难发现，三期早段铜礼器中开始出现铜爵。但此时尚处于铜制容器的初创阶段，铜容器的品类和数量单一，往往与陶质酒礼器相匹配形成完整的酒器组合。以铜爵和陶盉的组合最为常见，也有铜爵、陶盉、陶爵的搭配，及铜爵、陶盉、陶爵、漆觚的搭配。酒礼器基本器类与二期保持一致。只是随着青铜容器铸造技术的发展，高等级墓葬中的爵开始用青铜铸造，占据铜礼器组合中的核心，成为身份等级的象征。依身份等级高低，表现在墓葬中，酒器品类和材质呈递减趋势。此外，铜礼器中铜铃单出一件，镶嵌绿松石圆形铜器也较为流行，也有镶嵌绿松石尖状铜器，功用不明（表四）。

表四　二里头文化三期铜、玉礼器墓随葬品统计表

期段	墓号	等级	保存状况	随葬品 陶器	随葬品 铜器	随葬品 玉器	随葬品 其他
三期早段	1962ⅤM22	Ⅰ	较好	平底爵1、觚2、单耳鼎1、鬶1等	铃1		大扁珠1
三期早段	1973ⅢKM2	Ⅰ	被扰	盉1、圆陶片5		柄形器1	小绿松石26
三期晚段	1980ⅢM2	Ⅰ	较好	爵1、盉1、圆陶片4等	爵2、刀2	圭1	漆盒1、豆1、觚1、绿松石片若干
三期晚段	1980ⅤM3	Ⅰ	较好	爵1、盉1、圆陶片1等		钺1、牙璋2、尖状饰1	绿松石管状饰2
三期晚段	1982ⅨM8	ⅡB	较好	爵1、盉1、豆2、三足盘1、杯2、圆陶片1		柄形器1（石）	
三期晚段	1976ⅢKM6	Ⅰ	被扰	盉1、圆陶片6	爵1	牙璋1	漆器若干

续表

期段	墓号	等级	保存状况	随葬品			
				陶器	铜器	玉器	其他
三期	1982ⅨM11	ⅡB	较好	圆陶片1		斧1（石）	绿松石饰1
	1982ⅨM5	ⅡA	被扰	盉1		刀1	
	1972ⅢKM1	Ⅰ	被扰	圆陶片5		戈1、三孔玉刀1、圭1、管状镯1、玉板1、柄形器2	绿松石片若干
	1980ⅢM4	Ⅰ	被扰	爵1、盉1、圆陶片1等	镶嵌绿松石尖状器1		管1、片约200余件
	1975ⅤKM4	Ⅰ	被扰	镶嵌绿松石圆形器1		柄形器1	
	1975ⅤKM11	Ⅰ	被扰		铜块2		绿松石片172、珠484
	1978ⅤKM8	Ⅰ	被扰	圆陶片1	爵1		
	1975ⅧKM5	Ⅰ	被扰			璧戚1	绿松石眼型饰2
	荥阳西史村1979M1	ⅡA	较好	爵1、盉1、圆陶片1等		柄形器1（残）	

玉礼器种类骤然增加，柄形器依然常见，除钺外，新出现戈、刀、斧、圭、牙璋、板等器类。依据为数不多保存完整的铜、玉礼器墓葬材料，尚看不出铜礼器和玉礼器的固定搭配，低等级的墓葬中仅出一两种玉礼器品类，再高一等级的墓葬中配有铜爵，较高等级的墓葬中铜礼器和玉礼器各品类较为齐全，形成一种群体上的组合。

此外，圆陶片在铜、玉礼器墓葬中必出，其数量多寡往往与墓葬等级高低和随葬品丰富程度有着对应关系。

二里头文化出土铜、玉礼器的高等级墓葬基本集中于二里头遗址，其他各级聚落发现的墓葬等级较低，显示出二里头贵族对高等级礼仪用品的独占和严格的聚落等级差异制度。仅荥阳西史村遗址1979年发掘的M1，出土一件残损的玉柄形器，伴有陶爵、盉、圆陶片等出土，显示出墓主人身份的特殊性。

（3）二里头文化四期

二里头文化四期的铜、玉礼器墓被破坏扰乱现象严重，此外还有两座资料未全面发表。四期铜礼器组合的显著特征是在铜爵之外，新出现铜斝、铜盉、铜觚（？）等铜制酒器。依据保存完整的墓葬材料，铜礼器组合主要有：铜爵；铜爵、铜斝；铜爵、铜铃、铜牌饰。此外，推测出自同一墓葬的铜鼎、铜斝、铜觚（？）可能组成另一种新的搭配方式。墓葬中酒器组合与三期相同，主要是铜爵和陶盉的组合，并由此产生一些变化，如铜爵、陶盉、陶爵的组合，以及铜爵1、铜斝1、陶盉2的组合即铜爵、陶盉，铜斝、陶盉的组合。往往有漆觚搭配，形成完整的酒器组合（表五）。

表五 二里头文化四期铜、玉礼器墓随葬品统计表

期段	墓号	等级	保存状况	随葬品 陶器	随葬品 铜器	随葬品 玉器	随葬品 其他
四期早段	1975ⅥKM3	Ⅰ	较好	盉1、圆陶片6	爵1、戚1、戈1、圆泡形铜器1、镶嵌绿松石圆形铜器2	柄形器1、戈1、铲形器1、璧戚1	绿松石片若干、绿松石三角形饰2、石磬1等
四期早段	1984ⅥM6	Ⅰ	较好	盉1、圆陶片1	爵1	柄形器1	绿松石串珠1串、绿松石片若干
四期早段	1984ⅥM9	Ⅰ	较好	圆腹罐1、盉2、簋、大口尊2、器盖1、圆陶片3	爵1、斝1		漆觚1
四期晚段	1984ⅥM11	Ⅰ	较好	爵1、盉1、圆陶片6	爵1、铃1、牌饰1	璧戚1、圭1、柄形器3、刀1、铃舌1	漆盒等
四期晚段	1987ⅥM57	Ⅰ	较好	圆腹罐1、盉1、簋、盆1、圆陶片5	爵1、铃1、牌饰1、刀1	戈1、刀1、柄形器2、半月形器1、铃舌1、小玉饰多枚	漆觚1（？）；绿松石珠2、绿松石片若干
四期晚段	1975ⅦKM7	Ⅰ	被扰	圆陶片3	爵1	柄形器1、牙璋1、钺1、七孔刀1	
四期	1981ⅤM6	Ⅰ	被扰	大口尊1、瓮1、大口缸1		钺1（石）	
四期	1987ⅥM1	ⅡB	被扰		鼎1、斝1、觚1（？）		
四期	1983ⅣM16	Ⅰ	资料不全		爵1		
四期	1986ⅡM1	Ⅰ	资料不全	盉1			
四期	郑州洛达庙M33	ⅡB	较好	圆陶片1		柄形器1	绿松石饰1

此外，铜礼器系统中新出现戈、戚等铜兵器。玉礼器组合主要有柄形器和璧戚、刀、戈、钺、圭、铲、牙璋等。四期开始，铜爵和柄形器逐渐形成固定搭配。除此之外，与三期类似，其他铜礼器和玉礼器尚未形成明显的固定搭配，而是用群体组合的方式显示墓葬和墓主人身份的等级高低。玉柄形器和圆陶片一样，其数量多寡与墓葬等级和随葬品丰厚程度密切相关，推测为身份等级的象征物。

由此以来，四期铜、玉礼器墓的礼器基本组合为铜爵、陶盉、圆陶片、玉柄形器，个别墓葬还出铜兵器戈、戚，较高等级的两座墓葬中铜礼器组合有铜爵、铜铃、铜牌饰。相匹配的玉礼器组合有柄形器、璧戚、刀、戈、钺、圭、牙璋等。

（4）小结

二里头文化的礼器制度一个显著的特征是青铜礼器的出现，标志着中原地区由此进入青铜时代。但此时尚处于青铜时代的初始阶段，青铜礼器的出现有一定的发展过

程，其使用也尚不普遍，往往与玉礼器、陶礼器、漆器共同构成礼制群，这是二里头文化礼器制度的基本特征。二里头文化的礼器制度有一个不断发展的过程，不同材质礼器在不同时期替变，并逐渐确立了以酒礼器为核心的礼器制度。

二里头文化一期墓葬材料发现较少，尚未发现有出土铜、玉礼器的墓葬。二里头文化二期开始出现铜铃和铜牌饰；三期开始出现铜爵，及功能较为特殊的圆形器和尖状器；四期除铜爵外，新出有铜容器斝、盉、觚（？）、鼎，铜兵器戈、戚，铜爵、铜铃、铜牌饰组合固定下来。二里头文化二期的玉礼器仅有柄形器和钺，还发现有鸟形饰；三期时除柄形器、钺之外，新出有戈、刀、斧、圭、牙璋、板、管状镯、尖状饰等器类，或个别一两个出现，或群体出现与铜礼器群组成群体组合，彰显身份等级；四期器类基本与三期相同，新出璧戚、铲形器，还出有半月形器和小玉饰。

二里头文化的礼器制度始终以酒礼器为核心，并以爵、盉为基本组合，只是随着不同时期铜制容器的发展，材质略有替换。二期基本以陶爵、盉为基本组合，常常配有漆觚，形成完整的酒器组合；三期以铜爵、陶盉为基本组合，也有铜爵、陶盉、陶爵的搭配，漆觚亦有发现；四期以铜爵、陶盉为基本组合，也有铜爵、铜斝各搭配一陶盉的组合，此外，还有铜觚（？）、铜盉等酒器发现，但由于材料发表不全，尚未有新的情况发现。

综上所述，二里头文化二期墓葬开始出现有铜、玉礼器，往往以陶爵、陶盉、陶圆片搭配玉柄形器及绿松石饰品，再高一等级的墓葬中出有铜铃，还有铜牌饰，以铜铃为核心，出土铜礼器的墓葬必定出有玉礼器，反之则不尽然，出土铜礼器的墓葬等级高于出土玉礼器的墓葬。宫殿区墓葬出土的镶嵌绿松石龙形器等必然彰显着更为独特的身份地位。陶圆片的数量开始与墓葬等级及随葬品数量挂钩。

二里头文化三期铜、玉礼器墓的等级与二期相同，出土玉礼器的墓葬等级低于出土铜礼器的墓葬。最低等级的玉礼器墓仅出钺、牙璋、斧、柄形器中的几件。较高等级的出土铜礼器的墓葬以铜铃或铜爵为核心，出土铜爵的墓葬往往以铜爵、陶盉或铜爵、陶盉、陶爵为基本组合，搭配钺、圭、牙璋等玉礼器的一两种，或以群体形式构成组合，彰显身份等级。

二里头文化四期的铜、玉礼器墓的礼器基本组合为铜爵、陶盉、圆陶片、玉柄形器，还出现铜爵1、铜斝1、陶盉2、漆觚1的组合。个别还出土铜兵器戈、戚，较高等级的两座墓葬中铜礼器组合有铜爵、铜铃、铜牌饰。相匹配的玉礼器组合有柄形器、璧戚、刀、戈、钺、圭、铲、牙璋等。四期，铜爵和玉柄形器逐渐形成固定搭配，铜爵、铃、牌饰也形成固定搭配。铜礼器组合中新出现斝、盉、觚（？）等酒器，玉礼器组合基本不变。与三期类似，其他铜礼器和玉礼器尚未形成明显的固定搭配，而是用群体组合的方式显示墓葬和墓主人身份的等级高低。玉柄形器和圆陶片一样，其数量多寡与墓葬等级和随葬品丰厚程度密切相关，推测为身份等级的象征物。与三期相比，墓葬随葬礼器制度更加规范。另外，铜爵、斝、鼎的出现，表明二里头文化墓葬文化中的礼制意识已开始发生飞跃。

2. 器物空间分布

（1）二里头文化二期

二里头文化二期早段仅发现一座随葬玉柄形器的墓葬2001ⅤM1，位于3号基址庭院内的路土层中。二期晚段3号基址庭院内发现有成组的贵族墓葬，随葬品最为丰富、等级最高的要数2002ⅤM3。西南部被晚期灰坑打破，其余部位未经扰乱。未发现明确的棺痕。墓主人位于墓西部，部分肢骨被毁，仰身直肢，头向北，面朝东，双脚并列，脚趾朝东。为成年男性，年龄在30～35岁。随葬品大多位于墓底东部。头部附近散落有斗笠形器3件、绿松石珠4件、玉鸟形器1件，颈部围绕有海贝串饰，墓主人骨架之上放置镶嵌绿松石龙形器，由肩部至髋骨处，略有倾斜，头向西北，尾向东南，由2000余片绿松石片拼合而成，原应黏附于有机物之上，已经腐朽，仅局部发现白色灰痕；腰部放置铜铃1件，位于绿松石龙形器之上，表面附着红色漆皮和纺织品印痕。东南角放置漆匣1件，上有陶盉残片和棍状漆器痕迹，西南角放置圆形窦底漆器；圆陶片3件，上有红色漆痕，可能为漆器底部（图一，1）[50]。二期晚段祭祀遗存区发现的1981ⅤM4墓葬随葬品也较为丰富（图一，2）[51]。

二里头文化二期的贵族墓葬中的礼器组合主要由陶器尤其是白陶、漆器、铜器、玉器共同组成。此时铜、玉礼器数量相对较少，位置相对固定。玉柄形器多放置在头部。铜牌饰发现1件，铜铃发现两件。2002ⅤM3中铜铃放置在腰部，1981ⅤM4铜牌饰放置在墓主人胸部略偏左，铜铃放置在墓主人胸腰之间，与铜牌饰距离很近，出土时已破碎，上面附着麻布。墓葬中陶器、漆器占大多数，多破碎，散置墓主人身侧或身上。陶爵、陶盉已经有意识地放置在一起，2001ⅤM1陶爵、盉大致放置于墓室东南角。2002ⅤM5中的白陶器爵、盉，位于墓葬中部偏西处。圆陶片位置则不太固定，放置于头部附近较多，身侧、足部也有。

（2）二里头文化三期

二里头文化三期晚段发现两座随葬牙璋的墓葬。1980ⅤM3，墓底铺朱砂，有漆棺痕迹，尸骨已朽，仅中下部发现一块、似髋骨。墓室中部放置两件上下相对的牙璋，刃部朝向一南一北。北部牙璋刃端部位以下叠压一玉钺。再往南部放置绿松石管2件。墓底西部靠上放置圆陶片1件。陶盉、陶罐、陶盆皆打破散置于棺内，其余陶器放置于墓室两侧二层台上，包括陶爵1件，此外还有1件玉尖状饰（图二）[52]。1976ⅢKM6，被盗毁严重。墓室保留部分人骨，墓底中部有大面积朱砂层，南北两端印有斜立席纹，高度与朱砂层厚度相似。北端放置铜爵、陶盉各1件，涂朱小圆陶片6件；中部放置玉牙璋1件，刃部朝下[53]。两座墓中的牙璋据推测皆放置于墓主人身上，刃部朝向南北放置应蕴含某种丧葬观念。

二里头文化三期贵族墓葬随葬的铜、玉礼器数量骤增。1980ⅢM2中铜、玉礼

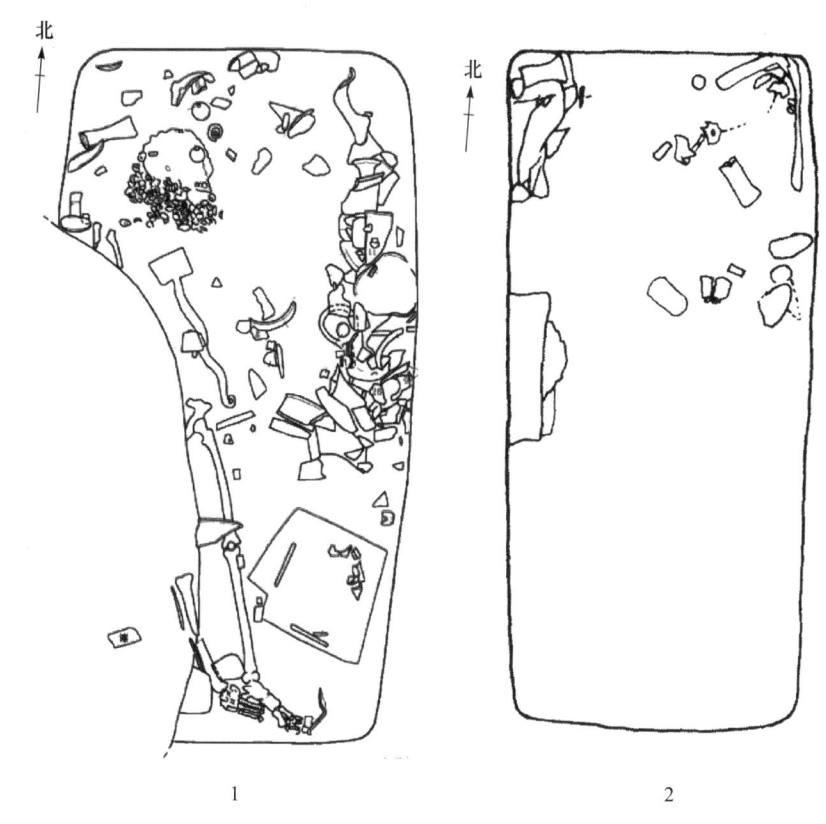

图一 二里头文化二期墓葬平面图
1. 2002ⅤM3 2. 1981ⅤM4

器依然放置在一起，集中于墓室一角。此时不同类型的礼器开始出现分离倾向，如1980ⅤM3墓葬内有木棺及二层台，玉钺、牙璋等玉礼器多位于棺内，放置于墓主人身上，且牙璋一般南北向竖置。铜爵、陶盉多放置在一起，位置不固定。如1976ⅢKM6中二者位于墓室北端，1980ⅢM2中二者位于墓室西北角。1962ⅤM22出土的铜铃依然置于腰部。柄形器和圆陶片位置不固定，棺内外皆有分布。陶盉、陶爵相对分离，如1980ⅤM3，陶爵、陶盉分别出土于二层台和棺内，1982ⅨM8中陶盉、陶爵分别出土于墓室西侧上下两处。

（3）二里头文化四期

二里头文化四期随葬品较为丰富的铜、玉礼器墓数量较多，且铜、玉礼器在墓葬中的空间分布区别明显。以四期早段墓葬1975ⅥKM3为例，墓底西、北、

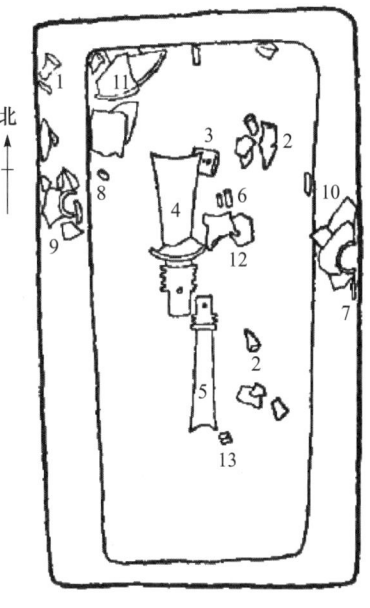

图二 二里头文化三期晚段墓葬
1980ⅤM3平面图

东三面有二层台，墓底北部稍高，铺满朱砂，墓坑内填黄灰花土，未发现人骨。随葬器物分上、下两层放置。上层器物摆在朱砂层上面，与二层台相平。北部放置圆泡形铜器1件，东北部放置石磬1件；西北部有一片排列整齐的绿松石片；中部放置玉柄形器1件；西部放置铜钺1件，东部放置铜戈1件；南部放置铜爵、陶盉各1件，共11件。墓室上面散放着涂朱或涂墨的陶圆片6件。钺刃和戈锋均朝上，附近有散乱的绿松石片，可能为钺或戈上的镶嵌物，南边有朽木痕迹两道，钺和戈应装有木柄。下层器物在朱砂层中，分置在墓室北、南两端。北部放置圆形铜器2件、玉璧戚1件、玉戈1件、绿松石三角形饰2件、骨串珠1件和贝3枚；南端仅放置玉铲1件，共13件。可以明显看出，玉璧戚、玉戈、玉铲及各类饰品放置于棺内，且玉璧戚与玉戈大致放置于墓主人胸部，玉铲则位置足端，玉戈横置。铜礼器除两件圆形铜器外，皆放置于二层台上。铜爵和陶盉放置于二层台南端，铜戚、铜戈分置于二层台东西两侧。玉兵器、铜容器、铜兵器相分离，各自位于一定区域。柄形器和圆陶片则散置于墓室上面填土中（图三）[54]。

图三 二里头文化四期早段墓葬1975ⅥKM3平面图

四期早段还有两座保存状况良好的铜、玉礼器墓：1984ⅥM6（图四，1）、1984ⅥM9（图四，2）。四期晚段有两座铜、玉礼器墓保存完好：1984ⅥM11（图四，3）[55]、1987ⅥM57（图四，4）[56]。以上五座墓葬均出自祭祀遗存区，等级相对较高，随葬品也较为丰富。至于墓葬中随葬的酒器组合，早段1984ⅥM6、1984ⅥM9中铜爵、陶盉放置在一起，分别位于墓室南端和西侧，1984ⅥM9中二者身边还配有漆觚，另外墓室东南角单置一铜斝。晚段1987ⅥM11中1陶爵、2陶盉放置在墓室北端，铜爵单独放置于墓室西侧偏南。1987ⅥM57中铜爵、陶盉相分离，分别放置于墓室北端与西侧。铜礼器中铜牌饰、铜铃位置也不再固定，1984ⅥM11中铜牌饰出土于墓底中部，

图四 二里头文化四期墓葬平面图
1. 1984ⅥM6 2. 1984ⅥM9 3. 1984ⅥM11 4. 1987ⅥM57

铜铃则出土于墓室西侧偏中部；而1987ⅥM57中铜铃出土于墓底中部，铜牌饰则出土于墓室东侧偏中部。墓葬中玉礼器的放置有两种情况，据出土位置推测，1984ⅥM11中玉圭、玉刀、璧戚、玉管皆放置于墓主人下肢部位；1987ⅥM57中玉刀大致放置于墓主人上身，玉戈与月牙形玉器则放置于墓主人东侧。柄形器和圆陶片或位于墓主人头部或身侧，或与铜、玉礼器放置在一起，数量多寡与随葬品丰富程度相关。

遗憾的是，据传出土鼎、斝、盉（？）的墓葬1987ⅥM1出土信息已经丢失，无法追溯其背后可能存在的正在发酵的新的礼制观念变革[57]。出土铜盉的墓葬1986ⅡM1资料也未全面发表[58]。无法复原新出现的铜盉在墓葬中随葬的基本情况。可能出自同一墓葬的铜爵、玉牙璋、钺、七孔玉刀、柄形器也属于采集品，原始出土信息已丢失。

3. 礼器墓的区位分布

二里头遗址的墓葬遍及整个遗址，尚没有固定的埋葬区域，特别是形制较大的墓葬分布并无规律。二里头遗址内墓葬分布相对而言没有固定的埋葬区域，分布形态较为复杂，生活区与墓葬区往往并不截然分开，甚至在不同时期相互发生转化。

出土铜、玉礼器的墓葬一般分布于宫殿区及宫殿区周围的地区，尤其是宫殿区东部和北部的Ⅴ、Ⅲ、Ⅵ区较为集中。迄今为止，最高等级的大型墓葬尚未发现。宫殿区出土高等级墓葬仅见于二期，此后不见，主要有：2001ⅤM1（扰）、2002ⅤM3、2002ⅤM5（扰）。宫殿区北部Ⅵ区为祭祀遗存区，分布有晚期多座高等级墓葬，主要有：1975ⅥKM3（四早）、1984ⅥM6（四早）、1984ⅥM9（四早）、1984ⅥM11（四晚）、1987ⅥM57（四晚）等。宫殿区东部为贵族聚居区和墓葬区，偏西Ⅴ区分布有1981ⅤM4（二晚）、1980ⅤM3（三晚），偏东Ⅲ区分布有1980ⅢM2（三晚）、1976ⅢKM6（三晚）、1972ⅢKM1（三期、被扰）等（图五）。

由于各区以及各期别墓葬发现不平衡，盗扰严重，尚看不出等级的差异。但也可以基本看出，随葬铜牌饰、铜铃的墓葬多位于祭祀遗存区，其随葬其他铜、玉礼器的种类和数量相对丰富；而随葬钺与牙璋的墓葬多位于贵族聚居区，其他随葬品或有多寡。从这一点分析，大致祭祀遗存区的墓葬等级高于贵族居住区的墓葬，其墓主人各自身份地位也有差异。

（二）二里岗文化礼器墓的情境分析

二里岗文化遗存，最早由当地小学教师于1950年在郑州老城东南二里岗一带业余调查发现，随后经文物部门数次调查，发现了更为丰富的遗存。1952年秋试掘，次年开始大规模发掘。因最早发现于二里岗一带，文化面貌与安阳殷墟既有联系又有区别，开始称"商代二里岗期文化"，随后直接称"二里岗文化"。除二里岗遗址外，1952～1955年，先后发掘南关外、白家庄、铭功路西侧、紫荆山北、人民公园等遗址。根据

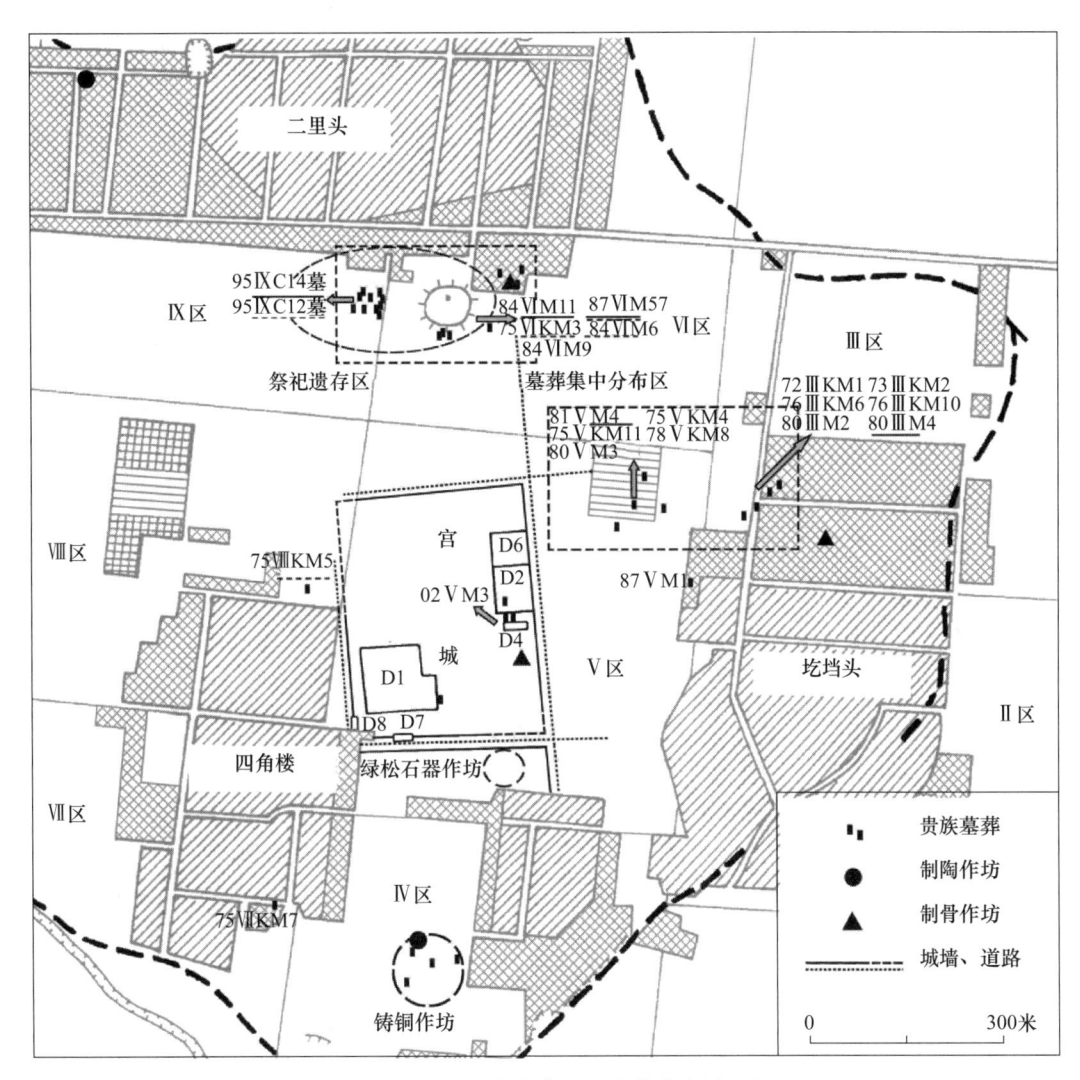

图五 二里头文化重要墓葬分布图
(图据《二里头遗址出土镶嵌绿松石牌饰的初步研究》)

人民公园遗址内的地层关系，二里岗文化的相对年代早于殷墟文化，同时两者之间还存在着一定的年代缺环[59]。

二里岗文化覆盖了二里头文化的分布范围，并向外进一步扩张。与二里头文化不同的是，铜、玉礼器墓葬除了主要出土于具有都邑性质的郑州商城、偃师商城之外，还出土于周边聚落如新郑望京楼、垣曲古城南关、夏县东下冯、登封王城岗等地，为避免分期系统混乱，统一使用二里岗文化分期。

1. 器物组合

（1）郑州商城礼器墓器物组合

郑州商城二里岗文化早期早段基本与二里头文化四期晚段同时，此时郑州商城发现的铜、玉礼器墓只有两座，铜礼器有爵、鼎、斝、盉、戈，玉礼器有柄形器，陶器有圆陶片、斝、尊，尚看不出组合规律。

早期晚段发现的铜、玉礼器墓葬数量较少，铜礼器组合主要以铜爵搭配另一种铜酒器斝或盉，基本延续二里头文化四期的铜酒器器类，高等级墓葬中三者甚至同时出现，此外还有铜兵器戈；玉礼器以柄形器为主，偶见玉戈；陶器中爵、斝、盉、簋、豆等酒器、炊器和食器都有出现。圆陶片不再是铜器墓标配，但出土玉柄形器的墓葬必出圆陶片。经扰乱的C8M7礼器组合为铜爵3、斝1、盉1、戈1与玉戈1、柄形器3的组合，等级较高。

晚期早段的墓葬材料发现最多，随葬青铜器、玉器的墓葬也明显比二里岗早期晚段增加很多，青铜容器在爵、斝、盉之外，又增加了鼎、斝、斚、罍、盘等器类，铜盉在礼器群中已消失不见，使墓葬中随葬铜容器的组合达到了爵、斝、斚、鼎、斝、罍、盘等七种。墓葬中铜礼器组合依然重酒器，或出单爵或出单斝，而以爵较为多见，依然是酒礼器的核心。这一阶段新的变化，青铜食器开始在铜礼器组合中占据重要地位，以鼎为核心。铜兵器戈依然存在，还有工具铜刀，不计入礼器范畴。玉礼器组合以柄形器和玉戈较为多见，新出现璧、璜、玦等器类，以及玉簪及其他玉质饰品。陶容器的品类基本和二里岗早期晚段相同，有爵、斝、斚、斚、簋、豆、尊、盆，陶盉也不再见，以爵、斝、斚、豆、簋为多。

这一阶段较高等级墓葬中铜、玉礼器随葬丰富，随葬多套爵、斝还有斚，有些还有铜鼎、罍、盘、斝等，多单数，少见铜戈；玉礼器多柄形器和玉戈，还有铲、璧、璜、玦、簪及各类饰品；陶器仅出圆陶片，有的还有原始瓷。第二等级的墓葬铜礼器出单爵或单斝，此外还有单出鼎或斝的墓葬，不见铜戈；玉礼器多柄形器，少见戈、璧、簪，铲、璜、玦及饰品不见。最低等级的墓葬中仅见玉礼器，器形仅柄形器、簪、璧，皆单出；陶器或爵、斝相配，或单出斝，只有1座墓出土有圆陶片。

晚期晚段的铜、玉礼器墓葬材料发现较少，两座墓葬的铜礼器组合为单爵配单斝，还有一座墓葬的铜礼器组合为单爵配单斚，T61M1中还出铜工具锯、镬各1件，此前未见；玉礼器仅见柄形器、璜及各类饰品；陶器有圆陶片、爵、斝、豆、盆（表六）。

表六　郑州商城二里岗文化铜、玉礼器墓随葬品统计表

期段	墓号	保存状况	随葬品			
			陶器	铜器	玉器	其他
早期早段	C8T166M6		圆陶片1	盉1、斝1、戈1	柄形器1	项饰1、骨镞41、蚌镞2
	87M1		斝1、尊1	爵1、鼎1		
早段晚段	C8M32	较好	斝1、斝1、豆1、器盖1	爵1、斝1		

续表

期段	墓号	保存状况	随葬品			
			陶器	铜器	玉器	其他
早段晚段	C7M27	较好	爵1、斝1、簋1、圆陶片1		柄形器2	
	C8M7	被扰	圆陶片1	爵3、斝1、盉1（？）、戈1	柄形器3、戈1	石戈1、骨器1、贝100多枚
	C8YJM1	被扰		爵1、盉1		
晚期早段	C11M114	较好	鬲1		柄形器1	
	C11M120	较好	盆1		柄形器1	
	C11M125	较好	斝1、鬲1、簋1、瓮1、豆1、圆陶片1	爵1	柄形器1等	
	C11M126	较好	鬲1	斝1	柄形器1	
	C11M146	较好	爵、觚1、斝1、鬲1、圆饼1	鼎1	柄形器1	
	C11M148	较好	觚1、斝1、鬲1、盆1、圆饼1	爵1	柄形器2等	
	C11M149	较好	鬲1		簪1	
	C11M150	较好	鬲1、斝1、深腹盆2、圆饼1、纺轮1	斝1	柄形器1	
	MGM2	较好	盆1、圆陶片1	爵2、斝2、觚1、鼎1、戈1、刀1	戈1、璜1、柄形器2（残）	原始瓷尊1、蚌珠6串、绿松石3等
	BQM1	较好	圆陶片3	爵1、斝3、觚1、鼎1、刀1、片1	戈3、铲3、璧1、柄形器3、蝉形饰1	石戈7、石铲1、石钵1、石柄形器1、骨匕2、骨器2、骨镞1、牙饰1
	BQM2	较好	印纹硬陶尊1、涂朱圆陶片2	爵1、斝2、觚1、刀1	柄形器2	石戈3、石铲1
	BQM4	较好	爵1、斝2、鬲1、豆1、纺轮1	爵1	簪1	
	C8M39	较好		鼎1、斝1	戈2	
	C7M25	较好	斝1、盆1	爵1、刀1、镞2	柄形器1	原始瓷尊1、骨簪1（残）等
	C7M46	较好		爵1	璧1	
	T143M1	较好		鬲1	玉璧2、玉饰1、玉料3	
	T17M2	较好		爵1、斝1、觚1、簪1	玉饰1	

续表

期段	墓号	保存状况	随葬品			
			陶器	铜器	玉器	其他
晚期早段	C7M47	被扰	爵1、豆1（残）、圆陶片1	刀1	柄形器1	
	C8M2	被扰	圆陶片2	爵1、斝1、鼎1、罍1、盘1	柄形器1	象牙觚1、绿松石饰2
	C8M3	被扰	圆陶片1	爵1、（爵流1）、觚2、斝2、鼎1、鬲2、罍1	玦1、璜2	象牙梳1、玛瑙块1、石戈1、石器2、蚌片1
	C7M24	较好	爵1、斝1		璧1	
	C15M17	较好	圆陶片1		玉器1	
晚期晚段	MGM4	较好	圆陶片1	爵1、觚1	璜1、柿蒂形饰1、玉饰1	
	T61M1	较好	圆陶片2	爵1、斝1、戈1、锯1、镞1	璜1、蝉形饰1	卜骨2
	T22M4	较好	爵1、斝1、豆1、盆1		璜1、柄形器1、饼形饰1	
	C1M1	被扰		爵1、斝1	柄形器1	

（2）偃师商城礼器墓器物组合

偃师商城二里岗文化早期早段尚未发现铜、玉礼器墓，早期晚段发现的铜、玉礼器墓数量也比较少。铜礼器以单爵为主，搭配陶斝，组成新的酒器组合，未发现盉。玉礼器有柄形器、玉圭、玉璜。陶器中陶圆片依然存在，鬲作为炊器开始常见，此外还有容器盆。

晚期早段发现的铜、玉礼器墓数量较少，等级较低。仅1座墓中出土铜礼器铃，酒器组合以陶爵搭配陶斝，此外还有鬲、簋、豆、盆、陶圆片。玉礼器有柄形器和钺。

晚期晚段的铜、玉礼器墓仅发现两座，铜礼器组合都是以单爵配单斝组成酒器组合，还有铜刀、戈、镞等。陶容器多鬲、簋、尊、盆等炊器和食器，还出现方鼎，无酒器。玉礼器有柄形器、璜、刀、玉饰（表七）。

表七 偃师商城二里岗文化铜、玉礼器墓随葬品统计表

期段	墓号	保存状况	随葬品			
			陶器	铜器	玉器	其他
早期晚段	1996YSⅡT11M22	较好	斝1、鬲1、折肩盆1	爵1		
	1985YSⅦT18M1	较好	鬲1、折沿敞口盆1、折肩盆1、圆陶片1	爵1	璜形玉饰1	
	1990YSⅡT9M13	较好	鬲1、圆陶片1		圭1、柄形器1（石）等	

期段	墓号	保存状况	随葬品			
			陶器	铜器	玉器	其他
晚期早段	1984YSⅥT5M3	较好	鬲1、簋1		柄形器1（骨）	牛肩胛骨1
	1988YSⅣT6M1	较好	鬲1、簋1、盆1	铃1		漆器2、嵌绿松石器1、牙器1
	1997YSⅣT53M65	较好	爵1、斝1、鬲1、簋1、豆1、盆1、圆陶片1		钺1	骨匕1
晚期晚段	1983YSⅢT5M1	较好	簋1、方鼎1、涂朱圆陶片1	爵1、斝1、刀1、戈1、镞1	璜1、刀1、虎形饰1	卜骨1、蛤壳1
	1989YSⅣT28M13	较好	鬲1、尊1、簋1、盆1、圆陶片1	爵1、斝1	柄形器1（石）	石匕1

（3）周边聚落礼器墓器物组合

周边聚落二里岗文化早期铜、玉礼器墓数量较少，铜礼器都是一单爵配单斝，或仅见爵；玉礼器有柄形器和玉饰。

晚期铜、玉礼器墓数量不多，铜礼器组合或单爵，或单爵配单斝，还有鼎，也有仅出铜戈的铜器墓。许昌大路陈村商墓出现双爵搭配双斝还有三鼎的组合，还出铜兵器戈两件、钺一件、玉兵器戈两件、柄形器两件、牙璋一件，或有特殊意义，等级较高（表八）。

表八 周边聚落二里岗文化铜、玉礼器墓随葬品统计表

期段	墓号	保存状况	随葬品			
			陶器	铜器	玉器	其他
早期	荥阳西史村M2	较好	鬲1、盆1、罐1、圆陶片1	爵1		骨匕1
	登封王城岗WT245M49	较好		爵1、斝1		
	垣曲古城南关M16	较好	罐1、圆饼1	爵1、斝1	柄形器1、玉饰1（残）	卜骨1、骨匕1、猪下骸骨1
晚期早段	垣曲古城南关T3M1	较好	鬲1、盆1、圆饼1	爵1、斝1、鼎1	柄形器1	骨匕2、蚌饰3
晚期晚段	夏县东下冯T1056M4	较好	斝1、豆1、深腹盆1、圆陶片1	爵1	带齿玉器1	
晚期	登封王城岗WT16M14	较好	鬲1	戈1、镞2	玉片1	骨镞1、海贝7
	许昌大路陈村商墓	较好		爵2、斝2、鼎3、戈2、钺1、刀1	戈2、牙璋1、柄形器2	
	焦作南朱村M1	较好	斝1、豆1	爵1		

（4）小结

与周边城邑相比，二里岗文化时期郑州商城、偃师商城发现的铜、玉礼器墓葬数量较多，都邑地位不言而喻。二者相比，郑州商城各期发现的铜、玉礼器墓葬数量更多，随葬品器类更加丰富，尤其是铜礼器，郑州商城墓葬中出土的铜礼器有爵、斝、盉、觚、鼎、鬲、罍、盘等容器和铜兵器戈，偃师商城墓葬中仅见爵、斝等容器，此外还有铜戈、铜铃、铜刀。玉礼器器类则大致相同，郑州商城墓葬中出土有玉柄形器、戈、璧、璜、玦、簪及各类饰品，偃师商城墓葬中出土有玉柄形器、钺、刀、圭、璜及各类饰品。周边城邑、聚落与都邑相比，出土铜、玉礼器的墓葬数量较少，等级不一，各期别或仅见一座，彰显二里岗国家聚落等级的差异。

2. 器物空间分布

（1）二里岗文化早期墓

郑州商城二里岗文化早期的铜、玉礼器墓，随葬品的摆放分两种情况：C8T166M6、87M1、C7M27，随葬品放置在墓主人身上和身体旁边；有二层台的墓葬，如C8M7，玉礼器放置于棺内，玉戈与柄形器一起放置于墓主人身上；而铜礼器一般放置于二层台上，铜爵、斝放置在一起，铜戈单独放置（图六）[60]。从出土位置看，铜容器、铜兵器、玉兵器相分离，代表平行的社会等级标识体系。柄形器和圆陶片在墓主人身上、身体旁边、二层台上皆有分布。

（2）二里岗文化晚期墓

郑州商城二里岗晚期铜、玉礼器墓葬材料发现较多，随葬品的放置与早期相同，不同类型的铜礼器与玉礼器区位分布明显。玉戈、璧、璜、玦、簪及各类饰品一般出于墓主人身上，若有棺则放置于棺内；铜爵、斝、觚、鼎、鬲、罍、盘等铜礼器的放置分两种情况：一种是有棺且棺内外界限分明的墓葬，或者有二层台的墓葬，铜礼器一般出于棺外或者二层台上；无棺或者棺内外区分不明显的墓葬，铜礼器一般放置在墓主人身体周边。不同类型的礼器相互分离。铜爵、斝、觚等酒器常常放置在一起，与鼎、鬲等有所相隔，但并不绝对。上述为一般情况，具体到个别墓葬，特例依然存在。

以晚期早段随葬铜、玉礼器最多的墓

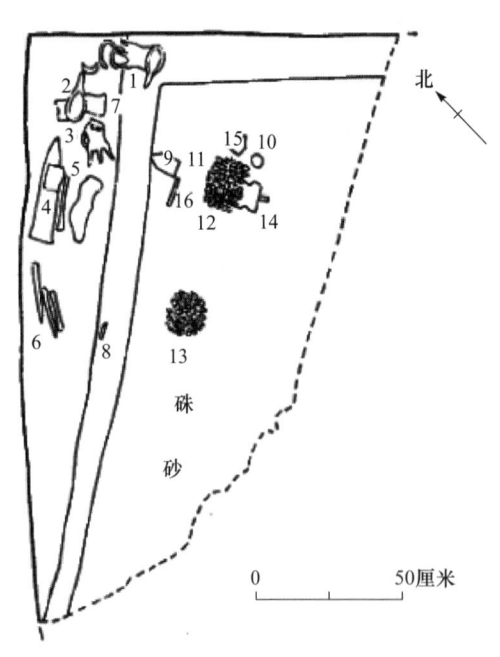

图六　郑州商城二里岗文化早期墓葬C8M7平面图

葬 BQM1 为例，该墓发现于郑州北二七路，位于杜岭墓地范围内。该墓墓底铺有朱砂，有木棺痕迹。中部有腰坑，殉狗一只，作侧躺状。腰坑北端延伸出一坡状浅坑。棺灰外墓主人头部北端放置铜斝 3 件、铜鼎 1 件；东侧放置铜爵 1 件、铜觚 1 件、玉戈 8 件、玉铲 3 件；东南角放置铜觚 1 件、玉铲 1 件、骨簪 1 件、圆陶片 2 件；棺灰内墓主人头部以北放置铜片 1 件；盆骨附近放置玉柄形器 2 件、玉戈 2 件、玉璧 1 件，右侧腿骨附近放置玉蝉形饰 1 件；上肢西侧侧散置铜刀 1 件、骨匕 2 件；下肢西侧放置玉柄形器 2 件。腰坑中放置骨镞、石钵、骨簪各 1 件。该墓随葬铜、玉礼器相对丰富，陶器仅有圆陶片（图七，1）[61]。

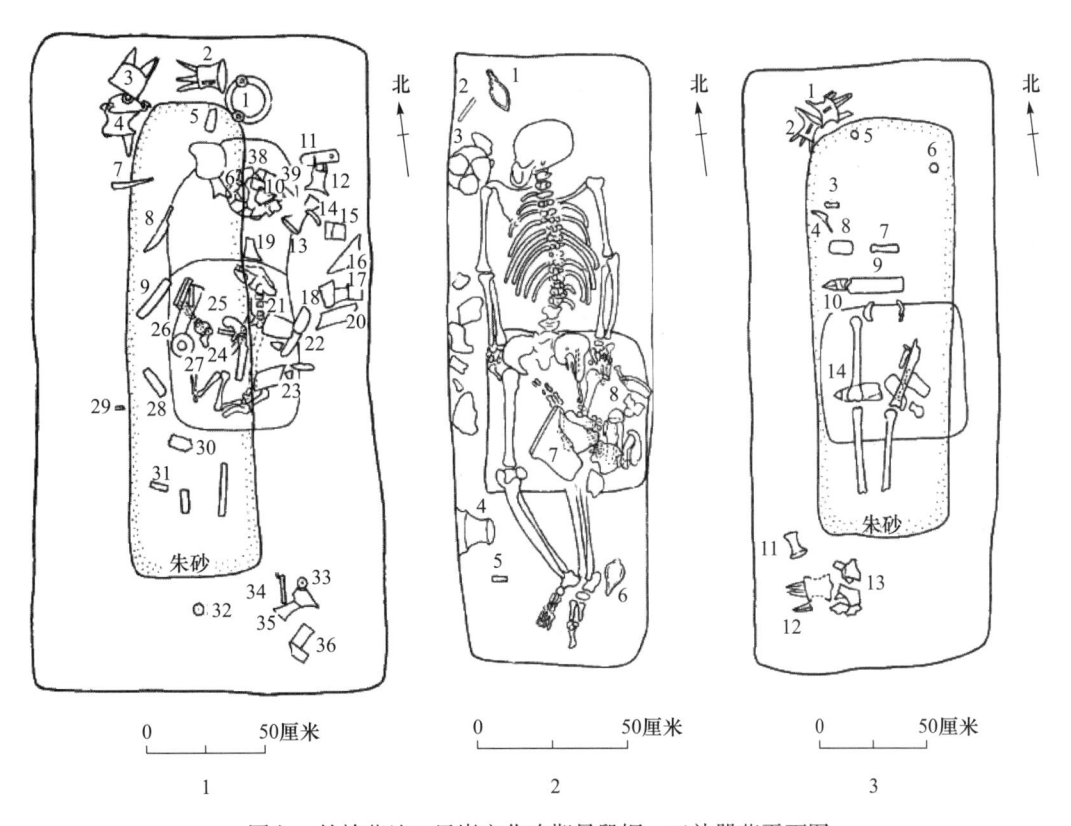

图七 杜岭墓地二里岗文化晚期早段铜、玉礼器墓平面图
1. BQM1　2. BQM2　3. BQM4

晚期早段仅白家庄村发现的两座商墓出土有铜罍、盘、鬲等新出现的铜制容器。C8M2 位于白家庄村西侧，墓北端被破坏，长方形竖井坑，人骨已朽，墓底铺有朱砂，有棺灰痕迹。随葬品大多放置在墓室南端，有铜爵、铜斝、象牙觚、铜鼎、铜盘各 1 件，圆陶片 2 件，其中铜爵、斝、象牙觚大致放置在一起；墓室中南部放置铜罍 1 件、玉柄形器 1 件、绿松石饰 2 件（图八，1）。C8M3 位于白家庄土岗东边断崖上，北距 C8M2 约 25 米。墓大半被破坏，墓室内四周有熟土二层台，西面二层台上殉人一具，

俯身葬。墓底铺有朱砂，中部有腰坑，坑内殉狗一只。有棺、椁灰痕迹，墓主人人骨已朽。随葬品大多摆放于墓室南端二层台上，除铜爵摆放在墓室较中南端外，其他随葬品集中于西南角，铜斝2、铜觚1、铜鬲2放置在一起，铜觚1、铜鼎1、铜罍1放置在一起；南侧二层台边缘还放置铜簪1件；西面二层台殉人身旁放置有玉玦、玛瑙块、象牙梳、石器各1件；墓室中部墓主人身旁放置玉璜2件、圆陶片1件、涂朱蛤壳1件、加工石1件。斝出土时粘有白色编织物和木质痕，推测用编织物包裹后入葬。爵底有烟熏痕迹，流上粘有较粗的编织物痕迹。罍出土时粘有木质锈痕；觚出土时锈上有编织物痕迹和朱砂（图八，2）[62]。

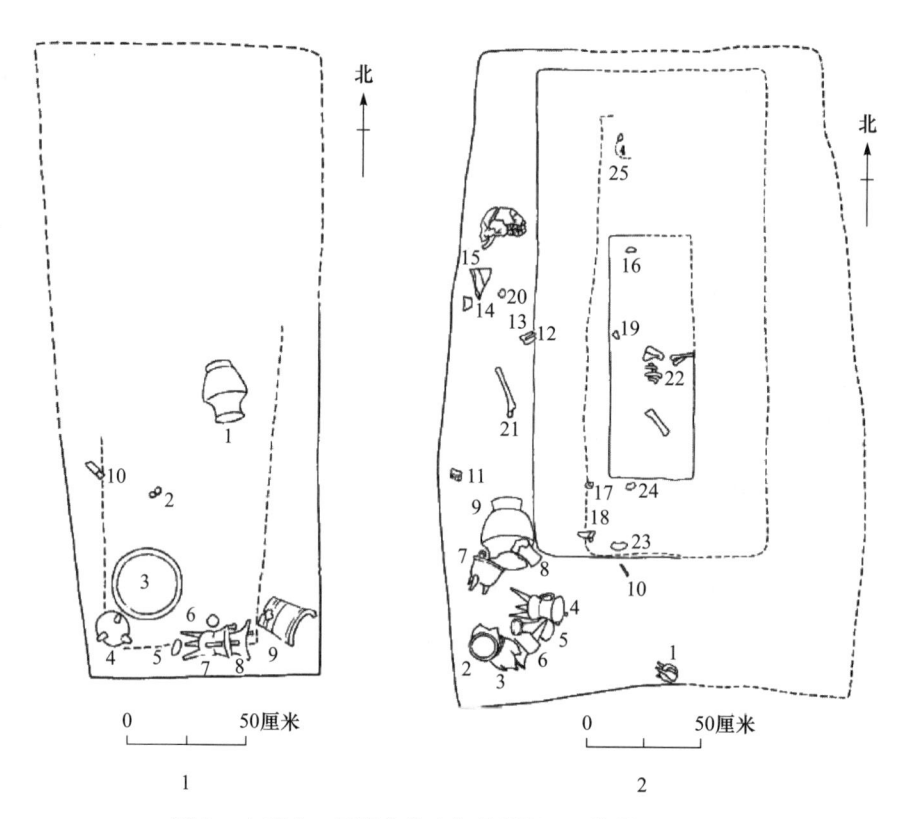

图八 白家庄二里岗文化晚期早段铜、玉礼器墓平面图
1. C8M2　2. C8M3

3. 礼器墓的区位分布

以郑州商城为例，在郑州商代遗址范围内发现的墓葬，以二里岗早期晚段和晚期早段的墓葬数量最多。这些墓葬多分布于郑州商城城垣东北部内侧的商代宫殿附近、商代夯土城垣西北部内外一带和商城城垣的南外侧，大致可分为四个集中分布的区域：白家庄墓地、杜岭墓地（包括北二七路北段东侧和西侧的人民公园）、杨庄墓地、铭功路西侧墓地。除上述四处墓地外，商城南墙中段外约200米，即今郑州市卷烟厂

院内，推测这一带也是一处墓地。这些区域的共同点是地势较高。另外，商城内也发掘和清理过墓葬（图九）[63]。

值得注意的是，各区域墓地出土铜、玉礼器的墓葬其葬式和随葬品各有不同，但同区域内呈现一定的规律性，其头向、葬式、随葬品种类和等级等具有趋同性，是否与墓地族属、等级相关尚未可知。白家庄墓地 C8M2、C8M3，据随葬品位置推测，两座墓墓主人头皆向北，出土铜礼器有爵、斝、斚、鼎、鬲、罍、盘、戈，玉礼器有柄形器、戈、铲、璧、璜、玦及各类饰品，品类最为齐全，墓葬等级较高。杜岭墓地范围内北二七路两座墓葬 BQM1、BQM2，墓主人头向皆向北，出土铜礼器有爵、斝、斚、鼎，玉礼器有戈、铲、璧、柄形器、蝉形饰等，等级也较高，尤其出土玉戈数量较多。铭功路西侧墓地 MGM2、MGM4，墓主人头皆向南，出土铜礼器有爵、斝、斚、鼎、戈，玉礼器有戈、璜、柄形器及其他饰品，此外还有原始瓷尊，等级也较高。杜岭墓地范围内人民公园内发现的墓葬及制陶遗址区发现的墓葬中铜礼器仅出单爵或单斝，玉礼器多见柄形器，等级相对较低。

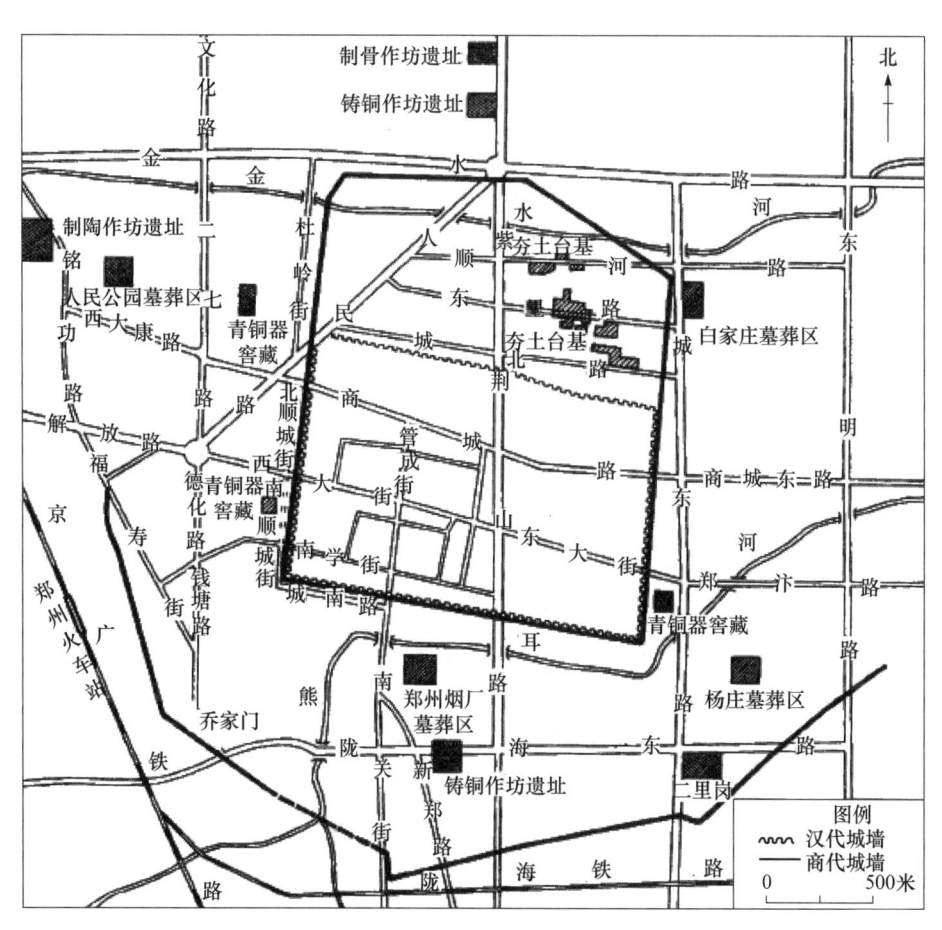

图九 郑州商城及周边遗迹分布图

（图据《中国考古学·夏商卷》）

四、铜、玉礼器关系及其社会意义

（一）铜、玉礼器的关系

1. 组合关系变化

青铜时代初期的礼器制度始终以祭祀礼仪用器和仪仗礼仪用器为主，并以酒礼器为核心。不同的是，二里头文化以爵、盉为基本组合，只是随着不同时期铜制容器的发展，材质略有替换。二期基本以陶爵、盉为基本组合，常常配有漆觚，形成完整的酒器组合；三期以铜爵、陶盉为基本组合，也有铜爵、陶盉、陶爵的搭配，漆觚亦有发现；四期以铜爵、陶盉为基本组合，也有铜爵、铜斝各搭配一陶盉的组合，此外，还有铜觚（？）、铜盉等酒器发现，但由于材料发表不全，尚未有新的情况发现。

二里头文化一期时墓葬中尚未出土铜、玉礼器；二期早段，墓葬中仅见玉柄形器和陶器、漆器的组合。很快，二期晚段，墓葬中即出现铜铃、牌饰，玉礼器仅见柄形器和玉钺；三期是铜、玉礼器井喷期。铜容器开始出现，尚处于初创阶段，仅见铜爵，往往以铜爵、陶盉或铜爵、陶盉、陶爵为基本组合。玉礼器除柄形器和钺以外，新出现玉戈、刀、圭、牙璋等器。铜礼器与玉礼器往往以群体形式组合，彰显身份等级。四期基本延续三期的礼器组合，铜容器新出现斝、盉、觚（？）、鼎，铜兵器发现较少，玉礼器组合基本不变，新出璧戚、铲。此外，模仿玉兵器戈造型，出现铜兵器戈、戚。铜爵和玉柄形器逐渐形成固定搭配，铜爵、铃、牌饰也形成固定搭配。另外，出现铜爵、斝、鼎的组合，与二里岗铜礼器组合相承接，表明二里头文化墓葬文化中的礼制意识已开始发生飞跃。玉柄形器和圆陶片一样，其数量多寡与墓葬等级和随葬品丰厚程度密切相关，推测为身份等级的象征物。

郑州商城二里岗文化早期早段基本与二里头文化四期晚段同时，此时郑州商城发现的铜、玉礼器墓只有两座，铜礼器有爵、鼎、鬲、盉、戈，玉礼器有柄形器，陶器有圆陶片、鬲、尊，尚看不出组合规律。早期晚段随葬铜、玉礼器的墓葬数量也较少。铜礼器组合主要以铜爵搭配另一种铜酒器斝或盉，基本延续二里头文化四期的铜酒器器类，高等级墓葬中三者甚至同时出现，此外还有铜兵器戈；玉礼器以柄形器为主，偶见玉戈；陶器中爵、斝、鬲、簋、豆等酒器、炊器和食器都有出现。圆陶片不再是铜器墓标配，但出土玉柄形器的墓葬必出圆陶片。晚期早段铜、玉礼器墓葬材料增多，青铜容器在爵、斝、盉之外，又增加了鼎、鬲、觚、罍、盘等器类，铜盉在礼器群中已消失不见，使墓葬中随葬铜容器的组合达到了爵、斝、觚、鼎、鬲、罍、盘等七种。墓葬中铜礼器组合依然重酒器，或出单爵或出单斝，而以爵较为多见，依然是酒礼器的核心。这一阶段新的变化是，青铜食器开始在铜礼器组合中占据重要地位，以鼎为核心。铜兵器戈依然存在。玉礼器组合以柄形器和玉戈较为多见，新出现璧、璜、玦等器类，以及玉簪及其他玉质饰品。陶容器的品类基本和二里岗早期晚段相同，有爵、斝、罍、觚、簋、豆、尊、盆，陶盉也不再见，以爵、斝、罍、豆、簋为多。郑州商城二里岗晚期晚段的墓葬材料发现太少，与早段差别不大。

与二里头遗址相比，郑州商城的青铜礼器系统显著扩大，种类和造型日益丰富，尤其是窖藏铜器的发现，显示了高超的青铜铸造技术。然而郑州商城的玉器总体水平不是很高，种类和数量也不是很丰富。玉兵器发达，以戈为主，装饰品比重增加，柄形器更加普遍。郑州商城基本继承了二里头遗址的玉礼器传统，玉戈、璋、柄形器在形制上十分相似，但种类上存在一定差异。二里头遗址出土较多的玉钺、圭、璧戚等不见或少见，而玉璧、璜等礼器，及玦、簪及各类饰品种类和数量增加。

2. 铜、玉礼器的关系变化

青铜时代初期的青铜礼器和玉礼器都存在二分现象。青铜礼器主要包括祭祀礼仪类青铜容器和仪仗礼仪类青铜兵器。玉礼器也包括祭祀礼仪用玉和仪仗礼仪类玉兵器。各种类青铜礼器和玉礼器在社会中扮演的角色存在不同，在礼制系统中承担的作用也各有不同。

其中，仪仗礼仪类玉兵器和铜兵器之间存在双向、复杂而动态的关系。在功能上存在相似性，在形态上交互影响，在不同情况下可能互为原型。青铜时代初期，铜兵器并未取代玉兵器的地位，少数墓葬中二者共出，更多情况下单独出现。铜兵器和玉兵器在礼制系统中相辅相成，共同承担仪仗和礼仪用器的职责，然而由于二者在材质、形制、出土情境上的差异性，推测存在一定功能上的差异，有待进一步研究。

二里头文化时期，玉兵器的数量总体超过铜兵器，晚期墓葬多随葬玉兵器。与大型玉兵器相比，初创期的铜兵器尚未占上风，仪仗礼仪用器的礼制表达以玉兵器为主。二里头时期仪仗礼仪类玉兵器主要有戈、钺、璧戚、刀等，铜兵器主要有戈、钺、戚。与铜兵器相比，玉礼器群品类丰富、制作规制，已初步形成一定的用玉传统。玉兵器系统中钺与戈并重，但二者不存在共存关系，出土玉戈的墓葬往往出璧戚，出土玉钺的墓葬往往出牙璋，玉刀在两类墓葬中都有出现。从共存关系及出土情境分析，牙璋也属于仪仗礼仪玉兵器系统。至二里岗文化时期，仪仗礼仪类铜兵器和玉兵器都只以戈为主，钺、牙璋少见，璧戚、大型玉刀不见。

祭祀礼仪用青铜容器的数量和种类只是随着青铜铸造业的发展逐渐增加完善。二里头文化墓葬中的青铜容器以爵为核心，种类有爵、盉、斝、觚（？）、鼎等。二里岗文化墓葬中的青铜容器以爵或斝为核心，还有的以鼎为核心，种类有爵、斝、觚、盉（晚期不见）、鼎、罍、甗、盘等。二里头文化墓葬中祭祀礼仪用器多见圭、铲等，而二里岗文化多见璧、璜等，存在礼制意义上的内涵变迁。

然而从青铜礼器系统和玉礼器系统整体而言，二者之间是此消彼长的角色转换的关系。玉礼器在新石器时代晚期的礼制生活中占据重要地位，而铜礼器尤其是铜酒器在青铜时代初期的礼制系统中始终占据核心地位，区别身份等级地位。二里头文化时期，与初创期的青铜礼器相比，大型有刃带扉牙的玉礼器系统优势尚在，形成"金玉共振"的局面。很快，到了二里岗时代，随着大型玉礼器的逐步退场，除了仪仗礼仪类兵器玉戈一枝独秀外（表九），其他玉礼器发展水平不高，装饰品类比重明显增加。虽然玉礼器仍然保留了社会层面的身份等级区分意义，但在礼制系统中重要性逐步让位于日益发展的青铜礼器。

青铜时代初期的铜、玉礼器，在礼制系统中其核心地位确实有一个此消彼长的过程，但在礼制表达中，二者却是相辅相成，因为所承担的社会角色不同而存在一定程度上的分工。另外早期中国的礼制传统是通过多维度材质的物质表达的复杂景象，孤立地抽取青铜礼器和玉礼器建构的早期中国礼制生活是不完整甚至失之偏颇的，仅仅只能揭示其中的一个侧面。

表九　同一比例尺下墓葬出土铜、玉礼器对比图

期段	墓葬出土铜、玉礼器
二里头文化三期晚段	1976ⅢKM6　　　　1980ⅤM3
二里头文化四期晚段	1975ⅦKM7

续表

期段	墓葬出土铜、玉礼器
二里岗文化晚期	郑州杨庄采集　　许昌大路陈村商墓

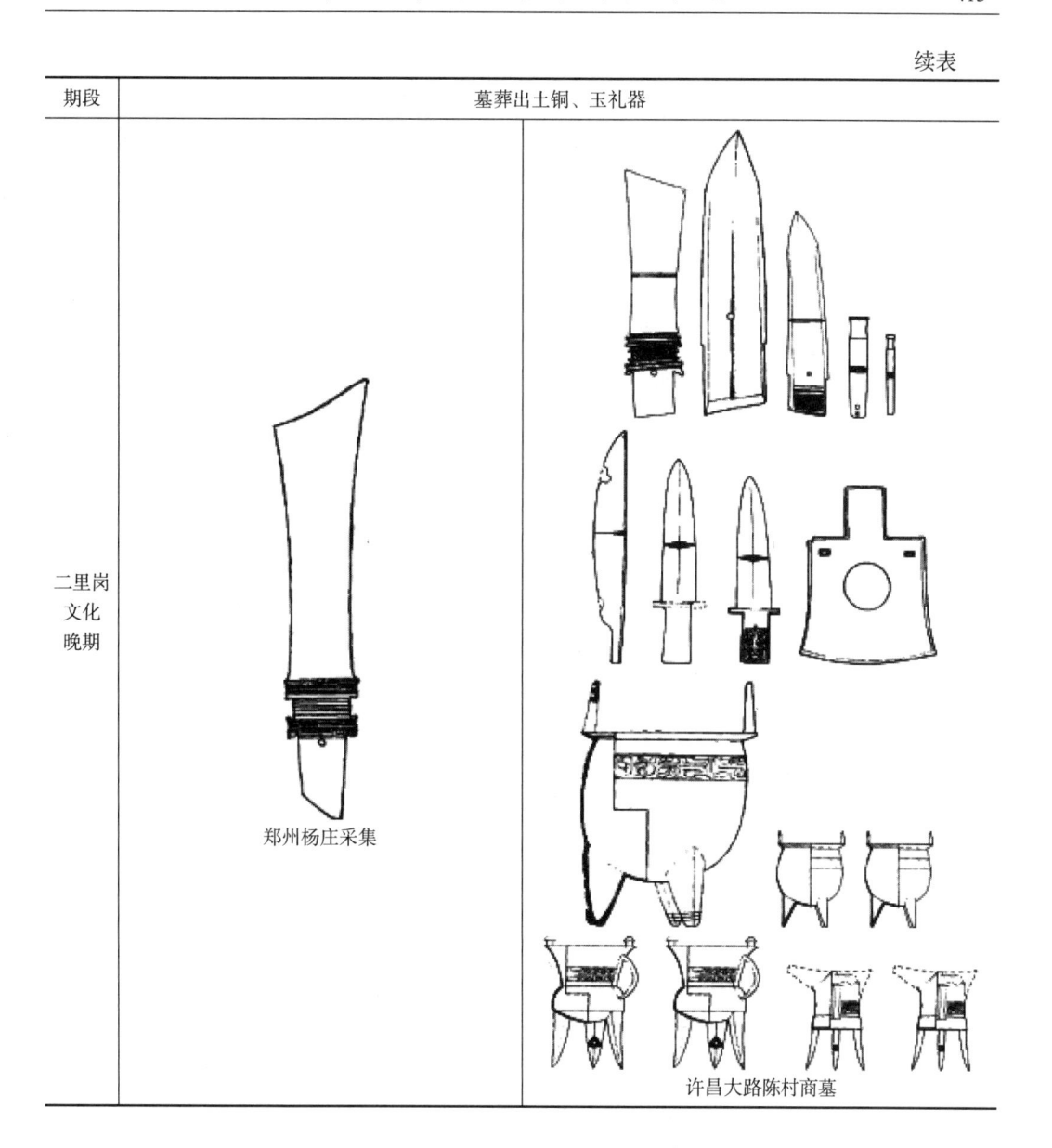

（二）铜、玉礼器与早期国家的关系

二里头文化时期是中国文明史上的一个重要节点。中原地区自龙山晚期以来，社会复杂化进程不断加剧。约公元前 1700 年前后，二里头大型都邑崛起于中原腹地，以其为核心的二里头文化大幅向外扩张，华夏文明由"多元"的邦国时期进入了"一体"的广域王权国家时期。青铜礼器开始铸造并广泛应用，与传统的玉礼器一起，构成中国独具特色的青铜礼乐文明，中原地区由此进入青铜时代。以二里头为节点，中国青铜时代、王朝时代和以中原为中心的时代相对晚出。二里头文化时期也是早期国家和复杂社会形成的重要节点。

1. 铜礼器

有关青铜器和早期国家的关系，学者多有著述，如"青铜时代革命"[64]、"青铜的政治性消费"[65]、"青铜催生中国"[66]等。"国之大事，在祀与戎"，深刻地揭示了在早期国家的社会生活中，祭祀活动与军事活动的重要性，而这两者都与青铜礼器关系密切。对于青铜礼器在社会复杂化进程和早期国家形成中的作用，可以从政治经济、军事和规范社会行为亦即礼仪功能等方面予以探讨[67]。

刘莉、陈星灿论证了中国早期国家的发展与某些独特的地理结构、重要资源的分布和运输、政治和经济组织及信仰系统有密切关系[68]。青铜铸造业在当时是高科技含量和劳动含量的高端产业，大规模青铜铸造业的发展开采、运输、铸造的一系列流程都需要中央集权式政府的统一管理，而不是独立性的手工业生产部门。

二里头遗址发现了围垣手工业作坊区，以及在其之内唯一的青铜铸造作坊和绿松石作坊。青铜器生产集中于二里头都邑，成为国家控制的产业。同时出土青铜礼器的高等级墓葬仅见于二里头遗址的贵族墓葬。二里头国家不仅垄断了青铜礼器的技术和生产，同时垄断了青铜礼器的消费和分配。青铜礼器的分配严格遵照社会等级体系，产品种类和组合变化与等级和秩序有关。通过青铜器的分配和使用，早期国家贵族内部的等级秩序得以建构，也带动了一整套宫廷礼仪制度或王权的发展。

二里头文化的青铜礼器主要以青铜容器和兵器为主。二里头国家从既有的陶质和漆木礼器中选择了与祖先祭祀礼仪行为密切相关的饮食器具，形成了以酒器为核心的礼器制度。并通过对资源、技术、生产、分配的一系列流程的垄断，赢得了其在宗教礼仪和政治上正统化、合法化的资本[69]。二里头文化出土的青铜兵器有戈、钺、戚和镞等。其中镞为消耗性兵器，二里头遗址墓葬中发现了沁入骨架中的铜镞，证明其确实应用于实战中。而铜戈、钺、戚等存在争议，数量较少，虽具实用价值，更多是象征军事威仪的礼器。

至二里岗国家，郑州商城的青铜礼器系统显著扩大，种类和造型日益丰富，尤其是窖藏铜器的发现，显示了高超的青铜铸造技术，主都地位不言而喻。偃师商城发现的铜、玉礼器墓葬较郑州商城为少，出土的铜、玉礼器种类和数量也相对较少，推测处于辅都地位。与二里头国家不同，二里岗国家都邑周边的聚落、城邑，也发现了少量随葬铜、玉礼器的墓葬，如新郑望京楼、垣曲古城南关、夏县东下冯等，各期别或仅见一座，可能是具有特殊身份人的墓葬，彰显出聚落等级的差异，也彰显出更大范围的青铜文化交流网，地方将资源和物资向中央纳贡，而由中央将作为身份地位标志的青铜礼器再向下分配，不仅是礼器的输送，更是一整套礼仪制度的流播，中央和地方的隶属关系也得以建构。

2. 玉礼器

玉礼器在新石器时代晚期的礼制生活中占据重要地位，不仅是与祖先和神灵沟通的法器，还是权力和身份地位的象征，作为礼器随葬于高等级墓葬中。但随着社会复杂化程度的加剧，玉器存在着许多先天性不足。一方面，玉器的分布受玉料分布影响巨大；另一方面，玉器属于单一原材料加工产品类型，属于小型作坊加工的产物，不利于技术的垄断，彰显集权统治[70]。

伴随着以中原地区为政治中心的政治格局的确立，二里头国家在王朝礼仪整合的过程中，广泛吸收周边史前玉礼因素的基础上形成了适应新兴政权需要的玉礼，也主要偏重于祭祀用玉和维护政治权威的仪仗礼仪类玉兵。开始成为玉礼的中心地区，并强烈向外辐射传播，影响深远。二里头文化随葬玉礼器基本上是以象征权力威仪的玉钺、戈、璧戚、刀、牙璋等仪仗礼仪类玉兵器和柄形器为主，间或有玉铲、玉圭等。新石器晚期较流行的玉琮、玉璧、玉璜、玉环等基本不见或罕见。二里头文化的玉礼器兼取史前各地文化治玉之长，工艺相当成熟，确立了大型片状有刃的玉礼器制度，往往带扉牙。与初创期的铸铜工艺一起，在早期国家的形成和王权的确立中各自发挥着不可或缺的作用。

至二里岗国家，由于青铜铸造技术的显著进步和青铜礼器系统的进一步完善，相对而言，玉器总体水平不是很高，种类和数量也不是很丰富，但仪仗礼仪类玉兵器较为发达，以戈为主，装饰品比重增加，柄形器更加普遍。郑州商城基本继承了二里头遗址的玉礼器传统，玉戈、璋、柄形器在形制上十分相似，但种类上存在一定差异。二里头遗址出土较多的玉钺、圭、璧戚等不见或少见，而玉璧、璜等礼器，及玦、簪及各类饰品种类和数量增加，显示出祭祀礼仪用玉存在礼制意义上的内涵变迁。

（三）铜、玉礼器的社会意义

综合青铜时代初期的铜、玉礼器墓葬的礼器组合，依据等级的高低，墓葬中青铜礼容器数量、种类不一，是墓主人身份等级的象征。祭祀祖先和宫廷礼仪中所用的青铜容器，最后随葬于墓葬中，是身份等级的象征。由于青铜器最能满足复杂化社会等级区分的需要，青铜时代初期的礼制系统始终以青铜礼容器尤其是酒器为核心，区别身份等级地位。二里头文化以爵为核心，以爵、盉为基本组合。二里岗文化以爵或斝为核心，以爵较为多见，依然是酒礼器的核心，早期以爵、盉或斝为基本组合，晚期以爵、斝为基本组合，开始出现爵、斝、觚的组合。这一阶段新的变化是，青铜食器开始在铜礼器组合中占据重要地位，以鼎为核心。

与青铜礼容器不同，玉礼器和部分铜礼器除了具有区分身份等级地位的社会层面的价值，还具有身份标识性，随葬铜牌饰的墓葬与钺、牙璋不共出。随葬牌饰的墓葬往往发现铜铃，有的还有玉璧戚搭配，有学者梳理了二里头遗址所有的镶嵌绿松石铜牌饰和没有铜质依托的镶嵌绿松石牌饰资料，认为这类牌饰的主人是祭祀神祖、沟通人神的祭祀集团，铜铃是祭祀仪式上使用的法器，璧戚用于祭祀仪式上的乐舞[71]。同时，随葬铜牌饰、铜铃的墓葬多发现于祭祀遗存区，也印证了上述推想。牙璋的用途历来争议较大，在二里头的墓葬中则往往与钺共出，钺象征军事权力与王权威仪，牙璋也应是与军事活动、权力杀伐相关的一类仪仗礼仪类玉兵器。郑州商城制陶作坊区的墓葬中发现有纺轮，联系一般意义上纺轮作为女性标识，而钺则是男性标识。在郑州商城中两者是否具有性别标识意义，有待研究。

二里头文化和二里岗文化发现的少量铜、玉礼器墓已经初步显示出青铜礼器和玉礼器存在空间分布上的差异性。青铜礼器往往被放置于椁内棺外，或者二层台上、填土中，且青铜容器和青铜兵器相分离，而玉礼器往往发现于棺内墓主人身上或两边，这种随葬品摆放上的空间差别，正是由于青铜礼器和玉礼器承担的社会角色不同造成的。青铜器在丧葬过程中逐渐放入墓坑，椁内棺外的青铜礼器可能为墓主人生前所有，而放置在二层台、椁上、填土中的青铜礼器可能来自于他人馈赠，旨在维护或重建权力关系和社会秩序。在青铜时代初期，很可能由国家统一分配。放置于棺内死者身上或身旁的玉礼器虽然不能完全排除馈赠品的可能，但更可能为死者生前所有。玉礼器主要体现墓主人自身生前和死后的社会身份地位，而青铜礼器更多显示的是生者和死者的关系、送葬者相互之间的关系[72]。二里头文化晚期墓葬1975ⅥKM3、郑州商城早期墓葬C8M7等都显示出玉礼器在棺内墓主人身上或身旁，青铜礼器在二层台上，且青铜容器和青铜兵器相分离的现象。在青铜时代初期，祭祀、军事、礼仪等活动均为国家层面活动，青铜礼器由国家垄断，按照身份等级分配随葬。而具有身份标识的玉礼器是否由国家分配至个人生前使用，作为身份权力信物，死后随葬，彰显身份地位差异，尚未可知，出土于棺外的铜兵器则是对玉兵器这一功能的印证和强调，都有待进一步研究。

五、结　　语

本文主要从共存关系考察和出土情境分析入手，动态解读青铜时代初期青铜礼器和玉礼器的关系，主要有以下认识：

（1）以二里头为节点，中国青铜时代和王朝时代几乎相伴而生。由于青铜礼器适应复杂化社会的进程，早期国家通过对资源、技术、制造、分配等一系列流程的垄断，赢得了其在宗教礼仪和政治上正统化、合法化的资本。青铜礼器的分配严格遵照社会等级体系，通过青铜礼器的分配和使用，早期国家贵族内部的等级秩序得以建构，也带动了一整套宫廷礼仪制度和王权的发展。二里岗国家青铜礼器由都邑至地方的等级分布模式彰显出更大范围的青铜文化交流网，以及礼仪制度的流播，中央和地方的隶属关系也由此得以进一步确立和加强。

（2）由于玉器在材质和制作上存在先天性不足，二里头国家在王朝礼仪整合过程中，偏重于祭祀用玉和维护政治权威的仪仗礼仪类玉兵器。与初创期的青铜礼器相比，大型有刃带扉牙的玉礼器系统优势尚在，形成"金玉共振"的局面。至二里岗时代，随着青铜铸造技术的显著进步和青铜礼器系统的进一步完善，以及大型玉礼器的逐步退场，除了仪仗礼仪类兵器玉戈一枝独秀外，其他玉礼器发展水平不是很高，二里头文化出土较多的玉圭、璧戚、钺等不见或少见，而多见玉璧、璜等祭祀礼器，玦、簪及各类饰品种类和数量增加，显示出祭祀礼仪用玉存在礼制意义上的内涵变迁。

（3）青铜时代初期的青铜礼器和玉礼器都存在二分现象。青铜礼器主要包括祭祀礼仪类青铜容器和仪仗礼仪类青铜兵器。玉礼器也主要包括祭祀礼仪用玉和仪仗礼仪类玉兵器。青铜礼器和玉礼器社会层面的意义都是区别身份等级地位。由于青铜器最能满足复杂化社会等级区分的需要，青铜时代初期的礼制系统始终以青铜礼容器尤其是酒器为核心，以组合和数量多寡，区别身份等级地位。二里头文化以爵为核心，以爵、盉为基本组合，容器类还有斝、觚（？）、鼎等。二里岗文化以爵或斝为核心，以爵较为多见，依然是酒礼器的核心，早期以爵、盉或斝为基本组合，晚期以爵、斝为基本组合，盉已不见，开始出现爵、斝、觚的组合。青铜食器也开始在铜礼器组合中占据重要地位，以鼎为核心，此外墓葬中容器类还有鬲、罍、盘等。与青铜礼容器不同，玉礼器和铜兵器及其他礼仪用器如铜牌饰、铜铃等除了具有区分身份等级地位的社会层面的价值之外，还具有身份性标识。玉兵器和铜兵器象征权力威仪，随葬铜牌饰和铜铃的墓葬其墓主人指向祭祀集团。

（4）青铜时代初期的仪仗礼仪类玉兵器和铜兵器之间存在双向、复杂而动态的关系。玉兵器出现早于铜兵器，从造型上看，最早的铜兵器仿自玉兵器。而在青铜时代初期，铜兵器并未取代玉兵器的地位，少数墓葬中二者共出，更多情况下单独出现。二者相辅相成，功能上可能存在联系与区分，共同承担仪仗和礼仪用器的职责。二里头文化时期，玉兵器的数量总体超过铜兵器，晚期墓葬多随葬玉兵器。玉兵器主要有戈、钺、璧戚、刀等，铜兵器主要有戈、钺、戚，以钺与戈并重，二者不共出。至二里岗文化时期，铜兵器和玉兵器都只以戈为主，数量增多，钺、牙璋少见，璧戚、大型玉刀不见。少数墓葬铜戈与玉戈共出，且往往成对出现，多数墓葬仅出玉戈或铜戈中的一种，虽然此时玉戈的数量在总体上与铜戈大致相等，但单出铜戈的墓葬数量超过单出玉戈的墓葬数量，越往后期趋势越明显。仅许昌大路陈村商墓铜戈、玉戈与铜钺共出。

（5）青铜时代初期的铜、玉礼器，从整体而言，在礼制系统中其核心地位确实有一个此消彼长的过程。玉礼器在新石器时代晚期的礼制生活中占据重要地位，而青铜礼容器尤其是酒器在青铜时代初期的礼制系统中始终占据核心地位，虽然玉礼器仍然保留了社会层面的身份等级区分意义，但在礼制系统中的重要性逐步让位于日益发展的青铜礼器。早期国家的礼制系统是多种材质表达的复杂景象，在礼制表达中，二者之间更重要的是相辅相成的关系，因为所承担的社会角色不同而存在一定程度上的分工。

（6）二里头文化和二里岗文化发现的少量铜、玉礼器墓初步显示了青铜礼器和玉礼器在空间分布上的差异性，青铜礼器往往被放置于椁内棺外，或者二层台上、填土中，且青铜容器和青铜兵器相分离，而玉礼器往往发现于棺内墓主人身上或两边，也印证了青铜礼器和玉礼器在社会层面意义上的不同。在青铜时代初期，青铜礼器由国家垄断并统一分配，按照身份等级分配随葬。而具有身份权力标识的玉礼器则由国家分配至个人生前使用，死后随葬，彰显身份地位，出土于棺外的铜兵器则是对玉兵器这一功能的印证和强调。

注　释

［1］ 中国社会科学院考古研究所：《中国早期青铜文化——二里头文化专题研究》，科学出版社，2008年。

［2］ 许宏：《国之大事：从铜玉礼器解读早期中国》，《中国社会科学报》2010年8期。

［3］ 徐坚：《时惟礼崇——东周之前青铜兵器的物质文化研究》，上海古籍出版社，2014年。

［4］ 物质文化研究方法主要参考徐坚：《时惟礼崇——东周之前青铜兵器的物质文化研究》，上海古籍出版社，2014年，第1、2页。

［5］ 转引自张光直：《中国青铜时代》，生活·读书·新知三联书店，1983年，第2页。

［6］ 《中国大百科全书·考古学》编纂委员会：《中国大百科全书·考古学》，中国大百科全书出版社，1986年。

［7］ 张光直：《中国青铜时代》，生活·读书·新知三联书店，1983年。

［8］ 朱凤瀚：《中国青铜器综论》，上海古籍出版社，2009年，第25页。

［9］ 《中国大百科全书·考古学》编纂委员会：《中国大百科全书·考古学》，中国大百科全书出版社，1986年。

［10］ 许宏：《礼制遗存与礼乐文化的起源》，《古代文明》（第3卷），文物出版社，2004年，后收入中国社会科学院考古研究所夏商周考古研究室：《三代考古》（一），科学出版社，2004年。

［11］ 张雪莲、仇士华、蔡莲珍等：《新砦—二里头—二里冈文化考古年代序列的建立与完善》，《考古》2007年8期。

［12］ 郑光：《二里头陶器文化论略》，《二里头陶器集粹》，中国社会科学出版社，1995年；中国社会科学院考古研究所：《中国考古学·夏商卷》，中国社会科学出版社，2003年，第69～80页。

［13］ 许宏：《大都无城——中国古都的动态解读》，生活·读书·新知三联书店，2016年，第177页。

［14］ 中国社会科学院考古研究所：《中国考古学·夏商卷》，中国社会科学出版社，2003年。

［15］ 详见许宏、陈国梁、赵海涛：《二里头遗址聚落形态的初步考察》，《考古》2004年11期。

［16］ 二里头文化墓葬分期主要参照中国社会科学院考古研究所：《偃师二里头：1959年～1978年考古发掘报告》，中国大百科全书出版社，1999年；中国社会科学院考古研究所：《二里头：1999～2006》，文物出版社，2014年；李志鹏：《二里头文化墓葬研究》，《中国早期青铜文化——二里头文化专题研究》，科学出版社，2008年；许宏、赵海涛：《二里头遗址文化分期再检讨——以出土铜、玉礼器的墓葬为中心》，《南方文物》2010年3期。

［17］ 详见陈国梁：《二里头文化铜器研究》，《中国早期青铜文化——二里头文化专题研究》，科学出

版社，2008 年，第 134 页。
[18] 河南省文物考古研究所、郑州市文物考古研究所：《郑州商代铜器窖藏》，科学出版社，1999 年。
[19] 中国社会科学院考古研究所二里头工作队：《河南偃师二里头遗址发现新的铜器》，《考古》1991 年 12 期。
[20] 许宏、陈国梁：《河南偃师市二里头遗址发现一件青铜钺》，《考古》2002 年 11 期。
[21] 详见夏鼐：《商代玉器的分类、定名和用途》，《考古》1983 年 5 期；陈雪香：《二里头遗址墓葬出土玉器探析》，《中原文物》2003 年 3 期；宋爱平：《郑州商城出土商代玉器试析》，《中原文物》2004 年 5 期；郝炎峰：《二里头文化玉器的考古学研究》，《中国早期青铜文化——二里头文化专题研究》，科学出版社，2008 年，第 277 页。
[22] 中国社会科学院考古研究所：《偃师商城》（第一卷），科学出版社，2013 年。
[23] 赵新来：《郑州二里岗发现的商代玉璋》，《文物》1966 年 1 期。
[24] 赵炳焕、白秉乾：《河南省新郑县新发现的商代铜器和玉器》，《中原文物》1992 年 1 期。
[25] 河南省文物研究所、长江流域规划办公室考古队河南分队：《淅川下王岗》，文物出版社，1989 年。
[26] 徐坚：《时惟礼崇——东周之前青铜兵器的物质文化研究》，上海古籍出版社，2014 年，第 197~201 页。
[27] 中国社会科学院考古研究所二里头队：《1982 年秋偃师二里头遗址九区发掘简报》，《考古》1985 年 12 期。
[28] 中国科学院考古研究所二里头工作队：《河南偃师二里头遗址三、八区发掘简报》，《考古》1975 年 5 期。
[29] 中国社会科学院考古研究所二里头队：《1980 年秋河南偃师二里头遗址发掘简报》，《考古》1983 年 3 期。
[30] 中国社会科学院考古研究所二里头工作队：《1981 年河南偃师二里头墓葬发掘简报》，《考古》1984 年 1 期。
[31] 中国科学院考古研究所二里头工作队：《偃师二里头遗址新发现的铜器和玉器》，《考古》1976 年 4 期。
[32] 许宏、赵海涛：《二里头遗址文化分期再检讨——以出土铜、玉礼器的墓葬为中心》，《南方文物》2010 年 3 期。
[33] 中国科学院考古研究所二里头工作队：《偃师二里头遗址新发现的铜器和玉器》，《考古》1976 年 4 期。
[34] 中国社会科学院考古研究所：《偃师二里头：1959 年～1978 年考古发掘报告》，中国大百科全书出版社，1999 年。
[35] 中国社会科学院考古研究所二里头工作队：《1987 年偃师二里头遗址墓葬发掘简报》，《考古》1992 年 4 期。
[36] 许宏、陈国梁：《河南偃师市二里头遗址发现一件青铜钺》，《考古》2002 年 11 期。
[37] 河南省文物考古研究所：《郑州商城新发现的几座商墓》，《文物》2003 年 4 期。
[38] 河南省文物考古研究所：《郑州商城——1953~1985 年考古发掘报告》，文物出版社，2001 年。
[39] 于晓兴、陈立信：《郑州市铭功路西侧的两座商代墓》，《考古》1965 年 10 期。

[40] 河南省文物研究所：《郑州北二七路新发现三座商墓》，《文物》1983年3期。
[41] 河南省文物考古研究所：《郑州商城——1953～1985年考古发掘报告》，文物出版社，2001年。
[42] 河南省文物研究所：《郑州北二七路新发现三座商墓》，《文物》1983年3期。
[43] 河南省文物考古研究所：《郑州商城新发现的几座商墓》，《文物》2003年4期。
[44] 中国社会科学院考古研究所：《偃师商城》（第一卷），科学出版社，2013年。
[45] 河南省文物研究所：《许昌县大路陈村发现商代墓》，《华夏考古》1988年1期。
[46] 河南省文物研究所、中国历史博物馆考古部：《登封王城岗与阳城》，文物出版社，1992年。
[47] 郭妍利：《二里头遗址出土兵器初探》，《汉江考古》2009年3期。
[48] 中国社会科学院考古研究所：《偃师二里头：1959年～1978年考古发掘报告》，中国大百科全书出版社，1999年。
[49] 中国社会科学院考古研究所：《二里头：1999～2006》，文物出版社，2014年。
[50] 中国社会科学院考古研究所：《二里头：1999～2006》，文物出版社，2014年。
[51] 中国社会科学院考古研究所二里头工作队：《1981年河南偃师二里头墓葬发掘简报》，《考古》1984年1期。
[52] 中国社会科学院考古研究所二里头队：《1980年秋河南偃师二里头遗址发掘简报》，《考古》1983年3期。
[53] 中国社会科学院考古研究所：《偃师二里头：1959年～1978年考古发掘报告》，中国大百科全书出版社，1999年。
[54] 中国科学院考古研究所二里头工作队：《偃师二里头遗址新发现的铜器和玉器》，《考古》1976年4期。
[55] 中国社会科学院考古研究所二里头工作队：《1984年秋河南偃师二里头遗址发现的几座墓葬》，《考古》1986年4期。
[56] 中国社会科学院考古研究所二里头工作队：《1987年偃师二里头遗址墓葬发掘简报》，《考古》1992年4期。
[57] 中国社会科学院考古研究所二里头工作队：《河南偃师二里头遗址发现新的铜器》，《考古》1991年12期。
[58] 中国社会科学院考古研究所：《考古精华——中国社会科学院考古研究所建所四十年纪念》，科学出版社，1993年。
[59] 河南省文化局文物工作队：《郑州二里岗》，科学出版社，1959年；河南省文物考古研究所：《郑州商城——1953～1985年考古发掘报告》，文物出版社，2001年。
[60] 河南省文物考古研究所：《郑州商城——1953～1985年考古发掘报告》，文物出版社，2001年。
[61] 河南省文物研究所：《郑州北二七路新发现三座商墓》，《文物》1983年3期。
[62] 河南省文物工作队：《郑州市白家庄商代墓葬发掘简报》，《文物参考资料》1955年10期。
[63] 河南省文物考古研究所：《郑州商城——1953～1985年考古发掘报告》，文物出版社，2001年。
[64] 韩建业：《略论中国的"青铜时代革命"》，《西域研究》2012年3期。
[65] 许宏：《青铜的政治性消费》，《中国社会科学报》2013年1月4日第5版。
[66] 许宏：《青铜催生中国？——公元前2000年左右的中原社会》，《大众考古》2015年11期。
[67] 方辉：《论我国早期国家阶段青铜礼器系统的形成》，《文史哲》2010年1期。

[68] 刘莉、陈星灿:《城：夏商时期对自然资源的控制问通》,《东南文化》2000年3期。
[69] 方辉:《论我国早期国家阶段青铜礼器系统的形成》,《文史哲》2010年1期。
[70] 徐坚:《时惟礼崇——东周之前青铜兵器的物质文化研究》,上海古籍出版社,2014年。
[71] 王青:《二里头遗址出土镶嵌绿松石牌饰的初步研究》,《夏商都邑与文化（二）——"纪念二里头遗址发现55周年学术研讨会"论文集》,中国社会科学出版社,2014年。
[72] 荆志淳、唐际根:《商代用玉及其反映的社会关系》,《中国社会科学报》2010年11月25日第11版。

附表一　中原地区二里

期段	铜容器					
	爵	斝	盉	觚	鼎	鬲
二里头文化二期晚段						
二里头文化三期早段						

续表

墓葬出土青铜礼器统计表

罍	盘	铜兵器		铜乐器	其他	
		戈	钺（戚）	铃	牌饰	圆形器
				2002ⅤM3：22 1981ⅤM4：8 1982ⅨM4：1 （二期）	1981ⅤM4：5	
				1962ⅤM22：11		

期段	铜容器					
	爵	斝	盉	觚	鼎	鬲
二里头文化三期晚段	1980ⅢM2：1 1980ⅢM2：2 1976ⅢKM6：1 1978ⅤKM8：1 （三期）					
二里头文化四期早段	1975ⅥKM3：4 1984ⅥM6：5 1984ⅥM9：2	1984ⅥM9：1				

续表

		铜兵器		铜乐器	其他	
罍	盘	戈	钺（戚）	铃	牌饰	圆形器
		1975ⅢC：60 （三期）				1975ⅥKM3：9 1975ⅤKM4：2 （三期）
		1975ⅥKM3：2	1975ⅥKM3：1			1975ⅥKM3：16 1975ⅥKM3：17

期段	铜容器					
	爵	斝	盉	觚	鼎	鬲
二里头文化四期晚段（二里岗文化早期早段）	1984ⅥM11:1 1987ⅥM57:1 1975ⅦKM7:1 1983ⅣM16:3（四期） 87M1:1	1987ⅥM1:2（四期）	1986ⅡM1:1（四期） C8T166M6:2	?	1987ⅥM1:1（四期） 87M1:2	C8T166M
二里岗文化早期晚段	C8M7:2 C8M7:3 C8M32:2	C8M32:1	C8YJM1:2			

续表

罍	盘	铜兵器 戈	铜兵器 钺（戚）	铜乐器 铃	其他 牌饰	其他 圆形器
		C8T166M6∶3	2000ⅢC∶1（四期）	1984ⅥM11∶2 1987ⅥM57∶3	1984ⅥM11∶7 1987ⅥM57∶4	
		C8M7∶6				

期段	铜容器					
	爵	斝	盉	觚	鼎	鬲
二里岗文化晚期早段	C11M125:1 C11M148:10 MGM2:22 MGM2:14 BQM4:1 C7M25:1 C7M46:1 MGM2:21 BQM1:12	C11M126:3 MGM2:7 MGM2:20 BQM1:2 BQM1:4 BQM2:1 BQM1:1 C8M39:1		MGM2:8 BQM1:13 BQM1:35 BQM2:11 C8M3:5 C8M3:8 T17M2:3	C11M146:3 MGM2:2 BQM1:3 C8M39:2 C8M2:4 C8M3:	T143M C8M3 C8M3

续表

		铜兵器		铜乐器	其他	
罍	盘	戈	钺（戚）	铃	牌饰	圆形器
(12:1) (13:9)	C8M2:3	MGM2:4		1988YSⅣ T6M1:2		

期段	铜容器					
	爵	斝	盉	觚	鼎	鬲
二里岗文化晚期早段	C8M2：8 C8M3：1 BQM2：2 C7M24 T17M2：2	C8M2：7 BQM2 C8M3：4 C8M3：6 C7M24 T17M2：1				
二里岗文化晚期晚段	MGM4：1 C1M1：2 T61M1：3	C1M1：1		MGM4：3		

续表

罍	盘	铜兵器 戈	铜兵器 钺（戚）	铜乐器 铃	其他 牌饰	其他 圆形器
		T61M1：2 1983YSⅢT5M1：3				

期段	铜容器					
	爵	斝	盉	觚	鼎	鬲
二里岗文化晚期晚段		T61M1:1				

注：括号内文字指示各期段未知早晚段墓葬出土器物，放在晚期表格内

附表二　中原地区二里

期段	仪仗和礼仪用器					
	戈	钺	璧戚	刀	铲	圭
二里头文化二期早段						
二里头文化二期晚段		1982ⅨM4:5（二期）				

续表

盘	铜兵器 戈	铜兵器 钺（戚）	铜乐器 铃	其他 牌饰	其他 圆形器
	大路陈村 86C∶6（晚期） 大路陈村 86C∶7（晚期）	大路陈村 86C∶9（晚期）			

墓葬出土玉礼器统计表

璋	柄形器	璧	璜	礼仪性装饰品 玦	礼仪性装饰品 簪	礼仪性装饰品 饰品
	2001ⅤM1∶3 1981ⅤM4∶12 ⅣM11∶18 2002ⅤM5∶6					2002ⅤM3∶13

期段	戈	钺	璧戚	刀	铲	仪仗和礼仪用器 圭
二里头文化三期早段						
二里头文化三期晚段	1972ⅢKM1:2（三期）	1980ⅤM3:3	1975ⅧKM5:1（三期）	1984ⅥM11:4 1987ⅥM57:9 1972ⅢKM1:1（三期） 1982ⅨM5:1（三期）		1980Ⅲ 1972ⅢK（三

中原地区青铜时代初期铜、玉礼器关系初探

续表

璋	柄形器	璧	璜	礼仪性装饰品		
				玦	簪	饰品
	1973ⅢKM2：1					
M3：4	1982ⅨM8：8 1972ⅢKM1：6 （三期） 1972ⅢKM1：7 （三期）					尖状饰 1980ⅤM3：7 管状镯 1972ⅢKM1：4 （三期） 玉板 1972ⅢKM1：5 （三期）
M3：5 KM6：8	1975ⅤKM4：1 （三期）					

期段	仪仗和礼仪用器					
	戈	钺	璧戚	刀	铲	圭
二里头文化四期早段	1975ⅥKM3：11		1975ⅥKM3：13		1975ⅥKM3：12	
二里头文化四期晚段（二里岗文化早期早段）	1987ⅥM57：21	1975ⅦKM7：2 1981ⅤM6：1（四期）	1984ⅥM11：5	1975ⅦKM7：3		1984Ⅵ
二里岗文化早期晚段	C8M7：9					? 1990YSⅠ

续表

璋	柄形器	璧	璜	礼仪性装饰品		
				玦	簪	饰品
	1975ⅥKM3：3					
	1984ⅥM6：1					
	1984ⅥM11：28					
	1987ⅥM57：5					半月形器 1987ⅥM 57：10
M7：5	1975ⅦKM7：4					
	C8T166M6：4					
	C8M7：14		？ 1985YSⅧT18M1			
	C8M7：15					

期段	仪仗和礼仪用器					
	戈	钺	璧戚	刀	铲	圭
二里岗文化早期晚段						
二里岗文化晚期早段	MGM2：3 BQM1：16 BQM1：17 BQM2：14	? 1983YSⅢT5M1 （晚期早段）		1983YSⅢT5M1：8	BQM1：11 BQM1：15 BQM1：36	

续表

璋	柄形器	璧	璜	礼仪性装饰品		
				玦	簪	饰品
	C8M7:16 C8M7 C7M27:5 C7M27:1					
	C11M146:2 C11M148:1 C11M148:2 C11M150:3	BQM1:27 C7M24:2 T143M1: T143M1:6	MGM2:4 C8M3:23 C8M3:24	C8M3:20	C11M149:1	BQM1:30 T143M1:2 T17M2:5 C7M47:3

期段	仪仗和礼仪用器					
	戈	钺	璧戚	刀	铲	圭
二里岗文化晚期早段						
二里岗文化晚期晚段	86C∶14（晚期）					

续表

于璋	柄形器	璧	璜	玦	簪	饰品
	BQM1:24					
	BQM1:25					
	BQM1:28					
	BQM2:7					
	C7M25:9					
	C15M11:1					
:18 期）	T22M4:1　C1M1:3		MGM4:5　T61M1:12			MGM4:2　MGM4:3　MGM4:6

礼仪性装饰品

期段	仪仗和礼仪用器					
	戈	钺	璧戚	刀	铲	圭
二里岗文化晚期晚段	86C：15（晚期）					

注：括号内文字指示各期段未知早晚段墓葬出土器物，放在晚期表格内

附表三　中原地区

编号	遗址	墓号	期段	等级	保存状况	方向	墓圹长×宽-深（厘米）	墓主人				葬具
								年龄	性别	头向	葬式	
1	二里头	2001ⅤM1	二期早段	Ⅰ	被灰坑打破较甚	正南北	230×103-120					
2	二里头	2002ⅤM3	二期晚段	Ⅰ	较好	356°	220×（106～128）-（72～79）	30～35岁	男性		仰身直肢	
3	二里头	2002ⅤM5	二期晚段	Ⅰ	被汉墓严重扰毁	350°	240×65-（74～120）					
4	二里头	ⅣM11	二晚	ⅡA	基本完好	185°	205×60-40				仰身直肢	
5	二里头	1981ⅤM4	二晚	Ⅰ	基本完好	355°	250×116-？				？	漆木棺

续表

牙璋	柄形器	璧	璜	礼仪性装饰品		
				玦	簪	饰品
主（晚期）	86C∶16（晚期） 86C∶17（晚期）		T22M4∶7 1983YSⅢ T5M1∶2			T61M1∶6 T22M4∶6 1983YSⅢ T5M1∶1

、玉礼器墓统计表

随葬品										合计（件）	备注	资料出处
陶器		铜器		玉器		绿松石器		其他					
种类	合计（件）	种类	合计（件）	种类	合计（件）	种类	合计（件）	种类	合计（件）		
鼎3、盆、平底盆3、豆、尊、壶、盉2、爵2、圆陶片2				柄形器	1			漆器	1	18	发现于3号基址庭院内路土层中	注[1]
鼎、平底盆、豆3、高领尊、器盖、盉3、爵、斗笠形白陶器3、圆陶片3	1	铃	2	鸟形饰、铃舌	8	镶嵌绿松石龙形器、绿松石珠5、绿松石片1组、铃舌	7	漆觚、漆勺、漆匣、圆形圈底器、海贝串饰331组、螺壳2		38	发现于3号基址内，西南部被晚期灰坑破坏	注[1]
鼎、盆、平底盆、高领罐2、器盖、鬶、盉2、爵				柄形器	1		12	漆豆、漆觚2、漆圈足器、弦纹漆器、漆器6、蚌饰1组		23	可能有二层台	注[1]
鼎、爵、角、盉、平底盆				柄形器	1	绿松石饰	1			7		注[2]
盉、圆陶片2	2	铜牌饰、铃	2	柄形器、铃舌	2	管2	2	漆觚、鼓、钵2	4	13		注[3]

编号	遗址	墓号	期段	等级	保存状况	方向	墓圹 长×宽-深（厘米）	墓主人 年龄	性别	头向	葬式	葬具
6	二里头	1982ⅨM4	二	Ⅰ	被扰	?	?				?	?
7	二里头	1962ⅤM22	三早	Ⅰ	较好	354°	205×60-40				仰身直肢	
8	二里头	1973ⅢKM2	三早	Ⅰ	被盗扰	360°	290×207-96				?	?
9	二里头	1980ⅢM2	三晚	Ⅰ	基本完好	357°	?				?	
10	二里头	1980ⅤM3	三晚	Ⅰ	基本完好		215×130-(125～130)				?	漆木棺
11	二里头	1982ⅨM8	三晚	ⅡB	保存较好	358°	(198～202)×(85～104)-15				?	
12	二里头	1976ⅢKM6	三晚	Ⅰ	被盗扰	360°	230×138-55					
13	二里头	1982ⅨM11	三	ⅡB	基本完好	350°	180×(40～48)-40			南	仰身直肢	
14	二里头	1982ⅨM5	三	ⅡA	被扰	?	?			北	俯身直肢	
15	二里头	1972ⅢKM1	三	Ⅰ	被扰						?	?
16	二里头	1980ⅢM4	三	Ⅰ	被盗扰		215×130-64				?	漆木棺
17	二里头	1975ⅤKM4	三	Ⅰ	被扰							
18	二里头	1975ⅤKM11	三	Ⅰ	被盗	352°	190×94-170					
19	二里头	1978ⅤKM8	三	Ⅰ	被扰	5°						
20	二里头	1975ⅧKM5	三	Ⅰ	被扰							

续表

随葬品								合计（件）	备注	资料出处
陶器		铜器		玉器		绿松石器		其他		
种类	合计（件）	种类	合计（件）	种类	合计（件）	种类	合计（件）	种类		
	1	铃	2	铃舌、钺	2	绿松石饰 2			5	注[4]
单耳鼎、圆腹罐、豆2、蛋形瓮瓮、高领罐、觚2、平底爵、鬶	1	铃			2	大扁珠2	1	海贝	14	注[2]
盉、涂砂小圆陶片5			1	柄形器	26	小绿松石26	1	蚌镞	34	注[2]、[5]
爵、盉、平底盆、圆陶片4	4	爵2、刀2	1	圭		绿松石片若干	>3	漆盒、豆、觚、云母片若干	>15	墓底南部有腰坑	注[6]
圆腹罐2、盉、爵、盆、高领瓮、圆片			4	钺、牙璋2、尖状饰	2	管状饰2			13	可能有二层台	注[6]
盉、爵、豆2、三足盘、杯2、圆陶片			1	柄形器（石）					9		注[4]
盉、圆陶片6	1	爵	1	牙璋				漆器若干	>9		注[2]
圆陶片			1	斧（石）	1	绿松石饰			3		注[4]
盉			1	刀					2		注[4]
圆陶片5			7	戈、三孔玉刀、圭、管状镯、玉板、柄形器2		绿松石片若干		蚌珠若干	>11	农民建砖瓦窑时发现，已被扰乱	注[2]、[5]
盉、爵、小口罐、圆陶片	1	镶嵌绿松石尖状器			200	管、片约200余件			205		注[6]
	1	镶嵌绿松石圆形铜器	1	柄形器					2		注[2]、[7]
	2	铜块2				绿松石片172、珠484					注[2]
圆陶片	1	爵							2		注[2]
			1	璧戚	2	眼形饰2			3		注[2]、[7]

编号	遗址	墓号	期段	等级	保存状况	方向	墓圹 长×宽-深（厘米）	墓主人 年龄	墓主人 性别	墓主人 头向	墓主人 葬式	葬具
21	伊川南寨	M16	三早	ⅡB	保存较好	165°	190×50-20	成年	男性		仰身直肢	漆棺
22	荥阳西史村	1979M1	三	ⅡA	基本完好	179°	220×（50～60）-20				仰身直肢	
23	二里头	1975ⅥKM3	四早	Ⅰ	保存较好	357°	230×126-36				?	木棺
24	二里头	1984ⅥM6	四早	Ⅰ	保存较好	340°	150×（80～85）-60				?	
25	二里头	1984ⅥM9	四早	Ⅰ	基本完好	347°	240×（80～90）-90				?	
26	二里头	1984ⅥM11	四晚	Ⅰ	基本完好	345°	200×（95～60）-90				?	
27	二里头	1987ⅥM57	四晚	Ⅰ	基本完好						?	木棺
28	二里头	1975ⅦKM7	四晚	Ⅰ	被扰							
29	二里头	1987ⅥM1	四	Ⅰ	被扰	?	?				?	?
30	二里头	1981ⅤM6	四	ⅡB	被扰	0°	?				?	
31	二里头	1983ⅣM16	四	Ⅰ								
32	二里头	1986ⅡM1	四	Ⅰ								

续表

随葬品											备注	资料出处
陶器		铜器		玉器		绿松石器		其他		合计（件）		
种类	合计（件）	种类	合计（件）	种类	合计（件）	种类	合计（件）	种类	合计（件）			
鼎、豆、三足盘、盆								海贝若干、残石钺				注[8]
爵、盉、圆腹罐、盆、高领小罐、圆陶片			1	柄形器（残）			4	海贝4	11	柄形器柄部含在口中	注[9]
盉、圆陶片6	6	爵、戚、戈、圆泡形铜器、镶嵌绿松石圆形铜器2	4	柄形器、戈、铲形器、璧戚	>2	绿松石片若干、绿松石三角形饰2	>4	石磬、骨串珠、海贝3	>23	墓底三面有二层台	注[2]、[7]
盉、圆陶片	1	爵	1	柄形器		串珠1串（约150枚）、绿松石块若干					注[10]
圆腹罐、盉2、簋、大口尊2、器盖、圆陶片3		斝、爵	1	柄形器			72	漆觚、海贝70、鹿角	85		注[10]
盉、爵、圆陶片4	3	爵、铃、牌饰	7	璧戚、圭、柄形器3、刀、铃舌	2	管饰2	59	漆盒、海贝58	77		注[10]
圆腹罐、盉、簋、盆、圆陶片5	4	爵、铃、刀、牌饰	7件以上	戈、刀、柄形器2、半月形器、铃舌、小玉饰多枚		珠2、绿松石片若干	6	石铲、漆器（觚？）、海贝5	>28		注[11]
圆陶片3	1	爵	4	柄形器、牙璋、钺、七孔刀					8	采集	注[2]
		鼎、斝、觚（？）									注[12]
大口尊、瓮、大口缸			1	玉石钺					4	玉石钺为粗白玉料制成	注[3]
?		爵		?		?		?		资料未全面发表	注[13]
?		盉		?		?		?		资料未全面发表	注[14]

编号	遗址	墓号	期段	等级	保存状况	方向	墓圹 长×宽-深（厘米）	墓主人 年龄	墓主人 性别	墓主人 头向	墓主人 葬式	葬具
33	郑州洛达庙	M33	四	ⅡB							仰身直肢	

注：

[1] 中国社会科学院考古研究所：《二里头：1999～2006》，文物出版社，2014年。

[2] 中国社会科学院考古研究所：《偃师二里头：1959年～1978年考古发掘报告》，中国大百科全书出版社，1999年。

[3] 中国社会科学院考古研究所二里头工作队：《1981年河南偃师二里头墓葬发掘简报》，《考古》1984年1期。

[4] 中国社会科学院考古研究所二里头队：《1982年秋偃师二里头遗址九区发掘简报》，《考古》1985年12期。

[5] 中国科学院考古研究所二里头工作队：《河南偃师二里头遗址三、八区发掘简报》，《考古》1975年5期。

[6] 中国社会科学院考古研究所二里头工作队：《1980年秋河南偃师二里头遗址发掘简报》，《考古》1983年3期。

[7] 中国科学院考古研究所二里头工作队：《偃师二里头遗址新发现的铜器和玉器》，《考古》1976年4期。

[8] 河南省文物考古研究所：《河南伊川县南寨二里头文化墓葬发掘简报》，《考古》1996年12期。

[9] 郑州市博物馆：《河南荥阳西史村遗址试掘简报》，《文物资料丛刊》(5)，文物出版社，1981年。

[10] 中国社会科学院考古研究所二里头工作队：《1984年秋河南偃师二里头遗址发现的几座墓葬》，《考古》1986年。

[11] 中国社会科学院考古研究所二里头工作队：《1987年偃师二里头遗址墓葬发掘简报》，《考古》1992年4期。

[12] 中国社会科学院考古研究所二里头工作队：《河南偃师二里头遗址发现新的铜器》，《考古》1991年12期。

[13] 中国社会科学院考古研究所：《中国社会科学院考古研究所考古博物馆洛阳分馆》，文化艺术出版社，1998年。

[14] 中国社会科学院考古研究所：《考古精华——中国社会科学院考古研究所建所四十年纪念》，科学出版社，1993。

[15] 河南省文物研究所：《郑州洛达庙遗址发掘报告》，《华夏考古》1989年4期。

附表四 中原地区

编号	遗址	墓号	期段	保存状况	墓室 形制	墓室 方向	墓室 长×宽-深（厘米）	腰坑 长×宽-深（厘米）	墓主人 年龄	墓主人 性别	墓主人 头向
1	郑州商城	C8T166M6	早期早段	基本完好	长方形竖穴	110°	240×110-30		20～39岁	男性	头向东面向下
2	郑州商城	87M1	早期早段	略有扰动	长方形竖穴	210°	200×120-25		中老年	男性	头向东北
3	郑州商城	C8M7	早期晚段	破坏严重	长方形竖穴	35°	200×130-60				
4	郑州商城	C8M32	早期晚段	基本完好		98°	180×50-80				
5	郑州商城	C8YJM1	早期晚段	损毁严重							
6	郑州商城	C7M27	早期晚段	基本完好		5°	200×70-69				北

续表

| 随葬品 ||||||||| 合计（件） | 备注 | 资料出处 |
| 陶器 || 铜器 || 玉器 || 绿松石器 || 其他 ||||
种类	合计（件）	合计（件）	种类	合计（件）	种类	合计（件）	种类				
圆陶片			1	柄形器	1	绿松石饰			3		注[15]

、玉礼器墓统计表

| 墓底铺垫 | 随葬品 |||||||||| 合计（件） | 备注 | 资料出处 |
| | 陶器 || 铜器 || 玉器 || 其他 |||||
	合计（件）	种类	合计（件）	种类	合计（件）	种类	合计（件）	种类			
朱砂	1	圆陶片	3	鬲、盉、戈	1	柄形器	137	项饰（绿松石饰93、海贝1）、骨镞41、蚌镞2	142	墓主人南北各随葬一少年和成年女性，均为俯身葬	注[1]
	2	鬲、尊	2	爵、鼎					4		注[1]
	1	涂朱圆陶片	6	爵3、斝、盉（?）、戈	5	戈、柄形器4	102	石戈、骨器、贝100多枚	123	残存有二层台	注[2]、[3]
红色沙土	4	鬲、斝、豆、器盖	2	爵、斝					6		注[2]、[3]
			2	爵、盉							注[2]
	4	爵、簋、斝、涂朱圆陶片			2	柄形器2			6	发现上下两具骨架，上骨架置于墓主人木棺之上	注[2]

编号	遗址	墓号	期段	保存状况	墓室形制	方向	长×宽-深（厘米）	腰坑长×宽-深（厘米）	年龄	性别	头向
7	偃师商城	1996YSⅡT11M22	早期晚段		长方形竖穴	40°	200×(50~62)-90	无			头北面东
8	偃师商城	1985YSⅦT18M1	早期晚段		长方形竖穴	105°	192×(42~62)-80	无			头东面北
9	偃师商城	1990YSⅡT9M13	早期晚段								
10	荥阳西史村	M2	早期晚段	基本完好	长方形		206×(60~75)-15				北
11	垣曲古城南关	M16	早期	基本完好		4°	286×167-115		壮年	男性	北，面向上
12	登封王城岗	WT245M49	早期		长方形竖穴	90°	170×100-80				
13	郑州商城	C11M125	晚期早段	基本完好	长方形竖穴	185°	190×74-110	858×37-25			南
14	郑州商城	C11M126	晚期早段	基本完好	长方形竖穴	180°	192×90-80	80×30-20			南
14	郑州商城	C11M146	晚期早段	基本完好	长方形竖穴	5°	226×70-残65	63×27-13			北
15	郑州商城	C11M148	晚期早段	基本完好			232×70-残65	有腰坑，尺寸不详			南
16	郑州商城	C11M149	晚期早段	基本完好	长方竖穴	185°	190×58-85				南
17	郑州商城	C11M150	晚期早段	基本完好			200×63-残58	93×49-23			南
18	郑州商城	MGM2	晚期早段	基本完好	长方形竖穴	180°	190×135-残30				南
19	郑州商城	BQM1	晚期早段	基本完好	长方形	5°	270×(140~150)-残15	70×55-25			北
20	郑州商城	BQM2	晚期早段	基本完好	长方形	6°	270×110-残10	60×66-25			北

续表

墓底铺垫	随葬品 陶器 合计（件）	陶器 种类	铜器 合计（件）	铜器 种类	玉器 合计（件）	玉器 种类	其他 合计（件）	其他 种类	合计（件）	备注	资料出处
	3	斝、鬲、折肩盆	1	爵					4		注[4]
	5	鬲、折肩盆、折沿敞口盆、圆陶片	1	爵	1	璜形玉饰			7		注[4]
	2	鬲、圆陶片			2	圭、柄形器（石）	3	蚌饰、蚌壳2	7		注[4]
朱砂	4	鬲、盆、罐、圆陶片	1	爵			1	骨匕	6		注[5]
	2	罐、圆饼	2	爵、斝	2	玉饰（残）、柄形器	3	卜骨、骨笄、猪下骸骨	9	壮年男性，二层台上有殉人和随葬品	注[6]、[7]
			2	斝、爵					2		注[8]
	6	瓮、豆、斝、鬲、簋、圆陶片	1	爵	1	柄形器	1	石斧	9		注[2]
	1	鬲	1	斝	1	柄形器			3	墓主人左手折放于胸前	注[2]
朱砂	5	觚、斝、鬲、爵、圆饼	1	鼎	1	柄形器			7		注[2]、[3]
朱砂	5	觚、斝、鬲、盆、圆饼	1	爵	2	柄形器2	10	骨饰、骨匕7、蚌饰2	18		注[2]、[3]
	1	鬲			1	簪			2		注[2]
	6	鬲、斝、圆饼、纺轮、深腹盆2	1	斝	1	柄形器			8		注[2]
朱砂	2	盆、圆陶片	8	爵2、斝2、鼎、觚、戈、刀	4	戈、璜、柄形器2（残）	13	原始瓷尊、骨刀（残）、骨器3、蚌珠6串、绿松石3	29		注[2]、[3]、[9]
朱砂	3	圆陶片3	9	爵、斝3、觚2、鼎、刀、片	11	铲3、戈3、柄形器3、璧、蝉形饰	16	石戈7、石铲1、石柄形器、石钵、骨匕2、骨簪2、骨镞、牙饰	39	腰坑北延成坡状浅坑	注[2]、[3]、[10]
朱砂	3	印纹硬陶尊、涂朱圆陶片2	5	爵、斝2、觚、刀	2	柄形器2	4	石戈3、铲	14		注[2]、[3]、[10]

编号	遗址	墓号	期段	保存状况	墓室形制	墓室方向	墓室长×宽-深（厘米）	腰坑长×宽-深（厘米）	墓主人年龄	墓主人性别	墓主人头向
21	郑州商城	BQM4	晚期早段	基本完好	长方形竖穴	8°	208×69-15	52×52-22			北
22	郑州商城	C8M39	晚期早段		长方形竖穴		170×44-不祥				
23	郑州商城	C7M25	晚期早段		长方形竖穴	5°	207×76-86	90×60-30			北
24	郑州商城	C7M46	晚期早段		长方形	11°	200×80-110	47×27-16			北
25	郑州商城	C7M47	晚期早段	上部损毁	长方形竖穴		240×62-30	90×50-20			北
26	郑州商城	C8M2	晚期早段	部分破坏	长方形竖井	14°	残150×105-106				
27	郑州商城	C8M3	晚期早段	破坏严重		356°	290×残117-213	290×117-213			北
28	郑州商城	C7M24	晚期早段	基本完好	长方形	15°	192×69-33	有腰坑，尺寸不祥			南
29	郑州商城	C15M17	晚期早段	基本完好	长方形	5°					北
30	郑州商城	T143M1	晚期早段	基本完好	长方形竖穴	8°	200×80-60				
31	郑州商城	T17M2	晚期早段		长方形竖穴	17°	185×56-42		不详	不详	头向北
32	偃师商城	1984YSⅥ15M3	晚期早段		长方形竖穴	12°	170×56-40				头北面西
33	偃师商城	1988YSⅣT6M1	晚期早段		长方形竖穴	102°	266×150-(63~75)	98×25-30			东
34	偃师商城	1997YSⅣT53M65	晚期早段		长方形竖穴	12°	210×70-35				北
35	垣曲古城南关	T3M1	晚期早段		长方形竖穴	346°	276×(80~96)-(30~40)		成年	女性	西北
36	郑州商城	MGM4	晚期晚段	基本完好	长方形	197°	208×69-15				男

续表

墓底铺垫	随葬品									合计（件）	备注	资料出处
^	陶器		铜器		玉器		其他				
^	合计（件）	种类	合计（件）	种类	合计（件）	种类	合计（件）	种类	^	^	^
	6	斝2、豆、纺轮、爵、鬲	1	爵	1	簪			8		注[2]、[10]
			2	斝、鼎	2	戈2			4		注[2]、[3]
	2	斝、盆	4	爵、刀、镞2	1	柄形器	3	原始瓷尊、牛卜骨、骨簪（残）	10		注[2]、[3]
			1	爵	1	璧			2		注[2]
	3	豆（残）、爵、涂朱圆陶片	1	刀	1	柄形器			5		注[2]
朱砂	2	涂朱磨制圆陶片2	5	爵、斝、鼎、罍、盘	1	柄形器	3	象牙觚、绿松石饰2	10		注[2]、[3]、[11]
朱砂	1	涂朱圆陶片	10	爵、爵流、斝2、觚2、鼎、鬲2、罍	3	玦、璜2	6	玛瑙块、象牙梳、石器2、石戈、蚌片	20	有二层台，殉人一具，俯身葬	注[2]、[3]、[11]
	2	爵、斝			1	璧			3		注[2]
	1	涂朱砂圆陶片			1	玉管状器			2		注[2]
			1	鬲	6	玉璧2、玉饰、玉料3			7		注[1]
			4	爵、斝、觚、簪	1	玉饰			5		注[1]
	2	鬲、簋					2	骨柄形器、牛肩胛骨	4	双手交于腹部	注[4]
	3	鬲、簋、盆	1	铃			4	漆器2、嵌绿松石器、牙器	8		注[4]
	7	爵、斝、鬲、簋、盆、豆、圆陶片			1	钺	1	骨匕	9		注[4]
	3	鬲、盆、饼	3	爵、鼎、斝	1	柄形器	5	蚌饰3、骨匕2、	12	面向上	注[12]
	1	涂朱圆陶片	2	爵、觚	3	柿蒂形饰、璜、玉饰			6		注[2]、[3]、[9]

编号	遗址	墓号	期段	保存状况	墓室 形制	墓室 方向	墓室 长×宽-深（厘米）	腰坑 长×宽-深（厘米）	墓主人 年龄	墓主人 性别	墓主人 头向
37	郑州商城	C1M1	晚期晚段	破坏严重	长方形	20°	205×55-15				
38	郑州商城	T61M1	晚期晚段	基本完好	长方形竖穴	10°	210×75-40	不规则圆形腰坑，坑径68，深10	中老年	不详	
39	郑州商城	T22M4	晚期晚段	基本完好	长方形	13°	230×90-80				
40	偃师商城	1983YSⅢT5M1	晚期晚段		长方形竖穴	5°	245×105-30	70×32-10			头北面东
41	偃师商城	1989YSⅣT28M13	晚期晚段		长方形竖穴	14°	240×90-90	60×30-20			头北面西
42	登封王城岗	WT16M14	晚期		长方形竖穴	270°	180×435-250		成年	男性	头向西，面向南
43	许昌大路陈村	86采	晚期	严重破坏	不详	不详	不详	椭圆形腰坑，长径90，短径46、深25，殉狗一只。			
44	焦作南朱村	M1	晚期	破坏严重	长方形竖穴	180	不详×（53～60）-210				头向东

注：

［1］河南省文物考古研究所：《郑州商城新发现的几座商墓》，《文物》2003年4期。

［2］河南省文物考古研究所：《郑州商城——1953～1985年考古发掘报告》，文物出版社，2001年。

［3］杨育彬：《郑州商城初探》，河南人民出版社，1985年。

［4］中国社会科学院考古研究所：《偃师商城》（第一卷），科学出版社，2013年。

［5］郑州市博物馆：《河南荥阳西史村遗址试掘简报》，《文物资料丛刊》（5），文物出版社，1981年。

［6］中国历史博物馆考古部、山西省考古研究所：《1988～1989年山西垣曲古城南关商代城址发掘简报》，《文物》1997年

［7］中国历史博物馆考古研究中心、山西省考古研究所、垣曲县博物馆：《垣曲商城（二）——1988～2003年度考古发掘 科学出版社，2014年。

［8］河南省文物研究所、中国历史博物馆考古部：《登封王城岗与阳城》，文物出版社，1992年。

［9］于晓兴、陈立信：《郑州市铭功路西侧的两座商代墓》，《考古》1965年10期。

［10］河南省文物研究所：《郑州北二七路新发现三座商墓》，《文物》1983年3期。

［11］河南省文物工作队：《郑州市白家庄商代墓葬发掘简报》，《文物参考资料》1955年10期。

［12］中国历史博物馆考古部、山西省考古研究所、垣曲县博物馆：《垣曲商城（一）：1985年～1986年度勘察报告》， 版社，1996年。

［13］东下冯考古队：《山西夏县东下冯遗址东区、中区发掘简报》，《考古》1980年2期。

［14］中国社会科学院考古研究所、中国历史博物馆、山西省考古研究所：《夏县东下冯》，文物出版社，1988年。

［15］河南省文物研究所：《许昌县大路陈村发现商代墓》，《华夏考古》1988年1期。

［16］马全：《焦作南朱村发现商代墓》，《华夏考古》1988年1期。

续表

| 墓底铺垫 | 随葬品 ||||||||| 合计（件） | 备注 | 资料出处 |
| | 陶器 || 铜器 || 玉器 || 其他 || | | |
	合计（件）	种类	合计（件）	种类	合计（件）	种类	合计（件）	种类			
			2	爵、斝	1	柄形器			3		注[2]
	2	圆陶片2	5	爵、斝、戈、锯、镢	3	璜、蝉饰、	2	卜骨2	12		注[1]
	4	爵、斝、豆、盆			3	璜、柄形器、饼形饰			7		注[1]
		簋、方鼎、涂朱圆陶片		爵、斝、刀、戈、镞		璜、刀、虎形饰		蛤壳、卜骨			注[4]
朱砂?		鬲、尊、簋、盆、圆陶片		爵、斝		柄形器（石）		石匕			注[4]
	1	鬲	3	戈、镞2	1	玉片	2	骨镞、海贝	7		注[8]
			29	爵2、斝2、鼎3、戈2、钺、镞17、刀、带钩	5	戈2、牙璋、柄形器2			34	均为采集品，铜带钩器形原始，年代存疑	注[15]
	2	斝、豆	1	爵					3		注[16]

试论二里头文化玉器群的来源构成及其考古背景

王煜凡

（陕西省考古研究院）

一、绪　　论

（一）研究对象与相关概念界定

1. 研究的时空框架

（1）二里头文化

一般认为，二里头文化可以分为四期，每一期又可以进一步分成早、晚两段[1]。其绝对年代，根据最新的高精度测年并经过长系列拟合的结果，上限不早于公元前1750年，下限为公元前1530年[2]。不过，最近公布的洛阳盆地东部区域系统调查所获样品的测年显示，伊洛地区二里头文化一期的年代不应晚于1890cal.BC[3]，这表明二里头遗址的测年样本不能涵盖二里头文化的全部时间跨度。

二里头文化的空间范围已基本明确。以二里头文化的最广分布范围论，北部以沁河南岸为界和辉卫文化相峙[4]；东部至少分布到豫东开封地区[5]；东南部分布至南阳—驻马店—阜阳—线[6]；西南部以丹江为界[7]，一直到上游的商州地区[8]；西部边界可到关中东部地区[9]。学界对于以东下冯遗址为代表的晋南地区二里头文化时期遗存的文化性质归属大致分为两派观点：一部分学者将其归为二里头文化东下冯类型[10]，另一部分强调其文化面貌的独特性，是一支与二里头文化并行的考古学文化，称之以"东下冯文化"[11]。本文取前一种观点。

（2）龙山时代

龙山时代一概念由严文明最早提出，起初指与龙山文化同一时代并同其发生过不同程度的联系的一些考古学文化，绝对年代大体在公元前26~前21世纪之间[12]。后来，他又将庙底沟二期文化及同时期的考古学文化划归为龙山时代的早期，认为龙山时代的年代在公元前3000~前2000年左右，持续达一千年[13]。随着考古材料的积累，新的研究认为各地区并非同步进入龙山时代，中原地区、甘青地区、北方地区、海岱地区、长江中游地区和长江下游地区的龙山时代分别开端于庙底沟二期文化、齐家文化、各种形态的陶鬲和石城的出现、大汶口文化晚期、石家河城址的衰落以及良渚文化的结束[14]。由于中华文明探源工程对于传统的文化谱系绝对年代框架进行了重大修正,中原地区的编年框架普遍晚了约200至300年,大汶口文化和龙山文化的下限晚了约200年,龙山时代的绝对年代大致落在公元前2800~前1800年[15]。

本文讨论主要涉及的龙山时代诸考古学文化采用的分期和年代框架如下:

考古学文化	分期方案	绝对年代（BC）	出处
王湾三期文化	前期	2500~2200	韩建业、杨新改 1997[16]
	后期	2200~1900	
齐家文化	早、中、晚期	2300~1500	任瑞波、陈苇 2017[17]
陶寺文化	早、中、晚期	2500~1900	何驽 2007[18]
石峁文化	早期	2300~2100	孙周勇、邵晶、邸楠 2020[19]
	中期	2100~1900	
	晚期	1900~1800	
大汶口文化	晚期	2800~2300	中国 2010；北京 2011[20]
龙山文化	两阶段六期	2400/2300~1800	栾丰实 1993、2016[21]
肖家屋脊文化	—	2200~1900	何驽 2006[22]

（3）"新砦类遗存"

本文采用"新砦类遗存"指代介于河南龙山文化与二里头文化之间的过渡性遗存,一般认为其可以分为早晚两段,前者以花地嘴遗存为典型代表,后者以新砦二期遗存为典型代表[23]。学界对于这类遗存的文化属性认识存在较多争议[24]。一些研究认为,中原地区的二里头文化时期遗存和"新砦类遗存"的相对年代呈交错式对应关系,二者既有地域性差别,又有年代上的早晚,这反映出中原地区从龙山时代向二里头时代过渡期间存在区域间的不平衡性;其中以新砦遗址为代表的典型"新砦类遗存"与二里头遗址的二里头文化一期遗存的绝对年代具有很大程度的重合性,至少前者的晚段和后者的早段是基本相当的[25]。

2. 研究的对象

玉器顾名思义是用玉料制作的器物。但考古学界对玉料的定义存在狭义和广义两派观点。前者以夏鼐[26]、闻广[27]等为代表,认为考古学中的玉料应该遵循矿物学原则,仅指软玉和硬玉两大类。更多的学者则持广义观点,认为玉可以泛指许多美石。对于这些美石的矿物学范畴,不同人给出的划定不尽相同,一般主张在取广义概念的基础上,应当注明矿物学的名称成分[28]。不过,两类观点都是基于近代以来的矿物学知识,难以和古人基于经验的选玉标准完全弥合。遗憾的是,截至目前,绝大多数被广泛认可为二里头文化玉器的器物并未经过科学质地鉴定,我们还不清楚当时人的选玉标准,但大量绿松石器的发现足证狭义的玉料定义不适用于二里头文化。而且,除了玉料之外,社会属性和工艺因素也应当被考虑,一些被有意用于随葬、器形独特,制作精致的玉石器也应该归入玉器范畴内。

本文的研究对象是在二里头文化堆积单位中出土的玉器，这些单位的年代仅能作为判断玉器埋藏年代的参考，但不能等同玉器的制作和使用年代[29]。一些出自晚于二里头文化的堆积单位，却可能制作或使用于二里头文化时期的玉器则并未被纳入研究范畴。镶嵌类绿松石器中，原本粘嵌于有机质材料上的，由于有机质腐朽，仅存玉器，故归入本文的玉器范畴，而绿松石铜牌饰作为铜与玉相结合的特殊器类将不作为本文的研究对象。

器物群是指在科学发掘中集中发现的一批同类器物，它们之间往往联系较为密切，保存有较多的考古信息[30]。小至一个遗迹单位如灰坑、墓葬，大到一个遗址、一个考古学文化乃至一个地区都可以作为器物群的不同层级。本文将二里头文化出土的玉器称之为二里头文化玉器群，其下可依不同遗址划分为不同的玉器群。其中，最重要的是二里头遗址玉器群，二里头遗址之外其他二里头文化遗址发现的玉器可统称为其他二里头文化遗址玉器群（以下简称其他遗址玉器群）。以往对于二里头文化玉器的研究往往将目光集中于二里头遗址，其他遗址的玉器由于数量较少、代表性较差等原因受关注较少。采用分层玉器群的概念有助于更好地观察二里头文化玉器的全貌，并发掘被代表性玉器群所掩盖的其他遗址玉器群的价值。

（二）二里头文化玉器研究综述

1. 器类研究

器类研究在二里头文化玉器研究中占比颇高，在此按照学界的一般认识，将其分为兵器、礼器和绿松石器三部分来梳理[31]。

（1）兵器

二里头文化玉兵器的研究可分为综合性研究和单一器类研究。

综合性研究的对象为二里头文化玉兵器或包括其在内更长时段的玉兵器。较早关注古代玉兵这一命题的是杨美莉[32]，她梳理了古代墓葬玉兵器演化历程，将其分为初创、发展、鼎盛和衰落四期，并认为二里头文化的玉兵属于衰落期，此期斧形器已现衰落，玉刀、牙璋和新兴的戈成为发展对象。其后，杨泓[33]、吕建昌[34]分别对古代玉兵和先秦玉兵进行梳理，都认为夏商玉兵以玉戈为主，用作权力的象征。郭妍利系统梳理二里头遗址出土兵器后指出，当时已经存在实用兵器和礼仪兵器之分，而且玉、石兵器已经分离[35]。许宏分析了中原青铜时代伊始玉兵器的演变态势，认为由于军事力量在立国上的重要性，青铜和玉石兵器成了祭祀礼器和仪仗用器的有机组成部分，并且青铜礼兵器渗入并局部代替了玉礼器器类[36]。徐坚同样聚焦于铜玉兵器的关系问题，指出玉兵的形态演化受制于原材料的影响，且并未形成社会认可的规范性用法，其制作也不是社会化的生产行业；早期中国玉兵的生成至迟不晚于二里头文化时期，其主要器类显示了和新石器时代玉石器的继承关系。他进一步指出早期中国礼制生活是通过多维材料的物质表达的复杂意象，玉兵并不是独立于铜兵之外的平行发展线索，二者之间存在着双向复杂而动态的关系，可能互为原型，也可能合为一体，但是更主要的是此消彼长的角色转化关系[37]。张汝丽对新石器晚期至西周墓葬出土玉制仪仗器的出土概况、形式划分、使用功能和组合演变进行梳理和分析之后，认为夏商时期是玉质仪仗器的顶峰，这和前述杨美莉的看法有所不同。她认为二里头的仪仗器组合出现于大中型墓葬中，这些墓主的军权高于随葬单个玉仪仗器的墓主[38]。以上诸家的玉兵器的概念界定基本建立在外部形态特征的判断标准之上，但诚如徐坚[39]所言，应当依据情境分析将使用情境判然有别的石兵从玉兵中剥离开来，而玉兵本身是一个复杂的概念，其内部高度分化，在是否有礼制意义以及礼制意义的具体指向上各有不同，这无疑是我们在研究二里头时期乃至整个青铜时代玉兵时应当注意的。

二里头文化玉兵具体器种的研究主要集中在钺类[40]、戈和刀3类。杨美莉认为二里头的钺形玉器处在衰落期，具有两侧扉牙和齿刃特征，前者为商周所继承[41]。郑光根据二里头钺类玉器[42]上的安柲痕迹，推测了其安柄的方式，认为从仰韶文化中、晚期至西周，礼仪性的钺类器具的安柄方式、柄的特征和墓葬中的位置基本不变，二里头的钺类玉器正是由仰韶、龙山时期的精致扁平石斧逐渐演化而来，它们是早期文明社会以来权力、地位最重要的代表物[43]。杨晶、赵瑾对夏时期[44]玉钺的发现状况、形制特征、使用情况和来龙去脉初步探讨，指出了不同形制玉钺的文化因素继承来源，并为商代玉钺奠定了发展基础[45]。隗元丽对先秦时期玉石钺进行了类型学分析和分期研究，指出夏商时期玉石钺数量的骤然减少，一半以上出现了扉牙装饰的特殊现象；她还探讨了夏商周玉石钺形器的分类、使用情境、功能、源流和命名等问题[46]。玉戈、玉刀的研究以杨美莉[47]为代表。她分析了二里头文化至殷周时代的玉石戈形制演变、出土状况，在社会、文化中的作用和铜、玉戈之间的关系等问题，并对戈的来源、使用方式做出推测。她概括了二里头到二里岗期的多孔玉石刀特征，认为这些正梯形的玉刀是纯粹的礼器，二里头的玉刀制作将西北地区同类器的发展推向了更加形式化的阶段。

（2）礼器

二里头文化玉礼器的研究集中于牙璋、柄形器和圭三类。

牙璋作为二里头文化最具代表性的玉器种类，备受学界关注。对牙璋的研究始自20世纪80年代末，1994年和2016年分别召开于香港和郑州的牙璋主题学术会议两次掀起了研究热潮。学界围绕其定名、形制演变、功用性质、源流等问题阐发颇多。

以"牙璋"命名此种歧刃竖长带扉牙的玉器始自清末吴大澂[48]，后来学者多承袭其说，或寻找证据支持[49]。认为其叫法欠妥者曾提出了"刀形端刃器"[50]、"耒形端刃器"[51]、"骨铲形玉器"[52]、"耜形端刃器"[53]、"玄圭"[54]等诸名，可惜未得到多数学者响应。故现在学界一般仍以"牙璋"称之，其命名问题实际仍未解决。

多数牙璋研究都涉及了对牙璋的类型学分析，型式划分依据不外乎形制特殊的端刃和阑部，各家的观点大同小异，其中最为全面系统的当属王永波[55]。

对于牙璋的性质，或认为是与军事相关的仪仗器[56]，或认为是祭祀、朝会用的礼器[57]，或认为兼而有之[58]，近来还有学者将牙璋上升到二里头国家政治制度象征物的高度[59]。具体用途则有祭天、拜日、祭山、祈年、报功、调兵、殓葬等诸多提法，而这些说法主要根据《周礼》等晚出文献附会而来，多不能以考古材料证实。

牙璋的源流研究主要涉及原型和传播过程两个问题。在原型问题上，有源自农具[60]、渔猎工具[61]、獐牙勾形器[62]、多孔长刀[63]、蛇信子[64]等诸多推测。在传播问题上，关于二里头牙璋的去向，学者多提到向南中国地区传播的趋势[65]，江章华还推测了传播的东西两线[66]；对于传播的意义，一些学者认为代表了夏部族的迁徙[67]，另一些则认为是礼制文化的影响或王朝观念的波及[68]。在牙璋的起源地问题上，有"陕北起源说"[69]、"东起源说"[70]和近年兴起的"中原起源说"[71]三派，分别认为石峁文化、大汶口—龙山文化和"新砦类遗存"是最早的牙璋起源地，其中"山东起源说"的影响力较大。造成争鸣局面的关键原因在于山东、陕北等地的牙璋多为采集或征集，缺乏明确的层位关系。随着发现与研究的进一步开展，石峁牙璋的年代和演变序列有了地层学证据支撑[72]，山东牙璋的年代有了共存玉石器的类型学依托[73]，皆有助于此问题的解决。尽管起源地存在争论，但在二里头文化牙璋的直接来源问题上，承袭自石峁文化的同类器是较为主流的观点[74]。

牙璋研究是二里头文化乃至整个青铜时代玉器器类研究的一个缩影。从问题意识来看，研究者关注的不外乎定名、形制演变、传播、功能和性质推测几个方面。就研究方法而言，定名和功能性质问题往往主要依靠文献传统的证据，有牵强附会之嫌，虽然已经对考古背景有所重视，但这方面的证据远不足以还原其使用情境，玉器微痕研究将是一个可预见的突破口，亟待系统与深入。牙璋起源的争论则必须以考古地层学和类型学为基础性，在找到确凿的年代学证据之前，一切的结论都仍只限于假说和推论的层面。

柄形器是二里头文化一种重要的玉器。李小燕[75]、曹楠[76]、石荣传[77]对于三代时期的柄形器做了细致的类型学梳理。多数学者认为柄形器本名为"瓒"，用作祼礼，也有身份等级象征性[78]。在来源问题上，邓淑苹认为其源于肖家屋脊文化的神祖像，二里头的多件柄形器属于石家河文化[79]；严志斌认为二里头文化柄形器和漆觚的组合可以追溯到良渚文化，柄形器的前身是良渚的玉锥形器[80]。

玉圭指二里头遗址出土的窄长、扁平双面刃玉器。对于这类器物的叫法并不统一，早年简报中或称铲或称圭，后统一称为圭。近年黄建秋[81]、朱乃诚[82]对于"圭"的叫法表示怀疑，认为应该称为钺。

（3）绿松石器

数量众多的绿松石器是二里头文化玉器的一大特征，由于其材质和器型的独特性，学界多专门讨论。方辉系统梳理二里头文化的绿松石制品，并讨论了其中的期别变化、生产消费和矿料来源等问题，认为二里头文化三期是绿松石使用的高峰，绿松石制品仅在社会上层流通，有身份象征意义，推测绿松石生产活动与铸铜活动相关，其来源可能是作为铜矿产区的中条山脉[83]。辛爱罡重点关注二里头文化的非镶嵌类绿松石制品，将其按功能划分为耳饰、项饰、腕饰、冠饰等，并对使用情况的期别演变进行分析[84]。张登毅、李延祥梳理了山西先秦绿松石的使用情况，认为二里头文化时期是一个低谷期[85]。刘苑系统梳理了夏商时期的绿松石制品，对于其分类、发展演变、空间分布、墓葬等级、出土位置与功能以及二里头文化与商文化绿松石使用习惯比较等问题做了较为细致的分析[86]。

2. 源流分析

首先是对二里头文化玉器的渊源探索。最早关注二里头文化玉器和新石器时代玉器关联的是王巍[87]，他指出东南方的大汶口、薛家岗和良渚文化玉器和二里头文化玉器的相似之处，并分析了文化传播的可行性。林巳奈夫区分了二里头遗址玉器中的本文化和异文化因素，指出二里头玉器扉牙源自龙山时代神面的侧翼，长刀、牙璋、玉圭或是龙山时期的古物，或是基于异文化的模仿品，并把随葬的遗玉解释为王室的赏赐；其研究多基于海外流散古玉，故只能泛谈"龙山时代"而不能具体到考古学文化[88]。邵望平[89]与栾丰实[90]立足海岱玉器，认为二里头文化的钺（圭）、戚、璋、刀等主要器形，扉牙、绿松石镶嵌等装饰均源自东方传统。栾文还从考古学文化背景角度分析了两地间的交流历史和现实基础。邓淑苹基于其"华东华西两系说"认为二里头文化的柄形器和"海岱式扉牙"源自华东，戈、璋、长刀，平行线装饰源自华西[91]。方向明指出二里头文化的大刀、牙璋受陕北影响，柄形器和龙形器则受石家河文化影响[92]；又将钺、大刀、牙璋从产生、传播到被二里头文化采纳的过程进行了系统的梳理[93]。

对于渊源的探索呈现出"被材料牵着鼻子走"的特点，早年间由于西北地区玉器的发现和研究有限，往往较多关注二里头文化玉器和东部史前文化的关联，随着近年来石峁玉器、芦山峁玉器、齐家玉器材料逐渐丰富，二里头文化玉器中的西北渊源渐受重视。

其次是对二里头文化玉器影响的研究。学界较多注意到二里头文化对夏家店下层文化玉器的影响，邓聪[94]、黄可佳[95]、周宇杰[96]等各有论述。此外，王方认为古蜀文化的玉器组合体现了明显的二里头文化特征[97]。

3. 风格与主题研究

杨美莉从器类、器幅、器形、器身特点、制作意念等方面总结了二里头文化玉器的风格，并分析了影响风格的原因以及风格所反映出的民族性格[98]。高良[99]、朱志荣、石迪[100]、田丽梅[101]等基于造型布局、纹饰装饰、玉质、工艺等方面总结二里头文化玉器的审美特征。林巳奈夫[102]、殷志强[103]、顾问、张松林[104]等对二里头文化玉器牙璋的起源、内涵等问题有过专门讨论。

二里头文化玉器纹饰并不发达，动物主题主要有"龙"和蝉。2002VM3绿松石龙形器的公布引发了研究热潮。李存信[105]、王青[106]对绿松石龙形器的清理、仿制和纹饰复原做了基础性工作。对于二里头文化"龙"、蛇形象的内涵，有北斗神[107]、夏人神徽[108]、夏族图腾[109]、龙牌[110]、烛龙神[111]等说法。对于随葬"龙形器"的墓主身份，学界一般不认为墓主是王者级别，而仅仅是和王室关系较为密切的贵族，具体身份有负责图腾神物的"御龙氏"[112]、驯"龙"人[113]、宗庙管理人员[114]及伶官[115]诸说。对于二里头文化"龙"主题来源，根据图像材料，顾问、胡继忠认为其和东方联系密切，直接来源是"新砦类遗存"，同时受夏家店下层文化影响[116]；朱乃诚早先认为"新砦类遗存"和二里头文化的"龙"主题源自陶寺文化，根源于良渚文化，后改变看法，将源头追溯到石峁石雕龙[117]。

近来，李新伟辨识出了二里头玉器上的蝉主题纹饰，认为这体现了肖家屋脊文化昆虫"蜕变"和"羽化"信仰对二里头文化的影响[118]。

玉器的纹饰主题与贵族意识形态相关，对于此类主题的解读研究大多根据后世文献或图腾理论，李新伟萨满教视角下的解读，提供了一种新的思路。

4. 社会领域研究

（1）用玉制度研究

青铜时代的礼乐制度是重要的研究课题。围绕二里头文化用玉制度的研究可以大致分为文献本位和考古学本位两种范式。

文献本位研究多根据晚出文献来恢复用玉制度。林巳奈夫根据《周礼》记载将中国古玉分为瑞玉和祭玉，认为前者是表明社会地位和职权的玉器，用于朝会场合，后者用于祭祀场合，并认为二里头文化到西周时期流行的柄形器即是文献中的"大圭"[119]。冈村秀典基本继承了林巳奈夫瑞玉和祭玉的观点，进一步认为二里头的大型有刃玉器应该是古籍中的圭或笏等瑞玉，并认为在二里头三期宫廷礼仪已经基本完善[120]。何宏波根据文献中记载夏后兼有王、巫师的双重身份，认为夏代玉礼器有巫术意义；认为当时的玉礼尚不普及，偏重于祭玉和仪仗玉兵，或与政治和原始宗教有关[121]。

考古学本位研究则是基于墓葬玉器的组合、情境和空间分析。石荣传认为从二里头文化墓葬规模很难看出用玉的等级差别，刀、柄形器、戈、戚、圭、璋组合中的非实用生产工具和武器说明了战争和权力意识的存在[122]。董苗认为二里头文化玉礼器的组合方式不明显，青铜礼器和玉礼器在墓葬中的不同位置体现了不同的社会意义[123]。从考古学视角而言，二里头文化是否存在制度性用玉规范、玉器的礼仪内涵如何仍有待进一步明确。

(2) 生产流通分析

早期国家的资源控制与分配是研究国家形成和运作模式的关键,二里头文化玉器的生产流通问题从属于前者。刘莉较早关注早期国家的礼器生产问题,认为新石器时代玉器的生产是在不同地区文化中分散进行的,随着国家的产生和发展,玉器制作成为一种跨地区的生产行为,包括在周边地区获取原料,分配方式变为集权式[124]。此后较长时间内,仅有黄可佳在其模式上进一步阐发,认为二里头国家对于绿松石加工严格控制,玉料和制玉技术有衰退现象,并认为"伊源玉"的发现为早期国家玉料来源提供了新的线索,同时指出珍贵玉器和普通石器的生产—流通模式的不同之处[125]。玉器生产流通研究开展有限,主要是受到材料制约,目前考古发现的二里头文化玉器制作和产源相关材料还极为有限。

5. 科技分析

(1) 产源研究

玉料产源研究是一个难题,涉及古代玉器成分、结构分析,古代玉矿的发现以及现代不同产地玉料的系统数据库建立等方面。目前二里头文化玉器的产源探索工作可以分为绿松石和非绿松石类两类。近年来,陆续有两处二里头文化绿松石的产源得以确认。其一,任佳、叶晓红等综合利用电子显微镜(SEM)、X射线衍射(XRD)、电子探针(EPma)、红外光谱(FTIR)以及高分辨率多接受电感耦合等离子质谱(MC-ICP-MS)等分析手段,初步认定鄂、豫、陕绿松石矿的北矿带云盖寺矿石为二里头遗址出土绿松石的矿源之一[126]。其二,北京科技大学冶金与材料史研究所和陕西省考古研究院发掘了洛南河口古绿松石矿遗址,其开采年代从龙山时代到东周时期,并存在明确的二里头文化遗存,对解决中原及其周边地区新石器时代至青铜时代绿松石来源和开采加工技术问题具有重要意义[127]。相关研究方面,先怡衡利用PXRF、激光剥蚀电感耦合等离子体光谱法(LA-ICP-AES)、热电离质谱仪等方法,检测微量元素,化学组成和sr、pb同位素,初步建立起不同产地绿松石的区分模型,指出二里头绿松石废料坑的出土矿料和洛南河口绿松石存在一定的关联性[128]。张登毅采用色差分析、拉曼光谱、XRF、LA-ICP-AES、TIMS检测等方法,指出二里头绿松石制品矿源大部分指向洛南辣子崖古绿松石矿,并推测洛河一线是先秦绿松石之路的水路代表[129]。此外,陈卓对二里头出土绿松石和竹山绿松石进行了宝石学对比研究[130]。

非绿松石类玉器的矿源研究进展十分有限,北京市玉器厂技术研究组[131]、王建中[132]、李丽娜[133]分别指出了二里头玉器中可能存在来自新疆、陕甘的青白玉,南阳独玉和和田玉玉器,但是语焉不详且缺乏科学依据,可靠性大大存疑。与二里头文化玉器的重要性极为不相称的是,目前对绝大多数二里头文化非绿松石类玉器的矿物学认识仍十分模糊,仅有董俊卿、干福熹等对于少数几件进行了矿物学检测[134],相关的科学鉴定工作亟待展开。

（2）工艺分析

早在1976年，北京市玉器厂技术研究组就已经对二里头文化玉器的琢玉工艺进行了初步研究，认为其综合了研磨切削、勾线阴刻、阳刻浮雕、钻孔、抛光等多种技术，并指出钻孔中桯钻与管钻并存，或使用了铊子[135]。其后，二里头文化玉器制作工艺的研究陷入停滞，直至21世纪初，邓聪通过微痕拍摄手段深入剖析二里头玉器的工艺技术，推测二里头闪石玉开片使用了片切割技术，制作过程采用了琢制、锯切割、管钻孔和研磨抛光的技术体系，认为绿松石石核存在施沟技术，并对二里头绿松石管珠、嵌片的制作和使用历史做了初步复原[136]。叶晓红运用扫描电镜（SEM）下的微痕分析技术，并结合实验考古方法对二里头玉器钻孔、切割、减地、阴刻打磨等技术细致分析，她指出钻孔技术中存在解玉砂的使用，并更正了早期使用铊子的观点，推测二里头稳定的钻孔技术可能使用了转盘和辘轳轴承器[137]。此外，吴棠海从古器物学的料、工、形、纹角度，根据臣字目、勾转阳纹、阳纹、勾转镂空、边饰镂空等特征审视夏代至早商玉器的演变[138]。总体而言，伴随着分析手段的进步，能够挖掘的信息愈加丰富，二里头玉器工艺技术研究逐步深入。

6. 综合研究

综合研究可以分为两类，一是以二里头文化玉器为论述主体，二是将二里头文化玉器纳入一个更大的时空范畴内做综合论述。

第一类研究中，E.C.Johnson[139]、郑光[140]、陈雪香[141]、郝炎峰[142]、喻燕姣、方钢[143]等先后就二里头文化玉器的器类形制、功能分类、组合关系、等级制度、制作工艺、时空关联等方面做了较为详细全面的讨论。在基础的器类和形制梳理外，每人的侧重各有不同。E.C.Johnson偏重于风格特征及其源流。郑光强调了二里头玉器在器类、形制和装饰方面的承上启下性。陈雪香侧重于考察玉器在二里头遗址不同期别墓葬中的使用情况。郝炎峰通过量化手段分析二里头文化玉器的等级差异及其在礼制中的地位。喻燕姣、方钢的《中国玉器通史·夏商卷》一书顾及体例完整，对分类、分布、制作工艺、时代特征等方面均分笔墨。

第二类研究中，殷志强[144]、蒋卫东[145]、周宇杰[146]等将二里头文化玉器纳入夏代或夏时期玉器中概述；杨育彬、孙广清探讨了河南出土三代玉器相关问题[147]；陈志达综述了夏商玉器[148]；夏一博综述了河南龙山文化至二里头文化的玉器[149]；李婵对秦汉及以前的玉器通而论之[150]。诸文的篇幅详略各不相同。

相比之下，前一类研究对二里头文化玉器的梳理和分析更为全面和深入；后一类研究数量较多，但对二里头文化玉器多仅做整体性的描述和概述。

7. 研究现状与问题总结

纵观40多年来的二里头文化玉器研究，大致每10年可以计为一个发展阶段。

20世纪80年代及之前,是材料的积累与研究的起步阶段。从1956~1958年洛达庙遗址的发掘开始,到80年代末,已经积累了相当丰富的二里头文化玉器材料。不过此阶段的研究数量不多,主要涉及了器类、工艺、渊源等问题。受到二里头"西亳说"的影响,这一时期的研究多将二里头文化晚期玉器视为早商玉器。

20世纪90年代,二里头文化玉器研究初具规模。多篇二里头遗址墓葬的简报以及《偃师二里头:1959年~1978年考古发掘报告》(以下简称《偃师二里头》)的发表和出版使得相关研究资料进一步丰富。这十年间的研究数量飞跃式增加,其中器类研究占三分之二以上,牙璋成为热点问题,综合研究开始出现,对于用玉制度、玉器风格和源流等问题也有所涉及。

21世纪初的10年,相关研究持续繁荣。研究文章数量的持续增加,所涉及的问题、方法、手段逐渐丰富。器类、用玉制度、源流、工艺等老问题的研究继续深入。器类研究文章仍然最多,但所占比例有所下降,牙璋研究的热度有所消退,绿松石制品和柄形器逐渐受到关注。出现了以玉器纹饰主题、生产流通为代表新研究课题。更加细致和全面的综合研究出现,以陈雪香和郝炎峰为代表。玉器工艺研究中引入了微痕分析方法。

2010年以来,二里头文化玉器研究进一步发展。新的报告《二里头:1999~2006》(以下简称《二里头》)出版,为二里头文化玉器提供了重要补充,聚落视角下考古工作也使得二里头玉器的考古学背景更加丰富和立体。仅这10余年的研究文章数量就占到了历年文章总数的近一半,足见热度之高。器类研究仍是大宗,对于玉兵器的关注增多,牙璋研究方面又有新见解;对于源流问题的研究次多,分析渐趋全面;综述类的文章屡见;绿松石产源探索取得重大突破;工艺技术的考察更加细微准确;纹饰中的"蝉"主题开始被关注。

不同地方的学者所关注的问题有所不同。大陆学者的研究最早以器物研究为主,偏于社会史视角的生产流通研究和偏于艺术史视角的风格分析则是由西方学者最早开始,并影响到国内。同时,二里头文化玉器研究中还存在不同学术传统的并存。其一,以清末吴大澂的《古玉图考》为代表的古物与文献相对照的古器物学研究范式在二里头文化玉器研究中仍能见其遗绪,例如在器类研究中以后世文献记载比附器物的功能和名称的方法。其二,基于田野发掘形成的考古学传统,从梳理考古发现入手,重视考古学背景,将玉器放在墓葬背景中探讨其组合、等级差异等问题。其三,基于风格分析的艺术史研究传统,研究对象往往包括大量丧失考古学背景的公私收藏品。其四,科技考古传统近年来方兴未艾,使用自然科学分析手段,来探究二里头玉器的产源和工艺技术。

不过,现有研究中存在的问题也是较为明显的。

第一,对于二里头文化玉器群的整体性关注和系统性梳理仍有不足。以往研究总体上以器类研究为主,在为数不多的综合研究中,或将绿松石制品排除在玉器范畴之外，或是注重二里头遗址出土玉器而一定程度上忽略其他二里头文化遗址出土的玉器。

第二，对于二里头文化玉器的文化因素分析研究存在明显不足。问题之一是缺乏系统性。以往研究多侧重二里头文化玉器部分器类的来源或与某一区域玉器的关系，而诸如二里头文化玉器来源构成的全貌，各类文化因素所占的比例等问题并未得到较好的回答。且随着考古材料的更新，一些旧有结论有了修正或完善的必要。问题之二是缺乏动态性。以往的文化因素分析将二里头文化玉器视为铁板一块，基本不关注二里头文化各期文化因素构成的变化情况，亦不关注二里头遗址和其他二里头文化遗址玉器文化因素构成的关系问题；但这些问题关涉二里头文化"大传统"的建构乃至早期国家形成发展的过程，十分重要。

第三，在玉器层面上，对于其他文化和二里头文化的关系问题研究不够深入。传统的文化因素分析的结论多停留在"文化交流""文化影响"或是"多元一体化进程"之类较为宽泛的层面，却不能回答外来的玉文化因素"如何影响"二里头文化。要回答"如何影响"，必须将二里头文化玉器置于具体考古学背景下讨论，比较玉器在原生地和输入地社会之间功能、价值和意义的转变，发掘二里头文化在吸纳、整合外来因素玉器并赋予其新意义的过程中的能动性。

第四，对于二里头文化玉器内涵的解释视角单一。以往研究基本围绕"玉礼制"的概念对二里头文化玉器的社会意义进行讨论，这固然是重要且必要的。不过，从新石器时代玉器的材料和研究成果来看，中国史前玉器往往是社会上层意识形态的物化表征，作为史前玉器的继承者，二里头文化玉器必然具有重要的意识形态内涵，如若不能在这一方面有所探索，那么对于二里头文化玉器内涵的认识注定是片面的。

为了解决以上问题，本文选择以来源构成为中心，对二里头文化玉器群的考古学背景进行考察。文章将以全面系统的文化因素分析为基础，以玉器的意识形态内涵及其与早期国家的关系为落脚点，回答二里头文化玉器群来源、传播、整合、重构等问题，并对二里头文化玉器与贵族意识形态和早期国家形成发展之间的关系提出自己的初步设想。

（三）研究思路与方法

本文结构可以分为两大部分：第一，梳理二里头文化玉器群的文化因素构成，总结其构成特征，主要包括因素构成的分期演变和不同玉器群的构成差异，并简述文化因素的传播过程。第二，考察玉器群的考古学背景，主要聚焦墓葬背景及相关聚落形态背景，一方面关注玉器在二里头文化中的功能与意义，另一方面关注外来因素玉器在其原生地和输入地之间功能与意义的转变。

二里头文化玉器群中继承、吸纳了众多先前、周边文化的玉器因素已经成为学界共识。如何判断这些文化因素的来源？王巍在《商文化玉器渊源探索》一文中提出的方法仍然适用。首先在早于或同时于二里头文化的玉器中寻找与二里头文化玉器形态最为接近者；其次，从地理、文化等方面说明二者存在联系的可能性。

考古学背景（context）是西方考古学中的关键概念。狭义的"背景"指遗物的堆积环境、出处以及共存关系的记录，广义的"背景"还包括考古材料同古人社会生活与文化等诸多方面的关联，以及考古学家构建上述关联时涉及的理论背景、考古背景和古代与当代的社会背景[151]。考古学背景包罗万象，而本文在不同章节对其侧重有所不同。在第二部分的文化因素分析中，主要关注考古学文化间的交流背景，作为文化因素传播可能性的支撑。在第三部分的玉器考古学背景的分析中，侧重于玉器具体的埋藏情境与相关聚落形态背景，以说明玉器的功能和用途。在第四部分的阐释过程中，主要涉及部分史前的宗教信仰背景与早期国家形成的理论背景。

二、二里头文化玉器的文化因素构成

（一）玉器发现概况[152]

1. 二里头遗址

（1）二里头文化一期

本期二里头遗址的玉器材料主要见于《偃师二里头》中，包括6件绿松石珠。其中，2件为ⅣM26的随葬品，1件出于Ⅱ·Ⅴ区（即现在的Ⅴ区）的⑤B层中，1件出自Ⅳ区的⑦层中，另有2件不详。已经有学者根据最新的二里头遗址分期方案指出，ⅣM26应该归为二里头遗址二里头文化二期[153]。此外，《偃师二里头》中还在一期遗存中发表了1件石坠和1件大理石残器（似坠），前者描述为紫色，磨制较细，质地不详。两件器物同出Ⅳ区H86，报告中未公布此灰坑的层位关系、数量不详和出土陶器，无法检验其分期结论。本文暂将两件器物归为一期玉器的补充，但不用于具体讨论。所以，可能属于一期玉器且详细报道的仅有2枚绿松石管珠。空间分布上，出土于Ⅳ区的1件位于铸铜作坊范围内[154]；出土于Ⅴ区的1件位于1号制骨作坊的附近[155]，显示出绿松石管珠与手工业生产活动的联系。

（2）二里头文化二期

本期二里头遗址出土玉器40余件，主要包括绿松石管珠、片约20件、蝉形器6件、柄形器4件、亚腰形管（铃舌）1件、鸟形器2件、绿松石龙形器1件、圭形器1件、玉管1件、镞1件、铲1件、凿1件、刀1件、钺（？）1件[156]等。

器类方面，除了装饰品外，出现了绿松石龙形器、鸟形器、蝉形器、柄形器等宗教色彩玉器，少量玉兵器，以及一些武器工具类。

出土背景方面，绝大部分玉器出自墓葬。玉器墓目前共发现超过13座，其中超过

6座分布于祭祀遗存区，分别为82ⅨM2、82ⅨM10、82ⅨM15、82ⅨM20、94ⅨM11、1985年Ⅵ区发掘的1座以及1995年发掘的玉器墓（数量不详）；4座分布于宫殿区内，分别为2001ⅤM1、2001ⅤM3、2001ⅤM5、2010ⅤM2；2座位于铸铜作坊区，分别为ⅣM26、ⅣM11；1座位于宫殿区以东的贵族居葬区，为2016ⅢM1[157]。少部分玉器出自灰坑、地层等单位，包括绿松石珠6件、绿松石片7件，柄形器、管、铲、刀、凿、镞、玉石料各1件等，分布于宫殿区、围垣作坊区以及宫殿区以西的居住区。总体而言，玉器的分布不出遗址核心活动区，与社会上层的生活、丧葬空间重合。

（3）二里头文化三期

本期二里头遗址出土玉器总量达千余件。

二里头遗址玉器群中绝大部分为绿松石珠、片、块等，另有绿松石眼形饰2件。此外，有柄形器9件，牙璋3件，三孔刀2件，条形钺2件[158]，钺2件，戚1件，璧戚1件，戈1件，镯1件，板1件，尖状饰1件，柱形饰1件，铲3件、镞1件，纺轮1件，斧1件。

器类方面，牙璋、三孔刀、戚、璧戚、钺、圭、铲、戈等片状带刃器的大量涌现是本期玉器群的大变化。饰品中绝大多数为绿松石珠或珠串，还新出现了镯。柄形器仍然是除绿松石管珠之外的发现最多单类。上期出现的绿松石龙形器、玉鸟形器本期则不见。

出土背景方面，墓葬出土玉器占了总数的九成以上。本期二里头遗址公布的18座玉器墓中有11座分布于宫殿区以东的贵族聚居区，分别为ⅢKM1、ⅢKM2、ⅢKM6、ⅢKM10、ⅤKM4、ⅤKM11、80ⅢM2、80ⅢM4、80ⅤM3、81ⅤM1、81ⅤM4；6座分布于祭祀活动区，分别为82ⅨM4、82ⅨM5、82ⅨM8、82ⅨM11、82ⅨM14以及1985年Ⅵ发掘的1座；1座分布在宫殿区以西的聚居区，为ⅧKM5；1座在宫殿区内，为ⅤM22[159]。出有玉器的灰坑、地层等单位主要集中在宫城内2号建筑基址以南、铸铜作坊区内以及宫城以西地区三处，宫殿区以东地区有零星发现。综合而言，二里头玉器的分布范围仍然不出遗址的核心活动区，这与二期的情况是一致的，但是在核心区内的分布格局发生了转移，中心从宫城院落内转移到了宫城以东地区。

（4）二里头文化四期

本期二里头遗址发现的制成品玉器数量达200余件，若将大量的绿松石原料、毛坯、废料计算在内总数可达6000余件。

二里头遗址的制成品玉器包括绿松石管珠、饰近200件，柄形器10件，戈3件，多孔刀2件，戚2件，亚腰形管（铃舌）2件，双孔刀1件，璧戚1件，条形钺2件，璋1件，月形器1件，纺轮2件，铲1件，凿1件，塞形玉1件。

制成品玉器数量上较之前一期锐减7成以上，减少的主要是绿松石管珠。玉器器类主要包括绿松石管珠、片状带刃器、柄形器、实用武器工具类，基本保持了上一期的器类构成，偶见新器形如"月形器"。出土背景方面，随葬玉器仍是主流，已公布的本期玉器墓超过10座，随葬180余件玉器，其中至少8座发现在祭祀区，分别为ⅥKM3、80ⅥM6、84ⅥM6、84ⅥM8、84ⅥM9、84ⅥM11、87ⅥM57以及1995年于ⅨC12内发掘的至少1座儿童墓；另有宫城以西贵族居葬区1座，为ⅦKM7；宫城以东贵族居葬区1座，为81ⅤM6[160]。玉器墓的分布中心转移至祭祀区。

（5）期别不详

二里头遗址玉器群中有少数未能具体到各期，其中一些是采集品，如绿松石管珠2000Ⅴ采：1、残玉琮等，以及未公布具体器物号的玉器如T111H24出土的3件绿松石管珠。在涉及期别问题的讨论时将不涉及上述器物。

2. 其他遗址

（1）二里头文化一期

新砦遗址发现2件残玉琮和1件小玉锛，其中1件玉琮和玉锛为采集品。郝家台遗址地层中出土1件玉人。煤李遗址采集到1件玉钺。

新砦遗址2件采集品的年代说服力不强，尤其玉琮这类器物罕见于二里头文化中，有偏早之嫌疑。

煤李遗址采集的玉钺被发掘者归为第四期文化遗存，相当于二里头遗址第一期，但未说明其依据，而据二里头遗址的发掘材料，在一期的时段并未发现类似的器形，故这件玉钺的文化属性存在疑点，这里暂纳入到二里头文化玉器的补充中，不作具体讨论。

以往有学者将淅川下王岗遗址二里头文化一期的遗存中发现的1件残戈（疑似残牙璋）和1件璧纳入二里头文化一期玉器的范畴[161]。然而，已有研究指出，所谓下王岗"二里头一期"的典型陶器完全是当地龙山文化的延续，同洛阳一带的典型二里头文化截然不同[162]。直到二里头文化晚期，包括下王岗遗址在内的丹江下游地区才成为二里头文化的地方类型[163]。最新的《淅川下王岗：2008～2010年考古发掘报告》明确地将以往报告中"二里头文化一期"遗存归为龙山文化晚期偏晚阶段遗存，称为王湾三期文化乱石滩类型[164]。因此，这2件玉器不宜再被纳入二里头文化玉器的范畴。

（2）二里头文化二期

本期有4处遗址共出土玉器10余件。南寨遗址出土3件凿、2件斧、1件绿松石珠。南洼遗址出土1件天河石管珠、1件硅质灰岩饰。上坡遗址出土1件铲和1件凿。郑窑遗址出土1件穿孔玉饰。郝家台遗址出土1件钺。这些玉器均为灰坑、地层等单位出土，以小件饰物和玉质工具、武器为主，缺少用于随葬的身份标识器物。

（3）二里头文化三期

本期有11处遗址共出土46件玉器。东下冯遗址出土绿松石管珠17件。大师姑遗址出土琮1件，杯1件，绿松石管珠2件，饰1件。下王岗遗址出土环1件，牙璋1件[165]，饰1件。南洼遗址出土绿松石坠2件，绿松石片1件。八里桥遗址采集圆刃戚1件，绿松石管珠（数量不明）。南寨遗址出土钺1件，凿1件。王城岗遗址出土璜1件。西史村遗址出土柄形器1件。大柴遗址出土饰1件。其中八里桥遗址的玉器虽为采集品，但是遗址本身的文化内涵较为单纯，皆为二里头文化三期，且类似的器形在二里头遗址也有发现，故基于此的年代判断相对可靠。

本期其他遗址玉器群的玉器数量和遗址数量都较上期增加，玉器使用在二里头文化区域内更为频繁，但仍难言普遍。器类方面，绿松石制品开始成为最大类，其他如柄形器、戚、钺等也都是本期二里头遗址常见的器类。出土背景方面，南洼遗址和西史村遗址分别出现1座玉器墓，总计随葬玉器2件，此外的绝大多数玉器还是出自灰坑、地层等单位，这与二里头遗址以随葬玉器为主的情况不同。

（4）二里头文化四期

本期有5处遗址共出土20余件玉器。洛达庙遗址M33随葬柄形器1件、绿松石饰1件，地层出土环1件。南寨遗址M10随葬绿松石珠串一组6件，灰坑出土斧1件。望京楼遗址M29随葬残柄形器1件、残戈1件，灰坑出有绿松石管珠1件。东下冯遗址M401随葬绿松石片8件，灰坑出土柄形器2件。南家庄遗址出土凿1件。其他遗址玉器群的玉器数量和出土遗址数量均较上一期回落，尤其遗址数缩减较甚。器类方面，绿松石饰、柄形器是最主要的器类。出土背景方面，有4座玉器墓共随葬18件玉器，随葬玉器首次成了其他遗址玉器群的主体。

（5）期别不详

由于考古材料本身缺憾以及资料刊布不足等原因，其他遗址中存在一些不能断定具体期别的玉器。东龙山遗址出土的玉石壁、钻芯、环等器物，古城南关遗址H406出土的2件玉器以及太涧遗址出土的1件绿松石管珠和1件小玉器仅能断到二里头文化晚期。另外，一些报告或简报中并未给出可供断定某些玉器期别的信息，包括南寨遗址出土的1件牙璋、2件玉斧；大师姑遗址出土的1件绿松石片，南洼遗址出土的1件绿松石管珠、1件玉饰。在涉及具体期别问题的讨论时，将不涉及上述玉器。

（二）二里头文化一期玉器文化因素构成

1. 二里头遗址玉器群

绿松石管珠在二里头遗址二里头文化一至四期都有发现，可以整体讨论。二里头文化的绿松石管珠在加工过程中往往因料取形，在形制上呈现无序的多样性[166]，不过，常见形制大致可分为三类，第一类为扁圆柱状，体积中等偏小，正视之近似窄长方形，如ⅣM26：7；第二类为宽扁状，体积较大，正视之近似椭圆或宽长方形，如ⅢKM10：1、ⅤM22：13；第三类为长管状，长宽比约为3或更大，如ⅢKM10：4、ⅤM3：6。其中第一类发现最多，第二、三类发现较少。

虽然管珠在许多不同的地区和文化中都存在，但是绿松石管珠作为绿松石材质和管珠器形的固定组合，反映了一种文化现象，这里的来源讨论主要针对这种现象。一项文化因素的出现，无外乎本地继承和外来传播两种途径。首先检视河南地区本地先行文化中绿松石的使用情况。据庞小霞研究，河南地区在裴李岗文化和仰韶文化时期是绿松石制品发现最多的地区之一，器形主要包括不甚规则的片状坠以及圆饼状矮珠，后者主要见于裴李岗文化时期，这些绿松石制品主要出自墓葬当中[167]。然而，在王湾三期文化中罕见绿松石制品，仅仅发现5件，均出于地层或灰坑中，其中2件为管珠，大致呈扁圆柱状，分别出自王城岗和下王岗遗址，这是扁圆柱状的绿松石管珠首次见于河南地区[168]。数量骤降，不再用于随葬，新形制出现等特征昭示了龙山时代河南本地绿松石使用传统的断裂，继而推测王湾三期文化中的绿松石管珠可能是其他文化影响所致。在王湾三期文化向二里头文化过渡期间的"新砦类遗存"中也尚未发现绿松石制品。所以，二里头文化一期的绿松石管珠难以在本地文化中找到有序传承。

放眼其他区域，在二里头文化之前，甘青地区和山东地区是绿松石管珠发现较多且出现较早的两个地区。

从宗日文化到齐家文化时期[169]，甘青地区的同德宗日[170]、乐都柳湾[171]、兰州红古下海石[172]、贵南尕马台[173]、永靖大何庄[174]、秦魏家[175]、武威皇娘娘台[176]、临潭磨沟[177]、民和喇家[178]、积石山新庄坪[179]、平安东村[180]、互助总寨[181]等遗址中都明确发现了绿松石管珠饰品。这些发现中以宗日文化为最早。宗日墓地出土绿松石管珠146件，其中M192墓主头部附近有1枚绿松石管珠，该墓属于宗日文化一期2段，与马家窑类型中晚期相当，发掘者估计其绝对年代约距今5200～4900年，但墓内朽木的^{14}C校正年代为距今5685±225年则更偏早[182]。半山类型中，柳湾墓地出土40件绿松石饰，其中管珠19件。马厂类型中，柳湾墓地出土204件绿松石制品，其中管珠41件；红古下海石M13出土1串海贝绿松石串珠项链，其中有绿松石管珠7件；总寨遗址出土少量绿松石珠。齐家文化中，柳湾墓地出土绿松石管珠14件；尕马台墓地出土绿松石管珠188件；大何庄遗址出土绿松石管珠20件；秦魏家墓地出土绿松石管珠46件；皇娘娘台出土绿松石珠32件；磨沟遗址出土绿松石管珠2件；喇家M12出土绿松石管珠4件；新庄坪遗址出土绿松石管珠171件；东村遗址出土绿松石管珠10件；总寨遗址出土绿松石管珠3件。就目前可统计资料而言，齐家文化时期的绝大多数绿松石制品都是绿松石管珠。甘青地区的绿松石管珠常见形制同样可以大致分为三类，第一类是扁圆柱状，如喇家QMLM12；第二类为长管状，如宗日95TZM216∶1、柳湾M809∶1、喇家QMLM12∶8；第三类为宽扁状，如尕马台M25∶2、皇娘娘台19786。也就是说，二里头文化中常见的绿松石管珠形制在甘青地区的宗日文化至齐家文化中都可以找到。

山东地区目前最早的绿松石管珠发现于大汶口文化晚期的滕州岗上遗址，包括两组绿松石珠串[183]。龙山文化时期发现的绿松石管珠数量不多，主要集中在高等级遗址和墓葬中，在西朱封遗址 M1、M202 和 M203 中共出土 11 件[184]；两城镇遗址出土 1 件[185]、三里河 M228 中出土 1 件[186]。数量最多的是尺寸较小、形状不甚规则的管珠，此外也有扁圆柱状、长管状和正视呈圆角方形的宽扁状管珠，但是不见正视呈椭圆形的扁珠。

两相比较之下，甘青地区的绿松石管珠使用传统明显更发达，与二里头文化管珠的器形相似程度上也胜过山东地区，作为二里头文化绿松石管珠来源地的可能性更大。且从龙山时代起，甘青地区流行的绿松石管珠在齐家文化的影响下，有着较为清晰的向东传播现象。

在宝鸡石嘴头遗址第四期晚段的 M2 中随葬有 1 对绿松石长管珠，器体修长，长径比在 3 以上，其在本地找不见源头，而在齐家文化中则较为常见[187]。而本期遗存中恰带有明显的齐家文化色彩，如双耳侈口折腹罐明显增多[188]，M2 中随葬较多玉石质工具的做法十分也接近齐家文化的葬俗而有别于一般的客省庄文化晚期墓葬。故这对绿松石长管珠很可能是受齐家文化同类器物影响的结果，与之相关的文化背景正是齐家文化东扩至关中西部，形成川口河类型[189]。

位于丹江下游的淅川下王岗遗址王湾三期文化乱石滩类型地层中发现有 1 件绿松石管珠[190]，而当地并无使用绿松石管珠的传统。鉴于本期遗存中存在典型的关中客省庄文化晚期因素，甚至发现了与石嘴头遗址相同的单耳罐[191]，故其绿松石管珠很可能是由齐家文化经关中地区、沿丹江而下间接传播的结果。

在登封王城岗遗址龙山文化二期的灰坑中发现 1 枚绿松石管珠[192]。也是从这一时期开始，王湾三期文化强势渗透进石家河文化的分布区域，以至于将下王岗遗址所处的豫南地区纳入王湾三期文化的范畴[193]。这种文化交流背景提供了绿松石管珠由南阳盆地传入嵩山地区的可能性。

1986 年试掘石峁遗址时，在一瓮棺葬死者下颌骨下方发现 1 件绿松石管珠[194]。在当地的民间收藏中，亦有数量可观的绿松石管珠串饰[195]。该地区之前并无使用绿松石管珠的传统，推测是受其西边齐家文化影响。研究指出，齐家文化一期，齐家文化向外传播的主线正是东北方向，其影响远达鄂尔多斯高原，在白敖包墓地和朱开沟年代较早的墓葬，均有典型的齐家文化因素发现，此外在陕西神木神疙瘩梁遗址也发现了类似于齐家文化的合葬墓[196]。另外，在民间收藏的石峁玉器中还有用绿松石管珠与石珠串联成的串饰，这种串饰是齐家文化的典型装饰物[197]，亦辅证了石峁遗址绿松石管珠和齐家文化的关联。

在陶寺遗址，陶寺文化中、晚期的 ⅡM22、ⅡM27、ⅡM26、M1449 等 4 座墓葬中发现了绿松石管珠[198]。中期大墓 ⅡM22 的扰坑 ⅡH16 内扰出棺内随葬的绿松石片、珠等绿松石制品，这座墓还随葬有子安贝、天河石珠等物；ⅡM27 在墓主人下颌位置出土有绿松石管 3 颗；在 ⅡM26 的扰坑 ⅡH35 中发现有一颗绿松石管珠，可能原是 ⅡM26 的随葬品；M1449 墓主的组合头饰中有 1 件绿松石管珠。包括 ⅡM22、ⅡM27、ⅡM26

在内的 7 座陶寺文化中期墓葬皆为东西向墓向，共享彩绘双耳罐、绿松石管珠饰、折肩罐等随葬品，应该属于同一墓地[199]。晋南地区此前并无随葬绿松石管珠的传统，陶寺遗址内的绿松石管珠较集中出现在中期墓中，很可能是受其他地区的影响。ⅡM22 的随葬品组合提供了可能的影响来源方向。ⅡM22 中绿松石管珠与海贝、天河石共同随葬，"绿松石+海贝"的饰品组合在甘青地区墓葬中出现更早且更多：兰州红古下海石马厂类型 M13 墓主佩有 1 件海贝绿松石串珠项链[200]；在柳湾墓地的马厂类型墓葬中有 5 座随葬绿松石管珠搭配海贝（石贝）的饰品组合[201]；尕马台齐家文化晚期墓地中有 7 座墓葬使用绿松石管珠和海贝的装饰组合[202]。此外，ⅡM22 中的天河石珠亦非晋南本地传统，有研究认为这种玉料可能由西亚传播而来，最先进入甘青地区[203]，在喇家遗址齐家文化晚期墓 M12 中发现有天河石管珠[204]。据此推断，陶寺文化中期以后出现的绿松石管珠饰品很可能受到甘青地区同时期齐家文化的间接影响。研究指出，自陶寺文化中期以来"石峁文化因素"南下对于陶寺遗址强力影响乃至冲击[205]。上述中期墓葬的壁龛、立置猪下颌骨、折肩罐、口覆玉璧等特殊葬俗都与寨山遗址的石峁文化墓葬颇为一致，也显示了两地葬俗的密切相关性[206]。所以，甘青地区的绿松石管珠传统可能正是通过"石峁人"的南下间接传播至陶寺遗址的。

综上，在龙山时代，甘青地区的绿松石管珠传统已经通过至少南北两条线路向东传播。南线途径关中，顺丹江而下抵达淅川地区，再北上至嵩山地区；北线经河套地区，越过黄河南下至晋南地区（图二）。而这两条传播路线途径的案板[207]、芦山峁、石峁[208]、陶寺等遗址中还不时发现有天河石和海贝饰品的遗存。相关研究指出，我国发现的天河石和海贝使用皆以甘青地区为最早[209]，所以在龙山时代绿松石管珠、天河石和海贝等饰品很可能是相伴由甘青地区向东传播的，并存在一定的组合关系。

二里头文化一期，绿松石管珠已经传入洛阳盆地。同时期的东龙山文化中也有绿松石管珠发现。在老牛坡遗址东龙山文化墓葬 86ⅩⅢ1M38、M39 中，墓主的头部周围散落着海贝和绿松石管珠，尤其 M39 墓主头两侧各有 1 枚绿松石管珠耳饰[210]。老牛坡东龙山文化墓葬中随葬石璧、双耳罐、海贝、绿松石管珠的葬俗特征显然是受齐家文化影响；而二里头文化一期开始出现的唇缘带花边或錾纽的有颈圆腹罐、单耳罐、双耳罐等陶器很可能源自东龙山文化[211]。故二里头文化的绿松石管珠很可能是齐家文化间接影响的结果。此时期一条较为确凿的绿松石管珠传播线路是从甘青地区向东经关中地区，翻秦岭，抵达丹江上游的商洛地区，继而沿洛河而下抵达洛阳盆地。另外，鉴于下王岗遗址在此时仍然活跃，且与东龙山文化之间有较多接触[212]，故从商洛地区沿丹江而下至淅川地区，再北上至洛阳盆地的传播路径也存在可能（图三）。

相比之下，二里头文化一期绿松石管珠的出现受山东地区影响的可能性则较为有限。第一，大汶口—龙山文化时期，山东地区的绿松石管珠并无向西传播之证据。第二，"新砦类遗存"在继承本地龙山文化因素之外融入了源自东方大汶口—龙山文化系统的因素[213]，具有较浓的东方色彩，却尚未发现绿松石管珠在内的任何绿松石制品。

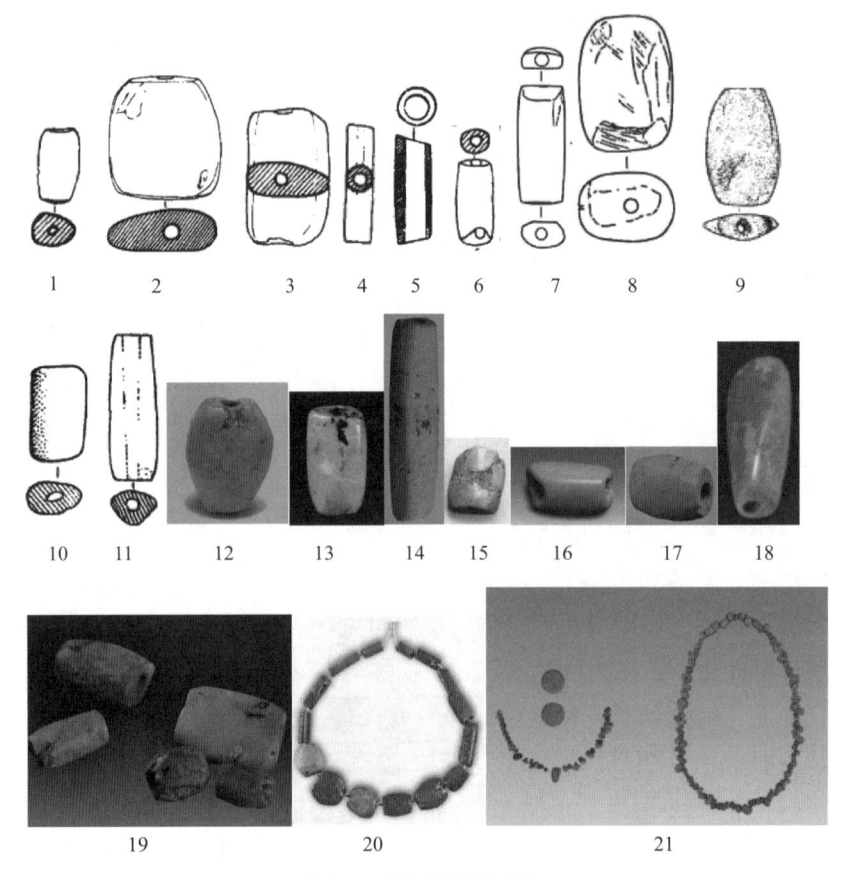

图一　相关绿松石管珠

1. 二里头ⅣM26：7　2. 二里头ⅢKM10：1　3. 二里头ⅤM22：13　4. 二里头ⅢKM10：3　5. 柳湾 M809：1
6. 宗日 95TZM216：1　7. 西朱封 M203：20　8. 西朱封 M202：5　9. 石峁 M2：8　10. 王城岗 WT140H362：20
11. 石嘴头 M2：9　12. 陶寺 M26：3　13. 西朱封 M33：38　14. 喇家 QMLM12：8　15. 下王岗 T15③：27
16. 两城镇 T2300⑥a：33　17. 喇家 QMLM12　18. 二里头 1980YLⅤM3：6　19. 皇娘娘台 19786
20. 尕马台 M25：2　21. 滕州岗上

（1~4 图据中国社会科学院考古研究所，1999；5 图据青海省文物管理处考古队等，1984；6 图据青海省文物管理处，1998；7、8、13 图据中国社会科学院考古研究所，2018；9 图据西安半坡博物馆，1983；10 图据河南省文物研究所等，1992；11 图据西北大学历史系考古专业 82 级实习队，1987；12 图据栾丰实，2021；14、17、19 图据北京艺术博物馆等编，2015；15 图据董俊卿等，2011；16 图据中美联合考古队，2016；18 图据中国社会科学院考古研究所二里头队，1983；20 图据青海省文物考古研究所，2016；21 图据孙晓辉等，2022）

第三，与二里头文化同时的岳石文化本身罕见绿松石制品，难以满足传播策源地的条件。

相关研究指出，二里头文化时期的绿松石矿源可能来自鄂、豫、陕绿松石矿北矿带云盖寺矿点[214]与陕西洛南河口绿松石矿遗址[215]，二者均在洛阳盆地以西，且靠近绿松石管珠东传路径上的重要节点。云盖寺矿点向东与下王岗遗址直线距离仅约 100 千米；洛南河口矿址则位于洛河沿岸，西南距离东龙山遗址直线更是仅约 50 千米，沿河而下 280 千米便可到达伊洛平原核心区。这暗示了绿松石管珠饰用观念的传播与绿松石料的获取活动之间可能有较密切的相关性。

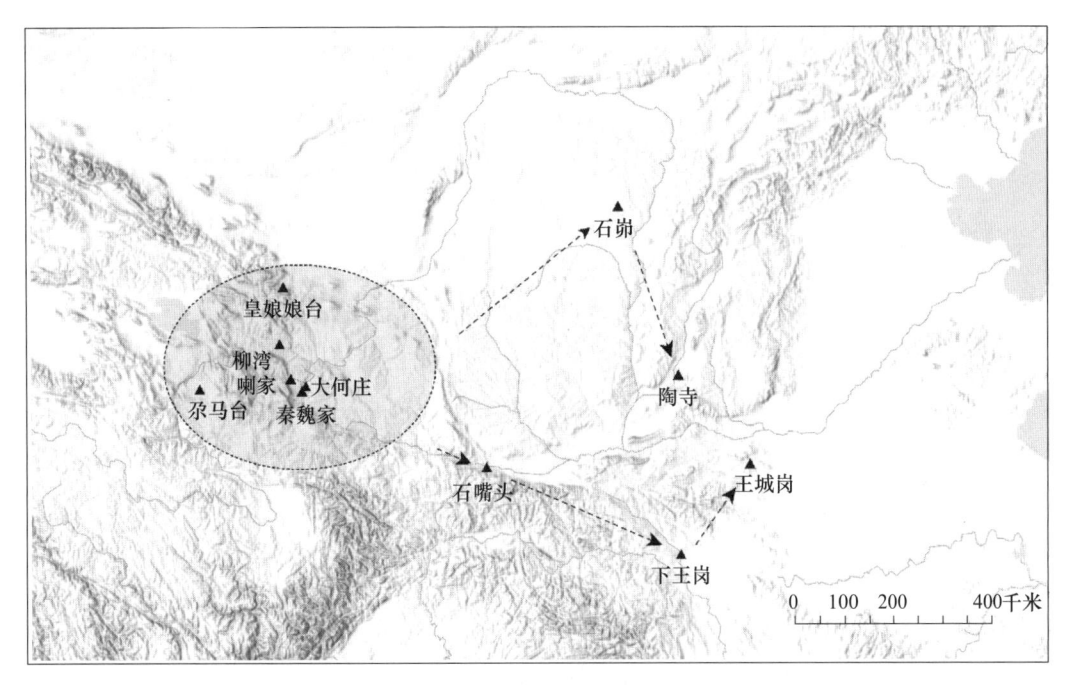

图二　龙山时代绿松石管珠传播线路示意图

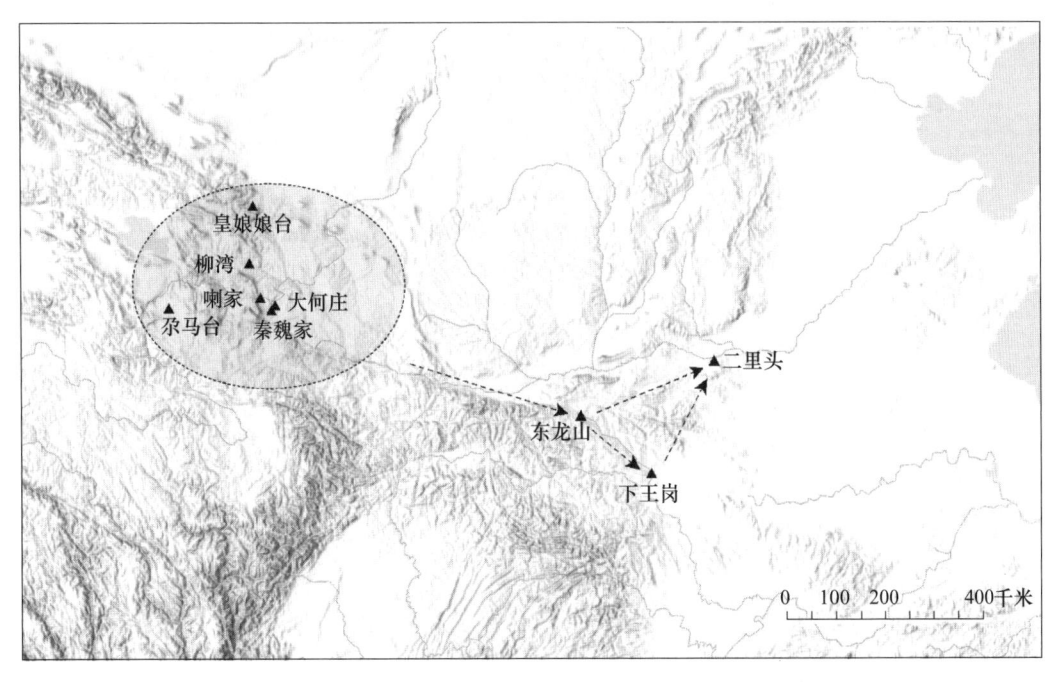

图三　二里头文化早期齐家文化绿松石管珠传播路径示意图

2. 其他遗址玉器群

矬李遗址采集的玉铲和新砦遗址采集的小玉锛应该都属于玉质工具的范畴，其形制与功能和石质的同类工具别无二致，可以归为本地文化因素。

新砦遗址发现的 2 件残玉琮皆为素面，形制有所区别。其中，琮 2000T5 ④∶4 为方体，高 7.5、边长 9.7 厘米；琮 2000T10 采∶1 大致呈圆体，四角略有方折，高 4.5 厘米（图四，1、2）。玉琮在二里头文化中数量极少，而一期的 2 件玉琮与王城岗龙山文化遗存和花地嘴"新砦类遗存"祭祀坑中出土的 2 件玉琮近似，故其制作和使用年代有偏早的可能（图四，3、4）[216]。方体、素面的琮 2000T5 ④∶4 有别于山东、晋南、陕北等地龙山时代玉琮器体偏扁，阴刻平行线纹和竖槽纹的特征，而与齐家文化较为常见的方体琮近似[217]（图四，5~7），故琮 2000T5 ④∶4 可能受到齐家文化玉琮的影响。琮 2000T10 采∶1 与山东诸城前寨遗址和甘肃通渭西岔遗址出土的圆体琮大体接近，但后者周身无明显转角[218]（图四，9、10）。芦山峁遗址出土的 1 件兽面纹玉琮形制较接近琮 2000T10 采∶1，但四角较之更加方直突出（图四，8）[219]。总体而言，琮 2000T10 采∶1 的文化因素较为模糊。

郝家台的"人形"玉片（T38 ③ A∶18）在同时和之前的考古学文化中不见相似器物，或许是更大玉饰残片或组成部分。其勾曲的造型近似龙山文化西朱封遗址龙山文化 M203 出土的玉簪以及平粮台遗址出土的造律台文化玉饰[220]，而平粮台东距郝家台仅约 80 千米。故郝家台的所谓"人形"玉片可能与山东龙山文化或造律台文化因素有关（图五）。

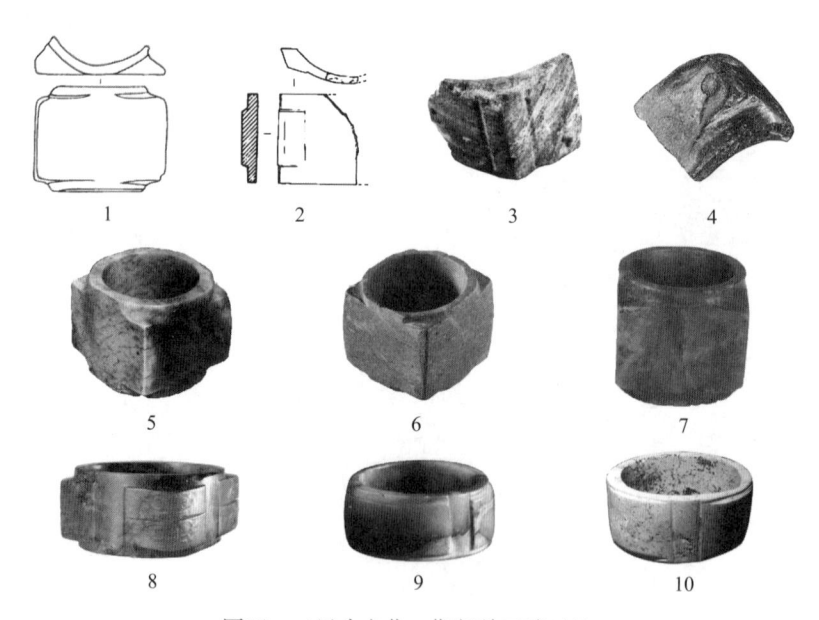

图四　二里头文化一期相关玉琮对比

1、2. 新砦（2000T5 ④∶4、2000T10 采∶1）　3. 王城岗 W5T0670H72∶10　4. 花地嘴　5. 李家坪　6. 红崖村
　　7. 喇家　8. 芦山峁　9. 西岔　10. 前寨
（1、2 图据北京大学震旦古代文明研究中心等，2008；3 图据北京大学考古文博学院等，2007；4 图据邓聪主编，
　2018；5、8 图据古方主编，2005；6、7、10 图据北京艺术博物馆等编，2015；9 图据山东博物馆等，2014）

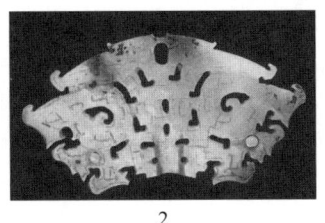

图五　郝家台玉人相关器物对比

1. 郝家台 T38③A∶18　2. 西朱封 M202∶1、2　3. 平粮台玉器残件
（1图据河南省文物考古研究所，2012；2图据中华玉文化中心等，2013；3图据张海，2021）

（三）二里头文化二期玉器文化因素构成

1. 二里头遗址玉器群

（1）高地龙山因素组

李旻提出高地龙山社会的概念来概括太行山脉与河西走廊之间的聚落与相关考古学文化及地方类型，这些地区共享以鬲、斝等空山足器和双耳罐为核心的高地陶器造型、技术与装饰传统，并共同参与以龙山玉器为标志的交换网络与宗教传统[221]。

高地龙山社会中的晋南、陕北和甘青地区是龙山时代三处重要的玉文化区，其代表文化分别为陶寺文化、石峁文化和齐家文化，我们不妨将属于这些考古学文化的玉器称之为高地龙山玉器群，将二里头文化玉器中来源可以追溯至高地龙山玉器群的归为高地龙山因素组。这些二里头文化玉器或源自高地龙山社会中的某一个考古学文化，或源自多个考古学文化共有的玉器器形。

本期的高地龙山因素组玉器包括绿松石管珠、亚腰形管。

1）绿松石管珠

上一节我们分析了二里头文化一期的绿松石管珠间接源自甘青地区齐家文化，故可以纳入高地龙山因素组内。本期发现绿松石管珠较上期增多，但文化因素来源应是一致的，兹不赘言。

2）亚腰形管（铃舌）

二里头二期发现1件亚腰形管（铃舌）2002ⅤM3∶23，作为同出铜铃的铃舌使用。

青铜铃是二里头文化早期重要的礼器性质铜器，虽然在更早的陶寺文化中已经有红铜铃出现，但是用玉制作铃舌始于二里头文化。二里头遗址共发现玉（石）铃舌5件，其中二期1件、三期2件、四期2件，形制均为亚腰形管状，长度在5.3~7.6厘米之间，最大径在1.8~2.8厘米之间。虽然类似的亚腰形铃舌不见于二里头文化之前，不过新石器时代的亚腰形玉珠（管）分布较为广泛，且有着相对清晰的传播与演变脉络（图六）。

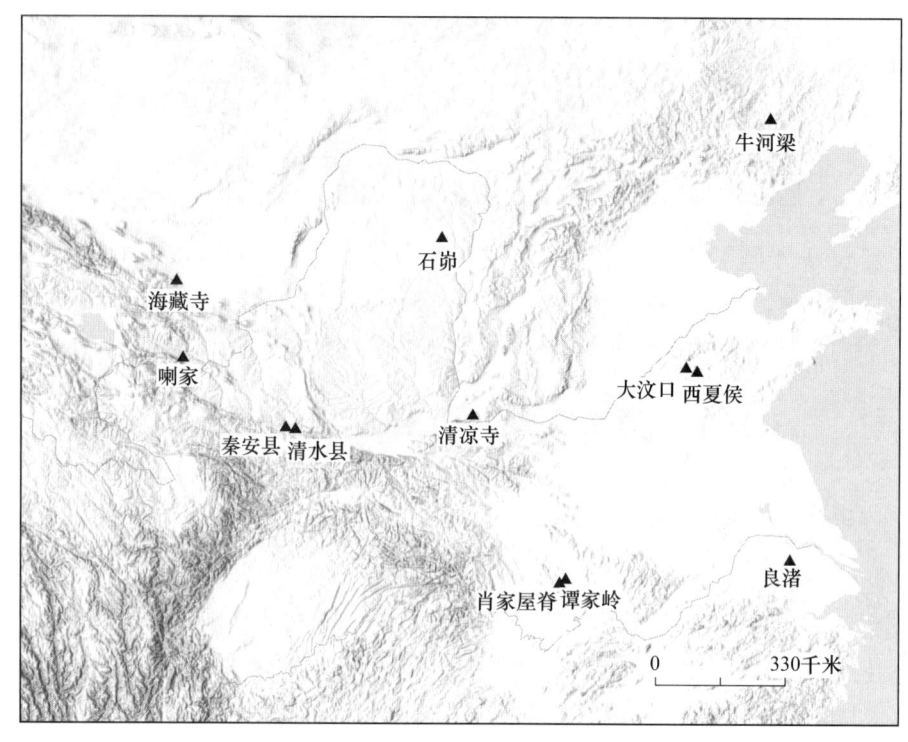

图六　新石器时代亚腰形玉珠（管）出土分布图

在红山、大汶口和良渚文化中都发现有一种亚腰形玉珠。牛河梁遗址发现有9件，每件器物的长、高、直径大致相当，尺寸上可以分为大小两组，大者高在3厘米上下，小者高在1厘米上下。这些玉珠往往只出于某一地点的中心大墓或随葬器物最丰富的墓葬中，每座墓随葬1～2枚，一般位于墓主的头颈或胸腹部[222]。在大汶口文化中，泰安大汶口墓地晚期M47随葬玉珠串一组6件，其中有4件为亚腰形，高1.2～1.4、最大径1～2.35厘米[223]。曲阜西夏侯M11中随葬1件亚腰形玉珠[224]。反山M14出土1组由10件亚腰形珠组成的珠串，长0.8～0.85、最大径0.8～0.9厘米[225]；M23随葬1件，长约2.4、最大径约1.5厘米[226]。

在龙山时代也有类似器物发现。清凉寺墓地第三期的墓葬中发现有多件亚腰形管，M100出土1件，在墓主的右胸部；M149出土2件，高3、最大径2.6～2.7厘米；M303出土1件，长3.1、最大径2.4厘米[227]。近年石峁遗址出土了一件亚腰形管，形制和喇家M12出土的类似[228]。喇家遗址齐家文化M12随葬亚腰形玉管2枚，长5.14～5.2、最大径2.16～2.2厘米，置于墓主的右侧腹部，其上有一玉环，可能曾垂系于玉环之下佩戴，旁边还有玉片、绿松石管珠等物，应该同为佩饰[229]。海藏寺齐家文化遗址采集1件亚腰形玉柱，中间未钻孔，可能是半成品，长5.3厘米[230]。清水县博物馆和秦安县博物馆各藏有1件亚腰形管，被认为是齐家文化玉器[231]。肖家屋脊W6出土3件，管身饰有凸弦纹；W6∶25长4.2、最大径3.4厘米；W6∶26长1.75、最大径 2.6 厘米；W6：45 长 3.3、最大径 3.8 厘米[232]。谭家岭 W8 出土 2 件，长约 3.8、最大径 1.6~1.7 厘米[233]（图七）。

红山、良渚和大汶口文化的亚腰珠（管）年代最早，尺寸较小，高径比接近 1∶1，绝大部分的高度都在 3 厘米以内。红山文化墓葬中多单个或成对使用，牛河梁 N2Z1M25 的 2 枚亚腰管珠发现于墓主的头颈部，推测是作为耳饰使用；而在大汶口文化和良渚文化中既有单个使用，又有成串使用的情况，佩戴部位不明。

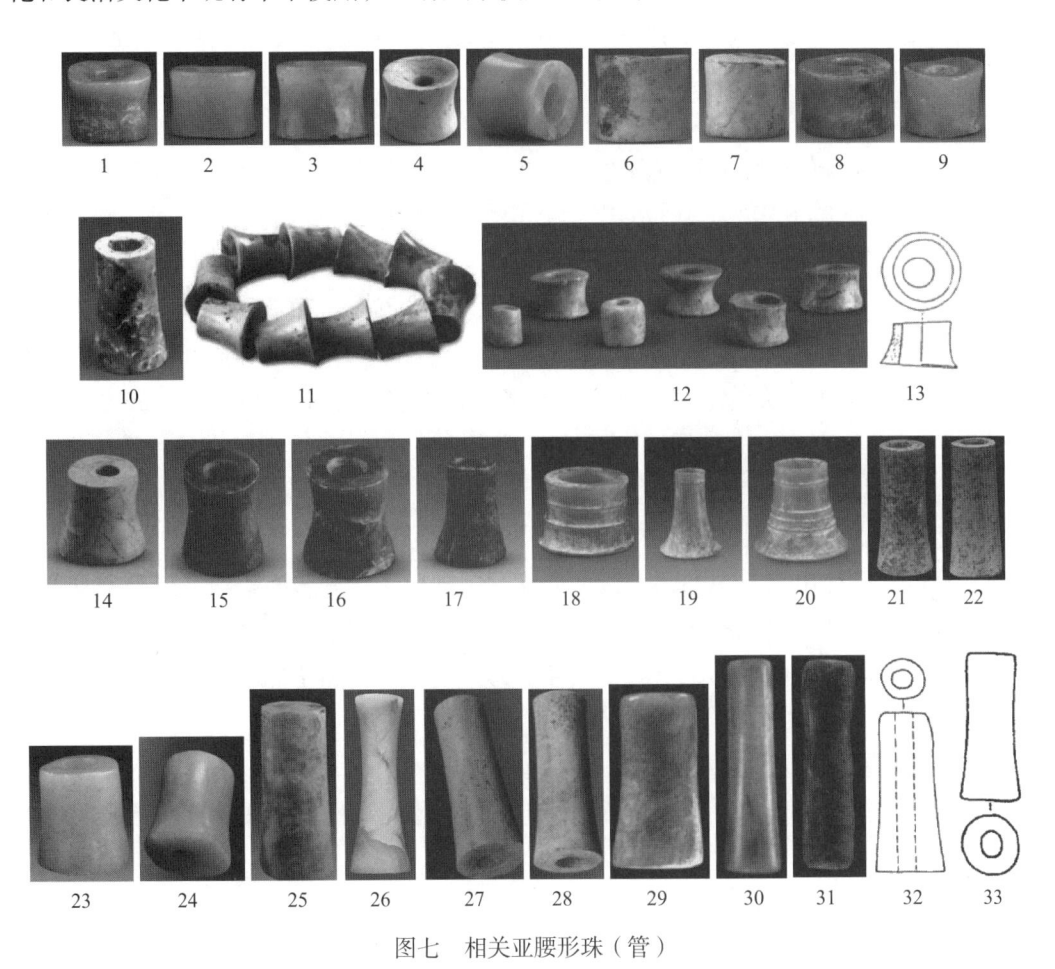

图七　相关亚腰形珠（管）

1~9. 牛河梁（N2Z1M21∶11、N2Z1M25∶1、N2Z1M25∶2、N2Z1C∶10、N3M7∶3、N5ScZ1∶1、N5ScZ1∶5、N5 采∶51、79M2∶7）　10、11. 反山（M14∶160、M23∶147）　12. 大汶口 M47∶3　13. 西夏侯 M11∶7　14~17. 清凉寺（M100、M149、M303）　18~20. 肖家屋脊（W6∶25、W6∶26、W6∶45）　21、22. 谭家岭（W8∶1、W8∶3）　23. 清水县博物馆藏　24. 秦安县博物馆藏　25. 海藏寺　26. 石峁　27、28. 喇家 M12　29~33. 二里头（81YLVM4∶6、84YLVIM11∶6、2002VM3∶23、82IXM4∶5、87VIM57∶25）

（1~9 图据辽宁省文物考古研究所，2012；10 图据浙江省文物考古研究所，2005；11、12 图据山东博物馆等，2014；13 图据中国科学院考古研究所山东队，1964；14~17 图据山西省考古研究所等，2016；18~20 图据荆州博物馆，2008；21、22 图据湖北省文物考古研究所等，2019；23~25、27、28 图据北京艺术博物馆等编，2015；26 图据山西博物院编，2020；29、30 图据许宏等主编，2019；31 图据中国社会科学院考古研究所，2014；32 图据中国社会科学院考古研究所二里头队，1985；33 图据中国社会科学院考古研究所二里头工作队，1992）

龙山时代出土的亚腰形珠（管）尺寸较前一阶段稍大型化，器形纵向拉长呈管状。清凉寺墓地和肖家屋脊文化的亚腰形管高度普遍在3~4厘米，齐家文化中较长的亚腰形管长度达5厘米以上，如喇家M12出土的2件。出土背景方面，大多亚腰形管出自墓葬，一座墓中出土数量少则1枚，多则3枚，不再见成串使用的情况。有学者认为肖家屋脊文化发现的亚腰形管是耳珰，即玉人头像上表现的圆形耳饰[234]。喇家M12中的2件管则是与玉璧、玉片等一起佩于腹前。

较早期和较晚期之间的亚腰形珠（管）可能存在源流关系。大汶口文化曾对豫、晋、陕交接地带的庙底沟二期文化面貌产生了诸多影响[235]，而清凉寺M100与亚腰形管共出玉器中，恰有1件嵌绿松石异形连璜璧和1件四齿牙璧，带有典型的海岱玉器风格，所以清凉寺的亚腰形管应该受大汶口文化直接影响。喇家M12所在发掘区的测年集中在公元前2000年左右[236]，年代晚于清凉寺墓地第三期的年代上限，齐家文化的亚腰形管可能是晋南地区传播的结果。

喇家M12为代表的亚腰形管在形制和尺寸上最为接近二里头文化的亚腰形管，年代上也更早，鉴于齐家文化晚期和二里头文化存在较为频繁的直接或间接交流，存在器形传播的可能性。从出土情境来看，二者的联系或不止于形制上的相似。曾有研究者认为喇家M12的两件亚腰形管具有乐器属性，是吹奏特定音高的律管[237]，然而，就埋藏情境而言，两管并排，系佩于墓主腹前，必然随着人的行走而相撞发声，可能一定程度上具备响器属性。二里头遗址的亚腰形管用为铃舌，同样取碰撞发生之原理；且铜铃往往出自墓主的腰、腹部或墓葬中间位置，并带有桥纽，想必是系在腰间或衣物前襟上的，与喇家M12玉管的佩戴位置相近（图八）。喇家亚腰形管和二里头铜铃在乐器属性和佩戴部位上的一致性从另一层面上增加了二者存在传播关系的可能性。

（2）肖家屋脊文化因素组

这一组包括鸟形器2件、蝉形器8件、A型柄形器1件，其文化特征指向性较为明确。

1）鸟形器

在《二里头》报告中将2002ⅤM3∶13定名为鸟形器，而2002ⅤM5∶6被称为柄形器，不过，邓淑苹指出，后者实际上是前者造型的简化形式，也属于鸟形器[238]。本文从其说，将这两件器物从柄形器中独立出来。鸟形器是肖家屋脊文化的典型玉器，在枣林岗、孙家岗、肖家屋脊等遗址都有发现（图九）[239]。邓淑苹甚至认为2002ⅤM3∶13可能是来自江汉地区的舶来品[240]。

2）蝉形器

此前很长时间，学界对于二里头文化玉器纹饰中的蝉主题未能辨认，直到近年来李新伟才首次明确指出二里头绿松石龙形器的鼻梁上的2枚浅绿色玉器，正是肖家屋脊文化风格的蝉形器[241]。此外，二里头遗址还公布有6件蝉形器，都属于二期，皆为简

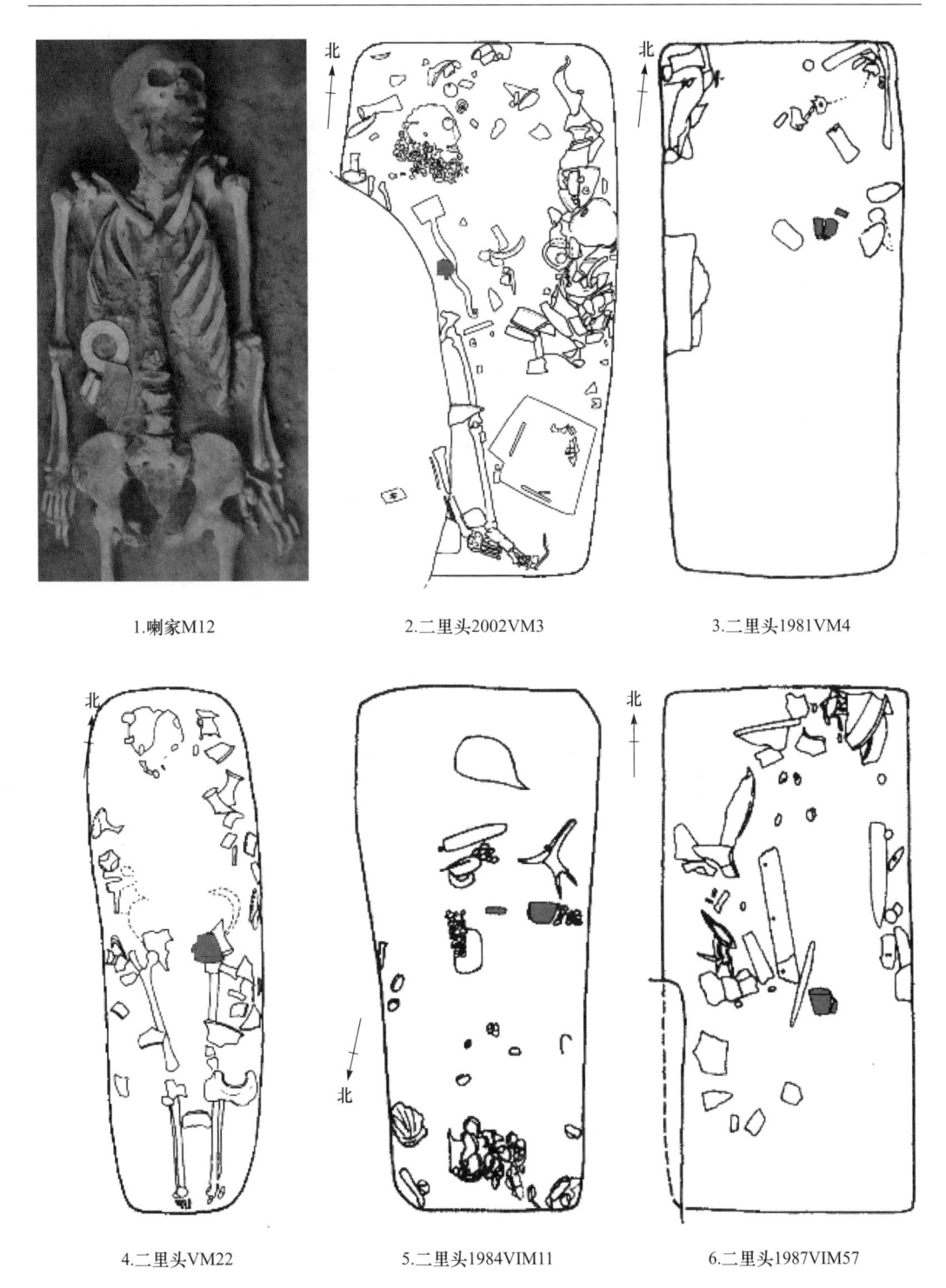

1. 喇家M12　　2. 二里头2002VM3　　3. 二里头1981VM4

4. 二里头VM22　　5. 二里头1984VIM11　　6. 二里头1987VIM57

图八　喇家遗址玉亚腰形管和二里头遗址铜铃的出土背景对比（深色区域为铜铃及铃舌）

（1 图据北京艺术博物馆等编，2015；2 图据中国社会科学院考古研究所，2014；3 图据中国社会科学院考古研究所二里头工作队，1984；4 图据中国社会科学院考古研究所，1999；5 图据中国社会科学院考古研究所二里头工作队，1986；6 图据中国社会科学院考古研究所二里头工作队，1992）

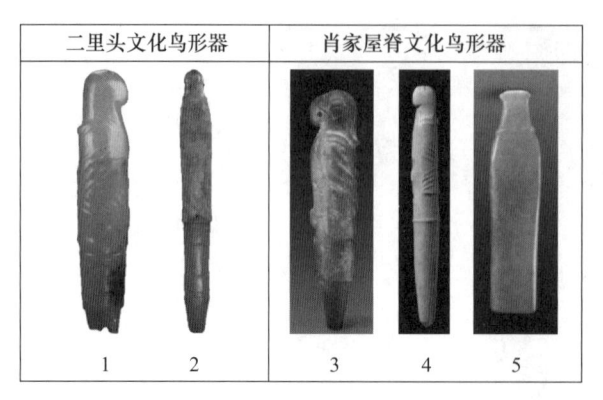

图九　二里头文化鸟形器与肖家屋脊文化鸟形器对比

1、2. 二里头（2002ⅤM3∶13、2002ⅤM5∶6）　3. 枣林岗 WM1∶2　4. 孙家岗 M136∶7　5. 肖家屋脊 W6∶30
（1、2图据中国社会科学院考古研究所，2014；3、5图据荆州博物馆，2008；4图据湖南省文物考古研究所，2020）

化蝉纹。仍在实验室清理中的2017ⅤM11中出土1件玉蝉形器[242]。在位于铸铜作坊区内的ⅣM11出土5件绿松石蝉形器，这5件器物大小形制相若，呈长方片状，器周饰五道凸棱，三道居中，两道分置两端，同时两端等分为三段，似花瓣状（图一〇）。

图一〇　二里头文化蝉形器

1~5. ⅣM11∶1a~ⅣM11∶1e　6、8. 二里头绿松石龙形器鼻梁　7. 2017ⅤM11出土
（1~5图据中国社会科学院考古研究所，1999；6、8图据许宏等主编，2019；7图据中国社会科学院考古研究所二里头工作队，2021）

在早于二里头文化的肖家屋脊文化中，蝉是最重要的玉器主题之一，可以分为写实和简化两大类[243]。玉蝉一般由头部、颈部以及翼部构成。头部的特征是尖嘴和大眼睛；颈部特征是多组平行凸棱；翼的尾端或三分或二分。若将肖家屋脊文化玉蝉的头部去掉，两身共用一颈部相对拼合，再将纹饰极度简化，只保留了代表颈部的平行突

棱和代表尾部的分叉，即可得到二里头文化的蝉形器（图一一）。绿松石龙形器鼻梁最上一节是单只蝉的形象，其余的7件蝉形器皆是"一颈双身"形象。这类二元一体的对称设计形式，也可在肖家屋脊文化玉器中找到源头，如谭家岭遗址出土的连体双人头像、玉璜以及孙家岗遗址出土的玉璜[244]（图一二）。

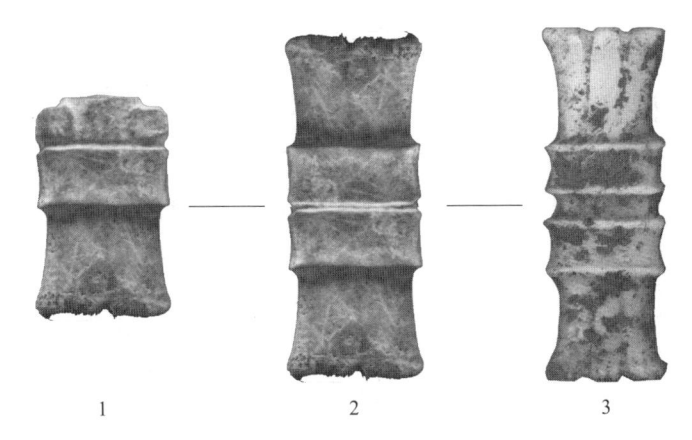

图一一　肖家屋脊文化玉蝉和二里头文化蝉形器的变化关系示意图
1. 肖家屋脊文化玉蝉　2. 肖家屋脊文化玉蝉变形　3. 二里头文化蝉形器
（1、2图据荆州博物馆，2008；3图据中国社会科学院考古研究所二里头工作队，2021）

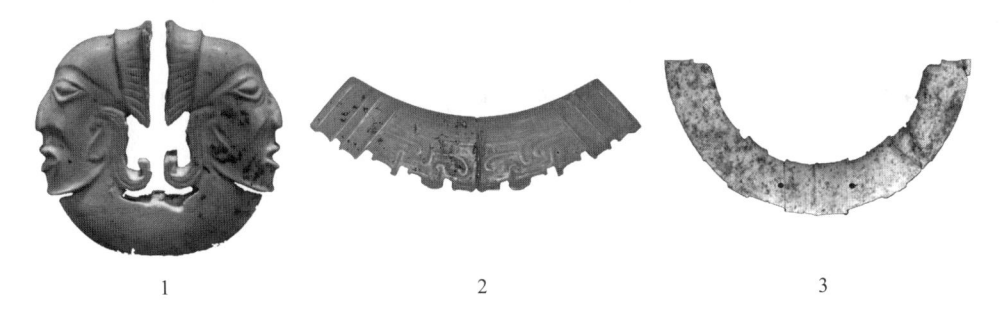

图一二　肖家屋脊文化玉器中的二元相接形式
1、2. 谭家岭（W9∶2、W8∶28）　3. 孙家岗M14∶2
（1、2图据湖北省文物考古研究所等，2019；3图据荆州博物馆，2008）

3）A型柄形器

二里头文化的柄形器从二期开始出现，可以分为三型。A型器体偏方，饰有减地浮雕纹饰，边角圆润，如2001ⅤM1∶3。B型器体扁薄，素面，边角削直，如ⅣM11∶18。C型呈圆柱形，顶部有桥形纽，标本为87ⅥKM57∶5，其在出土时紧邻2件B型柄形器[245]，暗示了3件柄形器的性质相同，故C型柄形器应视为一种由B型柄形器演化而来的器型（图一三）。

A型柄形器2002ⅤM1∶3饰有减地凸起弦纹，这种多条凸棱平行的纹饰和肖家屋脊蝉纹颈部的处理方式相同，其主纹饰为"臣"字目纹，与肖家屋脊神面像的眼睛相

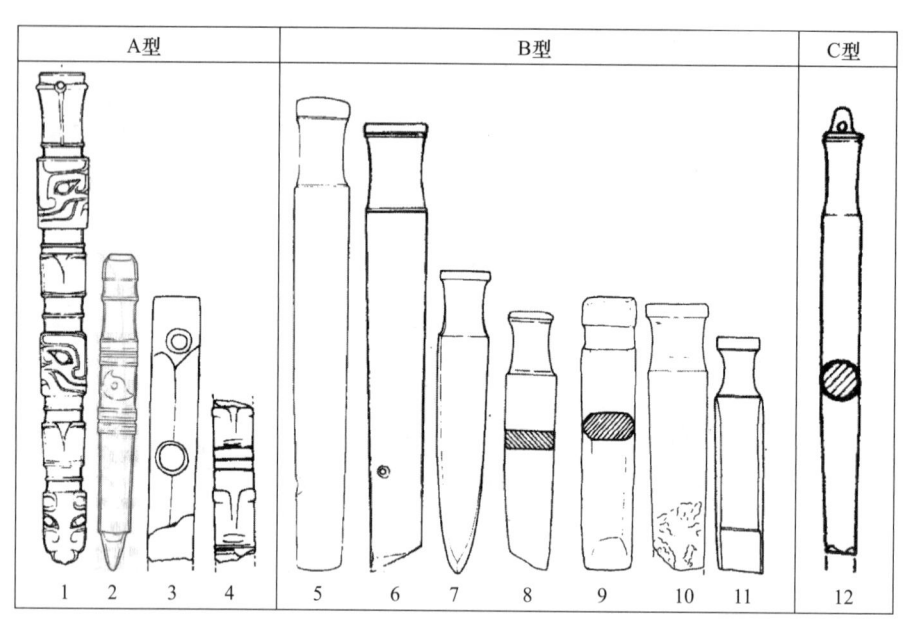

图一三 二里头遗址二里头文化柄形器

1. ⅤKM4：1 2. 2002ⅤM1：3 3. ⅢKM1：7 4. ⅢKM1：6 5. ⅥKM3：3 6. 81YLⅤM4：1 7. ⅣM11：18 8. 82YLⅨM8：8 9. ⅣT2⑤：1 10. 84YLⅥM11：28 11. 84YLⅥM6：1 12. 87YLⅥM57：5

（1、3～5、7、9图据中国社会科学院考古研究所，1999；2图据中国社会科学院考古研究所，2014；6图据中国社会科学院考古研究所二里头工作队，1984；8图据中国社会科学院考古研究所二里头队，1982；10、11图据中国社会科学院考古研究所二里头工作队，1986；12图据中国社会科学院考古研究所二里头工作队，1992）

似。邓淑苹认为，其"覆盆帽"和"带弯角眼眶"等特征均与石家河文化的"神祖面"玉器相关，故将其归为肖家屋脊文化因素[246]。暂可从之。

（3）多元因素组

这一组的玉器身上至少体现了两种以上不同文化因素。包括2件B型柄形器和1件绿松石龙形器。

1）B型柄形器

二里头文化B型柄形器的最大特征在于器身近似扁薄的长方体，边缘处棱角分明。肖家屋脊文化玉器中并没有和B型柄形器完全一致的柄形器，孙家岗M14：8的正视特征虽然近似，但是器身圆滑，横截面呈椭圆的特点有别于前者[247]。而整个肖家屋脊文化中，也罕见器身直削、带棱带角风格的玉器。石峁文化中出土少量柄形器，以新华M29：1为例，形制上更为扁平且直削，十分接近二里头文化的B型柄形器[248]。近来，府谷寨山墓地发现了一些柄形器的残块，同样具有直削的特征[249]。此外，在民间收藏的石峁玉器中，类似特征的柄形器不在少数[250]。

年代方面。肖家屋脊文化的绝对年代约为公元前2200～前1900年，孙家岗遗址大多数遗存属于肖家屋脊文化早段[251]。新华遗址的绝对年代推定为公元前2150～前1900年[252]。二者无疑都早于二里头文化二期的绝对年代上限。但由于相互之间大致同时，两地间柄形器的源流关系难以判断。这种情况下，可以暂将二里头文化型柄形器视为具有肖家屋脊文化和石峁文化双重文化因素的玉器（图一四）。

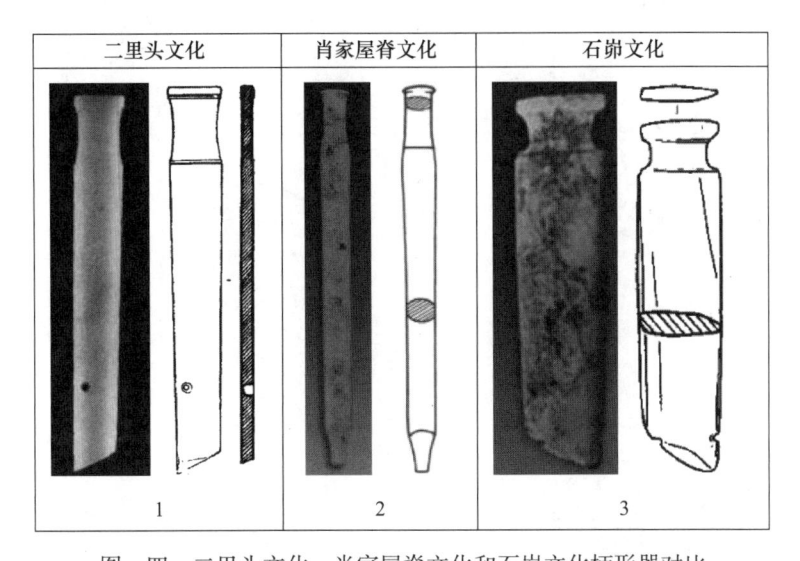

图一四　二里头文化、肖家屋脊文化和石峁文化柄形器对比
1. 二里头 81YLVM4∶12　2. 孙家岗 M14∶8　3. 新华 99M27∶1
（1 图据中国社会科学院考古研究所二里头工作队，1984；2 图据荆州博物馆，2008；3 图据陕西省考古研究所等，2005）

2）绿松石龙形器

针对绿松石龙形器的文化因素分析可以从形象和工艺两个角度展开。

对绿松石龙形器的形象溯源，首先需要明确其所谓"龙"形究竟是什么形象。结论先行，笔者认为，从狭义的角度讲，绿松石龙形器并非"龙"，而是"人面蛇身"的形象。

一般认为"龙"是一种虚构的神灵动物，其动物原型包括鳄鱼、蛇、蜥蜴、龟鳖等[253]。殷墟甲骨文中龙（ ）的字形提供了商代晚期人们观念中的龙形象标准。陈仲玉据此对于商代龙形象做出了清晰的界定，认为由蛇纹蜕化出，带角的、带爪的，以及角爪兼有的，均归入龙纹之中[254]。这种狭义的龙概念，更便于把握。若将二里头绿松石龙形器的形象与商代的龙形象比较，则发现二者存在较大的差别，前者反而更接近商代的蛇纹，也近似甲骨文中它（ ）（蛇）的字形（图一五）。故可知二里头龙形器并非龙而更近蛇。韩鼎认为，商代龙的造型特征存在一个逐渐丰富的过程，早商的龙承袭了二里头"龙"的蛇体、菱形纹、菱形额饰等特征，增加了鹿角的元素，晚商又出现了爪的元素[255]。故从狭义角度讲，二里头龙形器为商代龙形象的原型而非龙本身。

细观龙形器之体态，其桃形头、细颈、肥腹、短尾的特征十分近似蝰科（Viperidae）蛇，再结合菱形背纹，其自然界原型显然为尖吻蝮蛇（图一六）。不过，龙形器与尖吻

图一五　二里头绿松石龙形器与商代龙、蛇形象对比
1. 绿松石龙形器　2. 虎噬人卣
（1图据许宏等主编，2019；2图据中国青铜器全集编辑委员会，1996）

图一六　尖吻蝮蛇
（图据费梁，2005）

蝮蛇亦有明显差异，主要集中于面部，前者的蒜头鼻、粗壮鼻梁以及倒八状的"臣"字目等特征并非蛇类所有。龙形器的蒜头鼻和"臣"字目与更早的肖家屋脊文化中玉神面的五官十分相仿。如，谭家岭W9∶7的鼻翼刻画与龙形器的如出一辙，肖家屋脊WM4∶1的狭长"臣"字目与龙形器的眼睛十分相似[256]。而在一些较为狭窄的面部空间，肖家屋脊文化的神面像也会将双眼以一种倒八的方式排布，如罗家柏岭T7①∶5、T20③B∶3[257]。在上海博物馆藏的1件商代铜弓形器上刻画有人首蝉身形象，人面有完整五官。细观其鼻部特征，鼻翼为蒜头状，粗壮的鼻梁一直延伸至头顶，顶端有V形分叉[258]，如果将其鼻部与双目提取出来与二里头龙形器的面部对比，就会发现二者惊人的相似性（图一七）[259]。基于这些证据，笔者认为龙形器所表现的应为"人面蛇身"形象——即拥有蛇的体形（包括头形）特征，同时又有人

图一七　二里头绿松石龙形器面部与相关神面、人面对比

1. 二里头绿松石龙形器　2. 谭家岭 W9：7　3. 肖家屋脊 WM4：1　4、5. 罗家柏岭（T7①：5、T20③B：3）　6. 商代铜弓形器的人首蝉身形象

（1图据许宏等主编，2019；2图据湖北省文物考古研究所等，2019；3～5图据荆州博物馆，2008；6图据上海博物馆青铜器研究组，1984）

的面部特征（主要是鼻和目）。此外，在龙形器的头部周围有许多勾卷的纹饰，为"人面蛇身"形象增添了神秘的气息。

李新伟指出肖家屋脊文化中存在"蝉＋人面"的复合主题，这一复合主题还见于二里头的神面柄形器VKM4：1上[260]。龙形器鼻梁中有两节为肖家屋脊文化因素的蝉形器，结合前文对于龙形器人面的判断，恰好符合"蝉＋人面"的组合规律。若将柄形器VKM4：1以鼻梁为中心观察，蝉形冠正是由人面的鼻梁延伸出去的，这与龙形器的面部结构相同。此亦可辅证龙形器实为"人面蛇身"形象（图一八）。

早于二里头文化的"人面蛇身"形象发现于"新砦类遗存"、石峁文化以及马家窑文化中[261]（图一九）。新砦遗址二期晚段所谓兽面纹陶器盖上刻画有"人面蛇身"形象，其蒜头鼻、"臣"字目与勾卷纹的特征与二里头"人面蛇身"形象最为相似，加之"新砦类遗存"为二里头文化的前身之一，新砦"人面蛇身"应该是二里头"人面蛇身"的直接来源。石峁皇城台大台基南护墙8号石雕上刻画了2条向背的"人面蛇身"形象，具有桃形头、束颈、肥腹、短尾的特征，曲线背纹，面部为一双倒八状"臣"

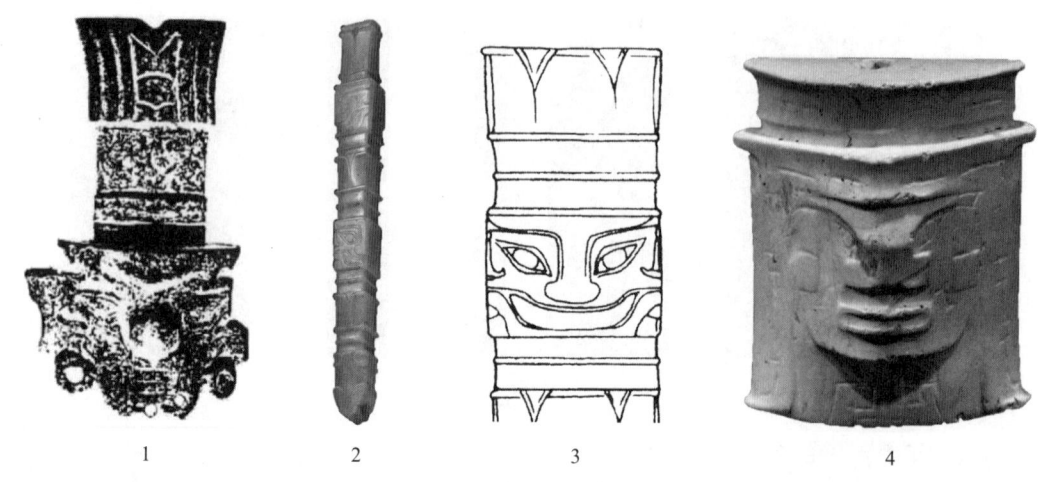

图一八　肖家屋脊文化和二里头文化玉器中的"蝉+人面"复合主题
1. 塞克勒艺术馆1987.880号藏品　2. 二里头ⅤKM4：1　3. 二里头ⅤKM4：1人面展开图　4. 谭家岭W9：28
（1图据李新伟，2021；2图据中国玉器全集编辑委员会，1993；3图据王青，2018；
4图湖北省文物考古研究所等，2019）

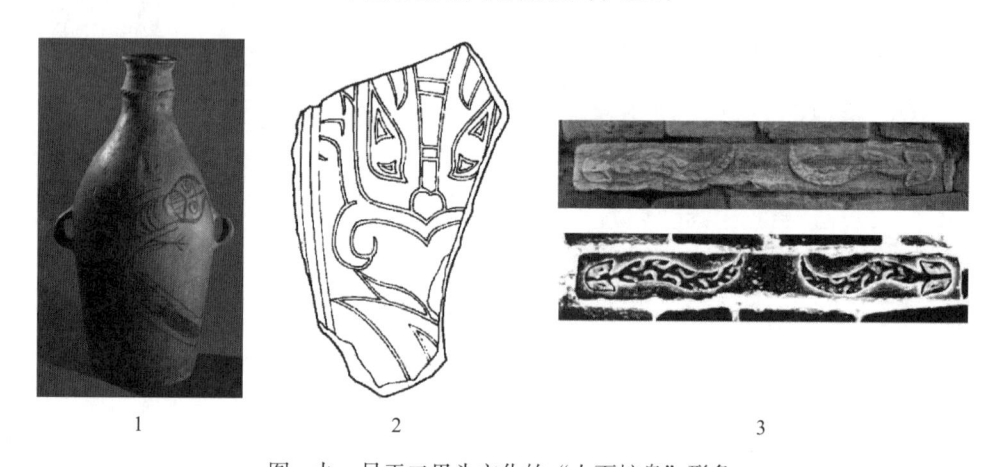

图一九　早于二里头文化的"人面蛇身"形象
1. 甘谷西坪双耳瓶　2. 新砦陶器盖　3. 石峁皇城台8号石雕
（1图据甘肃省博物馆，1979；2图据北京大学震旦古代文明研究中心等，2008；3图据陕西省考古研究院等，2020）

字目和凸棱状的鼻梁。总体形象与二里头龙形器已经较接近，但是缺少了头部周围的勾卷纹，也无蒜头鼻特征。从类型学视角看，石峁石雕应该排在"新砦类遗存""人面蛇身"形象之前，但是二者的相对年代早晚并无明确证据。马家窑文化的"人面蛇身"形象发现于甘谷西坪出土的1件石岭下类型双耳瓶上。形象以黑彩绘出，蛇身蜷曲，外面的一圈线条可能代表蛇的蜕皮状态，有似兽爪的双臂，头部为人面与蛇首的结合，上半部为张口吐信的蛇头，毒牙显露，下半部为圆目、张口列齿的人面。有研究认为这一形象表现的是人和鲵的结合[262]，但是细长的身体显然更接近蛇的形象。此"人面蛇身"最为古早，和石峁、新砦以及二里头遗址的"人面蛇身"形象有较大差别。马家窑文化"人面蛇身"形象的材料表明,"人面蛇身"是一种古老的西北地区文化因素,在高地龙山社会中也确实存在较多的蛇主题[263]。据此推测,新砦遗址的"人面蛇身"形象可能是受到石峁文化的影响。

谭家岭 W9:28 人面玉蝉(图一八,4)的人面轮廓和双眼形状与石峁"人面蛇身"形象的人面极为相似[264]。考虑到石峁文化与肖家屋脊文化社会上层之间的远距离交流频繁[265],石峁石雕中也有大量肖家屋脊文化风格的神面主题[266],这种相似恐怕绝非偶然,推测石峁文化的"人面蛇身"形象很可能是在西北传统的"人面蛇身"形象基础上融合了肖家屋脊文化中的神面形象而形成的。而谭家岭 W9:28 在人面的周围分布有阴刻的勾卷纹饰,有可能是新砦"人面蛇身"勾卷纹饰的来源,或是某种宗教内涵的象征与传承。

综合而言,从马家窑文化到二里头文化,"人面蛇身"的造型特征不断丰富。其本源是西北地区的一种古老文化因素,石峁文化对其加以改造,融合了肖家屋脊文化因素的神面特征,后被"新砦类遗存"吸收,增加了肖家屋脊文化因素的勾卷纹饰,随后又出现在二里头文化中,增添了肖家屋脊文化因素的蝉元素。

工艺方面,绿松石龙形器由 2000 余片磨制绿松石嵌片组合而成,原本粘嵌在某种有机质物上,其所依托的有机物已经腐朽[267]。嵌片的正面研磨光滑,背面有切割及打击痕迹,并且黏着黑色物质[268]。

秦小丽对于新石器时代至二里头时代的绿松石粘嵌技术做过系统梳理[269]。绿松石粘嵌技术最早出现于黄河上游地区。在宗日文化墓葬中出土 1 件镶嵌绿松石的骨筒[270]。切刀把马家窑文化墓地中出土了 1 件在圆饼形黑色胶状物上粘嵌绿松石的饰品[271]。进入龙山时代,绿松石粘嵌技术在不同地区出现。陶寺文化中发现最多,在陶寺墓地和下靳墓地中出土了 10 多件粘嵌绿松石腕饰以及头饰[272]。店河遗址齐家文化墓葬中出土了 2 件在陶器上粘嵌绿松石的饰品[273]。两城镇龙山文化墓葬中出土 1 件粘嵌绿松石腕饰[274]。西朱封大墓 M202 出土的神面纹玉簪伴有大量绿松石片,这些嵌片可能原本是粘嵌在神面表面的[275]。

其中,两城镇腕饰的绿松石嵌片构成了某种动物形象,西朱封玉簪的绿松石嵌片经过精心修整,基本呈大小均匀的方形,原本应该拼粘为神面的形象。山东地区龙山时代粘嵌绿松石制品图案外形与修整嵌片等特征,可能与二里头文化龙形器之间存在工艺上的传播与继承。而绿松石龙形器所用的嵌片则略呈楔形,以展现蛇身隆起的立体感,又是粘嵌技术上的一个飞跃。

(4)本地因素组

这一组主要是铲、凿、镞等工具、武器类玉器。这些器物属于玉质工具范畴,一般出土于地层灰坑当中,不见于墓葬,器身多有破损使用痕迹。其功能和形制与本地常见的工具武器无太大区别,可以归为本地因素。这些器物的数量较为有限,占整个玉器群的比例较低。

（5）创新因素组

这组的器物往往是前所未见的新器型，或者是根据已有的文化因素创造出的，或者难以找到其创造的根据。82ⅨM10 中出土 1 件圭形器，其用途不明，此类器形在同时期和之前时代没有发现，在二里头文化时期亦仅见此 1 例，可能是一种创新器形，但并不典型（图二〇）。

2. 其他遗址玉器群

南寨遗址本期出土 1 件绿松石管珠 YPNT84③:5，可以归为高地龙山因素。

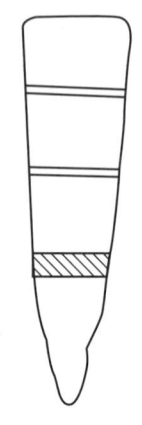

图二〇　圭形器 82ⅨM10:9（图据中国社会科学院考古研究所二里头队，1985）

南洼遗址本期出土 1 件天河石管珠（残）2004H19:19，这是目前二里头文化中发现的唯一天河石制品。有研究指出，我国史前发现的天河石制品极为稀少，这种玉料来自西亚的可能性较大，可能是在距今 4000 年前后传入，首先进入甘青地区，并沿黄河及其支流东传[276]。目前在喇家[277]、案板[278]、芦山峁[279] 和陶寺[280] 遗址发现的天河石制品，印证了这条传播线路的存在，并可能通过丹江通道传入江汉地区的枣林岗遗址[281]。鉴于天河石制品多发现于高地龙山社会中，南洼遗址的天河石管珠暂归为高地龙山因素（图二一）。

南洼遗址	陶寺遗址	枣林岗遗址	芦山峁遗址	案板遗址	喇家遗址
1	2	3	4	5	6

图二一　南洼、陶寺、枣林岗、芦山峁、案板、喇家遗址出土天河石制品对比
1. 南洼 2004H19:19　2. 陶寺 M22:6　3. 枣林岗 WM30:3　4. 芦山峁 AT3326④:1
5. 案板 H37:2　6. 喇家 M17

（1 图据郑州大学历史文化遗产保护研究中心，2014；2 图据中华玉文化中心等，2013；3 图据荆州博物馆，2008；4 图据陕西省考古研究院等，2019；5 图据昌亚林，2010；6 图据北京艺术博物馆等编，2015）

郝家台遗址出土的钺 T44②:4 斜弧刃，两侧边向上部收窄，无穿孔。桂花树遗址肖家屋脊文化遗存中出土了 1 件斜弧刃钺，近顶端有 1 小孔，两侧边向上部收窄的特征与郝家台钺十分相似[282]（图二二）。简报将这件采集器物归为大溪文化，院文清认为其并无大溪文化特征，应该归为石家河文化（按本文采用的文化框架应为肖家屋脊文化）玉器[283]。不过在目前的肖家屋脊文化玉器中也没有类似的器物发现，暂不好对这件玉钺的文化属性下定论，只能初步判断郝家台钺的形制可能与长江中游地区有所关联。

除了上述3件器物外，其他遗址玉器群中的铲、凿、斧等器主要是一些实用玉制工具，可以归为本土文化因素。

（四）二里头文化三期玉器文化因素构成

1. 二里头遗址玉器群

（1）高地龙山因素组

这一组包括大量绿松石珠（包括珠串），牙璋3件，B型多孔刀2件，亚腰形管2件，戚1件，戈1件，镯1件。

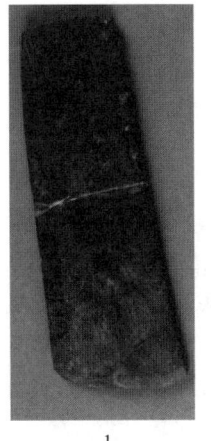

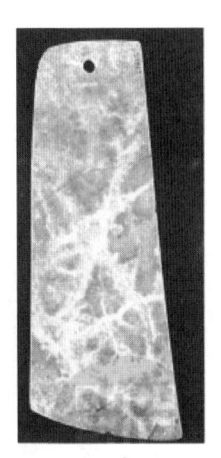

1）绿松石管珠

图二二　郝家台、桂花树遗址出土斜刃钺对比

1. 郝家台 T44②：4　2. 桂花树 0316
（1图据河南省文物考古研究所，2012；
2图据院文清，1997）

在二里头遗址早期的随葬绿松石管珠的贵族墓葬中，每座墓随葬的管珠数一般不超过5枚，多数情况是作为墓主的耳饰使用。本期出现了单座墓随葬几十甚至上百枚绿松石管珠的现象，这些管珠应该是串联为大型珠串佩戴的。

绿松石珠串的使用在甘青地区有较为连续的发展历程。甘青地区从宗日文化到齐家文化一直流行用"骨珠"制作的大型串饰，最早可追溯至宗日文化一期[284]，而同时期的绿松石管珠几乎不见成串使用之例。到齐家文化晚期，共和盆地内尕马台墓地的44座墓葬中，16座随葬绿松石管珠，其中单座墓随葬超过7件的就有10座，虽然"骨珠"串仍然是最常见的饰品，但使用绿松石管珠作为串饰已经比较普遍[285]。

本期二里头遗址ⅤKM11中出现的齐家文化因素"骨珠"串饰[286]，82YLⅢM2中出现的齐家文化因素青铜环首刀[287]，二期盛行于二里头都邑的壶形盉传播到了齐家文化[288]。这些证据表明本期二里头文化和齐家文化之间的交流更加频繁。故不排除二里头遗址绿松石串饰的出现受到了大概同时的齐家文化串饰的启发。

2）牙璋

二里头文化目前公布的牙璋共6件，其中二里头遗址出土4件ⅢKM6：8、80YLⅤM3：4、80YLⅤM3：5、ⅦKM7：5；伊川南寨遗址出土1件牙璋残片YPNT100H5：3；下王岗遗址出土1件牙璋残片T23②A：29。6件牙璋的年代应该不早于二里头文化三期。根据阑部和扉齿形态可将二里头文化的牙璋分为3型。A型阑部有平行阴刻线，扉齿分为多组，左右对称，每组分为多齿，标本有二里头80YLⅤM3：4、80YLⅤM3：5、Ⅶ KM7：5和南寨 YPNT100H5：3。B型阑部没有平行阴刻线，扉齿分为2组，左右对称，每组又分2齿，标本为二里头ⅢKM6：8。C型阑部没有阴刻线，扉齿为单齿，左右对称，标本为下王岗 T23 ② A：29（图二三）。相较而言，A、B 两型牙璋总体风格更为接近，二者的差异性或可视为制作者的个性化行为，在追溯文化因素来源时，可以将 A、B 两型一同考虑。C 型则在形态上与 A、B 两型存在较大差别。这里主要讨论 A、B 两型牙璋的来源。

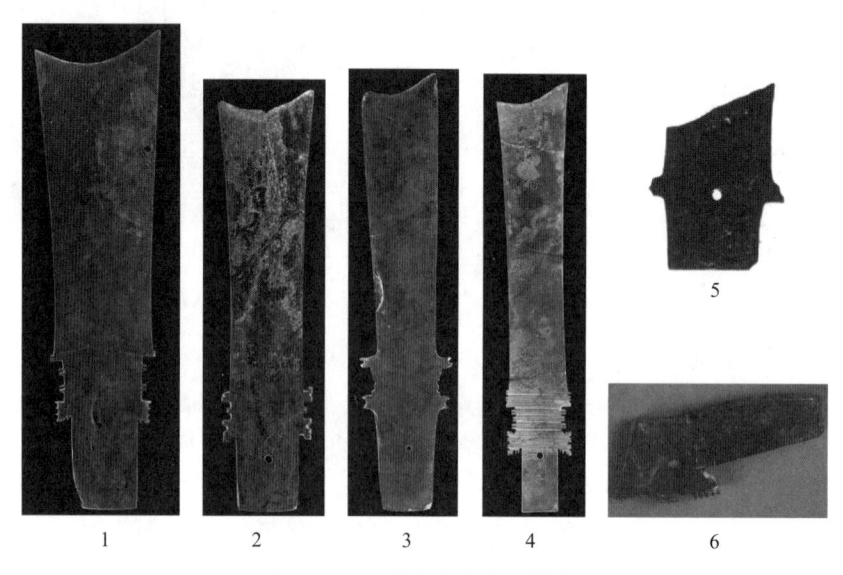

图二三　二里头文化出土牙璋
1～4. 二里头（80YLⅤM3：4、80YLⅤM3：5、ⅢKM6：8、ⅦKM7：5）　5. 下王岗 T23 ② A：29
6. 南寨 YPNT100H5：3
（1～4 图据邓聪主编，2018；5 图据河南省文物研究所等，1989；6 图据河南省文物考古研究所，2012）

关于牙璋的起源地有山东、陕北、中原三说，其中山东说的证据相对充分[289]。目前考古发现早于二里头文化晚期的牙璋，主要有东龙山遗址东龙山文化 M83：1 牙璋[290]、花地嘴"新砦类遗存"祭祀坑牙璋[291]、淅川下王岗王湾三期文化乱石滩类型牙璋[292]、石峁牙璋[293]、山东牙璋[294]等。二里头文化牙璋（A、B 型）与石峁文化牙璋的关系最为密切，这一点前辈学者多有论述。邓聪从扉牙形态演化的角度指出，石峁牙璋的"业字形鉏牙"是二里头ⅤM3：4 牙璋扉牙的前身，但是后者体型硕大与石峁牙璋有明显差距，故二里头ⅤM3：4 牙璋有些因素是来源于石峁龙山牙璋，但似乎二者间仍然有着空白[295]。邓淑苹指出二里头牙璋上的平行线装饰是继承自石峁玉器[296]。

最近的考古发现使石峁牙璋到二里头牙璋的形式演化过程更加明晰。较早发表的一批石峁牙璋材料为戴应新征集得来，缺乏判断其年代的准确依据，仅笼统归为"龙山文化玉器"[297]。随着近年石峁城址发掘的深入，不仅确认了这批牙璋材料为石峁文化遗物，可以代表石峁牙璋的一般特征，还有了将其进一步分期的明确地层依据，即业字形扉牙牙璋晚于单齿牙璋，前者可归于石峁文化晚期，绝对年代为公元前 1900～前 1800 年；后者可归于石峁文化中期，绝对年代为公元前 2000 年左右[298]。

单齿扉牙牙璋—业字形扉牙牙璋—二里头牙璋的风格演进脉络有了地层学证据的支持（图二四）。

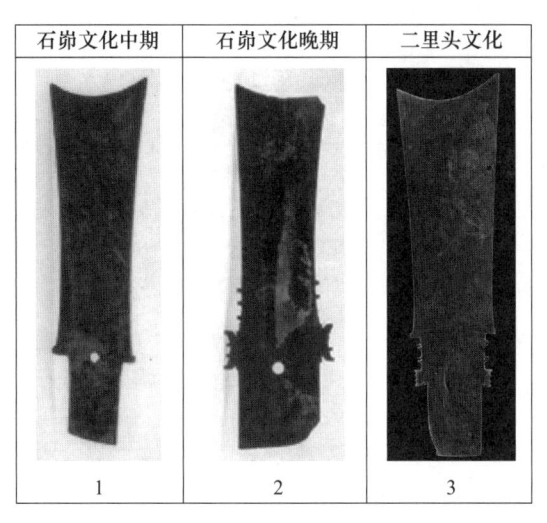

图二四　石峁文化中期至二里头文化牙璋演变序列
1、2. 石峁（SSY7、SSY15）　3. 二里头 80YLⅤM3∶4
（1、2图据戴应新，1993；3图据邓聪主编，2018）

对于邓聪认为的石峁牙璋和二里头牙璋之间仍存在缺环，笔者认为具有"艺术品"属性的玉器，受材料形态、制器者个性化需求等因素影响，其形制的演进曲线或许并不像日用陶器那般顺滑。从石峁文化中期到晚期，单齿扉牙演进成为"业字形鉏牙"，之间的形制跨越本就巨大，再从石峁文化晚期到二里头三期，间隔约200年，扉牙形态的变化与器形的巨大化也就不难理解。二里头文化牙璋（A、B型）扉牙形态的复杂化和器形的巨大化应该是二里头都邑社会上层在石峁晚期牙璋匠作传统上，基于自身需要加以创新的结果。

3）戚

戚82YLⅨM4∶5，发掘者将其所在墓葬定为二里头文化二期，但诚如许宏所言，此墓没有可资断代的陶器出土，也没有交代任何层位关系，断为二期不知何据；且相似的玉戚，除此件外均见于四期，不排除此墓为晚期的可能[299]。鉴于二里头文化三期已经出现了与此件戚具有相似扉牙的璧戚（详下），笔者将其年代暂定为三期。以往的研究中，二里头文化的玉戚被视为海岱龙山文化因素[300]，但是随着近年石峁皇城台发现的1件玉戚[301]，揭示出二里头玉戚和石峁文化的紧密关联。

石峁皇城台门塾的墙缝中出土1件戚，器身整体呈"风"字形，斜弧刃，两侧各有2组扉牙，每组3齿，靠近戚背钻有上下两孔，与二里头戚82YLⅨM4∶5的形制极为相似（图二五）。第一，刃部特征。两件戚的侧边均外撇呈"风"字形，若以右侧的刃端为起点做水平线，左侧的刃端略微高出水平线，即整个刃部并非对称设计，而是略

图二五　石峁文化玉戚与二里头文化玉戚对比

1. 二里头 82YLIXM4:5　2. 石峁皇城台

（1图据中华玉文化中心等，2013；2图据陕西省考古研究院等，2019）

有斜度。第二，扉棱特征。两件戚皆为左右各两组，每组三齿。其中每侧的两组扉棱为纵向对称设计，最外两齿长而舒展，里面四齿短而紧凑。尤其外面的扉齿形状，左右外撇，和两侧边的走势一致。且两组扉棱亦不处在同一水平线上，左侧稍稍高出。但是细观之，二者工艺又有所差别，主要是上下两端的牙，石峁玉戚尖锐流畅，而二里头玉戚则略显孑折。第三，穿孔特征。两件玉钺在与上端扉牙大致平行的位置均开有一孔，据照片和线图，两个穿孔同为单向钻成。石峁玉钺在此穿孔之上还有一个较小的穿孔，而二里头玉钺的上端已经残缺，但推测同样有另一个钻孔，否则现有钻孔的位置则过于靠下了。

年代方面。这件玉戚应该在建筑的使用期间被插埋进墙内。石峁皇城台地点的使用时间为公元前2100~前1800年，最晚在公元前1800年废弃[302]，二里头遗址的玉戚显然远晚于此。晚于石峁玉戚而早于二里头文化三期的东龙山 M83 玉戚同样拥有 6 齿对称式的扉牙，且同墓葬发现的牙璋也体现了和石峁文化的联系，进一步完善了石峁玉戚和二里头玉戚间的传播链条[303]。

二里头戚的扉牙边缘从侧面观察略呈直角状，这与多件二里头文化三、四期玉器的扉牙特征相似，据此笔者倾向于认为二里头戚是二里头文化时期制作的，而并非石峁文化的旧物。

玉戚最早发现于高庙遗址[304]，其年代过早，且为孤例，与龙山时代玉戚的关系不明。海岱地区在五莲丹土遗址出土有一件璧戚，扉牙为"介"字形且左右不对称，燕生东认为其年代在大汶口文化晚期[305]。山西黎城曾发现一件龙山文化刻纹玉戚，其扉牙特征与丹土玉戚极为相似[306]。神木县贺家川镇采林村曾采集到一件石峁文化玉戚，形制和皇城台门塾玉戚相近，曾被误以为是晚期玉器[307]。黎城玉戚、石峁文化玉戚的年代相较丹土玉戚晚，三者均有斜弧刃的特征，表明龙山时代黄河流域可能存在玉戚器形的西传。扉牙形态上，黎城与丹土玉戚的不对称式"介"字形扉牙应该早于石峁文化玉戚的6齿对称式扉牙，后者直接影响了二里头文化的玉戚（图二六）。

综上，石峁文化6齿对称式玉戚应该是二里头文化玉戚的直接源头。

图二六 相关玉戚发现
1. 丹土 2. 黎城 3. 采林村 4. 东龙山 M83
（1图据杨波，1996；2图据古方主编，2005；3图据戴应新，1993；4图据刘云辉，2008）

4）B型多孔刀

二里头文化的多孔刀从三期开始出现，目前公布有7件，都出自二里头遗址。根据靠近刀背处的开孔数量不同可以分为双孔刀1件、三孔刀5件、七孔刀1件。根据刀身形状可分为A、B两型。A型平面呈不对称梯形，刀长边刃内凹、端侧边也有刃，开两个背孔，标本84YLⅥM11：4。B型刀平面呈正梯形，仅最长边开刃，往往在两侧斜边饰有扉牙，或在刀身雕刻阴刻平行线纹，标本82YLⅨM5：1、ⅢKM1：1、ⅦKM7：3、87YLⅥKM57：9（图二七）。其中属于三期的有2件三孔刀82YLⅨM5：1和ⅢKM1：1都属于B型。这里就B型多孔刀分析其来源。

多孔长刀最早出现于长江下游地区的北阴阳营文化和马家浜文化，在薛家岗文化中大盛，并影响到良渚文化、大汶口文化[308]。栾丰实指出，海岱玉器首创了"3+1"式大刀，即刀背等距离分布三孔，一端的中部有一孔，最早见于大汶口中晚期之际的焦家遗址大墓，并延续至龙山文化时期，在丹土、两城镇、西朱封等遗址都有发现[309]。在龙山时代大量海岱玉器器形和工艺西传的背景下[310]，这种"3+1"式大刀开始在陕北、甘青等地出现，并且在渐进式的传播过程中，形制特征不断演进。

延安芦山峁遗址出土了3件"3+1"式大刀，平面呈斜梯形状，较之大汶口晚期的"3+1"式刀，背孔和端孔不再严格遵守"3+1"的组合，左右两侧边的夹角变大、不对称性增加，最长刃变成凹弧状，且两侧边也开刃[311]（图二八，2～4）。由出土背景和测年数据可知，芦山峁"3+1"式刀的年代不晚于公元前2300年[312]，是目前西北地区

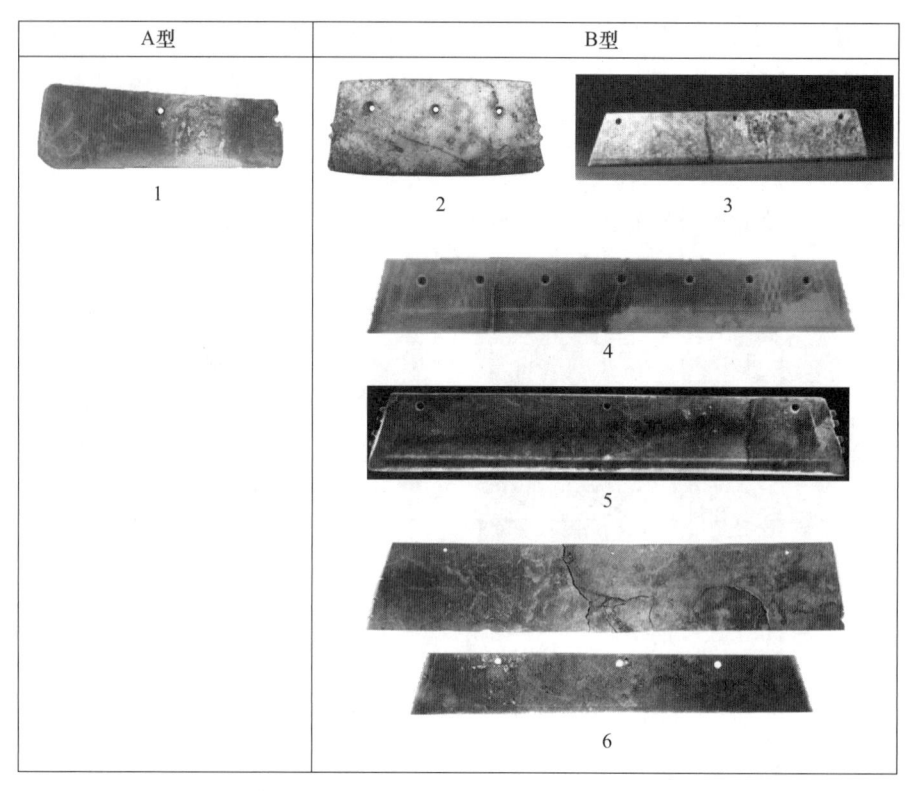

图二七　二里头遗址二里头文化多孔玉刀

1. 84YLⅥM11∶4　2. 82YLⅨM5∶1　3. ⅢKM1∶1　4. ⅦKM7∶3　5. 87YLⅤKM57∶9　6. 2019年清理[313]
（1、2图据中华玉文化中心等，2013；3图据中国社会科学院考古研究所，1999；4、5图据许宏等主编，2019；6图据中国社会科学院考古研究所二里头工作队，2021）

同类器可知确切年代者中最早的。大约同时期或稍早，在晋南地区的陶寺文化早期中流行双孔刀，其特征是刀身修长，两个背孔相距较远[314]（图二八，5、6）。可以分为两类，甲类大致呈长方形，单边开刃；乙类则为不对称的长梯形，多边开刃，最长刃内凹。芦山峁"3+1"式刀的形制变化，可能是融合了陶寺文化早期乙类双孔刀的特征所致。

"3+1"式多孔刀可能以延安为节点，向北、西两方向继续传播，分别抵达石峁遗址和甘青地区，并且在形制上进一步变化。

石峁遗址的玉石刀可以大致分为三类[315]（图二八，7~10）。甲类为"n+1"式，背孔或开3个或开2个，端孔开在短侧边，如SSY86。乙类是双孔刀，刀身修长，两孔相距较远，仅最长边开刃，如M2∶8。丙类是只有背孔的多孔刀，一般有3个或更多背孔，如SSY82。其中丙类刀应该是由甲类刀演化而来，一个依据是不少丙类刀靠近短侧边的孔与其他背孔不等距分布，显然是由甲类刀的端孔上移而形成的，如SSY83很可能就是演化的中间形态，而丙类刀在形制上也最接近二里头文化的B型多孔刀。

甘青地区的多孔刀发现于同德宗日[316]、民和喇家[317]、武威峡口[318]、上孙家寨[319]等遗址，可分为两类（图二八，11~14）。甲类是"n+1"式，在靠近短边处刀背凹缺，如宗日M200出土的多孔刀。乙类是只有背孔的长刀，刀背靠近短边处的下凹不明显，如上孙家寨出土的多孔刀，这类刀形制上最接近二里头文化的B型多孔刀。喇家遗址祭坛上的砂层中出土的1件残多孔刀与同德宗日M200出土的1件多孔刀的绝对年代都约为公元前2000年[320]。

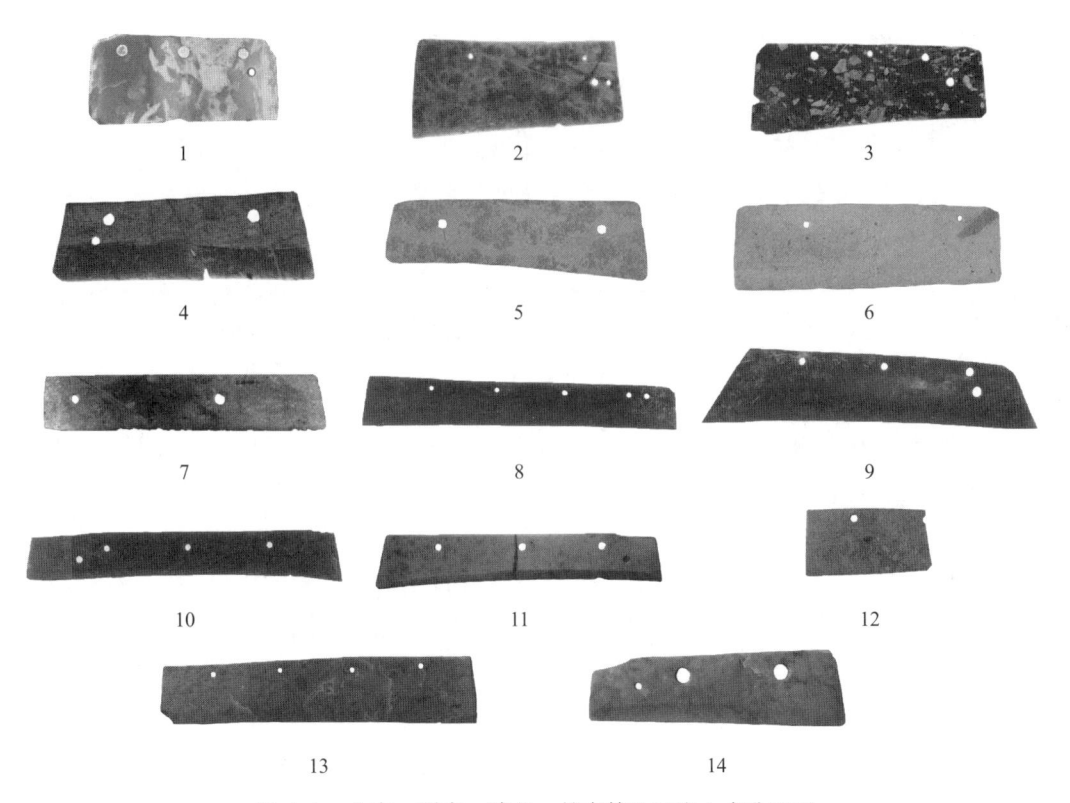

图二八　山东、晋南、陕北、甘青等地区出土多孔玉刀

1. 焦家M152:8　2~4. 芦山峁（AT2835H26:1、AT3513H16:1、大营盘梁祭祀坑）　5、6. 下靳（M153:1、M58:1）　7~10. 石峁（M2:8、SSY82、SSY86、SSY83）　11、12. 喇家　13. 上孙家寨　14. 宗日M200
（1图据栾丰实，2021；2~4图据陕西省考古研究院，2019；5图据下靳考古队，1998；7图据西安半坡博物馆，1983；8~10图据戴应新，1993；11~14图据古方主编，2005

综上所述，多孔刀在接力式向西传播的过程中在形制上也发生变化，并出现地域特征。不过，石峁的丙类刀和甘青地区的乙类刀在形制上趋同化，表现为端孔的消失和器形的规整化、大型化，如石峁SSY82玉刀和大通上孙家寨玉刀都较为接近正梯形，长度上都达到了50厘米，从形制和尺寸而言都十分接近二里头文化的B型多孔刀特征，可能就是二里头文化B型多孔刀的直接源头。故可以将二里头文化B型多孔刀归为高地龙山因素（图二九）。

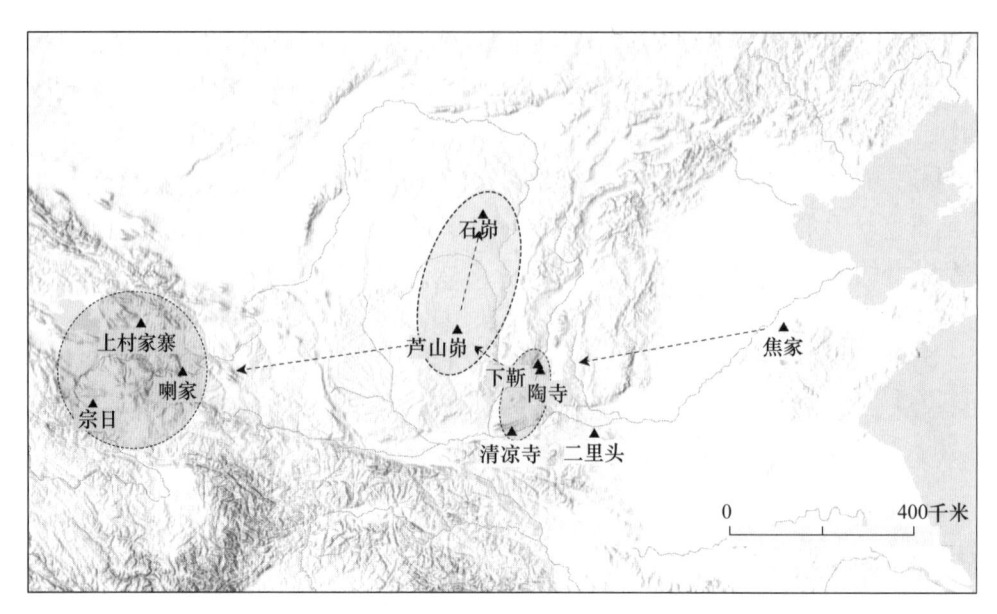

图二九　大汶口文化晚期到二里头文化时期的多孔玉刀传播示意图

5）戈

二里头文化的玉戈从三期开始出现，三期有1件（ⅢKM1∶2），四期有4件（ⅥKM3∶11、87YLⅥKM57∶21、2002ⅤG5∶1、2003ⅤG14∶108），其来源可以一并讨论。

戈在二里头文化之前发现较少。凌家滩出土的三角援戈年代最早[321]。石峁遗址征集到2件玉戈[322]，其中1件为"无内戈"，且援中部有穿孔，形制怪异。花地嘴遗址"新砦期类型"祭祀坑中出土1件残戈[323]。凌家滩的三角援戈年代较早，且为孤例，与后来石峁、二里头的戈未必有关联。在花地嘴材料公布前，一般认为石峁玉戈是二里头玉戈的源头[324]。但花地嘴玉戈与石峁玉戈的年代早晚实难断言。考虑到花地嘴出土的玉器多无本地渊源，且发现了牙璋，笔者倾向于认为其玉戈属于外来因素，可能受石峁文化影响，而戈在中原腹地也仅此一见。所以将二里头文化玉戈归为石峁文化因素似乎更妥。石峁戈的对称风格也被二里头ⅢKM1∶2戈继承，但是四期的ⅥKM3∶11戈摆脱了这种造型，变得有弧度，并被随后的二里岗文化继承（图三〇）。

6）镯

本期ⅢKM1中出有1件玉镯，高5.7、直径7.1厘米，略呈亚腰形。这是二里头文化唯一的玉镯。据栾丰实梳理，海岱地区的大汶口文化中晚期十分流行玉镯，有直筒和亚腰两种形制；两类玉镯在大汶口中期时以矮体为主，一般为1.5～3厘米，到大汶口晚期时增高到3～5厘米[325]。然而，两种形制玉镯均不见于其后的山东龙山文化中，而是在清凉寺、陶寺、下靳、石峁、柳湾等遗址有少量发现[326]。晋陕地区玉镯的外径

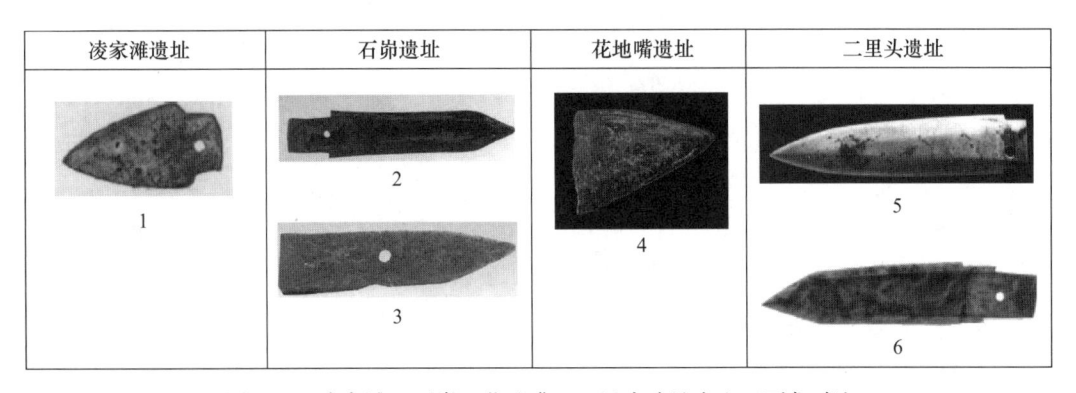

图三○　凌家滩、石峁、花地嘴、二里头遗址出土玉石戈对比
1. 凌家滩ⅢM29∶80　2、3. 石峁（SSY121、SSY120）　4. 花地嘴　5、6. 二里头（ⅢKM1∶2、87YLⅥKM57∶21）
（1图据安徽省文物考古研究所，2006；2、3图据戴应新，1993；4图据邓聪主编，2018；5图据中国社会科学院考古研究所，1999；6图据许宏等主编，2019）

一般在5～9厘米，高度均不超过5厘米。柳湾墓地出土的1件玉镯残片，复原高5.5厘米，是龙山时代同类器中最高的（图三一）。这类器形应该是在大汶口文化晚期向西传播，经由晋南传至陕北、青海等地区，而在此过程中，器形的高度亦有所增加。所以，二里头遗址玉镯很可能继承自高地龙山社会的相关器型。

图三一　二里头文化、大汶口文化、陶寺文化、石峁文化、齐家文化玉镯对比
1. 二里头ⅢKM1∶4　2. 沂南罗圈峪　3. 陶寺M2117∶1　4. 石峁　5. 柳湾M1366∶11
（1图据殷志强，1996；2、4图据栾丰实，2021；3图据中国社会科学院考古研究所等，2015；5图据青海省文物考古队等，1984）

（2）肖家屋脊文化因素组

这一组包括A型柄形器3件、钻形器1件。

1）A型柄形器

二里头ⅢKM1发现2件残柄形器（ⅢKM1∶6、ⅢKM1∶8），均雕有简化蝉纹[327]。ⅤKM4发现1件浮雕精美纹饰的方柱形柄形器（ⅤKM4∶1），分节饰有简化蝉纹和人面纹[328]。上文指出二里头的简化蝉纹是肖家屋脊文化因素，3件柄形器上都饰有简化蝉纹，可归为肖家屋脊文化因素。李新伟指出ⅤKM4∶1所表现的"蝉+人面"的复合主题也曾出现在肖家屋脊文化的玉器中[329]（图一三，1）。

ⅤKM4∶1的简化蝉纹以及神面形象的表现形式都有别于肖家屋脊文化的同类主

题。吴棠海从工艺视角也指出此件柄形器处于龙山时期到晚商的过渡期阶[330]。所以，包括ⅤKM4：1在内的本期3件肖家屋脊文化因素柄形器应该都是二里头文化时期制作的。

2）钻形器

80ⅤM3中出土1件钻形器（80ⅤM3：7b），长7.8厘米，素面，一端呈尖榫状，另一端呈水滴状有乳突状尖，器身减地塑出两道凸棱，有2个平行穿孔。

类似的器物在肖家屋脊文化的枣林岗、六合等遗址的瓮棺葬中发现有数件[331]，此外在肖家屋脊遗址的灰坑中还发现数件石质的[332]。报告中将这类器物称之为"钻"，本文暂且将这类器统称为钻形器。肖家屋脊文化的钻形器的共同特征是一端为乳突状尖，另一端呈榫状，器身有两道凸棱，或钻有一横穿孔，可分为A、B两型。A型榫部较长，靠近尖端处有凸棱，长度一般在7厘米以上，标本为枣林岗WM19：3。B型榫部较短，靠近尖端处呈水滴形，标本为枣林岗WM1：9，长度一般在7厘米以下，和二里头钻形器形式相似。下王岗遗址王湾三期文化乱石滩类型遗存以及白土疙瘩遗址龙山文化中分别发现1件钻形器，分别残长9、8.4厘米，石质一般，没有乳突状尖端和穿孔[333]。在民间收藏的石峁文化玉器中有1件玉钻，白玉质地，长9.1厘米，形制上近似肖家屋脊文化B型钻形器，器身有1穿孔[334]（图三二）。

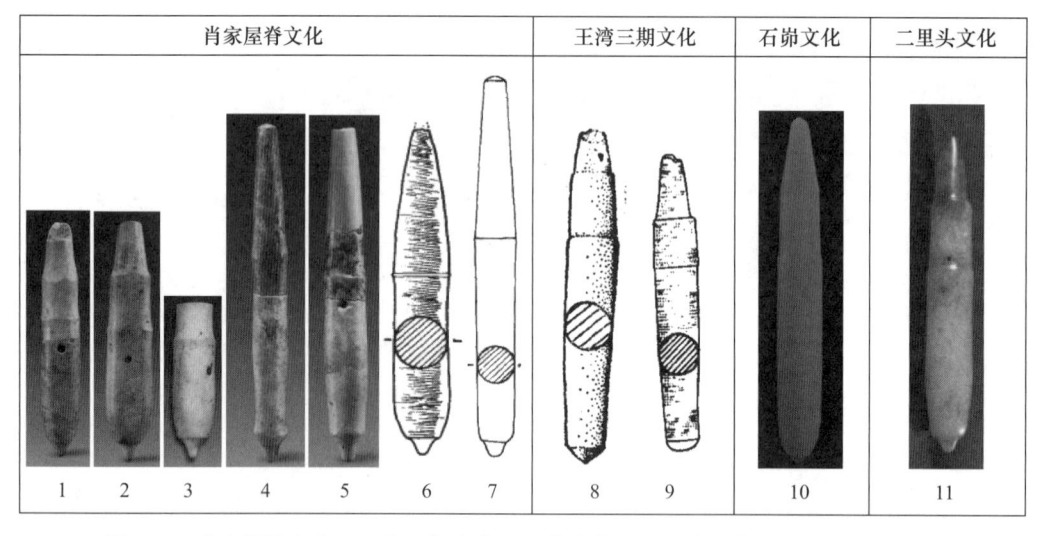

图三二　肖家屋脊文化、王湾三期文化、石峁文化及二里头文化的"钻形器"对比

1、2、4、5. 枣林岗（WM39：3、WM1：9、WM1：8、WM19：3） 3. 六合W15：3 6、7. 肖家屋脊（H68：58、AT807②：4） 8. 白土疙瘩YBT4⑤：7 9. 下王岗T23③：73 10. 石峁 11. 二里头80ⅤM3：7b

（1～5图据荆州博物馆，2008；6、7图据湖北省荆州博物馆等，1999；8图据河南省文物研究所等，1989；9图据河南省文物考古研究所，2012；10图据神木市石峁文化研究会编，2018；11图据中国社会科学院考古研究所二里头队，1983）

肖家屋脊文化中发现的钻形器多且集中，类型完备，故长江中游很可能是这类器物的原生地。在龙山时代，钻形器已经北传至南阳盆地、嵩山地区和陕北地区。结合

器形特征与出土背景分析，得到以下认识。肖家屋脊文化中的钻形器榫端一般有不同程度残损。发现于灰坑者石质较差，无穿孔，可能是一种实用工具；用于随葬者玉质较佳，有穿孔，应该是一种礼仪工具。王湾三期文化中的钻形器榫部亦残损，不见于墓葬中，器身无穿孔，属于实用工具。石峁文化和二里头文化的2件玉质佳，有穿孔，均无使用痕迹，应该是礼仪用器，已经不具备工具属性。

综合看来，二里头遗址的"钻形器"属于肖家屋脊文化因素，但并非肖家屋脊文化时期旧物，而是后来制作的，且与石峁文化发现的同类器可能存在联系。

（3）海岱龙山文化因素组

这一组只有1件双孔方形直刃钺。

80ⅤM3中随葬有一件双孔方形直刃钺（80ⅤM3：3），长9.4、宽9.2厘米，其中一孔镶嵌有绿松石，遍体覆盖有朱砂。这种近方形的钺在龙山时代分布较为广泛，于山东的西朱封[335]、丹土[336]，陕北的芦山峁[337]、石峁[338]、新华[339]，山西的陶寺[340]、碧村[341]等遗址都有发现，其中有一些开有2个甚至更多孔。据栾丰实研究，海岱地区的大汶口—龙山文化系统盛行包括上述近方形钺在内的长短两类直刃（或微弧刃）钺，而晋陕玉器中的这两类钺在当地并无清楚的传承谱系和来源，其形制应该来自东方[342]。晋陕地区作为方形钺的输入地，也形成了一些地区风格，如陶寺M3002：4变得较为修长，石峁出土的1件则略呈风字形等。相比之下，二里头的双孔方形直刃钺形制具有的长短相近、两孔对齐、四边较平直等特点，明显偏于古早，与西朱封M203：16及1936年大孤堆出土钺最为接近，其中西朱封M203年代可以早到龙山文化中期，故二里头80ⅤM3：3有龙山中期旧物的可能[343]（图三三）。

新石器时代玉器中多有在钻孔中镶嵌玉石片的做法，一般以绿松石镶嵌为主。最早可以追溯到大汶口文化，大汶口M4：1骨筒形器上有五个圆孔中嵌有绿松石[344]，在大汶口文化中期焦家遗址出土的多孔玉刀上三个背孔都嵌以玉石片[345]。随后的海岱龙山文化继承了这一传统，五莲丹土出土的玉钺上一个侧孔嵌有绿松石[346]，龙山文化中期的西朱封M202出土的玉簪上有2个钻孔正反两面镶嵌4枚绿松石[347]，两城镇玉坑中出土1件玉钺在主孔的侧上又开两孔，以黑石填充，可自由取下[348]。镶嵌玉石工艺也向西传播到晋陕地区。在清凉寺墓地第三期的M100中随葬有1件异性连璜璧，专门钻有一孔并用绿松石嵌填，同墓出土的牙璧和亚腰管饰体现出鲜明的海岱玉器风格[349]。在陶寺遗址M3186中随葬的一件玉钺上，两个钻孔用深色玉石片嵌填，其中一孔还是奇特的葫芦形状[350]。在民间收藏的石峁文化玉器中，也有玉环（璧）、柄形器上钻孔镶嵌绿松石片的例子[351]。在二里头文化玉器中，钻孔镶嵌绿松石片的例子除了方形钺之外，还见于与这件钺同墓随葬的牙璋80YLⅤM3：4、四期的A型多孔刀84YLⅥM11：4及月牙形器87ⅥKM57：10。

目前所见其他龙山文化中期的双孔方形直刃钺上并不见绿松石嵌片，可能是原有而脱落了，也可能本就没有。检视所有已发表的龙山时期玉石钺（戚）材料，此类垂

二里头文化	山东龙山文化	陶寺文化	石峁文化
1	2 / 3 4	5	6

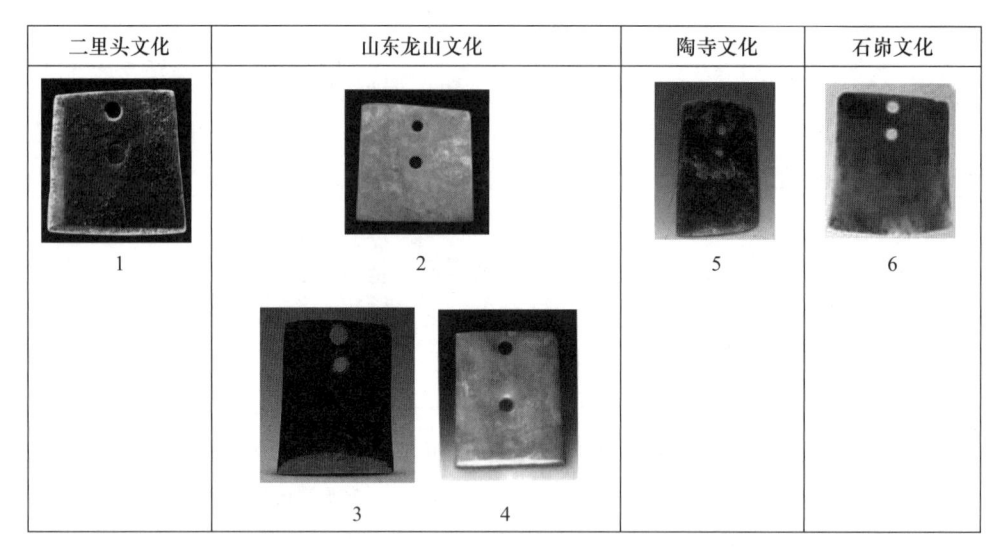

图三三　二里头文化、山东龙山文化、陶寺文化、石峁文化的双孔方形直刃钺对比
1. 二里头 80ⅤM3∶3　2、3. 西朱封（M203∶16、采∶129）4. 大孤堆
5. 陶寺 M3002∶4　6. 石峁 SSY46
（1图据许宏等主编，2019；2~4图据中国社会科学院考古研究所等，2018；5图据中国社会科学院考古研究所等，2015；6图据戴应新，1993）

直排布的双孔中都未见镶嵌绿松石者，而嵌有绿松石的开孔往往偏离玉石钺器身中线且较小，故笔者倾向第二种可能，即龙山时期双孔垂直排布的钺（戚）本不镶嵌绿松石。二里头双孔方形钺上的绿松石嵌片很可能是在二里头文化时期添加的，晚于玉钺的制作时间。

（4）多元因素组

这一组包括6件B型柄形器：ⅢKM1∶7、ⅢKM2∶1、82YLⅨM8∶8、ⅣH42∶9、Ⅲ采∶61、Ⅲ采∶62；2件双孔条形钺：80YLⅢM2∶5、ⅢKM1∶3。关于B型柄形器的文化因素前文已论及，不再赘述。这里重点讨论双孔条形钺。

以往研究中，一般将二里头文化的双孔条形钺归为海岱玉器因素。邵望平认为，二里头的条形钺的祖形可以追溯到两城镇出土的刻纹玉锛，又与传世"刻纹玉圭"有着明确的源流关系[352]。邓淑苹认为，二里头的条形钺是在龙山文化中晚期传世玉圭简化的基础上又受到肖家屋脊文化菱形纹影响的结果[353]。

其实，除了台北故宫博物院藏神面纹"圭"之外，这类器物在山东龙山文化高地龙山社会中还有不少发现。昌乐袁家墓地出土1件，平面呈窄长方形，平刃，2处穿孔相距较远，顶端穿孔较小，素面，红色，年代上属于龙山文化中期偏早或早期偏晚阶段[354]。陶寺文化早期偏晚的下靳M13出土1件，刃部倾斜，两孔排列较近，下孔钻而不透，素面[355]。在陶寺文化中期大墓M22中出土了1件，背部和刃部稍倾斜，双孔非直线排列，较分散，素面，红色，与另一件青白色单孔条形钺一同置于墓葬壁龛中漆盒之内[356]。20世纪70年代征集的石峁玉器中有2件，SSY61近似窄长方形，两孔较近，素面，刃部有磨损痕迹；SSY77，平面呈斜梯形，背部和刃部倾斜明显，两孔相距较远，素面，刃部有磨损痕迹[357]。临夏州博物馆馆藏1件齐家文化双孔条形钺，平面呈长方形，刃微弧，两孔相距较近，下空钻而不透，素面[358]（图三四）。

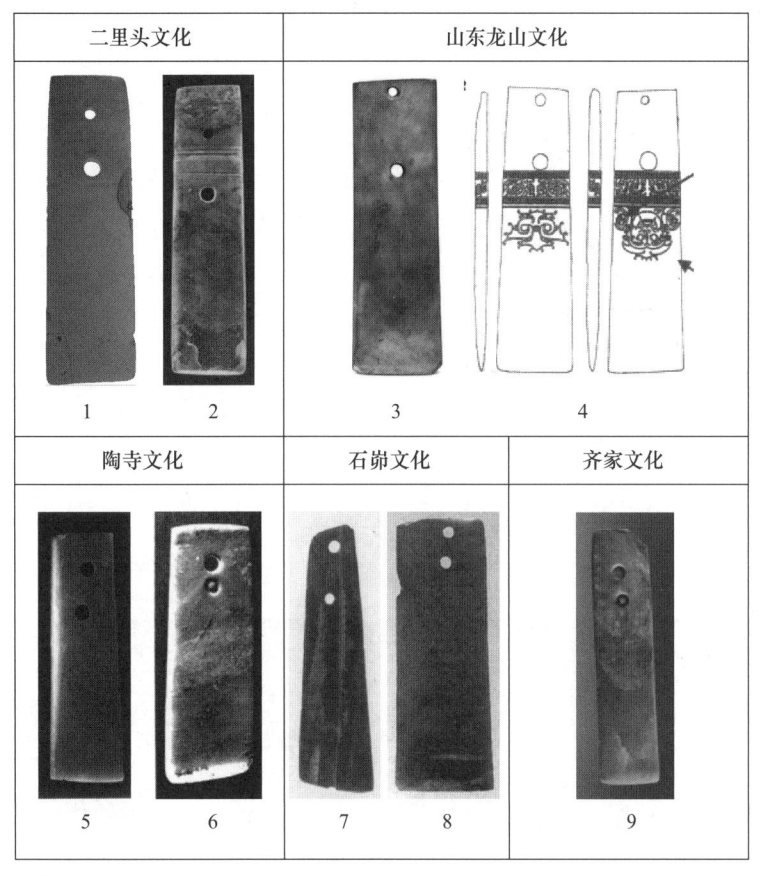

图三四　二里头文化、山东龙山文化、陶寺文化、石峁文化、齐家文化双孔条形钺对比
1、2. 二里头（ⅢKM1∶3、ⅢM2∶5）　3. 袁家墓地　4. 台北故宫博物院藏
5. 陶寺 M22∶128　6. 下靳 M13∶5　7、8. 石峁（SSY77、SSY61）　9. 临夏州博物馆藏
（1 图据中华玉文化中心等编，2013；2 图据许宏等主编，2019；3 图据栾丰实，2021；4 图据邓淑苹，2014；5 图据中国社会科学院考古研究所山西队等，2003；6 图据山西省临汾行署文化局等，1999；7、8 图据戴应新，1993；9 图据北京艺术博物馆等编，2015）

这就现有资料而言，双孔条形钺最早见于陶寺文化早期偏晚阶段，约为公元前2400~前2300年[359]；山东龙山文化、石峁文化、齐家文化和陶寺文化中期的同类器则较晚。形制上可以大体分为两类，第一类侧边平行，第二类侧边倾斜呈梯形，前者似乎出现更早。大部分双孔条形钺为平刃或带不明显的弧度，个别为斜刃。考古发掘和征集的双孔条形钺均为素面。

二里头的2件双孔条形钺形制上都近似梯形，纹饰上1件仅饰凸弦纹，1件饰菱形条带纹，介于素面的高地龙山诸器与复杂纹饰的台北故宫博物院藏品之间。林巳奈夫曾指出二里头ⅢM2：5所饰菱形雷纹和肖家屋脊出土的一件鸟首璜上的菱形雷纹相同[360]，而类似的云雷纹从二期开始就在二里头遗址的陶器上出现，宋健认为属于马桥文化因素[361]，或可以归为广义的长江中下游因素。

综上，可以将二里头文化双孔条形钺归为多元因素，其风格介于海岱与高地龙山的同类器之间，ⅢM2：5还装饰有长江中下游装饰因素的雷纹。

（5）创新因素组

这一组包括3件璧戚。1件出自墓葬（ⅧKM5：1），另外2件出自灰坑、地层等单位，ⅧT22③：2为残件再利用，ⅣH60：5则是一件未完成品。此外，二里头文化四期也发现了2件璧戚，均出自墓葬。

璧戚这类器物是二里头文化独创的器形，其综合了璧环类的形状、五角刃沿和扉牙装饰三种元素而成。六齿对称式扉牙特征源自石峁玉器传统；五角刃沿这种特殊造型的源头目前可以追溯到1件临朐朱封遗址采集的龙山文化玉钺上[362]；至于璧环类的轮廓，花地嘴遗址的"新砦类遗存"中出土了将璧环类的外形和钺相结合的璧形钺，这类器物或许是璧戚的原型[363]（图三五）。邓淑苹推测，二里头遗址的璧戚是由齐家文化的玉璧改制而来，因为二者同为其所谓的华西系玉料[364]。

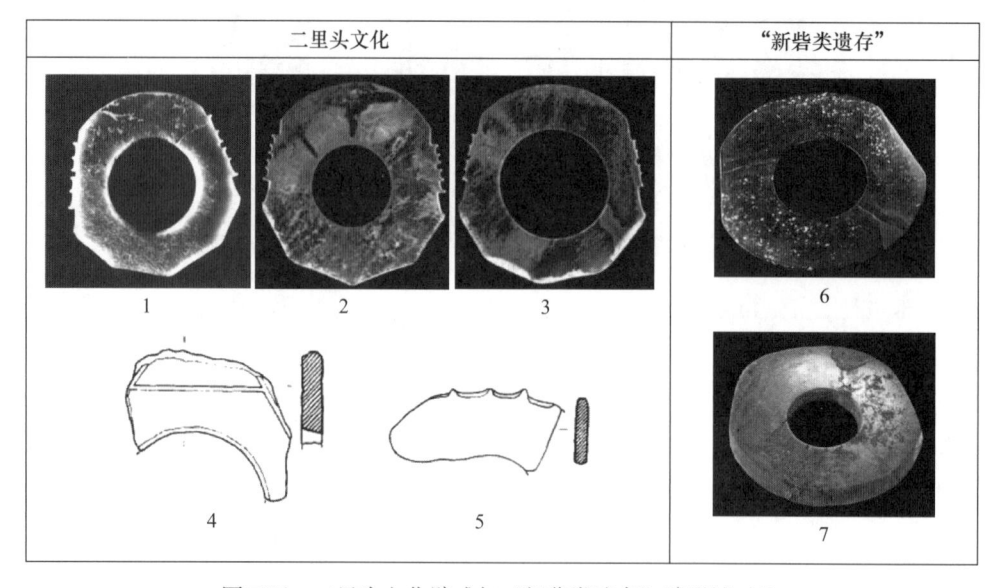

图三五　二里头文化璧戚与"新砦类遗存"璧形钺对比

1～5. 二里头（ⅧKM5：1、84YLⅥM11：5、ⅥKM3：13、ⅣH60：5、ⅧT22③：2）6、7. 花地嘴

（1、4、5图据中国社会科学院考古研究所，1999；2、3图据许宏等主编，2019；6、7图据邓聪主编，2018）

2. 其他遗址玉器群

淅川下王岗遗址二里头文化三期的地层中出土有一件残牙璋T23②A：29，残长8.9厘米。此外，在下王岗王湾三期文化乱石滩类型的文化层中，发表有1件残

玉 "戈" T14②：38，残长 8.1、宽 4.5 厘米[365]。其阑部以上器身两侧无刃，略带弧度，显然不是戈，怀疑亦是 1 件单齿扉牙牙璋，其器尺寸与同遗址二里头文化三期牙璋及东龙山 M83 牙璋相近，更加印证了笔者的猜测（图二六，2）。前文我们将 T23②A：29 归为 C 型牙璋，其单齿扉牙形态是石峁文化牙璋的典型特征，和二里头遗址的 "龙" 形扉牙有别。下王岗遗址的这 2 件单齿扉牙牙璋并非孤立存在，从龙山到二里头文化时期，从陕北南下关中地区，翻越秦岭、经 "丹江通道" "随枣走廊" 抵达江汉平原的文化交流通道畅达[366]，途径的东龙山[367]、下王岗、汪家屋场[368]等遗址中都发现了石峁文化风格的单齿扉牙牙璋（图三六）。下王岗遗址 T23②A：29 牙璋可能受到商洛地区东龙山文化的直接影响，其制作和使用年代可能早于二里头文化三期。

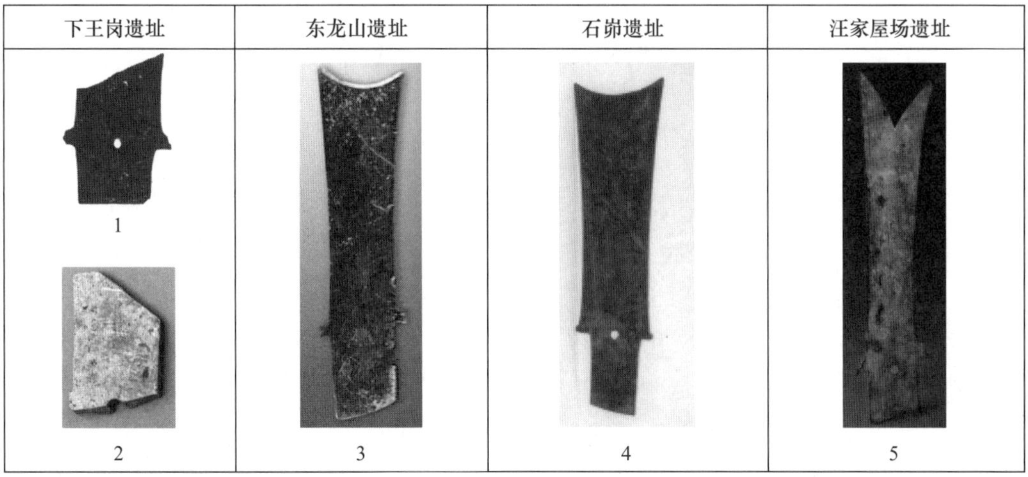

图三六　下王岗、东龙山、石峁、汪家屋场遗址出土牙璋对比
1、2. 下王岗（T23②A：29、T14②：38）3. 东龙山 M83：1　4. 石峁 SSY7　5. 汪家屋场出土
（1 图据河南省文物研究所等，1989；2 图据董俊卿等，2011；3、5 图据邵晶，2021；4 图据戴应新，1993）

下王岗遗址还发现 1 件玉环残件，同地层中还出有几件陶环。璧环类是王湾三期文化玉器中最多的器类，陶环也在王湾三期文化中大量发现。下王岗遗址出土的玉环和陶环应该是本地王湾三期文化乱石滩类型文化传统的孑遗。

王城岗遗址在二里头文化三期地层中出土有 1 件玉璜和 1 件玉圭形器[369]。

在二里头文化遗址中玉璜较为罕见，目前仅在王城岗和大司马两处遗址发现。而在王湾三期中玉璜是仅次于璧环类第二多的器类，二里头文化中偶见的玉璜应该是王湾三期文化传统的孑遗，不排除是龙山时期旧物。

圭形残器（WT17②：1）顶部呈三角尖状，同类器在其他二里头文化遗存中也未发现。陶寺遗址 M1700 中随葬有 1 件尖首玉圭[370]，为其来源提供了一种可能（图三七）。

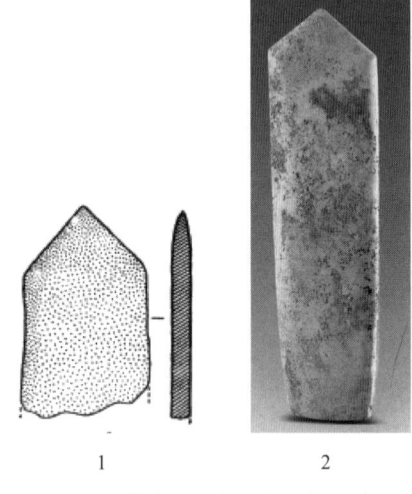

郑州大师姑采集了1件残玉琮，为素面的方体琮，形制和前文提到的王城岗、新砦等遗址出土的方体琮接近，亦可归为高地龙山文化因素[371]（图三八）。

图三七　王城岗二里头文化三期圭形器与
陶寺文化玉圭对比
1. 王城岗 WT17②：1　2. 陶寺 M1700：3
（1图据河南省文物研究所等，1992；2图据中国
社会科学院考古研究所等，2015）

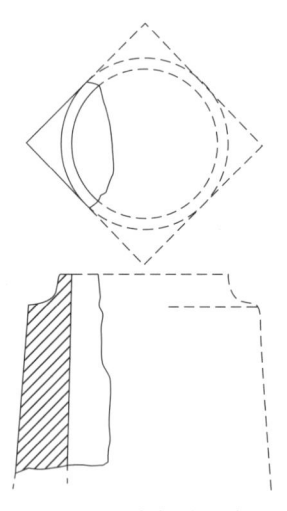

图三八　大师姑玉琮
（图据郑州市文物考古研究所，2004）

伊川南寨遗址在二里头文化三期灰坑中出土了1件玉凿。形制和同遗址出土的石凿形制上并无两样，只是石质较佳，制作稍精，但仍应该属于实用工具的行列[372]。

方城八里桥遗址采集到1件石戚，正中开一个大孔，刃部呈圆形，两侧边外撇呈"风"字形，每侧饰有2组扉牙，1组2齿[373]。二里头遗址发现多件五角沿刃器（详见下文），八里桥石戚应该是对于前者的模仿，差别在于刃部没有折为四段，且每组扉牙少了1齿。据此推测这件器物是以二里头遗址的五角刃沿戚为原型在当地制作的，而并非直接来自二里头。这件戚呈墨色，看来玉质不佳，但是磨制十分精细，体现了制作者的重视程度（图三九）。

图三九　八里桥遗址出土圆刃戚与二里头遗址出土五角沿刃戚对比
1. 八里桥 93FBO：1　2. 二里头夏都遗址博物馆藏
（1图据北京大学考古学系等，1999；2图据董俊卿等，2011）

（五）二里头文化四期玉器文化因素构成

1. 二里头遗址玉器群

（1）高地龙山因素组

这一组包括大量绿松石管珠，戈2件，双孔多刃刀1件，戚1件，牙璋1件，多孔刀2件，条形钺2件，亚腰形管（铃舌）2件。其中，A型多孔刀及条形钺为本期新见器形，这里重点讨论；其余器形前文已论及，兹不赘述。

1）A型多孔刀

84YLⅥM11出土1件A型多孔刀残件84YLⅥM11：4，平面呈梯形，一端残断，另一端磨出刃，长边也出刃，靠近刀背有2孔，一孔残缺，另一孔嵌有绿松石饼（图四〇）。林巳奈夫[374]曾根据指出这件残刀的形制特征指出，其为"龙山晚期"的古旧物，用绿松石镶嵌已经不再使用的小孔是废物再利用的表现，这一观点颇具启发性。栾丰实[375]亦曾指出二里头残刀和龙山时期的多件双孔刀有相似之处，但未作详论。

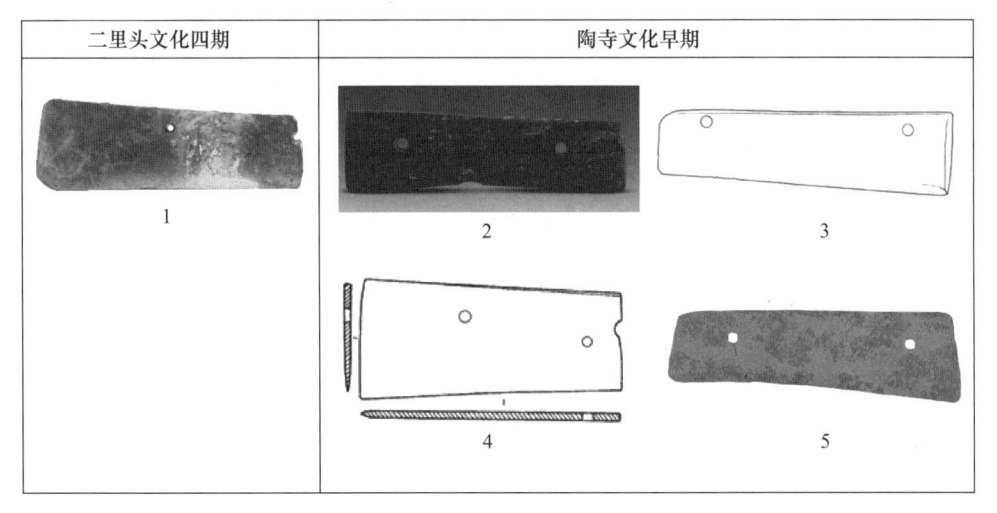

图四〇 二里头文化四期与陶寺文化早期的双孔多刃长刀对比
1. 二里头84YLⅥM11：4 2. 清凉寺M146：4 3. 陶寺M3015：49 4、5. 下靳（M51：6、M153：1）
（1图据中国社会科学院考古研究所二里头工作队，1986；2图据山西省考古研究所等，2016；3图据中国社会科学院考古研究所等，2015；4、5图据山西省临汾行署文化局等，1999）

在陶寺文化早期的下靳墓地、陶寺墓地以及大致同时的清凉寺墓地集中发现了数件形制与84YLⅥM11：4类似的玉刀，特征为刀身修长的斜体形状，刀背平直，长刃内凹，两侧边皆出刃，双孔相距较远，长度一般在20厘米以上[376]。其中，下靳墓地M51：6残刀与二里头84YLⅥM11：4几乎一致。陕北地区的芦山峁[377]、石峁[378]等遗址也有双孔刀发现，但在形制上已经发生改变，前者宽度明显增加，后者不再有多刃特征。晋南本地到了陶寺文化晚期，双孔刀中不再见斜梯形的造型，变得近似规则长方形。鉴于这种双孔多刃长刀流行时间和地域的排他性，我们可以较为肯定地判断二里头的这件残刀是陶寺文化早期的旧器。

就目前材料来看，整个龙山时代晋陕、甘青地区流行的多孔长刀（包括多刃双孔刀）都没有镶嵌绿松石的例子，所以这件残刀的镶嵌绿松石很可能是在二里头制作的。林巳奈夫对此有一种合理的解释，他认为这件残刀在墓葬中和几件完整玉器摆在一起，这种相同待遇与不惜花费功夫镶嵌绿松石的做法是一致的，或许体现了这件器物背后有关的古老传说[379]。上文曾提到，二里头的1件海岱龙山文化中期双孔方形直刃钺上亦有后来增加的绿松石镶嵌，或许也是同一行为逻辑下的产物。

2）条形钺

本期的条形钺皆为单孔，但形制有所区别。其中，84YLⅥM11：3器身极为狭长，可称之为窄条形钺；ⅥKM3：12称之为单孔条形钺。

① 窄条形钺

84YLⅥM11中出有1件窄条形钺（M11：3），长22、宽3.7厘米，平面接近长方形，顶端略收窄，钻有一小孔，另一端有双面刃，素面。这类器物显然不属于本地文化传统，而早于二里头文化四期的同类器主要发现于齐家文化、石峁文化、陶寺文化、东龙山文化中。

齐家文化出土5件窄条形钺。同德宗日遗址出土1件，长29、宽3.3～4、厚0.9厘米，墨绿色素面，一端单面钻孔，另一端双面磨刃[380]。宁夏何川上台村出土1件，长30、宽3.4～4.3、厚0.5～0.7厘米。青色素面，一端双面磨刃，另一端双面钻孔[381]。甘肃东乡出土1件，长33.2、宽3.6厘米，灰绿色素面，一端双面磨刃，另一端单面钻孔[382]。定西市清溪村出土1件，长28.2、宽4.6～6.3厘米[383]。秦安县西川乡征集1件，黑褐色素面，一端双面磨刃，另一端双面钻孔[384]。以上5件器物在各自著录中均被称为铲。石峁玉器中有2件窄条形钺。20世纪70年代征集玉器中有1件（SSY78），长21.5、宽6.5、厚0.2厘米，墨玉素面，弧背，刃部有崩痕，文中称为圭[385]。近年公布的民间藏品中有1件，长21.7、宽2.6～2.9、厚1.2厘米。青绿色素面，一端双面磨弧刃，另一端残，有一双面钻孔，图录中定名为凿[386]。陶寺文化出土1件。陶寺M243中随葬有1件窄条形钺，长29.8、宽3.5、厚0.3厘米，一端的管钻孔偏向一侧，另一端单侧平刃，墨绿色素面，报告中称为钺形器[387]。东龙山文化出土1件。东龙山M83中随葬有1件窄条形钺，长22.4、宽3.8～5.4、厚1厘米[388]（图四一）。

窄条形钺在高地龙山社会中分布广泛，并且保持了相当稳定的器形。上述9件器物的形制基本一致，大多数宽在3～5厘米左右，长度在30厘米上下。东龙山M83的相对年代相当于二里头文化二期，其窄条形钺的年代可能属于偏晚者，而其余的窄条形钺出土单位或缺乏记录或缺少分期依据，所以并不能断言这种器型最先产生于何地。从功能的角度分析，如此修长、扁薄的器形显然不能胜任实用性武器或者工具，且这

图四一　二里头文化、齐家文化、石峁文化、陶寺文化、东龙山文化窄条形钺对比
1. 二里头 84YLⅥM11∶3　2. 宗日遗址　3. 上台村　4. 东乡　5. 清溪村　6. 西川
7、8. 石峁（SSY78、民间藏品）　9. 陶寺 M243∶2　10. 东龙山 M83∶3
（1图据许宏等主编，2019；2～5图据古方主编，2005；6图据北京艺术博物馆等编，2015；7图据戴应新，1993；
8图据神木市石峁文化研究会编，2018；9图据中国社会科学院考古研究所等，2015；10图据陕西省考古
研究院等，2011）

窄条形钺的刃部一般没有磨损痕迹，应该是一种仪式性的武器或工具。在传世毛利人玉器中，有1件仪式用锛，其形制与龙山到二里头时代的窄条形钺极为相似，为这类器物的性质和使用方式提供了参考[389]（图四二）。

东龙山遗址的窄条形钺与其他片状带刃玉器（牙璋、戚）一同随葬于高等级贵族墓M83中；二里头遗址的窄条形钺也与其他片状带刃玉器（双孔刀、璧戚）共同随葬于高等级墓84YLⅥM11中，二者的出土背景如

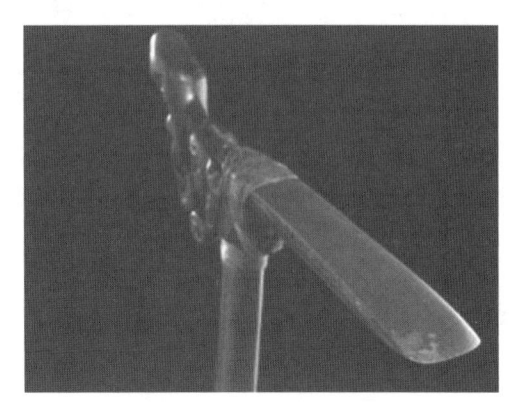

图四二　毛利玉器中的礼仪用锛
（图据中国国家博物馆，2013）

出一辙[390]。再考虑到随着二里头文化的西扩，东龙山文化从二里头文化三期开始被纳入二里头文化的范畴，转变为二里头文化商洛类型。所以，二里头的窄条形钺的直接源头很可能就是东龙山文化的同类器。

② 单孔条形钺

本期墓葬Ⅵ KM3中出有1件单孔条形钺，长13.5、宽4.2厘米，平面近长方形，一端双面磨弧刃，背平直，靠近背钻有一单面孔，素面磨光。

单孔条形钺最早出现于海岱地区，大汶口文化中晚期的焦家遗址M55出土1件单孔条形钺[391]。龙山时代，单孔条形钺在山东地区发现较少，在南部征集到1件[392]，而在高地龙山社会中的齐家文化[393]、石峁文化[394]、陶寺文化[395]发现数量较多。从形制上看，南部征集的钺为斜直刃，而西北地区的单孔条形钺中常见弧刃特征，后者

与二里头ⅥKM3∶12的刃部特征一致。在与二里头文化关系密切的东龙山文化中，东龙山M78中随葬1件单孔条形钺，与二里头ⅥKM3∶12形制极为接近，可能对于后者的出现有直接影响（图四三）。同时，在二里头ⅥKM3中，与单孔条形钺共出的还有大量高地龙山文化传统的随葬品，包括戈、北方系特征的长条铜斧、铜圆形器、海贝等，也可作为单孔条形钺自西传播而来的辅证[396]。

图四三　相关单孔条形钺对比

1. 二里头ⅥKM3∶12　2. 南邰　3. 陶寺M2035∶20　4. 喇家　5. 碧村A017　6. 东龙山M78∶10
（1图据中国社会科学院考古研究所，1999；2图据山东博物馆等编，2014；3图据中国社会科学院考古研究所等，2015；4图据古方主编，2005；5图据王晓毅，2018；6图据山西省临汾行署文化局等，1999）

（2）多元因素组

这一组包括B型柄形器9件，均出自墓葬。其中87YLⅥKM57出土有2件、84YLⅥM11出有3件，84YLⅥM6出有1件，ⅦKM7出有1件，ⅥKM3出有1件，84YLⅥM9出有1件。关于其文化因素前文已论及，兹不赘述。

（3）创新因素组

这一组包括五角刃沿戚1件、璧戚2件。这里主要谈五角刃沿戚。

81YLⅤM6出土1件五角刃沿戚，长21、刃宽23、孔径4厘米，两侧有6齿对称式扉牙，刃部折成4段。同样的器物还在偃师商城博物馆[397]和二里头夏都遗址博物馆[398]中各展有1件（图四四）。这种五角刃沿特征还见于二里头文化的璧戚之上，是二里头文化的一种典型风格。这种特殊造型的源头目前可以追溯到1件临朐朱封遗址采集的龙山文化玉钺上[399]，但是其传播的过程尚不清晰。戚上的6齿对称式扉牙显然是受石峁文化玉器扉牙的影响。这种五角刃沿戚与璧戚在形制上十分接近，可以同归为二里头文化的创新器形。

（4）欧亚草原因素组

这一组包括1件"月形器"，出自87YⅥKM57，长8.4厘米，淡青色，无刃，中部

图四四　二里头文化五角沿刃戚
1. 二里头 81YLVM6∶1　2. 二里头夏都遗址博物馆藏　3. 偃师博物馆 340
（1 图据许宏等主编，2019；2 图据董俊卿等，2011；3 图据邓聪，2009）

有一圆孔，孔内正背面各嵌一绿松石圆片（图四五，D）。栾丰实曾将其归为玉刀，认为其原型为海岱地区龙山文化和岳石文化常见的半圆形玉石刀，属于东方因素[400]。不过，考虑到"月形器"无刃的特征显然有别于刀，且二里头遗址的贵族墓中亦无随葬此种石刀的案例，这种推测有些站不住脚。

近来，王鹏梳理指出，在南西伯利亚地区的青铜时代早期（约公元前二十五六世纪至公元前十七八世纪），流行一种"月形器"，多为石质，少量为玉制，一般顶部穿孔；其常见于墓葬中，往往与宗教活动相关礼器伴出，或位于墓主头旁，或位于躯干上，或位于手臂旁；其作为禽鸟的模型，可以绑缚或悬挂在神服（包括神帽）上，系辅助"萨满"降神的法器[401]（图四五，A、B）。87ⅦKM57 中随葬的镶嵌铜牌饰和铜铃，很可能是与萨满教有关的法器，"月形器"置于墓主的左肘位置，也与可能属于卡拉克尔文化的碧湖遗址岩画（图四五，C）中"月形器"的佩戴位置相同[402]。二里头的"月形器"不论器形或是出土背景都与南西伯利亚的"月形器"十分相近，让人不免将二者联系起来。不过，二里头的"月形器"用绿松石饼嵌住了穿孔，说明其并不像南西伯利亚地区的"月形器"一样通过穿孔来系挂，其具体的使用方式已经发生了变化。

王鹏亦指出，与"月形器"有关的图像在石峁文化和肖家屋脊文化的神面主题中有所体现，不排除在公元前 3 世纪后半期或公元前 2 世纪初，南西伯利亚与中国北方乃至长江流域存在着文化交流的可能性[403]。故笔者推测二里头遗址所见的"月形器"很可能是受到了高地龙山社会文化传统的影响，不过该类器物在高地龙山社会中的实物遗存尚待发现。

2. 其他遗址玉器群

本期其他遗址玉器群中并无新器形出现。

望京楼、东下冯、洛达庙等遗址出土的 B 型柄形器可以归为多元文化因素组

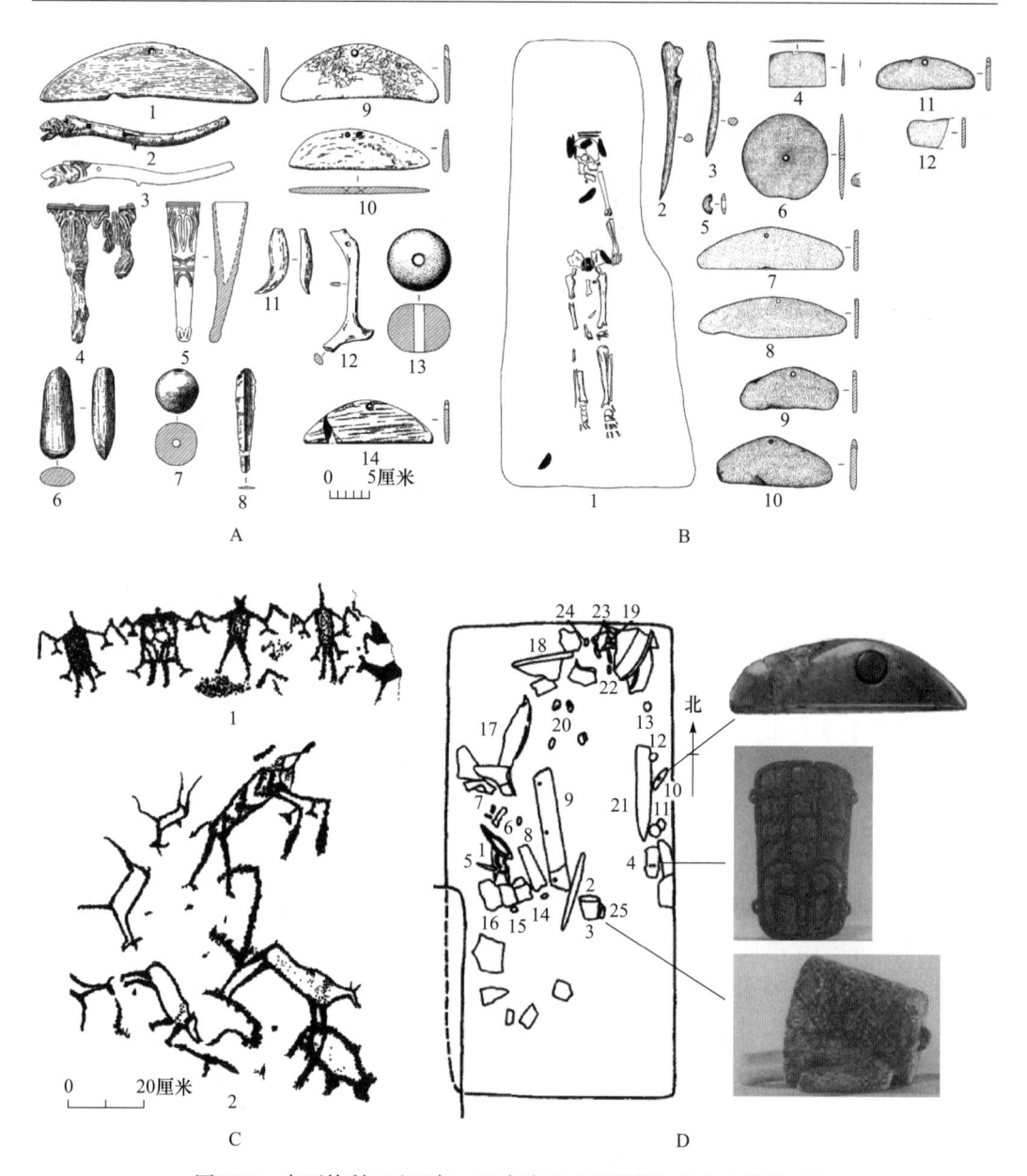

图四五　南西伯利亚地区与二里头遗址"月形器"的出土背景对比
A. 奥库涅夫文化墓葬出土遗物　B. 克罗多沃文化索普卡-2墓地M65及出土遗物
C. 碧湖遗址岩画的盛装巫师形象　D. 二里头87ⅥKM57及宗教活动相关遗物
（A～C图据王鹏，2022；D图据中国社会科学院考古研究所二里头工作队，1992）

（图四六）。望京楼、南寨、洛达庙、东下冯等遗址出土的绿松石珠和玉石戈可以归为高地龙山因素组（图四七）。此外，在东下冯和洛达庙遗址还出土了少量的玉石环，可以视为是两地先行文化陶寺文化、王湾三期文化中流行的璧环类玉器的遗绪，归为本地文化因素组。三门峡南家庄遗址灰坑出土1件玉凿和南寨遗址发现的1件残玉斧从明显的使用痕迹来看，属于玉质的实用工具，也属于本地因素。

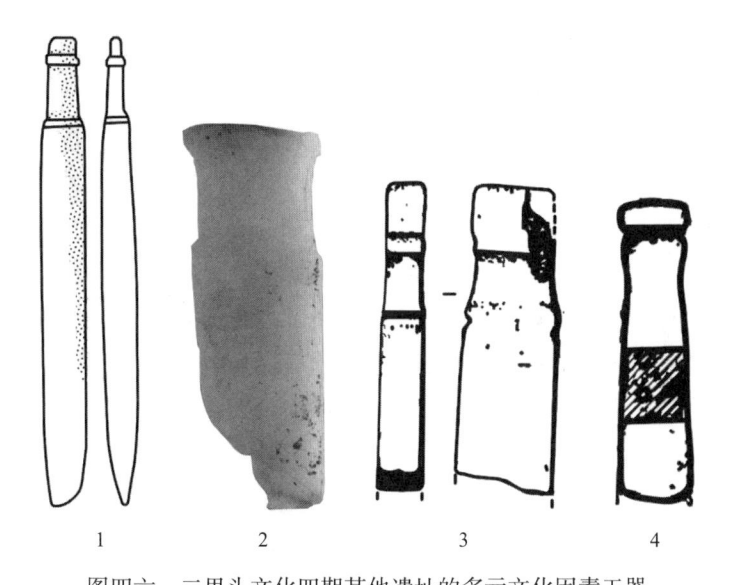

图四六　二里头文化四期其他遗址的多元文化因素玉器
1. 洛达庙 M33：2　2. 望京楼 M29：1　3、4. 东下冯（H25：1、H417：43）
（1 图据河南省文物研究所，1989；2 图据郑州市文物考古研究院，2016；3、4 图据中国社会科学院考古研究所等，1988）

图四七　二里头文化四期其他遗址的高地龙山因素玉器
1、3. 望京楼（ⅠT0608H271：2、M29：4）　2. 南寨 M10：12
（1、3 图据郑州市文物考古研究院，2016；2 图据河南省文物考古研究所，2012）

（六）二里头遗址玉器群文化因素构成的特点

二里头都邑聚落是二里头文化社会的核心。二里头遗址玉器群的材料最为丰富全面，其文化因素来源构成的特点也在二里头文化玉器群中最具有代表性。

二里头遗址玉器群的文化因素可分为高地龙山因素、肖家屋脊文化因素、海岱龙山文化因素、欧亚草原因素、本地文化因素、多元文化因素和创新因素等七组（表一）。高地龙山因素组拥有最多的器类，在数量上也处于绝对优势位置。其主要包括绿松石管珠和片状带刃玉器两大类，后者一般形体较大，造型简约，以素面为主。肖家屋脊文化因素组的器类丰富度仅次于高地龙山组，其中鸟形器、A 型柄形器及蝉形器可能是具有宗教含义的器物，具有体形小巧、纹饰精美、多施减地法工艺等特征。欧亚草原及海岱龙山文化因素组数量最少，在玉器群中处于较为边缘的地位。与外来文化因素玉器相比，本地因素组主要为实用性质的玉质工具和武器，社会属性较弱。多元文化因素组虽然种类不多，但是其中的B型柄形器和绿松石龙形器分别是二里头文化最为重要的单类玉器之一和制作难度最高的玉器，故其在整个玉器群中的地位也是较为重要的。创新组中的C型柄形器和圭形器都只有1件，璧戚和五角沿刃戚则在器型和使用方式上更接近高地龙山因素组的片状带刃玉器。综合来看，外来文化因素构成了二里头文化玉器群的基本面，其中的高地龙山因素和肖家屋脊文化因素是最重要的两股因素，或多或少地影响了多元因素组和创新因素组中的器类。

表一　二里头遗址玉器群的文化因素构成

高地龙山	绿松石管珠若干、亚腰形管5、戈5、牙璋4、B型多孔刀4、戚2、A型多孔刀1、镯1、窄条形钺1、单孔条形钺1
肖家屋脊	蝉形器6、A型柄形器4、鸟形器2、钻形器1
海岱龙山	双孔方形直刃钺1
欧亚草原	月形器1
本地	铲6、纺轮3、镞2、凿2
多元	B型柄形器18、双孔条形钺2、龙形器1、C型柄形器1
创新	璧戚5、五角沿刃戚3、圭形器1

从时间分布来看，高地龙山因素玉器是唯一一个二里头文化一至四期都在二里头遗址出现的组群，而其他文化因素组的出现时间则不早于二期。创新因素、多元因素和本地因素存在于二里头遗址的时间都为二至四期。肖家屋脊文化因素在第四期的时候退出了二里头遗址。海岱龙山文化因素、欧亚草原因素直到晚期才零星出现（表二）。

表二　二里头遗址玉器群各文化因素的时间分布

文化因素/分期	高地龙山	肖家屋脊	海岱龙山	欧亚草原	本地	多元	创新
二里头文化一期	√						
二里头文化二期	√	√			√	√	√
二里头文化三期	√	√	√		√	√	√
二里头文化四期	√			√	√	√	√

若将二里头遗址玉器群的文化因素来源具体到每一个考古学文化，并且与二里头文化陶器群的文化因素来源进行对比后，则可发现二者的差异性（表三）。构成二里头文化陶器面貌的文化因素一半来源于二里头文化同时期的周边文化，另一半则是本地或邻近地区的先行考古学文化。陶器因素的传播体现了时间和地缘的邻近原则，多为

近距离的文化交流；而玉器文化因素的传播则体现出时间和地理上的跨越性，多为远距离的文化交流。作为二里头遗址玉器群文化因素来源的 6 个考古学文化中，大部分距离二里头所在的中原地区距离较远，其中的不少文化可能在二里头文化之前已经消失了。

表三　二里头文化陶器与玉器文化因素来源构成对比[404]

文化因素来源	玉器	陶器
陶寺文化	√	√
山东龙山文化	√	√
石峁文化	√	
肖家屋脊文化	√	√
王湾三期文化		√
后岗二期文化		√
造律台类型		√
"新砦类遗存"	√	√
齐家文化	√	
先商文化		√
岳石文化		√
马桥文化		√

三、相关考古学背景与传播过程

在上文中，笔者按期别对二里头文化玉器群的文化因素构成进行了分析。本章将在考古学背景下对其文化因素构成进行分析，比较器物原生地和输入地（即二里头文化）的考古学背景异同，从而探讨作为输入方的二里头文化是以何种方式采纳诸多外来文化因素玉器的，以及这些玉器在二里头文化中起了怎样的作用。考古学背景的讨论将分为二里头遗址玉器群以及二里头遗址玉器群与其他遗址玉器群的关系两部分。在此之前，还需先对二里头时代玉器传播的过程加以必要的讨论。

（一）龙山到二里头时代玉器传播特征的演变

本节以器形为中心，对于龙山至二里头时代黄河、长江流域的玉器传播特征的演变进行简要的讨论。

龙山时代，黄河、长江流域形成了 5 个玉文化区，分别是海岱地区、晋南地区、陕北地区、甘青地区以及长江中游地区，每个地区的代表性考古学文化分别为龙山文化、陶寺文化、石峁文化、齐家文化以及肖家屋脊文化。其中，海岱和晋南两个玉文化区开始形成的时间还可以追溯到更早的大汶口文化中、晚期与庙底沟二期文化晚期。在上述每个玉文化区域内，又有多个制玉和用玉中心：海岱地区至少存在袁家－朱封、丹土－两城镇以及罗圈峪－大范庄3个制玉中心[405]；晋南地区的玉器集中发现于临汾盆地的下靳[406]、陶寺[407]和芮城地区的清凉寺墓地[408]3处用玉中心遗址；陕北地区存在石峁[409]、新华[410]和芦山峁[411]3个用玉中心；甘青地区的齐家文化存在陇东－宁南地区、洮河－大夏河流域、河湟地区、武威地区以及共和盆地等5个用玉中心[412]；长江中游地区的肖家屋脊文化存在江汉平原和澧阳平原2个用玉中心，前者的主要遗址有石家河遗址群[413]、枣林岗[414]、六合[415]等，后者以孙家岗遗址[416]为代表。

其中，黄河流域的4个玉文化区在器类、技术、玉料等方面呈现出诸多相同的特征。钺（包括单孔条形钺、双孔条形钺）、戚、多孔长刀、牙璋、璧（环）、牙璧、有领璧、连璜璧、琮、镯、亚腰玉管、绿松石管珠等器形并行于其中至少3个地区。对向片切割、璧（环）刃边、镶嵌绿松石或小玉片、扉棱等工艺技术亦广为流行[417]。软玉、绿松石、天河石等玉料普遍见于各个玉文化区[418]。研究指出，这一时期黄河流域的玉器传播机制主要为"西玉东传与东工西传"，即在黄河流域最早见于海岱地区的玉器器形和制玉技术沿黄河及其支流向西传播，而以甘肃料、天河石为代表的玉料以大致同样的路线向东传播[419]。结合本文第二部分对多孔刀、戚、亚腰玉管等具体器形的分析得知，这种传播是以接力的方式完成的，传播链的中间环节会吸收、改造带有上一环节地方化特征的器形甚至是新创器形，再次向西传播，所以形制的"变异"伴随着整个传播过程。结合前文的分析，笔者认为在"东工西传"的主流趋势下，也存在着"西工东传"的现象。宗日文化和马家窑文化中出现的绿松石管珠传统在齐家文化时期向东传播至陕北、晋南等地，甚至可能影响了海岱龙山文化。

长江中游玉文化区虽远在南方，但是与同期黄河流域玉文化区间的玉器交流现象频频可见。肖家屋脊文化的人面、虎头、鹰形笄、钻形器等典型器形北传至石峁、清凉寺、陶寺等遗址；从甘青地区常见的绿松石、天河石管珠以及石峁文化的牙璋远播到肖家屋脊文化遗址[420]；鸟（鹰）、神面等玉器主题同时存在于肖家屋脊文化和山东龙山文化。长江中游与黄河中上游地区的玉器传播以"南器北传"为主，"北器南传"相对较弱；与海岱龙山文化玉器关系密切，可能受其影响[421]。

龙山时代的玉器传播本质上是多元驱动的。海岱地区是黄河流域主要玉器器形的源头；甘青地区提供了绿松石管珠传统和软玉玉料；长江中游地区为北方输送了诸多地方特色玉器；晋南、陕北地区广泛吸收其他区域玉文化因素，并贡献诸多新创器形。五大玉文化区的传播路径大致有四条，其中北方4区之间的传播路线主要沿黄河及其支流进行；长江、黄河流域之间的传播路径有西、中、东三条，西线从甘青或河套地区向南抵达关中，南经商洛走廊穿越秦岭山脉至南阳盆地，再穿随枣走廊，到达后石家河文化的核心范围——江汉平原[422]。中线和东线,长江中游通过淮河上游的淮系龙山文化[423]分别连接晋南与海岱地区(图四八)。同一时期,地处五大玉文化区之间的中原腹地和关中盆地并不拥有发达的用玉传统,仿佛成为玉文化的"化外之地"。不过,这些区域内的遗址中偶见的外来文化因素玉器,提供了玉器传播的关键证据。作为龙山时代社会上层交流网络的交通要冲,中原腹地和关中地区历经数百年的浸淫,其所积累的地理、贸易、宗教、政治、技术等知识可能是相当可观的,并为二里头时代中原玉文化区的形成奠定了基础。

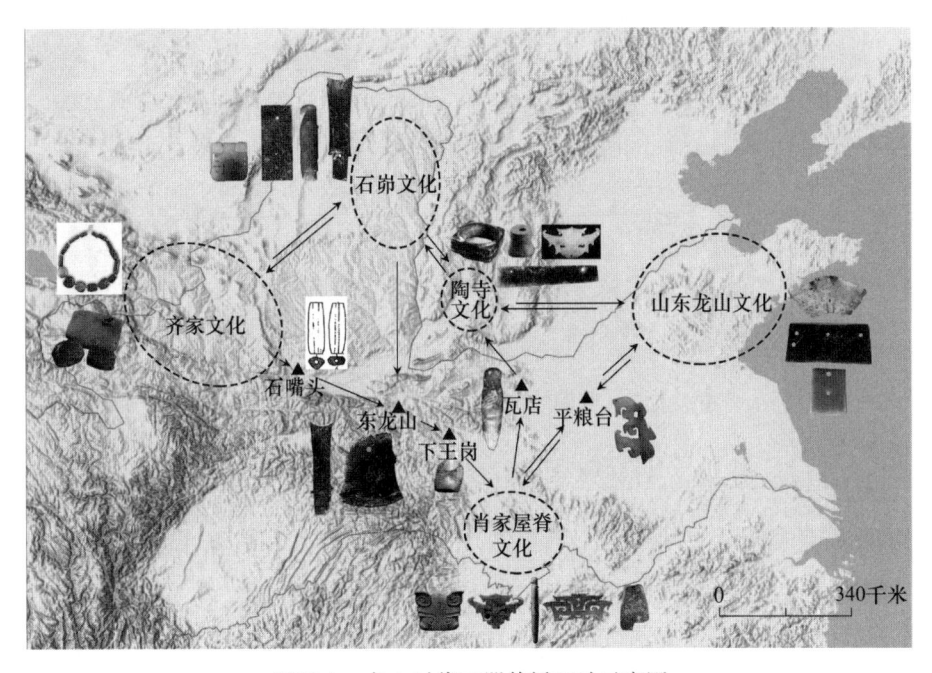

图四八　龙山时代玉器传播互动示意图

二里头时代,中原区域形成了以二里头聚落为核心的中原玉文化区,出现了二里头文化玉器群,而龙山时代的海岱、晋南、陕北、长江中游四大玉文化区已随着各区内早期复杂社会的崩溃不复存在。二里头时代的黄河、长江流域地区,除了甘青地区的齐家文化晚期社会以外,再无一个可与中原地区相提并论的玉文化区。玉文化格局已经较龙山时代发生了迥异变化:甘青-中原二元格局取代了五大玉文化区格局。在新兴的中原玉文化区内,二里头都邑的地位鹤立鸡群,是唯一的用玉中心,这种单中心的玉文化区结构亦不曾见于龙山时代。

此时两大玉文化区之间以单向性的玉器传播为主,即甘青玉文化区的绿松石管珠、多孔刀、条形钺、亚腰形管等器形直接或间接传入中原玉文化区,分布于关中东部和商洛地区的东龙山文化及后来的二里头文化商洛类型扮演了二者交流的媒介。同时,甘青玉文化区在龙山时期的规模上渐趋守成,器型不增反减,并随着齐家文化的消失而衰落[424]。二里头文化与齐家文化晚期的直接或间接交流早已被诸多陶器、铜器方面的证据所证实[425]，而玉器传播现象也是两地间交流的重要组成部分，却未被足够重视。除甘青地区之外，二里头文化玉器中还有大量来自龙山时代各个玉文化区的因素，形成了一种"缺环式"的间接传播。总之，在二里头时代，向心式的传播取代了之前的多中心传播模式，助力中原玉文化区迅速崛起（图四九）。

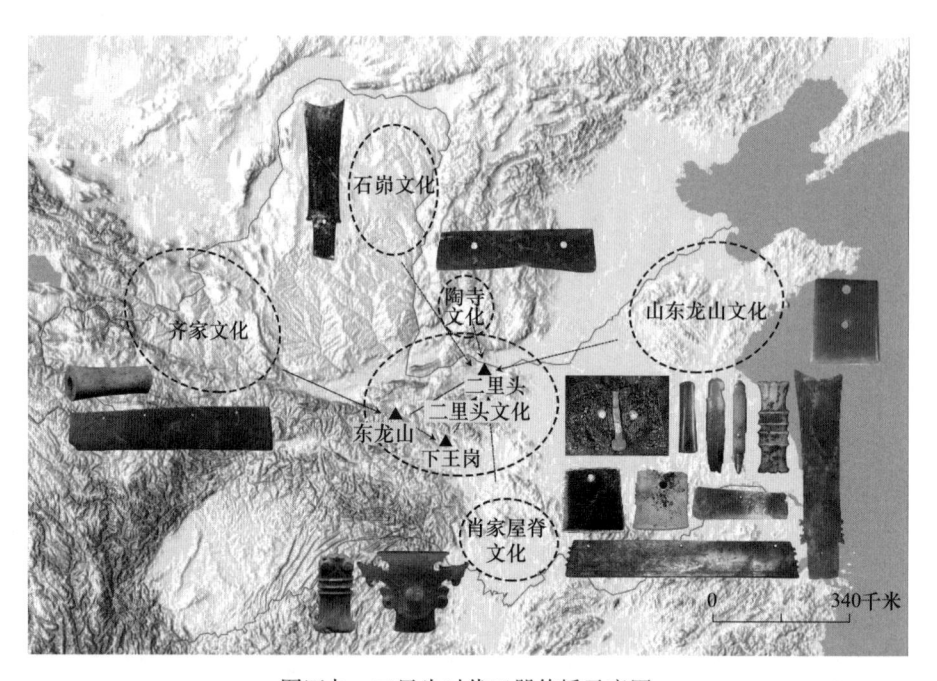

图四九　二里头时代玉器传播示意图

文化之间的交流是相互的，不过在二里头时代的向心式传播中，二里头都邑显然是更加主动的一方，这体现在其对于外来玉器来源和器类的自主选择上。二里头在二里头文化一期开始率先接纳了甘青地区的绿松石管珠饰品传统；二期在保持绿松石管珠传统的同时，又吸收了长江中游的肖家屋脊文化玉器传统；从三期开始，作为高地龙山玉器遗产的片状有刃玉器一时大量涌入，南方因素却戛然退场。而盛行于良渚文化，之后广布于黄河流域诸文化的琮和璧环类玉器则始终未受二里头都邑社会上层青睐，罕见于二里头文化。

玉文化区格局的变化是文化格局变化的一个侧面。张弛根据聚落证据指出，龙山—二里头时期，在新石器时代核心区域内东南部地区普遍发生了文化和社会衰落的现象，而郑洛地区和晋南地区是唯一没有衰落的区域；与此同时，半月形地带的兴起则彻底改变了新石器时代黄河中下游与长江中下游的二元文化格局[426]。正是在这种文化背景下，地处晋南和半月形地带的三大玉文化区强势吸纳海岱玉器的因素，其兴也勃，而属于新石器时代核心区的海岱玉文化区则渐趋颓势。大量海岱系玉器器形在西传的过程中完成了其"高地化",而随后石峁、陶寺两大高地龙山社会的崩溃留下了一份高地龙山玉器的文化遗产,石峁文化和陶寺文化的"遗民"以及仍然活跃在甘青-关中一带的齐家文化晚期和东龙山文化则成为这份遗产的"代理人",在二里头国家形成和发展的过程中,二里头贵族选择性地继承了这份遗产。曾经一些学者指出,二里头文化玉器有着明显的东方色彩[427],这种观点固然是合理的,但通过前文的分析可以得出结论,这种东方色彩并非直接源自海岱龙山社会,而是主要直接继承自高地龙山社会。将海岱系玉器视为二里头文化玉器的渊源,或间接源头应更为恰当。高地龙山社会对于二里头文化的馈赠还体现在畜牧业、冶铜术、海贝装饰、骨卜习俗、朱砂奠基葬等诸多物质和非物质文化因素,为中原地区的青铜文明贡献颇多[428]。

(二)二里头遗址玉器群文化因素构成的考古背景

二里头遗址出土的玉器主要来自墓葬,下文将尝试在墓葬、小规模墓地以及聚落形态的整体性背景下理解随葬玉器的功能和社会意义,具体涉及随葬玉器的组合、与其他共存器物的组合关系、在墓葬中的空间位置以及玉器墓的墓葬等级、与聚落功能区之间的联系等方面。并且重点比较外来因素玉器在其原生地与其输入地(二里头遗址)之间考古背景的异同,进而了解这些玉器功能、意义在被吸纳的过程中发生了什么变化。

至于本地因素组的镞、铲、凿、刀等实用性工具武器类玉石器,一般出自灰坑、地层等单位中,和其他生产生活过程中产生的废弃物共存。在它们身上很难看出玉器的社会属性,应该不属于二里头都邑社会上层构建文化"大传统"过程中的一部分,故不多讨论。

1. 二里头文化一期

(1)聚落形态概况

二里头聚落考古的发现与研究表明,在二里头文化一期,二里头遗址遗存分布范围超过了100万平方米,已经成为二里头文化分布区内的最大遗址[429]。在后来的宫殿区东北部,出现了可能是为解决大型夯土建筑的用土而挖成的1号巨型坑[430];在后来的宫殿区和作坊区内,发现了数座随葬陶器、绿松石珠的墓葬[431];在聚落中部出现制骨活动遗存[432]。此外,遗址内还发现了铜制品、象牙器、蚌贝、卜骨等较高规格的器物[433]。虽然聚落布局仍较为模糊,但是此时的二里头很可能已经成为区域性的中心聚落。

(2)考古背景分析

本期地层中的2件绿松石管珠出土于IV区的铸铜作坊范围内[434]以及V区的1号制骨作坊的附近[435],可能与手工业生产活动之间具有某种潜在关联性。

2. 二里头文化二期

（1）聚落形态概况

二里头文化二期，二里头都邑迅速全面兴盛，面积扩大至约300万平方米，形成了以"井"字形路网为框架，以宫殿区、作坊区、祭祀区、贵族居葬区为核心的开放式都邑聚落格局。

二期早段，在"井"字形路网合围的中心区域形成的宫殿区内已经建成了3号、5号两座多进院落的大型夯土建筑基址。3号基址由至少三进院落组合而成，西侧有经统一规划、在同一轴线上的西庑。5号基址面积超过2700平方米，有四进院落。在两组基址的院内活动面下均发现有多排、多座贵族墓葬，出土有铜铃、绿松石龙形器、绿松石珠、玉鸟形器、漆器、原始瓷器等高规格器物。另外，在宫殿区西南有一组可能与二、三期之际1号基址修筑有关的贵族墓葬[436]。宫殿区东侧中南部的1号制骨作坊开始了较大规模生产[437]。

在宫殿区以东、以北的区域开始形成贵族居葬区，出现夯土建筑和随葬铜、玉器的贵族墓葬；以北区域出现了祭祀活动遗存[438]和相关墓葬，祭祀区开始形成。二期晚段，在宫殿区以南、宫东路和宫西路的南延长线范围内形成了围垣作坊区，围垣作坊区以内发现有铸铜作坊和绿松石器加工作坊，都邑内发现的铜、绿松石制品可能就是在此生产的，推测应该也存在制玉作坊，但尚无相关发现。在铸铜作坊内还发现有贵族墓葬。

张海认为二里头遗址的不同功能区内均存在包括贵族墓葬在内的小型墓地，他们很可能属于以家族为单位从事不同职业的群体。这是一种以职业化的小型家族为单位的"居葬合一"新模式，表明二里头都邑很可能已经出现了行业化的管理方式和相应的官僚制度[439]。

（2）考古背景分析

1）饰品系统

在甘青地区的马家窑至齐家文化墓葬中，饰品系统十分发达，绿松石管珠往往与石珠串、海贝、玛瑙珠、铜饰品等搭配使用。其中石珠串是最为普遍的装饰，发现量大，绿松石的使用频率次之，海贝再次之，铜饰品最少。以尕马台齐家文化氏族墓地为例[440]，全部44座墓葬中有26座随葬石珠串、16座随葬绿松石管珠、12座随葬海贝、6座随葬铜饰品。这些饰品经常组合使用，使用绿松石+石珠串组合的有14座，使用绿松石管珠+石珠串+海贝的有7座，使用绿松石+石珠串+海贝+铜饰品的只有4座。随着使用饰品组合的逐渐丰富，墓葬的数量也越稀少，可能意味着墓主的社会地位也相应地提高，但是从墓葬的贫富分化来看，当时社会的等级分化并不明显。使用性别方面，包括绿松石在内的饰品男女皆可使用，并无明显区别。使用方式方面，最常见绿松石与石珠串、海贝等组成的项饰，有少量用作腕饰、耳饰，还有个别与骨珠搭配出现在腿部，可能原本放置或者系挂于衣服的前襟上。

本期二里头发现绿松石管珠的数量较前一期增多，且绝大部分出土于墓葬（表四）。二里头文化的墓葬可以分为Ⅰ级墓到Ⅴ级墓5个等级，其中Ⅰ级墓为最高等级，约占整个二里头文化墓葬的十分之一，墓穴面积多在2平方米以上，一般使用朱砂奠基和漆棺，除陶器以外还有青铜器、玉器、陶礼器、漆器、海贝等随葬品；Ⅱ级墓一般随葬陶制酒礼器，而只有1件玉礼器，随葬品的丰富程度远不及Ⅰ级墓[441]。二期的2座Ⅰ级墓全部使用绿松石管珠饰品随葬，另有5座Ⅱ级墓也随葬绿松石管珠。相比一期，绿松石管珠更有规律地出现在较高等级的墓葬中，反映出都邑社会上层使用绿松石管珠随葬的做法逐渐走向制度性，绿松石管珠开始具有都邑社会上层身份标志物的属性[442]。相比在孙马台墓地约36%的墓葬可以使用绿松石管珠，本期的二里头遗址仅约10%的墓葬使用绿松石管珠。这反映出相较于其原生地，绿松石管珠在二里头都邑社会中的稀缺性大大提高。

表四 二里头遗址二里头文化二期绿松石管珠随葬墓

墓号	级别	绿松石珠 数量	绿松石珠 使用方式
ⅣM26	Ⅱ	2	耳饰
82YLⅨM20	Ⅱ	1	?
82YLⅨM4	Ⅰ	2	?
82YLⅨM15	Ⅱ	2	耳饰
82YLⅨM2	Ⅱ	1	?
2002ⅤM3	Ⅰ	5	耳饰、冠饰
2010ⅤM2	Ⅱ	4	腕饰（?）[443]

饰品组合方面。在甘青地区和绿松石管珠搭配的饰品组合中，海贝可能在二里头文化一期已经传入二里头遗址，但是并未用于随葬。本期随葬海贝的墓葬只有02ⅤM3，墓主在下葬时佩戴了数十枚海贝编成的颈饰，还有2件绿松石管珠耳饰以及3件绿松石管珠冠饰，构成了绿松石管珠+海贝的饰品组合。不过，甘青地区最为普遍的饰品石珠串则并不受二里头社会上层的欢迎。

使用方式方面。绿松石管珠主要用为耳饰、冠饰、腕饰（?），和孙马台墓地以颈饰为主的情况有所区别。在随葬数量上，每座墓葬使用的管珠数量最多不超过5件，这也反映出此时二里头都邑内的绿松石供给较为有限。

综合而言，二里头聚落社会上层在吸纳绿松石管珠的同时，一定程度上也吸收了与之相关的部分饰品组合和使用习惯，但是他们的兴趣显然集中在更加珍贵的饰品如绿松石管珠、海贝上面。相较于原生地，绿松石管珠、海贝可能被二里头社会上层赋予了更强的阶层属性，他们之所以借鉴甘青地区的饰品系统，用于其贵族身份的构建，可能是因为河南本地在龙山时代缺乏以珍稀材料制作的饰品系统。

2）宗教玉器

这三类器物在其原生地肖家屋脊文化的枣林岗[444]、肖家屋脊[445]、谭家岭[446]、孙家岗[447]等墓地中发现数量较多，大多出自墓葬（包括瓮棺葬和土坑墓）。以材料公布较为详细的肖家屋脊和枣林岗两处墓地为例。在肖家屋脊墓地77座瓮棺葬中，柄形器和鸟形器仅在随葬品数量最多的W6和W71中出现。W6出土玉器占整个墓地一半以上，是整个墓地中唯一一座第一级墓[448]，随葬鸟形器和柄形器共7件，其中不乏一些残断者；W71中随葬了一件形制特殊的柄形器。与柄形器共出的还有鸟形器、人面、虎头、飞鹰等玉器，这些玉器一般只出现在第一级和第二级中的个别瓮棺中，明显具有宗教意义，为极少数特权者所独享（图五〇）。玉蝉的使用则相对普遍，从第一级到第三级墓都有发现。枣林岗瓮棺群的情况与肖家屋脊墓地相似，在46座墓中只有W1、W30和W39随葬有鸟形器，3座都是等级较高的墓葬。

在龙山时代，鸟形器和虎头是肖家屋脊文化玉器中传播最为广泛的器型，在河南[449]、晋南[450]、陕北[451]的同时期文化中都有发现，但它们的原生组合关系不存在了。

在本期的二里头遗址，肖家屋脊文化因素玉器主要见于最高等级的墓葬中。2件鸟形器与1件目纹柄形器分别出土于3号基址院内的2002ⅤM1、2002ⅤM3和2002ⅤM5中。蝉形器分别出土于3号基址院内的2002ⅤM3（嵌于绿松石龙形器的鼻梁上），5号基址院内的2017ⅤM11以及铸铜作坊内的ⅣM11中。虽然在肖家屋脊文化和二里头文化中，鸟形器、柄形器和蝉形器都用于较高等级的墓葬，但是相较于肖家屋脊W6那般完整的玉器组合，二里头遗址贵族墓仅取其一二而已。

使用方式方面。方向明认为肖家屋脊W6的数件玉蝉是首尾相接使用的[452]。不排除二里头ⅣM11的5件蝉形器原本也是顺序排列的。虽然二里头文化蝉形器的形制较原生地发生了较大变化，不过在使用方式上仍有相似之处。

2002ⅤM3中的鸟形器出土于墓主头部附近，周围还有3个锥尖白陶器以及3枚体积相若的绿松石管珠与之重叠（图版一三）。锥尖白陶器平面呈出一牙的圆形，在肖家屋脊文化瓮棺葬中就有类似形状的玉器，同样共出有玉管珠，可见二里头人在采纳前者的基础上再以偏好的白陶、绿松石等材质仿制[453]（图五一）。而这一整套源自肖家屋脊文化的"头饰"组合背后应是特定观念的传承。冯时认为，搭配绿松石管珠使用的3件锥状的白陶器为巫冠之饰，锥尖白陶器是天极的象征，并以马王堆西汉帛画的巫师形象辅证，观点颇具洞见[454]。据民族学材料，在萨满教中，禽鸟是人神沟通的重要媒介，萨满降神时往往身着华丽的神服扮作神鸟，并将禽鸟的模型悬挂在神服（包括神帽）上；供神灵神陟的神树一般为3棵，而作为神树象征的神帽上也装饰有神树，亦为三棵。据王鹏研究，在早于二里头文化的南西伯利亚地区奥库涅夫文化和萨穆希文化中，就有人面或者兽面戴三尖状冠并在冠顶饰月形器（禽鸟的模型）的萨满形象图像[455]（图五二）。且已有研究指出2002ⅤM3随葬的铜铃、贝胄等是北亚萨满常见的

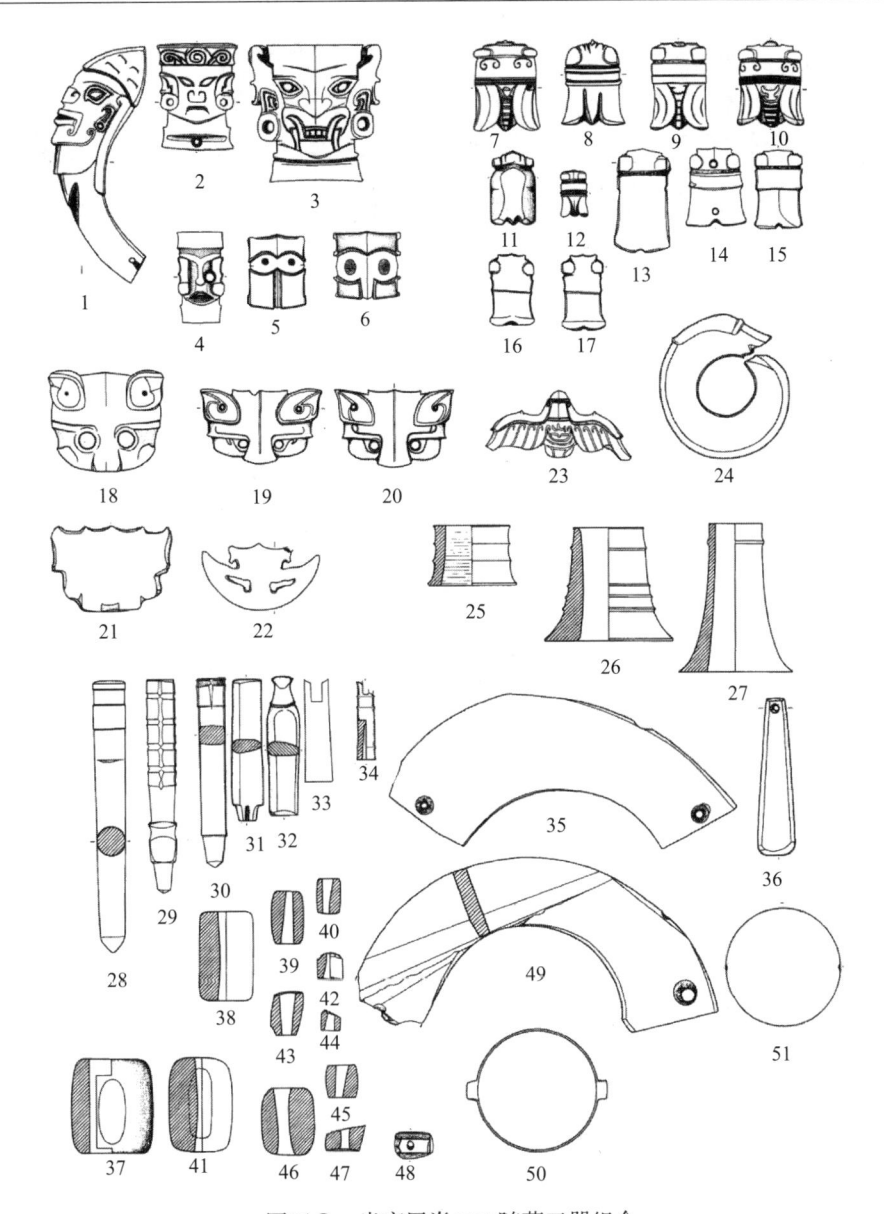

图五〇　肖家屋脊 W6 随葬玉器组合

1~6、21、22. 神面　7~17. 蝉　18~20. 虎　23. 鹰　24. 龙　25~27. 亚腰形管　28~31、
33、34. 柄形器　32. 鸟形器　35、49. 璜　36. 坠　37~48. 珠　50、51. 圆片
（图据湖北省荆州博物馆等，1999）

法器与装饰，墓主的身份应该是萨满巫师[456]。据此，2002VM3 墓主头部的鸟形器、白陶锥尖器和绿松石管珠可能是萨满通神的重要法器——神帽上的装饰。其中，鸟形器是禽鸟模型，器身的穿孔是为了将其绑系于神帽之上；3 件锥尖白陶器及其搭配的绿松石管珠可能象征着天极以及萨满教中的三棵通天神树。

从清凉寺墓地[457]和喇家遗址[458]的材料来看，高地龙山社会中的亚腰管饰是作

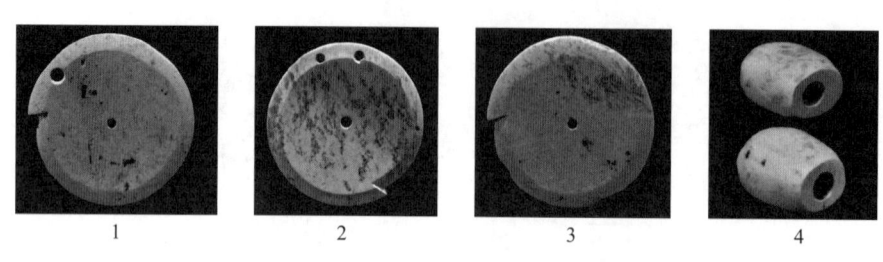

图五一　肖家屋脊文化谭家岭遗址 W4 出土玉牙璧形器及管珠
1. W4∶1　2. W4∶3　3. W4∶31　4. W4∶41、61
（图据湖北省文物考古研究所等，2019）

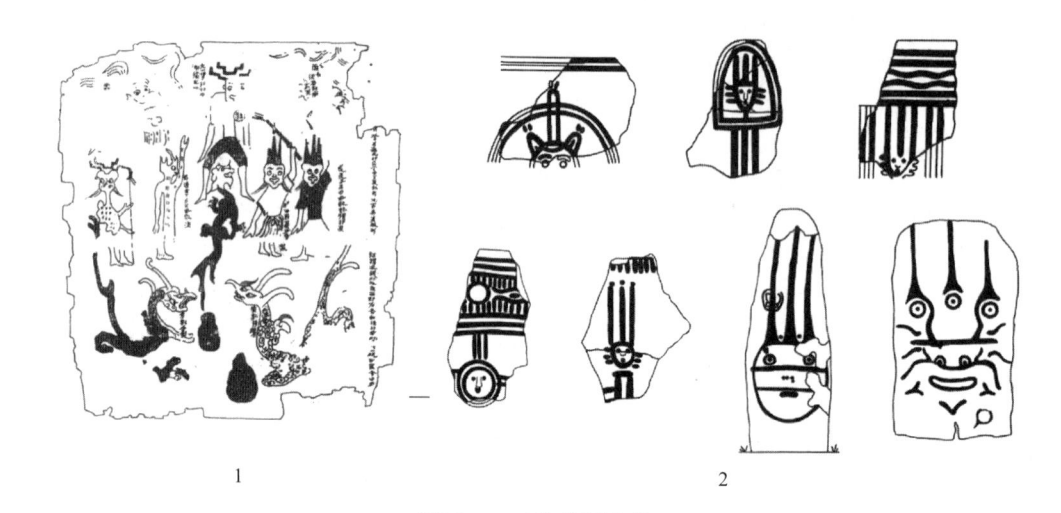

图五二　三尖状冠人像
1. 马王堆西汉帛画上戴三尖冠的巫师　2. 奥库涅夫文化和萨穆希文化中的三尖状冠人像
（1图据冯时，2018；2图据王鹏，2022）

为饰品使用的。但在二里头文化中亚腰形管用作铜铃的铃舌，二者共出于墓葬。铜铃作为二里头文化中最早出现的空腔铜器，一般只有Ⅰ级墓葬才能使用，并且和绿松石龙形器或者镶嵌绿松石铜牌饰形成一种固定的组合[459]。前述铜铃可能是用于萨满仪式的法器[460]，那么与之搭配的绿松石龙和铜牌饰应该性质相同。

早于二里头文化的"人面蛇身"形象都发现于大型都邑性质聚落的核心区内，如石峁遗址皇城台大台基的南护墙上，新砦聚落中心区的大型浅穴式建筑内。在二里头都邑宫殿区贵族墓2002ⅤM3中出土的绿松石龙形器也延续了这种规律。石峁文化中的"人面蛇身"石雕在众多石雕中并无特殊之处，"新砦类遗存"中也尚未发现用珍贵材料制作的"人面蛇身"形象，相比之下，二里头龙形器以一种前所未有的复杂工艺来表现"人面蛇身"形象，凸显了其在二里头社会中极为重要的地位。二里头文化对于"人面蛇身"形象的本地化改造还体现在如下方面。其一，将肖家屋脊文化因素的蝉元素融入其中。其二，被二里头都邑社会上层赋予的新功能和使用场景，与青铜铃形成固定搭配，作为萨满教的法器。其三，在二里头文化晚期，以一种抽象形式出现在嵌绿松石青铜牌饰上（图五三）[461]。

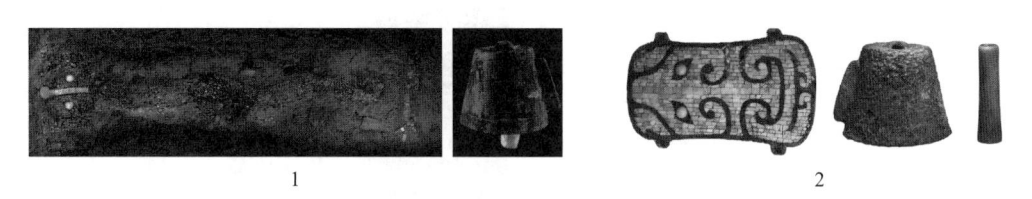

图五三　二里头文化二里头遗址中"人面蛇身"形象与铜铃的组合
1. 2002VM3：5、2002VM3：22、2002VM3：23　2. 84YLVM11：7、84YLVM11：2、84YLVM11：6
（1图据许宏等主编，2019；2图据田凯主编，2018）

根据张海的"居葬合一说"，在3号和5号基址中成组墓葬很可能代表一个或多个小型家族，他们生前居住在大型宫殿建筑中，很可能扮演着社会管理者的角色。其中2002VM3墓主的萨满巫师身份表明，二期的二里头都邑很可能被政教合一式的领袖及其家族所领导，他们继承了肖家屋脊文化中的鸟形器、蝉形器等与萨满教相关的玉器，通过占有这些宗教法器性质的玉器，以凸显其与众不同的特殊身份。在铸铜作坊区的ⅣM11随葬有陶礼器、海贝、蝉形器、B型柄形器等器物，体现了墓主较高的社会地位，随葬品内容和墓葬的分布空间反映出其生前可能兼有萨满巫师与作坊管理者的身份，且与宫殿区内的家族拥有较为密切的联系。

本期流行于二里头都邑的壶形盉也反映出社会上层与肖家屋脊文化传统间的密切联系。据研究，这种来自长江中游的器物最早出现在肖家屋脊文化当中，并向北传至南阳盆地的下王岗，再顺着嵩山西南与南部的伊河谷地北上，最后在二里头文化二期出现在二里头[462]（图五四）。李修平指出，二里头所见的壶形盉大多发现于宫殿区内，或邻近宫殿区，这种特殊的外来陶器被二里头贵族视为威望物品，如同本地的爵、鬶、盉、斝等礼器，使用于宴饮或仪式[463]。在本期宫殿区及其周边的高等级贵族墓葬中，壶形盉成了一种高频随葬品，3号基址院内出现肖家屋脊文化因素玉器的2002VM1、2002VM3、2002VM5以及作坊区的84YLⅣM51[464]中都随葬了壶形盉，其材质包括黑陶、印纹硬陶和原始瓷[465]，而壶形盉在二里头遗址的发现也仅仅限于本期[466]。

3）B型柄形器

在B型柄形器上，体现出高地龙山和肖家屋脊文化对于二里头都邑社会上层的影响。

B型柄形器曾在石峁文化的新华遗址和寨山遗址中发现。新华遗址是一处附属于石峁遗址的一般聚落，遗址内的墓葬和居址并无明显界限，多数墓葬打破或者叠压居址遗迹，共发现78座土坑墓和13座瓮棺葬，绝大多数的土坑墓没有随葬品，随葬柄形器的M27是仅有的2座随葬玉器墓之一，位置靠近遗址的中心，墓穴开口面积较大，推测墓主可能地位较高[467]。寨山遗址庙墕地点是一处石峁文化大型墓地，发现的

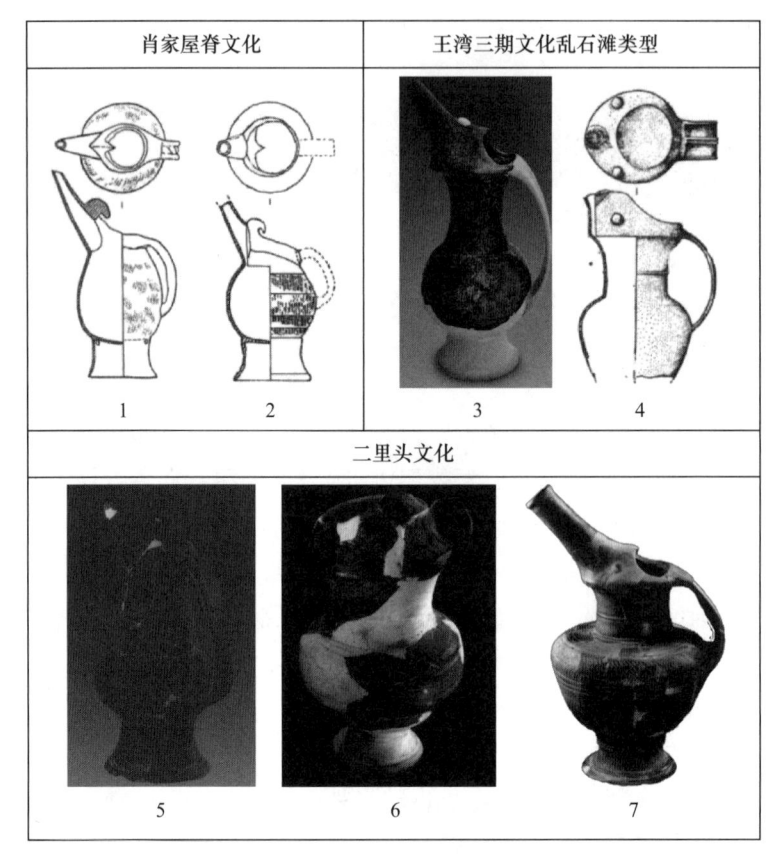

图五四　肖家屋脊文化、王湾三期文化乱石滩类型与二里头文化的壶形盉比较

1. 天门贯平堰 H1①：9　2. 肖家屋脊 H538：10　3、4. 下王岗（T2H154：1、T4②：420）　5. 南寨 YPNT85M26：3　6、7. 二里头（2002ⅤH57：3、M3：9）

（1、2 图据庞小霞等，2012；3 图据中国社会科学院考古研究所，2020；4 图据河南省文物研究所，1989；5 图据河南省文物考古研究所，2012；6、7 图据中国社会科学院考古研究所，2014）

21 座土坑墓可以分为四个等级，其中 2019M2 属于一类墓，有木棺、壁龛、殉人，在墓主身上随葬改制玉琮、柄形器（碎为多节）等多件玉器[468]。柄形器在这两处墓地都只在级别最高的墓葬中出现，且每座墓地仅出现 1 例。

相比石峁遗址，本期二里头遗址的 B 型柄形器的身份标识属性有所变化。其出现在宫殿区以东贵族居葬区内的 81YLⅤM4 和铸铜作坊内的ⅣM11 中。这两座墓葬的级别较高，前者还出土了铜铃和绿松石管珠，后者则有海贝、绿松石蝉形器等，但并非同期最高等级的墓葬。

3. 二里头文化三期

（1）聚落形态概况

本期二里头都邑继续发展，沿用了"井"字形道路网络框架和二期形成的宫殿区、作坊区、祭祀区和贵族居葬区格局，也产生了许多新变化。在宫殿区，宫殿区外侧于

二、三期之交建起宫城城墙,将宫殿区封闭围护,凸显其核心地位[469];3号、5号基址及其内的墓地废弃于二期晚段偏晚,经历了约数十年的空置期后,在其上兴建了单体"四合院"式的2号、4号基址,二者在同一轴线上,构成宫殿区东侧的建筑群[470];宫殿区西南平地兴建了1号、7号基址,二者在同一轴线上,构成了西侧的封闭式院落建筑群;同时,宫殿区内基本不再埋葬贵族墓。在宫殿区以北、以东的夯土基址、贵族墓葬及以北区域的祭祀遗存都继续增加,宫城以西部分此期已经形成了贵族墓葬区[471]。在作坊区内,铸铜作坊和绿松石作坊继续使用,制造的铜器种类和数量以及绿松石器数量都更加丰富[472]。

(2)考古背景分析

1)饰品系统

在本期大多数的Ⅰ级墓和少量的Ⅱ级墓中,都发现有绿松石管珠,绿松石管珠仍然具有贵族身份标识物属性。二里头遗址内使用绿松石管珠随葬的墓葬比例上升至15%左右[473],说明本期绿松石管珠的稀有性略微下降,都邑内的绿松石供给量增加。与此相呼应的是管珠使用量的大幅提升,平均每座墓葬的使用量达到80枚左右,这主要是受几座随葬大量绿松石管珠的贵族墓葬影响。绿松石管珠的差异化使用方式在本期的贵族墓中显现,随葬绿松石管珠的10座墓葬明显分为两组:第一组有6座,每座墓随葬管珠数都在5枚以下,以耳饰为主;第二组有4座,随葬几十甚至上百枚绿松石珠,应该是作为大型串饰使用的(表五)。

表五 二里头遗址二里头文化三期绿松石管珠随葬墓

墓号	等级	绿松石管珠数	使用方式
ⅤM22	Ⅰ	2	耳饰
ⅢKM2	Ⅰ	26	?
ⅥKM3	Ⅰ	2	耳饰
ⅢKM10	Ⅰ	4	耳饰、配饰?
ⅤKM11	Ⅰ	484	大型串饰
80YLⅢM4	Ⅰ	约200	大型串饰
80YLⅤM3	Ⅰ	2	耳饰
81YLⅤM4	Ⅰ	2	耳饰
81YLⅤM1	Ⅱ	87	串饰
82YLⅨM9	Ⅱ	1	?

随着二里头文化二期开始西扩,原本关中东部和商洛地区的东龙山文化演变为本期二里头文化的"商洛类型"[474],而这种扩张的动力之一很可能就是为了更方便地获取商洛地区的绿松石矿源[475],都邑内绿松石管珠数量的激增似乎可以佐证这一假设。在此基础上,我们可以对于本期的绿松石管珠使用做出如下解释:随着绿松石资源稀

缺性的下降，一些拥有更多权势和威望的贵族希望以管珠的数量优势来彰显自己的身份。另外，正如笔者在上文中提到的，不排除成串佩戴绿松石管珠的做法是受到了齐家文化的启发。

另外，本期墓葬中使用"绿松石管珠+海贝"饰品组合的墓葬较二期增多至5座[476]，说明这种来自甘青地区的饰品组合传统进一步被二里头都邑社会上层接纳。

2）仪仗器

本期高地龙山因素玉器对二里头影响的另一个重要方面在于片状带刃玉器的大量输入，包括牙璋、戈、戚、多孔刀、条形钺等。其中的戈、戚、多孔刀、条形钺归为玉兵器应无异议，其制作精美，且基本没有使用痕迹，多随葬于贵族墓中，应该是作为权力尤其是军事权力的象征物使用，可以称之为仪仗器。而牙璋是否属于玉兵器则存在争议。杨泓、李伯谦等认为牙璋应该是用于祭祀的礼玉，固然有其合理之处[477]。不过，牙璋和玉兵器的密切联系仍有两点证据。第一是刃部的使用痕迹，证明其刃有一定的实用性，与玉兵器相近，这一点在石峁牙璋上尤为普遍。第二是牙璋和玉兵器在墓葬中共出，且摆放位置较为接近，暗示二者的功能具有相关性，如东龙山M83、二里头80ⅤM3[478]。所以，本文倾向于认为，至少在二里头文化中，牙璋是一种与玉兵器有着较为密切关系的仪仗器，故而同样具有权力的象征性。另外，本期可归为海岱龙山文化因素组的双孔方形直刃钺、多元因素组的双孔条形钺以及创新因素组的璧戚同样属于仪仗器的范畴，而且，它们身上也存在相当部分的高地龙山因素，可以视为高地龙山因素仪仗器对二里头文化强势影响的一部分。

牙璋、戈、钺、戚、多孔刀等仪仗器在高地龙山社会中的考古背景因地区而异。陶寺文化中的仪仗器以双孔刀和钺为主，主要发现于男性墓葬之中，既可以随葬于陶寺墓地一类大墓M3073、M3015、M3002中，也可用于等级较低的下靳墓地中，并无明显的使用限制[479]。尤其是在陶寺文化晚期，仪仗器反而较为集中地发现于三类甲型墓中，戴向明认为这是陶寺社会中晚期从平民中形成的"武士阶层"[480]。

陕北和内蒙古南部的高地龙山社会中，则普遍存在仪仗器"藏玉于墙"和埋插进祭祀坑的现象。在石峁[481]、后城咀[482]、芦山峁[483]等遗址都发现有钺、戚、牙璋、多孔刀等玉器被插进石墙或者埋在墙体的夯土中。在芦山峁和新华遗址[484]都发现有玉祭祀坑，玉器一般刃部朝上插埋进坑内。反倒是在这些地区罕见仪仗器用于随葬的案例。

甘青地区的仪仗器以多孔长刀为主，大多是采集所获，仅有少量科学发掘品，如喇家遗址发现的1件多孔刀残器出自祭坛上的砂层中[485]，宗日遗址的3件玉刀出自编号为M200的祭祀坑内[486]，证明甘青地区玉仪仗器的使用方式和陕北地区类似。将仪仗器埋入祭祀坑的高地龙山传统还见于花地嘴遗址[487]，在其"新砦类遗存"的祭祀坑内发现了高地龙山因素的牙璋、戈、钺等玉器。

综合来看，陕北、甘青地区龙山时期遗存以及"新砦类遗存"中，普遍存在将仪仗器插埋进墙体或者祭祀坑的现象，而罕见用于随葬。似乎这些社会中的仪仗器具有公共属性，而非私有财富，仅用于祭祀等公共仪式活动，却不能随葬。在陶寺社会中，仪仗器可能作为军事权力的象征用于随葬，但是并无身份等级的标识功能。

进入二里头时代，首先在东龙山文化中出现了有别于龙山时代传统的仪仗器使用方式。在东龙山遗址发现的最高等级墓 M83 中，墓主右胸部有玉戚 1 件，右小腿外有窄条形钺 1 件，左臂外有牙璋 1 件，而仪仗器也仅出现于这座最高等级的墓葬中[488]。此外，M83 戚、牙璋和窄条形钺的组合以及置于墓主躯体附近的使用方式和二里头文化晚期高等级贵族墓中的仪仗器组合十分相似（图五五），故后者可能受东龙山文化的直接影响（图五六）。

图五五　东龙山 M83 仪仗器组合
（图据邓聪主编，2018）

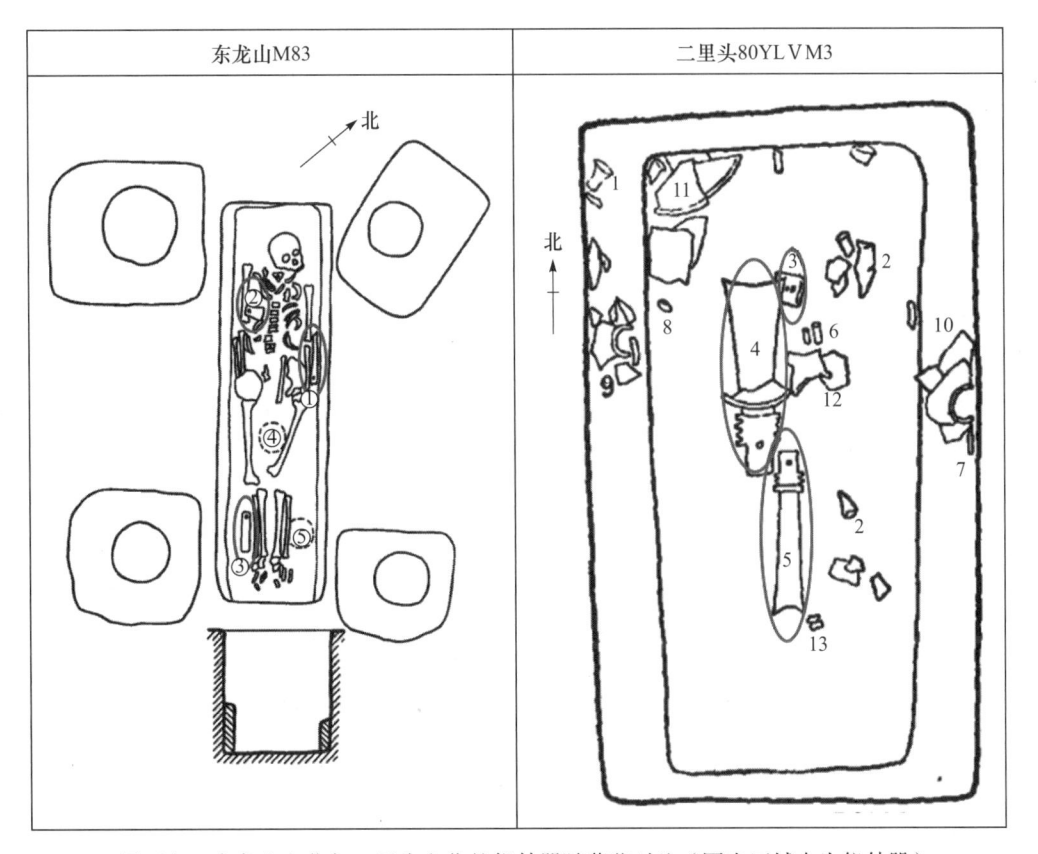

图五六　东龙山文化与二里头文化的仪仗器随葬墓对比（圈出区域内为仪仗器）
（图据陕西省考古研究院等，2011；中国社会科学院考古研究所二里头队，1983）

二里头文化三期，仪仗器甫一传入二里头都邑，就迅速被社会上层纳入其葬俗中。本期二里头遗址 7 座随葬玉仪仗器的墓葬中 6 座都是 I 级墓（表六）表明具有权力象征意味的仪仗器被社会最高层所占有，成为一种新的重要身份标志物。7 座墓葬中只有ⅢKM6、80YLⅤM3、80YLⅢM2 等 3 座墓葬保存有埋藏信息。ⅢKM6 的中部顺墓葬方向放置 1 件牙璋。80YLⅤM3 中，2 件牙璋顺墓葬方向相背摆放在墓室的中央，1 件玉钺在墓室中间偏上，可能靠近墓主的头部。80YLⅢM2 中，1 件双孔条形钺与其他随葬品一同堆在墓室的西北角，看不出明显摆放规律。由此可见，在二里头都邑社会上层葬仪中，对于牙璋的用法可能有着较为明确的规范，将牙璋顺墓室方向摆放的做法与东龙山 M83 相同，但是将牙璋有意地置于墓室的中央反映出二里头文化对牙璋重要性的强调，而这种强调也可从其牙璋硕大的尺寸上体现出来。

表六　二里头遗址二里头文化三期玉仪仗器随葬墓

墓号	等级	分布区域	随葬玉仪仗器	其他随葬玉器
ⅢKM1	I	宫东贵族居葬区	戈 1、三孔刀 1、双孔条形钺 1	柄形器、镯
ⅧKM5	I	宫西贵族居葬区	璧戚 1	
ⅢKM6	I	宫东贵族居葬区	牙璋 1	
80YLⅢM2	I	宫东贵族居葬区	双孔条形钺 1	绿松石片若干
80YLⅤM3	I	宫东贵族居葬区	牙璋 2、双孔方形直刃钺 1	绿松石管珠 2、钻形器 1
82YLⅨM5	Ⅱ	祭祀区	三孔刀 1	
82YLⅨM4	I	祭祀区	戚 1	绿松石管珠 2、亚腰管 1

要之，继承自高地龙山传统的仪仗器，以不同于龙山时代的使用方式融进了二里头都邑社会上层葬俗之中，可能作为墓主权力（尤其军事权力）的象征物。

与本期高地龙山因素不断增强的影响力呈现相反态势的是肖家屋脊文化因素的影响正在迅速衰减。

首先是器类和数量的下降，本期完整器只有人面柄形器和尖状器 2 件[489]，另有 2 件蝉纹柄形器残缺不全，而二期的鸟形器、蝉形器等肖家屋脊文化因素宗教玉器本期已经不见。其次，从考古背景看，本期的肖家屋脊文化玉器在贵族葬仪中的地位已经不再重要。ⅢKM1 共出 8 件玉器，其中高地龙山因素玉器包括 3 件仪仗器、1 件镯；肖家屋脊文化因素玉器包括 2 件 A 型柄形器、1 件 B 型柄形器。一个奇特的现象是，5 件高地龙山因素玉器保存完好，而 3 件柄形器却残破不全。这组玉器为农民取土发现，并无出土背景可考，报告编写者认为很可能是出自一座墓葬[490]，若如此，同一墓中不同文化因素来源的玉器保存状况巨大反差，应该不是盗扰所致，而是呈现了下葬时的器物状况，甚至不排除柄形器的残缺是葬礼上的刻意破坏所致。与庄重威严的仪仗器相比，难以想象这些残破的肖家屋脊文化因素柄形器的地位会更加重要（图五七）。

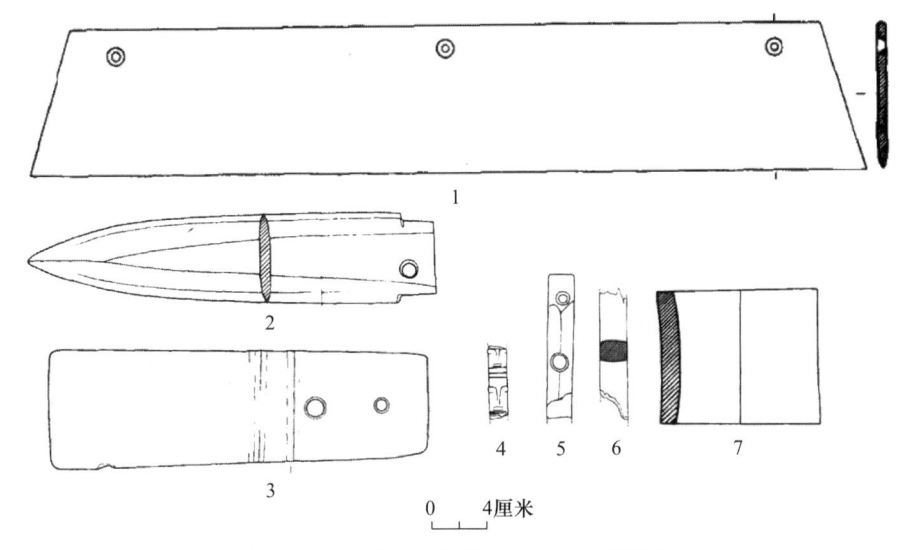

图五七　二里头遗址ⅢKM1出土玉器组合
1. 三孔刀　2. 戈　3. 双孔条形钺　4～6. 柄形器　7. 镯
（图据中国社会科学院考古研究所，1999）

本期保存完整的80YLⅤM3则提供了更为丰富可信的材料[491]。M3南北长2.15、东西宽1.3、深1.25～1.3米，墓地铺有厚2～3厘米的朱砂，墓室的四周推测修有二层台，在二层台的内侧残留红漆皮，证明原有木棺；随葬品中玉器有6件，棺内为2件牙璋、2件绿松石管珠、1件双孔方形直刃钺。此墓是二里头遗址少有的带二层台的墓葬，随葬较多玉器，可见墓主生前的地位极高。从随葬玉器的空间分布来看，2件绿松石管珠为墓主的耳饰；2件巨大的牙璋相背竖置，正好和墓主躯干部分重合，可能覆于死者身上；1件双孔方形直刃钺放置在墓主头部附近；唯一置于棺外的玉器为1件肖家屋脊文化因素尖状器，与日用陶罐摆放在一起。吉德炜认为，置于棺内靠近人骨架的器物应该是属于死者的，而那些置于棺外远离骨架尤其是置于二层台上的器物也许是属于死者亲属或依附者，且具有祭品的性质[492]。二期肖家屋脊文化因素玉器被最高等级贵族墓所独占，往往出现在棺内的重要位置，是体现墓主特殊身份的标志物；而在80YLⅤM3中，这一作用显然被牙璋和玉钺取而代之，二层台上的尖状器可能更多体现了墓主的社会关系（图五八）。

相比二期，本期肖家屋脊文化因素玉器淡出了贵族丧葬礼仪的核心乃是不争事实，高地龙山因素仪仗器一定程度上取代了前者在贵族葬仪中的重要地位，这反映了都邑社会上层对其身份表征系统的一次重大调整。

许宏认为，二里头文化第二、三期之间中轴线布局的大型宫室建筑群和宫城的问世、以青铜礼容器尤其是酒礼为核心的礼器组合的形成代表着二里头都邑二、三期之间的礼制大变革[493]。同时，在贵族葬俗中，高地龙山因素仪仗器对肖家屋脊文化因素玉器核心地位的取代以及贵族墓葬空间分布重心的变动无疑也应是这场礼制大变革的

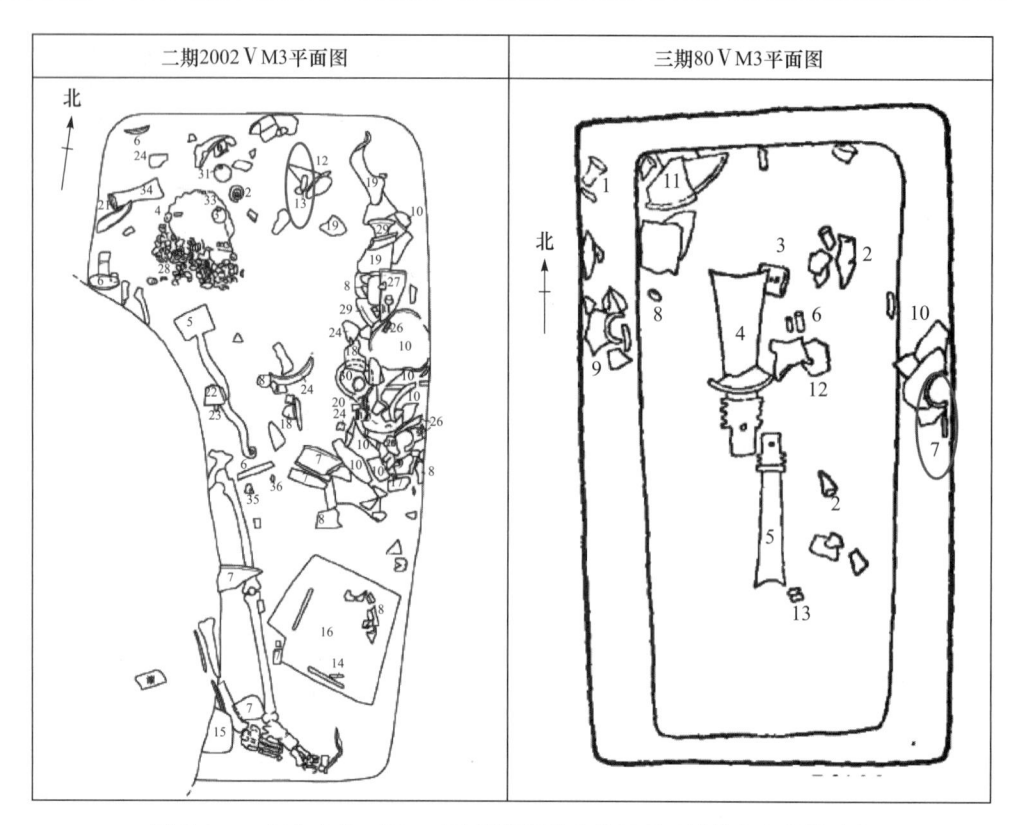

图五八　二里头文化二期、三期肖家屋脊文化因素玉器的出土背景对比
（圈出区域内为家屋脊文化因素玉器）
（图据中国社会科学院考古研究所，2014；中国社会科学院考古研究所二里头队，1983）

重要内涵。

3）B型柄形器

本期发现的B型柄形器数量较上一期有所提高，其中的2件完整器出自墓葬，1件被截短的出自灰坑，另外2件完整器来自采集。2件随葬器分别出自Ⅰ级墓ⅢKM2[494]和Ⅱ级墓82YLⅨM8[495]，这两座墓并不属于本期级别最高的墓葬，而随葬有大量仪仗器的最高级墓葬中则不出B型柄形器。这反映出B型柄形器的使用情境和二期是大致相似的，即它们的拥有者可能是地位稍次的贵族。B型柄形器在二里头都邑葬仪中的相对稳定性从侧面暗示二、三期之间的玉礼器变革可能更主要发生在都邑最顶层的统治集团中。

4. 二里头文化四期

（1）聚落形态概况

四期早段时，二里头都邑聚落仍然延续了三期形成的格局，宫殿区以东的贵族墓葬增加。在四期晚段，新的变化开始出现。在宫殿区内，4号基址的东庑至迟于四期晚段偏晚阶段废毁，宫城墙、1号、2号基址、4号基址主殿出现了数量不等的破坏性灰坑[496]，但可能沿用至本期结束[497]。在偏晚阶段6号基址依托宫城东墙兴建，其西同时建有11号基址，这两座建筑在四期结束之前已经废弃。在宫南路的东段新建有10号基址，沿用至本期末。围垣作坊区在北缘新筑了一道墙Q3，或用以代替原本坍塌的Q5北墙，其内的铸铜作坊和绿松石作坊一直沿用至本期之末[498]。关于二里头遗址四期晚段的文化属性，学界主要存在两派观点，一派认为二里头人对于遗址的控制直至本期之末[499]，另一派则认为，二里头遗址的四期晚段遗存已经属于二里岗文化系统[500]。

（2）考古背景分析

1）饰品系统

本期二里头都邑的绿松石管珠大部分发现于Ⅰ级墓，少数发现于Ⅱ级墓，绿松石管珠随葬墓占所有墓葬的比例约15%，大多数墓葬中的管珠作为耳饰使用，1座墓葬中可能存在大型绿松石珠串，这些情况都与三期相同，反映了在三、四期之间，二里头都邑社会上层的绿松石管珠饰品系统保持了相对的稳定性。一个小变化体现在随葬大型绿松石串饰的墓葬在四期只发现了1座，较三期减少，这或许反映出本期二里头都邑绿松石供给量可能有所下滑（表七）。

表七　二里头遗址二里头文化四期绿松石器随葬墓

墓号	等级	数量	用途
ⅥKM3	Ⅰ	2	耳饰
ⅦKM7	Ⅰ	?	?
80YLⅥM6	Ⅱ	1?	耳饰?
84YLⅥM6	Ⅰ	约150	串饰
84YLⅥM11	Ⅰ	2	耳饰
84YLⅥM8	Ⅱ	?	?
87YLⅥKM57	Ⅰ	2	耳饰

2）仪仗器

本期仪仗器（包括创新因素组的璧戚和五角沿刃戚）主要发现在Ⅰ级墓中。在不考虑盗扰的前提下，在平均每座墓的随葬数量为2.4件，相较于三期平均每座墓仅随葬约1.6件有了一定的提升，仪仗器在社会上层葬仪中的作用得以巩固，同时在一定程度上反映了本期仪仗器供应能力的提升（不论这些玉器是不是在二里头都邑内制作的）。仪仗器的种类并没有什么变化，也并没有明显的组合规律可循。较之三期最大的变化在于，本期高级贵族墓更集中于祭祀区，可能反映出该区域在都邑中重要性的相对提升（表八）。

表八　二里头遗址二里头文化四期玉仪仗器随葬墓

墓号	等级	分布位置	仪仗器
VIKM3	I	祭祀区	璧戚1、戈1、条形钺1
VIIKM7	I	宫西贵族居葬区	戚1、七孔刀1、牙璋1
81YLVM6	II	宫东贵族居葬区	五角沿刃戚1
84YLVIM11	I	祭祀区	璧戚1、窄条形钺1、双孔刀1
87YLVIKM57	I	祭祀区	戈1、三孔刀1

3）B 型柄形器

本期二里头都邑内肖家屋脊文化因素的 A 型柄形器已经不见，所见的柄形器为 B、C 两型，而 C 型柄形器像是制器者的个性化表达，可以视为 B 型柄形器的变种，二者在使用方式上看不出差别，可一起讨论。相比三期，二里头都邑社会上层对于柄形器的使用发生了一些变化，这些曾经作为次一等贵族身份标识物的玉器开始较为普遍地出现在随葬玉仪仗器或铜礼器最高等级墓葬中，少数墓中还随葬多件，其在贵族礼仪中的地位愈发重要（表九）。

表九　二里头遗址二里头文化四期玉柄形器随葬墓

墓号	等级	随葬柄形器数量
VIKM3	I	1
VIIKM7	I	1
84YLVIM6	I	1
84YLVIM9	I	1
84YLVIM11	I	3
87YLVIKM57	I	3

5. 外来因素玉器对二里头都邑的影响

高地龙山因素玉器对于二里头遗址的影响主要体现在绿松石饰品和仪仗器两个系统上。绿松石管珠在二里头文化一期传入二里头聚落，成为社会上层声望物品，并被纳入葬俗中；从二期开始具有贵族身份标识属性，随葬使用逐渐制度化。这一时期，绿松石管珠在二里头遗址内一般作为耳饰，且表现出远高于其在原生社会中的稀缺性与阶层性。在三、四期时，二里头都邑内绿松石管珠的稀缺度有所下降，这可能与绿松石资源的供给增加有关，更高等级的贵族开始使用大量绿松石管珠编成的串饰。仪仗器在第三期进入二里头都邑，迅速成为高等级贵族的身份标识物，一定程度上取代了肖家屋脊文化因素玉器在贵族葬仪中的地位。同时，在高地龙山因素仪仗器的影响下，二里头都邑内产生了一些新的仪仗器器形。

肖家屋脊文化因素玉器在第二期进入二里头都邑，这些具有宗教含义的玉器可能被当时政教合一式的统治者所独占，而宫殿区之外贵族墓葬中同类器可能是通过赏赐等途径获得的。壶形盉作为宴饮活动和贵族葬礼的重要器皿，也体现了当时都邑社会上层与肖家屋脊文化的密切联系。但是这种情况仅仅维持了一期的时间，随着二里头都邑二、三期之间礼制大变革的发生，肖家屋脊文化因素玉器在都邑玉器群中的核心地位被新输入的高地龙山因素的仪仗器取代，在第三期沦为边缘配角，至第四期已消失不见。

B型柄形器和绿松石龙形器的"人面蛇身"形象都是融合肖家屋脊文化因素和高地龙山因素的产物。B型柄形器在二、三期主要作为次一级贵族的身份象征物用于随葬，在第四期开始被随葬于最高级贵族墓中，是二里头都邑乃至二里头文化中最具代表性的一种玉器。"人面蛇身"形象继承了龙山时代已有的贵族阶级属性，并且被更加特殊的表现手法予以强调，其与铜铃形成了二里头都邑社会独具特色的萨满仪式法器，在晚期又以抽象的形态出现在铜牌饰之上。

总体来看，二里头都邑社会上层一直在借鉴、选择、整合远方异域和旧时社会中的因素以构建其文化"大传统"。过程中，既有绿松石管珠为主的饰品系统、融合多种文化因素的B型柄形器以及"人面蛇身"形象的"连续"，也有肖家屋脊文化因素玉器被高地龙山因素仪仗器所取代的"断裂"。

（三）外来因素玉器的"二次传播"现象

由于二里头遗址出土玉器的种类和数量都远超其他二里头文化遗址，所以既往对于二里头文化玉器的研究较少单独讨论二里头遗址之外出土的玉器。不过，将二里头遗址玉器群和其他遗址玉器群的文化因素进行对比分析，有助于更进一步理解都邑聚落和其他聚落之间的互动关系。由表一〇可知，在二里头遗址和其他遗址的外来文化因素玉器中，绿松石管珠、柄形器、戚、戈和牙璋是二者共有的器类，此外的二里头遗址玉器群中的大部分器类都不见于二里头遗址之外；其他遗址中亦有少量独有器类，不过数量极少。

表一〇 二里头遗址和其他遗址外来文化因素玉器出现时间对比

玉器器类/期别	二里头文化一期	二里头文化二期	二里头文化三期	二里头文化四期
绿松石管珠	△	□		
鸟形器		△		
柄形器		△		□
蝉形器		△		
亚腰形管		△		
绿松石龙形器		△		

续表

玉器器类/期别	二里头文化一期	二里头文化二期	二里头文化三期	二里头文化四期
圭形器		△		
戚			△□	
戈			△	□
条形钺			△	
璧戚			△	
牙璋			△□?[501]	
镯			△	
多孔刀			△	
月牙形器				△
琮	□			
斜刃钺		□		
天河石珠		□		
人形玉	□			

注：△代表二里头遗址，□代表其他遗址

二者共有的器类基本是二里头都邑内常见的外来玉器，且某一器类在二里头遗址的出现时间总是不晚于在二里头遗址之外出现的时间，据此，笔者提出一个假设，这些出现在二里头之外的外来文化因素玉器是二里头都邑对外影响的结果。如果将外来玉文化因素输入二里头都邑称之为外来因素的"一次传播"，那么经由二里头都邑的对外扩散可称为外来因素的"二次传播"。二里头文化聚落相关研究表明，从二里头二期开始，二里头文化形成了以二里头聚落为核心的四级聚落体系[502]。四级聚落等级被认为是进入国家社会的标志，二里头则是唯一的都邑性质聚落，都邑周边地区的一些次级中心可能负责向都邑提供国家统治所需的木料、石料、高岭土、铜矿等自然资源、石器、白陶器等器物以及食用的水稻[503]。毫无疑问，二里头都邑在与周边聚落的经济政治互动中扮演了主导地位，这为我们的"二次传播"假设提供了有力支持。以下将对其传播过程进行更细致的考察。

二里头文化一期，"二次传播"尚未开始，二里头与其他遗址玉器群的内涵大相径庭。当二里头聚落开始引入甘青地区的绿松石管珠传统，而新砦、郝家台等遗址还是当地龙山时期用玉传统的延续，相较于陶器面貌上的改变，玉器上的变化明显滞后。如果将同时或稍早的"新砦类遗存"纳入观察，可以发现在这一阶段，嵩山周围地区三处区域中心聚落的用玉情况差异较大。二里头聚落以绿松石管珠饰品为主，并且随葬于贵族墓中；花地嘴聚落以牙璋、戈、钺等仪仗玉器为主，发现于祭祀坑中；新砦聚落则以玉琮为主。而三处聚落玉器的共性在于都不同程度地受到高地龙山玉器群的影响，但是就采纳方式而言，三地显然根据各自社会的实际做出了不同的选择（图五九）。

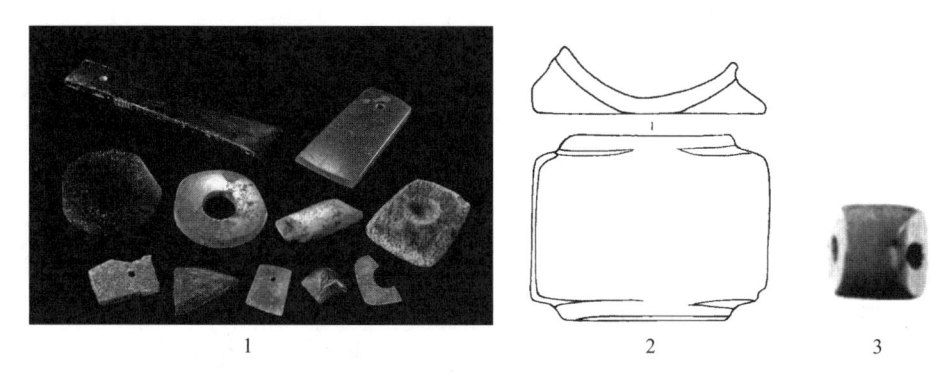

图五九　嵩山周围三处区域中心聚落的用玉比较
1. 花地嘴祭祀坑　2. 新砦2000T5 ④∶4　3. 二里头Ⅱ·VT111 ⑤ B∶6
（1图据邓聪，2018；2图据北京大学震旦古代文明研究中心等，2008；3图据中国科学院考古研究所
洛阳发掘队，1965）

二里头文化二期，在二里头都邑内绿松石管珠的使用已经较为规范化，肖家屋脊文化因素玉器输入并成为核心玉礼器的背景下，绿松石管珠开始出现于二里头遗址之外，不过也仅在伊川地区的一般性中心聚落南寨遗址[504]的地层中发现1件。南寨遗址地处嵩山的西南麓，临近伊阙，距离二里头遗址的直线距离只有不到30千米，且位于二里头西南方向出洛阳盆地的必经之路上，颇有战略价值。考虑到二里头都邑二期已经开始在作坊区内制作绿松石器，且南寨和二里头之间交通便利，所以这件绿松石管珠很可能制作于二里头遗址，伴随人员流动来到南寨。但本期南寨并未出现使用绿松石管珠随葬的现象，说明当地还未形成较高等级的贵族阶层，社会分化程度有限，更像是附属于二里头都邑的一个交通据点。若以二里头文化区整体观之，本期"二次传播"的范围仅限于洛阳盆地附近。

二里头文化三期，二里头都邑内经历了第一次礼制大变革，社会上层对绿松石管珠的使用程度加深，柄形器成为次一等贵族的身份标识物，高地龙山因素仪仗器强势崛起取代肖家屋脊文化因素玉器成为社会上层葬仪用玉的核心。在此背景下，"二次传播"的势头增强，在二里头遗址之外发现的绿松石管珠、柄形器、戚、戈等器物共计30余件，占据发现玉器总数的四分之三。出土这些玉器的遗址包括了夏县东下冯、郑州大师姑、登封南洼、荥阳西史村、方城八里桥等5处，分布范围东到郑州，南到南阳，北越黄河抵达运城地区。这些遗址基本是各自区域内的中心聚落，在整个二里头文化区四级聚落体系中位于第二或第三级。

东下冯遗址作为晋南地区的一般中心聚落，在二里头文化三期时进入兴盛期，修筑内外双重环壕[505]。本期遗址内发现的2件绿松石珠分别出自第一、第五地点的灰坑中，这两处地点分别位于遗址北部的高等级生活区和中西部的生活区内[506]，表明此时的东下冯聚落社会上层已经使用绿松石管珠饰物以彰显身份。

大师姑城址于二里头文化三期前后兴建于二里头都邑以东地区，遗存显示出浓厚的军事防御色彩，起到拱卫都邑的作用。该聚落在日用陶器面貌上和二里头都邑保持着高度一致性，体现了二者之间的密切联系，却较少见陶酒器等高等级陶器，或与其军事功能相关[507]。本期零星绿松石片的发现体现了大师姑聚落和二里头都邑社会上层之间的往来。

南洼遗址是一处以生产白陶器为主的手工业中心，繁荣期为二里头文化二、三期，其生产的白陶并非聚落内部消费，而是供给周边聚落尤其是都邑聚落，对墓葬空间分布的分析指出，南洼聚落内存在着不同的家族[508]。本期聚落的墓葬和灰坑中出土有绿松石珠、片。2004M9 墓主为一名中年男性，在其颈部出土一枚绿松石管珠，应该是作为颈饰，另外一座 2004M2 仅随葬一件绿松石颈饰，墓主为一位 12～13 岁的少女，可能也属于本期[509]。两座墓葬应该分属不同的家族。其中 M2 东南 5 米为一座二期的高等级墓葬 2004M1[510]，墓主为一名中年男性，随葬爵、瓮、敛口罐、平底盆、豆等陶器、海贝 7 枚，并使用 1 块大扇贝覆面，应该是族长身份[511]，M2 的墓主很可能与 M1 的墓主之间存在直接亲缘关系，才得以使用绿松石管珠陪葬。

西史村遗址是郑州地区的一般中心聚落，发掘的墓葬东西成排分布[512]，可能是一处家族墓地，其中二里头文化三期[513]的 1979M1 用朱砂奠基，随葬爵、盉、圆陶片等陶器、1 件玉柄形器和 4 件海贝，是聚落内等级最高的墓葬[514]。相比二里头文化二期仅随葬日用陶器的墓葬，本期的朱砂奠基，随葬陶酒器、圆陶片、柄形器、海贝等葬俗明显源自二里头都邑上层社会葬仪的强烈影响，证明西史村聚落与都邑间的联系加强，同时，更高等级的贵族墓出现也显示了当地社会等级分化的加剧。

八里桥遗址位于南阳盆地，遗址内绿松石珠、玉石戚、卜骨、陶爵、盉、黄牛角等器物的发现也表明其较高的地位[515]。遗址出土圆刃戚为黑色石质，和二里头的五角刃沿戚大体相似，但是犀牙的齿数不同，刃部也无折边特征，很可能是本地制作的。仪仗器作为二里头文化晚期最重要的玉器，在二里头遗址之外的发现十分有限，且多在伊洛郑州地区，远在南阳地区的八里桥聚落社会上层仿照二里头都邑的五角沿刃戚制作了圆刃戚，表明了二地社会上层之间的密切关联，而相较于同期南阳地区的淅川下王岗、邓州穰东等二里头文化遗址，八里桥的陶器面貌也更接近二里头遗址。

总之，本期"二次传播"的影响已经突破洛阳盆地的地域限制，更多的次级中心和一般中心聚落的玉器面貌逐渐趋近于二里头都邑。同时，都邑社会上层与玉器相关的葬仪也深深地影响了这些聚落。由此可见，二里头都邑对于周边聚落的政治、文化影响力在本期大幅提升。

二里头文化四期，都邑内的玉器文化因素构成维持了三期的情况，仪仗器和柄形器的使用增加。在此背景下的"二次传播"的影响也在深化，东下冯、南寨、望京楼、洛达庙等遗址发现了更多的绿松石珠、柄形器、戈等器物，玉器随葬墓出现频率更高。

东下冯遗址本期在生活区的灰坑中出土 2 件柄形器，石灰岩制，形制较二里头都邑常见的 B 型柄形器有所区别，做工粗糙，很可能是本地制作的；贵族墓 T4401M401

中随葬有绿松石片。T4401M401位于第四地点，墓口面积2.2平方米，墓内合葬两具人骨，东侧为男性，随葬品包括爵、盉等陶酒器，单耳罐和绿松石8片，都在男性骨架一侧，推测其为墓主，综合看此墓等级较高[516]。合葬现象在二里头文化中较为少见，若陪葬者为女性，则与石峁文化和陶寺文化中的"殉女葬"有继承关系[517]，随葬品中的单耳罐是东下冯类型的典型日用陶器，而爵、盉、绿松石片则是二里头都邑社会上层特色的仪式性陶器和饰品。T4401M401葬俗所体现的高地龙山传统、本地传统与二里头都邑传统的杂糅，可以视为这位东下冯贵族身份认同多元性的反映，他可能是"二里头化"的本地贵族或派来管理此地的二里头都邑贵族。在东下冯遗址以南的垣曲古城南关遗址灰坑中发现了1件柄形器，报告定为二里头文化晚期，其形制和东下冯遗址出土的柄形器相近，可能也属于本期。

南寨遗址本期的贵族墓YPNT90M10中随葬了1件由6枚绿松石管珠和7枚骨珠组合而成的项链。该墓使用木棺和朱砂奠基，随葬品除了项链之外还包括爵、盉、杯、尊形器、豆等9件陶器，其中爵、盉为白陶制品，另有2件圆陶片可能与漆觚有关。在绿松石管珠中的两端斜面的管珠和大型方扁珠曾在二里头遗址发现[518]（图六〇），证明南寨聚落社会上层使用的绿松石管珠很可能直接来自二里头都邑。邻近的同期贵族墓YPNT90M16使用漆棺、还随葬有海贝34枚组成的项链[519]。从玉器使用和贵族墓的级别来看，本期南寨聚落的社会上层和二里头都邑社会上层的联系较之前更加紧密，或表示这处扼守西南要道的聚落对于二里头都邑战略价值的提升。

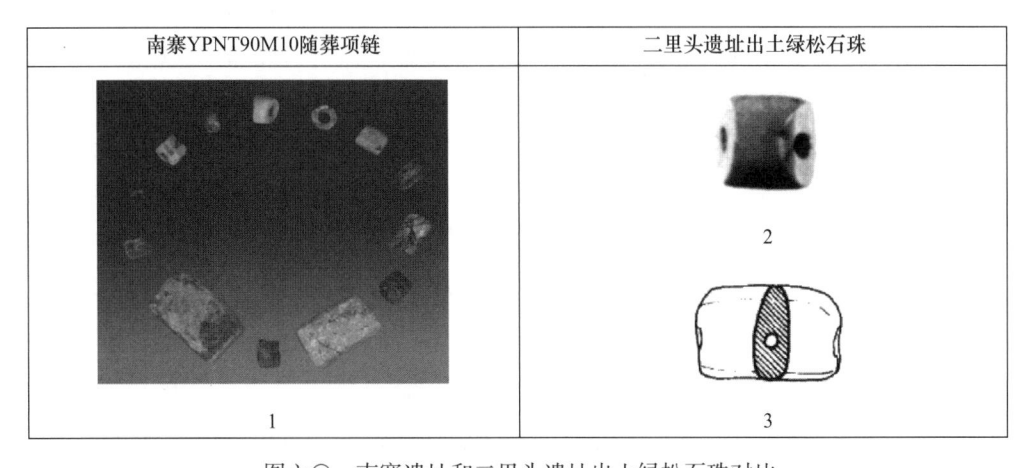

图六〇　南寨遗址和二里头遗址出土绿松石珠对比
1. 南寨YPNT90M10:10、YPNT90M10:12　2、3. 二里头（Ⅱ·VT111⑤B:6、VM22:13）
（1图据河南省文物考古研究所，2012；2图据中国科学院考古研究所洛阳发掘队，1965；3图据中国社会科学院考古研究所，1999）

望京楼城址[520]兴建于二里头文化三期，四期早段是聚落的兴盛期，晚段开始衰落。这座城址的出现具有突发性，城墙和城壕的修筑显示其较浓的军事防御色彩。内城的西南部发现夯土基址和水池，可能为贵族聚居区，墓葬分布在城内中东部，和普通生活区不能区分。大部分的墓葬都是随葬品极少的小型墓，其中 M29 规格稍高，随葬柄形器 1 件和残玉石戈 1 件，玉石戈的石质一般且仅残存一小段，可能是实用兵器，墓主为 1 名青年男性，可能是一名"武士"。较为反常的是，本期二里头都邑内随葬柄形器和玉仪仗器的墓葬往往墓穴体积较大，使用木棺、朱砂奠基、随葬陶或铜酒器、绿松石珠，以及漆器、海贝等随葬品，可 M29 的墓穴规模和随葬品种类显然与柄形器的使用并不相配，这可能是在特殊（军事）背景下的简化丧葬行为。

洛达庙遗址[521]为郑州地区的一处基层聚落，聚落形态不明，本期发现的 14 座墓葬中有 10 座集中分布，或为一小型家族墓地。M33 规格较高，墓穴面积在 2 平方米以上，随葬柄形器、绿松石饰（可能为珠）、涂朱圆陶片（可能与漆觚有关）和陶斝。其中，柄形器的形制较二里头都邑常见的 B 型柄形器有所区别。柄形器、绿松石和涂朱圆陶片的随葬组合显然是二里头都邑社会上层的传统，不过随葬陶斝与下七垣文化传统有关。

综合上述来看，外来玉文化因素在二里头文化区内的"二次传播"由二里头都邑主导，相较于日用陶器的传播具有滞后性，从二里头文化二期开始出现，起初范围仅限于洛阳盆地，三期向北、南、东方扩展到晋南、南阳、郑州等地，四期有所回缩，主要在洛阳盆地、晋南和郑州地区。关中东部、陕南地区、豫东地区尚未发现"二次传播"的证据。"二次传播"的器类以绿松石管珠和 B 型柄形器最为常见，仪仗器较罕见；地点仅限于二里头都邑周边的二、三级聚落；传播方式可以分为实物传播与观念传播两种，洛阳盆地和郑州地区聚落内发现的相关玉器可能制作于二里头都邑，而较远的晋南、南阳等地的器物很可能是当地制作的。二里头文化晚期，随着都邑周边的二、三级聚落内的贵族阶层孕育成熟，玉器随葬墓开始出现，以随葬绿松石管珠和 B 型柄形器最为常见，这些墓葬的葬俗基本复制了二里头都邑社会上层业已成熟的葬俗，但也体现出一些特殊性。这一方面表明都邑社会上层和这些地方中心聚落社会上层之间的密切联系，前者对于后者强力影响；另一方面表明后者身份认同的多元性。外来玉器的"二次传播"现象是二里头都邑对于周边区域中心聚落政治与文化影响力的一个侧面。其与二里头文化二期以来，作为东亚地区核心文化的二里头文化、以二里头都邑为中心的广域王权国家的形成与发展趋势是同步的[522]。

四、玉器的意识形态内涵及其与早期国家的关系

在上文中，通过对二里头文化玉器群的考古学背景考察，揭示了二里头都邑的社会上层不断地吸纳外来因素玉器以构建其身份的过程，并对周边地区次级或一般中心聚落的社会上层产生了较深程度的影响。下文将以贵族意识形态为切入点，探讨玉器的内涵及其与早期国家形成与发展之间的关系，并尝试解释二里头遗址玉器群文化因素构成"连续"与"断裂"现象的原因。

T. R. Pauketate 和 T. S. Emerson[523]认为，意识形态被视为各种知识、信仰以及价值观的系统，它通过借用传统和宇宙为参照物使得社会现状合法化。这些知识、信仰以及价值观念系统是利益群（亚群体）里的个人用它来获取其社会地位的一种手段。相对于次级的意识形态而言，主导性亚群体的思想可以称之为"主导意识形态"，其表现为一种文化霸权的动态结构，结构中的个体通过接受其他亚群体的意识形态而逐渐疏远了他们的"传统"价值观。在等级政治中，贵族意识形态是其不可或缺的动态组成部分，它通过各种物质及非物质形式来象征性地表达，而读懂图像的象征性意义是理解贵族意识形态的关键。

在公元前 3500 年前后，中国史前各主要文化区出现新的社会上层，他们掌握着礼仪知识并控制礼仪用品的生产和分配，彼此之间进行远距离交流，导致了跨区域意识形态体系的形成，在考古遗存中体现为相似形制和用途的玉器、陶器和象牙器等，同时，各地区在交流中也充分考虑了自己的文化传统[524]。在此后中华文化多元一体发展进程中，伴随各区域早期复杂社会而出现的贵族意识形态往往既吸收了前代文明的某些特征，又通过互动的方式接纳了共时性区域文明的因素，二里头文化贵族意识形态的形成也不例外。

（一）二里头文化早期贵族意识形态与二里头国家的形成

1. 新石器时代的蛇、蝉和神面主题及其内涵

（1）蛇主题的梳理与解读

韩鼎曾系统梳理过新石器时代至西周的"人蛇"主题[525]。在其研究基础上，笔者认为新石器时代的单独蛇主题和"人蛇"主题所象征的信仰内涵是相近的，可以归为广义的蛇主题一同讨论。这些主题主要见于马家窑文化、陶寺文化、石峁文化及"新砦类遗存"的彩（绘）陶、刻纹陶、石雕、玉器之上（图六一、图六二）。

单独蛇主题有如下发现。在师赵村第五期马家窑类型遗存中，出土一件器表塑蛇的陶器残片，残留三角形头部和颈部，原报告称之为"蜥蜴"，恐怕有误，同期地层中还出土了陶塑兽面、人面[526]。民间收藏的1件马厂类型蛇形纹壶上四面各饰有1条盘蛇，蛇形的周边用虚线勾勒，或是蛇蜕皮特性的象征[527]。在陶寺早期的6座一级大墓中的4座分别随葬了1件彩绘蟠龙纹大盘，主题表现的是蜷曲吐信的蛇形象，同时融进了鳄鱼的头和鳞片元素。这些大盘为陶寺社会最高阶层所独享，可能是王者身份的标志物[528]。近年来，在石峁遗址皇城台石雕中发现了不少蛇的形象。其中，皇城台外瓮城2016③:1号石雕是一条简化的圆头蛇，躯体由一条波浪线刻出；大台基的南护墙上的16、37号石雕为减地浮雕塑出的圆头蛇，体修长，波浪状弯曲，圆点目[529]。这些石雕的年代不晚于大台基本体的修建或最后阶段修葺的年代，约公元前2000年前后，沿用至公元前1800年后废弃[530]。在民间收藏的石峁玉器中，也发现有椭圆头蛇玉雕[531]。

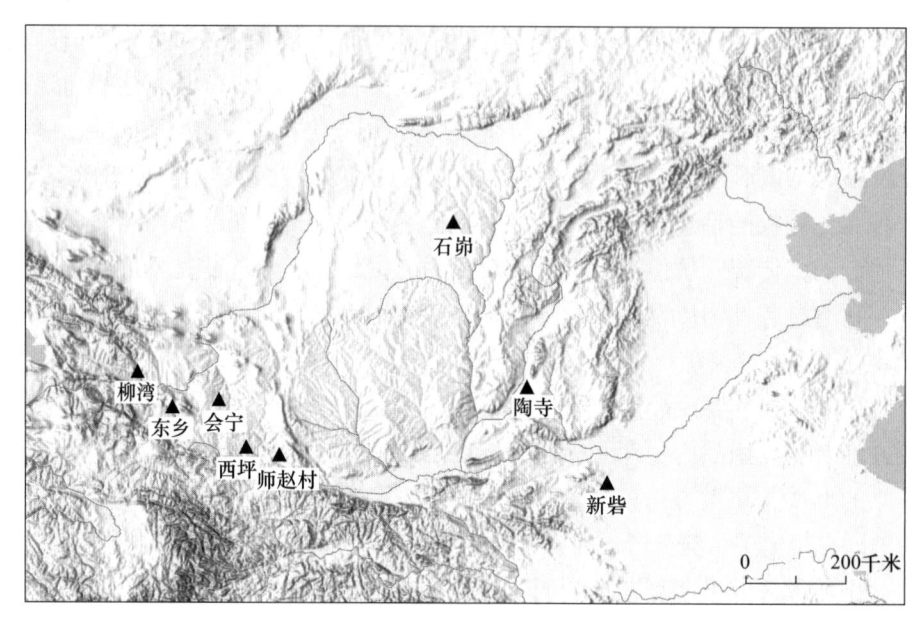

图六一　新石器时代蛇主题的分布

根据韩鼎的划分方式，"人蛇"主题又可分为"戴蛇""操蛇"和"人面蛇身"三种形式。"戴蛇"形象发现于1件出土于东乡地区、现藏于瑞典东方博物馆的半山类型人头形彩陶器盖上，所塑人物为纹身、戴有双角和面具的巫师，其头顶至后颈有一条浮雕的蛇[532]。"操蛇"形象有3例。传出于甘肃会宁的1件神人纹浮雕蛇纹罐上，绘有4位神人，四肢和手张开，在每两人间塑有1条浮雕蛇[533]。类似的陶罐还见于加拿大安大略皇家博物馆，构图与前者相似，只是神人用抽象化的纹饰表现[534]。青海乐都柳湾墓地出土的一件马厂类型彩绘陶壶上绘有连续的抽象神人纹，在其中一人的腋下，绘有一个简化的蛇形象[535]。

"人面蛇身"是"人蛇"主题中较为特殊的一类，韩鼎认为这是萨满巫师操蛇形象的象征化表现[536]。这一形式最早见于甘谷西坪遗址出土的石岭下类型的双耳小口瓶上，瓶身彩绘人面蛇身形象[537]。石峁皇城台8号石雕为减地浮雕塑出的两条相背的蛇，桃形、束颈、肥腹、短尾、曲线背纹，其面部具有鼻梁和"臣"字目，是人面的形象[538]。新砦遗址二期晚段出土的所谓兽面纹陶器盖所表现得也是"人面蛇身"形象，与二里头绿松石龙形器的头部如出一辙[539]。

从时空分布来看，新石器时代的蛇主题主要分布在太行山以西的甘青晋陕等地，其中以马家窑文化早期类型的发现为最早，晋陕及中原等地龙山文化的发现则较晚，大致呈现自西向东传播态势，在龙山时代的最末期，才进入中原腹地的新砦遗址。

马家窑文化中的蛇主题往往出现在制作精美、纹饰复杂的彩陶中，有时以浮雕的方式突出蛇的形象，这些精美的彩陶或是陶塑显然并非日常用器，而应该与原始萨满活动有关。进入龙山时代，陶寺、石峁社会中的蛇主题开始表现出较为明显的贵族阶

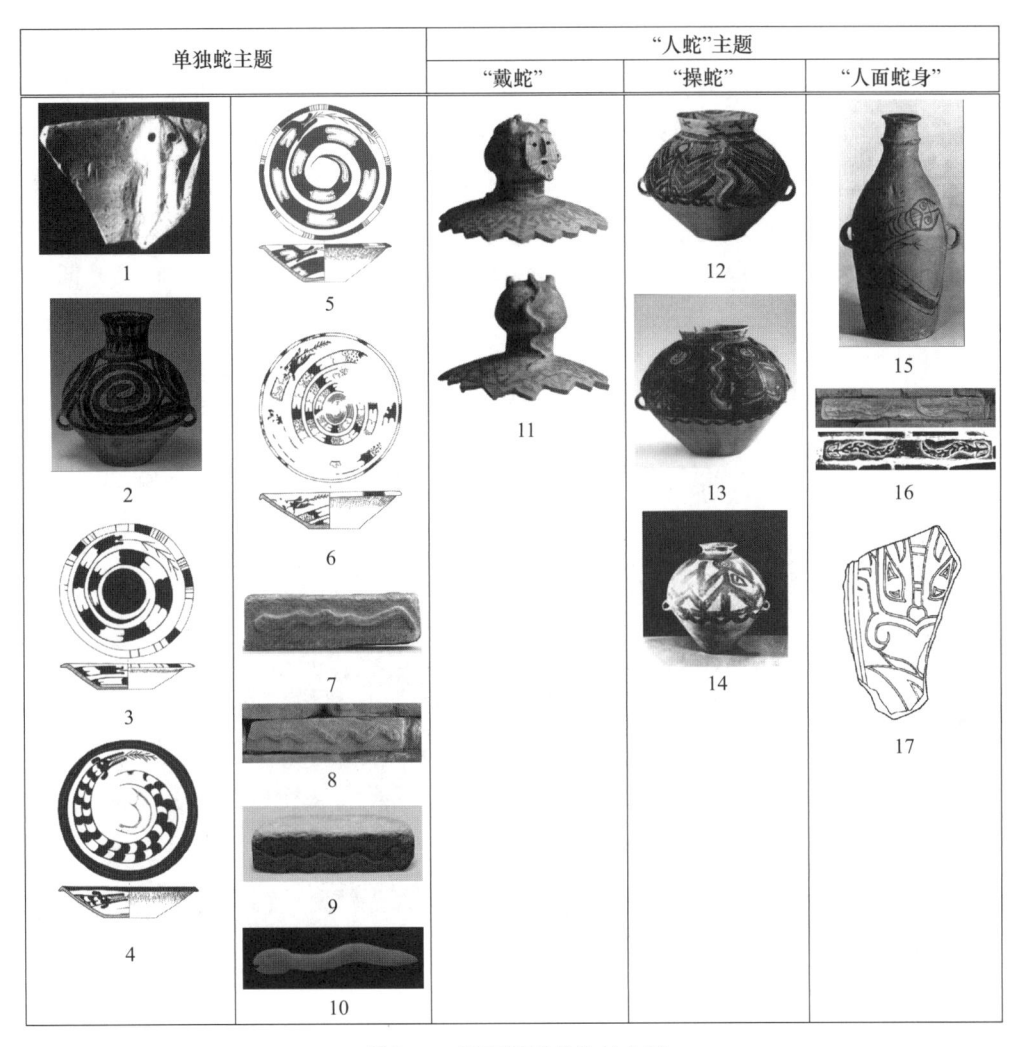

图六二　新石器时代的蛇主题

1. 师赵村 T206③∶15　2. 民间藏品　3~6. 陶寺龙纹盘（M3016∶9、M3072∶6、M2001∶74、M3073∶30）
7~10、16. 石峁皇城台大台基 16 号、37 号、皇城台外瓮城 2016③∶1、玉蛇、皇城台大台基 8 号　11. 远东博物馆藏　12. 安大略皇家博物馆藏　13. 会宁　14. 柳湾 M555∶16　15. 甘谷西坪　17. 新砦 T1H24∶1
（1 图据中国社会科学院考古研究所，1999；2、13 图据张朋川等主编，2004；3~6 图据中国社会科学院考古研究所，2015；7、16 图据陕西省考古研究院等，2020；8 图据陕西省考古研究院等，2020；9 图据陕西省考古研究院等，2017；10 图据神木市石峁文化研究会编，2018；11、12 图据韩鼎，2017；14 图据青海省文物管理处考古队等，1984；15 图据甘肃省博物馆编，1979；17 图据北京大学震旦古代文明研究中心等，2008）

层属性，甚至是为最高统治者所独占。陶寺的蛇主题仅见于早期最高等级大墓独有的彩绘陶盘之上，为王者之禁脔[540]。在石峁遗址，蛇主题石雕分别被放置在两处颇具仪式意味的入口处——皇城台的东门和皇城台大台基南护墙上，前者装饰石雕和彩绘壁画，埋藏玉器，石板路有阴刻符号，后者装饰有大量宗教形制石雕且为通向大台基顶的必经之路[541]。"新砦期遗存"中，刻有"人面蛇身"形象的陶器盖出土于新砦聚落中心区的大型浅穴式露天活动场所，同样显示出较高的规格[542]。

韩鼎对于蛇主题的解读颇令人信服，他认为蛇因为与礼器、墓葬、祭祀相关，并且具有蜕皮"重生"的能力，所以被选择作为祭祀活动中沟通祖先和神灵的助手，而"人蛇"主题可以理解为巫觋持蛇在祭祀仪式中沟通祖先和神灵[543]。其中，蛇的蜕皮能力可能尤其被西北地区的古人所重视。甘谷西坪陶瓶上"人面蛇身"纹围绕躯体的实线和马厂类型蛇纹陶罐围绕躯体的虚线正是对于蛇蜕皮特点的强调。特别是前者，描绘了如蛇一般的巫师正在蜕皮的画面，可能象征着巫师获得蛇类的"蜕变"能力与神灵沟通的场景。在另外一件马厂类型的神人纹双耳壶上，描绘了一个呈蹲距姿势的人，其身体被一圈实线围绕，可能也是对于"蜕变"状态的象征化表现[544]（图六三）。马家窑文化中此类巫师"蜕变"的主题与新石器时代太行山以东地区流行的昆虫"蜕变"和"羽化"信仰的内涵十分相似[545]。

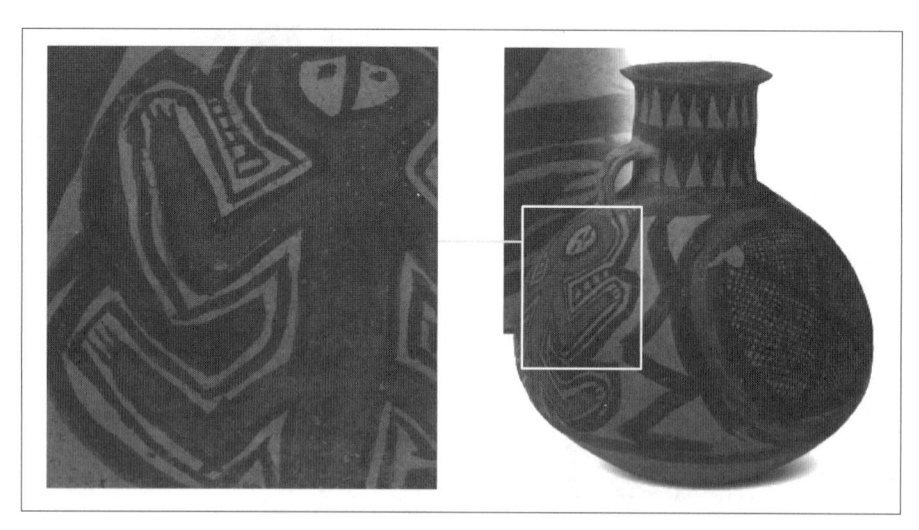

图六三　马厂类型相对神人纹单耳壶
（图据张朋川等主编，2004）

要之，新石器时代的蛇主题应该与萨满教有关，选择蛇作为通神的助手可能是基于对蛇"蜕变"能力的信仰。蛇信仰最早出现在甘青地区的马家窑文化中，后逐渐东传，在太行山以西的史前社会中较广泛地存在。蛇主题的形象也在不断改变，陶寺文化在蛇的基础上融入了鳄鱼的特征，石峁文化和"新砦类遗存"中的"人面蛇身"形象都融入了神面元素。在社会复杂化过程中，对萨满知识和通神能力的独占可能为社会上层权力的来源之一，到了石峁、陶寺等国家程度的社会中，蛇主题被社会最顶层所独占，此时的蛇信仰可能已经宗教化、系统化，成了国家贵族维护其统治秩序的意识形态工具。

（2）神面主题的梳理与解读

神面主题可以分为两种形式，一种更接近兽的特征，暂以神面称之；另一种近似普通人的五官，暂以人面称之。

神面的雏形发现于距今 7000 多年前的高庙文化白陶器上[546]，此时仅有张口獠牙和鸟的简单图像。良渚文化中，神面的形象具体化，具有旋目、张嘴獠牙、蒜头鼻等特征，大量刻于玉器上，随葬于高顶级贵族墓中[547]。肖家屋脊文化中，在谭家岭[548]、肖家屋脊[549]、孙家岗[550] 等墓地中出土了多件神面玉头像，包括写实和抽象两种，其共同特征是拥有"介"字形的冠饰，写实神面近似人面，但仍保留张嘴獠牙的特征，抽象神面往往为旋目。山东龙山文化中，西朱封[551]、两城镇[552] 等遗址发现的神面也分为写实和抽象两类，造型与肖家屋脊文化类似。陶寺文化中期大墓 M22 中发现 1 件抽象神面玉器，带有明显的肖家屋脊文化因素[553]。石峁文化中，在皇城台大台基南护墙发现数件神面主题石雕，拥有羽冠、蒜头鼻、阔嘴的共同特征，眼睛为梭形目或旋目[554]（图六四，1、4、6、8~13）。

人面与神面两种形式在长时段内并行发展。在红山文化[555]和凌家滩文化[556]中

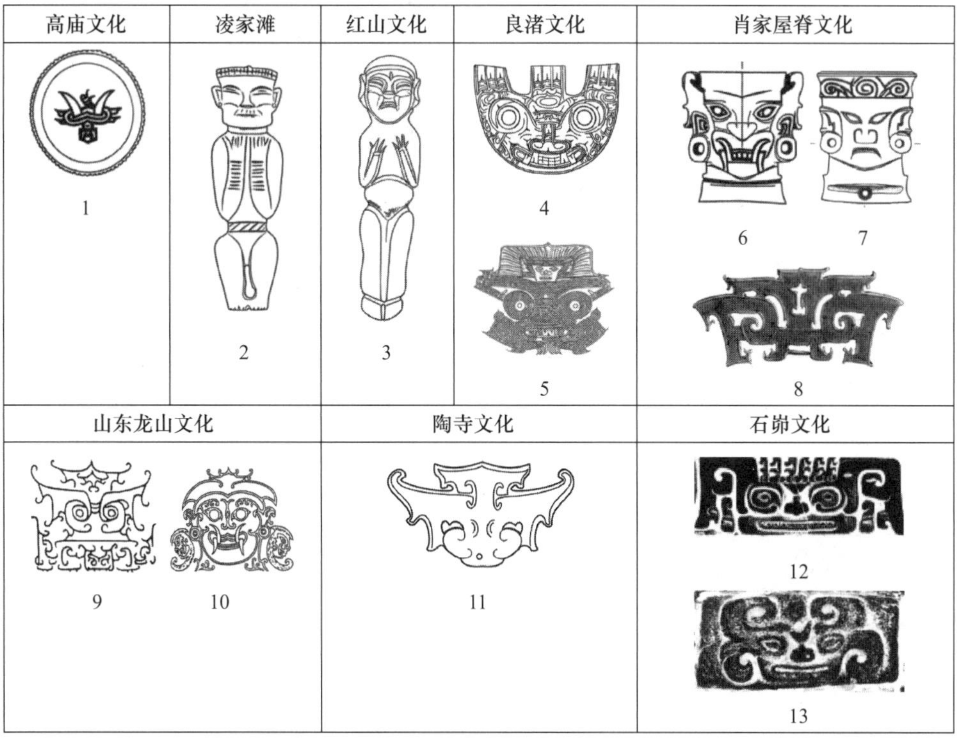

高庙文化	凌家滩	红山文化	良渚文化	肖家屋脊文化
1	2	3	4，5	6，7，8

山东龙山文化	陶寺文化	石峁文化
9，10	11	12，13

图六四　新石器时代的神面主题
1. 高庙 91T2003∶12　2. 凌家滩 98M29∶14　3. 牛河梁 N16M4∶4　4. 瑶山 M10∶6　5. 反山 M12∶98
6、7. 肖家屋脊 W6∶32、14　8. 谭家岭 W9∶50　9. 两城镇　10. 台北故宫博物院藏　11. 陶寺 M22∶135
12、13. 石峁皇城台大台基石雕 11 号、10 号
（1图据湖南省文物考古研究所，2000；2图据安徽省文物考古研究所，2006；3图据辽宁省文物考古研究所，2012；4图据浙江省文物考古研究所，2003；5图据浙江省文物考古研究所，2005；6、7图据湖北省荆州博物馆等，1999；8图据湖北省文物考古研究院等，2019；9~11图据李新伟，2021；12、13图据孙周勇等，2020）

都发现了一种玉人，姿势呈蹲踞状，双臂置于胸前，神情肃穆，凌家滩的玉人还带有"介"字形冠。良渚文化中，人面常常与神面组合出现，戴有"介"字形冠[557]。肖家屋脊文化中谭家岭、肖家屋脊等遗址发现了数件玉人面，它们头戴平冠或覆舟形冠，饰有耳环，神情肃穆[558]（图六四，2、3、5、7）。

近来，李新伟对上述神面主题的内涵进行了较为系统的解读。他认为，早在高庙文化时期，已经出现了与天极崇拜相关的原始宗教观念，即天极由天极之神控制，獠牙神兽为天极之神的象征，神鸟维护着天极的稳定；距今6000~5300年间的各地区史前社会将此原始宗教进一步发展，作为社会领导者的巫，即人面形象，可以转化为神鸟，维护天极运转和宇宙秩序；良渚文化将这一宗教信仰体系进一步系统化，将神鸟、"人面鸟身"与神面组合形成"神徽"；良渚文化崩溃之后，其宗教体系仍然持续产生影响，在山东龙山文化和肖家屋脊文化中也出现神面主题，此时的天极神兽变得拟人化，巫与鸟的转化被重点体现[559]。远在黄河中游地区的陶寺、石峁文化也发现了神面主题，反映了远程文化交流背景下，当地的社会上层或多或少被天极宗教系统所影响。

从神面主题的时空分布来看，相关宗教信仰主要分布于太行山以东地区，以长江中下游地区为中心。龙山时代传播至太行山以西的晋陕地区（图六五）。

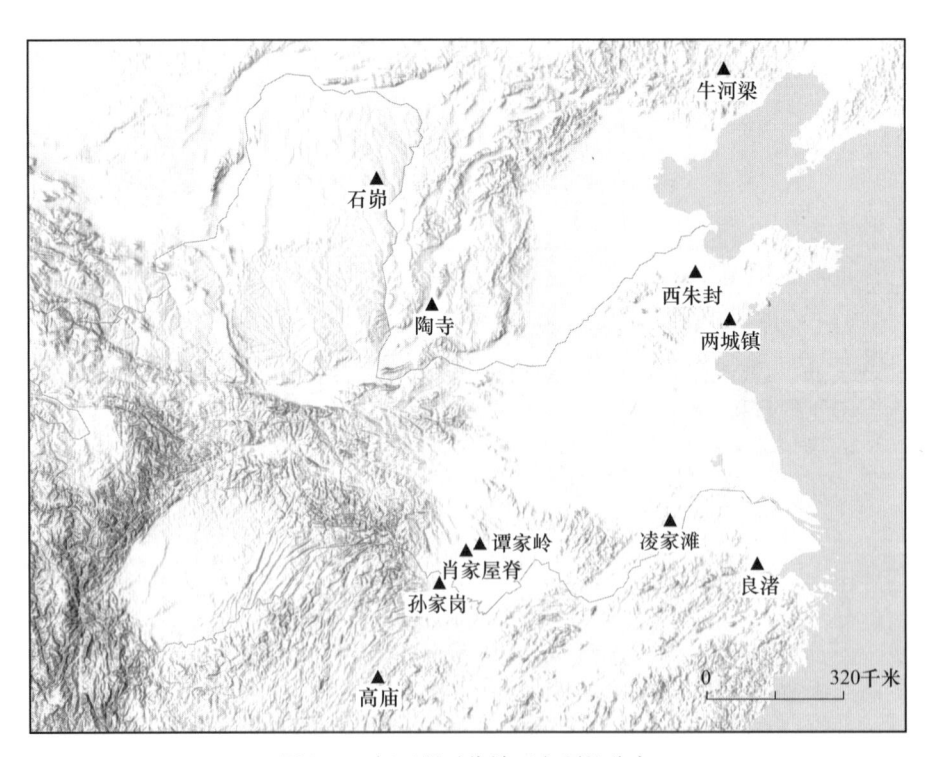

图六五　新石器时代神面主题的分布

（3）蝉主题的梳理与解读[560]

李新伟对于新石器时代的蝉主题有过系统梳理。兴隆洼文化中，白音长汗M1随葬 1 件"玉蝉",可能是蝉的幼虫,这是中国发现最早的蝉主题。红山文化时期,巴林右旗那斯台遗址采集到 4 件蝉幼虫形态的玉器。在良渚文化中,赵陵山 M4 和反山 M146 中分别出土 1 件玉蝉。在大汶口文化中,焦家 M91 中出土一件玉蝉指环。肖家屋脊文化中发现了新石器时代最大量的蝉主题玉器,玉蝉成为高等级墓葬中最重要的随葬品类型之一,也是肖家屋脊文化玉器中最多的器类。这些玉蝉大致可以分为写实和简化两类。另外,蝉主题还在与其他器物组合时出现,如鹰形笄、虎首、獠牙"神人"等。山东龙山文化中,西朱封大墓 M202 出土的玉簪杆部所谓"人面"实际为蝉形象。陶寺文化中,M1449 随葬 1 件绿松石蝉,也是陶寺文化仅见的蝉主题(图六六)。

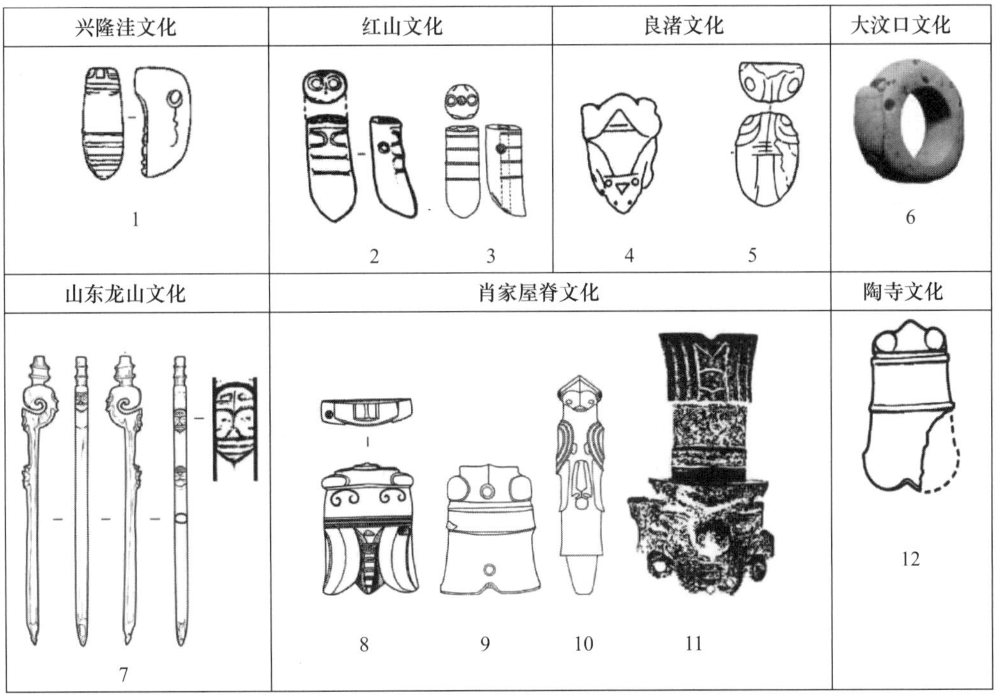

图六六 新石器时代的蝉主题
1. 兴隆洼 M1:1 2、3. 那斯台 4. 张陵山 M4 5. 反山 M14:187
6 焦家 M91:44 7. 西朱封 M202:3 8、9. 肖家屋脊(W6:8、W6:44) 10. 枣林岗 WM1:2
11. 塞克勒艺术馆 1987. 880 号藏品 12. 陶寺 M1449:4
(图据李新伟,2021)

李新伟认为,中国史前时代已经出现对昆虫"蜕变"和"羽化"能力的信仰,主要涉及蝉和蚕两种昆虫,主要内容包括神鸟、神兽及社会上层人物之间的萨满式沟通和转化。社会上层以珍贵材质物化这样的信仰,以表达自己的特殊萨满能力与权威。

从时空分布来看,蝉主题从距今约 8000 年前的兴隆洼文化一直延续到龙山时代末,其中的肖家屋脊文化中对其格外重视,玉蝉数量众多;其分布区域基本在太行山脉以东的辽西、海岱和长江中、下游等地(图六七)。

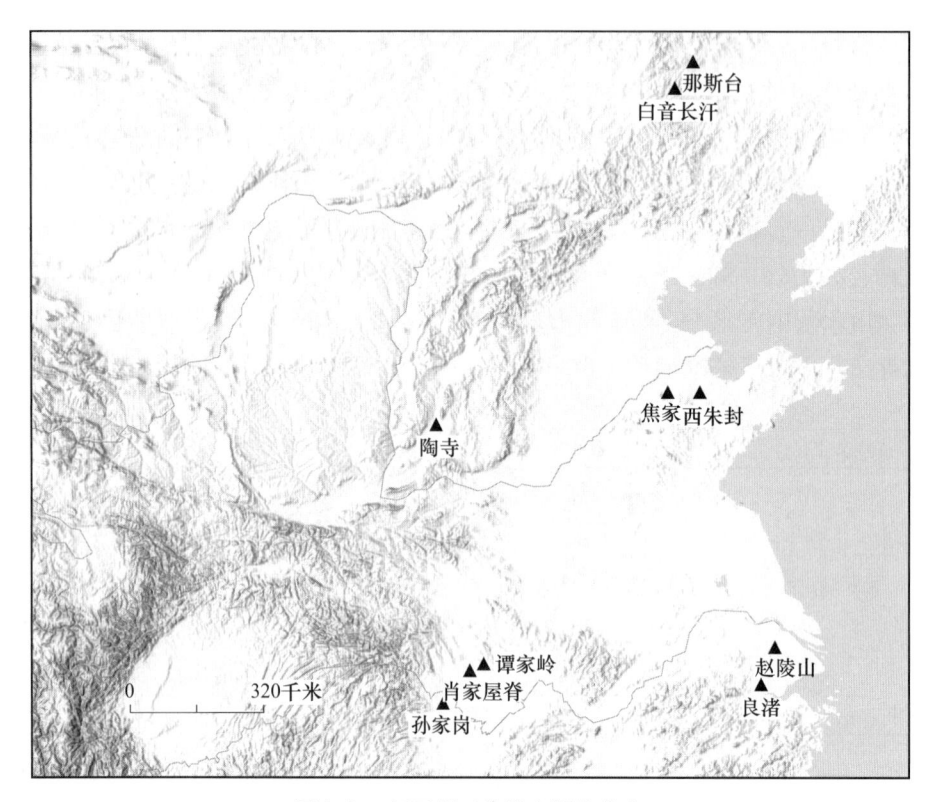

图六七　新石器时代蝉主题的分布

综合来看，新石器时代的蛇主题、神面主题和蝉主题有以下特征。第一，分布地域上，蛇主题主要分布在太行山以西地区，神面主题和蝉主题的分布区域大体重合，基本在太行山以东区域，以长江中、下游和海岱地区为中心。若以公元前3千纪为尺度观察，蛇主题和神面、蝉主题大致以太行山为界呈东西对峙之势（图六八）。第二，龙山时代，太行山两侧的两大信仰板块开启了整合进程。石峁遗址中，神面主题和蛇主题并存，神面主题石雕数量较多，神面元素融入了"人面蛇身"形象中。陶寺遗址中，蛇主题集中发现在早期大墓中，神面、蝉主题分别发现在中期大墓和晚期三类墓中，二者之间并未产生直接关联。第三，太行以东、以西两大信仰板块的信仰拥有相似的萨满教逻辑。蛇主题代表了"蜕变"信仰，是萨满教的有机组成；神面主题反映了天极崇拜宗教系统；蝉主题反映了昆虫"蜕变"和"羽化"信仰，是天极崇拜宗教系统的有机组成[561]。第四，"新砦类遗存"中，"人面蛇身"形象首次出现在中原腹地，并增加了肖家屋脊文化因素的勾卷纹，反映了两大信仰板块的进一步融合，是为二里头文化信仰整合的序章。

2. 信仰整合与国家形成

王青对于二里头遗址出土的神灵类图像曾有较为系统的复原和研究[562]，为探究二

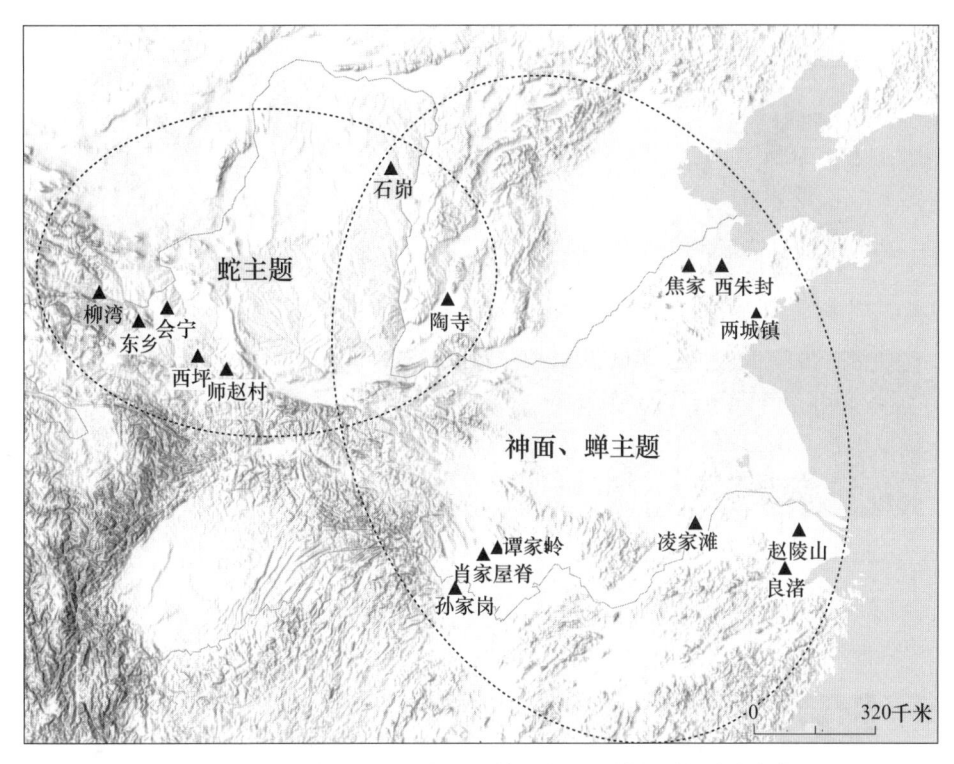

图六八　公元前3千纪蛇主题、神面主题和蝉主题的分布态势

里头都邑社会上层的宗教信仰做了许多基础性贡献。不过，其研究对二里头文化早期的蝉、鸟等主题有所疏漏，笔者根据新材料加以补充，并在信仰整合的视角下，提出对于二里头文化早期社会上层信仰的总体看法。

二里头文化早期的陶器和玉器上发现了许多可能与宗教信仰相关的艺术主题，主要包括蛇、神面、蝉、鸟和目五类（图六九）。

蛇主题包括单独的蛇和"人面蛇身"两种形式。单独蛇主题发现于2件透底形器上[563]，这种器物可能与祭祀有关[564]，每件器物周身塑有四条浮雕式的蛇，使蛇突出于器表的做法也曾见于马家窑文化的蛇主题陶器上。"人面蛇身"形象以绿松石龙形器为代表，其在石峁文化和"新砦类遗存"人面蛇身的基础上又融入了蝉元素，前文已述及。

神面主题中的人面形式见于绿松石龙形器的面部，此外尚未发现较为典型的独立表现形式。新石器时代与人面主题密切关联的"介"字形冠、獠牙神兽形象等要素也不见于二里头遗址。

蝉主题的发现较多，可以分为写实和抽象两种表现形式，在早期的高等级墓葬ⅣM11、2002ⅤM3、2017ⅤM11中发现了多件玉质蝉形器，另外，在二里头和王城岗遗址出土的陶器上也有蝉形附加堆纹[565]。

鸟主题表现为2件玉质鸟形器，它们被随葬在3号基址内的高等级贵族墓葬内，

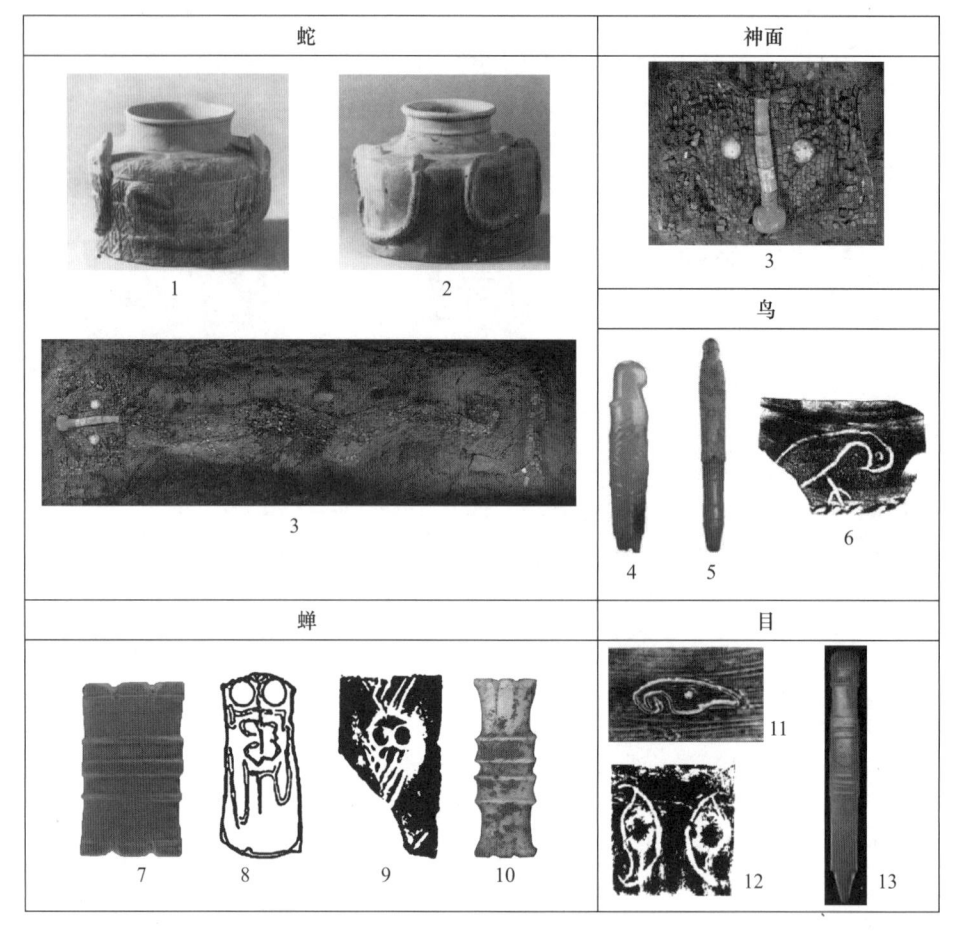

图六九　二里头文化早期的艺术主题

1~7、9~13. 二里头（92YLⅢH2txt：1、92YLⅢH2：2、2002ⅤM3：5、2002ⅤM3：13、2002ⅤM5：6、2002ⅤT27④A：37、ⅣM11：1、ⅡH202：12、2017ⅤM11、81YLⅢT22⑤：3、ⅣT22⑥：11、2002ⅤM1：3）　8. 王城岗 WT8H23：2

（1、2、11图据中国社会科学院考古研究所，1995；3图据许宏等主编，2019；4~6、13图据中国社会科学院考古研究所，2014；8图据河南省文物研究所等，1992；7、9、12图据中国社会科学院考古研究所，1999；10图据中国社会科学院考古研究所二里头工作队，2021）

显示出较高的重要性[566]。另有1件刻画鸟纹的陶片[567]。

目主题表现为"臣"字目的形式，分别发现于小口尊的肩部[568]、A型柄形器上，以及作坊区发现的残陶片之上[569]。这种目主题显然是从神面主题中提炼而来的，其单独成为一类主题可追溯至石峁文化的石雕当中[570]，可能是一种与神灵相关的神圣性的标志。

二里头文化早期的艺术主题高度整合了新石器时代尤其是龙山时代太行以东、以西两大信仰板块的主题，其中以蛇、蝉二类主题最为突出。这些主题主要出现在二里头都邑内的高等级遗物上，以玉器为主，还有一些特别的陶器如透底形器。其分布集中在宫殿区、作坊区和宫殿区以东的贵族居葬区，且相关的器物多随葬于高等级贵族墓中。它们应该是二里头都邑社会上层宗教信仰的物化表现。

表现以上主题的器物绝大部分发现于二里头文化二期，属于二里头文化一期的只有蝉纹和目纹陶片各1件（图七〇，9、12）。所以，在二里头文化一期，个别新石器时代的主题已经被二里头社会继承，但尚未形成一种系统化的宗教。到二里头文化二期时，信仰的有机整合已经相当系统化，这在2002VM3中体现得尤为明显（图五一）。2002VM3墓主头戴装饰了3件白陶锥尖器、绿松石珠以及与鸟形器的神帽，颈部戴着成串的海贝，腰间系铜铃，将额头嵌有蝉形的绿松石"人面蛇身"器揽于胸前。这些与萨满教密切相关的饰物和法器强调了墓主的萨满巫师身份，而且体现了多种文化因素的整合。三尖顶和鸟形器组成的神帽装饰体现了与肖家屋脊文化宗教信仰中人—鸟—天极神转化机制的关联性，不过，代表天极神的獠牙神兽形象并未见于二里头文化中。绿松石龙形器表明太行山以西、以东信仰板块中拥有"蜕变"能力的蛇和蝉此时已经全部成为萨满巫师沟通神灵的助手，"人面蛇身"形象可能是对萨满巫师"蜕变"状态的象征化表现。海贝装饰和铜铃则体现了对于高地龙山社会传统的继承。

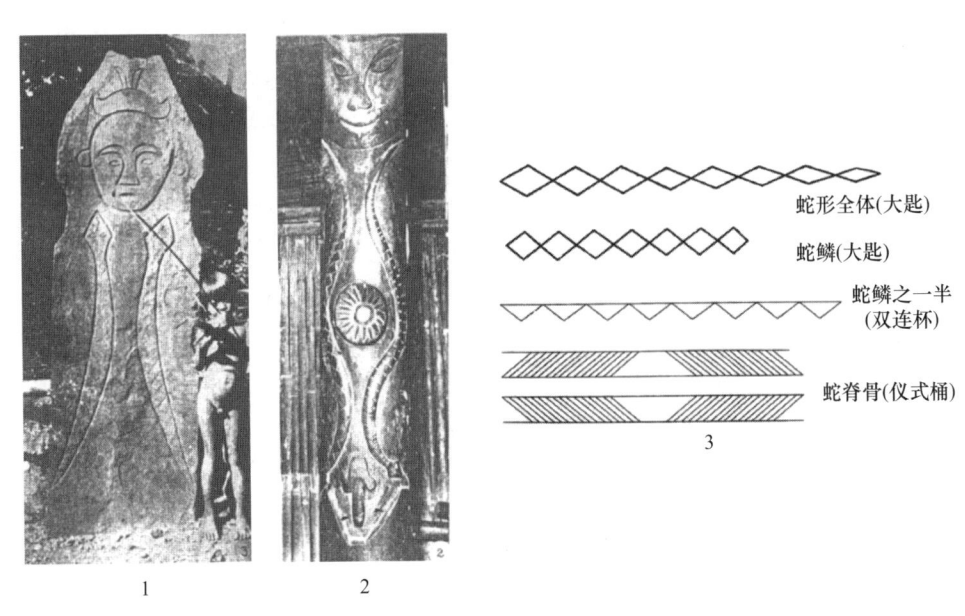

图七〇 近代排湾族的石刻祖像与木刻祖柱以及蛇形纹饰
1. 排湾族石刻祖像 2. 排湾族木刻祖像 3. 简化蛇纹
（1、2图据凌纯声，1979；3图据林惠祥，2012）

包括2002VM3在内，带有宗教色彩的贵族墓葬被有序安置于庭院之内，使得院落成为具有神圣性的空间，覆盖其上的活动面上似乎暗示了与逝者相关的纪念活动的存在。对于宫殿区墓葬营建过程的研究指出，3号基址的空间结构是特定礼仪程序的呈现，"从南院二期晚段的墓葬到中院二期早段的墓葬，在空间上恰好形成巫鸿所谓'向遥远过去进行回溯的编年顺序'，表达了'不忘期初''反其所自生'的礼仪观念"[571]。

张莉等认为，二里头遗址可能存在选择性下葬制度，这种制度赋予了葬礼将亡逝的社会上层转化为祖先神的象征意义，通过重构祖先信仰系统调整亡灵空间的秩序，最终以达到巩固和维系生者世界中核心贵族权力合法化的目的[572]。民族志资料显示，尖吻蝮蛇可能与祖灵有关，台湾高山族中的排湾族将尖吻蝮蛇视为祖先之化身[573]，祖灵的雕像常有用蛇身表现者[574]（图七〇，1、2），形式与二里头遗址的龙形器相似。同时，排湾族中的蛇形花纹一般都刻在氏族部落中最为神圣、最具威严的地方或者器物上，也与二里头遗址蛇主题的发现相似[575]。综合上述，推测在二里头文化早期宗教中家族的祖先神灵可能是重要的崇拜对象。

要之，二里头文化早期（主要是二期）二里头社会上层融合龙山时代太行山东、西的信仰板块，形成了一种以祖先神崇拜为内核的宗教，萨满巫师同时也是社会的领导者，其服饰与法器综合了多元文化因素，借助蛇、蝉等动物的"蜕变"能力以实现与祖先神灵的沟通。

除了与宗教相关的器物，M3中还随葬了大量的陶器和漆器，包括炊器鼎、深腹罐，盛食器盆、平底盆、豆以及高领尊、盉、爵、觚等酒（水）器，而随葬大量的饮食相关日用陶器也是本期宫殿区内贵族墓的普遍现象[576]（表一一）。随葬的成套饮食器组合很可能大致对应着现实场景中的使用组合方式。其中的鼎、盆、平底盆、罐、尊、豆、盉等器皿的尺寸较大，且往往同一器类出现多件，显然是为了较大群体的宴飨活动盛放食物和酒水准备的；而诸如制作精美的壶形盉、陶爵以及漆质的觚、勺、匜等特殊器具，则意在体现身份的差别。这些器皿暗示了"赞助者提供的宴飨"或者"可区分的宴飨"[577]的存在，宫殿内的家族作为宴飨的赞助者，目的在于体现并固化自己的身份地位，增强其统治合法性。据统计，二里头文化二期宫殿区内分布有灰坑126座，其中114座分布在3号、5号基址所在的宫殿区东部，一些灰坑见于3号基址的院落或廊庑附近，一些分布在其南、北两侧，还有少数分布在5号基址院内，这些灰坑多为垃圾坑，绝大多数出土日用陶器，少数出土有爵、鬶、盉、觚等酒器以及动植物遗存[578]。这些富有生活气息的遗存或许可以成为宫殿区内大规模宴飨存在的证据。

表一一　二里头文化二期二里头遗址3号基址院落贵族墓随葬食器或酒（水）器统计表

墓号	随葬炊器、盛器、食器及酒（水）器
2002VM1	鼎3、盆1、平底盆3、豆1、高领尊1、壶1、盉2、爵2、圆陶片（漆觚）、漆勺
2002VM3	鼎1、盆1、平底盆3、豆3、器盖1、深腹罐1、高领尊3、盉3、爵1、圆陶片（漆觚）
2002VM4	鼎2、盆1、平底盆1、三足皿1、豆2、圆腹罐1、捏口罐1、敛口罐1、高领尊1、小尊1、盉1、爵1、圆陶片（漆觚）
2002VM5	鼎1、盆1、平底盆1、豆1、器盖1、高领罐2、鬶1、盉2、爵1、漆觚2、漆圈足器

在二里头文化二期，宗教器物和宴飨器具共存于贵族葬仪中，且宴飨活动和祖先祭祀活动的场域很可能都在宫殿区内，表明两种仪式活动的密切关联性。而宴飨与祭祀祖先神的仪式之间的另一个关联点在于酒的使用，在宴飨中饮酒是对于占有粮食的炫耀；在祭祀活动中酒可以供祖先神灵享用；在萨满活动中，巫师可以借助酒精产生致幻效果，完成与神灵的沟通[579]。

二期的聚落形态背景显示，都邑内Ⅵ区、Ⅸ区也发现有规模不小的夯土基址和家族墓地，可能代表着不同族群的贵族群体[580]。而开放式的宫殿区结构，比例较多的Ⅱ级墓似乎表明此时尚无掌握绝对权力的"王族"产生[581]。

综合以上，笔者推断，在二里头文化二期都邑内贵族集团权力竞争的背景下，宫殿区内的家族通过融合史前信仰树立祖先崇拜宗教，举行祖先祭祀仪式以及与祭祀相关的大规模宴飨，将既有的权力结构和身份地位进一步稳固化与合法化。

在王湾三期文化之后的同一时间内，中原地区存在郑州地区的新砦集团和洛阳盆地的二里头集团东西对峙的局面[582]。此时的二里头聚落虽有100万平方米的面积和一些高规格遗存，但是与二期之后的规划性都邑布局仍有差距；而含有二里头文化一期遗存的遗址数量较少，分布零散，核心地带处于嵩山北部，远小于二里头文化二、三期的分布范围[583]。所以，二里头发展为国家都邑应该至少在二里头文化二期之后[584]。如此看来，新宗教的形成与二里头国家的诞生同为二期，二者具有密切的相关性。

Henri J. M. Claessen 认为，早期国家发展的特点是一种滚雪球似的效应，是多重因素相互影响和强化的结果，并列举了如下因素：人口增长和人口压力；战争威胁或者征服、突袭；生产的发展与剩余产品的增加；意识形态与合法性；社会分期的发展；一定规模的领土[585]。以宗教为代表的贵族意识形态在二里头国家形成中很可能发挥着重要作用。作为移民形成的聚落，二里头存在一个超越血缘关系的人群，在王湾三期文化演变为二里头文化的进程中，可以大体分解出来自其东方（含东北）和西方（含西北）两大系统的文化要素[586]。在此背景下，作为构建新秩序的重要途径之一，新的宗教若仅基于统治者家族的祖先崇拜很难赢取全部族群的信服，而兼顾诸族群的文化传统，融合龙山时代太行山以东、以西方社会的信仰体系无疑是基于社会现实的明智选择。

人的行为往往基于特定的历史与文化条件。二里头国家形成阶段罕见玉兵器而宗教玉器相对发达，这有别于龙山时代黄河流域诸文化的传统，而与肖家屋脊文化极为相似。似乎二里头都邑社会上层并未"耀武扬威"而是追求"教化以文"的领导策略。造成这一结果的影响因素，笔者推测有二。其一，族群文化传统和历史经验因素的影响。二里头文化早期宴飨器具中的长颈壶、壶形盉显示出二里头聚落社会上层与长江中游文化传统的密切联系。王立新指出，二里头文化陶器群中的主体是由嵩山南北的王湾三期文化和煤山文化（或称之为王湾三期文化的王湾类型和煤山类型）整合而成的[587]。地处淮河流域的煤山类型与长江中游的肖家屋脊文化相毗邻，在文化上亦受后者影响。故笔者推测，早期二里头统治者的族属可能与煤山类型有较为密切的渊源，进而借鉴了肖家屋脊文化重宗教的领导策略。其二，社会环境因素的影响。在二里头文化一期，洛阳盆地内的聚落数量从龙山晚期的 145 处陡降至 13 处[588]；二里头文化二期形成的 300 万平方米大邑也并未拥有像石峁、陶寺、新砦等龙山时代大邑一样或是高墙或是多重环壕的防御体系。这都反映出彼时洛阳盆地地区相对和平的区域社会环境，也是重宗教而轻武力的领导策略得以实行的必要条件。

（二）二里头文化晚期贵族意识形态与二里头国家的扩张

二里头文化晚期的宗教体系在基本承袭早期的同时又有所调整和发展。

蛇主题仍然常见且重要，出现在透底形陶器、方陶鼎、大陶盆、铜牌饰等与祭祀活动相关的器物之上。蛇主题的表现形式中最常见带有桃形头、"臣"字目、蒜头鼻、细长身躯和菱形背纹的"人面蛇身"形象。具体表现手法不尽相同，或省略蒜头鼻、菱形背纹等元素，或是表现为一头双身、双头一身等形式，但本质并无区别。此外，还出现一些新的形式。一是抽象化的"人面蛇身"，出现在嵌绿松石铜牌饰上，特点为突出表现头部，即桃形的蛇头加上"臣"字目，身体则用勾卷纹样取代。不过，早期的绿松石龙形器与晚期的铜牌饰，都与铜铃保持较为固定的组合，且在墓葬中都置于较固定的位置[589]，可见其宗教内涵是延续的。二是带有角和爪的蛇出现，形象已经较为接近商代的"龙"，反映了蛇信仰的发展。

其他主题方面。"臣"字目主题晚期较常见，这种神圣性的符号可能是祖先神灵的象征。龟、鱼主题增加，较常与蛇主题组合出现，这些动物可能用于协助与祖先神的沟通。新的兽面纹主题出现，其形象与二里岗文化早期青铜器上出现的兽面纹几乎一致，很可能是由抽象化的"人面蛇身"演变而来[590]。人面、蝉、鸟等主题减少，这些具有太行以东地区信仰传统属性的符号在二里头宗教中渐趋式微（图七一）。

此外，B 型柄形器在晚期，尤其四期贵族墓中使用更加普遍。关于柄形器的功能众说纷纭，其中"石主说"[591]和"瓒玉说"[592]因为有商代自铭材料的佐证可信度较高，二说共通之处在于皆为祭祀祖先神灵所用器物，可辅证二里头文化晚期的二里头都邑社会上层的祖先崇拜宗教之盛。

二里头文化晚期与祖先神祭祀相关的宴飨形式发生了较大的变化。第一，二里头文化三期，宫殿区变为封闭式，3 号、5 号基址及其内的墓地被废弃，宫殿建筑群结构大变，生活类遗存变得罕见[593]，大规模宴飨活动已经不见踪影。第二，晚期贵族墓葬尤其 I 级墓中用于盛放食物和酒水的大尺寸器皿数量明显减少，食器的占比降低，以爵、盉、鬶为基本组合的酒器使用趋于制度化且地位被越加强调，除了漆鬶之外更出现了青铜酒器（表一二）。综合来看，晚期都邑社会上层的宴飨活动转为较少依赖物质但更具象征性的宴飨[594]，举办场所可能在各家族的领域内，宴飨的人数规模和食物分享不再是重点，与酒、酒器相关的祭祀流程成为仪式的核心。

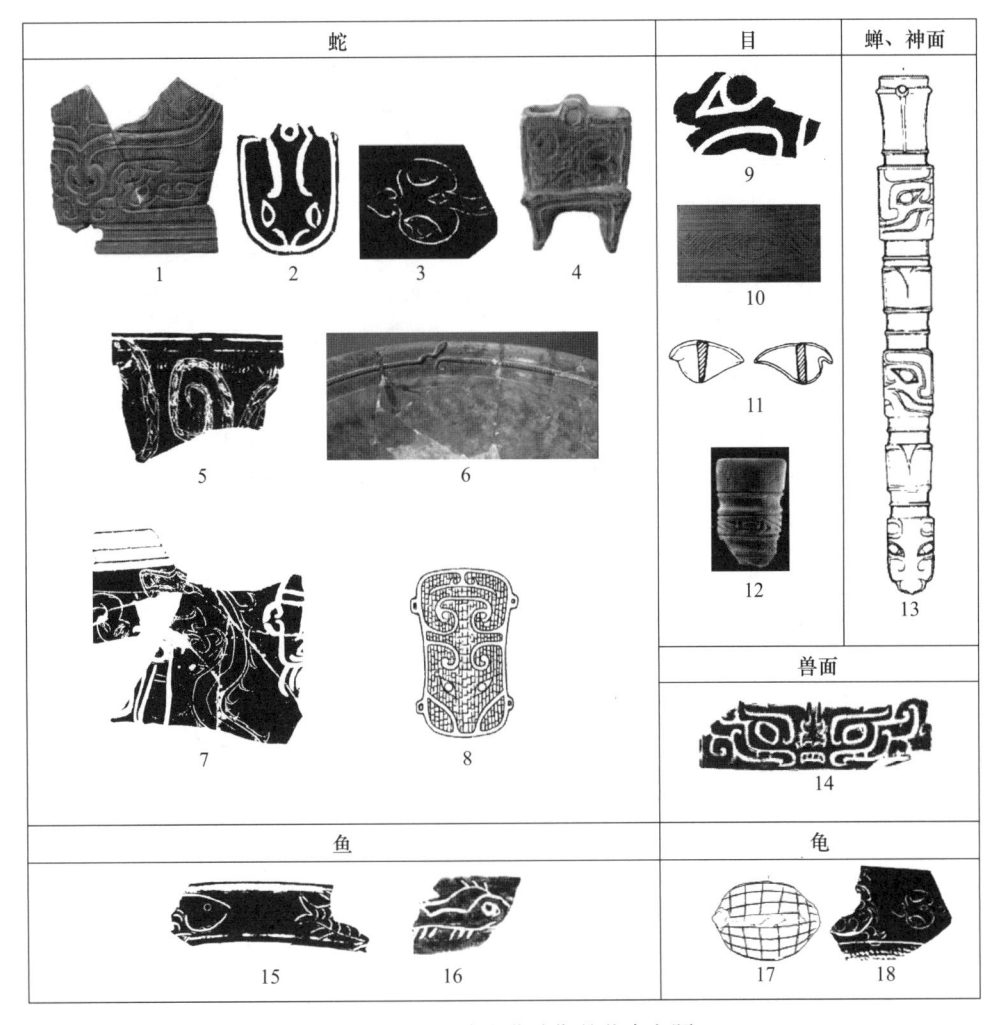

图七一　二里头文化晚期的艺术主题
1. ⅤT212 出土透底形器　2. 采：26　3. Ⅱ·ⅤT107③：2　4. 83YLⅣ18③：1　5. ⅣT17②：17
6. 2003ⅤG14：16　7. ⅤT212③：1　8. 87YLⅥ57：4　9. ⅤH201：17　10. 81YLⅤT21③：1
11. ⅧKM5：1、ⅧKM5：2　12. 2002ⅤH62：3　13. ⅤKM4：1　14. 2004ⅤH285：8
15. Ⅱ·ⅤT107③：2　16. 2000ⅢH24：113　17. ⅧT13⑥：47　18. Ⅱ·ⅤT107③：2

（1、10 图据中国社会科学院考古研究所，1995；2、3、5、7～9、11、13、16~18 图据中国社会科学院考古研究所，1999；4 图据艾兰等，2022；6、12、14 图据中国社会科学院考古研究所，2014；15 图据中国社会科学院考古研究所，1999）

表一二　二里头文化晚期二里头遗址Ⅰ级墓随葬食器和酒器统计表（未注明材质者为陶器）

墓号	期段	炊器、盛器、食器	酒（水）器
ⅤM22	三早	鼎1、圆腹罐1、豆2、高领瓮1、高领小罐1	鬶1、爵1、觚2、
80ⅢM2	三晚	平底盆1	爵1、盉1、漆觚[595]、铜爵2
80ⅤM3	三晚	高领瓮1、盆1、圆腹罐2	爵1、盉1、漆觚

续表

墓号	期段	炊器、盛器、食器	酒（水）器
ⅥKM3	四早		盉1、漆觚、铜爵1
84ⅥM6	四早		铜爵1、盉1、漆觚
84ⅥM9	四早	圆腹罐1、簋1、大口尊2	铜爵1、铜斝1、盉2、漆觚
84ⅥM11	四晚		铜爵1、盉1、陶爵1、漆觚
87ⅥM57	四晚	圆腹罐1、簋1、盆1	铜爵1、盉1、漆觚

除了以祖先崇拜为核心的宗教系统之外，二里头文化晚期的贵族意识形态的另一个特征是"武力崇拜"观念的兴起。相当数量的玉质、铜质仪仗器出现在高等级贵族的墓葬中，作为墓主军事权威的象征。与晚期墓葬礼俗变化高度相关的是，二里头文化分布范围的空前扩大。据二里头文化宏观聚落形态研究，在二里头文化早期，二里头文化的分布区域为以嵩山为中心的洛阳、郑州、许昌、平顶山等地以及豫东的部分地区；进入二里头文化晚期，二里头文化的分布地域急剧扩张，北越黄河来到晋南地区，向西突入关中东部和商洛地区，向南发展至南阳、信阳地区甚至见于长江一线[596]。在这些扩张方向上，分布着众多国家运行所需的重要自然资源，如晋南地区的铜、铅、盐，鄂豫陕交界地区的绿松石矿，长江中下游的铜矿等[597]。

在Ⅵ区的一组家族墓地中[598]（图七二），高等级贵族墓84YLⅥM11的墓主左腕佩戴铜牌饰，对侧腰间悬挂铜铃，3三件玉仪仗器放在左手下面，右手下面放置1件铜爵，宗教法器、仪仗器及酒礼器被按照实际的使用场景有序的摆放在墓室中，显示出墓主同时具有家族长、宗教首领以及军事头目的身份（图版一四）。类似的场景也出现在本期祭祀区的另一座Ⅰ级墓87ⅥM57中[599]。墓主左手肘处放置1件月形器，左手腕处佩戴1件铜牌饰，对侧腰间悬挂铜铃，1件玉戈和1件玉三孔刀分别顺向置于墓主

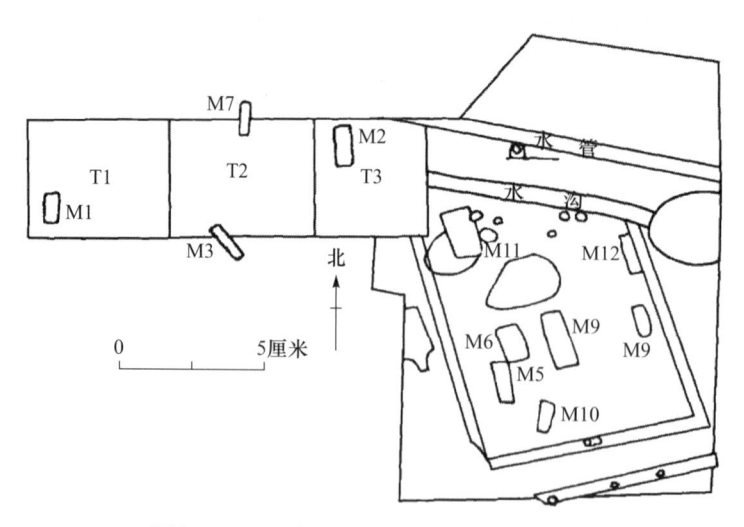

图七二　二里头84YLⅥF1建筑及相关墓葬
（图据中国社会科学院考古研究所二里头工作队，1986）

左右臂旁，在用手外侧放置 1 件铜爵。

二里头遗址内的诸多与军事活动相关的遗存迹象表明其晚期的"武力崇拜"氛围。其一是兵器数量的增加以及杀伤力的增强。据郭妍利[600]统计，实用兵器中最重要的镞的数量在二里头文化晚期出现了迅猛的增长（表一三）。她同时指出，骨镞和石镞的前锋在晚期发展得长而尖锐，且棱体式的镞增多。冈村秀典认为，三棱锥式的镞正是为了增加杀伤力而设计的[601]。其二是暴力现象的增多。二里头遗址内，V级墓，即乱葬墓的比例在晚期大幅度上升[602]。祭祀区内，最近还发现被斩首的四期墓葬[603]。在上述家族墓地中的四期墓 84YLⅥM5 中[604]，墓主胸骨上发现一枚铜镞，显然是战斗中中箭而死，其随葬品内容不明。由此窥测，二里头文化晚期的家族可能同时为作战之团体，首领有军事指挥之权，族人（不知是否为贵族）有战斗之责，似乎已经出现按亲缘关系组成的军事集团，即"族"[605]的雏形。

表一三　二里头遗址出土兵器统计表

期段	镞				
	石镞	玉镞	骨镞	蚌镞	铜镞
二里头文化一期	1		6	6	
二里头文化二期		1	22		13
二里头文化三期	11	1	158	32	
二里头文化四期	16		204	21	
二里岗文化早期		1	23	1	
二里岗文化晚期	14	3	11	2	3

注：据郭妍利，2009，表一修订

以斧钺象征权力并用于随葬乃是自新石器时代中期以来的悠久传统[606]，在二里头文化早期国家结构形成之初，宗教氛围更浓，暴力手段却并未被重视。而历经二、三期之交的礼制大变革之后，以蝉形器、鸟形器、壶形盉为代表的肖家屋脊文化因素在二里头国家社会的文化"大传统"中消失，同时宫殿区内具有"宗庙"性质的 3 号、5 号基址及其中的高等级墓地被废弃，高地龙山传统的仪仗器传入并迅速在社会上层普及，成为身份和权力的象征，与铜牌饰、铜铃组合代表的二里头萨满教传统以及以爵为核心的酒礼器所代表的祭祀传统并重。

二里头文化晚期兴起的"武力崇拜"观念可能与二里头国家的扩张有关。二里头文化二、三期之间分布范围的扩大尤为明显，而在这些扩张区域内屡见军事、暴力现象。沁水西岸的大司马遗址二里头文化四期 H14 埋葬 4 具骨架扭曲的人骨，其中 2 人有被剥头皮的创痕[607]。位于洛阳盆地前往晋南地区交通要道上的垣曲古城南关遗址有二里头文化晚期修筑的人工壕沟，H161 出土 1 件插进人类颈椎骨的青铜箭头[608]。东下冯遗址二里头文化四期遗存中发现了多处带有祭祀意味的窑洞式横穴墓，其中 M525

中仅有4具人头骨[609]。位于二里头文化晚期南扩线路上的方城八里桥遗址内发现了1件石质的圆刃戚，表明此地的领导者很可能是来自二里头都邑的武装贵族[610]。这些迹象似乎表明二里头国家可能采取了武力扩张策略。结合以上证据，笔者认为，稳固权力和对外扩张的需求使二里头国家晚期注重军事力量的发展，可能因此催生了二里头国家贵族意识形态中的"武力崇拜"观念，使得象征军事权威的仪仗器成为二里头都邑社会上层的身份标识，武力扩张实践的成功则进一步强化了这种贵族意识形态，二者在二里头国家晚期相互影响。

林沄认为，中国早期国家起源于"邑群"，其中的中心大邑为都，其他邑为鄙，非农业人口向都集中，多数的邑为单纯的农业居民点，中国最早的国家是复合都鄙群形态，而由一个都鄙群构成之国发展为多个都鄙群构成之国，包括两种途径：一种是自然衍殖，一种是相互联合，后者包括征服或慑服的方法，即迫使别的都邑群或者复合都鄙群加入联盟，在承认某种义务的条件下，保持其独立，并受到军事上的保护[611]。考古材料所体现的二里头国家的形成与扩张很大程度上符合林沄所提出的理论。前文在讨论外来因素玉器的"二次传播"时曾提到，在二里头都邑之外很少发现仪仗器，随葬现象更是罕见，这反映出拥有军事权力的贵族集团高度集中在都邑之内。这样做应该是为了维持二里头都邑相较其他聚落的军事优势，进而维持建立在军事胁迫下的联盟的稳定性。

总之，进入二里头文化晚期，二里头都邑社会上层在延续祖先崇拜宗教体系的基础上，形成了一种"祀""戎"二元贵族意识形态，其与二里头国家的扩张实践相互促进。

当二里头国家覆灭之后，这种成熟的早期国家社会贵族意识形态及其物化表现成为"二里头人"的一份丰厚遗产，其中的诸多重要内涵，如"人面蛇身"形象及其演化出的兽面纹，玉柄形器，酒礼器群，戈、戚等铜、玉仪仗器都被二里岗国家所继承、发展，并有序传承至晚商、西周国家之中。《左传·成公十三年》所载"国之大事，在祀与戎"，正是对于从二里头文化三期以来一脉相承的青铜时代国家意识形态的精炼总结。

五、结　　语

从聚落时空演变的视角看，崛起于伊洛平原的二里头都邑并没有源自当地的聚落发展基础，具有"突发性"特征[612]。基于陶器群的文化因素分析，则可将二里头文化的形成视为东、西两大文化传统的碰撞与融合[613]。以上两个特点同样适用于二里头文化玉器群的形成过程。作为龙山时代的用玉"洼地"，中原腹地在二里头时代一跃成为东亚大陆的核心玉文化区，正是建立在广泛吸收龙山时代玉文化传统的基础上。

借由文化因素分析，本文将二里头文化玉器群分为高地龙山因素、肖家屋脊文化因素、海岱龙山文化因素、欧亚草原因素、本地文化因素、多元文化因素和创新因素七组。其中，高地龙山和肖家屋脊文化是最为主要的两股因素，多元文化因素和创新因素可以视为二者影响的一部分，而二者的历时消长关系直接主宰了二里头文化玉器群面貌的基调。相比之下，海岱龙山文化因素、欧亚草原因素仅零星可见，本地玉器传统则仅局限于实用性的玉质工具、武器领域，难登大雅。

二里头文化一期，当二里头聚落的社会上层开风气之先吸收甘青地区的绿松石管珠饰品传统之时，其他进入二里头文化的聚落还保持着各自龙山时代的玉器风格。二里头文化二期，二里头都邑中出现了肖家屋脊文化因素的鸟形器、蝉形器和A型柄形器以及融合了肖家屋脊文化和高地龙山因素的B型柄形器以及绿松石龙形器，肖家屋脊文化因素主导的宗教仪式用玉系统和高地龙山因素主导的绿松石饰品系统分庭抗礼。二里头文化三期，以戚、牙璋、多孔刀、戈等为代表的具有浓厚高地龙山传统的仪仗器大量涌入二里头都邑，成为高级贵族葬礼用玉的核心，与此同时，肖家屋脊文化因素的玉器黯然失色，在仪式活动中边缘化。可能归功于对豫陕鄂交接区域内绿松石矿源的直接或间接控制，本期都邑社会上层的绿松石管珠饰品传统得以进一步巩固。二里头文化四期，绿松石管珠饰品传统基本维持，仪仗器在高等级贵族的葬仪中被愈加强调，高地龙山因素玉器的影响持续并有所深化，肖家屋脊文化因素玉器已全不见踪影。

如果将外来玉文化因素置于仪式活动、聚落形态的考古学背景下考察，则可以理出二里头聚落的社会上层利用远方异域和旧时文化的因素进行身份建构的动态脉络。来自甘青地区的绿松石管珠在进入二里头后变得更为珍稀，与之相关的海贝也被一同接纳，位于最早的二里头贵族的声望物品之列；从二期开始，其阶层身份标识的属性逐渐清晰；从三期开始，随着绿松石供给能力的提升，社会上层内部的区分度开始明显，珠串的使用者以数量优势彰显自身更高的实力和地位，而串饰的装饰习俗也与甘青地区的影响有关。在社会上层弥漫着浓厚南方文化传统的二里头文化二期，肖家屋脊文化因素玉器则作为政治、宗教权力的物化表征，用以区分统治家族和其他贵族的身份。宫殿区内的家族可能享有这些玉器的独占权，作坊区或是宫东贵族居葬区内的贵族则通过相同风格玉器的获取以表现其与上位者的密切关系。不过，这种情况被二、三期之间的礼制大变革彻底改变，象征军事权威的高地龙山因素仪仗器被都邑社会的最上层竞相追捧，取代了肖家屋脊文化因素玉器的身份标识属性。或许是受到"东龙山人"的启发，不同于高地龙山社会多将玉兵器插埋在墙内或祭祀坑中的做法，仪仗器在二里头都邑中频繁用于随葬，而佩戴绿松石串饰，拥有铜、玉仪仗器、铜牌饰和铜铃以及成组的酒器，成为此时二里头国家最上层区别于一般贵族的特征。在此基础上，到了四期，可能与祖先祭祀活动相关的B型柄形器被纳入到最高级别贵族的丧葬实践中。综合来看，在二里头聚落社会上层构建其文化"大传统"的过程中，玉器的重要程度可能不亚于铜器，其中既有绿松石管珠为主的饰品系统、融合多种文化因素的 B 型柄形器以及"人面蛇身"形象的"连续"，也有肖家屋脊文化因素玉器被高地龙山因素仪仗器所取代的"断裂"。

从龙山时代到二里头时代，玉器传播的特征由多元驱动变为单向吸纳。龙山时代，大量海岱系玉器器形在西传的过程中完成了其"高地化"，而随后石峁、陶寺两大高地龙山社会的崩溃留下了一份高地龙山玉器的文化遗产，石峁文化和陶寺文化的"遗民"以及仍然活跃在甘青－关中一带的齐家文化晚期和东龙山文化人群则成为这份遗产的代理人，在二里头国家形成和发展的过程中，二里头贵族选择性地继承了这份丰厚的遗产。二里头文化形成发展过程中接受的众多高地龙山遗产与龙山—二里头时代文化格局的巨变息息相关。

在吸收、融合了众多外来文化因素玉器之后，二里头都邑主导了外来玉文化因素在二里头文化区内的"二次传播"。从二里头文化二期开始出现，起初范围仅限于洛阳盆地，三期向北、南、东方向扩展到晋南、南阳、郑州等地，四期有所回缩，主要在洛阳盆地、晋南和郑州地区。具体传播形式可以分为实物的传播和观念的传播，洛阳盆地和郑州地区聚落内发现的相关玉器可能直接来自二里头都邑，而较远的晋南、南阳等地的器物很可能是当地制作的。外来玉器的"二次传播"现象是二里头都邑对于周边区域中心聚落政治与文化影响力的一个侧面，其与二里头文化二期以来、作为东亚地区核心文化的二里头文化[614]以及以二里头都邑为中心的广域王权国家的形成与发展的趋势是同步的。

意识形态是影响早期国家形成的重要因素之一。在新石器时代，某些玉器以及其所呈现的主题一直作为特定宗教信仰的物化表征。在公元前三千纪的东亚大陆，蛇主题与蝉、神面主题及其各自的信仰内涵大致呈现以太行山为界的东西对峙格局。在龙山时代的石峁、陶寺、新砦等复杂社会中，这些信仰及其物化表征开始了融合的进程。进入二里头时代，这种进程随着不同族群的深度整合而臻于系统化。以祖先神崇拜为核心的新宗教整合了史前时期的蛇信仰和昆虫"蜕变"和"羽化"信仰，其形成与二里头国家的诞生皆发生在二里头文化二期，显示了二者之间的高度相关性。兼顾不同文化传统的基础上发展祖先神崇拜宗教并举行相关的宴飨活动是本期二里头国家统治者领导策略的核心。可能是出于对稀有资源的渴求，晚期的二里头国家走上了扩张之路，相关的军事和暴力现象表明，基于武力的征服或慑服是一种行而有效的途径，这使得国家的统治集团格外重视军事能力的发展，以保持二里头都邑相对周边聚落群的武力优势。于是，统治集团中的头目此时兼有了家族长、宗教领袖和军事首领的身份，以血缘关系为基础的军事组织可能已经在二里头都邑内形成。这也促使二里头文化早期以祭祀为主的贵族意识形态转为"祀""戎"并重的二元意识形态。可以说，二里头文化晚期"祀""戎"二元意识形态的形成与成功实践，为三代时期中国早期国家的发展提供了宝贵的历史经验。

注　释

[1] 中国社会科学院考古研究所:《偃师二里头：1959年～1978年考古发掘报告》，中国大百科全书出版社，1999年；中国社会科学院考古研究所:《二里头：1999～2006》，文物出版社，2014年。

[2] 中国社会科学院考古研究所:《二里头：1999～2006》，文物出版社，2014年，第1237页。

[3] 中国社会科学院考古研究所、中澳美伊洛河流域联合考古队:《洛阳盆地中东部先秦时期遗址：1997～2007年区域系统调查报告》，科学出版社，2019年，第1219～1222页。

[4] 刘绪:《论卫怀地区的夏商文化》，《纪念北京大学考古专业三十周年论文集》，文物出版社，1990年。

[5] 中国社会科学院考古研究所:《中国考古学·夏商卷》，中国社会科学出版社，2003年，第82页。

[6] 北京大学考古系、驻马店市文物保护管理研究所:《驻马店杨庄——中全新世淮河上游的文化遗存与环境信息》，科学出版社，1998年，第206页。

[7] 袁广阔:《从二里头文化的分布形势认识夏文化》，《洛阳考古》2014年4期。

[8] 中国社会科学院考古研究所:《中国考古学·夏商卷》，中国社会科学出版社，2003年，第82页。

[9] 张天恩:《试论关中东部夏代文化遗存》，《文博》2000年3期。

[10] 东下冯考古队:《山西夏县东下冯遗址东区、中区发掘简报》，《考古》1980年2期；中国社会科学院考古研究所、中国历史博物馆、山西省考古研究所:《夏县东下冯》，文物出版社，1988年，第215页；邹衡:《试论夏文化》，《夏商周考古学论文集》，文物出版社，1980年；李伯谦:《东下冯类型的初步分析》，《中原文物》1981年1期；高天麟、李建民:《就大柴遗址的发掘试析二里头文化东下冯类型的性质》，《中原文物》1992年7期；李维明:《再议东下冯类型》，《中原文物》1997年2期；中国社会科学院考古研究所:《中国考古学·夏商卷》，中国社会科学出版社，2003年，第89～94页。

[11] 郑杰祥:《夏史初探》，中州古籍出版社，1988年，第247页；张立东:《论辉卫文化》，《考古学集刊》（第10集），地质出版社，1996年；宋豫秦:《夷夏商三种考古学文化交汇地域浅谈》，《中原文物》1992年1期；张忠培、杨晶:《客省庄与三里桥文化的单把鬲及其相关问题》，《宿白八秩华诞纪念文集》，文物出版社，2002年；于孟洲:《东下冯文化与二里头文化比较及相关问题研究》，《文物春秋》2004年1期。

[12] 严文明:《龙山文化和龙山时代》，《文物》1981年6期。

[13] 严文明:《龙山时代考古新发现的思考》，《纪念城子崖遗址发掘60周年国际学术讨论会论文集》，齐鲁书社，1993年。

[14] 张海:《龙山时代与龙山玉器》，《龙山文化与早期文明——第22届国际历史科学大会章丘卫星会议文集》，文物出版社，2017年。

[15] 北京大学:《"中华文明探源工程（二）"——3500BC～1500BC中国文明形成与早期发展阶段的考古学文化谱系年代研究》，中国考古网http://www.kaogu.cn/html/cn/zhongdaketi/2013/1025/31394.html。

[16] 韩建业、杨新改:《王湾三期文化研究》，《考古学报》1997年1期。

[17] 任瑞波、陈苇：《关于齐家文化的几个基本问题》，《四川文物》2017年5期。

[18] 何驽：《陶寺文化谱系研究综论》，《襄汾陶寺遗址研究》，科学出版社，2007年。

[19] 孙周勇、邵晶、邸楠：《石峁文化的命名、范围及年代》，《考古》2020年8期。

[20] 中国社会科学院考古研究所：《中国考古学·新石器时代卷》，中国社会科学出版社，2010年，第292、293页；北京大学：《"中华文明探源工程（二）"——3500BC~1500BC中国文明形成与早期发展阶段的考古学文化谱系年代研究》，中国考古网 http://www.kaogu.cn/html/cn/zhongdaketi/2013/1025/31394.html。

[21] 栾丰实：《海岱龙山文化的分期和类型》，《海岱地区考古研究》，山东大学出版社，1993年；栾丰实：《试析海岱龙山文化东、西部遗址分布的区域差异》，《海岱考古》（第9辑），科学出版社，2016年。

[22] 何驽：《试论肖家屋脊文化及其相关问题》，《三代考古》（二），科学出版社，2006年。

[23] 顾问：《"新砦期"研究》，《殷都学刊》2002年4期。

[24] 许宏：《"新砦文化"研究历程评述》，《三代考古》（二），科学出版社，2006年。

[25] 许宏：《嵩山南北龙山文化至二里头文化演进过程管窥》，《中原地区文明化进程学术研讨会文集》，科学出版社，2006年；张海：《中原核心区早期社会复杂化的考古学观察》，上海古籍出版社，2021年，第149~159页。

[26] 夏鼐：《有关安阳殷墟玉器的几个问题》，《殷墟玉器》，文物出版社，1982年。

[27] 闻广：《辨玉》，《文物》1992年7期。

[28] 干福熹：《中国古代玉器和玉石科技考古研究的几点看法》，《文物保护与考古科学》2008年S1期；杨晶：《中国史前玉器的考古学探索》，社会科学文献出版社，2011年，第6页。

[29] 另外有少量在二里头文化遗址（或包含二里头文化遗存的遗址）中采集的玉器，简报或报告将其归为二里头文化，在没有明确的反驳证据的情况下，暂且遵从整理者的意见。

[30] 郭宝钧：《商周铜器群综合研究》，文物出版社，1981年，第1、2页。

[31] 需说明的是，三部分的划分标准并不统一，这里更多顺应了研究现状，以方便归纳总结。

[32] 杨美莉：《中国古代墓葬的"玉兵"》，《故宫学术季刊》1995年第13卷2期。

[33] 杨泓：《中国古代玉兵浅析》，《东亚玉器》，香港中文大学中国考古艺术研究中心，1998年。

[34] 吕建昌：《先秦玉兵器的考古学观察》，《军事历史研究》2006年3期。

[35] 郭妍利：《二里头遗址出土兵器初探》，《江汉考古》2009年3期。

[36] 许宏：《金玉共振：中原青铜时代伊始玉兵器的演变态势》，《百色学院学报》2014年3期。

[37] 徐坚：《时惟礼崇——东周之前青铜兵器的物质文化研究》，上海古籍出版社，2014年。

[38] 张汝丽：《新石器晚期至西周墓葬出土玉质仪仗器研究》，郑州大学硕士学位论文，2020年。

[39] 徐坚：《时惟礼崇——东周之前青铜兵器的物质文化研究》，上海古籍出版社，2014年。

[40] 由于不同学者对于二里头文化的斧、钺、戚、璧戚等器的命名不同，为了行文方便，我们在此统一称为"钺类"以指代。

[41] 杨美莉：《中国古代的"玉兵"——斧形玉兵系列之一~四》，《故宫文物月刊》1995年第152、153期；1996年第154、155期。

[42] 其所谓斧类玉器包括圭、璋、戚、钺。

[43] 郑光：《二里头斧类玉礼器的安柄及相关问题》，《出土玉器鉴定与研究——中国出土玉器鉴定

与研究学术研讨会论文集》，紫禁城出版社，2001 年。
[44] 主要指二里头文化时期，包括夏朝域内和周邻地区。
[45] 杨晶、赵瑾：《夏时期玉钺初探》，《玉魂国魄——中国古代玉器与传统文化学术讨论会文集》（六），浙江古籍出版社，2014 年。
[46] 隗元丽：《先秦时期玉石钺研究》，吉林大学硕士学位论文，2019 年；隗元丽、井中伟：《夏商周时期玉石钺形器研究》，《东南文化》2020 年 5 期。
[47] 杨美莉：《中国古代的"玉兵"——戈形玉器系列之一》《故宫文物月刊》1997 年 1 期；杨美莉：《石、玉戈的研究（上）》，《故宫文物季刊》1998 年 1 期；杨美莉：《多孔石、玉刀的研究》，《故宫文物季刊》1998 年 3 期。
[48] （清）吴大澂：《古玉图考》，上海古籍出版社，1996 年。
[49] 涂白奎：《论璋之起源及其形制演变》，《文物春秋》1997 年 3 期。
[50] 夏鼐：《商代玉器的分类、定名和用途》，《考古》1983 年 5 期。
[51] 高大伦、李峰：《夏史物证——兼论歧锋端刃器的定名》，《中国史研究》1997 年 2 期。
[52] 〔日〕林巳奈夫：《中国古代的石刀形玉器和骨铲形玉器》，原载《东方学报》1982 年 54 册。后收入氏著，杨美莉译：《中国古玉研究》，艺术图书公司，1997 年。
[53] 王永波：《耘形端刃器的分类与分期》，《考古学报》1996 年 1 期。
[54] 孙庆伟：《礼失求诸野——试论牙璋的源流与名称》，《金玉交辉——商周考古、艺术与文化论文集》，"中央研究院"历史语言研究所，2013 年。
[55] 王永波：《耘形端刃器的分类与分期》，《考古学报》1996 年 1 期。
[56] 王克林：《论玉璋起源演变与功能》，《南中国及邻近地区古文化研究》，香港中文大学，1994 年。
[57] 杨泓：《中国古代刀形端刃玉器初析》，《南中国及邻近地区古文化研究》，香港中文大学，1994 年；王永波：《关于刀形端刃器的几个问题》，《南中国及邻近地区古文化研究》，香港中文大学，1994 年。
[58] 张学海：《牙璋杂谈》，《南中国及邻近地区古文化研究》，香港中文大学，1994 年。
[59] 邓聪、王方：《二里头牙璋（VM3∶4）在南中国的波及——中国早期国家政治制度起源和扩散》，《中国国家博物馆馆刊》2015 年 5 期；秦小丽：《中国初期国家形成过程中的牙璋及意义》，《中原文化研究》2017 年 4 期。
[60] 〔日〕林巳奈夫：《中国古代的石刀形玉器和骨铲形玉器》，原载《东方学报》1982 年 54 册；后收入氏著，杨美莉译：《中国古玉研究》，艺术图书公司，1997 年；高大伦、李峰：《夏史物证——兼论歧锋端刃器的定名》，《中国史研究》1997 年 2 期。
[61] 王克林：《论玉璋起源演变与功能》，《南中国及邻近地区古文化研究》，香港中文大学，1994 年。
[62] 涂白奎：《论璋之起源及其形制演变》，《文物春秋》1997 年 3 期。
[63] 方向明：《夏商时期钺、大刀、牙璋等端刃玉器变迁的考古学观察》，《夏商玉器及玉文化学术研讨会论文集》，岭南美术出版社，2018 年。
[64] 谷斌：《牙璋的起源与龙蛇崇拜——以二里头、三星堆、石寨山遗址为例》，《三峡大学学报（人文社会科学版）》2018 年 4 期。
[65] 邓聪、王方：《二里头牙璋（VM3∶4）在南中国的波及——中国早期国家政治制度起源和扩散》，《中国国家博物馆馆刊》2015 年 5 期。

[66] 江章华:《牙璋传播的东西两线说》,《玉魂国魄——中国古代玉器与传统文化学术讨论会论文集》(三),北京燕山出版社,2008年。

[67] 朱乃诚:《牙璋研究与夏史史迹探索》,《夏商都邑与文化(二)——纪念二里头遗址发现55周年学术讨论会论文集》,中国社会科学出版社,2014年;王炳华:《"礼失而求诸野"——浅谈大湾玉璋》,《南中国及邻近地区古文化研究》,香港中文大学,1994年。

[68] 邓聪、王方:《二里头牙璋(VM3:4)在南中国的波及——中国早期国家政治制度起源和扩散》,《中国国家博物馆馆刊》2015年5期;秦小丽:《中国初期国家形成过程中的牙璋及意义》,《中原文化研究》2017年4期;李伯谦:《再识牙璋》,《黄河·黄土·黄种人》2017年4期。

[69] 张长寿:《论神木出土的刀形端刃玉器》,《南中国及邻近地区古文化研究》,香港中文大学,1994年。

[70] 杨伯达:《牙璋述要》,《故宫博物院院刊》1994年3期;栾丰实:《再论海岱地区的史前牙璋》,《中原文物》2020年4期。

[71] 孙庆伟:《礼失求诸野——试论牙璋的源流和名称》,《金玉交辉——商周考古、艺术与文化论文集》,"中央研究院"历史语言研究所,2013年。

[72] 邵晶:《论石峁文化与肖家屋脊文化的远程交流——从牙璋、鹰笄、虎头等玉器说起》,《中原文物》2021年3期。

[73] 栾丰实:《再论海岱地区的史前牙璋》,《中原文物》2020年4期。

[74] 杨伯达:《牙璋述要》,《故宫博物院院刊》1994年3期;杨泓:《中国古代刀形端刃玉器初析》,《南中国及邻近地区古文化研究》,香港中文大学,1994年;张长寿:《论神木出土的刀形端刃玉器》,《南中国及邻近地区古文化研究》,香港中文大学,1994年;邓聪、王方:《二里头牙璋(VM3:4)在南中国的波及——中国早期国家政治制度起源和扩散》,《中国国家博物馆馆刊》2015年5期。

[75] 李小燕、井中伟:《玉柄形器名"瓒"说——辅证内史亳同与〈尚书·顾命〉"同瑁"问题》,《考古与文物》2012年3期。

[76] 曹楠:《三代时期出土柄形玉器研究》,《考古学报》2008年2期。

[77] 石荣传:《再议考古出土的玉柄形器》,《四川文物》2010年3期。

[78] 李小燕、井中伟:《玉柄形器名"瓒"说——辅证内史亳同与〈尚书·顾命〉"同瑁"问题》,《考古与文物》2012年3期;严志斌:《漆觚、圆陶片与柄形器》,《中国国家博物馆馆刊》2020年1期。

[79] 邓淑苹:《柄形器:一个跨三代的神秘玉类》,《夏商玉器及玉文化学术研讨会论文集》,岭南美术出版社,2018年。

[80] 严志斌:《漆觚、圆陶片与柄形器》,《中国国家博物馆馆刊》2020年1期。

[81] 黄建秋:《是铲是钺还是圭——二里头文化一种端刃器的考察》,《玉魂国魄——中国古代玉器与传统文化学术讨论会论文集》(六),浙江古籍出版社,2014年。

[82] 朱乃诚:《关于夏时期玉圭若干问题》,《玉魂国魄——中国古代玉器与传统文化学术讨论会论文集》(六),浙江古籍出版社,2014年。

[83] 方辉:《二里头文化的绿松石制品及相关问题研究》,《二里头遗址与二里头文化研究——中国·二里头遗址与二里头文化国际学术研讨会论文集》,科学出版社,2006年。

[84] 辛爱罡：《二里头文化非镶嵌类绿松石制品的功能分析》，《中原文物》2015年6期。
[85] 张登毅、李延祥：《山西出土先秦绿松石制品初步研究》，《华夏考古》2015年4期。
[86] 刘菀：《试论夏商时期的绿松石制品》，中央民族大学硕士学位论文，2016年。
[87] 王巍：《商文化玉器渊源探索》，《考古》1989年9期。
[88] 林巳奈夫：《关于偃师二里头遗址发现的玉器》，《美术研究集刊》1996年3期。
[89] 邵望平：《从海岱系玉礼器的特征看三代礼制的多源一统性》，《邵望平史学、考古学文选》，山东大学出版社，2013年。
[90] 栾丰实：《二里头遗址出土玉礼器中的东方因素》，《中原地区文明化进程学术研讨会论文集》，科学出版社，2006年。
[91] 邓淑苹：《万邦玉帛——夏王朝的文化底蕴》，《夏商都邑与文化（二）——"纪念二里头遗址发现55周年学术研讨会"论文集》，中国社会科学出版社，2014年。
[92] 方向明：《龙山时代至夏时期的玉文化——传承、融汇和发展》，《玉魂国魄——中国古代玉器与传统文化学术讨论会文集》（六），浙江古籍出版社，2014年。
[93] 方向明：《夏商时期钺、大刀、牙璋等端刃玉器变迁的考古学观察》，《夏商玉器及玉文化学术研讨会论文集》，岭南美术出版社，2018年。
[94] 邓聪：《夏家店下层文化中的二里头文化玉器因素举例》，《三代考古》（三），科学出版社，2009年。
[95] 黄可佳：《试析以大甸子墓地玉器为代表的夏家店下层文化玉器》，《草原文物》2015年2期。
[96] 周宇杰：《夏家店下层文化玉器的初步研究》，《辽宁师范大学学报（社会科学版）》2017年1期。
[97] 王方：《夏风西渐——试析二里头文化对古蜀玉器的冲击与影响》，《夏商玉器及玉文化学术研讨会论文集》，岭南美术出版社，2018年。
[98] 杨美莉：《细述二里头文化的玉器风格（上）、（下）》，《故宫文物月刊》1995年144、145期。
[99] 高良：《夏代玉器的审美特征》，《江南大学学报》2008年3期。
[100] 朱志荣、石迪：《论夏代玉器的审美特征》，《学术研究》2009年3期。
[101] 田丽梅：《试论夏代玉器的艺术特征与审美情趣》，《春草集——吉林省博物馆协会第一届学术研讨会论文集》，吉林人民出版社，2011年。
[102] 〔日〕林巳奈夫著，杨美莉译：《中国古玉的鉏牙》，《中国古玉研究》，艺术图书公司，1997年。
[103] 殷志强：《略说齿牙形玉器》，《华夏考古》1990年3期。
[104] 顾问、张松林：《二里头遗址所出玉器"扉牙"内涵研究——并新论圭、璋之别问题》，《殷都学刊》2003年3期。
[105] 李存信：《二里头遗址绿松石龙形器的清理与仿制复原》，《中原文物》2006年4期。
[106] 王青：《二里头遗址出土镶嵌绿松石牌饰的初步研究》，《夏商都邑与文化（二）——"纪念二里头遗址发现55周年学术研讨会"论文集》，中国社会科学出版社，2014年。
[107] 顾问、胡继忠：《论二里头文化与夏家店下层文化中的龙、蛇》，《二里头遗址与二里头文化研究——中国·二里头遗址与二里头文化国际学术研讨会论文集》，科学出版社，2006年。
[108] 李德方：《二里头遗址的龙纹与龙文化》，《二里头遗址与二里头文化研究——中国·二里头遗址与二里头文化国际学术研讨会论文集》，科学出版社，2006年。
[109] 蔡运章：《绿松石龙图案与夏部族的图腾崇拜》，《二里头遗址与二里头文化研究——中国·二

里头遗址与二里头文化国际学术研讨会论文集》，科学出版社，2006年。

[110] 杜金鹏：《中国龙，华夏魂——试论偃师二里头遗址"龙文物"》，《二里头遗址与二里头文化研究——中国·二里头遗址与二里头文化国际学术研讨会论文集》，科学出版社，2006年；何驽：《二里头绿松石龙牌、铜牌与夏禹、万舞的关系》，《中原文化研究》2018年4期。

[111] 谢晓燕：《偃师二里头绿松石龙形器初探》，《文物鉴定与鉴赏》2012年7期。

[112] 蔡运章：《绿松石龙图案与夏部族的图腾崇拜》，《二里头遗址与二里头文化研究——中国·二里头遗址与二里头文化国际学术研讨会论文集》，科学出版社，2006年。

[113] 朱乃诚：《二里头文化"龙"遗存研究》，《二里头遗址与二里头文化研究——中国·二里头遗址与二里头文化国际学术研讨会论文集》，科学出版社，2006年。

[114] 杜金鹏：《中国龙，华夏魂——试论偃师二里头遗址"龙文物"》，《二里头遗址与二里头文化研究——中国·二里头遗址与二里头文化国际学术研讨会论文集》，科学出版社，2006年。

[115] 何驽：《二里头绿松石龙牌、铜牌与夏禹、万舞的关系》，《中原文化研究》2018年4期。

[116] 顾问、胡继忠：《论二里头文化与夏家店下层文化中的龙、蛇》，《二里头遗址与二里头文化研究——中国·二里头遗址与二里头文化国际学术研讨会论文集》，科学出版社，2006年。

[117] 朱乃诚：《二里头文化"龙"遗存研究》，《二里头遗址与二里头文化研究——中国·二里头遗址与二里头文化国际学术研讨会论文集》，科学出版社，2006年；朱乃诚：《二里头绿松石龙的源流——兼论石峁遗址皇城台大台基石护墙的年代》，《中原文物》2021年2期。

[118] 李新伟：《中国史前昆虫"蜕变"和"羽化"信仰新探》，《江汉考古》2021年1期。

[119] 〔日〕林巳奈夫著，杨美莉译：《中国古代的祭玉瑞玉》，《中国古玉研究》，艺术图书公司，1997年。

[120] 〔日〕冈村秀典著，陈馨译，秦小丽校：《中国文明：农业与礼制的考古学》，上海古籍出版社，2020年。

[121] 何宏波：《先秦玉礼研究》，郑州大学博士学位论文，2001年。

[122] 石荣传：《三代至两汉玉器分期及用玉制度研究》，山东大学博士学位论文，2005年。

[123] 董苗：《中原地区青铜时代初期铜、玉礼器兴替过程初探》，中国社会科学院研究生院硕士学位论文，2017年。

[124] 刘莉：《中国新石器和铜器时代早期礼器的生产》，《桃李成蹊集——庆祝安志敏先生八十寿辰》，香港中文大学中国考古艺术研究中心，2004年。

[125] 黄可佳：《贡纳与贸易——早期国家的玉石器生产和流通问题初探》，《早期中国研究（第1辑）》，文物出版社，2013年。

[126] 任佳、叶晓红、王妍等：《二里头遗址绿松石的红外光谱产地识别》，《光谱学与光谱分析》2015年10期。

[127] 北京科技大学冶金与材料史研究所、陕西省考古研究院：《陕西洛南河口绿松石矿遗址调查报告》，《考古与文物》2016年3期。

[128] 先怡衡：《陕西洛南辣子崖采矿遗址及周边绿松石产源特征研究》，北京科技大学博士学位论文，2016年；先怡衡、梁云、樊静怡等：《洛南河口遗址出产绿松石产地特征研究》，《第四纪研究》2021年1期。

[129] 张登毅：《中原先秦绿松石制品产源探索》，北京科技大学博士学位论文，2016年。

[130] 陈卓:《湖北竹山绿松石与河南偃师二里头出土绿松石宝石学对比研究》,中国地质大学(北京)硕士学位论文,2013年。
[131] 北京市玉器厂技术研究组:《对商代琢玉工艺的一些初步看法》,《考古》1976年4期。
[132] 王建中:《南阳古代独玉初探》,《中原文物》2002年2期。
[133] 李丽娜:《试析中原地区出土夏商周时期和田玉器及其相关问题》,《西域研究》2008年4期。
[134] 董俊卿、干福熹、承焕生等:《河南境内出土早期玉器初步研究》,《华夏考古》2011年3期。
[135] 北京市玉器厂技术研究组:《对商代琢玉工艺的一些初步看法》,《考古》1976年4期。文中称二里头文化为早商。
[136] 邓聪、许宏、杜金鹏:《二里头文化玉工艺相关问题试释》,《科技考古(第二辑)》,科学出版社,2007年。
[137] 叶晓红:《二里头遗址出土玉器的工艺技术分析》,《夏商都邑与文化(二)——"纪念二里头遗址发现55周年学术讨论会"论文集》,中国社会科学出版社,2014年。
[138] 吴棠海:《夏代—早商玉器形纹特征初探》,《夏商时期玉文化国际学术研讨会论文集》,科学出版社,2018年。
[139] Elizabeth·C·Johnson·Symbolic Jades of the Erlitou Period: A Xia Royal Tradition. *Archives of Asian Art*, 1995(48).
[140] 郑光:《二里头玉器与中国玉器文化》,《东亚玉器》,香港中文大学中国考古艺术研究中心,1998年。
[141] 陈雪香:《二里头遗址墓葬出土玉器探析》,《中原文物》2003年3期。
[142] 郝炎峰:《二里头文化玉器的考古学研究》,《中国早期青铜文化研究——二里头文化专题研究》,科学出版社,2008年。
[143] 喻燕姣、方刚:《中国玉器通史·夏商卷》,海天出版社,2014年。
[144] 殷志强:《夏代玉器初探》,《故宫文物月刊》1996年162期。
[145] 蒋卫东:《走进新时代——夏时期玉器总综述》,《玉魂国魄——中国古代玉器与传统文化学术讨论会文集》(六),浙江古籍出版社,2014年。
[146] 周宇杰:《夏代玉器的初步研究》,辽宁师范大学硕士学位论文,2015年。
[147] 杨育彬、孙广清:《河南出土三代玉器及相关问题》,《中原文物》2003年5期。
[148] 陈志达:《夏商玉器综述》,《中国玉器全集(下)》,河北美术出版社,2005年。
[149] 夏一博:《河南龙山文化至二里头文化玉器研究》,南开大学硕士学位论文,2016年。
[150] 李婵:《上古三代秦汉玉文化研究》,山东大学博士学位论文,2011年。
[151] 刘岩:《西方考古学的关键概念:context 的含义分析》,《东南文化》2020年1期。
[152] 发现概况部分每件玉器的出处详见附表,文中不再一一注出。下同。
[153] 陈国梁:《二里头遗址铸铜遗存再探讨》,《中原文物》2016年3期;陈国梁、李志鹏:《二里头遗址制骨遗存的考察》,《考古》2016年5期;贺俊:《二里头文化区的聚落与社会》,中国社会科学院研究生院博士学位论文,2020年。
[154] 陈国梁:《二里头遗址铸铜遗存再探讨》,《中原文物》2016年3期。
[155] 陈国梁、李志鹏:《二里头遗址制骨遗存的考察》,《考古》2016年5期。
[156] 杜金鹏:《二里头遗址第二期考古的主要成就》,《中原文物》2020年4期。仅凭文中公布的

94 Ⅸ M11 照片识别。

[157] 中国社会科学院考古研究所：《偃师二里头：1959 年～1978 年考古发掘报告》，中国大百科全书出版社，1999 年，第 69、123 页；中国社会科学院考古研究所二里头工作队：《1982 年秋偃师二里头遗址九区发掘简报》，《考古》1985 年 12 期；杜金鹏：《二里头遗址第二期考古的主要成就》，《中原文物》2020 年 4 期；中国考古学会编：《中国考古学年鉴·1986》，文物出版社，1988 年，第 147 页；中国社会科学院考古研究所：《二里头：1999～2006》，文物出版社，2014 年，第 992、998、1012 页；中国社会科学院考古研究所二里头工作队：《河南偃师市二里头遗址宫殿区 5 号基址发掘简报》，《考古》2020 年 1 期；赵海涛：《二里头都邑聚落形态新识》，《考古》2020 年 8 期。

[158] 原简报称为"圭"。本文采纳杨晶、黄建秋、朱乃诚等的看法，将这类器体窄长扁薄，装柄使用的双面刃玉器称之为"条形钺"。杨晶、赵瑾：《夏时期玉钺初探》；黄建秋：《是铲是钺还是圭——二里头文化一种端刃器的考察》；朱乃诚：《关于夏时期玉圭若干问题》，三文同载《玉魂国魄——中国古代玉器与传统文化学术讨论会文集》（六），浙江古籍出版社，2014 年。

[159] 中国社会科学院考古研究所：《偃师二里头：1959 年～1978 年考古发掘报告》，中国大百科全书出版社，1999 年，第 124、240、241、243 页；中国社会科学院考古研究所二里头队：《1980 年秋河南偃师二里头遗址发掘简报》，《考古》1983 年 3 期；中国社会科学院考古研究所二里头队：《1982 年秋偃师二里头遗址九区发掘简报》，《考古》1985 年 12 期；中国社会科学院考古研究所二里头工作队：《1981 年河南偃师二里头墓葬发掘简报》，《考古》1984 年 1 期；中国考古学会编：《中国考古学年鉴·1986》，文物出版社，1988 年，第 147 页。

[160] 中国社会科学院考古研究所：《偃师二里头：1959 年～1978 年考古发掘报告》，中国大百科全书出版社，1999 年，第 241、341 页；中国社会科学院考古研究所二里头队：《1980 年秋河南偃师二里头遗址发掘简报》，《考古》1983 年 3 期；中国社会科学院考古研究所二里头队：《1982 年秋偃师二里头遗址九区发掘简报》，《考古》1985 年 12 期；中国社会科学院考古研究所二里头工作队：《1984 年河南偃师二里头墓葬发掘简报》，《考古》1986 年 4 期；中国社会科学院考古研究所二里头工作队：《1987 年偃师二里头遗址墓葬发掘简报》，《考古》1992 年 4 期；杜金鹏：《二里头遗址第二期考古的主要成就》，《中原文物》2020 年 4 期。

[161] 河南省文物研究所、长江流域规划办公室考古队河南分队：《淅川下王岗》，文物出版社，1989 年，第 285 页；郝炎峰：《二里头文化玉器的考古学研究》，《中国早期青铜文化——二里头文化专题研究》，科学出版社，2008 年。

[162] 袁广阔：《从二里头文化的分布形势认识夏文化》，《洛阳考古》2014 年 4 期。

[163] 庞小霞：《二里头文化下王岗类型及相关问题研究》，《考古》2021 年 3 期。

[164] 中国社会科学院考古研究所：《淅川下王岗：2008～2010 年考古发掘报告》，科学出版社，2020 年，第 354～356 页。

[165] 河南省文物研究所、长江流域规划办公室考古队河南分队：《淅川下王岗》，文物出版社，1989 年，第 306 页。报告中将该器物定名为"戈"，有误。

[166] 辛爱罡：《二里头文化非镶嵌类绿松石制品的功能分析》，《中原文物》2015 年 6 期。

[167] 庞小霞：《中国出土新石器时代绿松石器研究》，《考古学报》2014 年 2 期。

[168] 河南文物研究所、中国历史博物馆考古部：《登封王城岗与阳城》，文物出版社，1992 年，

第 63 页；河南省文物研究所、长江流域规划办公室考古队河南分队：《淅川下王岗》，文物出版社，1989 年，第 262 页。

[169] 齐家文化晚期和二里头文化基本同时，这里为了方便叙述，也包括齐家文化晚期的发现。

[170] 青海省文物管理处：《青海同德县宗日遗址发掘简报》，《考古》1998 年 5 期；格桑本、陈洪海主编：《宗日遗址文物精粹及论述选集》，四川科学技术出版社，1999 年；陈洪海：《宗日遗址研究》，北京大学博士学位论文，2002 年。

[171] 青海省文物管理处考古队、中国社会科学院考古研究所：《青海柳湾》，文物出版社，1984 年，第 49~52、165~169、229~233 页。

[172] 甘肃省文物考古研究所：《兰州红古下海石——新石器时代遗址发掘报告》，科学出版社，2008 年，第 162、163 页。

[173] 青海省文物考古研究所、北京大学考古文博学院：《贵南尕马台》，科学出版社，2016 年，第 120~131 页。

[174] 中国科学院考古研究所甘肃工作队：《甘肃永靖大何庄遗址发掘报告》，《考古学报》1974 年 2 期。

[175] 中国科学院考古研究所甘肃工作队：《甘肃永靖秦魏家齐家文化墓地》，《考古学报》1975 年 2 期。

[176] 甘肃省博物馆：《武威皇娘娘台遗址第四次发掘》，《考古学报》1978 年 4 期。

[177] 甘肃省文物考古研究所、西北大学文化遗产与考古学研究中心：《甘肃临潭磨沟齐家文化墓地发掘简报》，《文物》2009 年 10 期。

[178] 北京艺术博物馆、甘肃省博物馆、青海省博物馆等编：《玉泽陇西——齐家文化玉器》，北京美术摄影出版社，2015 年，第 96~98 页。

[179] 北京艺术博物馆、甘肃省博物馆、青海省博物馆等编：《玉泽陇西——齐家文化玉器》，北京美术摄影出版社，2015 年，第 73 页。

[180] 任晓燕：《平安县东村古墓葬及窑址发掘简报》，《青海文物》1994 年 8 期。

[181] 青海省考古文物队：《青海省互助土族自治县总寨马厂、齐家、辛店文化墓葬》，《考古》1986 年 4 期。

[182] 陈洪海：《宗日遗址研究》，北京大学博士学位论文，2002 年。

[183] 孙晓辉、张武岳：《带你揭开山东滕州"岗上遗址"的神秘面纱》，新华网 2022 年 4 月 8 日。

[184] 中国社会科学院考古研究所：《临朐西朱封——山东龙山文化墓葬的发掘与研究》，文物出版社，2018 年，第 156、157、173、174、196、197 页。

[185] 中美联合考古队：《两城镇：1998~2001 年发掘报告》，文物出版社，2016 年，第 55 页。

[186] 中国社会科学院考古研究所：《胶县三里河》，文物出版社，1988 年，第 88 页。

[187] 西北大学历史系考古专业 82 级实习队：《宝鸡石嘴头东区发掘报告》，《考古学报》1987 年 2 期。

[188] 陕西省考古研究院、西北大学文博学院：《宝鸡石嘴头遗址 1999 年发掘简报》，《考古与文物》2008 年 2 期。

[189] 尹盛平：《陕西陇县川口河齐家文化陶器》，《考古与文物》1987 年 5 期；张天恩、肖琦：《川口河齐家文化陶器的新审视》，《中国史前考古学研究——祝贺石兴邦先生考古半世纪暨八秩

华诞文集》，三秦出版社，2003 年；张天恩：《论关中东部的夏代早期文化遗存》，《中国历史文物》2009 年 1 期。

[190] 河南省文物研究所、长江流域规划办公室考古队河南分队：《淅川下王岗》，文物出版社，1989 年，第 262 页。

[191] 常怀颖：《淅川下王冈龙山至二里头时期陶器群初探》，《四川文物》2005 年 2 期。

[192] 河南省文物研究所、中国历史博物馆考古部：《登封王城岗与阳城》，文物出版社，1992 年，第 63 页。

[193] 杨新改、韩建业：《禹征三苗新探》，《中原文物》1995 年 9 期。

[194] 西安半坡博物馆：《陕西神木石峁遗址调查试掘简报》，《史前研究》1983 年 2 期。

[195] 神木市石峁文化研究会编：《石峁玉器》，文物出版社，2018 年。

[196] 张天恩：《齐家文化对中原地区文化的影响》，《2015 中国·广河·齐家文化与华夏文明国际研讨会论文集》，文物出版社，2016 年。

[197] 艾婉乔：《青海共和盆地史前时期装饰品刍议》，《四川文物》2020 年 4 期。

[198] 中国社会科学院考古研究所、山西省临汾市文物局：《襄汾陶寺：1978～1985 年考古发掘报告》，文物出版社，2015 年，第 784 页；中国社会科学院考古研究所山西队、山西省考古研究所、临汾市文物局：《陶寺城址发现陶寺文化中期墓葬》，《考古》2003 年 9 期；王晓毅、严志斌：《陶寺中期墓地被盗墓葬抢救性发掘纪要》，《中原文物》2006 年 5 期。

[199] 田建文：《陶寺 2002 Ⅱ M22 的年代问题》，《文博》2019 年 5 期。文中认为这些墓葬的年代应为陶寺文化晚期偏晚。

[200] 闫亚林：《西北地区史前玉器研究》，北京大学博士学位论文，2010 年。

[201] 青海省文物管理处考古队、中国社会科学院考古研究所：《青海柳湾》，文物出版社，1984 年。

[202] 青海省文物考古研究所、北京大学考古文博学院：《贵南尕马台》，科学出版社，2016 年。

[203] 王强、杨海燕：《西玉东传与东工西传——黄河流域龙山时代玉器比较研究》，《东南文化》2018 年 3 期。

[204] 北京艺术博物馆、甘肃省博物馆、青海省博物馆等编：《玉泽陇西——齐家文化玉器》，北京美术摄影出版社，2015 年，第 99 页。

[205] 邵晶：《石峁遗址与陶寺遗址的比较研究》，《考古》2020 年 5 期。

[206] 陕西省考古研究院、榆林市文物保护研究院、神木市石峁遗址管理处：《陕西省府谷县寨山遗址》，《考古中国重大项目成果（2018～2020）》，文物出版社，2021 年。

[207] 闫亚林：《西北地区史前玉器研究》，北京大学博士学位论文，2010 年。

[208] 陕西省考古研究院、榆林市文物考古勘探工作队、神木市石峁遗址管理处：《石峁遗址皇城台地点 2016～2019 年度考古新发现》，《考古与文物》2020 年 4 期。

[209] 王强、杨海燕：《西玉东传与东工西传——黄河流域龙山时代玉器比较研究》，《东南文化》2018 年 3 期；彭柯、朱岩石：《中国古代所用海贝来源新探》，《考古学集刊（第 12 集）》，中国大百科全书出版社，1999 年。

[210] 刘士莪：《老牛坡——西北大学考古专业田野发掘报告》，陕西人民出版社，2002 年，第 47、49 页。

[211] 王立新：《从嵩山南北的文化整合看夏王朝的出现》，《二里头遗址与二里头文化研究——中

[212] 彭小军:《丹江流域二里头时代遗存试析》,《夏商都邑与文化(二)——"纪念二里头遗址发现55周年学术研讨会"论文集》,中国社会科学出版社,2014年。

[213] 王立新:《从嵩山南北的文化整合看夏王朝的出现》,《二里头遗址与二里头文化研究——中国·二里头遗址与二里头文化国际学术研讨会论文集》,科学出版社,2006年。

[214] 任佳、叶晓红、王妍等:《二里头遗址绿松石的红外光谱产地识别》,《光谱学与光谱分析》2015年10期。

[215] 先怡衡:《陕西洛南辣子崖采矿遗址及周边绿松石产源特征研究》,北京科技大学博士学位论文,2016年;北京科技大学冶金与材料史研究所、陕西省考古研究院:《陕西洛南河口绿松石矿遗址调查报告》,《考古与文物》2016年3期。

[216] 北京大学考古文博学院、河南省文物考古研究所:《登封王城岗考古发现与研究(2002~2005)》,大象出版社,2007年,第136、137页;邓聪主编:《牙璋与国家起源:牙璋图录及论集》,科学出版社,2018年,第114、115页。

[217] 古方主编:《中国出土玉器全集·15》,科学出版社,2005年,第33页;北京艺术博物馆、甘肃省博物馆、青海省博物馆等编:《玉泽陇西——齐家文化玉器》,北京美术摄影出版社,2015年,第41、143页。

[218] 山东博物馆、良渚博物院编:《玉润东方——大汶口—龙山·良渚玉器文化展》,文物出版社,2014年,第164页;北京艺术博物馆、甘肃省博物馆、青海省博物馆等编:《玉泽陇西——齐家文化玉器》,北京美术摄影出版社,2015年,第307页。

[219] 古方主编:《中国出土玉器全集·14》,科学出版社,2005年,第23页。

[220] 中国社会科学院考古研究所:《临朐西朱封——山东龙山文化墓葬的发掘与研究》,文物出版社,2018年;张海:《"后石家河文化"来源的再探讨》,《江汉考古》2021年6期。

[221] 李旻:《重返夏墟——社会记忆与经典的发生》,《考古学报》2017年3期。

[222] 辽宁省文物考古研究所:《牛河梁——红山文化遗址发掘报告(1983~2003年度)》,文物出版社,2012年,第73、115、245、320、417页。

[223] 山东省文物管理处、济南市博物馆:《大汶口——新石器时代墓葬发掘报告》,文物出版社,1974年,第143页。

[224] 中国科学院考古研究所山东队:《山东曲阜西夏侯遗址第一次发掘报告》,《考古学报》1964年2期。

[225] 浙江省文物考古研究所:《反山》,文物出版社,2005年,第129页。

[226] 浙江省文物考古研究所:《反山》,文物出版社,2005年,第365页。

[227] 山西省考古研究所、运城市文物工作站、芮城县旅游文物局:《清凉寺史前墓地》,文物出版社,2016年。

[228] 山西省博物院编:《黄河文明的标识——陶寺·石峁的考古揭示》,山西人民出版社,2020年。

[229] 中国社会科学院考古研究所甘青工作队、青海省文物考古研究所:《青海民和喇家遗址发现齐家文化祭坛和干栏式建筑》,《考古》2004年6期。

[230] 北京艺术博物馆、甘肃省博物馆、青海省博物馆等编:《玉泽陇西——齐家文化玉器》,北京

美术摄影出版社，2015年。
[231] 北京艺术博物馆、甘肃省博物馆、青海省博物馆等编：《玉泽陇西——齐家文化玉器》，北京美术摄影出版社，2015年。
[232] 湖北省荆州博物馆、湖北省文物考古研究所、北京大学考古学系：《肖家屋脊：天门石家河考古发掘报告之一》，文物出版社，1999年，彩版一五。
[233] 湖北省文物考古研究所、北京大学考古文博学院、天门市博物馆：《石家河遗珍——谭家岭出土玉器精粹》，科学出版社，2019年，第173页。
[234] 陈茜：《石家河文化玉器研究》，湖南大学硕士学位论文，2017年。
[235] 魏兴涛：《中原与东方及东南——试从清凉寺墓地探讨外来因素在中原地区早期社会复杂化过程中的作用》，《中国社会科学院中国古代文明研究中心通讯》第22期，2011年。
[236] 张雪莲、叶茂林、仇士华等：《民和喇家遗址碳十四测年及初步分析》，《考古》2014年11期。
[237] 幸晓峰、叶茂林、王其书等：《青海喇家遗址出土玉石器的音乐声学测量及初步探讨》，《考古》2009年3期。
[238] 邓淑苹：《柄形器：一个跨三代的神秘玉类》，《夏商玉器及玉文化学术研讨会论文集》，岭南美术出版社，2018年。
[239] 湖北省荆州博物馆：《枣林岗与堆金台——荆江大堤荆州马山段考古发掘报告》，科学出版社，1999年，第30页；湖北荆州博物馆、湖北省文物考古研究所、北京大学考古学系：《肖家屋脊：天门石家河考古发掘报告之一》，文物出版社，1999年，第259、260页；湖南省文物考古研究所、澧县博物馆：《湖南澧县孙家岗遗址墓地2016～2018年发掘简报》，《考古》2020年6期。
[240] 邓淑苹：《柄形器：一个跨三代的神秘玉类》，《夏商玉器及玉文化学术研讨会论文集》，岭南美术出版社，2018年。
[241] 李新伟：《中国史前昆虫"蜕变"和"羽化"信仰新探》，《江汉考古》2021年1期。
[242] 温小娟、郭歌：《二里头遗址发现高规格夏代墓葬首次发现蝉形玉器》，大河网2021年1月11日；中国社会科学院考古研究所二里头工作队：《河南省洛阳市二里头遗址》，《考古中国重大项目成果（2018～2020）》，文物出版社，2021年。
[243] 张绪球：《石家河文化玉器的发现与研究概述》，《石家河文化玉器》，文物出版社，2008年。
[244] 湖北省文物考古研究所、北京大学考古文博学院、天门市博物馆：《石家河遗珍——谭家岭出土玉器精粹》，科学出版社，2019年，第15、140页；荆州博物馆：《石家河文化玉器》，文物出版社，2008年，第159页。
[245] 中国社会科学院考古研究所二里头工作队：《1987年偃师二里头遗址墓葬发掘简报》，《考古》1992年4期。
[246] 邓淑苹：《柄形器：一个跨三代的神秘玉类》，《夏商玉器及玉文化学术研讨会论文集》，岭南美术出版社，2018年。
[247] 荆州博物馆：《石家河文化玉器》，文物出版社，2008年，第117页。
[248] 陕西省考古研究所、榆林市文物保护研究所：《神木新华》，科学出版社，2005年，第257页。
[249] 陕西省考古研究院、榆林市文物保护研究所等：《陕西省府谷县寨山遗址》，《考古中国重大项目成果（2018～2020）》，文物出版社，2021年。

[250] 神木市石峁文化研究会编：《石峁玉器》，文物出版社，2018年。

[251] 张海：《"后石家河文化"来源的再探讨》，《江汉考古》2021年6期。

[252] 陕西省考古研究所、榆林市文物保护研究所：《神木新华》，科学出版社，2005年，第272页。

[253] 李零：《说龙，兼及饕餮纹》，《中国国家博物馆馆刊》2017年3期。

[254] 陈仲玉：《殷代骨器中的龙形图案之分析》，《"中央研究院"历史语言研究所集刊》1969年第41册第3分。

[255] 韩鼎：《商代阜南龙虎尊纹饰的再研究》，《中国美术研究》2020年2期。

[256] 湖北省文物考古研究所、北京大学考古文博学院、天门市博物馆：《石家河遗珍——谭家岭出土玉器精粹》，科学出版社，2019年，第1页；荆州博物馆：《石家河文化玉器》，文物出版社，2008年，第35页。

[257] 荆州博物馆：《石家河文化玉器》，文物出版社，2008年，第39、40页。

[258] 林巳奈夫把商周兽面纹中带有V形分叉的鼻梁称为"蕤"，认为其渊源可以追溯至良渚文化，如今看来，二里头文化玉器无疑是这一悠久脉络的重要一环，这种V字形分叉应该是对于蝉尾部的模仿。商周铜器上的一类简化兽面纹就是以"蕤"为鼻梁，增加鼻头和双眼组成的，这与龙形器的面部结构是相同的。〔日〕林巳奈夫：《神与兽的纹样学》，生活·读书·新知三联书店，2016年，第9页。

[259] 上海博物馆青铜器研究组编：《商周青铜器纹饰》，文物出版社，1984年，第344页。

[260] 李新伟：《中国史前昆虫"蜕变"和"羽化"信仰新探》，《江汉考古》2021年1期。

[261] 北京大学震旦古代文明研究中心、郑州市文物考古研究院：《新密新砦：1999~2000年田野考古发掘报告》，文物出版社，2008年，第315页；孙周勇、邵晶：《石峁遗址皇城台大台基出土石雕研究》，《考古与文物》2020年4期；甘肃省博物馆：《甘肃古文化遗存》，《考古学报》1960年2期。

[262] 龙丽朵：《马家窑文化人物形象分类研究》，《文博学刊》2018年2期。

[263] 详见第四部分。

[264] 湖北省文物考古研究所、北京大学考古文博学院、天门市博物馆：《石家河遗珍——谭家岭出土玉器精粹》，科学出版社，2019年，第12页。

[265] 邵晶：《论石峁文化与后石家河文化的远程交流——从牙璋、鹰笄、虎头等玉器说起》，《中原文物》2021年3期。

[266] 陕西省考古研究院、榆林市文物考古勘探工作队、神木市石峁遗址管理处：《陕西神木市石峁遗址皇城台大台基遗迹》，《考古》2020年7期；孙周勇、邵晶：《石峁遗址皇城台大台基出土石雕研究》，《考古与文物》2020年4期。

[267] 中国社会科学院考古研究所：《二里头：1999~2006》，文物出版社，2014年，第1005页。

[268] 邓聪主编：《华夏第一龙展览图录》，香港中文大学，2012年。

[269] 秦小丽：《中国古代镶嵌工艺与绿松石装饰品》，《夏商都邑与文化（二）——"纪念二里头遗址发现55周年学术研讨会"论文集》，中国社会科学出版社，2014年。

[270] 格桑本、陈洪海主编：《宗日遗址文物精粹及论述选集》，四川科学技术出版社，1999年，第15页。

[271] 宁夏文物考古研究所、中国历史博物馆考古部：《宁夏菜园新石器时代遗址、墓葬发掘报告》，

科学出版社，2003 年，第 218 页。

[272] 中国社会科学院考古研究所、山西省临汾市文物局：《襄汾陶寺：1978～1985 年考古发掘报告》，文物出版社，2015 年，第 758～765、777～780 页；山西省临汾行署文化局、中国社会科学院考古研究所山西工作队：《山西临汾下靳村陶寺文化墓地发掘报告》，《考古学报》1999 年 4 期。

[273] 宁夏文物考古研究所：《宁夏固原店河齐家文化墓葬清理简报》，《考古》1987 年 8 期。

[274] 中美联合考古队：《两城镇：1998～2001 年发掘报告》，文物出版社，2016 年，第 379 页。

[275] 中国社会科学院考古研究所：《临朐西朱封——山东龙山文化墓葬的发掘与研究》，文物出版社，2018 年，第 173 页。

[276] 王强、杨海燕：《西玉东传与东工西传——黄河流域龙山时代玉器比较研究》，《东南文化》2018 年 3 期。

[277] 北京艺术博物馆、甘肃省博物馆、青海省博物馆等编：《玉泽陇西——齐家文化玉器》，北京美术摄影出版社，2015 年，第 100 页。

[278] 闫亚林：《西北地区史前玉器研究》，北京大学博士学位论文，2010 年。

[279] 陕西省考古研究院、西北大学文化遗产学院、延安市文物研究所：《陕西延安市芦山峁新石器时代遗址》，《考古》2019 年 7 期。

[280] 中国社会科学院考古研究所山西队、山西省考古研究所、临汾市文物局：《陶寺城址发现陶寺文化中期墓葬》，《考古》2003 年 9 期。

[281] 湖北省荆州博物馆：《枣林岗与堆金台——荆江大堤荆州马山段考古发掘报告》，科学出版社，1999 年，第 30 页。

[282] 湖北省荆州地区博物馆：《湖北松滋县桂花树新石器时代遗址》，《考古》1976 年 3 期。简报中称"刀"。

[283] 院文清：《石家河文化玉器概论》，《故宫学术月刊》1997 年 5 期。

[284] 格桑本、陈洪海主编：《宗日遗址文物精粹及论述选集》，四川科学技术出版社，1999 年。

[285] 艾婉乔：《青海共和盆地史前时期装饰品刍议》，《四川文物》2020 年 4 期；青海省文物考古研究所、北京大学考古文博学院：《贵南尕马台》，科学出版社，2016 年。

[286] 中国社会科学院考古研究所：《偃师二里头：1959 年～1978 年考古发掘报告》，中国大百科全书出版社，1999 年，第 259 页。

[287] 中国社会科学院考古研究所二里头工作队：《1982 年秋偃师二里头遗址九区发掘简报》，《考古》1985 年 12 期。

[288] 庞小霞、王丽玲：《齐家文化与二里头文化交流探析》，《中原文物》2019 年 4 期。

[289] 见文献综述部分。

[290] 陕西省考古研究院、商洛市博物馆：《商洛东龙山》，科学出版社，2011 年，第 129 页。

[291] 郑州市文物考古研究所、北京大学考古文博学院：《河南巩义市花地嘴遗址"新砦期"遗存》，《考古》2005 年 6 期。

[292] 河南省文物研究所、长江流域规划办公室考古队河南分队：《淅川下王岗》，文物出版社，1989 年，第 285 页。

[293] 戴应新：《神木石峁龙山文化玉器探索（二）》，《故宫文物月刊》1993 年 6 期。

[294] 栾丰实：《再论海岱地区的史前牙璋》，《中原文物》2020年4期。

[295] 邓聪、王方：《二里头牙璋（ⅤM3∶4）在南中国的波及——中国早期国家政治制度的起源和扩散》，《中国国家博物馆馆刊》2015年5期。

[296] 邓淑苹：《万邦玉帛——夏王朝的文化底蕴》，《夏商都邑与文化（二）——"纪念二里头遗址发现55周年学术研讨会"论文集》，中国社会科学出版社，2014年。

[297] 戴应新：《神木石峁龙山文化玉器探索（二）》，《故宫文物月刊》1993年6期。

[298] 邵晶：《论石峁文化与后石家河文化的远程交流——从牙璋、鹰笄、虎头等玉器说起》，《中原文物》2021年3期。

[299] 中国社会科学院考古研究所二里头队：《1982年秋偃师二里头遗址九区发掘简报》，《考古》1985年12期；许宏：《二里头M3及随葬绿松石龙形器的考古背景分析》，《古代文明》（第10卷），上海古籍出版社，2016年。

[300] 夏鼐：《所谓玉璿玑不会是天文仪器》，《考古学报》1984年4期；栾丰实：《二里头遗址出土玉礼器中的东方因素》，《中原地区文明化进程学术研讨会论文集》，科学出版社，2006年；邓淑苹：《龙山时期四类玉礼器的检视与省思》，《玉魂国魄——中国古代玉器与文化讨论会论文集（六）》，浙江古籍出版社，2014年。

[301] 陕西省考古研究院、榆林市文物考古勘探工作队、神木市石峁遗址管理处：《陕西神木石峁遗址皇城台地点发掘收获》，《2018中国重要考古发现》，文物出版社，2019年。

[302] 邵晶：《试论石峁城址的年代及修建过程》，《考古与文物》2016年4期。

[303] 陕西省考古研究院、商洛市博物馆：《商洛东龙山》，科学出版社，2011年，第129页。

[304] 湖南省文物考古研究所：《湖南洪江市高庙新石器时代遗址》，《考古》2006年7期。

[305] 燕生东、高明奎、苏贤贞：《丹土与两城镇玉器研究——兼论海岱地区史前玉器的几个问题》，《东方考古》（第3集），科学出版社，2006年。

[306] 刘永生、李勇：《山西黎城神面纹玉戚》，《故宫文物月刊》2000年3期。

[307] 戴应新：《神木石峁龙山文化玉器探索（三）》，《故宫文物月刊》1993年7期。

[308] 方向明：《夏商时期钺、大刀、牙璋等端刃玉器变迁的考古学观察》，《夏商玉器及玉文化学术研讨会论文集》，岭南美术出版社，2018年。

[309] 栾丰实：《试论陕北和晋南的龙山时代玉器——以石峁、碧村和陶寺为例》，《中原文物》2021年2期。

[310] 王强、杨海燕：《西玉东传与东工西传——黄河流域龙山时代玉器比较研究》，《东南文化》2018年3期。

[311] 陕西省考古研究院、西北大学文化遗产学院、延安市文物研究所：《陕西延安市芦山峁新石器时代遗址》，《考古》2019年7期。

[312] 钟雪：《试析陕西延安芦山峁遗址出土玉器》，《北方考古》2020年5期。

[313] 引自中国社会科学院考古研究所二里头工作队：《河南省洛阳市二里头遗址》，《考古中国重大项目成果（2018～2020）》，文物出版社，2021年。尚未公布器物号等具体信息。

[314] 中国社会科学院考古研究所、山西省临汾市文物局：《襄汾陶寺：1978～1985年考古发掘报告》，文物出版社，2015年；山西省考古研究所、运城市文物工作站、芮城县旅游文物局：《清凉寺史前墓地》，文物出版社，2016年；山西省临汾行署文化局、中国社会科学院考古研

究所山西工作队:《山西临汾下靳村陶寺文化墓地发掘报告》,《考古学报》1999 年 4 期。

[315] 西安半坡博物馆:《陕西神木石峁遗址调查试掘简报》,《史前研究》1983 年 2 期;戴应新:《神木石峁龙山文化玉器探索(三)》,《故宫文物月刊》1993 年 7 期。

[316] 青海省文物管理处:《青海同德县宗日遗址发掘简报》,《考古》1998 年 5 期。

[317] 叶茂林、何克洲:《青海民和县喇家遗址出土齐家文化玉器》,《考古》2002 年 12 期;中国社会科学院考古研究所甘青工作队、青海省文物考古研究所:《青海民和喇家遗址发现齐家文化祭坛和干栏式建筑》,《考古》2004 年 6 期。

[318] 古方主编:《中国出土玉器全集·15》,科学出版社,2005 年。

[319] 古方主编:《中国出土玉器全集·15》,科学出版社,2005 年。

[320] 陈洪海:《关于第 200 号墓出土的玉器》,《宗日遗址文物精粹及论述选集》,四川科学技术出版社,1999 年;张雪莲、叶茂林、仇士华等:《民和喇家遗址碳十四测年及初步分析》,《考古》2014 年 11 期。

[321] 安徽省文物考古研究所:《凌家滩——田野考古发掘报告之一》,文物出版社,2006 年,第 248 页。

[322] 戴应新:《神木石峁龙山文化玉器探索(四)》,《故宫文物月刊》1993 年 8 期。

[323] 邓聪主编:《牙璋与国家起源:牙璋图录及论集》,科学出版社,2018 年,第 114、115 页。

[324] 杨美莉:《石、玉戈的研究(上)》,《故宫文物季刊》1998 年 1 期;井中伟:《早期中国青铜戈·戟研究》,科学出版社,2011 年。

[325] 栾丰实:《试论陕北和晋南的龙山时代玉器——以石峁、碧村和陶寺为例》,《中原文物》2021 年 2 期。

[326] 山西省考古研究所、运城市文物工作站、芮城县旅游文物局:《清凉寺史前墓地》,文物出版社,2016 年;中国社会科学院考古研究所、山西省临汾市文物局:《襄汾陶寺:1978~1985 年考古发掘报告》,文物出版社,2015 年;山西省临汾行署文化局、中国社会科学院考古研究所山西工作队:《山西临汾下靳村陶寺文化墓地发掘报告》,《考古学报》1999 年 4 期;青海省文物管理处考古队、中国社会科学院考古研究所:《青海柳湾》,文物出版社,1984 年。

[327] 原简报称为柿蒂纹和凸起弦纹。

[328] 原简报称为花瓣纹和兽面纹。

[329] 李新伟:《中国史前昆虫"蜕变"和"羽化"信仰新探》,《江汉考古》2021 年 1 期。

[330] 吴棠海:《夏代——早商玉器形纹特征初探》,《夏商时期玉文化国际学术研讨会论文集》,科学出版社,2018 年。

[331] 荆州博物馆:《枣林岗与堆金台——荆江大堤荆州马山段考古发掘报告》,科学出版社,1999 年,第 16、17、27、28、36、40 页;荆州地区博物馆、钟祥县博物馆:《钟祥六合遗址》,《江汉考古》1987 年 2 期。

[332] 湖北荆州博物馆、湖北省文物考古研究所、北京大学考古学系:《肖家屋脊:天门石家河考古发掘报告之一》,文物出版社,1999 年,第 259、260 页。

[333] 河南省文物研究所、长江流域规划办公室考古队河南分队:《淅川下王岗》,文物出版社,1989 年,第 262 页;河南省文物考古研究所:《伊川考古报告》,大象出版社,2012 年,第 245、246 页。

[334] 神木市石峁文化研究会编:《石峁玉器》,文物出版社,2018年。
[335] 中国社会科学院考古研究所、山东省文物考古研究所、山东临朐山旺古生物化石博物馆:《临朐西朱封——山东龙山文化墓葬的发掘与研究》,文物出版社,2018年,第195页。
[336] 山东省文物管理处、山东省博物馆合编:《山东文物选集普查部分》,文物出版社,1959年,第2页。
[337] 陕西省考古研究院、西北大学文化遗产学院、延安市文物研究所:《陕西延安市芦山峁新石器时代遗址》,《考古》2019年7期。
[338] 戴应新:《神木石峁龙山文化玉器探索(四)》,《故宫文物月刊》1993年8期。
[339] 陕西省考古研究所、榆林市文物保护研究所:《神木新华》,科学出版社,2005年,第114~123页。
[340] 中国社会科学院考古研究所、山西省临汾市文物局:《襄汾陶寺:1978~1985年考古发掘报告》,文物出版社,2015年。
[341] 王晓毅:《山西吕梁兴县碧村遗址出土玉器管窥》,《故宫博物院院刊》2018年3期。
[342] 栾丰实:《试论陕北和晋南的龙山时代玉器——以石峁、碧村和陶寺为例》,《中原文物》2021年2期。
[343] 这件钺的表面覆满朱砂,肉眼难以判断本色,又因未经科学检测,不能和龙山中期的2件方形钺做玉质的比较。寄希望日后的玉质成分对比提供更多的信息。
[344] 山东省文物管理处、济南市博物馆:《大汶口——新石器时代墓葬发掘报告》,文物出版社,1974年,第101、102页。
[345] 栾丰实:《试论陕北和晋南的龙山时代玉器——以石峁、碧村和陶寺为例》,《中原文物》2021年2期。
[346] 杨波:《山东五莲县丹土遗址出土玉器》,《故宫文物月刊》1996年5期。
[347] 中国社会科学院考古研究所、山东省文物考古研究所、山东临朐山旺古生物化石博物馆:《临朐西朱封——山东龙山文化墓葬的发掘与研究》,文物出版社,2018年。
[348] 刘敦愿:《有关日照两城镇玉坑玉器的资料》,《考古》1988年2期。
[349] 山西省考古研究所、运城市文物工作站、芮城县旅游文物局:《清凉寺史前墓地》,文物出版社,2016年。
[350] 中国社会科学院考古研究所、山西省临汾市文物局:《襄汾陶寺:1978~1985年考古发掘报告》,文物出版社,2015年。
[351] 神木市石峁文化研究会编:《石峁玉器》,文物出版社,2018年。
[352] 邵望平:《中原文化中的东方因素》,《中原文物》2002年2期。
[353] 邓淑苹:《万邦玉帛——夏王朝的文化底蕴》,《夏商都邑与文化(二)——"纪念二里头遗址发现55周年学术研讨会"论文集》,中国社会科学出版社,2014年。
[354] 中国考古学会编:《昌乐县袁家龙山文化墓地》,《中国考古学年鉴·1999》,文物出版社,2001年,第189页;栾丰实:《试论陕北和晋南的龙山时代玉器——以石峁、碧村和陶寺为例》,《中原文物》2021年2期。
[355] 山西省临汾行署文化局、中国社会科学院考古研究所山西工作队:《山西临汾下靳村陶寺文化墓地发掘报告》,《考古学报》1999年4期。

[356] 中国社会科学院考古研究所山西队、山西省考古研究所、临汾市文物局：《陶寺城址发现陶寺文化中期墓葬》，《考古》2003 年 9 期。发掘者称为玉戚。

[357] 戴应新：《神木石峁龙山文化玉器探索（四）》，《故宫文物月刊》1993 年 8 期。

[358] 北京艺术博物馆、甘肃省博物馆、青海省博物馆等编：《玉泽陇西——齐家文化玉器》，北京美术摄影出版社，2015 年。

[359] 《襄汾陶寺：1978～1985 年考古发掘报告》报告认为陶寺早期二组的绝对年代为公元前 2400～前 2300 年。见中国社会科学院考古研究所、山西省临汾市文物局：《襄汾陶寺：1978～1985 年考古发掘报告》，文物出版社，2015 年，第 1115 页。

[360] 林巳奈夫：《关于偃师二里头遗址发现的玉器》，《美术史研究集刊》1996 年 3 期。

[361] 宋建：《二里头文化中的南方因素》，《二里头遗址与二里头文化研究——中国·二里头遗址与二里头文化国际学术研讨会论文集》，科学出版社，2006 年。

[362] 韩榕：《临朐朱封龙山文化墓出土玉器及相关问题》，《东亚玉器》，香港中文大学中国考古艺术研究中心，1998 年。

[363] 邓聪主编：《牙璋与国家起源：牙璋图录及论集》，科学出版社，2018 年，第 114、115 页。

[364] 邓淑苹：《万邦玉帛——夏王朝的文化底蕴》，《夏商都邑与文化（二）——"纪念二里头遗址发现 55 周年学术研讨会"论文集》，中国社会科学出版社，2014 年。

[365] 河南省文物研究所、长江流域规划办公室考古队河南分队：《淅川下王岗》，文物出版社，1989 年，285 页。

[366] 彭小军：《丹江流域二里头时期遗存试析》，《夏商都邑与文化（二）——"纪念二里头遗址发现 55 周年学术研讨会"论文集》，社会科学出版社，2014 年；邵晶：《论石峁文化与后石家河文化的远程交流——从牙璋、鹰笄、虎头等玉器说起》，《中原文物》2021 年 3 期。

[367] 陕西省考古研究院、商洛市博物馆：《商洛东龙山》，科学出版社，2011 年，第 129 页。

[368] 邵晶：《论石峁文化与后石家河文化的远程交流——从牙璋、鹰笄、虎头等玉器说起》，《中原文物》2021 年 3 期。

[369] 河南省文物研究所、中国历史博物馆考古部：《登封王城岗与阳城》，文物出版社，1992 年，第 143 页。

[370] 中国社会科学院考古研究所、山西省临汾市文物局：《襄汾陶寺：1978～1985 年考古发掘报告》，文物出版社，2015 年。

[371] 郑州市文物考古研究所：《郑州大师姑：2002～2003》，科学出版社，2004 年，第 96 页。

[372] 河南省文物考古研究所：《伊川考古报告》，大象出版社，2012 年，第 126 页。

[373] 北京大学考古系、南阳市文物研究所、方城县博物馆：《河南方城县八里桥遗址 1994 年春发掘简报》，《考古》1999 年 12 期；李维明：《方城八里桥遗址在二里头文化中的地位》，《黄河·黄土·黄种人（华夏文明）》2016 年 8 期。

[374] 林巳奈夫：《关于偃师二里头遗址发现的玉器》，《美术史研究集刊》1996 年第 3 期。

[375] 栾丰实：《二里头遗址出土玉礼器中的东方因素》，《中原地区文明化进程学术研讨会论文集》，科学出版社，2006 年。

[376] 中国社会科学院考古研究所、山西省临汾市文物局：《襄汾陶寺：1978～1985 年考古发掘报告》，文物出版社，2015 年；山西省考古研究所、运城市文物工作站、芮城县旅游文物局：

《清凉寺史前墓地》，文物出版社，2016年；山西省临汾行署文化局、中国社会科学院考古研究所山西工作队：《山西临汾下靳村陶寺文化墓地发掘报告》，《考古学报》1999年4期。

[377] 陕西省考古研究院、西北大学文化遗产学院、延安市文物研究所：《陕西延安市芦山峁新石器时代遗址》，《考古》2019年7期。

[378] 戴应新：《神木石峁龙山文化玉器探索（三）》，《故宫文物月刊》1993年7期。

[379] 林巳奈夫：《关于偃师二里头遗址发现的玉器》，《美术史研究集刊》1996年3期。

[380] 古方主编：《中国出土玉器全集·15》，科学出版社，2005年，第154页。

[381] 古方主编：《中国出土玉器全集·15》，科学出版社，2005年，第184页。

[382] 古方主编：《中国出土玉器全集·15》，科学出版社，2005年，第40页。

[383] 古方主编：《中国出土玉器全集·15》，科学出版社，2005年，第45页。

[384] 王裕昌：《甘肃省馆藏齐家文化玉器调查与研究》，《玉泽陇西——齐家文化玉器》，北京美术摄影出版社，2015年。

[385] 戴应新：《神木石峁龙山文化玉器探索（五）》，《故宫文物月刊》1993年9期。

[386] 神木市石峁文化研究会编：《石峁玉器》，文物出版社，2018年，第158页。

[387] 中国社会科学院考古研究所、山西省临汾市文物局：《襄汾陶寺：1978～1985年考古发掘报告》，文物出版社，2015年，第691页。

[388] 陕西省考古研究院、商洛市博物馆：《商洛东龙山》，科学出版社，2011年，第129页。发掘者定名为"圭"。

[389] 中国国家博物馆：《毛利碧玉——新西兰传世珍宝展暨学术讲座》，《玉器考古通讯》2013年1期。

[390] 中国社会科学院考古研究所二里头工作队：《1984年秋河南偃师二里头遗址发现的几座墓葬》，《考古》1986年4期。

[391] 山东大学考古学与博物馆学系、济南市章丘区城子崖遗址博物馆：《济南市章丘区焦家遗址2016～2017年大型墓葬发掘简报》，《考古》2019年12期。

[392] 山东博物馆、良渚博物院编：《玉润东方——大汶口—龙山·良渚玉器文化展》，文物出版社，2014年，第88页。

[393] 古方主编：《中国出土玉器全集·15》，科学出版社，2005年，第155、156页；王裕昌：《甘肃省馆藏齐家文化玉器调查与研究》，《玉泽陇西——齐家文化玉器》，北京美术摄影出版社，2015年。

[394] 戴应新：《神木石峁龙山文化玉器探索（五）》，《故宫文物月刊》1993年9期；陕西省考古研究所、榆林市文物保护研究所：《神木新华》，科学出版社，2005年，第114～123页；王晓毅：《山西吕梁兴县碧村遗址出土玉器管窥》，《故宫博物院院刊》2018年3期。

[395] 山西省临汾行署文化局、中国社会科学院考古研究所山西工作队：《山西临汾下靳村陶寺文化墓地发掘报告》，《考古学报》1999年4期；中国社会科学院考古研究所山西队、山西省考古研究所、临汾市文物局：《陶寺城址发现陶寺文化中期墓葬》，《考古》2003年9期；王晓毅、严志斌：《陶寺中期墓地被盗墓葬抢救性发掘纪要》，《中原文物》2006年5期；中国社会科学院考古研究所、山西省临汾市文物局：《襄汾陶寺：1978～1985年考古发掘报告》，文物出版社，2015年，第673～690页。

[396] 中国社会科学院考古研究所:《偃师二里头:1959年~1978年考古发掘报告》,中国大百科全书出版社,1999年,第241、242页;林沄:《商文化青铜器与北方地区青铜器关系之再研究》,《考古学文化论集·1》,文物出版社,1987年;贺俊:《试论二里头文化的铜圆形器》,《文物春秋》2018年5期。

[397] 邓聪:《夏家店下层文化中的二里头文化玉器因素举例》,《三代考古》(三),科学出版社,2009年。

[398] 这件器物见于董俊卿等(2011)对河南早期玉器的检测报告中,文中显示其出土年份为1965年,并将其暂定为二里头文化三期,但是在历年的二里头遗址简报和报告中并未对其详细报道。见董俊卿、干福熹、承焕生等:《河南境内出土早期玉器初步研究》,《华夏考古》2011年3期。

[399] 韩榕:《临朐朱封龙山文化墓出土玉器及相关问题》,《东亚玉器》,香港中文大学中国考古艺术研究中心,1998年。

[400] 栾丰实:《二里头遗址出土玉礼器中的东方因素》,《中原地区文明化进程学术研讨会论文集》,科学出版社,2006年。

[401] 王鹏:《论南西伯利亚及周边地区青铜时代早期的"月形器"》,《考古》2022年3期。

[402] 中国社会科学院考古研究所二里头工作队:《1987年偃师二里头遗址墓葬发掘简报》,《考古》1992年4期。

[403] 王鹏:《论南西伯利亚及周边地区青铜时代早期的"月形器"》,《考古》2022年3期。

[404] 陶器文化因素分析结论引用吴倩:《试论二里头文化的来源》,郑州大学硕士学位论文,2007年。

[405] 燕生东、高明奎、苏贤贞:《丹土与两城镇玉器研究——兼论海岱地区史前玉器的几个问题》,《东方考古》(第3集),科学出版社,2006年。

[406] 下靳考古队:《山西临汾下靳墓地发掘简报》,《文物》1998年12期;山西省临汾行署文化局、中国社会科学院考古研究所山西工作队:《山西临汾下靳村陶寺文化墓地发掘报告》,《考古学报》1999年4期。

[407] 中国社会科学院考古研究所山西队、山西省考古研究所、临汾市文物局:《陶寺城址发现陶寺文化中期墓葬》,《考古》2003年9期;王晓毅、严志斌:《陶寺中期墓地被盗墓葬抢救性发掘纪要》,《中原文物》2006年5期;中国社会科学院考古研究所、山西省临汾市文物局:《襄汾陶寺:1978~1985年考古发掘报告》,文物出版社,2015年。

[408] 山西省考古研究所、芮城县博物馆:《山西芮城清凉寺墓地玉器》,《考古与文物》2002年5期;山西省考古研究所、运城市文物工作站、芮城县旅游文物局:《清凉寺史前墓地》,文物出版社,2016年。

[409] 戴应新:《陕西神木县石峁龙山文化遗址调查》,《考古》1977年3期;戴应新:《神木石峁龙山文化玉器探索(一~六)》,《故宫文物月刊》1993年5~10期;陕西省考古研究院、榆林市文物考古勘探工作队、神木县石峁遗址管理处:《陕西神木县石峁城址皇城台地点》,《考古》2017年7期;陕西省考古研究院、榆林市文物考古勘探工作队、神木市石峁遗址管理处:《石峁遗址皇城台地点2016~2019年度考古新发现》,《考古与文物》2020年4期。

[410] 陕西省考古研究所、榆林市文物保护研究所:《神木新华》,科学出版社,2005年,第114~

123 页。

[411] 姬乃军：《延安市发现的古代玉器》，《文物》1984 年 2 期；陕西省考古研究院、西北大学文化遗产学院、延安市文物研究所等：《陕西延安市芦山峁新石器时代遗址》，《考古》2019 年 7 期。

[412] 闫亚林：《西北地区史前玉器研究》，北京大学博士学位论文，2010 年。参考了该文的划分意见，在名称上有所改动。

[413] 湖北省文物考古研究所、中国社会科学院考古研究所：《湖北石家河罗家柏岭新石器时代遗址》，《考古学报》1994 年 2 期；湖北荆州博物馆、湖北省文物考古研究所、北京大学考古学系：《肖家屋脊：天门石家河考古发掘报告之一》，文物出版社，1999 年；湖北省文物考古研究所、北京大学考古文博学院、天门市博物馆：《湖北天门市石家河遗址 2014～2016 年的勘探与发掘》，《考古》2017 年 7 期；湖北省文物考古研究所、北京大学考古文博学院、天门市博物馆：《石家河遗珍——谭家岭出土玉器精粹》，科学出版社，2019 年。

[414] 湖北省荆州博物馆：《枣林岗与堆金台——荆江大堤荆州马山段考古发掘报告》，科学出版社，1999 年。

[415] 荆州地区博物馆、钟祥县博物馆：《钟祥六合遗址》，《江汉考古》1987 年 2 期。

[416] 湖南省文物考古研究所、澧县文物管理处：《澧县孙家岗新石器时代墓群发掘简报》，《文物》2000 年 12 期；湖南省文物考古研究所、澧县博物馆：《湖南澧县孙家岗遗址墓地 2016～2018 年发掘简报》，《考古》2020 年 6 期。

[417] 王强、杨海燕：《西玉东传与东工西传——黄河流域龙山时代玉器比较研究》，《东南文化》2018 年 3 期。

[418] 王强、杨海燕：《西玉东传与东工西传——黄河流域龙山时代玉器比较研究》，《东南文化》2018 年 3 期；杨岐黄：《4300 年前后玉器在北方地区各文化间的互动》，《考古与文物》2020 年 2 期。

[419] 王强、杨海燕：《西玉东传与东工西传——黄河流域龙山时代玉器比较研究》，《东南文化》2018 年 3 期。

[420] 荆州博物馆：《石家河文化玉器》，文物出版社，2008 年，第 139、143 页。

[421] 蔡青：《后石家河文化玉器艺术的特征与源流考》，西安美术学院博士学位论文，2019 年。

[422] 邵晶：《论石峁文化与后石家河文化的远程交流——从牙璋、鹰笄、虎头等玉器说起》，《中原文物》2021 年 3 期。

[423] 张海：《"后石家河文化"来源的再探讨》，《江汉考古》2021 年 6 期。

[424] 曹芳芳：《齐家文化玉器与用玉传统研究》，《2015 中国·广河齐家文化与华夏文明国际研讨会论文集》，文物出版社，2016 年。

[425] 胡博：《齐家与二里头：远距离文化互动的讨论》，《远方的时习——〈古代中国〉精选集》，上海古籍出版社，2008 年；韩建业：《论二里头青铜文明的兴起》，《中国历史文物》2009 年 1 期；张天恩：《齐家文化对中原地区文化的影响》，《2015 中国·广河齐家文化与华夏文明国际研讨会论文集》，文物出版社，2016 年；庞小霞、王丽玲：《齐家文化与二里头文化交流探析》，《中原文物》2019 年 4 期。

[426] 张弛：《龙山—二里头——中国史前文化格局的改变与青铜时代全球化的形成》，《文物》2017

年 6 期。

[427] 邵望平：《从海岱系玉礼器的特征看三代礼制的多源一统性》，《邵望平史学、考古学文选》，山东大学出版社，2013 年；栾丰实：《二里头遗址出土玉礼器中的东方因素》，《中原地区文明化进程学术研讨会论文集》，科学出版社，2006 年。

[428] LiMin. *Social Memory and State Formation in Early China*. Cambridge university press, 2018: 193-215；张国硕、贺俊：《试析夏商时期的朱砂奠基葬》，《考古》2018 年 5 期。

[429] 赵海涛：《二里头都邑聚落形态新识》，《考古》2020 年 8 期。

[430] 中国社会科学院考古研究所二里头工作队：《河南偃师市二里头遗址宫殿区 1 号巨型坑的勘探与发掘》，《考古》2015 年 12 期。

[431] 中国社会科学院考古研究所：《偃师二里头：1959 年～1978 年考古发掘报告》，中国大百科全书出版社，1999 年，第 69、70 页。

[432] 陈国梁、李志鹏：《二里头遗址制骨遗存的考察》，《考古》2016 年 5 期。

[433] 中国社会科学院考古研究所：《偃师二里头：1959 年～1978 年考古发掘报告》，中国大百科全书出版社，1999 年，第 67～69 页。

[434] 陈国梁：《二里头遗址铸铜遗存再探讨》，《中原文物》2016 年 3 期。

[435] 陈国梁、李志鹏：《二里头遗址制骨遗存的考察》，《考古》2016 年 5 期。

[436] 张海：《中原核心区早期社会复杂化的考古学观察》，上海古籍出版社，2021 年，第 301、302 页。本文依许宏、赵海涛的观点将 M22 归为三期早段。见许宏、赵海涛：《二里头遗址文化分期再检讨——以出土铜、玉礼器的墓葬为中心》，《南方文物》2010 年 3 期。

[437] 赵海涛：《二里头都邑聚落形态新识》，《考古》2020 年 8 期。

[438] 曹大志认为这些遗存可能是杆栏式粮仓。曹大志：《干栏式粮仓二题》，《考古与文物》2021 年 5 期。

[439] 张海：《中原核心区早期社会复杂化的考古学观察》，上海古籍出版社，2021 年，第 313 页。

[440] 青海省文物考古研究所、北京大学考古文博学院：《贵南尕马台》，科学出版社，2016 年，第 79～145 页。

[441] 李志鹏：《二里头文化墓葬研究》，《中国早期青铜文化研究——二里头文化专题研究》，科学出版社，2008 年。

[442] 辛爱罡：《二里头文化非镶嵌类绿松石制品的功能分析》，《中原文物》2015 年 6 期。

[443] 绿松石管珠位于身体的左侧。

[444] 湖北省荆州博物馆：《枣林岗与堆金台——荆江大堤荆州马山段考古发掘报告》，科学出版社，1999 年，第 15～44 页。

[445] 湖北省荆州博物馆、湖北省文物考古研究所、北京大学考古学系：《肖家屋脊：天门石家河考古发掘报告之一》，文物出版社，1999 年，第 314～337 页。

[446] 湖北省文物考古研究所、北京大学考古文博学院、天门市博物馆：《湖北天门市石家河遗址 2014～2016 年的勘探与发掘》，《考古》2017 年 7 期；湖北省文物考古研究所、北京大学考古文博学院、天门市博物馆：《石家河遗珍——谭家岭出土玉器精粹》，科学出版社，2019 年。

[447] 湖南省文物考古研究所、澧县博物馆：《湖南澧县孙家岗遗址墓地 2016～2018 年发掘简报》，《考古》2020 年 6 期。

[448] 郭立新：《石家河文化晚期的瓮棺葬研究》，《四川文物》2005年3期。

[449] 河南省文物考古研究所：《禹州瓦店》，世界图书出版公司，2004年，第109页。

[450] 山西省考古研究所、运城市文物工作站、芮城县旅游文物局：《清凉寺史前墓地》，文物出版社，2016年，第244页。

[451] 戴应新：《神木石峁龙山文化玉器探索（五）》，《故宫文物月刊》1993年9期。

[452] 方向明：《龙山时代至夏时期的玉文化——传承、融汇和发展》，《玉魂国魄——中国古代玉器与传统文化学术讨论会文集（六）》，浙江古籍出版社，2014年。

[453] 湖北省文物考古研究所、北京大学考古文博学院、天门市博物馆：《石家河遗珍——谭家岭出土玉器精粹》，科学出版社，2019年，第134~137、175页。

[454] 冯时：《文明以止——上古的天文思想与制度》，中国社会科学出版社，2018年，第417~419页。

[455] 王鹏：《论南西伯利亚及周边地区青铜时代早期的"月形器"》，《考古》2022年3期。

[456] 李旻：《重返夏墟——社会记忆与经典的发生》，《考古学报》2017年3期。

[457] 山西省考古研究所、运城市文物工作站、芮城县旅游文物局：《清凉寺史前墓地》，文物出版社，2016年，第204、250、301页。

[458] 叶茂林：《齐家文化玉器研究——以喇家遗址为例》，《玉魂国魄——中国古代玉器与传统文化学术讨论会文集（三）》，北京燕山出版社，2008年。

[459] 许宏：《二里头都邑的两次礼制大变革》，《南方文物》2020年2期。

[460] 李旻：《重返夏墟——社会记忆与经典的发生》，《考古学报》2017年3期。

[461] 许宏：《最早的中国：二里头文明的崛起》，生活·读书·新知三联书店，2021年，第157页。

[462] 庞小霞、高江涛：《先秦时期封顶壶形盉初步研究》，《考古》2012年9期；李修平：《外来遗存的考古脉络：论周边地区对二里头遗址的影响》，《南方民族考古》（第19辑），科学出版社，2021年。

[463] 李修平：《外来遗存的考古脉络：论周边地区对二里头遗址的影响》，《南方民族考古》（第19辑），科学出版社，2021年。

[464] 中国社会科学院考古研究所：《二里头陶器集粹》，中国社会科学出版社，1995年，第114页。

[465] 庞小霞、高江涛：《先秦时期封顶壶形盉初步研究》，《考古》2012年9期；罗汝鹏：《从"象鼻盉"到原始瓷大口折肩尊——论夏商时期东南地区对中原王朝的一种贡赋模式》，《南方文物》2014年1期；李景山：《象鼻盉的"贡"与"赐"》，《洛阳考古》2017年4期。

[466] 李修平：《外来遗存的考古脉络：论周边地区对二里头遗址的影响》，《南方民族考古》（第19辑），科学出版社，2021年。

[467] 陕西省考古研究所、榆林市文物保护研究所：《神木新华》，科学出版社，2005年，第255、256页。

[468] 陕西省考古研究院、榆林市文物保护研究所等：《陕西省府谷县寨山遗址》，《考古中国重大项目成果（2018~2020）》，文物出版社，2021年。

[469] 赵海涛：《二里头都邑聚落形态新识》，《考古》2020年8期。

[470] 许宏：《二里头都邑的两次礼制大变革》，《南方文物》2020年2期。

[471] 赵海涛：《二里头都邑聚落形态新识》，《考古》2020年8期。

[472] 赵海涛：《二里头都邑聚落形态新识》，《考古》2020年8期。
[473] 考虑到大部分高等级贵族墓葬都经历了盗扰，实际的比例可能更高。
[474] 陕西省考古研究院、商洛市博物馆：《商洛东龙山》，科学出版社，2011年，第280页。
[475] 北京科技大学冶金与材料史研究所、陕西省考古研究院：《陕西洛南河口绿松石矿遗址调查报告》，《考古与文物》2016年3期。
[476] 李志鹏：《二里头文化墓葬研究》，《中国早期青铜文化研究——二里头文化专题研究》，科学出版社，2008年。
[477] 杨泓：《中国古代刀形端刃器初析》，《南中国及邻近地区古文化研究——庆祝郑德坤教授从事学术活动六十周年论文集》，香港中文大学中国考古艺术研究中心，1994年；李伯谦：《再识牙璋》，《黄河·黄土·黄种人（华夏文明）》2017年2期。
[478] 陕西省考古研究院、商洛市博物馆：《商洛东龙山》，科学出版社，2011年，第89、90页；中国社会科学院考古研究所二里头队：《1980年秋河南偃师二里头遗址发掘简报》，《考古》1983年3期。
[479] 中国社会科学院考古研究所、山西省临汾市文物局：《襄汾陶寺：1978～1985年考古发掘报告》，文物出版社，2015年，第445～447、451～456页；山西省临汾行署文化局、中国社会科学院考古研究所山西工作队：《山西临汾下靳村陶寺文化墓地发掘报告》，《考古学报》1999年4期。
[480] 戴向明：《陶寺墓地分析》，《南方文物》2019年6期。
[481] 孙周勇、邵晶：《关于石峁玉器出土背景的几个问题》，《玉魂国魄——中国古代玉器与传统文化学术讨论会文集（六）》，浙江古籍出版社，2014年。
[482] 内蒙古自治区文物考古研究所：《内蒙古清水河县后城咀石城》，《考古中国重大项目成果（2018～2020）》，文物出版社，2021年。
[483] 陕西省考古研究院、西北大学文化遗产学院、延安市文物研究所等：《陕西延安市芦山峁新石器时代遗址》，《考古》2019年7期。
[484] 陕西省考古研究所、榆林市文物保护研究所：《神木新华》，科学出版社，2005年，第114～123页。
[485] 中国社会科学院考古研究所甘青工作队、青海省文物考古研究所：《青海民和喇家遗址发现齐家文化祭坛和干栏式建筑》，《考古》2004年6期。
[486] 陈洪海：《关于第200号墓出土的玉器》，《宗日遗址文物精粹及论述选集》，四川科学技术出版社，1999年。
[487] 郑州市文物考古研究所、北京大学考古文博学院：《河南巩义市花地嘴遗址"新砦期"遗存》，《考古》2005年6期。
[488] 陕西省考古研究院、商洛市博物馆：《商洛东龙山》，科学出版社，2011年，第80～91页。
[489] 柄形器VKM4：1为农民发现，同出器仅1件铜圆形器，报告编写者将这座"墓"年代定为3期，并未说明依据。不过据前文的相关分析，VKM4：1的造型特征与二期晚段的龙形器极为相似，另外在目前发现的另一座二期晚段的贵族墓葬中，发现了同样神面主题的柄形器（材料尚未发表），似乎将VKM4：1归为二期晚段更合适。若依此观点，则三期发现的肖家屋脊文化因素玉器更加寥寥。

[490] 中国社会科学院考古研究所：《偃师二里头：1959年～1978年考古发掘报告》，中国大百科全书出版社，1999年，第241页。

[491] 中国社会科学院考古研究所二里头队：《1980年秋河南偃师二里头遗址发掘简报》，《考古》1983年3期。

[492] Keightley David N. *Dead but not Gone: Cultural Implications of Nortuary Practice in Neolithic and Early Bronze Age China ca.8000 to 1000B.C.* Paper presented to the conference of the Ritual and Social Significance of Death in Chinese Society, Oracle, Arizona. 1985. 转引自刘莉：《山东龙山文化墓葬形态研究——龙山时期社会分化、礼仪活动及交换关系的考古学分析》，《文物季刊》1999年2期。

[493] 许宏：《二里头都邑的两次礼制大变革》，《南方文物》2020年2期。

[494] 中国社会科学院考古研究所：《偃师二里头：1959年～1978年考古发掘报告》，中国大百科全书出版社，1999年，第240页。

[495] 中国社会科学院考古研究所二里头队：《1982年秋偃师二里头遗址九区发掘简报》，《考古》1985年2期。

[496] 赵海涛：《二里头遗址二里头文化四期晚段遗存探析》，《南方文物》2016年4期；赵海涛：《二里头都邑聚落形态新识》，《考古》2020年8期。

[497] 许宏、刘莉：《关于二里头遗址的省思》，《文物》2008年1期。

[498] 许宏、陈国梁、赵海涛：《二里头遗址聚落形态的初步考察》，《考古》2004年11期；赵海涛：《二里头都邑聚落形态新识》，《考古》2020年8期。

[499] 邹衡：《试论夏文化》，《夏商周考古学论文集》，文物出版社，1980年。

[500] 杜金鹏：《"偃师商城界标说"解析》，《华夏文明的形成与发展》，大象出版社，2003年；高炜、杨锡璋、王巍等：《偃师商城与夏商文化分界》，《考古》1998年10期；赵海涛：《二里头遗址二里头文化四期晚段遗存探析》，《南方文物》2016年4期；许宏：《二里头都邑的两次礼制大变革》，《南方文物》2020年2期；赵海涛：《二里头都邑聚落形态新识》，《考古》2020年8期。

[501] 南寨遗址的YPNT100H5中出土1件残牙璋，但是报告并未提供该灰坑的分期和同出包含物。与二里头遗址发现的牙璋比较，南寨牙璋的年代应不早于二里头文化三期。

[502] 贺俊：《二里头文化区的聚落与社会》，中国社会科学院研究生院博士学位论文，2020年。

[503] 刘莉、陈星灿：《早期国家的形成——从二里头和二里岗时期的中心和边缘之间的关系谈起》，《古代文明》（第1卷），文物出版社，2002年；陈星灿：《从灰嘴发掘看中国早期国家的石器工业》，《中国考古学与瑞典考古学——第一届中瑞考古学论坛文集》，科学出版社，2006年；黄可佳：《贡纳与贸易——早期国家的玉石器生产和流通问题初探》，《早期中国研究》（第1辑），文物出版社，2013年。

[504] 贺俊：《二里头文化区的聚落与社会》，中国社会科学院研究生院博士学位论文，2020年。

[505] 贺俊：《二里头文化区的聚落与社会》，中国社会科学院研究生院博士学位论文，2020年。

[506] 贺俊：《二里头文化区的聚落与社会》，中国社会科学院研究生院博士学位论文，2020年。

[507] 贺俊：《二里头文化区的聚落与社会》，中国社会科学院研究生院博士学位论文，2020年。

[508] 贺俊：《二里头文化区的聚落与社会》，中国社会科学院研究生院博士学位论文，2020年。

[509] 郑州大学历史文化遗产保护研究中心：《登封南洼：2004～2006 年田野考古报告》，科学出版社，2014 年，第 61～63 页。

[510] 郑州大学历史文化遗产保护研究中心：《登封南洼：2004～2006 年田野考古报告》，科学出版社，2014 年，第 61 页。

[511] 贺俊：《二里头文化区的聚落与社会》，中国社会科学院研究生院博士学位论文，2020 年。

[512] 郑州市博物馆：《河南荥阳西史村遗址试掘简报》，《文物资料丛刊》（第 5 集），文物出版社，1981 年。

[513] 原简报定为遗址第二期，发掘者认为遗址第二期的时代在二里头遗址三、四期之间，李志鹏认为墓葬更接近二里头文化三期（李志鹏：《二里头文化墓葬研究》，《中国早期青铜文化研究——二里头文化专题研究》，科学出版社，2008 年）。

[514] 郑州市博物馆：《河南荥阳西史村遗址试掘简报》，《文物资料丛刊》（第 5 集），文物出版社，1981 年。

[515] 李维明：《方城八里桥遗址在二里头文化中的地位》，《黄河·黄土·黄种人（华夏文明）》2016 年 8 期。

[516] 中国社会科学院考古研究所、中国历史博物馆、山西省考古研究所：《夏县东下冯》，文物出版社，1988 年，第 66 页。

[517] 邵晶：《石峁遗址与陶寺遗址的比较研究》，《考古》2020 年 5 期。

[518] 中国社会科学院考古研究所：《偃师二里头：1959 年～1978 年考古发掘报告》，中国大百科全书出版社，1999 年，第 68 页；中国社会科学院考古研究所二里头工作队：《1984 年秋河南偃师二里头遗址发现的几座墓葬》，《考古》1986 年 4 期。

[519] 河南省文物考古研究所：《伊川考古报告》，大象出版社，2012 年，第 37 页。

[520] 郑州市文物考古研究院：《新郑望京楼：2010～2012 年田野考古发掘报告》，科学出版社，2016 年，第 3～324、713～886 页。

[521] 河南省文物研究所：《郑州洛达庙遗址发掘报告》，《华夏考古》1989 年 4 期。

[522] 许宏：《"连续"中的"断裂"——关于中国文明与早期国家形成过程的思考》，《文物》2001 年 2 期；许宏：《嵩山南北龙山文化至二里头文化演进过程管窥》，《中原地区文明化进程学术研讨会论文集》，科学出版社，2006 年。

[523] Pauketate T. R., Emerson T. S. Ideology of Authority and the Power of the Pot. *American Anthropologist*, 1991: 93.

[524] 李新伟：《中国史前社会上层远距离交流网的形成》，《文物》2015 年 4 期。

[525] 韩鼎：《早期"人蛇"主题研究》，《考古》2017 年 3 期。

[526] 中国社会科学院考古研究所：《师赵村与西山坪》，中国大百科全书出版社，1999 年，第 127、128 页。

[527] 张朋川、王新村主编：《马家窑文化彩陶瑰宝新赏》，文物出版社，2004 年，第 135 页。

[528] 中国社会科学院考古研究所、山西省临汾市文物局：《襄汾陶寺：1978～1985 年考古发掘报告》，文物出版社，2015 年，第 614～618 页。

[529] 陕西考古研究院、榆林市文物考古勘探工作队、神木市石峁遗址管理处：《石峁遗址皇城台地点 2016～2019 年度考古新发现》，《考古与文物》2020 年 4 期；孙周勇、邵晶：《石峁遗址皇

城台大台基出土石雕研究》，《考古与文物》2020年4期；陕西省考古研究院、榆林市文物考古勘探工作队、神木市石峁遗址管理处：《陕西神木市石峁遗址皇城台大台基遗迹》，《考古》2020年7期。

[530] 孙周勇、邵晶：《石峁遗址皇城台大台基出土石雕研究》，《考古与文物》2020年4期。
[531] 神木市石峁文化研究会编：《石峁玉器》，文物出版社，2018年，第338页。
[532] 韩鼎：《早期"人蛇"主题研究》，《考古》2017年3期。
[533] 张朋川、王新村主编：《马家窑文化彩陶瑰宝新赏》，文物出版社，2004年，第98、99页；韩鼎：《早期"人蛇"主题研究》，《考古》2017年3期。
[534] Far Eastern Department, Royal Ontario Museum. *Homage to Heaven, Homage to Earth: Chinese Treasures of the Royal Ontario Museum*. University of Toronto Press, 1992: 20；韩鼎：《早期"人蛇"主题研究》，《考古》2017年3期。
[535] 青海省文物管理处考古队、中国社会科学院考古研究所：《青海柳湾——乐都柳湾原始社会墓地》，文物出版社，1984年，图版一三一。
[536] 韩鼎：《早期"人蛇"主题研究》，《考古》2017年3期。
[537] 甘肃省博物馆：《甘肃古文化遗存》，《考古学报》1960年2期；张学正、张朋川、郭德勇：《谈马家窑、半山、马厂类型的分期和相互关系》，《中国考古学会第一次年会论文集》，文物出版社，1980年；郎树德、许永杰、水涛：《试论大地湾仰韶晚期遗存》，《文物》1983年11期。
[538] 陕西省考古研究院、榆林市文物考古勘探工作队、神木市石峁遗址管理处：《陕西神木市石峁遗址皇城台大台基遗迹》，《考古》2020年7期；孙周勇、邵晶：《石峁遗址皇城台大台基出土石雕研究》，《考古与文物》2020年4期。
[539] 北京大学震旦古代文明研究中心、郑州市文物考古研究院：《新密新砦——1999~2000年田野考古发掘报告》，文物出版社，2008年，第315页。
[540] 中国社会科学院考古研究所、山西省临汾市文物局：《襄汾陶寺：1978~1985年考古发掘报告》，文物出版社，2015年，第614~618页。
[541] 陕西省考古研究院、榆林市文物考古勘探工作队、神木县石峁遗址管理处：《陕西神木县石峁城址皇城台地点》，《考古》2017年7期；陕西省考古研究院、榆林市文物考古勘探工作队、神木市石峁遗址管理处：《陕西神木市石峁遗址皇城台大台基遗迹》，《考古》2020年7期。
[542] 赵春青、张松林：《新砦聚落考古的回顾与展望——纪念新砦遗址发掘30周年》，《中原文物》2010年2期。
[543] 韩鼎：《早期"人蛇"主题研究》，《考古》2017年3期。
[544] 张朋川、王新村主编：《马家窑文化彩陶瑰宝新赏》，文物出版社，2004年，第132、133页。
[545] 李新伟：《中国史前昆虫"蜕变"和"羽化"信仰新探》，《江汉考古》2021年1期。
[546] 湖南省文物考古研究所：《湖南黔阳高庙遗址发掘简报》，《文物》2000年4期。
[547] 浙江省文物考古研究所：《瑶山》，文物出版社，2003年，第20~200页；浙江省文物考古研究所：《反山》，文物出版社，2005年，第24~363页。
[548] 湖北省文物考古研究所、北京大学考古文博学院、天门市博物馆：《石家河遗珍——谭家岭出土玉器精粹》，科学出版社，2019年，第1~19、44~46、50、51、52~55、119、122、

123 页。

[549] 湖北省荆州博物馆、湖北省文物考古研究所、北京大学考古学系：《肖家屋脊：天门石家河考古发掘报告之一》，文物出版社，1999 年，第 314～318 页。

[550] 湖南省文物考古研究所、澧县博物馆：《湖南澧县孙家岗遗址墓地 2016～2018 年发掘简报》，《考古》2020 年 6 期。

[551] 中国社会科学院考古研究所、山东省文物考古研究所、山东临朐山旺古生物化石博物馆：《临朐西朱封：山东龙山文化墓葬的发掘与研究》，文物出版社，2018 年，第 174 页。

[552] 刘敦愿：《记两城镇遗址发现的两件石器》，《考古》1972 年 4 期。

[553] 中国社会科学院考古研究所山西队、山西省考古研究所、临汾市文物局：《陶寺城址发现陶寺文化中期墓葬》，《考古》2003 年 9 期。

[554] 陕西省考古研究院、榆林市文物考古勘探工作队、神木市石峁遗址管理处：《陕西神木市石峁遗址皇城台大台基遗迹》，《考古》2020 年 7 期。

[555] 辽宁省文物考古研究所：《牛河梁——红山文化遗址发掘报告（1983～2003 年度）》上册，文物出版社，2012 年，第 407 页。

[556] 安徽省文物考古研究所：《凌家滩——田野考古发掘报告之一》，文物出版社，2006 年，第 248 页。

[557] 浙江省文物考古研究所：《瑶山》，文物出版社，2003 年，第 20～200 页；浙江省文物考古研究所：《反山》，文物出版社，2005 年，24～363 页。

[558] 湖北省文物考古研究所、北京大学考古文博学院、天门市博物馆：《石家河遗珍——谭家岭出土玉器精粹》，科学出版社，2019 年，第 5～11、15～17 页；湖北省荆州博物馆、湖北省文物考古研究所、北京大学考古学系：《肖家屋脊：天门石家河考古发掘报告之一》，文物出版社，1999 年，第 315～318 页。

[559] 李新伟：《良渚文化"神人兽面"图像的内涵及演变》，《文物》2021 年 6 期。

[560] 本小节内容主要参考李新伟：《中国史前昆虫"蜕变"和"羽化"信仰新探》，《江汉考古》2021 年 1 期。材料的出处不再另行注出。

[561] 李新伟：《中国史前昆虫"蜕变"和"羽化"信仰新探》，《江汉考古》2021 年 1 期。

[562] 王青：《二里头遗址出土雕刻类神灵形象的复原研究》，《玉魂国魄——中国古代玉器与传统文化学术讨论会文集（六）》，浙江古籍出版社，2014 年；王青、赵江运、赵海涛：《二里头遗址新见神灵及动物形象的复原和初步认识》，《考古》2020 年 2 期。

[563] 中国社会科学院考古研究所：《二里头陶器集粹》，中国社会科学出版社，1995 年，第 160 页。

[564] 杜金鹏：《中国龙，华夏魂——试论偃师二里头遗址"龙文物"》，《二里头遗址与二里头文化研究——中国·二里头遗址与二里头文化国际学术研讨会论文集》，科学出版社，2006 年；顾问、胡继忠：《论二里头文化与夏家店下层文化中的龙、蛇》，《二里头遗址与二里头文化研究——中国·二里头遗址与二里头文化国际学术研讨会论文集》，科学出版社，2006 年；王青：《二里头遗址出土雕刻类神灵形象的复原研究》，《玉魂国魄——中国古代玉器与传统文化学术讨论会文集（六）》，浙江古籍出版社，2014 年。

[565] 中国社会科学院考古研究所：《偃师二里头：1959 年～1978 年考古发掘报告》，中国大百科全书出版社，1999 年，第 48 页；河南省文物研究所、中国历史博物馆考古部：《登封王城岗

与阳城》，文物出版社，1992年，第123页；中国社会科学院考古研究所：《二里头：1999～2006》，文物出版社，2014年，第1004页；中国社会科学院考古研究所二里头工作队：《河南省洛阳市二里头遗址》，《考古中国重大项目成果（2018～2020）》，文物出版社，2021年。

[566] 中国社会科学院考古研究所：《二里头：1999～2006》，文物出版社，2014年，第1004、1016页。

[567] 中国社会科学院考古研究所：《二里头：1999～2006》，文物出版社，2014年。

[568] 中国社会科学院考古研究所：《二里头陶器集粹》，中国社会科学出版社，1995年，第79页。

[569] 中国社会科学院考古研究所：《偃师二里头：1959年～1978年考古发掘报告》，中国大百科全书出版社，1999年，第48页。

[570] 陕西省考古研究院、榆林市文物考古勘探工作队、神木县石峁遗址管理处：《陕西神木县石峁城址皇城台地点》，《考古》2017年7期。

[571] 郜向平、覃覃：《二里头遗址三号建筑院内墓葬探讨》，《南方文物》2019年2期。

[572] 张莉、秦帅帅：《试论二里头选择性下葬制度与祖先信仰系统的重构》，《南方文物》2019年2期。

[573] 林惠祥：《台湾番族之原始文化》，《林惠祥文集》，厦门大学出版社，2012年，第49页。

[574] 凌纯声：《台湾土著族的宗庙与社稷》，《中国边疆民族与环太平洋文化》，经联出版社，1979年。

[575] 林惠祥：《台湾番族之原始文化》，《林惠祥文集》，厦门大学出版社，2012年，第50、51页。排湾族多以简化的菱形纹表示蛇（图七一，3），由此推之，二里头遗址常见于陶、铜礼器上菱形条带纹饰可能与蛇信仰有关。

[576] 中国社会科学院考古研究所：《二里头：1999～2006》，文物出版社，2014年，第991～1017页。

[577] 〔美〕卡炊卡·雷哈特著，孙翰龙译，陈星灿校：《偃师商城的仪式宴飨与权力获得（二）》，《南方文物》2018年4期。

[578] 贺俊：《二里头文化区的聚落与社会》，中国社会科学院研究生院博士学位论文，2020年。

[579] 张光直：《商代的巫与巫术》，《中国青铜时代》，生活·读书·新知三联书店，1999年，第276～278页。

[580] 郜向平、覃覃：《二里头遗址三号建筑院内墓葬探讨》，《南方文物》2019年2期。

[581] 当然，二里头文化也可能存在更高级别的墓葬尚未发现，本节的讨论仅建立在当前的材料之上。

[582] 戴向明：《中原地区龙山时代社会复杂化的进程》，《考古学研究》（十），科学出版社，2012年；戴向明：《陶寺、石峁与二里头——中原及北方早期国家的形成》，《夏商都邑与文化（二）——"纪念二里头遗址发现55周年学术研讨会"论文集》，中国社会科学出版社，2014年。

[583] 贺俊：《二里头文化区的聚落与社会》，中国社会科学院研究生院博士学位论文，2020年。

[584] 许宏：《二里头文化聚落动态扫描》，《早期夏文化与先商文化研究论文集》，科学出版社，2012年；戴向明：《陶寺、石峁与二里头——中原及北方早期国家的形成》，《夏商都邑与文化（二）——"纪念二里头遗址发现55周年学术研讨会"论文集》，中国社会科学出版社，2014年。

[585]〔荷兰〕克赖森:《国家起源的方式与原因》,《中国社会科学院古代文明研究中心通讯》2007年13期。

[586]许宏:《嵩山南北龙山文化至二里头文化演进过程管窥》,《中原地区文明化进程学术研讨会文集》,科学出版社,2006年。

[587]王立新:《再论二里头文化渊源与族属问题》,《历史研究》2020年5期。

[588]陈国梁:《合与分:聚落考古视角下二里头都邑的兴衰解析》,《中原文物》2019年4期。

[589]许宏:《二里头都邑的两次礼制大变革》,《南方文物》2020年2期。

[590]顾万发:《试论新砦陶器盖上的饕餮纹》,《华夏考古》2000年4期。

[591]刘钊:《安阳后岗殷墓所出"柄形饰"用途考》,《考古》1995年7期。

[592]李小燕、井中伟:《玉柄形器名"瓒"说——辅证内史亳同与〈尚书·顾命〉"同瑁"问题》,《考古与文物》2012年3期;严志斌:《漆觚、圆陶片与柄形器》,《中国国家博物馆馆刊》2020年1期。

[593]许宏、刘莉:《关于二里头遗址的省思》,《文物》2008年1期。

[594]〔美〕卡炊卡·雷哈特著,孙翰龙译,陈星灿校:《偃师商城的仪式宴飨与权力获得(二)》,《南方文物》2018年4期。

[595]严志斌指出,二里头文化墓葬中的圆陶片可以作为漆觚存在的证据(严志斌:《漆觚、圆陶片与柄形器》,《中国国家博物馆馆刊》2020年1期)。表中所列漆觚在原报告简报中均为圆陶片,由于圆陶片的数量与漆觚数量的对应关系不明,表中漆觚不标件数。

[596]贺俊:《二里头文化区的聚落与社会》,中国社会科学院研究生院博士学位论文,2020年;向桃初:《二里头文化向南方的传播》,《考古》2011年10期。

[597]刘莉、陈星灿:《中国早期国家的形成——从二里头和二里岗时期的中心和边缘之间的关系谈起》,《古代文明》(第1卷),文物出版社,2002年;任佳、叶晓红、王妍等:《二里头遗址绿松石的红外光谱产地识别》,《光谱学与光谱分析》2015年10期;北京科技大学冶金与材料史研究所、陕西省考古研究院:《陕西洛南河口绿松石矿遗址调查报告》,《考古与文物》2016年3期。

[598]张海:《中原核心区早期社会复杂化的考古学观察》,上海古籍出版社,2021年,第309、310页。

[599]中国社会科学院考古研究所二里头工作队:《1987年偃师二里头遗址墓葬发掘简报》,《考古》1992年4期。

[600]郭妍利:《二里头遗址出土兵器初探》,《江汉考古》2009年3期。

[601]〔日〕冈村秀典著,陈馨译、秦小丽校:《中国文明——农业与礼制的考古学》,上海古籍出版社,2020年,第32页。

[602]李志鹏:《二里头文化墓葬研究》,《中国早期青铜文化研究——二里头文化专题研究》,科学出版社,2008年。

[603]中国社会科学院考古研究所二里头工作队:《河南省洛阳市二里头遗址》,《考古中国重大项目成果(2018~2020)》,文物出版社,2021年。

[604]据简报《1984年秋河南偃师二里头遗址发现的几座墓葬》,84YLVIM5墓主胸骨内插有铜箭头,随葬品内容不详;84YLVIM6未见人骨,随葬有铜爵、柄形器、绿松石饰、陶盉和圆陶

片等器，并给出了与介绍相匹配的平面图。而杜金鹏在《二里头遗址第二期考古的主要成就》（《中原文物》2020年4期）中写道"M6随葬有铜爵、柄形玉器、绿松石饰品、陶盉等，在骨架胸骨上发现一枚铜镞"，应该是将84YLⅥM5、84YLⅥM6两座墓混作一谈了，故应该以简报为准。

［605］ 林沄：《商代兵制管窥》，《吉林大学社会科学学报》1990年1期。

［606］ 钱耀鹏：《中国古代斧钺制度的初步研究》，《考古学报》2009年1期。

［607］ 杨贵金、张立东、毋建庄：《河南武陟大司马遗址调查简报》，《考古》1994年4期。

［608］ 中国历史博物馆考古部、山西省考古研究所、垣曲县博物馆：《垣曲商城（一）：1985~1986年度勘察报告》，科学出版社，1996年，第155页。

［609］ 中国社会科学院考古研究所、中国历史博物馆、山西省考古研究所：《夏县东下冯》，文物出版社，1988年，第109~113页。

［610］ 北京大学考古学系、南阳市文物研究所、方城县博物馆：《河南方城县八里桥遗址1994年春发掘简报》，《考古》1999年12期。

［611］ 林沄：《关于中国早期国家形式的几个问题》，《吉林大学社会科学学报》1986年6期；林沄：《商代的国家形式》，《商史三题》，"中央研究院"历史语言研究所，2018年。

［612］ 许宏：《二里头文化聚落动态扫描》，《早期夏文化与先商文化研究论文集》，科学出版社，2012年。

［613］ 许宏：《嵩山南北龙山文化至二里头文化演进过程管窥》，《中原地区文明化进程学术研讨会文集》，科学出版社，2006年。

［614］ 许宏：《"连续"中的"断裂"——关于中国文明与早期国家形成过程的思考》，《文物》2001年2期；许宏：《嵩山南北龙山文化至二里头文化演进过程管窥》，《中原地区文明化进程学术研讨会论文集》，科学出版社，2006年。

附　表

附表一　二里头遗址出土二里头文化玉器统计表

名称	编号	数量	期段	出处	备注
绿松石管珠	Ⅱ·ⅤT111⑤B：6	1	一期	《偃师》68	
绿松石管珠	ⅣT6⑦：1	1	一期	《偃师》68	
绿松石管珠	?	1	一期	《偃师》67	
绿松石管珠	?	1	一期	《偃师》67	
绿松石管珠	Ⅳ M26：6	1	二期	《偃师》70	
绿松石管珠	Ⅳ M26：7	1	二期	《偃师》70	
绿松石蝉形饰	Ⅳ M11：1a～e	5	二晚	《偃师》137	原报告称"绿松石饰"。采用许宏、赵海涛（2010）分期意见
柄形器	Ⅳ M11：18	1	二晚	《偃师》137	
绿松石饰	82YLⅨM2：?	1	二期	《82》	推测为绿松石珠
圭形器	82YLⅨM10：9	1	二期	《82》	
绿松石饰	82YLⅨM15：?	2	二期	《82》	推测为绿松石珠
绿松石饰	82YLⅨM20：11	1	二期	《82》	推测为绿松石珠
柄形器	2001Ⅴ M1：3	1	二早	《二里头》992	
鸟形器	2001Ⅴ M5：6	1	二晚	《二里头》1004	
鸟形器	2002Ⅴ M3：13	1	二晚	《二里头》1004	
绿松石管珠	2002Ⅴ M3：31	1	二晚	《二里头》1004	
绿松石管珠	2002Ⅴ M3：32	1	二晚	《二里头》1004	
绿松石管珠	2002Ⅴ M3：33	1	二晚	《二里头》1004	
绿松石管珠	2002Ⅴ M3：4	1	二晚	《二里头》1004	
绿松石管珠	2002Ⅴ M3：37	1	二晚	《二里头》1004	
绿松石龙形器	2002Ⅴ M3：5	1	二晚	《二里头》1004	
管	2003Ⅴ G38①：31	1	二晚	《二里头》125	
玉石料	2004Ⅴ H359：2	1	二晚	《二里头》435	
绿松石管珠	2010ⅤM2：?	4	二晚	《5号》	
钺?	94ⅨM11	1	二期	《第二期》	根据图片推断
绿松石饰	?	?	二期	《第二期》	在95ⅨC6中的几座墓葬中
玉器	2016ⅢM1：?	?	二期	《新识》	仅在正文中提及
绿松石器	2016ⅢM1：?	?	二期	《新识》	仅在正文中提及
绿松石饰	85ⅤⅡM?：?	?	二期	《年鉴86》147	

续表

名称	编号	数量	期段	出处	备注
绿松石片料	2004ⅤT90⑤A：1	3	二晚	《二里头》338	
绿松石片料	2004ⅤH275：2	1	二晚	《二里头》435	
绿松石片料	2004ⅤH359：2	1	二晚	《二里头》442	
镞	ⅤH27：1	1	二期	《偃师》82	
铲	ⅣT29F7下：5	1	二期	《偃师》82	
凿	ⅧT16⑤：1	1	二期	《偃师》82	
柄形器	ⅣT2⑤：1	1	二期	《偃师》119	原报告称"玉柄形器"
绿松石管珠	Ⅱ·ⅤT119⑤：4	1	二期	《偃师》119	原报告称"绿松石小扁珠"
绿松石管珠	ⅣT24⑤B：6	1	二期	《偃师》119	原报告称"绿松石小扁珠"
绿松石片	ⅣT7⑤A：14	1	二期	《偃师》119	
绿松石片	ⅣT7⑤B：5	1	二期	《偃师》119	
绿松石管珠	ⅣT13③A：6	1	二期	《偃师》119	原报告称"绿松石小长珠"
绿松石片料	2006ⅤT117剖⑤C：5	1	二早	《二里头》附表11-2	
绿松石片料	2006ⅤT117剖⑤C：17	1	二早	《二里头》附表11-2	
绿松石片料	2001ⅤH18：4	1	三早	《二里头》附表11-2	
绿松石管珠	ⅤM22：12	1	三早	《偃师》137	原报告称"绿松石大扁珠"。采用许宏、赵海涛（2010）分期意见
绿松石管珠	ⅤM22：13	1	三早	《偃师》137	原报告称"绿松石大扁珠"。采用许宏、赵海涛（2010）分期意见
柄形器	ⅢKM2：1	1	三早	《偃师》256	采用许宏、赵海涛（2010）分期意见
绿松石	ⅢKM2：？	26	三早	《偃师》240	采用许宏、赵海涛（2010）分期意见
戈	ⅢKM1：2	1	三期	《偃师》249	
双孔条形钺	ⅢKM1：3	1	三期	《偃师》249	原报告称"铲"
镯	ⅢKM1：4	1	三期	《偃师》256	
板	ⅢKM1：5	1	三期	《偃师》256	
三孔刀	ⅢKM1：1	1	三期	《偃师》249	
柄形器	ⅢKM1：8	1	三期	《偃师》256	
柄形器	ⅢKM1：6	1	三期	《偃师》256	
柄形器	ⅢKM1：7	1	三期	《偃师》256	
柄形器	ⅤKM4：1	1	三期	《偃师》256	
绿松石眼形饰	ⅧKM5：1	1	三期	《偃师》258	
绿松石眼形饰	ⅧKM5：2	1	三期	《偃师》258	

续表

名称	编号	数量	期段	出处	备注
璧戚	Ⅷ KM5：1	1	三期	《偃师》250	
牙璋	Ⅲ KM6：8	1	三期	《偃师》250	
绿松石管珠	Ⅲ KM10：1	1	三期	《偃师》258	原报告称"扁圆饰"
绿松石管珠	Ⅲ KM10：2	1	三期	《偃师》258	原报告称"扁圆饰"
绿松石管珠	Ⅲ KM10：3	1	三期	《偃师》258	
绿松石管珠	Ⅲ KM10：4	1	三期	《偃师》258	
绿松石片	Ⅴ KM11：？	172	三期	《偃师》258	
绿松石管珠	Ⅴ KM11：？	484	三期	《偃师》259	
双孔条形钺	80YLⅢM2：5	1	三晚	《80》	原简报称"圭"。采用许宏、赵海涛（2010）分期意见
钺	80YLⅢM2：？	1	三晚	《80》	采用许宏、赵海涛（2010）分期意见
绿松石片	80YLⅢM2：？	？	三晚	《80》	
钺	80YLⅤM3：3	1	三晚	《80》	采用许宏、赵海涛（2010）分期意见
牙璋	80YLⅤM3：4	1	三晚	《80》	采用许宏、赵海涛（2010）分期意见
牙璋	80YLⅤM3：5	1	三晚	《80》	采用许宏、赵海涛（2010）分期意见
尖状饰	80YLⅤM3：7	1	三晚	《80》	采用许宏、赵海涛（2010）分期意见
绿松石管珠	80YLⅤM3：6	2	三晚	《80》	采用许宏、赵海涛（2010）分期意见
绿松石片管	80YLⅢM4：？	200+	三期	《80》	
绿松石管珠	81YLM1：？	87	三期	《81》	
亚腰管（铃舌）	81YLⅤM4：6	1	三期	《81》	原简报称"玉管"。采用李志鹏（2008）分期意见
柄形器	81YLⅤM4：12	1	三期	《81》	采用李志鹏（2008）分期意见
绿松石管珠	81YLⅤM4：2	1	三期	《81》	原简报称"绿松石管饰"。采用李志鹏（2008）分期意见
绿松石管珠	81YLⅤM4：3	1	三期	《81》	原简报称"绿松石管饰"。采用李志鹏（2008）分期意见
柄形器	82YLⅨM8：8	1	三晚	《82》	采用许宏、赵海涛（2010）分期意见
戚	82YLⅨM4：5	1	三期	《82》	原简报称"玉钺"
绿松石饰	82ⅨM4：？	2	三期	《82》	推测为绿松石珠
亚腰管（铃舌）	82YLⅨM4：2	1	三期	《82》	原简报称"管状玉器"

续表

名称	编号	数量	期段	出处	备注
三孔刀	82YLⅨM5：1	1	三期	《82》	原简报称"钺"
绿松石饰	82YLⅨM11：?	1	三期	《82》	
斧	82YLⅨM11：?	1	三期	《82》	
刀	82YLⅨM14：?	1	三期	《82》	
铲	ⅧT22③：1	1	三期	《偃师》171	
璧戚	ⅧT22③：2	1	三期	《偃师》171	
绿松石片	ⅧT13⑥：6A	1	三期	《偃师》235	
绿松石片	ⅧT13⑥：6B	1	三期	《偃师》235	
绿松石片	ⅧT13⑥：6C	1	三期	《偃师》235	
铲	ⅣT5⑤A：45	1	三期	《偃师》171	
铲	ⅣT5⑤A：24	1	三期	《偃师》171	
璧戚	ⅣH60：5	1	三期	《偃师》171	
钺	ⅡH223：2	1	三期	《偃师》171	
镞	ⅣH40：3	1	三期	《偃师》171	
纺轮	ⅣH57：42	1	三期	《偃师》171	
柄形器	ⅣH42：9	1	三期	《偃师》233	
坠	ⅣH5：1	1	三期	《偃师》233	
环	ⅣT8②：17	1	三期	《偃师》233	
管	ⅣT8③：5	1	三期	《偃师》233	
坠	ⅣT2④：6	1	三期	《偃师》233	
绿松石管珠	ⅣH22：1	1	三期	《偃师》235	原报告称"绿松石扁珠"
绿松石管珠	Ⅱ·ⅤT116④：77	1	三期	《偃师》235	原报告称"绿松石长珠"
绿松石管珠	Ⅱ·ⅤT116④：78	1	三期	《偃师》235	原报告称"绿松石长珠"
绿松石管珠	Ⅱ·ⅤTH124：3	1	三期	《偃师》235	原报告称"绿松石长珠"
绿松石管珠	Ⅱ·ⅤTH158：5	1	三期	《偃师》235	原报告称"绿松石扁珠"
绿松石管珠	Ⅱ·ⅤT117④：3	1	三期	《偃师》235	原报告称"绿松石扁珠"
绿松石管珠	?	1	三期	《偃师》235	原报告称"绿松石扁珠"
绿松石管珠	ⅣT17②：10	1	三期	《偃师》235	原报告称"方珠"
绿松石管珠	Ⅱ·ⅤT116④：32	1	三期	《偃师》235	原报告称"方珠"
绿松石管珠	?	1	三期	《偃师》235	原报告称"方珠"
绿松石片	ⅣH57：56	1	三期	《偃师》235	原报告称"方形片"
绿松石片	ⅣT10②A：25	1	三期	《偃师》235	原报告称"方形片"
绿松石片	ⅣT10②：30	1	三期	《偃师》235	原报告称"方形片"
绿松石片	ⅣT17②：1A	1	三期	《偃师》235	原报告称"方形片"

续表

名称	编号	数量	期段	出处	备注
绿松石片	?	3	三期	《偃师》235	
绿松石片	ⅣT17③：1	1	三期	《偃师》235	原报告称"圆片"
绿松石片	Ⅱ·ⅤT116④：40	1	三期	《偃师》235	原报告称"圆片"
钻孔饰	Ⅱ·ⅤT102③：7	1	三期	《偃师》235	
片	Ⅱ·ⅤT116④：39	1	三期	《偃师》235	
柱形饰	Ⅱ·ⅤT116④：36	1	三期	《偃师》235	
绿松石三棱块	Ⅱ·ⅤT113④：33	1	三期	《偃师》235	
绿松石雕花方形饰	ⅡT204④：1	1	三期	《偃师》235	
柄形器	Ⅲ采：61	1	三期	《偃师》233	
柄形器	Ⅲ采：62	1	三期	《偃师》233	
绿松石片料	2004ⅤT89④Ⅰ：1	9	三晚	《二里头》338	
绿松石饰	85ⅥM?：?	?	三期	《年鉴86》147	
柄形器	ⅥKM3：3	1	四早	《偃师》256	采用许宏、赵海涛（2010）分期意见
戈	ⅥKM3：11	1	四早	《偃师》251	
璧戚	ⅥKM3：13	1	四早	《偃师》251	
单孔条形钺	ⅥKM3：12	1	四早	《偃师》249	原报告称"铲"
绿松石管珠	ⅥKM3：15	1	四早	《偃师》256	三角形。原报告称"绿松石三角形饰"
绿松石管珠	ⅥKM3：14	1	四早	《偃师》256	三角形。原报告称"绿松石三角形饰"
绿松石片	ⅥKM3：?	?	四早	《偃师》241《新发现》	排列整齐，范围南北长25、东西宽6厘米。或为牌饰
绿松石管珠	80Y1ⅥM6：4	1	四期	《80》	残。原简报称"绿松石管"
五角刃沿戚	81YLⅤM6：1	1	四期	《81》	原简报称"玉石钺"
柄形器	84YLⅥM6：1	1	四早	《84》	采用许宏、赵海涛（2010）分期意见
绿松石块	84YLⅥM6：2	?	四早	《84》	仅在M6平面图中标出
绿松石管珠	84YLⅥM6：6、7	150	四早	《84》	分为两堆。原简报称"绿松石串珠"
柄形器	84YLⅥM9：7	1	四早	《84》	采用许宏、赵海涛（2010）分期意见
绿松石片料	2004ⅤH341：4	1	四早	《二里头》365	
璧戚	84YLⅥM11：5	1	四晚	《84》	采用许宏、赵海涛（2010）分期意见
窄条形钺	84YLⅥM11：3	1	四晚	《84》	原简报称"圭"

续表

名称	编号	数量	期段	出处	备注
束腰管（铃舌）	84YLⅥM11：6	1	四晚	《84》	原简报称"管状器"
双孔刀	84YLⅥM11：4	1	四晚	《84》	残。原简报称"玉刀"
柄形器	84YLⅥM11：24	1	四晚	《84》	
柄形器	84YLⅥM11：28	1	四晚	《84》	
柄形器	84YLⅥM11：19	1	四晚	《84》	
柄形器	84ⅥM9：？	1	四期	《84》	M9平面图中未标识
玉片	84ⅥM9：7	？	四期	《84》	见于M9平面图中
绿松石管珠	84YLⅥM11：25等	2	四晚	《84》	原简报称为"绿松石管饰"
绿松石管珠	84YLⅥM8：？	？	四期	《84》	未详细报道
戈	87YLⅥKM57：21	1	四晚	《87》	采用许宏、赵海涛（2010）分期意见
三孔刀	87YLⅥKM57：9	1	四晚	《87》	原简报称"玉刀"
柄形器	87YLⅥKM57：5	1	四晚	《87》	
柄形器	87YLⅥKM57：6	1	四晚	《87》	
柄形器	87YLⅥKM57：7	1	四晚	《87》	
月牙形器	87YLⅥKM57：10	1	四晚	《87》	
亚腰管（铃舌）	87YLⅥKM57：25	1	四晚	《87》	原简报称"玉铃舌"
绿松石管珠	87YLⅥKM57：22	1	四晚	《87》	
绿松石管珠	87YLⅥKM57：23	1	四晚	《87》	
小玉饰	87YLⅥKM57：8（？）	？	四晚	《87》	
绿松石片	87YLⅥKM57：？	？	四晚	《87》	
饰扉牙残玉器	2000Ⅲ H24：28	1	四晚	《二里头》125	原报告误称"琮"
绿松石片料	2000Ⅲ H18：4	1	四晚	《二里头》附表11-2	
绿松石片料	2004ⅤH301：4	1	四晚	《二里头》450	
绿松石片料	2004ⅤH304：1	1	四晚	《二里头》454	
绿松石片料	2004ⅤH336：1	2	四晚	《二里头》457	
绿松石片料	2004ⅤH340：1	3	四晚	《二里头》458	
绿松石片料	2004ⅤH278：17	15	四晚	《二里头》380	
绿松石片料	2004ⅤH278：18	28	四晚	《二里头》380	
绿松石片料	2004ⅤH303：1	3	四晚	《二里头》389	
绿松石片料	2004ⅤH323：13	1	四晚	《二里头》393	
绿松石片料	2004ⅤH323：14	2	四晚	《二里头》393	
绿松石片料	2005Ⅴ夯3：1	1	四晚	《二里头》附表11-2	
绿松石片料	2005ⅤD6夯：1	151	四晚	《二里头》附表11-2	

续表

名称	编号	数量	期段	出处	备注
绿松石片料	2005ⅤD6夯：13	7	四晚	《二里头》附表11-2	
绿松石片料	2004ⅤH323：25	2	四晚	《二里头》393	
绿松石片料	2004ⅤH330：14	2	四晚	《二里头》399	
绿松石片料	2004ⅤH331：10	1	四晚	《二里头》405	
绿松石片料	2004ⅤH331：11	1	四晚	《二里头》405	
绿松石片料	2005ⅤH379：10	1	四晚	《二里头》409	
绿松石片料	2005ⅤH380：7	13	四晚	《二里头》411	
绿松石片料	2005ⅤH380：8	1	四晚	《二里头》411	
绿松石片料	2004ⅤQ3：2	2	四晚	《二里头》330	
绿松石片料	2004ⅤH282：3	3	四晚	《二里头》382	
绿松石片料	2004ⅤT88④A：1	33	四晚	《二里头》338	
绿松石片料	2004ⅤT89④A：4	128	四晚	《二里头》338	
绿松石片料	2004ⅤT89④F：4	9	四晚	《二里头》338	
绿松石片料	2004ⅤT89④G：3	56	四晚	《二里头》338	
绿松石片料	2004ⅤT90④B：2	16	四晚	《二里头》338	
绿松石片料	2004ⅤH290	4024	四晚	《二里头》386	
绿松石片料	2006ⅤT111④B：1	1	四晚	《二里头》附表11-2	
绿松石片料	2006ⅤT111④C：7	3	四晚	《二里头》附表11-2	
绿松石片料	2006ⅤH450：4	5	四晚	《二里头》附表11-2	
绿松石片料	2005ⅤHT114④：2	1	四晚	《二里头》附表11-2	
绿松石片料	2006ⅤT115剖1D6夯：1	?	四晚	《二里头》附表11-2	
绿松石片料	2006ⅤD6夯1：8	62	四晚	《二里头》附表11-2	
绿松石片料	2006ⅤH447：4	1	四晚	《二里头》附表11-2	
绿松石片料	2006ⅤL2：1	1	四晚	《二里头》附表11-2	
绿松石管珠	2006ⅤT117剖④C：2	1	四晚	《二里头》附表11-2	
绿松石片料	2006ⅤT117剖D6夯：1	1	四晚	《二里头》附表11-2	
绿松石片料	2003H198	1195	四晚	《二里头》附表11-2	
绿松石片料			四晚	《二里头》附表11-2	
绿松石片料	2001ⅤH465：2	1	四晚	《二里头》附表11-2	
绿松石片料	2000ⅢH24：20	3	四晚	《二里头》附表11-2	
绿松石管珠	2002ⅤH87：22	1	四晚	《二里头》附表11-2	
绿松石片料	2002ⅤH87：23	2	四晚	《二里头》附表11-2	
绿松石片料	2002ⅤH87：50	1	四晚	《二里头》附表11-2	
绿松石片料	2002ⅤH147：13	5	四晚	《二里头》附表11-2	

续表

名称	编号	数量	期段	出处	备注
绿松石片料	2002ⅤH147：17	7	四晚	《二里头》附表11-2	
绿松石片料	2002ⅤH150：17	7	四晚	《二里头》附表11-2	
绿松石片料	2002ⅤH150：23	1	四晚	《二里头》附表11-2	
绿松石片料	2003Ⅴ④A：7	59	四晚	《二里头》附表11-2	
绿松石片料	2003Ⅴ④A：6	1	四晚	《二里头》附表11-2	
绿松石片料	2003ⅤH198：5	252	四晚	《二里头》附表11-2	
绿松石片料	2003ⅤH198：16	1196	四晚	《二里头》附表11-2	
绿松石片料	2003ⅤH203：6	13	四晚	《二里头》附表11-2	
绿松石片料	2003ⅤH228：11	1	四晚	《二里头》附表11-2	
绿松石片料	2004ⅤH340：1	3	四晚	《二里头》附表11-2	
七孔刀	ⅦKM7：3	1	四期	《出土铜玉》；《偃师》341	
牙璋	ⅦKM7：5	1	四期	《出土铜玉》；《偃师》341	
戚	ⅦKM7：2	1	四期	《出土铜玉》；《偃师》341	
柄形器	ⅦKM7：4	1	四期	《出土铜玉》；《偃师》345	
绿松石	ⅦKM7：？	数十	四期	《出土铜玉》；《偃师》341	
纺轮	ⅤH212：1	1	四期	《偃师》268	
纺轮	ⅣT11②：12	1	四期	《偃师》268	
铲	ⅤH203：6	1	四期	《偃师》268	
凿	ⅤH52：1	1	四期	《偃师》268	
管	ⅣT1③A：3	1	四期	《偃师》328	
环	ⅤH30：1	1	四期	《偃师》328	
塞形玉	ⅧT22②：2	1	四期	《偃师》329	推测为钻芯
宽条形器	ⅣT14③B：11	1	四期	《偃师》329	
宽条形器	ⅣH37：7	1	四期	《偃师》329	
宽条形器	ⅤT214③：4	1	四期	《偃师》329	
方柱形器	ⅣH92：13	1	四期	《偃师》329	
绿松石珠	Ⅱ·ⅤT106③：7	1	四期	《偃师》329	原报告称"大扁珠"
绿松石珠	ⅣT24④A：80	1	四期	《偃师》330	原报告称"柱形珠"
绿松石珠	？	1	四期	《偃师》330	
绿松石珠	ⅣT20④：31	1	四期	《偃师》330	原报告称"小扁珠"
绿松石珠	ⅤT212②：1	1	四期	《偃师》330	原报告称"小扁珠"

续表

名称	编号	数量	期段	出处	备注
绿松石珠	ⅣT20③：8	1	四期	《偃师》330	原报告称"小扁珠"
绿松石坠	ⅣT12②：5	1	四期	《偃师》330	原报告称"方板"
方绿松石	ⅣT19④：16	1	四期	《偃师》330	
细棒绿松石	ⅣT24④B：44	1	四期	《偃师》330	
绿松石块	ⅤH57：26	1	四期	《偃师》330	
绿松石块	ⅣT26④：11	1	四期	《偃师》330	
绿松石片	ⅣT23④：28	1	四期	《偃师》330	
绿松石片	ⅣT12②：23	1	四期	《偃师》330	
绿松石管珠	2002Ⅴ④A：1	1	三、四期	《二里头》附表11-2	
柄形器	87YLⅥM58：?	1	三、四期	《第二期》	
绿松石管珠	?	?	?	《年鉴88》186	
绿松石珠	T111H24：?	3	?	《洛阳分馆》35	
绿松石珠	2000Ⅴ采：1	1	?	《二里头》附表11-2	
琮	?	1	?	《东亚玉器（下）》7	残
补充					
戈	采：64	1	四期	《偃师》282	石质，相似器形多为玉器
戚	Ⅲ采：11	1	四期	《偃师》282	石质，相似器形多为玉器
五角刃沿戚	ⅣT214：1	1	四期	《偃师》282	石质，相似器形多为玉器
戈	2003ⅤG14：108	1	四早	《二里头》365	石质，制作精美
石铲	87YLⅥKM57：8（?）	1	四晚	《87》	未详细报道。简报中石铲和小玉饰的编号同为8，应为笔误
亚腰管（铃舌）	2002ⅤM3：23	1	二晚	《二里头》1004	石质，相似器形多为玉器，随葬贵族墓葬中

注：

［1］二里头文化一至四期及各期早晚段分别简写为一期、二期、三期、四期、一早、一晚、二早、二晚、三早、三晚、四早、四晚。

［2］《偃师》282＝中国社会科学院考古研究所：《偃师二里头：1959~1978年考古发掘报告》，中国大百科全书出版社，1999年，第282页。

［3］《二里头》435＝中国社会科学院考古研究所：《二里头：1999~2006》，文物出版社，2014年，第435页。

［4］《80》＝中国社会科学院考古研究所二里头队：《1980年秋河南偃师二里头遗址发掘简报》，《考古》1983年3期。

［5］《81》＝中国社会科学院考古研究所二里头工作队：《1981年河南偃师二里头墓葬发掘简报》，《考古》1984年1期。

［6］《82》＝中国社会科学院考古研究所二里头队：《1982年秋偃师二里头遗址九区发掘简报》，《考古》1985年2期。

［7］《84》＝中国社会科学院考古研究所二里头工作队：《1984年秋河南偃师二里头遗址发现的几座墓葬》，《考古》1986年4期。

［8］《87》＝中国社会科学院考古研究所二里头工作队：《1987年偃师二里头遗址墓葬发掘简报》，《考古》

1992 年 4 期。

[9]《出土铜玉》=偃师县文化馆：《二里头遗址出土的铜器和玉器》，《考古》1978 年 4 期。

[10]《新发现》= 中国科学院考古研究所二里头工作队：《偃师二里头遗址新发现的铜器和玉器》，《考古》1976 年 4 期。

[11]《洛阳分馆》= 中国社会科学院考古研究所：《中国社会科学院考古研究所考古博物馆洛阳分馆》，文化艺术出版社，1998 年。

[12]《东亚玉器（下）》= 香港中文大学中国考古艺术研究中心，《东亚玉器（下册）》，1998 年。

[13]《年鉴 86》147= 中国考古学会编：《中国考古学年鉴·1986》，文物出版社，1988 年，第 147 页。

[14]《第二期》= 杜金鹏：《二里头遗址第二期考古的主要成就》，《中原文物》2020 年 4 期。

[15] 补充栏：列出的器物为石质，或器形、做工接近玉器，或用于随葬，与一般石器有别，故作为玉器的补充。

附表二 其他遗址出土二里头文化玉器统计表

遗址	名称	编号	数量	期段	出处	备注
三门峡南家庄	凿	2005SNH4：22	1	四早	《南家庄》	
垣曲古城南关	柄形器	H406：2	1	晚期	《垣曲商城（二）》178	
垣曲古城南关	穿孔器	H406：1	1	晚期	《垣曲商城（二）》178	
襄汾大柴	饰	T2④B：11	1	三期	《襄汾大柴》	似汉白玉
方城八里桥	戚	FBO：1	1	三期	《方城八里桥》	石质。磨制精美。采集品。遗址的年代为三期
方城八里桥	绿松石管珠	?	?	三期	李维明（2016）	采集品。遗址的年代为三期
夏县东下冯	绿松石管珠	H71：1	1	三期	《东下冯》99	
夏县东下冯	绿松石管珠	H502：1	1	三期	《东下冯》99	
夏县东下冯	绿松石管珠	?	15	三期	《东下冯》99	
夏县东下冯	绿松石片	M401：4	8	四期	《东下冯》66	采用李志鹏（2005）的意见
夏县东下冯	柄形器	H25：1	1	四期	《东下冯》147	黄白色大理岩
夏县东下冯	柄形器	H417：43	1	四期	《东下冯》148	纯白色大理岩
商洛东龙山	璧	H34：39	1	晚期	《东龙山》185	原报告称"石璧"。灰白色大理岩制
商洛东龙山	璧	H132：6	1	晚期	《东龙山》185	原报告称"石璧"。青白色大理岩制
商洛东龙山	璧	H160：1	1	晚期	《东龙山》185	原报告称"石璧"。白色大理岩
商洛东龙山	璧	?	3	晚期	《东龙山》186	原报告称"石璧"。白色大理岩制 2 件，绿片岩制 1 件
商洛东龙山	钻芯	H192：4	1	晚期	《东龙山》185	原报告称"石钻芯"。白色大理岩制

续表

遗址	名称	编号	数量	期段	出处	备注
商洛东龙山	钻芯	ⅢT20①：1	1	晚期	《东龙山》185	原报告称"石钻芯"。白色大理岩制
商洛东龙山	钻芯	H188：2	1	晚期	《东龙山》185	原报告称"石钻芯"。绢云绿片岩制
商洛东龙山	环	H18：81	1	晚期	《东龙山》185	原报告称"石环"。灰白色大理岩制
商洛东龙山	环	？	1	晚期	《东龙山》185	原报告称"石环"。白色大理岩制
商洛东龙山	环	？	1	晚期	《东龙山》185	原报告称"石环"。灰白色大理岩制
商洛东龙山	穿孔石器	H225：3	1	晚期	《东龙山》185	灰白色大理岩制
伊川南寨	斧	YPNT89H12：1	1	二晚	《伊川》123	
伊川南寨	凿	YPNT89H12：7	1	二晚	《伊川》123	
伊川南寨	凿	YPNT84③：8	1	二晚	《伊川》150	
伊川南寨	绿松石管珠	YPNT84③：5	1	二晚	《伊川》150	
伊川南寨	凿	YPNT83H21：10	1	三期	《伊川》126	
伊川南寨	斧	YPNT92H49：4	1	四早	《伊川》128	
伊川南寨	绿松石管珠	YPNT890M10：12	6	四早	《伊川》37	
伊川南寨	牙璋	YPNT100H5：3	1	？	《伊川》116	
伊川南寨	斧	YPNT101H8：18	1	？	《伊川》116	
伊川南寨	斧	YPNT86④：8	1	？	《伊川》116	
伊川南寨	斧	YPNT84⑤：？	？	二早	《伊川》156	
伊川南寨	凿	YPNT84⑤：？	？	二早	《伊川》156	
伊川南寨	牙璋	YPNT84⑤：？	？	二早	《伊川》156	
郑州大师姑	琮	采集：1	1	？	《大师姑》96	
郑州大师姑	杯	H70：1	1	三早	《大师姑》88	
郑州大师姑	绿松石片	H75：218	1	三早	《大师姑》94	
郑州大师姑	绿松石片	G5①a：2	1	？	《大师姑》94	
郑州大师姑	饰	H76：157	1	三早	《大师姑》95	似柄形器器身残段
郑州洛达庙	柄形器	M33：2	1	四期	《洛达庙》	
郑州洛达庙	绿松石饰	M33：3	1	四期	《洛达庙》	
郑州洛达庙	环	T22：10	1	四期	《洛达庙》	带斑点的灰色细水成岩石制
郑州洛达庙	环	T66：2	1	四期	《洛达庙》	青色石灰石制
西平上坡	铲	T10⑤：6	1	二期	《上坡》	

续表

遗址	名称	编号	数量	期段	出处	备注
西平上坡	凿	H36：1	1	二期	《上坡》	
荥阳西史村	柄形器	79M1：5	1	三期	《西史村》	
洛阳烨李	铲	？	1	一期	《烨李》	采集
郾城郝家台	玉器	T38③A：18	1	一期	《郝家台》318	
郾城郝家台	钺	T44②：4	1	二期	《郝家台》332	
淅川下王岗	绿松石坠	T17②A：13	1	三期	《下王岗》395	
淅川下王岗	环	T22②A：44	1	三期	《下王岗》305	
淅川下王岗	牙璋	T23②A：29	1	三期	《下王岗》306	报告中的线图有误
淅川下王岗	饰（条）	T15②A：25	1	三期	《下王岗》305	
渑池郑窑	穿孔饰	H59：1	1	二期	《郑窑》	
登封王城岗	璜	WT16②：8	1	三期	《王城岗与阳城》143	
登封南洼	天河石管珠	2004H19：19	1	二早	《南洼》41	残
登封南洼	饰	2004H19：30	1	二早	《南洼》41	残。硅质灰岩
登封南洼	绿松石管珠	2004H379：1	1	三期	《南洼》42	
登封南洼	绿松石片	2005H96：83	1	三期	《南洼》42	
登封南洼	绿松石管珠	2004M9：5	1	三期	《南洼》69	
登封南洼	绿松石管珠	04M2：1	1	二里头	《南洼》68	
登封南洼	绿松石管珠	2004ⅠT6941④：2	1	？	《南洼》98	
登封南洼	饰	ⅡT6301③：2	1	？	《南洼》70	大理岩
新安太涧	玉器	H21：40	1	晚期	《太涧》	残
新安太涧	绿松石管珠	G1B：3	1	晚期	《太涧》	
新郑望京楼	柄形器	ⅢT2304M29：1	1	四期	《望京楼》272	
新郑望京楼	绿松石管珠	ⅠT0608H271：2	1	四期	《望京楼》272	
新郑望京楼	戈	ⅢT2304M29：4	1	四期	《望京楼》297	青绿色细粒闪长岩
新密新砦	琮	2000T5⑤：4	1	一期	《新砦1999～2000》432	
新密新砦	琮	2000T10采：1	1	一期	《新砦1999～2000》433	
新密新砦	锛	采：4	1	一期	《新砦试掘》	

注：

[1] 二里头文化一至四期及各期早晚段分别简写为一期、二期、三期、四期、一早、一晚、二早、二晚、三早、三晚、四早、四晚。

[2] 《南家庄》=河南省文物考古研究所：《河南三门峡市南家庄遗址的调查与试掘》，《华夏考古》2007年第4期。

[3] 《垣曲商城（二）》178=中国国家博物馆田野考古研究中心、山西省考古研究所、垣曲县博物馆：《垣曲商城（二）》，科学出版社，2014年，第178页。

[4] 《襄汾大柴》=中国社会科学院考古研究所山西工作队：《山西襄汾县大柴遗址发掘简报》，《考古》1987

年 7 期。

[5]《方城八里桥》= 北京大学考古系、南阳市文物研究所等：《河南方城县八里桥遗址 1994 年春发掘简报》，《考古》1999 年 12 期。

[6] 李维明（2016）= 李维明：《方城八里桥遗址在二里头文化中的地位》，《黄河·黄土·黄种人（华夏文明）》2016 年 8 期。

[7]《东下冯》99= 中国社会科学院考古研究所、中国历史博物馆、山西省考古研究所：《夏县东下冯》，文物出版社，1988 年，第 99 页。

[8]《东龙山》185= 陕西省考古研究院、商洛市博物馆：《商洛东龙山》，科学出版社，2011 年，第 185 页。

[9]《伊川》123= 河南省文物考古研究所：《伊川考古报告》，大象出版社，2012 年，第 123 页。

[10]《大师姑》96= 郑州市文物考古研究所：《郑州大师姑：2002～2003》，科学出版社，2004 年，第 96 页。

[11]《洛达庙》= 河南省文物研究所：《郑州洛达庙遗址发掘报告》，《华夏考古》1989 年 4 期。

[12]《上坡》= 河南省文物考古研究所、驻马店市文物工作队、西平县文物管理所：《河南西平县上坡遗址发掘简报》，《考古》2004 年 4 期。

[13]《西史村》= 郑州市博物馆：《河南荥阳西史村遗址试掘简报》，《文物资料丛刊》（第 5 集），文物出版社，1981 年。

[14]《矬李》= 洛阳市博物馆：《洛阳矬李遗址试掘简报》，《考古》1978 年 1 期。

[15]《郝家台》318= 河南省文物考古研究所：《郾城郝家台》，大象出版社，2012 年，第 318 页。

[16]《下王岗》395= 河南省文物研究所、长江流域规划办公室考古队河南分队：《淅川下王岗》，文物出版社，1989 年，第 395 页。

[17]《郑窑》= 河南省文物研究所、渑池县文化馆：《渑池县郑窑遗址发掘报告》，《华夏考古》1987 年 2 期。

[18]《王城岗与阳城》143= 河南省文物研究所、中国历史博物馆考古部：《登封王城岗与阳城》，文物出版社，1992 年，第 143 页。

[19]《南洼》41= 郑州大学历史文化遗产保护研究中心：《登封南洼：2004～2006 年田野考古报告》，科学出版社，2014 年，第 41 页。

[20]《太涧》= 洛阳市文物工作队、新安县文物保护管理所：《河南新安县太涧遗址发掘简报》，《考古与文物》1998 年 1 期。

[21]《望京楼》272= 郑州市文物考古研究院：《新郑望京楼：2010～2012 年田野考古发掘报告》，科学出版社，2016 年，第 272 页。

[22]《新砦 1999～2000》433= 北京大学震旦古代文明研究中心、郑州市文物考古研究院：《新密新砦——1999～2000 年田野考古发掘报告》，文物出版社，2008 年，第 433 页。

[23]《新砦试掘》= 中国社会科学院考古研究所河南二队：《河南密县新砦遗址的试掘》，《考古》1981 年 5 期。

作者后记

呈现在诸位读者面前的这部集子是在我们六人硕士学位论文的基础上删改汇合而成的。我们六人均曾就读于中国社会科学院研究生院，师从许宏先生学习夏商周考古学。董苗于2015年入学，司媛于2017年入学，孙慧琴、钱心怡、张涵钰、王煜凡于2018年入学。大家的学术背景和个人经历不尽相同，有科班出身，也有半路出家，相同的一点是对考古学尤其是青铜时代考古充满了兴趣和热爱。感谢许宏师，他不看出身、唯论意愿的观念，方使我们有缘受教于同一师门之下。

论文的选题过程也充分体现了许宏师因材施教的理念。我们先将各自感兴趣的点向许宏师汇报，他从研究的创新性、可行性、个人的学力、学术背景等方面全盘考量，给予我们建议，再与我们共同探讨、斟酌，最后"碰"出了这六个题目。六篇论文所涉及的时代都是以二里头和二里岗文化为代表的早期青铜时代，研究对象涉及聚落和礼器两大类，可以说是早期青铜时代的核心领域，也是一直以来的学术热点。许宏师要求我们在全面收集、系统梳理现有考古资料的基础上，利用新的研究理论与方法去完成研究。前人之述，汗牛充栋，想要有所突破并非易事，对于初入考古研究之门的我们而言更是不小的挑战。就此刍荛之见，充满种种局限和漏洞，自认为难达到许宏师的要求，但过程中确实付出了极大心力，是我们这一阶段认识的真切反映，或可问心无愧了。

这部集子是《中国早期青铜文化——二里头文化专题研究》的姊妹篇。后者已经成为研究二里头文化绕不开的经典之作，亦是我们研究过程中的重要参考。与之并称，多有惭愧。从选题的角度上，两部集子亦有所区别。《中国早期青铜文化——二里头文化专题研究》侧重于对二里头文化大类材料的系统梳理和综合研究，填补了当时的学术空白。《中原早期青铜时代——聚落与礼器专题研究》所关注的问题则进一步细化，也更注重对于文化过程的讨论。两部文集的先后出版可视为一种学术的传承，也是早期青铜时代考古学研究从文化史转向社会史的一个生动侧影。

必须说明的是，每篇论文的完成都得益于众多师友的帮助。大到章节逻辑的调整，小至逐字逐句的修改，无不倾注许宏师的心血。前辈考古人数十年如一日勤耕田野，为我们的研究奠定基础。二里头考古队在我们写作过程中提供了材料、设施、人力的无私协助。考古所（系）及其他单位的各位先生在论文从选题到完成的过程中提供了诸多帮助和指导。韩建业、严志斌、赵海涛、白云翔、钱益汇、雷兴山、靳松安、陈国梁、赵春青、施劲松等先生在论文审阅和答辩过程中提供了诸多宝贵意见和建议。

中国社会科学院考古研究所和河南省文物局、河南省文物考古研究院领导重视，获得河南省夏文化文物保护专项补助资金资助。科学出版社领导慨允立项出版，责任编辑董苗为文集的编辑辛劳付出。我们在此一并表示诚挚的谢意。

在师友的鼓励下，我们不揣简陋，将习作结集出版，一则回报许宏师的恩情，二则纪念我们的硕士生涯。拙著虽已付梓，但我们深知有很多不足和遗憾。限于有限的学识和时间，后续的修改也未能做到尽善尽美。倘若我们的认识有什么进步之处，那一定是因为站在了巨人的肩膀上。考古学是一门残酷的学科，新的发现和理论不断推动甚至推翻了原本的认识。在此，我们怀抱着真诚的求索之心，敬陈管见，求教于方家！

孙慧琴　司　嫒　张涵钰
钱心怡　董　苗　王煜凡
2023年7月27日

图版一

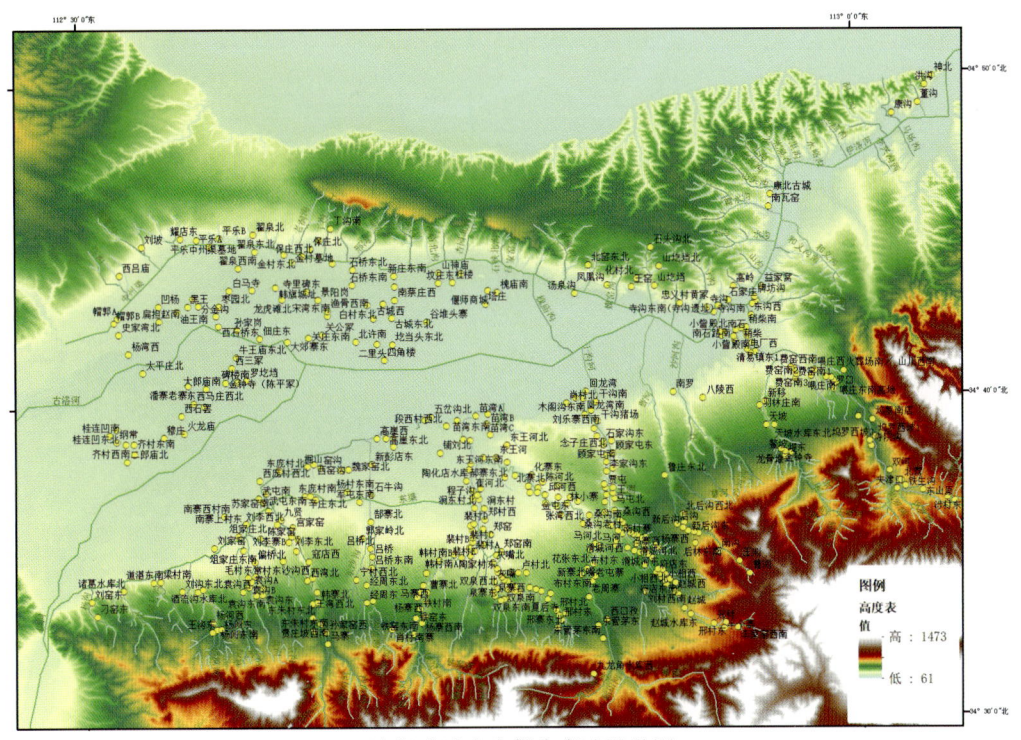

1. 洛阳盆地中东部先秦遗址总图

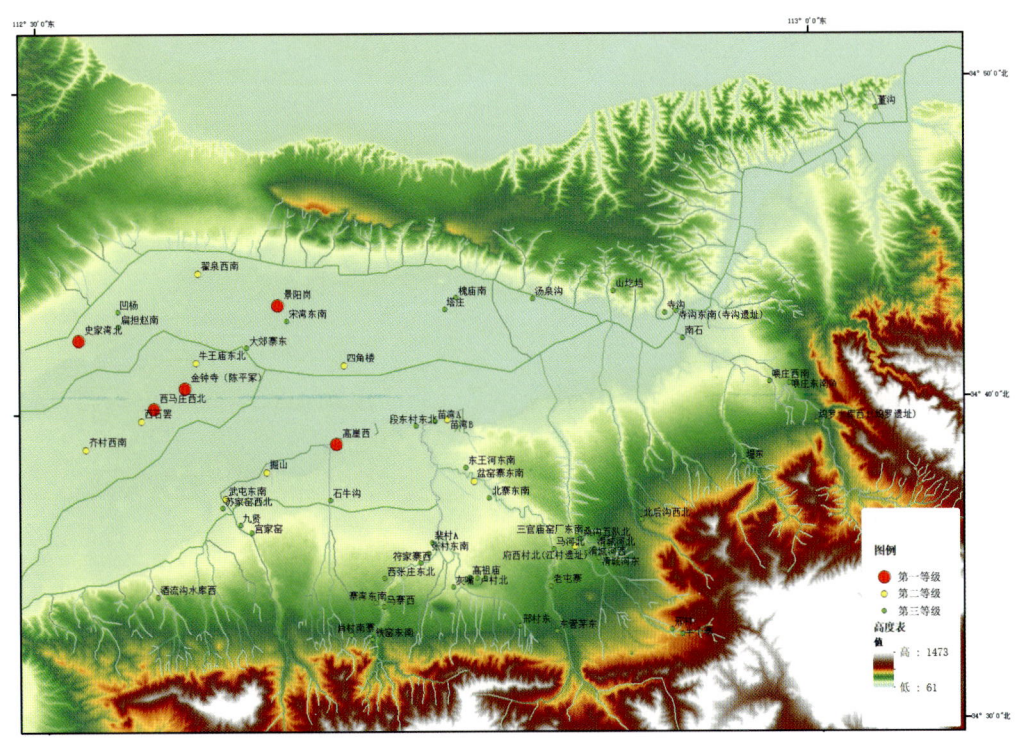

2. 龙山文化早期聚落分布图

《龙山到二里头时代的洛阳盆地——以网络分析为中心》

图版二

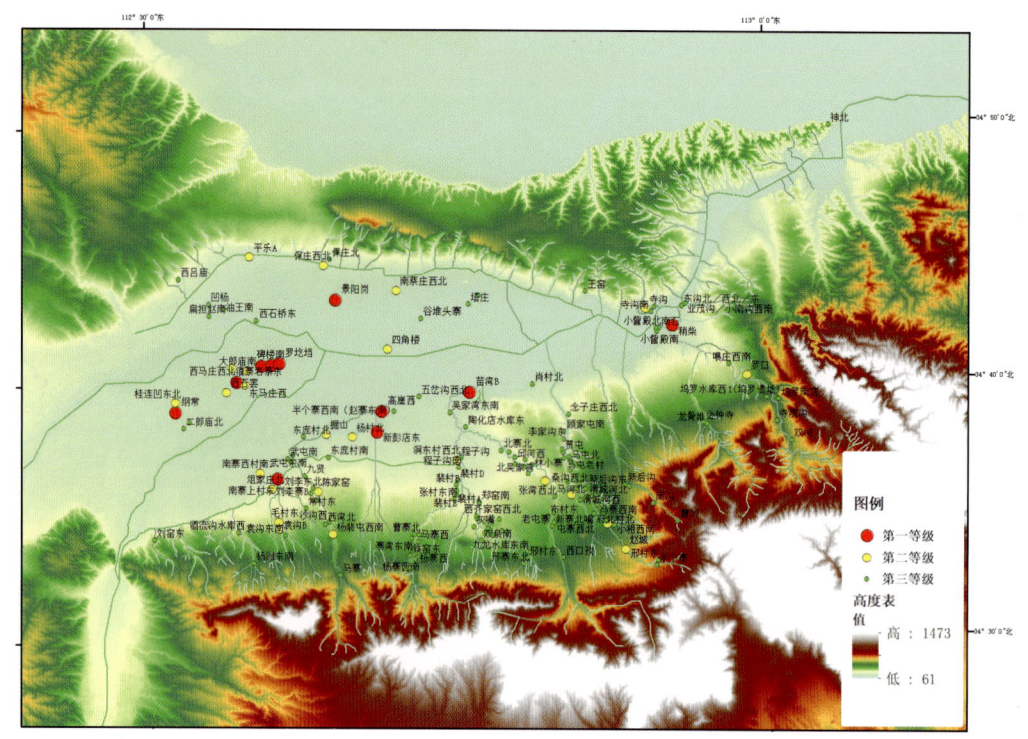

1. 龙山文化晚期聚落分布图

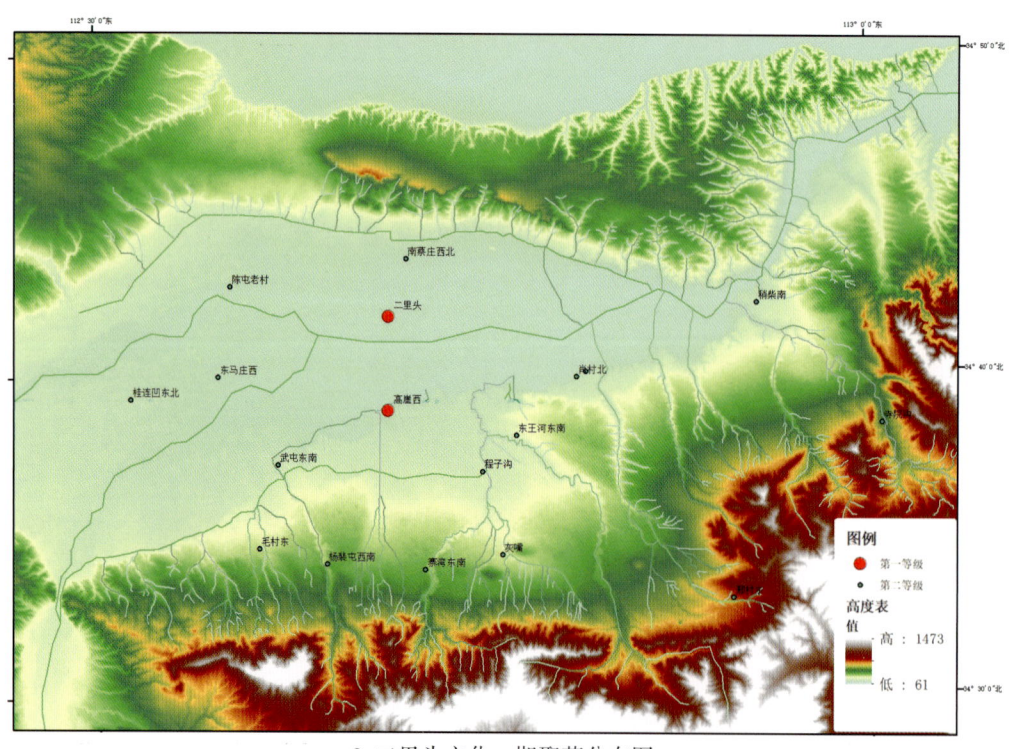

2. 二里头文化一期聚落分布图

《龙山到二里头时代的洛阳盆地——以网络分析为中心》

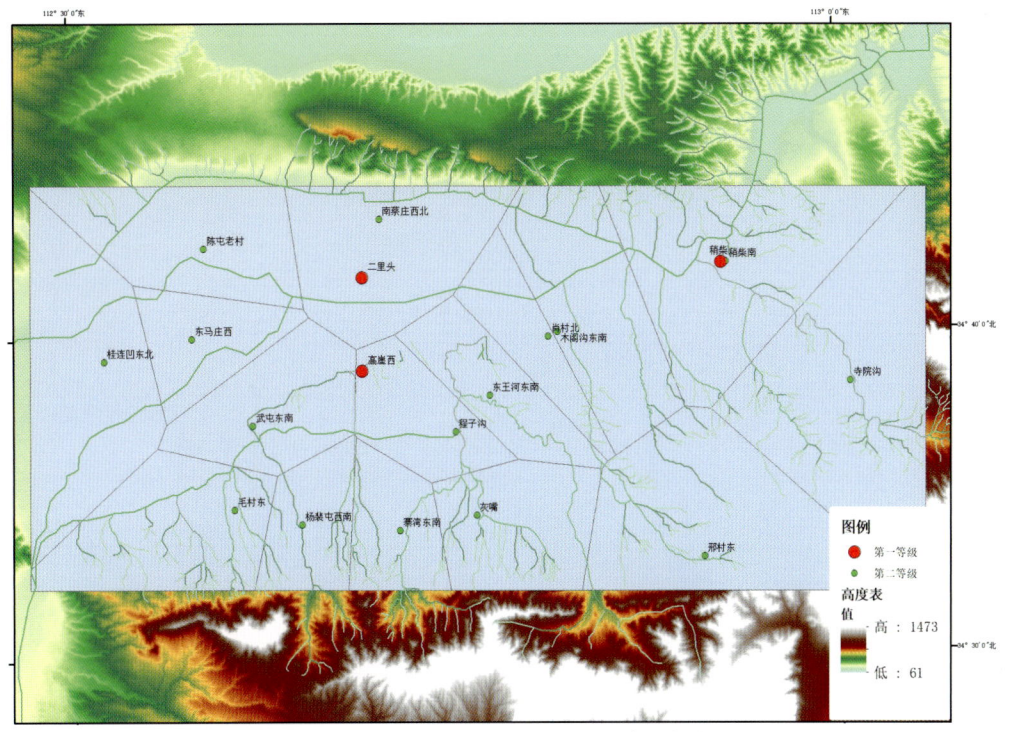

图版三

1. 以二里头文化一期二级聚落为中心构建的泰森多边形

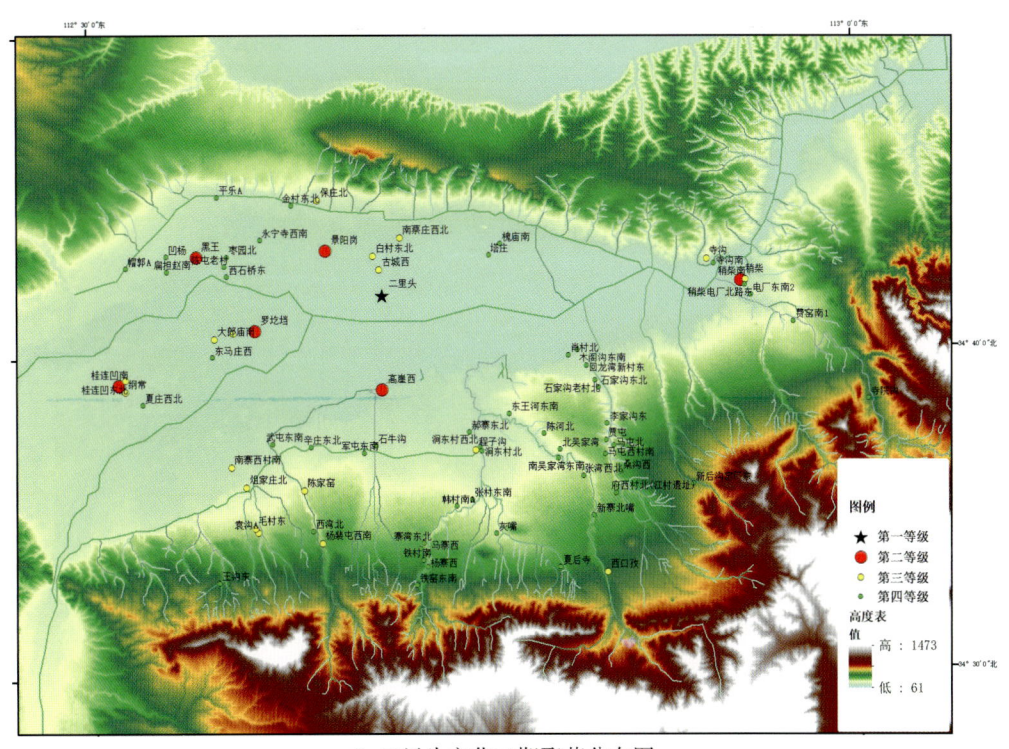

2. 二里头文化二期聚落分布图

《龙山到二里头时代的洛阳盆地——以网络分析为中心》

图版四

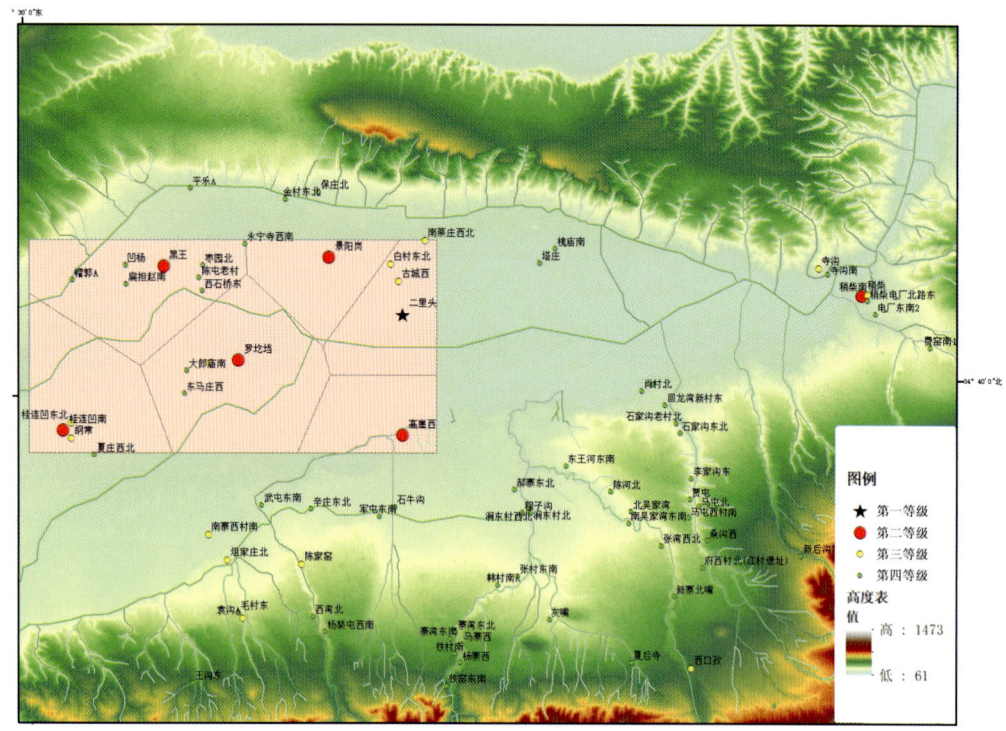

1. 以二里头文化二期二级以上聚落为中心构建的泰森多边形

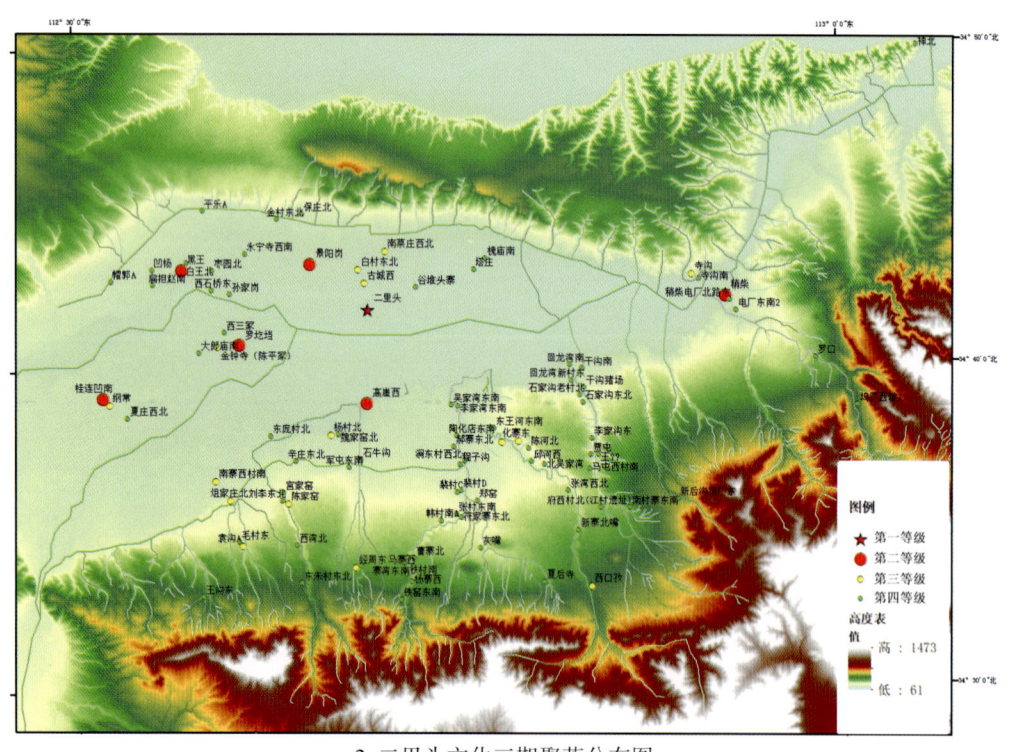

2. 二里头文化三期聚落分布图

《龙山到二里头时代的洛阳盆地——以网络分析为中心》

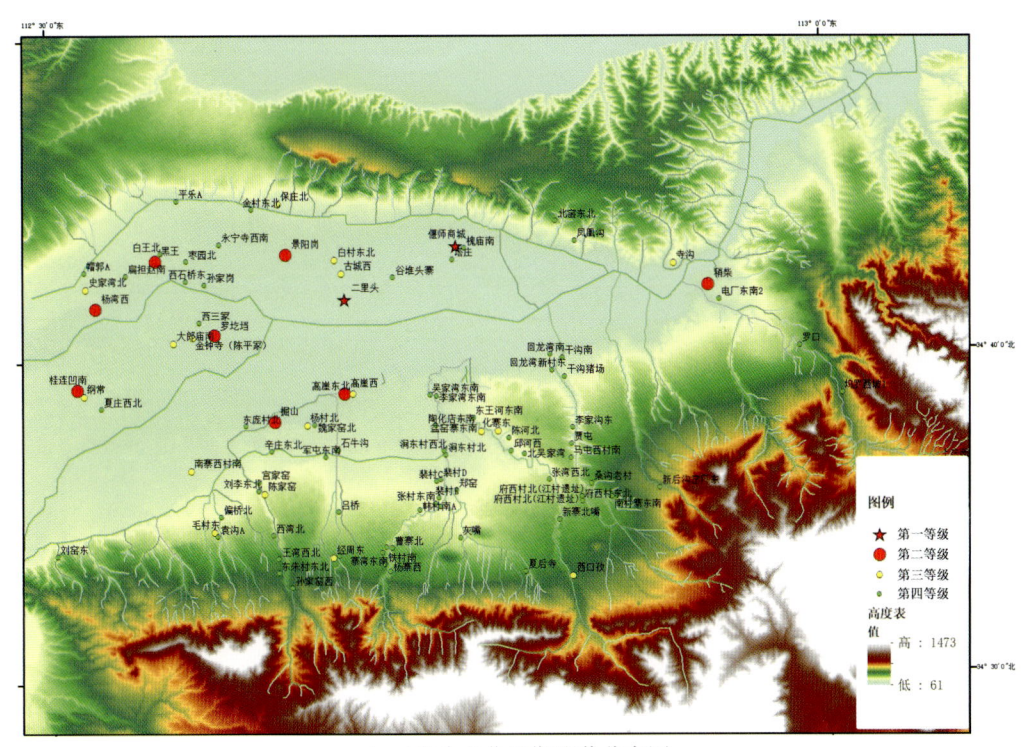

图版五

1. 二里头文化四期聚落分布图

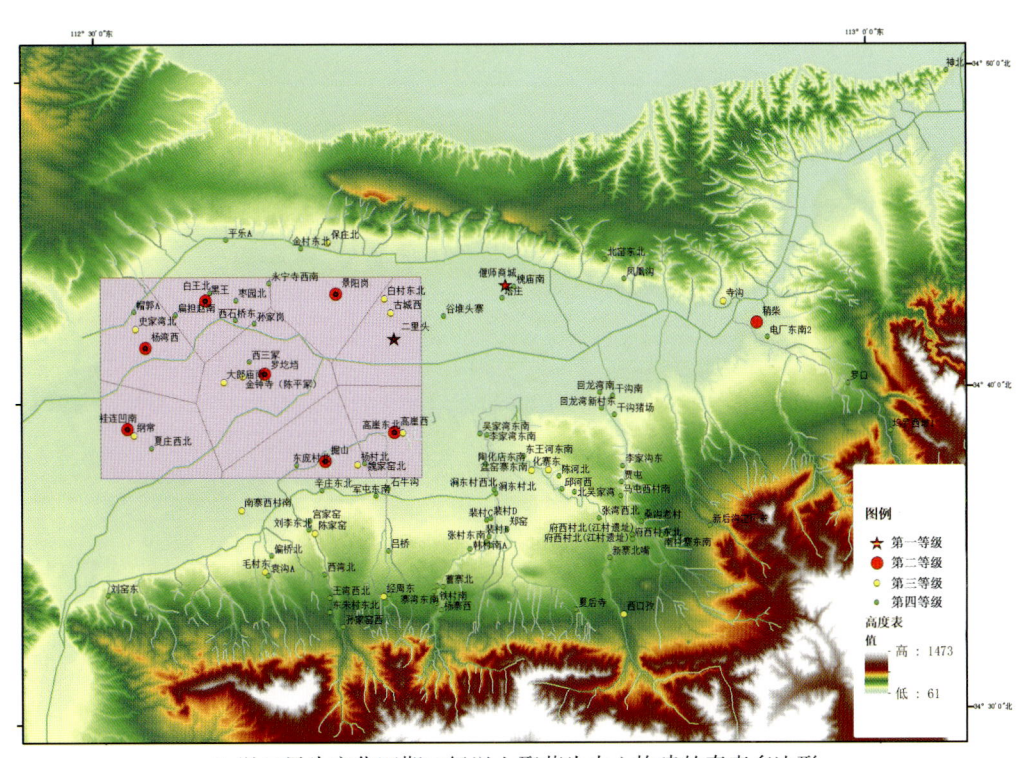

2. 以二里头文化四期二级以上聚落为中心构建的泰森多边形

《龙山到二里头时代的洛阳盆地——以网络分析为中心》

图版六

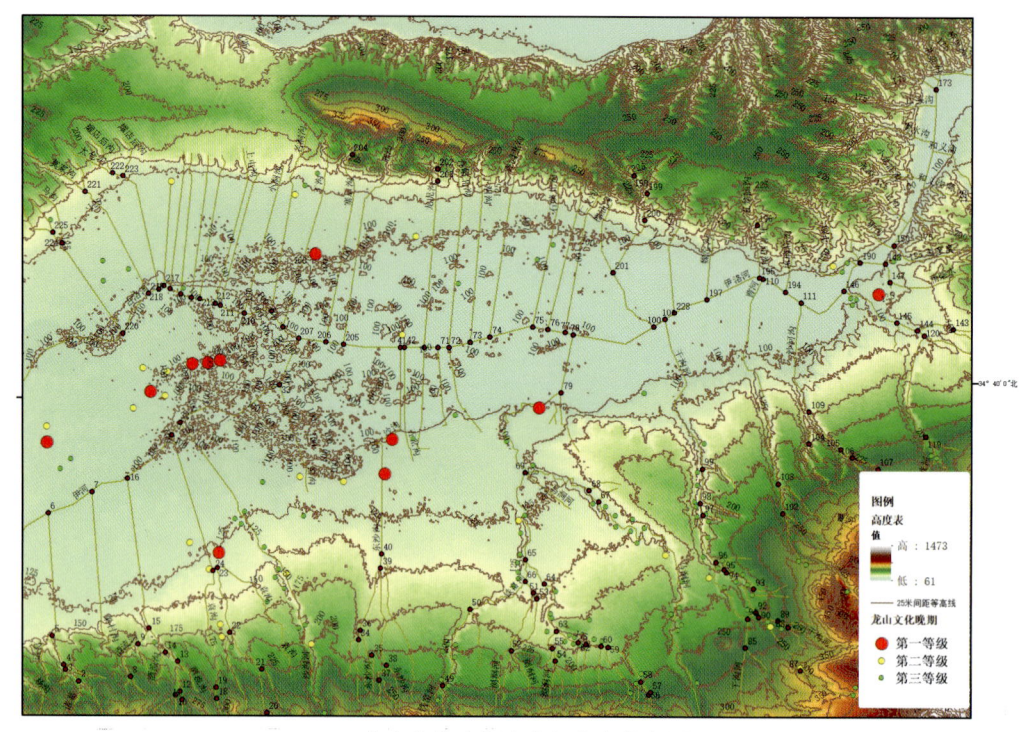

1. 龙山文化晚期聚落与节点分布图

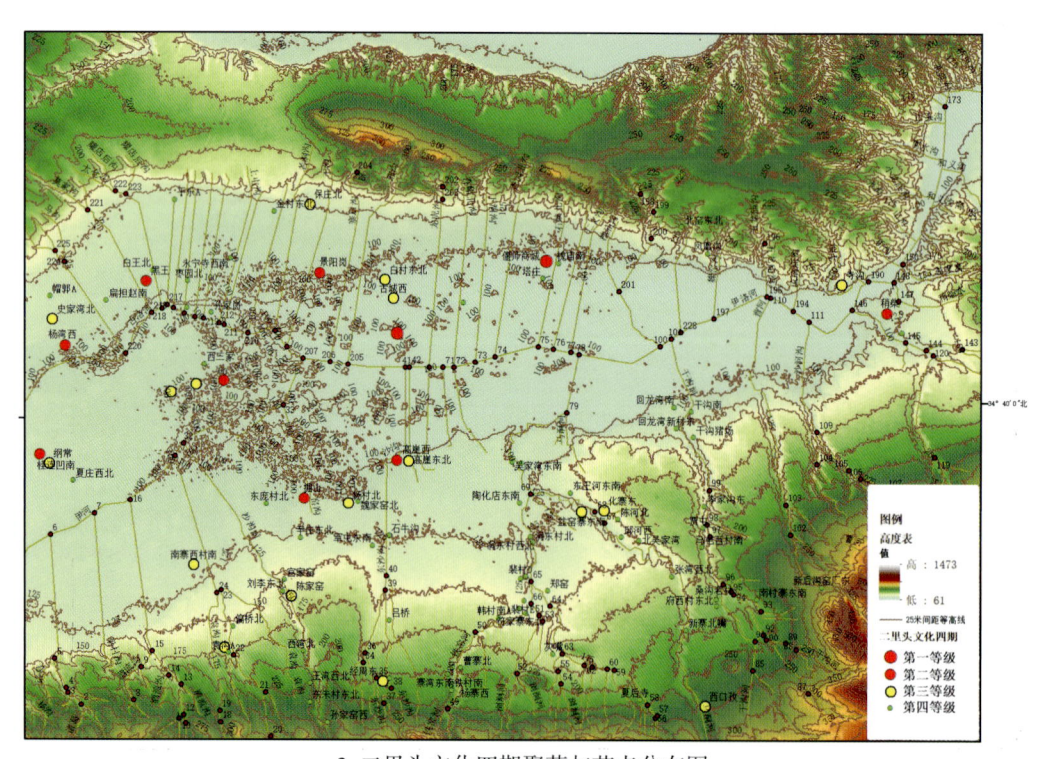

2. 二里头文化四期聚落与节点分布图

《龙山到二里头时代的洛阳盆地——以网络分析为中心》

图版七

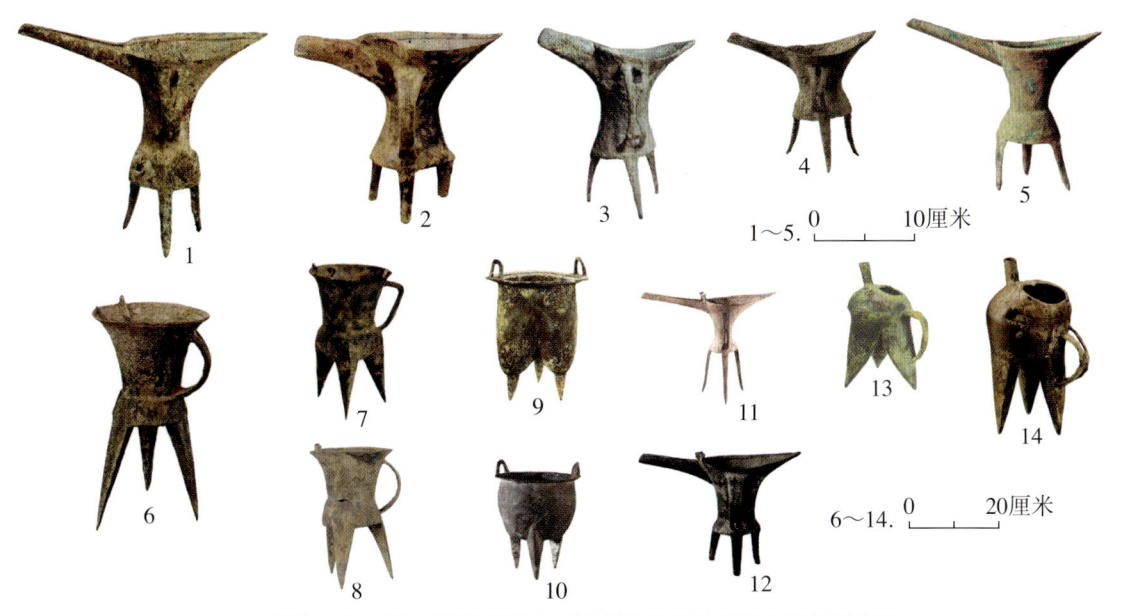

1. 二里头文化三期—四期晚段（二里岗文化早期早段）青铜礼容器
（三期：1～3；四期早段：4、5，均出自二里头；四期晚段：6～14，其中6、7、10、11、14二里头，8安徽肥西大墩孜，9、13郑州商城，12河南新郑望京楼）

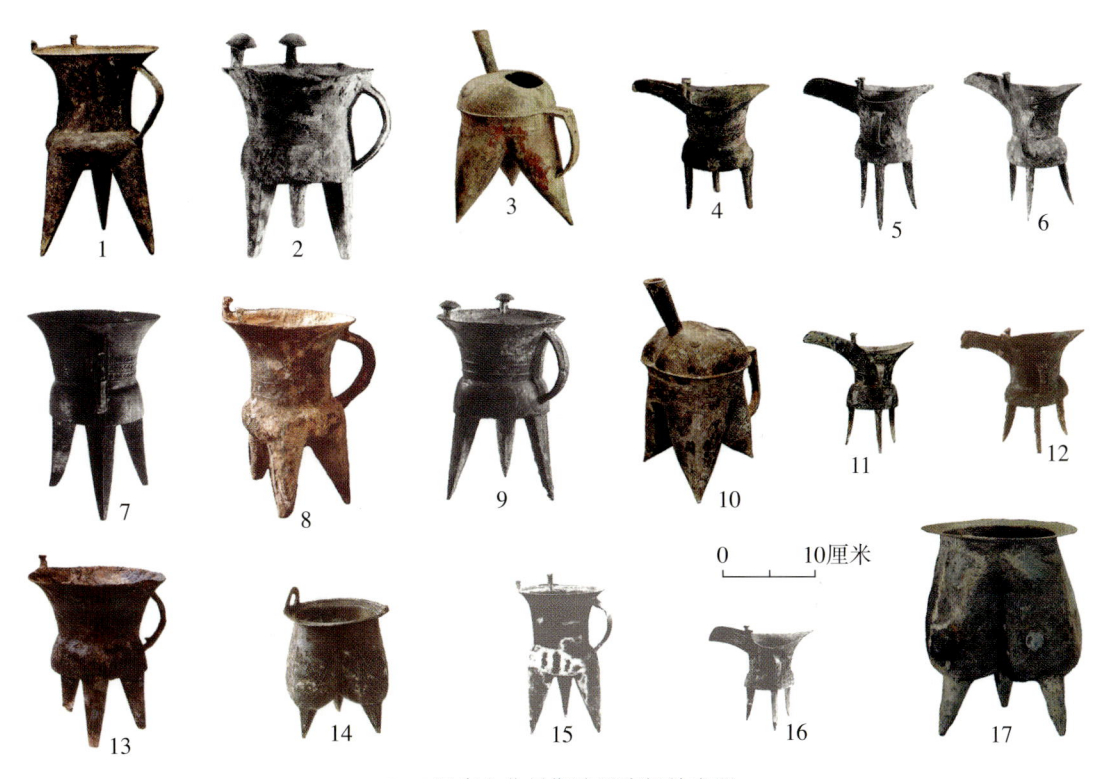

2. 二里岗文化早期晚段青铜礼容器
（郑州商城：1～6；近畿地区：7～14，其中7二里头，8、12～14河南辉县孟庄，9河南登封袁桥，10、11河南中牟黄店；周边地区：15～17湖北武汉盘龙城）

《二里头、二里岗时代青铜礼容器的空间分布及意义》

图版八

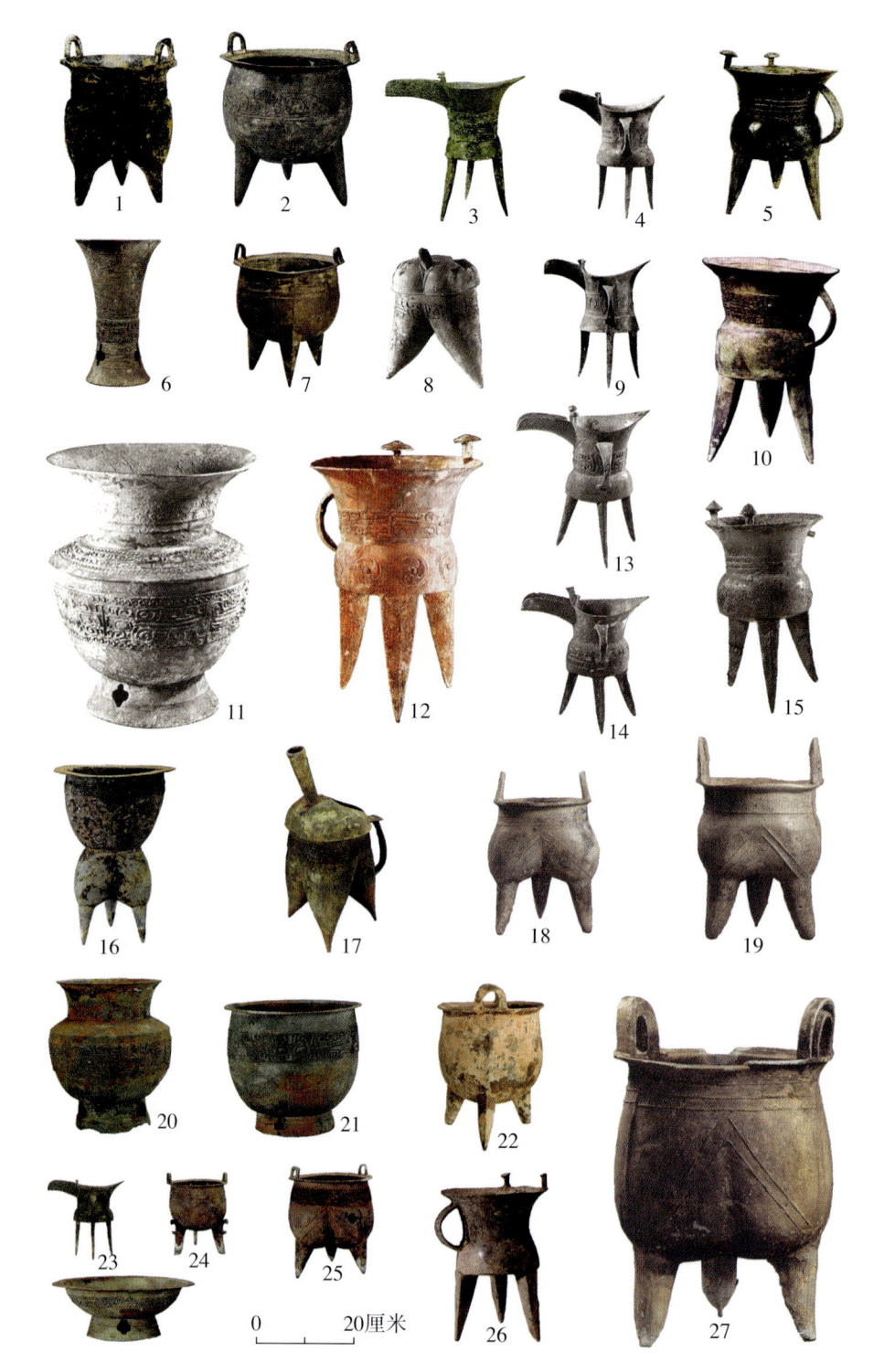

二里岗文化晚期早段青铜礼容器

（郑州商城：1~9；近畿地区：10~15，其中10~12偃师商城，13河南辉县，14河南获嘉照镜，15河南荥阳张片庄；周边地区：16~27，其中16、17、20、21、23~25湖北武汉盘龙城，18、19、27陕西汉中城固，22山西隰县庞村，26湖北荆州荆南寺）

《二里头、二里岗时代青铜礼容器的空间分布及意义》

图版九

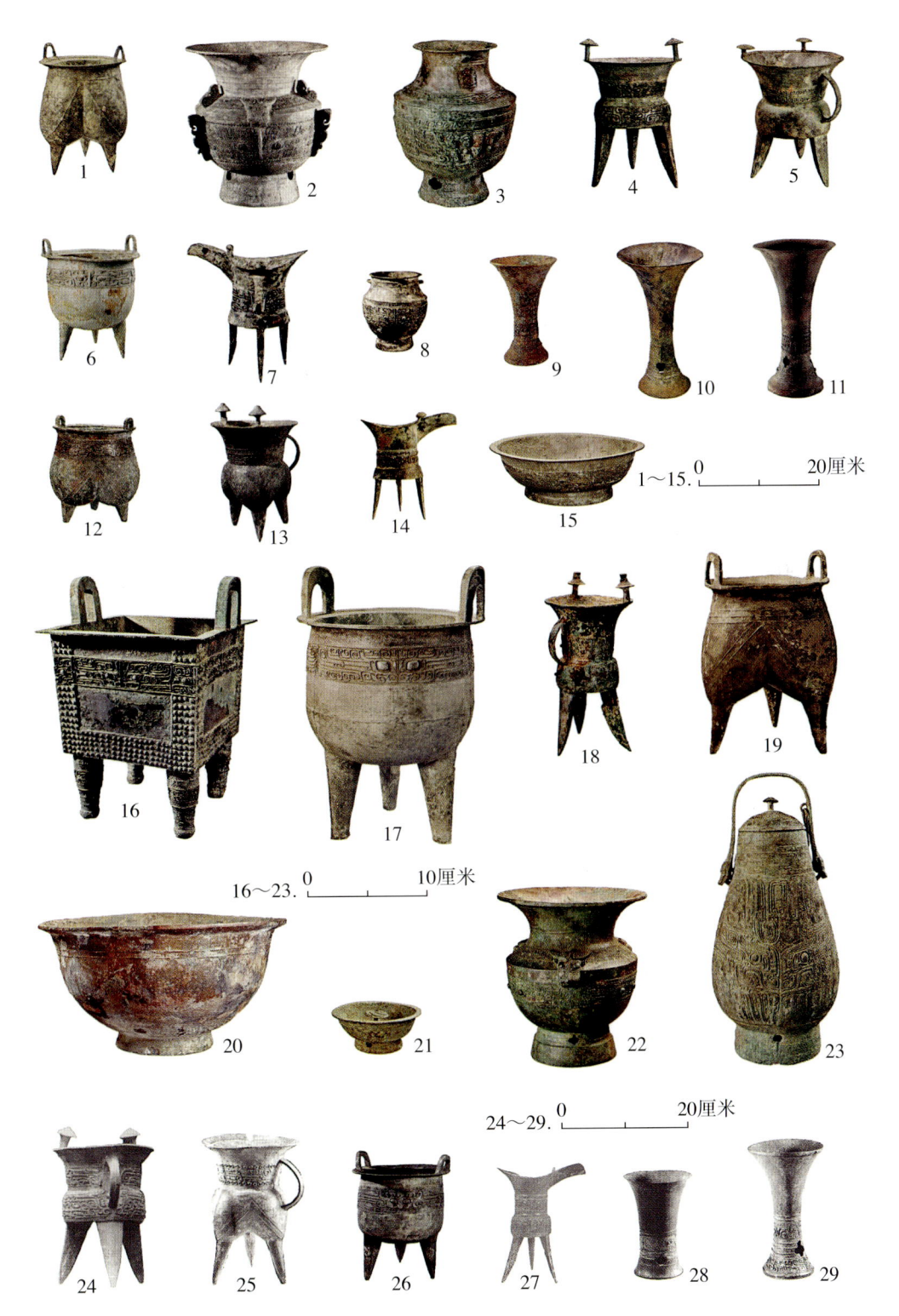

二里岗文化晚期晚段郑州商城和近畿地区青铜礼容器
（郑州商城：1~23；近畿地区：24~29，其中24、25、28河南新郑望京楼，26、27河南辉县，29河南新密曲梁）

《二里头、二里岗时代青铜礼容器的空间分布及意义》

图版一〇

二里岗文化晚期晚段周边地区青铜礼容器
（1~3山西平陆前庄，4、26陕西城固龙头村，5、8、9、14、15、21湖北武汉盘龙城，
6、17~20北京平谷刘家河，7、12山西长子北高庙，10安徽铜陵铜墩，11、27、29河南郾城拦河潘，
13河北石家庄台西，16、32江苏连云港大村，22、25安徽蚌埠，23北京平谷韩庄，24青海西宁鲍家寨，
28河北邯郸，30安徽蚌埠，31河北保定要庄，33辽宁喀左小波汰沟）

《二里头、二里岗时代青铜礼容器的空间分布及意义》

图版一一

1. 上海博物馆藏二里头文化四期铜爵鋬部及X光片

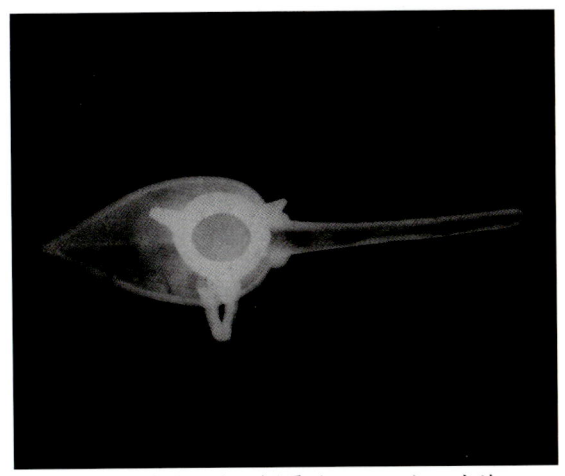

2. 二里头遗址出土铜爵（M11∶1）X光片

3. 二里头遗址出土陶范（83YLⅣH20∶1）

4. 二里头遗址出土陶范（83YLⅣH20∶编1）

5. 二里头遗址出土陶范（83YLⅣH20∶编2）

《纹饰复杂化视域下的二里头、二里岗文化青铜容器铸造技术》

图版一二

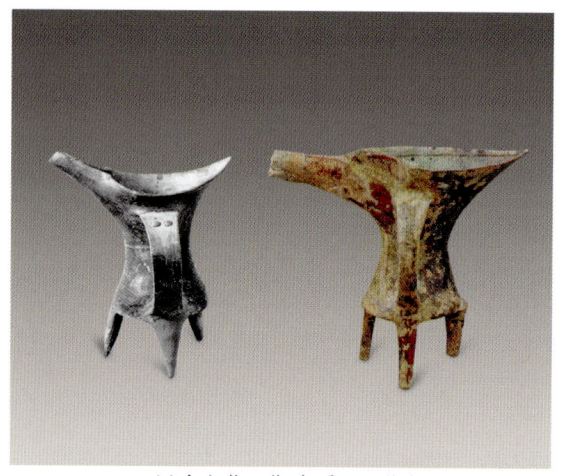

1. 二里头文化二期陶爵和三期铜爵

2. 二里头文化二期陶角和四期铜角

3. 二里头文化三期陶盉和二里头—二里岗文化过渡期铜盉

4. 二里头文化四期早段陶斝和
二里头—二里岗文化过渡期铜斝

5. 二里岗文化晚期晚段铜斝和
二里岗文化晚期晚段陶斝

《对二里头、二里岗文化铜陶相似器的观察与分析》

图版一三

二里头遗址 2002ⅤM3 及出土随葬品
1. 绿松石龙形器及铜铃（2002ⅤM3：5、2002ⅤM3：6、2002ⅤM3：22、2002ⅤM3：23）
2～4. 白陶斗笠形器（2002ⅤM3：1、2002ⅤM3：2、2002ⅤM3：3）
5～7. 绿松石管珠（2002ⅤM3：31、2002ⅤM3：32、2002ⅤM3：33）　8. 玉鸟形器（2002ⅤM3：13）

《试论二里头文化玉器群的来源构成及其考古背景》

图版一四

二里头遗址84YLⅥM11及随葬的铜玉礼器
1. 玉窄条形钺（84YLⅥM11∶3）　2. 玉璧戚（84YLⅥM11∶5）　3. 玉多孔刀（84YLⅥM11∶4）
4. 铜爵（84YLⅥM11∶1）　5. 嵌绿松石铜牌饰（84YLⅥM11∶7）
6. 铜铃及铃舌（84YLⅥM11∶2、84YLⅥM11∶6）

《试论二里头文化玉器群的来源构成及其考古背景》

图版一五

1. 2016年11月二里头遗址发掘合影
（前排左七、左八：赵海涛、许宏老师；前排右二、右五、右七：邓骁、董苗、葛韵）

2. 2019年8月新疆北庭故城遗址发掘合影
（前排左一、左二：郭物老师、孙慧琴；前排右一：刘建国老师；后排左四：钱心怡；后排右二：王煜凡）

图版一六

1. 2019年12月中国社会科学院考古研究所年度田野考古工作汇报会期间合影
（前排左起：董好、张涵钰、许宏、孙慧琴、董苗、秦超超；
后排左起：王煜凡、贺俊、葛韵、钱心怡、司媛、陈国梁、汪海港）

2. 2021年6月中国社会科学院研究生院2021届毕业典礼期间合影
（左起：孙慧琴、秦超超、许宏、董好、司媛、钱心怡、王煜凡）